666 ganz legale   Windows-Tricks

Jörg Schieb

666 ganz legale Windows-Tricks

SYBEX
Computerbücher & Software

DÜSSELDORF · SAN FRANCISCO · PARIS · SOEST (NL)

Fast alle Hard- und Software-Bezeichnungen, die in diesem Buch erwähnt werden, sind gleichzeitig auch eingetragene Warenzeichen und sollten als solche betrachtet werden. Der Verlag folgt bei den Produktbezeichnungen im wesentlichen den Schreibweisen der Hersteller.

Der Verlag hat alle Sorgfalt walten lassen, um vollständige und akkurate Informationen in diesem Buch bzw. Programm und anderen evtl. beiliegenden Informationsträgern zu publizieren. SYBEX-Verlag GmbH, Düsseldorf, übernimmt weder Garantie noch die juristische Verantwortung oder irgendeine Haftung für die Nutzung dieser Informationen, für deren Wirtschaftlichkeit oder fehlerfreie Funktion für einen bestimmten Zweck. Ferner kann der Verlag für Schäden, die auf eine Fehlfunktion von Programmen, Schaltplänen o.ä. zurückzuführen sind, nicht haftbar gemacht werden, auch nicht für die Verletzung von Patent- und anderen Rechten Dritter, die daraus resultiert.

Projektmanagement/Lektorat: Daniel Danhäuser
Redaktion: Anja Schriever
Produktion: Brigitte Hamerski
Satz: SYBEX-Verlag
Farbreproduktionen: Mouse House Design GmbH, Düsseldorf
Umschlaggestaltung: Mouse House Design GmbH, Düsseldorf
Belichtung, Druck und buchbinderische Verarbeitung: Paderborner Druck Zentrum

ISBN 3-8155-7060-3
1. Auflage 1994
2. Auflage 1994
3. Auflage 1995

Alle Rechte vorbehalten. Kein Teil des Werkes darf in irgendeiner Form (Druck, Fotokopie, Mikrofilm oder in einem anderen Verfahren) ohne schriftliche Genehmigung des Verlages reproduziert oder unter Verwendung elektronischer Systeme verarbeitet, vervielfältigt oder verbreitet werden.

Printed in Germany
Copyright © 1994 by SYBEX-Verlag GmbH, Düsseldorf

Inhaltsverzeichnis

	Vorwort	**1**
	Zu diesem Buch	4
	Wie Sie sich in diesem Buch zurechtfinden	*4*
	Die Themen in diesem Buch	*5*
	Die Zielgruppen der Tricks	*5*
	Ein Vorgeschmack	*6*
	Zum Schluß: Verschiedene Benutzertypen	*6*
	Schreiben Sie...	*7*
Kapitel 1	**Die Prominenten-Tips**	**9**
	Bill Gates Microsoft	10
	1. *Bringen Sie Farbe ins Hilfesystem*	*10*
	2. *Mehr Tempo für den virtuellen Speicher*	*11*
	3. *Schlummernde Speicherbereiche wecken*	*12*
	Philippe Kahn Borland	14
	4. *Wenn die dritte serielle Schnittstelle fehlt*	*14*
	5. *Der Datei-Manager auf der Überholspur*	*15*
	6. *Halt die Klappe, Windows!*	*16*
	Peter Norton Symantec	18
	7. *32-Bit: Das Kästchen fehlt*	*18*
	8. *Schriften per Drag and Drop installieren*	*19*
	9. *Tarnkappe für Systemsteuerungs-Icons*	*20*
	Jim Manzi Lotus	22
	10. *Der geheime Weg zur Bildschirmauflösung*	*22*
	11. *Mauseinstellungen verloren?*	*23*
	12. *Ein Tip für ungenaue Klicker*	*24*
Kapitel 2	**Der Start**	**25**
	Windows installieren	26
	13. *Vorbereitungen für die Installation*	*26*
	14. *Windows-Dateien entpacken*	*26*
	15. *Setup unter DOS*	*27*
	16. *Installation auf Compaq-Rechnern*	*29*
	17. *Immer frisch*	*29*
	18. *Überflüssig: WINA20.386*	*30*

666 ganz legale Windows-Tricks

Probleme beim Start		31
19.	Wenn's beim Start hakt	31
20.	Was sagt mir das Startprotokoll?	31
21.	Kein Start im erweiterten Modus möglich?	32
22.	HIMEM ist vielleicht unschuldig	33
23.	Speicher kaputt?	34
24.	Installation nicht erfolgreich?	35
25.	Hilft bei Installationsproblemen: SETUP.TXT	35
26.	Installation: Probleme lokalisieren	36
27.	Tastatur-Irrtum bei der Installation	37
28.	Völlig clean	38
29.	Clean Boot mit [F5]	39
30.	Den Speicherresidenten den Garaus machen	39
31.	Zuviel an den .INIs gebastelt? Der Fehler S020	40
Startmöglichkeiten		41
32.	Automatischer Windows-Start	41
33.	Echt überflüssig: Start der DOS-Shell	42
34.	WIN mit Extrawürsten	42
35.	Heute mal bescheiden	43
36.	Was wäre, wenn...?	44
37.	Vor dem Start noch ein paar Dinge erledigen	45
38.	Start ohne Turbo-Zugriff	46
39.	Unfug ausgeschlossen: Echtes Singletasking	47
40.	Wenn ein Windows allein nicht ausreicht	48
41.	Der kombinierte Start	49
	Beliebte Doppelstarts	50
42.	Steigerungsfähig: Der Dreifachstart	51
43.	Die Zwischenablage mag keine Doppelbelastung	51
44.	Batchdatei für Doppel- oder Dreifachstart	52
45.	Datei-Manager: Programmstart als Symbol	53
AutoStart		54
46.	Von Anfang an am Ball	54
47.	Erstens, zweitens, drittens...	54
48.	Start ja, Auto nein	55
49.	Mal 'was anderes „autostarten" lassen	56
Start? Logo!		58
50.	Logo: Es geht auch ohne	58
51.	Logo loswerden, die Zweite	59
52.	Und noch mal: Starten ohne Logo	59
53.	Ein Logo für jeden Geschmack	60
54.	Persönliche Grafik als Logo	62

Inhaltsverzeichnis

55. Logo! Aber ich kann nicht malen...	62
56. Startlogos: Welches nehmen wir denn heute?	63
57. Ein Icon für die Versionsanzeige	64

Fensterln lernen 66
   58. Ganz am Anfang... 66
   59. Bei Klick Lernprogramm 66

Start im Netzwerk 68
   60. Installation auf einem Netzwerk-Server 68
   61. Windows-Setup erkennt Netzwerk nicht 68
   62. Keine Nachrichten übers Netz? 69

Kapitel 3   Programm-Verwaltung   71

Klein, aber fein: Extras für den Programm-Manager 72
   63. Wie heißt denn Ihr Programm-Manager? 72
   64. Immer im Blick: Die Uhrzeit 73
   65. Mit Zeiger oder ohne? 74
   66. Windows im Haus erspart den Uhrmeister 75

Fensterverwaltung 76
   67. Fenstergröße ändern per Doppelklick 76
   68. Fenster ruckzuck schließen 76

Programme starten 77
   69. Programmstart über Hotkeys 77
   70. Heiße Tasten auch für DOS-Anwendungen 78
   71. Mit Buchstaben zu den Anwendungen 79
   72. Ganz klein... 80
   73. Immer als Symbol? 81

Der Zauber der Gleichzeitigkeit 82
   74. Von einer Anwendung zur nächsten 82
   75. (Alt)(↹) – und nichts passiert? 83
   76. (Alt)(↹) – und es passiert immer noch nichts? 83
   77. Raus aus der schnellen Programmumschaltung 84
   78. Her mit dem Task-Manager! 84
   79. Der Task-Manager hört auch auf Doppelklick 85
   80. Anwendungsfenster: Eins oben, eins unten 85
   81. Neue Bedeutung für (Strg)(Esc) 87

Programm-Icons 89
   82. Ein Icon für wichtige Dokumente 89
   83. Ohne einen einzigen Tastendruck:
       Programm-Icons einrichten 90

VII

84.	Programmsymbole verdoppeln	91
85.	Wenn das Icon hektisch blinkt	92
86.	Bringen Sie Ihre Anwendungen unter die (Windows-)Haube!	92
87.	Im Dutzend einfacher: Mehrere Anwendungen einbinden	93
88.	Kein Windows-Verzeichnis?	94

Lauter Eigenschaften — 96

89.	Die Abkürzung zu den Programmeigenschaften	96
90.	Die Reihenfolge der Programmgruppen	96
91.	Auch zu den Programmgruppeneigenschaften gibt's 'ne Abkürzung!	98
92.	Abkürzung funktioniert auch über die Tastatur	98
93.	Die Krönung der Abkürzungen über die [Alt]-Taste	99
94.	Was die [Alt]-Taste leider nicht kann	99
95.	Bequemer Umgang mit Arbeitsverzeichnissen	100
96.	Programmgruppen vor Veränderungen schützen	101
97.	Spurenvernichtung mit UNINSTALL	103
98.	Ein Programm löschen	103
99.	Ein Programm umgesiedelt?	104

Verbote — 105

100.	Der Programm-Manager in Fesseln	105
101.	Beenden unmöglich	106
102.	Wo ist das Menü Datei?	107
103.	Rühr´ meine Programmgruppen nicht an!	108
104.	Finger weg von den Programm-Icons!	109
105.	Unveränderliche Programmeigenschaften	110
106.	Verbote wieder aufheben	111
107.	Programmgruppen verstecken	112

Wenn man den Programm-Manager nicht leiden kann — 113

108.	Datei-Manager statt Programm-Manager	113
109.	Nicht ganz ohne Programm-Manager	114

Windows-Kino — 115

110.	Schöne Grüße von den Entwicklern	115

Und tschüsss... — 117

111.	Ein Dutzend Anwendungen gleichzeitig verlassen	117

Inhaltsverzeichnis

Kapitel 4	**Windows konfigurieren**	**119**
	Schriften verwalten	120
	112. Schriften per Drag and Drop installieren	120
	113. Gepackte Schriftdateien per Klick installieren	121
	114. TrueType-Schriften nicht installierbar	121
	115. TrueTypes - und sonst gar nichts!	122
	116. TrueTypes werden nicht angezeigt?	123
	Rund ums Editieren	124
	117. Ein Spezialist für Systemdateien	124
	118. SysEdit kennt Grenzen	125
	119. Ein Icon für SysEdit	126
	120. Geheime Sicherheitskopien der Systemdateien	127
	121. Vorübergehend außer Kraft gesetzt	127
	122. Systemdateien mit Senf	128
	Pflege der wichtigsten Windows-Dateien	130
	123. Überlebenswichtig: Kopien der INI-Dateien	130
	124. Automatisches Kopieren der wichtigsten Windows-Dateien	131
	125. Ein Icon erinnert an das Erstellen von Backups	132
	126. Vorsichtsmaßnahme beim Erstellen von Backups	133
	127. Keine Gefahr für die Auslagerungsdatei: Backup von MS-DOS 6.0	134
	128. Gesicherte Dateien bequem zurückkopieren	135
	129. Muß eine neue Systemdatei her?	135
	130. Schreibschutz ist für INIs tabu	137
	Systemsteuerung komfortabel	138
	131. Der direkte Weg zur Systemsteuerung	138
	132. Eine eigene Gruppe für die Systemsteuerung	139
	133. Einfach nicht kopierbar: Die Icons der Systemsteuerung	140
	134. Unsichtbare Systemsteuerungs-Icons	142
	Bildschirm	144
	135. Anzeige der Bildschirmtreiber eingrenzen	144
	136. Unschlagbar: Der Windows-eigene SVGA-Treiber	145
	Ansichtssachen	146
	137. 2/7/93 statt 02.07.93	146
	138. Individuelle Datumsanzeige mit Leerstelle	147
	139. Chaos: Wenn das Trennzeichen fehlt...	148
	140. Wieviel Dezimalstellen dürfen's denn sein?	149
	141. „1 DM" oder lieber „DM 1"?	149

	142. Negatives	150
	143. Windows hüllt sich in Schweigen	151
	144. Tastatur regulieren	152
	145. Flott oder gemächlich: der blinkende Cursor	153
	146. Wer hat denn hier das Sagen?	154
	Die Systemuhr	**156**
	147. Die Uhr geht nach	156
	Kommunikation	**157**
	148. Fehlerhafte Modemübertragung	157
	149. Datenübertragung kontra Schreib-Cache	158
	150. Alter Kommunikationstreiber	158
	151. Datenübertragung im Standard-Modus	159
	152. Mehr Millisekunden für die Kommunikation	160
	153. Datenübertragung ruckzuck	161
	Systemdiagnose	**162**
	154. Weiß alles über Ihr System: MSD	162
	155. Arbeit an einem fremden PC?	163
	156. Systemdiagnose im Arcnet	163
	157. Fehlern auf der Spur	164
	158. Dr. Watson stets präsent	164
	159. Dr. Watsons Diagnose an den Händler schicken	165
	160. Unerfreulich: Ressourcenknappheit	166
	Hardware und Treiber	**168**
	161. BIOS ist nicht gleich BIOS	168
	162. Controller erfordert Zusatz in Konfigurationsdatei	170
	163. Falsche DLL sorgt für Schutzverletzung	171
Kapitel 5	**Wer mit der Maus tanzt**	**173**
	Den digitalen Nager installieren	174
	164. Erst ohne Maus, dann mit?	174
	165. Automatische Mausvorbereitung	175
	166. Maustreiber in der Startdatei	176
	167. Nie ohne Ypsilon	177
	168. Wenn die Maus nicht funktioniert	178
	169. Logitech-Maus streikt beim Update	179
	Die Maus in der DOSe	180
	170. Auch im DOS-Fenster: Nie ohne Maus!	180
	171. DOS-Fenster ohne Maus	181
	172. Logitech-Maus im DOS-Fenster	182

Inhaltsverzeichnis

	Bequemes Mausen	183
	173. Ein Schluck Zielwasser	*183*
	174. Wo steckt die Maus?	*183*
	175. Eine kürzere Spur	*184*
	176. Mäusekomfort für Linkshänder	*185*
	177. Haltet den Mauscursor!	*186*
	178. Klickklickklick - den Speed bestimme ich!	*186*
	179. Mauseinstellungen verloren?	*187*
	180. Eine maßgeschneiderte Maus	*188*
	181. Den Maustasten Leben einhauchen	*189*
	182. Das Maus-Icon braucht keine eigene Gruppe!	*191*
	183. Vorsicht vor Maus-Manager 8.2	*191*
	184. Maus ruckt und zuckt?	*192*
Kapitel 6	**Den Desktop organisieren**	**193**
	Bringen Sie Farbe ins Spiel	194
	185. Die kunterbunte Windows-Welt	*194*
	186. Nichts von der Stange	*195*
	187. Für ganz Kreative: Farben selbst anrühren	*196*
	188. Bringen Sie Farbe ins Hilfesystem	*197*
	189. Rosarote Definitionen	*199*
	190. Die Farbskala für die Villa Kunterbunt	*200*
	Lauter Icon-Zaubereien	201
	191. Aus eins mach zwei: Icons kopieren	*201*
	192. Icons umsiedeln	*202*
	193. Letzter Schliff: Icon-Unterschriften nach Wahl	*203*
	194. Die Bilderwelt zusammenrücken	*204*
	195. Icons vertikal zusammenrücken	*205*
	196. Ein Mittel gegen Bandwurmunterzeilen	*205*
	197. Nackte Icons: Symbole ohne Unterzeilen	*206*
	198. Wo stecken die Symbole?	*207*
	199. Immer schön ordentlich	*208*
	200. In Reih´ und Glied	*209*
	Fenster vom Feinsten	210
	201. Ein neues Fenster	*210*
	202. Ein Fenster für jeden Benutzer	*211*
	203. Toolbar selbstgestrickt	*212*
	Ganz schön schön: Schoner	214
	204. Pausenbild	*214*
	205. Bildschirmschoner sekundengenau	*215*
	206. Schonen mit Pfiff	*216*

	207. Ein Schoner als Wächter	217
	208. Regelmäßig ein neues Kennwort festlegen	218
	209. No more Kennwort!	218
	210. Oh wei! Kennwort vergessen?	219
	211. Paßwortschutz sofort	219
	212. Ganz Gemeine schaffen's immer	220
	213. Klick – und der Vorhang fällt	221
	214. Kein Schoner beim Autospeichern	223
	215. Kein Schoner bei offenen Menüs	224
	216. Gestörter Schoner	225

Hintergrundmalereien		226
	217. Tapetenwechsel	226
	218. Wie sieht NIETEN.BMP wohl aus?	227
	219. Für Kreativlinge: Selbstgedruckte Tapeten	227
	220. Foto-Tapete	228
	221. Ganz schön gemustert	228
	222. Fiffis Beine werden länger	229
	223. Muster kontra Hintergrundbild	230

Tips mit Pfiff		232
	224. Ganz schön link, diese Leisten	232
	225. Nicht nur für Kurzsichtige	233
	226. Das hält ewig!	235
	227. Doppelklick mit Pfiff	235
	228. Einstellungen speichern, die Zweite	236
	229. instellungen speichern, die Dritte	236
	230. Wenn Icons Trauer tragen	236
	231. Icons selbstgemalt	237

Kapitel 7 Der Umgang mit Dateien 239

Den Datei-Manager starten		240
	232. Wozu noch die DOS-Shell?	240
	233. Beim Schließen an den nächsten Start denken	241
	234. Der Tasten-Tarzan	241

Renovierung des Datei-Managers		243
	235. Ein neues Outfit für den Datei-Manager	243
	236. Am besten ohne Schnörkel	243
	237. Die Namen lieber klein oder GROSS?	244
	238. Bauen Sie den Datei-Manager um!	245
	239. Ist weniger mehr? Zusätzliche Menübefehle	246
	240. So soll es bleiben!	248
	241. Doppelklick mit Pfiff	249

Inhaltsverzeichnis

Fenster verwalten	250
242. Wirklich nebeneinander?	250
243. Ein Fenster bleibt immer offen	250
244. Abkürzungen für die Fensterverwaltung	251
Ansichtssache	252
245. Neue Diskette, alte Dateiliste...	252
246. Stets up to date: Die Verzeichnisliste	252
247. Unsichtbares ans Tageslicht zaubern	253
248. Wie groß sind die ausgewählten Dateien?	254
249. Statuszeile: Es geht auch ohne	255
250. Ansicht maßgeschneidert	255
251. Sortierte Dateilisten	256
Laufwerke	258
252. Laufwerk-Infos per Doppelklick	258
253. Blitzschnell das Laufwerk wechseln	259
254. Laufwerk-Klick: Einfach oder doppelt?	259
Verzeichnisse	260
255. Die Standard-Verzeichnisse stets im Griff	260
256. Der Wink mit dem Pluszeichen	261
257. Mit der ⇧ -Taste ins Verzeichnisfenster	262
258. Ein Verzeichnis für die VIFs	263
259. Das verlegte Verzeichnis	263
260. Per Buchstabe durch die Dateiliste	264
261. Eigene Verzeichnisse für Dokumente	265
262. Sofort das richtige Verzeichnis parat	266
263. Verzeichnisse umsiedeln	267
264. Programm-Verzeichnisse mögen keinen Umzug	268
265. Und es geht doch - Verzeichnisdruck unter Windows	269
266. Verzeichnisdruck aus dem Datei-Manager	270
267. Ein Makro für den Verzeichnisdruck	271
268. Eine besonders schöne Verzeichnisliste	273
269. Mehrere Verzeichnisse gleichzeitig anlegen	274
Starten und laden	276
270. Programm starten über den Datei-Manager	276
271. Programmstart ganz anders	276
272. Datei per Doppelklick laden	277
273. Jeder Datei ihre Anwendung	278
274. Extrawürste beim Verknüpfen	279
275. Dokumente laden per Drag and Drop	280
276. Datei-Manager: Programmstart als Symbol	282

XIII

666 ganz legale Windows-Tricks

Dateien auswählen — 283
- 277. Eine Dateigruppe markieren — 283
- 278. Eine Liste von Dateien markieren — 283
- 279. Mehrere Einzeldateien markieren — 283
- 280. Alle Dateien markieren — 284
- 281. Welcher Typ soll´s denn bitte sein? — 284
- 282. Mehrere Verzeichnisse markieren — 285
- 283. Auf der Suche — 286
- 284. Fensterknappheit: Nur ein Ergebnisfenster — 288

Verschieben, kopieren, löschen — 290
- 285. Schauen Sie der Maus auf die Pfoten! — 290
- 286. Die Tagesarbeit sichern — 291
- 287. ⇧ statt Alt — 292
- 288. Schnelle Tasten für die Dateiverwaltung — 292
- 289. Maus in Tastenbegleitung — 292
- 290. Das Kreuz im Dateisymbol — 293
- 291. Die Kleinen haben das Nachsehen — 293

Datei-Eigenschaften — 295
- 292. Die Abkürzung zu den Dateiattributen — 295
- 293. Schutz vor unfreiwilligem Löschen — 295
- 294. Attribute wieder aufheben — 296
- 295. Die Tarnkappe — 297
- 296. Das warnende ! — 297
- 297. GanzLangeDateinamen — 298

Disketten formatieren — 300
- 298. Disketten ruckzuck formatieren — 300
- 299. Bei Fehlerverdacht lieber „langsam" formatieren — 301
- 300. Systemdateien inklusive — 301
- 301. Noch mal: Systemdateien — 302
- 302. Die falschen Systemdateien — 303
- 303. Im Normalfall immer ohne Systemdateien — 304
- 304. Systemdisketten und DoubleSpace — 305

Batchdateien — 306
- 305. Icons für Batchdateien — 306
- 306. Ganze Diskette löschen mit einem Klick — 307
- 307. Der Trick klappt auch fürs andere Laufwerk — 308
- 308. Die letzten beiden Tricks für Vorsichtige — 309
- 309. Datenmüll - nein danke! — 310

Inhaltsverzeichnis

	Daten-Wiederbelebung	312
	310. Versehentlich gelöscht?	312
	311. Künstliche Lebensverlängerung	314
	312. Ein Blick in die Katakomben	316
	313. Löschüberwachung nach Maß	317
	314. Der bessere Datei-Manager	318
	315. Dateien einer CD-ROM	319
	316. Der Programm-Manager sagt, woran es hapert	320
	317. Falscher Fehler	320
	318. Formatieren: Vorne oder hinten?	322
Kapitel 8	**Lauter Zubehör**	**323**
	Die Zeichentabelle	324
	319. Sonderzeichen für alle Lebenslagen	324
	320. Für Exoten: WingDings	325
	321. Schicke Anführungszeichen	325
	322. Der echte Gedankenstrich	326
	323. Zeichen austauschen	327
	Klangrekorder	328
	324. Ziehen, fallenlassen, zuhören	328
	325. Sound ohne Soundkarte	329
	326. Haste Töne: Es klingelt, krächzt, kracht...	329
	327. Probehören	330
	328. Mit Echo	331
	329. sträwkcüR	332
	330. Rasende Sounds	332
	331. Bei Nichtgefallen	333
	332. Selbstkomponiertes	333
	333. Ruhe!!!	334
	334. Klangdateien in beliebiger Länge	334
	335. Töne sind sehr speicherhungrig	336
	336. Da werden Ihre Ohren Augen machen	336
	337. Madonna auf dem PC abspielen	337
	338. Speaker-Treiber gewinnt gegen Soundkarte	338
	Paintbrush	340
	339. Machen Sie sich ein Bild vom Bildschirm	340
	340. Straffreie Bilderfälschung	341
	341. Rund statt eirig	342
	342. Quadratisch, praktisch, gut?	343
	343. Großformatiges passend machen	344
	344. PCX statt BMP	345

XV

345. Bild laden durch Drag and Drop	346
346. Bildausschnitte kopieren	347
347. Digitale Collagen gefällig?	348
348. Wie groß, wie bunt?	349
349. Radieren Sie doch mal farbig	350
350. Halb so wild: Vermalt	351
351. Der intelligente Radierer	351
352. Panoramablick ohne Aufpreis	352
353. RLE statt BMP	352
354. Der geheime Weg zur Bildschirmauflösung	353
355. Vorsicht bei Bildern mit 256 Farben	354
356. Doppelklick wirkt Wunder	355
357. Kein Druck unter Paintbrush?	355
358. Zubehör vergißt Seiteneinstellungen	356

Makrorekorder 358

359. Makros ohne Maus	358
360. Makros über Hotkeys aufrufen	359
361. Wenn ein Makro mal bocken sollte	360
362. Für Makro-Maniacs	360
363. Makrodatei von Anfang an dabei	361
364. Bei jedem Start die gleiche Makrodatei	362
365. Makros schießen automatisch aus den Startlöchern	362
366. Das Innenleben der Makros	364

Editor 365

367. Dateien werden gestempelt	365
368. Extrawünsche beim Druck	366
369. Wenn's im Editor zu eng wird	367
370. Größere Schriften für den Editor	368

Karteikasten 370

371. Karteikasten: Wer suchet, der findet nicht immer	370
372. Windows hilft beim Telefonieren	371
373. Hörer abnehmen - aber nicht sofort!	372
374. Kleine Telefonnummern-Kunde	372
375. Vorwahl	373
376. Kurze Telefonnummern	374
377. Kein Anschluß unter dieser Nummer...	375
378. Nummern aus der Liste	375
379. Von Karte zu Karte ohne Maus	376
380. Von der Karteikarte zum „richtigen" Text	377
381. Daten in die Karteikarte einfügen	379
382. Datei nicht doppelt öffnen	380

Inhaltsverzeichnis

Spiele	**381**
383. Fliegenschiß mit Folgen	381
384. Und noch ein bißchen schummeln	382
385. Minesweeper mit Sound	383
386. Minesweeper: Sieg in Rekordzeit	384
387. Solitär: Schnelle Sieger	385
Kalender	**386**
388. Achtung: Wichtiger Termin!	386
389. Bitte nicht vergessen!	387
390. Das warnende Klingeln	388
391. Was steht heute auf dem Plan?	389
392. Morgens um sieben ist die Welt noch in Ordnung	389
393. Ein Extra-Termin	390
394. Anmerkungen	391
395. Heiße Tasten für den Kalender	391
396. Monatskalender drucken	392
397. Tageskalenderblatt drucken	393
398. Oben und unten: Zusätzliche Informationen drucken	394
Write	**395**
399. Write: Druckformat-Ersatz	395
400. Vorlage beim Start bereit	396
401. Auf der Suche	397
402. The Most Wanted	397
403. Klick-Art	398
404. Ein Bild in der Kopfzeile?	399
405. Heiße Tasten für Write	400
406. Speicherprobleme unter Write	400
407. Kursive Buchstaben haben's schwer	401
408. Write mag keine Draw-Objekte	402
409. Draw-Objekte trotzdem einbinden	403
410. Standard-Schriftart	403
Rechner	**405**
411. Rechnen ohne Maus	405
412. Im Matheunterricht nicht aufgepaßt!	405
Terminal	**407**
413. Nur 24 Zeilen	407

Kapitel 9   Arbeiten mit Windows-Anwendungen   409

Dateiformate   410
- 414. Welche Dateiformate werden akzeptiert?   410

Datenaustausch   411
- 415. Abkürzung für die Zwischenablage   411
- 416. Ausschneiden oder Kopieren?   411
- 417. Ein Blick in die Zwischenablage   412
- 418. Zwischengelagertes sichern   412
- 419. Mehrfachverwertung aus der Zwischenablage   413
- 420. Versteckt: Der Registrier-Editor   414
- 421. Ein Icon für den Registrier-Editor   415
- 422. Sicherheitskopie der Registrierdatei   416
- 423. Her mit der Info!   416
- 424. Direktverbindung (Embedding)   417
- 425. Datenaustausch mit Folgen (Linking)   419
- 426. Wer gibt, wer nimmt?   421
- 427. Polygamie erwünscht   422
- 428. Wer mit wem?   423
- 429. Nichts währt ewig   423

Word für Windows   425
- 430. Text pur   425
- 431. Der Klick am Rande   426
- 432. Die korrekte WinWord-Verbindung   427
- 433. Ohne Startdokument   428

Excel   429
- 434. Der rechte Klick zur rechten Zeit   429
- 435. Mehrere Dateien gleichzeitig öffnen   430
- 436. Schutzverletzung beim Start?   430

PageMaker   432
- 437.   432

Kapitel 10   Drucken   433

Drucker installieren   434
- 438. Ein neuer Drucker   434
- 439. Wo ist die Druckerliste?   434
- 440. Mehrere Drucker angeschlossen   435
- 441. Welcher Drucker soll denn rattern?   436
- 442. Individuelle Namen für die Drucker   437

Inhaltsverzeichnis

Besonderheiten beim Druck	439
443. Druck wie von Geisterhand	439
444. Drucker stets am Ball	439
445. Druck im Hintergrund	440
446. In eine Datei drucken	441
447. Immer in dieselbe Datei drucken	443
448. Windows-Datei außerhalb von Windows drucken	445
449. Druck von Texten beschleunigen	445
450. Mit Überschallgeschwindigkeit	446
451 „Nur Text" contra ATM	448
Die Drucker-Warteschlange	449
452. Die Daten des Druckauftrags	449
453. Vormogeln erlaubt	449
454. Wer blockiert die Netzwerkwarteschlange?	450
455. Druck unterbrechen	451
456. Halt! Das soll doch nicht gedruckt werden!	452
457. Die Nummer eins in der Warteschlange	452
458. Immer up to date	452
Probleme beim Druck	454
459. Der richtige Druckertreiber	454
460. Falsch verbunden	455
461. Druck – und nichts passiert...	456
462. PostScript: Störendes ^D	456
463. Falsch formatiert?	457
464. DOS-Druck unter Windows	458
465. Zeichensätze plötzlich verschwunden?	459
466. Drucken nach Beenden von Windows	459
467. Mit dem DOS-Spooler drucken	460
468. Probleme mit HP LaserJet II	461
469. Druck auf dem Kopf?	462
470. Drucker mag keine TIFF-Dateien?	463

Kapitel 11 Windows und DOS 465

PIF mit Pfiff	466
471. Wie gut, wenn man jemanden fragen kann	466
472. DOS-Anwendungen immer im Fenster	467
473. Beenden – und weg mit dem Fenster	468
474. Parameter beim Programmstart	469
475. Welcher Parameter darf's heute sein?	470
476. Doppelbedeutung von Hotkeys vermeiden	470
477. Speicher: So viel wie nötig	472
478. Abrufbereite PIFs	472

666 ganz legale Windows-Tricks

Die MS-DOS-Eingabeaufforderung	474
479. *DOS unter Windows*	*474*
480. *DOS-Eingabeaufforderung ohne Erläuterungen*	*474*
481. *Ein prägnantes DOS-Prompt*	*475*
482. *DOS-Box auf Tastendruck*	*476*
483. *Rasende DOS-Listen per Klick anhalten*	*477*
484. *Die ganze Wahrheit über DOS*	*478*
485. *DOS-Befehle, die unter Windows tabu sind*	*479*
DOS-Fenster und Icons	481
486. *Phantasievollere DOS-Icons*	*481*
487. *Wenn DOS im Fenster laufen lernt*	*482*
488. *DOS-Anwendung im Fenster oder Vollbild?*	*483*
489. *Lauter humpelnde Sprinter*	*484*
490. *Schriftart für DOS-Anwendung im Fenster*	*484*
491. *Wenn der Menüpunkt „Schriftarten" fehlt*	*485*
492. *Wenn zu wenig Schriften im Angebot sind*	*486*
493. *Mehr Zeilen im DOS-Fenster, Part I*	*487*
494. *Mehr Zeilen im DOS-Fenster, Part II*	*488*
495. *DOS im Hintergrund*	*489*
Datenaustausch	490
496. *Rein in die Zwischenablage*	*490*
497. *Raus aus der Zwischenablage*	*491*
498. *Einfügen: Ein bißchen schneller, bitte!*	*491*
499. *Einfügen – und nichts passiert?*	*492*
Hardcopys anfertigen	493
500. *DOS-Screenshots*	*493*
501. *DOS-Bild direkt an den Drucker schicken*	*494*
502. *Arbeitsbedingungen für die DOS-Box*	*495*
In Krisenzeiten	496
503. *Wenn nichts mehr geht: DOS hängt*	*496*
504. *Nach einem DOS-Absturz*	*497*
505. *Kriegen sich in die Wolle: DOS und Super-VGA*	*497*
506. *Programmumschalten nicht möglich*	*498*
507. *Nur Ärger mit dem DOS-Fenster?*	*499*
508. *Probleme beim Start einer DOS-Sitzung*	*499*
509. *DOS-Sitzung streikt immer noch*	*500*
510. *Novell-Netzwerk: DOS-Anwendung streikt*	*501*
511. *Der gefährliche Weg ins Betriebssystem*	*502*
Und tschüss!	503
512. *DOS-Anwendung beenden*	*503*
513. *DOS-Anwendung über Task-Manager beenden*	*503*
514. *DOS-Fenster: Schließen auf Doppelklick*	*504*

Inhaltsverzeichnis

	Windows und DoubleSpace	506
	515. Nur auf der „echten" DOS-Ebene starten	506
	516. Auslagerungsdatei nicht komprimieren!	507
	517. Windows-Tabus für DoubleSpace-Laufwerke	507
	518. Windows streikt nach DoubleSpace-Komprimierung	508

Kapitel 12 Windows im Netz 511

Windows für Workgroups	512
519. Soviel muß es schon sein: Die Mindestvoraussetzungen	512
520. Einer behält die Übersicht	512
521. Reger Druckverkehr in der Arbeitsgruppe	513
522. Eigene Gruppe mit Netzwerk-Tools	513
523. Macht auch „solo" einen guten Eindruck	514
524. Ohne Netz und doppelten Boden	515
525. Weg mit dem lästigen Hinweis!	515
526. Erst solo, dann im Team	517
Vernetztes	518
527. Das Allerletzte (LAN Manager)	518
528. Ohne Allerletztes (Novell)	519
529. Die Rosinen herauspicken	519

Kapitel 13 Windows optimieren 521

Virtuell, aber hilfreich: Zusätzlicher Arbeitsspeicher	522
530. Erweitert oder nicht?	522
531. Speicherausbau ohne Zusatzkosten	523
532. Permanent oder temporär?	525
533. Nicht in die Ferne schweifen	525
534. Grenzen der temporären Auslagerungsdatei	526
535. Grenzen der permanenten Auslagerungsdatei	527
536. Auslagerungsdateien einschränken	528
537. Auslagerungsdatei löschen	529
538. Ausgelagertes nieee löschen!	529
539. Neustart: jetzt oder später?	530
540. Mehr Tempo für den virtuellen Speicher	531
541. Probleme beim Auslagern	532
542. Michelangelo contra Auslagerungsdatei	533
543. Bildschirmtreiber verhindert Auslagerungsdatei	533
544. Auslagerungsdatei viel zu klein!	534
545. Virtueller Speicher wird ignoriert	534
Mehr Arbeitsspeicher für Windows	536
546. Schlummernde Speicherbereiche wecken	536
547. Mehr Speicher für Windows reservieren	537

Ein paar Bits mehr: Der 32-Bit-Zugriff — 539
548. *Der 32er Turbo-Gang* — *539*
549. *Nicht für die Kleinen: Der 32-Bit-Zugriff* — *540*
550. *32-Bit: Das Kästchen fehlt* — *540*
551. *32-Bit-Zugriff abschalten* — *541*

Zauber der Gleichzeitigkeit – Multitasking — 543
552. *Mehr Power für den Vordergrund* — *543*
553. *Die Sache mit den Prioritäten* — *544*
554. *DOS-Anwendungen den Saft abknipsen* — *545*

Windows entrümpeln — 547
555. *Der Festplatte die Sporen geben* — *547*
556. *Weg mit unnötigem Ballast* — *548*
557. *Gezielte Dateien-Diät* — *549*
558. *Windows-Komponenten hinzufügen* — *550*
559. *Brauchen Sie wirklich sooo viele Fonts?* — *551*
560. *Keine Lust auf Multimedia?* — *552*
561. *INIs entrümpeln* — *554*
562. *Alte Treibereinträge löschen* — *554*
563. *Tapeten machen lahm* — *555*
564. *Mager oder fett?* — *557*
565. *Unter Windows überflüssig: ANSI* — *558*
566. *TrueType statt ATM* — *558*

Schnelle Laufwerke — 560
567. *Das allerschnellste Laufwerk für temporäre Dateien* — *560*
568. *Variables Laufwerk für temporäre Dateien* — *561*
569. *Der Datei-Manager gibt Gas* — *562*
570. *Auslagerungsdateien auf Stacker-Laufwerken* — *563*
571. *Doppelte Festplattenkapazität: DoubleSpace* — *564*
572. *Ganz schön smart* — *564*
573. *Noch viel smarter* — *565*
574. *SmartDrive auf dem Prüfstand* — *566*
575. *Der Cache-Wächter: SmartDrive-Monitor* — *567*
576. *Klein, aber informativ: Das SmartMon-Symbol* — *568*
577. *Ein verdammt smartes Icon* — *569*
578. *SmartMon is watching you...* — *570*
579. *Cache-Einstellungen mit SmartMon verändern* — *571*
580. *Bleibende Veränderungen am Cache* — *572*
581. *Doppelt gepuffert hält besser* — *572*
582. *SmartDrive bei Doppelpufferung nicht hochladen* — *573*
583. *Doppelt oder einfach?* — *575*
584. *Das „+" macht den Weg frei* — *576*

Inhaltsverzeichnis

585. SmartMon, bitte zum Diktat!	576
586. SMARTDRV nur von der DOS-Ebene starten	578
Hardware	**579**
587. Mehr RAM	579
588. Schneller Bildschirmaufbau	580
589. Besonders schnell mit Local Bus	580
590. Alle Geschwindigkeitsrekorde brechen	581

Kapitel 14 Ratschläge 583

Das Hilfeteam	**584**
591. Hilfe auf Tastendruck	584
592. Ein Icon fürs Hilfsprogramm	585
593. Das elektronische Eselsohr	585
594. Für ganz Vergeßliche: Eselsohren en masse	587
595. Lesezeichen in allen Anwendungen	587
596. Weg mit dem Lesezeichen!	588
597. Im Hilfesystem blättern	589
598. Kommentierte Hilfe	589
599. Anmerkungen aus der Zwischenablage	590
600. Nützliche Tips in den Info-Dateien	591
601. Verstärkung für das Hilfe-Team	592
Fehlermeldungen	**594**
602. Zu wenig Umgebungsspeicher für DOS-Anwendungen?	594
603. Wenn's im Speicher zu eng wird	595
604. Falsche DOS-Version?	596
605. Den Datenaustausch auf Trab bringen	596
606. Und die Festplatte funktioniert doch...	597
607. 1 : 0 = ERROR!	598
608. Altlasten von Windows 3.0	599
609. Wo ist die Diskette?	599
610. Stacker contra Windows	600
Wenn Windows nicht so will	**601**
611. Wenn der Programm-Manager streikt	601
612. Weitere Streikbrecher	602
613. Die [Alt]-Taste „klemmt"?	603
614. Diät für die Zwischenablage	603
615. Zwischenablage blitzschnell leeren	604
616. Den Arbeitsspeicher kontrollieren	605
617. Speicherengpässe bei DOS-Anwendungen	605
618. Troublem bei Druck mit DOS-Anwendungen	606

XXIII

666 ganz legale Windows-Tricks

619. Ärger mit den seriellen Schnittstellen?	607
620. Krach zwischen Rechner und externem Gerät?	608
621. Stimmt die Adresse?	608
622. Immer schön der Reihe nach	609
623. Wer hat hier Vorfahrt?	610
624. Konflikte vermeiden – die bequemere Art	611
625. Noch 'ne Verhaltensmaßregel	612
626. Wo ist COM3:?	612
627. Das Modem will von Windows nichts wissen	614
628. Konflikt: Windows und Super-VGA-Karte	615
629. Konflikt zwischen Windows und VGA-Karte	615
630. Immer noch Ärger mit der Shell?	616
631. Dicke Luft: VSAFE und der Programm-Manager	617
632. Falscher Treiber für den SoundBlaster	618
633. Neuer Treiber für SoundBlaster 2.0	618
634. SoundBlaster: Welche Version?	619
635. Sound-Blaster Pro braucht speziellen Treiber	619
636. Treiber für Sound-Karte nicht installierbar?	620
637. Oben ohne? Bitte nicht!	621
638. Schwarze Löcher	621
639. Dr. Watson Spezial	622

Abgestürzt? 623

640. Laufwerke geändert – und nichts geht mehr?	623
641. Wenn Programmgruppen zerstört sind	624
642. Individuelle Programmgruppen wiederherstellen	625
643. Bei Reklamationen: Genaue Infos für den Händler	626
644. Sanfter Abbruch	627
645. Nach dem Abbruch	627
646. Der etwas sanftere Affengriff	628
647. Untergehen – aber mit Würde	628
648. Und noch mehr Würde	629
649. Windows-Abstürze auf IBM PS/2 verhindern	630
650. Bildschirmsalat auf IBM PS/2	631
651. Nach dem Verlassen von Windows: ¢£¤¥¨'°»*	632

Vorsorgen mit MS-AntiVirus 633

652. Den Viren auf der Spur	633
653. Alarm!!!	634
654. Michelangelo und Konsorten	635
655. Trojanische Pferde und andere gemeine Viecher	636
656. Viren-Prophylaxe	637

Inhaltsverzeichnis

Vorsorgen mit MS-Backup 639
    657. Doppelt hält besser   *639*
    658. Nur zur Probe   *640*
    659. MS Backup: Neue Hardware installiert   *641*
    660. Ein Rundum-Backup   *642*
    661. Sicherheitskopien: Immer auf dem aktuellsten Stand   *643*
    662. Einstellungen festhalten   *643*
    663. Setup-Einstellungen schwarz auf weiß   *645*
    664. Wie viele Disketten werde ich benötigen?   *645*
    665. Beim Sichern den Bauch einziehen   *646*
    666. Starten mit Komfort   *647*

Leitfaden 651

    Die besten Tricks ...   *651*

Stichwortverzeichnis 655

Vorwort

> *„Remember that all tricks are either knavish or childish."*
> *„Bedenkt, daß alle Tricks entweder schurkisch oder kindisch sind."*
>
> SAMUEL JOHNSON (1709 – 1784)

Seit die PC-Welt von der grafischen Benutzeroberfläche *Windows* regiert wird, und das wird sie heute wohl ganz ohne jeden Zweifel, meinen viele, die Bedienung des Computers sei dadurch plötzlich kinderleicht geworden. Marktstrategen mit akademischem Background (im Marketing gibt man sich gerne anglophil) sprechen natürlich nicht von „kinderleichter", sondern viel lieber von „intuitiver" Bedienung, das klingt einfach besser.

Eine Übertreibung? Fest steht jedenfalls, daß die Bedienung des PCs durch Windows unbestreitbar für die meisten leichter und bequemer wird – zwischen MS-DOS und Windows liegen, was den Bedienkomfort betrifft, tatsächlich Universen. Doch als *intuitiv* kann man die grafische Bedienoberfläche in meinen Augen sicher nicht bezeichnen, zumindest noch nicht.

Im Gegenteil. Sobald es ans „Eingemachte" geht, man sich zum Beispiel mit einer der vielen INI-Dateien beschäftigen muß, ist es mit der Intuition schnell vorbei. Dann braucht man Hinweise, wie man sein Ziel möglichst schnell und sicher erreicht. Manual und Referenzbuch helfen da oft genug nicht weiter, und zwar einfach deshalb, weil die Informationen schlichtweg fehlen oder irgendwo im Buch versteckt sind. Das Auffinden der benötigten Informationen dauert eine halbe Ewigkeit oder ist oft sogar unmöglich.

In solchen Situationen helfen praktische Tips weiter, Tips, die ganz gezielt erklären, wie man ein Problem löst oder sogar vermeidet, wie man sein Ziel schneller und bequemer erreicht oder schlichtweg mehr aus dem System herausholt. Natürlich ist es auch immer interessant zu erfahren, wie man etwas erreichen kann, was gemeinhin als „unmöglich" gilt – das hat einen ganz besonderen Reiz. Windows ist ein flexibles Werkzeug, und nicht alles, was damit möglich ist, konnten die Entwickler oder gar die Handbuchautoren voraussahnen. Deshalb sind einige Möglichkeiten versteckt – man muß sie nur ausgraben.

Und das ist aufwendig: Zusammen mit meiner Mitarbeiterin Anja Schriever habe ich über ein Jahr lang recherchiert (in Zeitungen, Zeitschriften, Newslettern, Büchern, Datenbanken, On-Line-Foren, Mailboxen, Datendiensten, Gesprächen, Leserbriefen und last not least eigenen Aufzeichnungen), um möglichst viele interessante und praktische Tips, Tricks und Kniffe ausfindig zu machen, die den Umgang mit Windows erleichtern.

Stellt sich die Frage, wann ein Tip ein wirklicher Tip ist, wann er also abgedruckt gehört, um möglichst vielen Lesern nützlich zu sein. Mein Wörterbuch, der Brockhaus-Wahrig, umschreibt einen Tip als „Wink, Hinweis auf eine Erfolgsmöglichkeit, Rat". Das reicht natürlich noch nicht, denn hätten wir alles gedruckt, was als „Hinweis auf eine Erfolgsmöglichkeit" bezeichnet werden könnte, wäre dieses Buch noch um ein Vielfaches dicker geworden.

Deshalb mußte ich selektieren – wirklich keine einfache Aufgabe! Letztlich habe ich mich für jene Tips entschieden, die mir a) besonders nützlich erscheinen, b) für Windows-Benutzer nicht als Allgemeinwissen gelten und c) eine Mehrheit der Leser interessieren müßten. Welche Tips diesen Ansprüchen genügen, können Sie in diesem Buch nachlesen. Ich bin davon überzeugt, daß wirklich für jeden eine ganze Menge dabei sein müßte.

Interessanterweise ist es so, daß Tips schnell ihren Reiz verlieren. Hört oder liest man einen Tip zum ersten Mal, ist man oft ganz begeistert. Beim nächsten Mal, wenn einem der Tip schon bekannt ist, ist man schon nicht mehr ganz so entzückt, man ist möglicherweise sogar geneigt, den Tip gar nicht mehr als solchen zu bezeichnen (alle anderen, die den Tip noch nicht kennen, können diese Gelassenheit nicht nachvollziehen). Genau auf dieses Phänomen wollte Samuel Johnson wohl hinweisen.

Ich möchte es nicht versäumen, mich an dieser Stelle noch bei all den fleißigen Leuten zu bedanken, die mich bei der Entstehung dieses Buchs so tatkräftig unterstützt haben. An allererster Stelle muß Anja Schriever genannt werden, die große Teile der Recherche und der Buchvorbereitung übernommen hat. Daniel Danhäuser, der Projektmanager (immer noch in Köln lebend), hat die Entstehung dieses Buches überwacht und dafür gesorgt, daß alles termingerecht über die Bühne gegangen ist.

Besonders gerne arbeite ich auch mit Michal Obszarski zusammen, unserem Grafiker und Layouter, der selbst bei größter Hektik noch mit zumindest äußerer Gelassenheit arbeitet und dem wir das Layout dieses Buches zu verdanken haben. Euch allen vielen Dank für die tatkräftige Unterstützung, das Engagement und die wirklich tolle Zusammenarbeit. Es drohen weitere Projekte!!

Vorwort

Ein Dankeschön verdienen auch die Unternehmen Microsoft, Lotus, Symantec und Borland, deren prominenteste „Köpfe", namentlich Bill Gates, Jim Manzi, Peter Norton und Philippe Kahn, jeweils drei Tips zu diesem Buch beigesteuert haben. Die Pressestellen dieser Unternehmen haben es möglich gemacht, daß wir die Prominententips hier abdrucken können. Dafür und für die ungewöhnliche „Patenschaft" vielen Dank.

Ein ehrlich gemeintes *Thank You* noch an alle amerikanischen Mitarbeiter der Microsoft Corporation, die mir bei einigen kniffligen Fragen geholfen haben, und das oft schneller, als ich das erwarten konnte. CompuServe sei dank.

Doch was wäre ein Buch ohne seine Leser? Aus genau diesem Grund danke ich auch Ihnen, daß Sie mir Ihr Vertrauen geschenkt und dieses Buch gekauft haben. Ich hoffe, daß Ihnen das vorliegende Buch gefällt und Sie jede Menge nützlicher Informationen darin finden. Viel Spaß beim Schmökern!

Jörg Schieb, im Januar 1994

Zu diesem Buch

Das vorliegende Buch basiert auf jeder Menge Recherchearbeit. Wir haben in Büchern, Zeitschriften, Newslettern, Datenbanken und On-Line-Datendiensten nach Daten und Fakten Ausschau gehalten und alles gesammelt, was für die Arbeit mit Windows 3.1 von Interesse sein könnte. Natürlich haben wir alles erst einmal ausführlich auf Herz und Nieren geprüft. Dabei sind wir auf jede Menge interessanter Informationen gestoßen, die uns – und sicher auch Ihnen – vorher oft gar nicht oder nicht in dieser Form bekannt waren.

Nun sind vertrauliche Informationen nicht immer für jeden zugleich neue Informationen, denn Tips und Tricks sind eine nur allzu leicht verderbliche Ware. Was Sie hier lesen, wird sicher schon bald in allen möglichen Fachzeitschriften nachzulesen sein und dann womöglich nicht mehr als brandneu gelten. Doch das ist in meinen Augen gar nicht tragisch, da ein Buch wie dieses einen ganz anderen Vorteil hat: Es bündelt die für Sie interessanten Informationen, jederzeit nachschlagbar. Der Nußkuchen wird ja auch nicht für jedes Backbuch neu erfunden...

Klar ist auch, daß sich nicht jeder über jede Information wird begeistern können. Dafür sind einfach die Kenntnisse zu verschieden, mit denen sich jeder von Ihnen an den PC setzt. Doch es geht mir in den „666 ganz legalen Windows-Tricks" auch weniger darum, Sie in Erstaunen zu versetzen, als vielmehr, Ihnen wichtige und praktische Hinweise für das optimale Arbeiten mit Windows zu geben.

Wie Sie sich in diesem Buch zurechtfinden

666 Tricks und Tips rund um Windows – das ist fraglos eine ganze Menge! Damit Sie sich in diesem Informations-Pool nicht verirren, habe ich das Buch mit verschiedenen Ordnungssystemen ausgestattet, die den Zugriff auf die Informationen erleichtern sollen.

Das Buch besteht aus vierzehn Kapiteln (eins interessanter als das andere) und einem Anhang. Die Kapitel sind nach Aufgabengebieten gegliedert und nicht nach durch das System festgelegten Einheiten wie Programm-Manager, Datei-Manager, Installation etc., wie das vielen Nachschlagewerken – zu Recht(!) – der Fall ist.

Da ich Ihnen knackige und vor allem sofort anwendbare Hilfen für die Arbeit bieten möchte, ist es in meinen Augen nur konsequent, wenn das Buch entsprechend nach *Aufgaben* gegliedert ist. Die Aufgaben sind also die Themen.

Zu diesem Buch

Die Themen in diesem Buch

Am besten, Sie sehen im Inhaltsverzeichnis nach, wenn Sie wissen möchten, an welcher Stelle welches größere Themengebiet behandelt wird. Sie finden dort, nach Kapiteln gegliedert, Aufgabengebiete wie zum Beispiel „Drucken" oder „Windows und DOS". Jedes Kapitel enthält wiederum Unterkapitel, die dann die eigentlichen Tips preisgeben. Sie haben in diesem Buch an keiner Stelle mehr als zwei Gliederungsebenen, das macht den Zugriff leicht und bequem.

Die Zielgruppen der Tricks

Da sich die Tips und Tricks an unterschiedliche Zielgruppen richten, das liegt in der Natur der Sache, habe ich jeden Trick zusätzlich klassifiziert. Es gibt Tips für Einsteiger, Fortgeschrittene (sprich: erfahrene Anwender) und Profis. Für welchen Wissensstand ein Tricks jeweils geeignet ist, erkennen Sie an dem Symbol vor dem jeweiligen Text: ... vor dem jeweiligen Text: Es stellt die verschiedenen Zielgruppen dar. (Was, Sie erkennen sich nicht...?)

Tricks, die mit diesem Icon versehen sind, versüßen Ihnen den Einstieg in die Windows-Welt. Sie benötigen kaum Vorwissen, um diesen Trick einzusetzen.

Befindet sich das Männchen auf der Mitte der Leiter, handelt es sich um einen Trick für den fortgeschrittenen Anwender. Haben Sie bereits etwas Erfahrung im Umgang mit Windows, und sind Sie auf der Suche nach Kniffen, die Ihnen den Windows-Alltag erleichtern, halten Sie nach diesen Tricks Ausschau.

Sind Sie oben auf der Leiter angekommen, sind Sie schon ein echter Windows-Profi. Da können Sie wirklich nur noch nach den Sternen am Windows-Himmel greifen. Tricks mit diesem Icon liefern hauptsächlich ausgekochte Systemtüfteleien, die dem Windows-Freak bei der Optimierung seines Systems helfen.

Natürlich kann ich Ihnen nur empfehlen, ohne Vorbehalte in allen Tricks herumzustöbern, die Sinnbilder sollen lediglich bei der Orientierung helfen und keineswegs vor neugieriger Lektüre abhalten. Haben Sie die Tricks der ersten beiden Schwierigkeitsstufen nachvollzogen, steht der Lektüre der Tips für Profis nichts mehr im Wege.

Vielleicht merken Sie schon bald: Windows-Profi zu werden, ist mit diesen Tricks gar nicht so schwer!

Zum Schluß: Verschiedene Benutzertypen

Damit Sie sich so leicht wie möglich in all den Tricks zurechtfinden, haben wir uns für Sie als Extra-Service noch ein zusätzliches Inhaltsverzeichnis ausgedacht, eine Art *Leitfaden*. Er orientiert sich, anders als das themenbezogene Inhaltsverzeichnis vorne im Buch, an den verschiedenen Arten von Windows-Benutzern. Schließlich hat jeder andere Vorlieben und Interessen, die seinen persönlichen Umgang mit der grafischen Benutzeroberfläche bestimmen. Diesen Leitfaden, der zum Beispiel dem Benutzer eines Tragbaren genau sagt, auf welche Tips er achten sollte, finden Sie im Anhang des Buches.

Zu diesem Buch

Schreiben Sie...

Ich schreibe meine Bücher nicht für mich, liebe Leserinnen und Leser, sondern für *Sie*. Deshalb bin ich auch brennend an Ihrer Meinung interessiert. Wenn Sie Lust haben, lassen Sie mich doch bitte wissen, was Ihnen besonders gut an diesem Buch gefallen hat, aber auch, was eventuell weniger. Ferner interessiert es mich, was Sie im Buch vermissen, welche Probleme Sie möglicherweise mit Windows haben oder welches Sie bereits lösen konnten. Greifen Sie zur Feder und meckern, loben, toben, rühmen und ermuntern Sie! Jeder Brief ist willkommen.

Besonders praktisch sind Zusendungen über die elektronischen Netze. Sofern Sie Zugriff darauf haben, senden Sie mir Ihre Anregungen doch bitte an eine der unten aufgeführten elektronischen Adressen, sozusagen meine Büros in der virtuellen Welt. Oder schreiben Sie an den SYBEX-Verlag, der Ihren Brief gerne an mich weiterleitet.

Verlagsadresse

SYBEX Verlag GmbH
Jörg Schieb
Erkrather Str. 345-349
40231 Düsseldorf

Elektronische Postfächer

Meldungen via CompuServe oder Internet sind mir besonders willkommen, da sie sich rasch und bequem bearbeiten lassen. Wenn Sie Zugang zu elektronischen Datendiensten wie CompuServe, Internet oder FidoNet haben, dann senden Sie mir Ihre Meinung einfach an folgende Adresse:

CompuServe: 70007,6522
Internet: 70007.6522@CompuServe.Com
Internet: joergi@well.sf.ca.us
Fido: JOERG SCHIEB@2:2441/101.10

Kapitel 1
Die Prominenten-Tips

Bill Gates, Microsoft   10

Philippe Kahn , Borland   14

Peter Norton, Symantec   18

Jim Manzi, Lotus   22

Bill Gates Microsoft

Bringen Sie Farbe ins Hilfesystem

Das Hilfesystem ist ohne Frage eine nützliche Sache: Ein paar Klicks mit der Maus, und schon wird man mit Ratschlägen zur aktuellen Situation versorgt. Doch wer häufiger mit der On-line-Hilfe arbeitet, möchte vielleicht die Farben des Hilfesystems nach eigenem Geschmack bestimmen. Die Steuerungskomponente *Farben* in der *Systemsteuerung* hilft da leider nicht weiter.

> **Tip 1**
> *Gestalten Sie trotzdem Ihr individuelles Hilfesystem, indem Sie entsprechende Anweisungen in der Systemdatei WIN.INI eintragen.*

Grün ist die Farbe der Hoffnung, mögen sich die Designer des Hilfesystems gedacht haben. Jedenfalls sind alle Zeilen im Hilfesystem, die zu ausführlicheren Hilfen führen, giftgrün. Wer Giftgrün nicht gerade zu seinen Lieblingsfarben rechnet, der kann diese unterstrichenen Zeilen anders kolorieren. Dazu laden Sie die Datei WIN.INI am besten in den Editor. Danach suchen Sie nach der Sektion:

`[WindowsHelp]`

Hier finden Sie die Zeile:

`JumpColor=000 127 000`

Die drei Zahlengruppen stehen für die Anteile der Grundfarben Rot, Grün und Blau. Hier sind jeweils Werte von 0 bis 255 möglich. Der voreingestellte Wert 000 127 000 bedeutet also: Kein Rot, ziemlich viel Grün, kein Blau.

Nun verändern Sie diese Werte einfach nach Ihrem persönlichen Geschmack. Mögen Sie vielleicht ein kräftiges Rot mit einem zarten Blaustich? Dann versuchen Sie doch mal die folgende Kombination:

`JumpColor=200 000 050`

Oder wie wär's mit einem satten Blau, das Anklänge von Rot und Grün nur noch ahnen läßt? Bitte schön:

`JumpColor=040 040 155`

1 • Die Prominenten-Tips

Probieren Sie aus, welche Farbe Ihnen am besten gefällt. Wenn Sie die geänderte Datei WIN.INI gespeichert haben, werden die neuen Farben sofort übernommen.

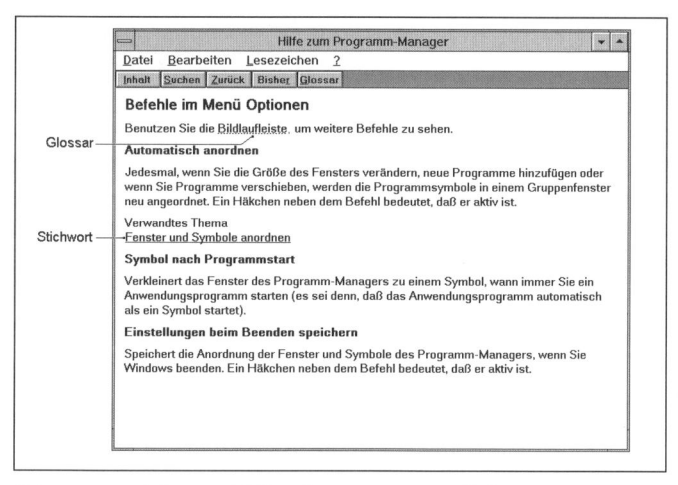

Die unterstrichenen Zeilen kann man umfärben

Mehr Tempo für den virtuellen Speicher

Wie Sie vielleicht wissen, werden – wenn Sie auf Ihrem Rechner virtuellen Arbeitsspeicher eingerichtet haben – zwischen der Festplatte und dem Arbeitsspeicher Ihres Rechners unbemerkt und ständig Daten ausgetauscht. Windows bewältigt diesen Datenaustausch über spezielle Zwischenspeicher (Puffer), standardmäßig gibt es genau vier davon. Wenn Sie den 32-Bit-Zugriff (FastDisk) aktiviert haben, können Sie den Weg der Daten von der Festplatte (Auslagerungsdatei) in den Arbeitsspeicher (RAM) ein wenig beschleunigen.

Tip 2

Erhöhen Sie die Anzahl der internen Zwischenspeicher (Puffer), die Windows für den Datenaustausch des virtuellen Speichers verwendet, um die Performance zu verbessern!

Denn grundsätzlich gilt: Je mehr Puffer, desto mehr Daten können pro Festplattenzugriff an ihr Ziel transportiert werden, und das beschleunigt gewöhnlich das Arbeiten.

Um die Anzahl der Puffer für den virtuellen Speicher zu erhöhen, ist allerdings ein zusätzlicher Eintrag in der Ihnen sicher wohl bekannten Windows-Systemdatei SYSTEM.INI notwendig. Laden Sie die Datei in einen geeigneten Editor, und suchen Sie dort nach der Sektion:

`[386Enh]`

Danach fügen Sie in dieser Sektion bitte folgende Anweisung ein:

`PageBuffers=8`

> *Hinweis: Hinter dem Gleichheitszeichen können Sie jede Zahl zwischen 4 und 32 angeben. Bedenken Sie aber bitte, daß jeder Puffer rund 4 KByte RAM benötigt. Das wären bei 32 Puffern schon 128 KByte. Müssen Sie mit Ihrem Arbeitsspeicher besonders sparsam umgehen, probieren Sie aus, was den größeren Performance-Gewinn bringt: Mehr Puffer und dafür etwas weniger Arbeitsspeicher oder etwas mehr Arbeitsspeicher und dafür ein paar Puffer weniger.*

Und noch ein Tip: Haben Sie die Systemdatei SYSTEM.INI verändert, dann speichern Sie sie. Damit die Änderungen wirksam werden, müssen Sie Windows nun erneut starten.

Schlummernde Speicherbereiche wecken

Wer Windows unter MS-DOS 6 laufen läßt, sollte auf jeden Fall die verbesserte Speicherverwaltung der neuen Betriebssystem-Version nutzen. Bislang ungenutzte Teile im Speicherbereich zwischen 640 und 1024 KByte können jetzt ausgeschöpft werden - was MS-DOS und Windows gleichermaßen zugute kommt.

Tip 3

Wenn Sie einen Farbmonitor verwenden, reservieren Sie den Teil des oberen Speicherbereichs, der eigentlich für die Monochromdarstellung vorgesehen ist, für Windows!

Wer mit Windows arbeitet, verwendet in aller Regel einen Farbbildschirm. Haben Sie Abschied von Ihrem Monochrom-Monitor genommen (oder niemals einen besessen), können Sie einen zusätzlichen Speicherbereich für Windows freisetzen.

Der Speicherbereich zwischen den Adressen B000 und B7FF ist normalerweise für den Treiber von monochromen Grafikkarten vorgesehen. Wird kein Monochromgerät verwendet, liegt dieser Speicherbereich brach.

1 • Die Prominenten-Tips

Das muß nicht sein. Weisen Sie doch deshalb das Betriebssystem durch eine Änderung in der Konfigurationsdatei CONFIG.SYS an, diese Speicherbrache zu nutzen. Laden Sie dazu die Datei CONFIG.SYS in einen Editor, und fügen Sie dort die folgende Zeile ein:

`device=c:\dos\emm386.exe noems ram I=B000-B7FF`

Danach speichern Sie die erweiterte Systemdatei und booten Ihren Rechner neu. Starten Sie Windows aber nicht sofort - andernfalls wäre ein Absturz vorprogrammiert. Denn Windows muß zuerst auf die Benutzung des freigelegten Speicherbereichs vorbereitet werden. Was Sie mit nur einem Eintrag in der Windows-Systemdatei SYSTEM.INI erledigen können. Laden Sie SYSTEM.INI in einen Editor, und suchen Sie die Sektion:

`[386Enh]`

In dieser, Ihnen sicher nicht mehr ganz unbekannten Sektion fügen Sie folgende Anweisung ein (sicherheitshalber sollten Sie prüfen, ob es die Zeile nicht bereits gibt, was aber eher ungewöhnlich wäre):

`device=c:\dos\monoumb.386`

Jetzt können Sie Windows wie gewohnt starten. Ab sofort steht Ihnen für Ihre Arbeit mit Windows-Anwendungen mehr Arbeitsspeicher zur Verfügung als bisher – Sie werden sehen!

666 ganz legale Windows-Tricks

Philippe Kahn
Borland

Wenn die dritte serielle Schnittstelle fehlt

Die seriellen Schnittstellen sind unter Windows ja immer für eine Überraschung gut. Bislang dachte ich immer, es könnte nur Probleme geben, wenn man zu wenig serielle Schnittstellen hat. Doch es kann auch anders kommen: Wenn in Ihrem Rechner nämlich eine serielle Schnittstelle eingebaut ist, die auf den Namen COM4 hört, aber keine mit der Bezeichnung COM3, kommt Windows ein wenig durcheinander. Was zu Problemen führen kann, etwa wenn Sie an dieser vierten seriellen Schnittstelle ein Modem anschließen möchten - vorausgesetzt, die erste und zweite serielle Schnittstelle sind schon belegt, zum Beispiel durch Maus und Laserdrucker.

> **Tip 4**
>
> Teilen Sie es der Windows-Systemdatei SYSTEM.INI unbedingt mit, wenn die dritte serielle Schnittstelle nicht eingebaut sein sollte.

Der Treiber für die seriellen Schnittstellen, COMM.DRV, erwartet, daß die Adresse der vierten seriellen Schnittstelle innerhalb der BIOS Address Table (BDA) rechts neben der dritten liegt. Wenn eine Schnittstelle nun aber physikalisch nicht vorhanden ist, aber trotzdem in der BDA eingetragen ist, müßte man der BDA eigentlich das Fehlen der Schnittstelle mitteilen, sie also korrigieren. Das ist aber sehr kompliziert und erfordert eine Menge Fachwissen.

Für den Betrieb unter Windows reicht es, einen entsprechenden Hinweis in die Windows-Systemdatei SYSTEM.INI aufzunehmen. Ohne diese Änderung denkt Windows, es gäbe keine vierte Schnittstelle und weist der (fehlenden) dritten Schnittstelle die Adresse der (real vorhandenen) vierten COM-Schnittstelle zu.

Daß es dabei zu einem ziemlichen Datensalat kommen kann, ist nicht weiter verwunderlich, finde ich. Um genau das zu vermeiden, laden Sie die Datei SYSTEM.INI in einen Editor. Danach suchen Sie nach der Sektion:

```
[386 Enh]
```

und tragen dort die folgende Anweisung ein:

```
COM3IRQ=-1
```

1 • Die Prominenten-Tips

Dadurch weist man Windows darauf hin, daß keine dritte serielle Schnittstelle vorhanden ist. Außerdem ist es notwendig, Windows die korrekte Adresse und den IRQ der vierten Schnittstelle mitzuteilen. Fügen Sie dazu in den gleichen Abschnitt [386 Enh] folgende zwei Zeilen ein:

```
COM4Base=2E8
COM4IRQ=3
```

Speichern Sie danach die veränderte Systemdatei. Nach dem nächsten Windows-Start weiß Windows endlich, welche Schnittstelle wohin gehört.

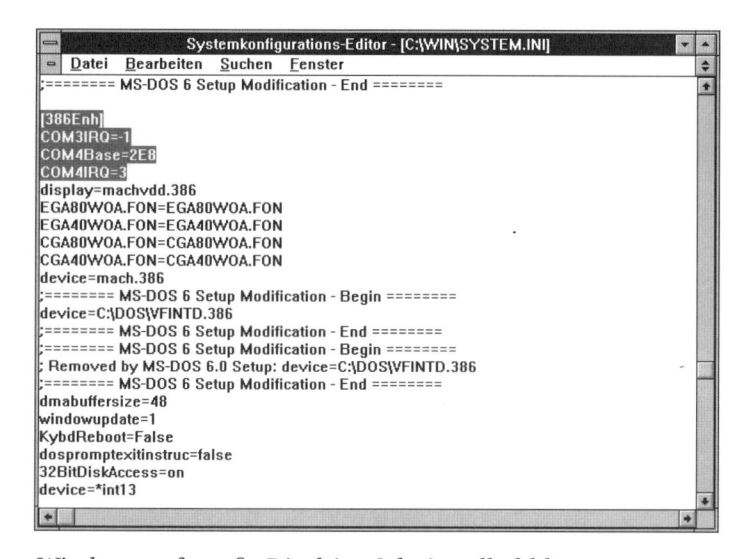

Windows, aufgepaßt: Die dritte Schnittstelle fehlt

Der Datei-Manager auf der Überholspur

Im Vergleich zu Windows 3.0 ist der Datei-Manager von Windows 3.1 schon ein wahrer Sprinter geworden (wenn Sie erst mit Windows 3.1 begonnen haben und diese Bemerkung nicht nachvollziehen können: Glück gehabt!). Doch Sie können den Dateien-Jongleur auf ungeahnte Bestzeiten trainieren!

Tip 5

Um den Datei-Manager immer möglichst rasch zu starten, sollten Sie ihn von der RAM-Disk aus starten!

15

Das geht natürlich nur, wenn Sie auf Ihrem Rechner eine RAM-Disk eingerichtet haben, sie muß auch nicht groß sein. Kopieren Sie die Startdatei des Datei-Managers, WINFILE.EXE heißt sie, vom Windows-Systemverzeichnis auf die RAM-Disk. Möchten Sie, daß der Datei-Manager nicht nur einmal, sondern grundsätzlich von der RAM-Disk aufgerufen wird, fügen Sie der Startdatei AUTOEXEC.BAT folgende Anweisung hinzu:

```
copy c:\windows\winfile.exe f:
```

Für den Fall, daß Ihre RAM-Disk eine andere Laufwerkskennung trägt als auf meinem Rechner (F:), passen Sie die Anweisung bitte entsprechend an.

Jetzt müssen Sie allerdings noch den Pfad aktualisieren, der im Programm-Manager zur Programmdatei des Datei-Managers gelegt ist. Markieren Sie dazu im Programm-Manager das Programm-Icon des Datei-Managers, und betätigen Sie die Tastenkombination [Alt][↵]. Tragen Sie in der *Befehlszeile* den neuen Pfad ein, also für die RAM-Disk F:

```
f:\winfile.exe
```

Danach beenden Sie Windows erst einmal. Starten Sie den Rechner neu. Wenn Sie nun auch noch Windows neu starten, können Sie Ihren Datei-Manager ab sofort von der schnellen RAM-DISK aus laden.

Halt die Klappe, Windows!

Sie kennen das: Wenn Sie etwas falsch gemacht haben, piept Windows beleidigt – manchmal nur einmal, manchmal aber auch öfters. Das ist natürlich durchaus sinnvoll, macht das Warnsignal Sie in vielen Fällen doch erst auf eine ungewöhnliche Situation aufmerksam. Dennoch gibt es Situationen, in denen das Piepen einfach stört: Zum Beispiel, wenn Sie mit Ihren Nerven sowieso schon am Ende sind, oder Ihr Partner wegen des „Computer-Lärms" partout nicht einschlafen kann, oder wenn Sie mit einem Laptop im Zugabteil oder Flugzeug sitzen etc.

Tip 6

Wenn es Sie stört, daß Windows bei jeder Fehlbedienung einen Laut von sich gibt, dann schalten Sie das Warnsignal durch eine Änderung in der WIN.INI doch einfach ab!

1 • Die Prominenten-Tips

Laden Sie die Systemdatei WIN.INI dazu in einen geeigneten Editor. Suchen Sie dann nach der Sektion [windows], und tragen Sie dort die folgende Anweisung ein (bzw. korrigieren Sie die Zeile, wenn sie derzeit anders lautet):

```
beep=no
```

Danach speichern Sie die Systemdatei. Windows verstummt erst, nachdem Sie die Benutzeroberfläche verlassen und erneut gestartet haben.

Der Warnton sollte wirklich nur in besonderen Fällen ausgeschaltet werden. Sonst entgehen Ihnen früher oder später durch Fehlbedienung bedingte Situationen, die den Programmablauf beeinträchtigen könnten.

Wollen Sie das Tonsignal wieder einschalten, so ist das natürlich jederzeit möglich. Löschen Sie dazu die *beep*-Anweisung, oder geben Sie folgendes ein:

```
beep=yes
```

Sofern in Ihrem Rechner eine Soundkarte oder ein Treiber für den PC-Lautsprecher installiert ist, enthält die Systemsteuerung eine Funktion Klang, in der Sie den Warnton komfortabel durch Mausklick abschalten können. In diesem Fall können Sie sich das Bearbeiten der WIN.INI ersparen. Sehen Sie deshalb am besten zuerst einmal in der Systemsteuerung nach.

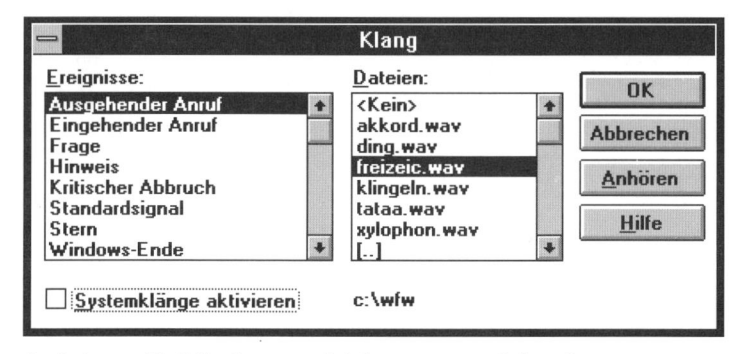

So bringen Sie Windows am leichtesten zum Schweigen

Peter Norton Symantec

32-Bit: Das Kästchen fehlt

Wenn in der Dialogbox *Virtueller Speicher* die Option *32-Bit-Zugriff benutzen* fehlt (respektive abgeblendet dargestellt ist, ist das in aller Regel ein sicheres Anzeichen dafür, daß Ihr System über keinen Western-Digital-kompatiblen Festplatten-Controller verfügt. Der spezielle 32-Bit-Treiber zur Beschleunigung von Festplattenzugriffen unterstützt nur WD-kompatible Controller. Allerdings kann sich das Windows-Setup-Programm auch irren.

Tip 7

Sind Sie sicher, daß Ihr Rechner einen 32-Bit-Zugriff verkraftet, zwingen Sie Windows einfach zur Anzeige der entsprechenden Option!

Diesen „Zwang" können Sie ausüben, indem Sie eine Änderung in der Windows-Systemdatei vornehmen. Laden Sie die Datei SYSTEM.INI in einen geeigneten Editor, und tragen Sie in der Sektion [386Enh] folgende Anweisung ein:

```
32BitDiskAccess=yes
```

Möchten Sie den 32-Bit-Zugriff nicht nur als Option anzeigen lassen, sondern gleichzeitig auch aktivieren, fügen Sie außerdem die folgende Anweisung ein:

```
32BitDiskAccess=on
```

Nachdem Sie die Datei gespeichert, Windows beendet und die grafische Benutzeroberfläche erneut gestartet haben, verwendet Windows bei Festplattenzugriffen automatisch den schnellen 32-Bit-Zugriff.

Hinweis: Wenden Sie diesen Trick bitte wirklich nur dann an, wenn Sie sich absolut sicher sind, daß Ihr Controller einen 32-Bit-Zugriff verkraftet. Sehen Sie ggf. in der Dokumentation zu Ihrer Hardware nach.

1 • Die Prominenten-Tips

Schriften per Drag and Drop installieren

Gehören Sie auch zu den Menschen, die von zusätzlichen TrueType-Schriften gar nicht genug bekommen können? Dann wissen Sie auch, daß das Installieren dieser Fonts recht mühselig sein kann, insbesondere dann, wenn sich die Schriftdateien verstreut in verschiedenen Verzeichnissen auf der Festplatte befinden. Würden Sie die Fonts auf dem herkömmlichen Weg installieren, müßten Sie ständig den genauen Pfad zur Schriftdatei angeben. Zum Glück ist dagegen ein Kraut gewachsen.

Tip 8

Benutzen Sie den Datei-Manager, und ziehen Sie die gewünschte Schriftdatei mit Hilfe der Maus einfach in das Schriftarten*-Fenster der Systemsteuerung!*

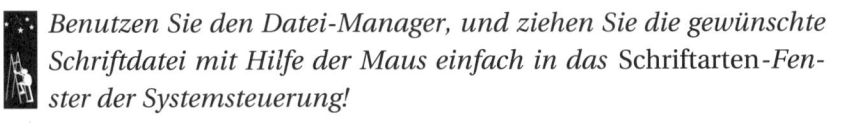

Ordnen Sie dazu den Bildschirm so an, daß der Datei-Manager und das *Schriftarten*-Fenster der Systemsteuerung beide gut zugänglich sind; Sie müssen dazu das Icon *Schriftarten* in der Systemsteuerung doppelt angeklickt haben, denn in das Icon kann man die Schriften leider nicht ziehen. Markieren Sie dann die Font-Dateien, die Sie installieren wollen: TrueType-Fonts tragen die Endung .TTF. Ziehen Sie nun die markierten Dateien bei gedrückter Maustaste in das *Schriften*-Fenster der Systemsteuerung. Sobald Sie sie dort loslassen, werden die TrueTypes installiert.

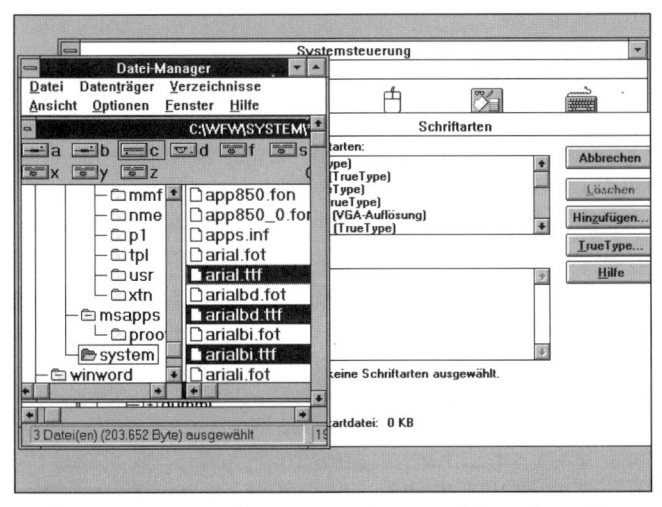

So können Sie Fonts bequem per Drag and Drop installieren

19

Tarnkappe für Systemsteuerungs-Icons

Die Icons der Systemsteuerung spielen im Vergleich zu ihren Icon-Kollegen im Programm-Manager eine Extrawurst, denn sie lassen sich weder verschieben, noch kopieren, noch löschen. Sie treten nur im Rudel auf. Oder etwa doch nicht?

Tip 9

Teilen Sie Windows mit, welche Komponenten der Systemsteuerung tabu sein sollen! Dadurch erreichen Sie, daß bestimmte Funktionen gar nicht erst zur Anzeige gelangen.

Durch eine Veränderung in der Systemdatei CONTROL.INI können Sie verhindern, daß bestimmte Icons innerhalb der Systemsteuerung angezeigt werden. Dahinter verbirgt sich aber nicht nur eine kosmetische Maßnahme, sondern eine Möglichkeit, die viele PC-Besitzer (vor allem Systemadministratoren von Netzwerken) begrüßen werden: Die Steuerungskomponenten, die nicht angezeigt werden, werden beim Start der Systemsteuerung auch nicht geladen. Sind Sie der Meinung, daß Sie auf bestimmte Steuerungskomponenten gut und gerne verzichten können, unterdrücken Sie den Ladevorgang dieser Anwendungen - was nicht nur verhindert, daß jemand Korrekturen an den Systemkomponenten vornehmen kann, sondern auch Zeit sparen hilft, da die Systemsteuerung dann schneller auf dem Bildschirm erscheint.

Laden Sie dazu die Systemdatei CONTROL.INI in einen geeigneten Editor. Fügen Sie am Ende der Systemdatei die in aller Regel nicht existierende Sektion namens [don't load] ein. (Einprägsamer Name, finden Sie nicht?)

Geben Sie dann, getrennt und jeweils in einer Zeile, diejenigen Komponenten der Systemsteuerung an, die *nicht* angeboten werden sollen (die Namen der Komponenten erscheinen unterhalb der Sinnbilder in der Systemsteuerung, verwenden Sie bitte genau *diese* Namen), jeweils gefolgt von einem Gleichheitszeichen und dem Wort TRUE. Verwenden Sie dazu jeweils die Beschreibung, die in der Unterzeile des entsprechenden Icons zu lesen ist.

Hinweis

Ganz wichtig ist, daß Sie das richtige Apostrophzeichen verwenden. Es muß das ganz gerade Apostroph sein, das Sie durch die Taste # *erzeugen, wenn Sie gleichzeitig* ⇧ *betätigen; die „schiefen" Apostrophzeichen funktionieren nicht. Nichts kann schiefgehen, wenn Sie die Systemdatei CONTROL.INI mit Hilfe eines MS-DOS-Editors bearbeiten.*

1 • Die Prominenten-Tips

Möchten Sie zum Beispiel, daß das Icon für die Drucker- und das für die Treibersteuerung *nicht* angezeigt werden, so sehen die dafür erforderlichen Anweisungen wie folgt aus:

```
[don't load]
drucker=true
treiber=true
```

Haben Sie die Änderungen vorgenommen, speichern Sie die Datei. Starten Sie danach die Systemsteuerung erneut.

> *Wenn Sie hier alle Komponenten der Systemsteuerung aufführen, erscheint beim Laden der Systemsteuerung nur eine leere Dialogbox. Vielleicht merken Sie sich diesen Trick, um einen besonders netten Kollegen damit mal zu überraschen...*

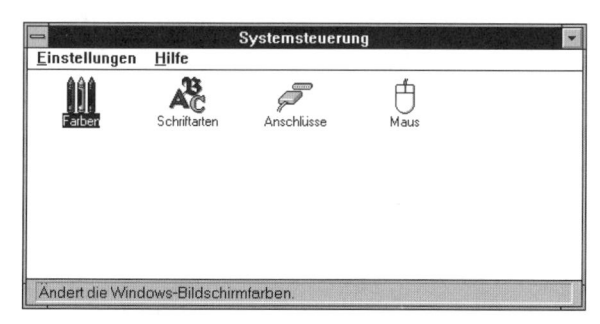

Da fehlt doch die Hälfte...

666 ganz legale Windows-Tricks

Jim Manzi
Lotus

Der geheime Weg zur Bildschirmauflösung

Was tun Sie, wenn Sie wissen möchten, welche Bildschirmauflösung Ihnen gerade geboten wird? Sie suchen nach dem Handbuch zum Monitor (na, wo ist es denn???) und blättern in der Rubrik „Technische Daten" herum? Dasselbe wiederholen Sie dann für die Grafikkarte, da die ja eigentlich für die Auslösung verantwortlich ist? Oder Sie rufen in Ihrer Verzweiflung einen Freund an, verabreden sich für nächste Woche mit ihm, damit er Ihnen ein Systemanalyse-Programm vorbeibringt? Ja, so geht's natürlich auch. Doch ich habe eine Methode auf Lager, die Sie wesentlich müheloser zu Ihrem Ziel bringt.

Tip 10

Wenn Sie die genaue Auflösung wissen wollen, mit der Sie gerade arbeiten, dann lassen Sie das Windows-eigene Malprogramm Paintbrush *für Sie die Bildschirmauflösung ermitteln!*

Das Maß, in dem die Bildschirmauflösung angegeben wird, lautet „dpi" - was soviel heißt wie „Dots per Inch". Und das heißt übersetzt „Pixel pro Zoll". In dieser Übersetzung liegt der Schlüssel zum Geheimweg. Bevor Sie sich auf diesen begeben, starten Sie zuerst - ganz und gar nicht geheimnisvoll - das Malprogramm *Paintbrush*. Wählen Sie dort den Befehl *Optionen>Bildattribute*. Es erscheint eine Dialogbox, in der normalerweise die Höhe und die Breite des Bildes angegeben wird.

Mit einem kleinen Kniff teilt Ihnen diese Dialogbox auch die Bildschirmauflösung mit. Klicken Sie dazu zuerst auf die Option *Zoll*. Geben Sie danach in den Feldern *Breite* und *Höhe* den Wert 1 ein. Wenn Sie nun auf *Pixel* klicken, weist *Paintbrush* den entsprechenden Pixelwert aus. Und schon haben Sie die Antwort auf Ihre Frage: Die Zahl, die jetzt erscheint, gibt die Bildschirmauflösung an. Kleiner Trick, große Wirkung...

Hinweis: Vergleichen Sie die gerade verwendete Auflösung Ihrer Grafikkarte mit den Standard-Bildschirmauflösungen, die die folgende Tabelle auflistet!

1 • Die Prominenten-Tips

Bildschirmtyp	Auflösung
EGA	72 dpi
VGA	96 dpi
SVGA	96 dpi
8514 Large	120 dpi
8514 Small	96 dpi

Mauseinstellungen verloren?

Vielleicht kennen Sie ja kleine Alltagssorgen wie diese: Sie haben die Maus mit Hilfe des Maus-Managers oder der Systemsteuerung auf Ihre speziellen Bedürfnisse angepaßt, doch beim nächsten Windows-Start eiert die Maus wieder wie eh und jeh über den Bildschirm. Sie müssen die Einstellungen schon wieder vornehmen.

Tip 11
Überprüfen Sie die Datei MOUSE.INI, und beschützen Sie sie ggf. vor etwaigen Änderungen!

Alle Einstellungen der Maus sind in der Systemdatei MOUSE.INI festgehalten. Diese ist entweder im Verzeichnis des Maus-Managers oder im Windows-Verzeichnis (\WINDOWS) abgelegt. Damit Veränderungen an den Einstellungen dauerhaft festgehalten werden, muß Windows in diese Datei hineinschreiben können. Dazu darf die Datei auf keinen Fall schreibgeschützt sein. Überprüfen Sie mit Hilfe des Datei-Managers, ob das Read-Only-Attribut der Systemdatei gesetzt ist, und löschen Sie es gegebenenfalls. Jetzt können Veränderungen an der Mauskonfiguration auch über das Ende der aktuellen Windows-Sitzung hinaus gespeichert werden.

Umgekehrt gilt natürlich: Wenn Sie eine Einstellung für die Maus gefunden haben, die Ihnen ganz besonders zusagt, dann schützen Sie die Maus-Systemdatei durch Setzen des Read-Only-Attributes vor weiteren Veränderungen - und konservieren Sie dadurch die aktuellen Einstellungen.

Ein Tip für ungenaue Klicker

Wer wie ich eine etwas unruhige Hand hat, der hat sich vielleicht auch schon einmal darüber geärgert: In Sachen Zielsicherheit beim Klicken und Doppelklicken ist Windows sehr penibel. Wer beim Klicken mehr als vier Pixel vom Ziel abweicht, der hat in den Augen von Windows nicht getroffen. Das bedeutet aber auch: Wenn Sie zwischen den beiden zu einem Doppelklick gehörigen Klicks die Position des Mauszeigers um mehr als vier Pixel verändern, interpretiert Windows Ihr Klicken nicht als Doppelklick, sondern als zwei einzelne Klicks.

Tip 12

Erweitern Sie den „Spielraum" beim Klicken, indem Sie eine Änderung in der Systemdatei WIN.INI vornehmen!

Laden Sie dazu die Systemdatei WIN.INI in einen geeigneten Editor, am besten in den Systemkonfigurations-Editor *Sysedit*. In der Datei selbst müssen Sie gar nicht lange suchen, der erste Abschnitt heißt:

```
[windows]
```

Fügen Sie in die Sektion die beiden folgenden Anweisungen ein:

```
DoubleClickHeight=6
DoubleClickWidth=6
```

Danach speichern Sie die Datei und verlassen Windows. Wenn Sie die grafische Benutzeroberfläche danach erneut starten, müssen Sie beim Klicken nicht mehr ganz so genau zielen. Wenn ein Klick nun mal ein bißchen daneben geht, wird Windows Ihnen das großzügig verzeihen.

Kapitel 2
Der Start

Windows installieren   26

Probleme beim Start   31

Startmöglichkeiten   41

AutoStart   54

Start? Logo!   58

Fensterln lernen   66

Start im Netzwerk   68

Windows installieren

Vorbereitungen für die Installation

Wer Windows installieren möchte, der kann sein Schicksal in der Regel voll und ganz in die Hände des SETUP-Programms legen. Aber eben nur in der Regel. Sofern die MS-DOS-Systemdateien nämlich Anweisungen enthalten, die das Windows-Setup nicht „mag", können sich bei der Installation durchaus auch ein paar Probleme einschleichen.

Tip 13
Überprüfen Sie die beiden Dateien CONFIG.SYS und AUTOEXEC.BAT auf Befehle, auf die das Windows-Setup möglicherweise allergisch reagiert!

Allergieauslöser sind vor allem jene Befehlszeilen, die auf Treiber oder speicherresidente (TSR)-Programme verweisen. Am besten, Sie laden die beiden genannten Systemdateien in einen Editor (beispielsweise in den Windows-eigenen Editor) und suchen sie nach den unten aufgeführten Befehlen ab. Falls Sie fündig werden, überprüfen Sie die entsprechenden Anweisungen, löschen sie ggf. und speichern die Dateien. Danach booten Sie den Rechner erneut.

Nicht in die AUTOEXEC.BAT gehören die DOS-Anweisungen APPEND, JOIN, SUBST, PRINT und GRAPHICS. Entfernen Sie außerdem doppelte Pfadangaben (PATH=).

In der Systemdatei CONFIG.SYS sollten Sie vor allem auf den DOS-Befehl FASTOPEN verzichten. Entfernen Sie außerdem auch alle überflüssigen Gerätetreiber.

Windows-Dateien entpacken

Auf den Windows-Programmdisketten befinden sich die Dateien in komprimiertem Zustand - um Speicherplatz zu sparen. Das ist nicht weiter tragisch, denn in der Regel müssen Sie sich darum gar nicht kümmern, schließlich werden die Dateien bei der Installation von Windows automatisch entpackt. Es mag allerdings der Fall eintreten, in dem Sie nur auf die eine oder andere Windows-Datei zurückgreifen möchten. Zum Beispiel, wenn eine bestimmte Datei „zerschossen" (sprich: versehentlich überschrieben oder beschädigt) wurde und ersetzt werden muß. In einem solchen Fall immer das komplette Setup-Programm zu starten, wäre zu aufwendig.

2 • Der Start

> **Tip 14**
> *Entkomprimieren Sie die Windows-Dateien bei Bedarf mit Hilfe des EXPAND-Befehls.*

Ist Ihnen zum Beispiel die Programmdatei des Windows-Taschenrechners abhanden gekommen (keine Sorge: das kommt in den besten Familien vor), können Sie diese Datei ersetzen. Kopieren Sie dazu zuerst die komprimierte Version der Programmdatei (in diesem Fall: CALC.EX_) in das Windows-Verzeichnis. Am bequemsten erledigen Sie das mit dem Datei-Manager. Der Befehl EXPAND gehört zum Betriebssystem MS-DOS (er ist auch bei Windows enthalten). Um ihn anzuwenden, verlassen Sie Windows oder starten die MS-DOS-Eingabeaufforderung. Um die komprimierte Originaldatei zu entpacken, geben Sie hinter dem Systemprompt ein:

```
expand calc.ex_ calc.exe
```

Grundsätzlich gilt: Geben Sie nach dem EXPAND-Befehl zuerst den Dateinamen der komprimierten Datei an (das letzte Zeichen der Dateikennung komprimierter Dateien ist meist der Unterstrich „_", um komprimierte besser von unkomprimierten Dateien unterscheiden zu können), danach den Dateinamen, auf den die entpackte Datei später hören soll.

Ist das „Entpacken" abgeschlossen – was meistens wirklich nicht sehr lange dauert –, können Sie die gepackte Datei aus dem Windows-Verzeichnis löschen (sofern Sie sie nicht ohnehin sofort von der Diskette kopieren). Es reicht, wenn dort die einsatzfertige dekomprimierte Datei vorhanden ist.

Setup unter DOS

Windows kennt insgesamt drei verschiedene Arten von Setup: Da ist erst einmal die gleichnamige Installationsroutine, mit der Sie Windows auf die Festplatte bekommen haben. Zweitens – und nicht minder wichtig - ist das *Windows-Setup* in der Hauptgruppe des Programm-Managers, mit dem man bei Bedarf nachträglich bestimmte Systemkomponenten aktualisieren kann. Doch was ist, wenn Windows bereits installiert ist, aber nicht funktioniert, so daß man an den Systemeinstellungen etwas ändern muß?

> **Tip 15**
> *Nutzen Sie das Windows-Setup, das von der DOS-Ebene aus zugänglich ist, und korrigieren Sie die Systemeinstellungen!*

666 ganz legale   Windows-Tricks

Bestimmte Dinge lassen sich eben nur von der DOS-Ebene aus bewerkstelligen - etwa dann, wenn Windows sich nicht starten läßt, was zum Beispiel bei Schwierigkeiten mit den Gerätetreibern passieren kann. Wechseln Sie dazu auf der DOS-Ebene in das Windows-Verzeichnis, und geben Sie danach den Befehl SETUP ein.

```
cd \windows
setup
```

Es erscheint nun ein Bildschirm, der ein wenig an das Windows-eigene Setup erinnert - eben nur ohne die typischen Fenster-Merkmale. Auf jeden Fall kann man hier wie im herkömmlichen Setup den Rechner konfigurieren. Stimmt eine der Angaben nicht, bewegen Sie sich mit den Cursortasten auf die entsprechende Zeile, betätigen die ⏎-Taste und wählen aus der daraufhin erscheinenden Liste den korrekten Eintrag aus.

Hakt Windows, ist es besonders wichtig zu prüfen, ob alle Treiber korrekt installiert sind. Muß ein Treiber ausgetauscht werden, können Sie das auf die beschriebene Art und Weise vornehmen. Windows wird Sie dann auffordern, die benötigte Programmdiskette einzulegen. Die Treiberdatei wird dann automatisch von der Diskette ins Windows-Verzeichnis kopiert, entpackt und sofort installiert - eben genauso wie beim „echten" Setup.

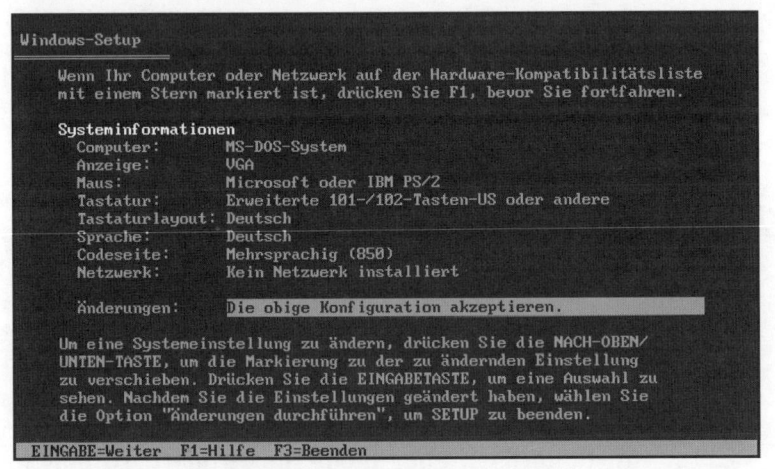

Wenn nichts mehr geht, hilft oft das Windows-Setup unter DOS weiter

28

2 • Der Start

Installation auf Compaq-Rechnern

Die Installation von Windows 3.1 auf Rechnern mit dem Compaq-Label funktioniert grundsätzlich genauso wie auf jedem anderen PC. Eine Besonderheit gilt es allerdings in bezug auf den Treiber für den hohen Speicherbereich zu berücksichtigen.

Tip 16

Prüfen Sie, ob Ihr Compaq-Rechner mit der Datei HIMEM.EXE der Version 3.03 ausgestattet ist!

Zu der Zeit, als Windows 3.1 auf den Markt kam, waren alle Compaq-Rechner mit HIMEM.EXE der Version 3.02 ausgestattet. Dieser Treiber wird bei der Installation von Windows 3.1 durch den Windows-Treiber HIMEM.SYS (Version 3.07 oder höher) ersetzt. Die beiden Treiber sind vollständig kompatibel; Probleme treten nach der Installation von Windows 3.1 nicht auf.

Demnächst wird die Firma Compaq ihre Rechner mit einem HIMEM-Treiber der Version 3.03 ausstatten (möglicherweise ist das bereits der Fall, wenn Sie diese Zeilen lesen). Dieser enthält eine Funktion, die im Windows-HIMEM-Treiber nicht enthalten ist: Der Compaq-Treiber kann mehr als 16 MByte Arbeitsspeicher auf einem ISA-Bus verarbeiten. Das kann der aktuelle Windows-HIMEM-Treiber nicht.

Wer sich also demnächst einen Compaq-Rechner anschafft und auf diese Zusatzfunktion Wert legt, der sollte nach der Installation von Windows 3.1 den Windows-Treiber gegen den Compaq-Treiber austauschen.

Hinweis

Prüfen Sie aber zuerst, ob Sie wirklich über einen HIMEM-Treiber der Version 3.03 verfügen. Bei allen geringeren Versionen ist keine nachträgliche Korrektur notwendig. Sie erfahren, um welche Treiber-Version es sich handelt, wenn Sie auf der DOS-Ebene einfach den Befehl HIMEM eingeben. Im Statusbericht wird Ihnen die Versionsnummer genannt.

Immer frisch

Sofern auf einem Rechner, auf dem Windows installiert werden soll, bereits eine Windows-Version existiert, bietet das Setup-Programm Ihnen an, entweder die bereits bestehende Windows-Version „aufzufrischen" oder eine unvollständige (sprich: abgebrochene) Installation zu vervollständigen.

Tip 17

Installieren Sie Windows stets „frisch". Bauen Sie nicht auf bereits bestehenden Windows-Überresten auf!

Natürlich ist es zeitsparender, wenn Sie keine Komplett-Installation, sondern nur ein Update vornehmen. Doch hier lauert eine Gefahr: Nur wenn Sie Windows 3.1 neu installieren, können Sie sicher sein, daß auch wirklich *alle* Dateien in Ihrem Windows-Verzeichnis der neuesten Version entstammen. Ansonsten kann es leicht passieren, daß zum Beispiel der eine oder andere Treiber nicht aktualisiert wird – und das führt mit hoher Wahrscheinlichkeit zu Ärger, da viele Windows-3.0-Treiber nicht mit Windows 3.1 kompatibel sind.

Gehen Sie deshalb auf Nummer Sicher:

Bevor Sie Windows installieren, löschen Sie alte Versionen und Reste von abgebrochenen Windows-Installationen. Entfernen Sie das Windows- und das Windows-Systemverzeichnis samt Inhalt, und beginnen Sie dann mit der Neuinstallation.

Überflüssig: WINA20.386

Unter Windows 3.0 war die Systemdatei WINA20.386 zur Speicherverwaltung notwendig, wenn man DOS-Anwendungen im erweiterten Betriebsmodus verwendet hat. Windows 3.1 regelt seine Speicherverwaltung allein über den Treiber HIMEM.SYS. Wer von Windows 3.0 auf Windows 3.1 upgedatet hat, schleppt diese „Altlast" wahrscheinlich noch mit sich herum.

Tip 18

Löschen Sie die Systemdatei WINA20.386. So können Sie wertvollen Speicherplatz gewinnen!

Unter Windows 3.1 ist die Datei WINA20.386 vollkommen überflüssig. Suchen Sie im Hauptverzeichnis der Festplatte nach dieser Systemdatei, und entfernen Sie den alten Speicherverwalter.

2 • Der Start

Probleme beim Start

Wenn's beim Start hakt

Beim Windows-Start treten Probleme auf, doch Sie wissen überhaupt nicht, warum? Keine Sorge: Es gibt eine Möglichkeit, den Ursachen der Startschwierigkeiten auf die Schliche zu kommen. Und das beste: Die dazu erforderlichen Werkzeuge sind in Windows eingebaut.

Tip 19 *Lassen Sie Windows vom Startvorgang ein ausführliches Protokoll anfertigen.*

In diesem Protokoll wird detailliert festgehalten, welche Startphasen erfolgreich abgeschlossen wurden und welche nicht. Um eine solche Protokolldatei anfertigen zu lassen, verwenden Sie beim Windows-Start die Option /B. Geben Sie also ein:

```
win /b
```

Das dadurch automatisch angefertigte Startprotokoll trägt den Dateinamen BOOTLOG.TXT und wird im Windows-Verzeichnis abgelegt. Möchten Sie es einsehen, laden Sie die Datei in eine beliebige Textverarbeitung oder einen Editor. Was im Protokoll steht, sagt Ihnen der folgende Tip.

Was sagt mir das Startprotokoll?

Natürlich muß man sich darauf verstehen, das Startprotokoll, das Windows anfertigt, zu interpretieren, wenn Sie beim Start die Option /B angeben. Aber das ist gar nicht so schwer, wie Sie vielleicht zunächst annehmen. Man muß nur ein Auge auf die einzelnen Meldungen werfen.

Tip 20 *Prüfen Sie: Wo fehlt in der Protokolldatei eine LoadSuccess-Meldung?*

Sehen Sie einmal genau hin. Das Startprotokoll kennt im Grunde nur zwei Meldungen: Mit LOADSTART wird eine bestimmte Phase eingeläutet; LOADSUCCESS meldet deren erfolgreichen Abschluß. Finden Sie also heraus, zu welcher LOADSTART-Meldung die Vollzugsmeldung LOADSUCCESS fehlt.

Haben Sie die Schwachstelle herausgefunden, sollten Sie versuchen, die betreffende Datei, die beim Start *nicht* korrekt geöffnet werden konnte, von den Windows-Programmdisketten neu ins Windows-Verzeichnis zu kopieren oder dem Problem anderweitig auf die Schliche zu kommen. Ist also beispielsweise die Meldung:

```
LoadStart = system.drv
```

vorhanden, während die Meldung:

```
LoadSuccess = system.drv
```

fehlt, so sollten Sie die Datei SYSTEM.DRV erneuern und/oder prüfen, ob der Gerätetreiber fehlt (er könnte ja auch in einem anderen Verzeichnis gespeichert sein) oder ob etwas anderes verdächtig erscheint.

```
[boot]
LoadStart   = system.drv
LoadSuccess = system.drv
LoadStart   = keyboard.drv
LoadSuccess = keyboard.drv
LoadStart   = nomouse.drv
LoadSuccess = nomouse.drv
LoadStart   = vga.drv
LoadSuccess = vga.drv
LoadStart   = mmsound.drv
LoadSuccess = mmsound.drv
LoadStart   = comm.drv
LoadSuccess = comm.drv
LoadStart   = vgasys.fon
LoadSuccess = vgasys.fon
LoadStart   = vgaoem.fon
LoadSuccess = vgaoem.fon
LoadStart   = GDI.EXE
LoadStart   = FONTS.FON
```

Ein Ausschnitt aus der Datei BOOTLOG.TXT

Kein Start im erweiterten Modus möglich?

Sollte Windows im erweiterten Modus nicht starten, und das obwohl Sie über einen Rechner mit 386-Prozessor (oder höher) und genügend Speicher verfügen, so kann das daran liegen, daß Windows aus irgendeinem Grund nicht mit den oberen Speicherbereichen zurechtkommt.

Tip 21

Verzichten Sie in einem solchen Fall auf die Verwendung des Upper Memory durch Windows!

Wenn sich beim Start von Windows im erweiterten Betriebsmodus Schwierigkeiten einstellen sollten, versuchen Sie einfach, Windows mit Hilfe des folgenden Befehls zu starten:

```
win /d:x
```

2 • Der Start

Diese Startoption stellt sicher, daß Windows beim Start auf die Verwendung des oberen Speicherbereiches verzichtet. Dieser Speicherbereich liegt zwischen den Adressen A000 und FFFF:FFFF. Klappt der Start jetzt, sollten Sie über eine Änderung der Windows-Systemdatei SYSTEM.INI die Nutzung des Upper Memory unter Windows generell ausschließen. Laden Sie die Datei dazu in einen Editor, und gehen Sie dort in den Abschnitt:

`[boot]`

Fügen Sie in dieser Sektion die folgende Anweisung ein:

`EMMExclude=A000-FFFF`

Danach speichern Sie die Systemdatei; dadurch ist der problematische Speicherbereich für die Zukunft von der Verwendung ausgeschlossen, Probleme sollten sich nicht mehr einstellen. Selbst wenn Sie Windows nun durch das „normale" Startkommando *win* starten sollten, wird der obere Speicherbereich von Windows nicht mehr verwendet.

> *Grundsätzlich ist der obere Speicherbereich dazu da, benutzt zu werden. Wenn er nicht eingesetzt werden kann, so ist das nur eine Notlösung. Zwar läßt sich Windows ohne Einschränkungen verwenden, doch DOS-Anwendungen steht weniger Speicher zur Verfügung, was Auswirkungen auf die Performance hat.*

HIMEM ist vielleicht unschuldig

Wer bei der Installation von Windows 3.1 auf eine Dialogbox stößt, in der Windows Ihnen mitteilt, daß der Standard-Modus aufgrund eines Problems mit der Datei HIMEM.SYS nicht ausgeführt werden kann, sollte nicht zu leichtgläubig sein. Es ist gut möglich, daß der Speicher-Manager völlig unschuldig an dem Absturz ist.

Tip 22

> *Überprüfen Sie, ob die CMOS-Einstellungen (Geräteparameter im batteriegepufferten Speicher) mit den Tatsachen (Menge des verfügbaren Arbeitsspeichers) übereinstimmen!*

Ist im CMOS beispielsweise festgehalten, daß Ihr Rechner über vier MByte RAM verfügt, es sind in Wirklichkeit aber acht MByte installiert, so kommt es (spätestens) bei der Installation von Windows zu Problemen.

666 ganz legale Windows-Tricks

Um das *Setup* von Windows in diesem Fall korrekt ausführen zu können, ist es notwendig, den Rechner neu zu starten und die CMOS-Einstellungen zu korrigieren. Wie das geht, steht meistens im Handbuch zu Ihrem Rechner.

> *Hinweis:* Einstellungen am CMOS sollte man mit größter Sorgfalt vornehmen. Wenn Sie eine Korrektur des CMOS selbst versuchen möchten, sehen Sie in Ihrer Hardware-Dokumentation nach, wie die Einstellungen geändert werden können. Ansonsten wenden Sie sich an denjenigen, der Ihnen die RAM-SIMMs eingebaut hat und vergessen hat, das CMOS zu aktualisieren.

Speicher kaputt?

Der Gerätetreiber HIMEM.SYS hat eine Menge Aufgaben: So überprüft er beispielsweise auch den Arbeitsspeicher auf Verwendbarkeit. Wenn Windows bei der Installation auf defekten Erweiterungsspeicher stößt, teilt HIMEM Ihnen das in einer Dialogbox mit (siehe auch vorangehenden Trick). Es ist aber gut möglich, daß das glatt gelogen ist.

Tip 23
Überprüfen Sie in einem solchen Fall, ob möglicherweise ein Hardware-Fehler vorliegt.

Wenn das Windows-*Setup* bei der Installation auf einen defekten Arbeitsspeicher trifft, gibt es intern die Fehlermeldung „BLAMEITONHIMEM" aus, was soviel heißt wie „Schieb' es HIMEM in die Schuhe".

Ganz abgesehen davon, daß HIMEM keine Schuhe besitzt, ist diese Botschaft höchstwahrscheinlich auch noch in anderer Weise unzutreffend. Vielmehr läßt BLAMEITONHIMEM auf einen Hardware-Fehler schließen, nämlich auf defekten Arbeitsspeicher.

Wenn Sie sich vergewissern möchten, ob nun der Arbeitsspeicher oder sein Manager defekt ist, nehmen Sie probeweise eine kleine Korrektur in der Konfigurationsdatei CONFIG.SYS vor. Laden Sie dazu die Systemdatei in einen Editor, und ändern Sie die Zeile für den Speicher-Manager in

`device=c:\windows\himem.sys /int15=1024`

Dieser Befehl bewirkt, daß 1024 KByte des Erweiterungsspeichers für die INT15-Schnittstelle reserviert werden. Speichern Sie anschließend die Konfigurationsdatei, und booten Sie Ihren Rechner neu. Wenn

2 • Der Start

das Setup von Windows dann immer noch die oben genannte Fehlermeldung hervorbringt, dann können Sie ziemlich sicher sein, daß ein physikalischer Defekt des Arbeitsspeichers vorliegt. Und den können Sie nur durch einen Austausch der RAM-SIMMs beheben (hier sind dann Fachleute gefragt).

Installation nicht erfolgreich?

Normalerweise ist die Installation von Windows ein Kinderspiel (*Piece of cake* sagen die Amerikaner gerne dazu). Aber eben nur „normalerweise", denn treten unvorhergesehene Störungen auf, bricht das Setup-Programm die Installation einfach ab – und läßt Sie im Regen stehen.

Tip 24
Achten Sie darauf, daß sich vor der Installation von Windows möglichst keine speicherresidenten Programme im Arbeitsspeicher Ihres Rechners befinden.

TSR-Programme (*Terminate and Stay Resident*) sind gewissermaßen Gift für die Installation von Windows. In vielen Fällen erkennt Windows, ob ein speicherresidentes Programm geladen ist, zumindest bei den ganz populären speicherresidenten Programmen. Um ganz auf Nummer Sicher zu gehen, empfiehlt es sich jedoch, vor der Installation von Windows alle speicherresidenten Anwendungen zu entfernen und den Rechner neu zu booten.

Hilft bei Installationsproblemen: SETUP.TXT

Befürchten Sie Probleme während der Installation von Windows? Dann kann es sich lohnen, einen Blick in die Datei SETUP.TXT zu werfen. Sie befindet sich auf der ersten Windows-Diskette und enthält wichtige Hinweise, insbesondere über mögliche Installationsprobleme mit speicherresidenten Programmen und Netzwerktreibern.

Tip 25
Laden Sie die Datei SETUP.TXT in den DOS-Editor. Drucken Sie die Datei ggf. aus, und studieren Sie die Hinweise sorgfältig.

Um die genannte Informations-Datei in den Editor zu laden, geben Sie nach Erscheinen des DOS-Systemprompts folgendes ein:

```
edit a:\setup.txt
```

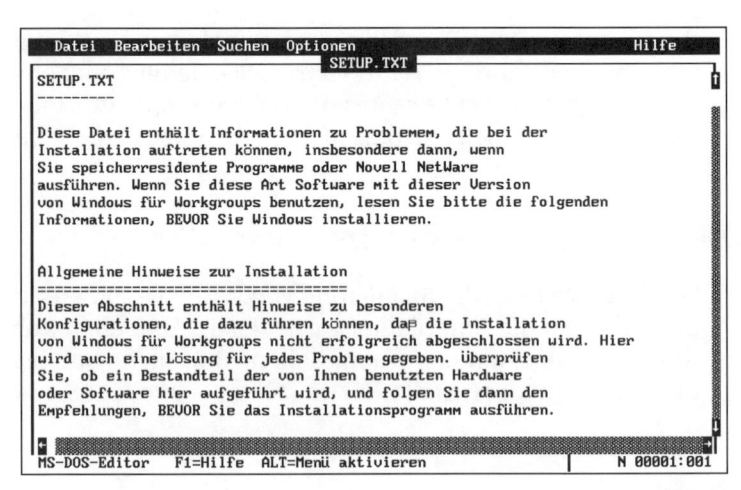

Die Datei SETUP.TXT enthält Hinweise zur Installation von Windows

Sollte sich die Datei SETUP.TXT auf einer Diskette in einem anderen Laufwerk befinden, ändern Sie die Pfadangabe bitte entsprechend.

Installation: Probleme lokalisieren

Hartnäckigen Ärger bei der Windows-Installation, der Ihrer Meinung nach wahrscheinlich in „exotischen" Hardware-Komponenten begründet liegt, kann man durchaus bekämpfen. Wenn Sie nicht wissen, ob der Maustreiber, die Grafikkarte oder gar der Tastaturtreiber der störende „Bösewicht" ist, sollten Sie versuchen, den Übeltäter zu lokalisieren.

Tip 26

Auch wenn Ihr PC über noch so viele exotischen Bestandteile verfügt: Installieren Sie zur Sicherheit zuerst die Standardkonfiguration von Windows! Danach richten Sie Schritt für Schritt die einzelnen Geräte ein, denn so kommen Sie den Missetätern am leichtesten auf die Schliche.

Wählen Sie bei der Erstinstallation möglichst den Bildschirmtyp VGA, eine erweiterte Tastatur mit 102 Tasten und eine Microsoft-Maus. Richten Sie erst danach über das *Windows-Setup* der Hauptgruppe mit Hilfe des Befehls *Optionen ▶ Systemeinstellungen ändern* die speziell benötigten Treiber ein. Wenn Sie die angeschlossenen Geräte Schritt für Schritt installieren, können Sie genau beobachten, wie lange das System stabil läuft, und wann es anfängt, „allergisch" auf einen Treiber zu reagieren.

2 • Der Start

Dieses Verfahren ist zwar deutlich zeitaufwendiger als ein komplett abgestimmtes Setup (sprich: eine direkt und komplett auf die bestehende Hardware zugeschnittene Installation) bei der Erstinstallation, doch es hat einen entscheidenden Vorteil: Sie können die Fehlerquelle genau lokalisieren.

Tastatur-Irrtum bei der Installation

Während der Installation von Windows erkennt das Setup-Programm selbständig, welche Geräte angeschlossen sind und welche Treiber entsprechend benötigt werden. Doch in Sachen Tastatur kann sich das Setup auch schon mal irren.

Tip 27

Stellen sich nach der Installation von Windows Probleme bei der Bedienung Ihrer Tastatur ein, überprüfen Sie, ob das Setup-Programm den richtigen Tastaturtreiber installiert hat!

Dieses Problem tritt vor allem bei älteren IBM PS/2-Modellen auf, sporadisch auch bei Rechnern der Marken WANG PC 20, NCR PC 925 und Wyse 286 sowie Wyse 386. In diesen Fällen kann es passieren, daß das Windows-Setup die Tastatur nicht als 101-Tasten-Keyboard, sondern als Tastatur mit nur 84 Tasten erkennt. Klar, daß es da zu Problemen bei der Bedienung kommt. Achten Sie deshalb bei der Installation von Windows auf den aufgeführten Rechnern darauf, daß der richtige Tastaturtyp ausgewählt wird.

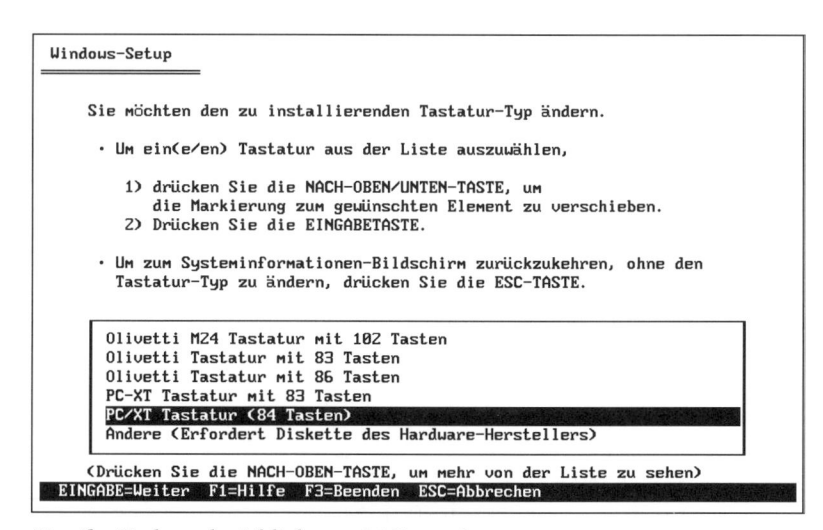

```
Windows-Setup

      Sie möchten den zu installierenden Tastatur-Typ ändern.

      • Um ein(e/en) Tastatur aus der Liste auszuwählen,

         1) drücken Sie die NACH-OBEN/UNTEN-TASTE, um
            die Markierung zum gewünschten Element zu verschieben.
         2) Drücken Sie die EINGABETASTE.

      • Um zum Systeminformationen-Bildschirm zurückzukehren, ohne den
        Tastatur-Typ zu ändern, drücken Sie die ESC-TASTE.

        ┌─────────────────────────────────────────────────────────┐
        │ Olivetti M24 Tastatur mit 102 Tasten                    │
        │ Olivetti Tastatur mit 83 Tasten                         │
        │ Olivetti Tastatur mit 86 Tasten                         │
        │ PC-XT Tastatur mit 83 Tasten                            │
        │ PC/XT Tastatur (84 Tasten)                              │
        │ Andere (Erfordert Diskette des Hardware-Herstellers)    │
        └─────────────────────────────────────────────────────────┘
        (Drücken Sie die NACH-OBEN-TASTE, um mehr von der Liste zu sehen)
   EINGABE=Weiter   F1=Hilfe   F3=Beenden   ESC=Abbrechen
```

Hat Ihr Keyboard wirklich nur 84 Tasten?

666 ganz legale Windows-Tricks

Stellen Sie den Tastatur-Irrtum erst nach der Installation von Windows fest, ist das auch kein Beinbruch. Ändern Sie in diesem Fall die Tastaturauswahl über das *Windows-Setup*. Sie können den Typ der Tastatur auch nachträglich noch bestimmen.

Völlig clean

Grundsätzlich ist es eine gute Idee, den Rechner vor der Installation neu zu booten. Doch manchmal reicht das nicht aus: Treten bei der Installation Probleme auf, die auf speicherresidente Programme oder bestimmte Treiber zurückzuführen sind, empfiehlt sich ein sogenannter „Clean Boot" - also ein „sauberes Booten" des Systems.

Tip 28

Starten Sie den Rechner von einer bootfähigen Diskette, die nur das absolut Notwendige an Systemdateien enthält.

Am besten benutzen Sie dazu eine Diskette, die nur die beiden Startdateien MSDOS.SYS und IO.SYS enthält (sogenannte Startdiskette), darüber hinaus ist auch die Befehlsdatei COMMAND.COM unentbehrlich. Eine solche Diskette können Sie - sofern Windows noch nicht installiert ist - bequem mit Hilfe des folgenden DOS-Befehls anfertigen:

```
format /s
```

Zur Vorbereitung eines „Clean Boot" schalten Sie den Rechner aus. Legen Sie die bootfähige Systemdiskette in das dafür vorgesehene Laufwerk. Beachten Sie, daß sich die meisten Rechner nur von Laufwerk A: aus booten lassen! Warten Sie ungefähr eine Minute, bis Sie den Rechner wieder anschalten. Ist das System hochgefahren, beginnen Sie unverzüglich mit der Installation von Windows. Bleiben nun die Schwierigkeiten aus, sind die Probleme auf Einträge in den Systemdateien AUTOEXEC.BAT und CONFIG.SYS zurückzuführen.

Entfernen Sie alle Gerätetreiber und Befehle, die Sie als Übeltäter für das fehlerhafte Verhalten bei der Installation vermuten. Folgende Einträge müssen Sie jedoch auf jeden Fall als Mindestkonfiguration belassen.

```
CONFIG.SYS
files=45
buffers=20
device=c:\windows\himem.sys
```

2 • Der Start

```
AUTOEXEC.BAT
prompt $p$G
path=c:\;c:\dos;c:\windows
set temp=c:\dos
```

Clean Boot mit [F5]

Es gibt noch eine weitere Möglichkeit, bei Bedarf einen „Clean Boot" (siehe auch unmittelbar vorangehenden Trick) herbeizuführen. Ein Clean Boot empfiehlt sich zum Beispiel dann, wenn ein Gerätetreiber defekt oder eine Anweisung in der CONFIG.SYS oder AUTOEXEC.BAT unerwünscht ist. Durch einen Clean Boot werden die beiden Systemdateien ignoriert, folglich auch der oder die Störenfriede.

Tip 29

Drücken Sie während des Bootvorgangs die Taste [F5], um einen Clean Boot durchzuführen (erst ab MS-DOS 6.0).

Wer mit MS-DOS 6.0 (oder höher) arbeitet, der hat vielleicht schon einmal beobachtet, daß während des Bootvorgangs die folgende Meldung auf dem Bildschirm erscheint:

```
Starten von MS DOS...
```

Das ist genau der Moment, in dem Sie die [F5]-Taste drücken können. Der Tastendruck auf [F5] bewirkt, daß sämtliche Anweisungen in der Startdatei AUTOEXEC.BAT und der Konfigurationsdatei CONFIG.SYS übergangen werden. Ihr System ist hinterher so „clean", daß Sie noch nicht einmal über die deutsche Tastaturbelegung verfügen (die wird ja durch einen Befehl in der AUTOEXEC.BAT gewährleistet).

Sollte der Start zuvor nicht geklappt haben und bei nun gedrückter [F5]-Taste erfolgreich verlaufen, liegt der Fehler mit ziemlicher Sicherheit in der Systemdatei AUTOEXEC.BAT oder CONFIG.SYS. Laden Sie die Dateien in einen Editor, und korrigieren Sie die Einträge entsprechend. Starten Sie danach Ihren Rechner erneut.

Den Speicherresidenten den Garaus machen

Speicherresidente Programme und die Installation von Windows - zwei Dinge, die überhaupt nicht zueinander passen. Deshalb ist man gut beraten, vor der Installation von Windows den Rechner neu zu booten (darauf habe ich ja nun schon mehrfach hingewiesen). Allerdings ist das nicht in jedem Fall ausreichend.

666 ganz legale   Windows-Tricks

Tip 30

Prüfen Sie genau, ob ein speicherresidentes Programm in der AUTOEXEC.BAT geladen wird.

Wenn Ihre Startdatei AUTOEXEC.BAT die Anweisung enthält, nach jedem Start ein speicherresidentes Programm zu starten, nützt Ihnen auch das Neubooten des Rechners vor der Windows-Installation nichts (mit Ausnahme des zuvor erwähnten Clean Boot natürlich). Schließlich würde direkt nach dem Bootvorgang das TSR-Programm erneut gestartet - und gerade das sollten Sie ja unterbinden.

In einem solchen Fall müssen Sie die AUTOEXEC.BAT-Datei entsprechend abändern. Laden Sie die Datei in den DOS-Editor, indem Sie:

```
edit \autoexec.bat
```

eingeben. Löschen Sie die Befehlszeile, die für den Start des fraglichen TSR-Programms verantwortlich ist. Danach speichern Sie die Systemdatei und starten den Rechner erneut. Nun können Sie bedenkenlos mit der Installation von Windows beginnen.

Zuviel an den .INIs gebastelt? Der Fehler S020

Bastler aufgepaßt: Wer viele Änderungen an seinen .INI-Dateien vorgenommen hat, zum Beispiel Treiber für 'zig verschiedene Grafikkarten installiert hat, dem droht bei der Installation die Fehlermeldung „# S020".

Tip 31

Beachten Sie, daß sowohl die WIN.INI als auch die SYSTEM.INI nicht größer als 64 KByte werden dürfen.

Haben Sie in einer INI-Datei so viele zusätzliche Einträge vorgenommen, daß sie größer als 64 KByte geworden ist, müssen Sie sich wohl oder übel von einigen Einträgen trennen. Andernfalls kann Setup die INI-Dateien nämlich nicht mehr verkraften.

Um etwaige Einträge zu streichen (und dadurch die INI-Datei zu kürzen), laden Sie die betreffende Systemdatei in einen geeigneten Editor, löschen die entbehrlichen Zeilen und speichern danach die betreffende Systemdatei wieder. Anschließend können Sie erneut versuchen, Windows zu installieren.

2 • Der Start

Startmöglichkeiten

Automatischer Windows-Start

Wenn Sie ausschließlich mit Windows arbeiten, können Sie es sich sparen, nach jedem Starten des Rechners die grafische Benutzeroberfläche durch das Eingeben von WIN zu starten. Bequemer wäre es in diesem Fall für Sie, Windows beim Rechnerstart automatisch starten zu lassen.

> **Tip 32**
> *Geben Sie schon in der DOS-Startdatei AUTOEXEC.BAT das Windows-Startkommando an!*

Laden Sie dazu die Datei AUTOEXEC.BAT in einen geeigneten Editor. Positionieren Sie den Cursor unterhalb der letzten Befehlszeile der Systemdatei. Geben Sie dort dann das Startkommando an, mit dem Windows normalerweise gestartet wird:

```
win
```

Wichtig ist, daß der WIN-Befehl der letzte in der Systemdatei ist, damit er nach allen anderen ausgeführt wird. Anschließend speichern Sie die Datei. Wenn Sie nun Ihren Rechner erneut starten, startet Windows automatisch (sollte es zumindest).

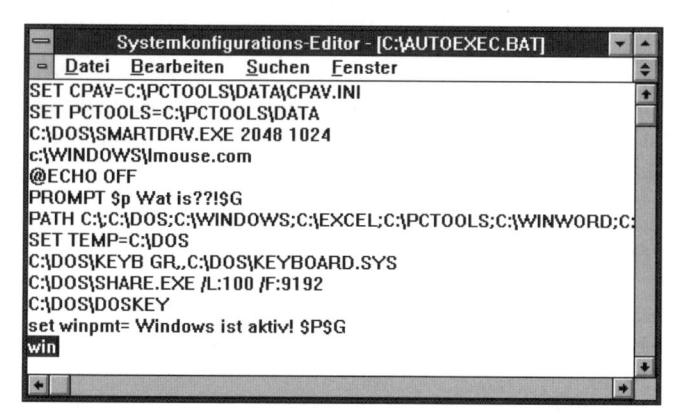

```
Systemkonfigurations-Editor - [C:\AUTOEXEC.BAT]
Datei  Bearbeiten  Suchen  Fenster
SET CPAV=C:\PCTOOLS\DATA\CPAV.INI
SET PCTOOLS=C:\PCTOOLS\DATA
C:\DOS\SMARTDRV.EXE 2048 1024
c:\WINDOWS\lmouse.com
@ECHO OFF
PROMPT $p Wat is??!$G
PATH C:\;C:\DOS;C:\WINDOWS;C:\EXCEL;C:\PCTOOLS;C:\WINWORD;C:
SET TEMP=C:\DOS
C:\DOS\KEYB GR,,C:\DOS\KEYBOARD.SYS
C:\DOS\SHARE.EXE /L:100 /F:9192
C:\DOS\DOSKEY
set winpmt= Windows ist aktiv! $P$G
win
```

Die letzte Zeile sorgt dafür, daß Windows automatisch startet

41

666 ganz legale Windows-Tricks

Echt überflüssig: Start der DOS-Shell

Während der Installation des Betriebssystems kann man sich entscheiden, ob man beim Rechnerstart automatisch die DOS-eigene Benutzeroberfläche DOS-Shell starten lassen möchte. Beantwortet man diese Frage mit *JA*, fügt das Setup-Programm automatisch den Startbefehl der DOS-Shell in die AUTOEXEC.BAT ein.

Tip 33
Arbeiten Sie mit Windows, ersetzen Sie diesen Startbefehl für die DOS-Shell zugunsten des Startbefehls für Windows!

Es wäre wirklich ein zeitraubender Umweg, zuerst die etwas angestaubte DOS-Shell zu aktivieren, um von dort aus dann Windows zu starten. Schaffen Sie diesen Umweg ab, indem Sie die Datei AUTOEXEC.BAT in einen Editor laden, und dort die letzte Befehlszeile:

```
dosshell
```

entfernen. Anstelle der DOSSHELL-Anweisung setzen Sie den WIN-Befehl, um damit Windows zu starten (sofern Sie nach jedem Rechnerstart mit Windows arbeiten wollen):

```
win
```

Speichern Sie nun die korrigierte Systemdatei. Wenn Sie danach den Rechner erneut starten, erscheint unmittelbar nach dem Start die Benutzeroberfläche von Windows auf dem Bildschirm.

Hinweis: Überlegen Sie sich, ob Sie die DOS-Shell überhaupt benötigen. Falls nicht, löschen Sie sie am besten von der Festplatte, um nicht unnötig Speicherkapazitäten zu vergeuden.

WIN mit Extrawürsten

Folgendes ist ganz sicher kein Trick im eigentlichen Sinne (gebe ich zu), sondern eher notwendiges Basiswissen: Windows startet man mit dem Befehl WIN. Dadurch wird intern die Startdatei WIN.COM in Gang gesetzt. Doch es gibt jede Menge interessanter Startoptionen.

Tip 34
Lassen Sie sich doch einfach mal alle Startoptionen anzeigen, die Windows so im Angebot hat!

2 • Der Start

Um einen Überblick zu bekommen, welche Startoptionen Windows
– sprich der WIN-Befehl – so „drauf" hat, geben Sie einfach folgendes
ein:

```
win /?
```

Danach erscheint eine Liste aller möglichen Startoptionen auf dem
Bildschirm. Sofern Sie die Startmöglichkeiten schwarz auf weiß bevorzugen, leiten Sie die Ausgabe einfach auf den Drucker um. Um
genau das zu erreichen, geben Sie folgende Anweisung ein:

```
win /? >prn
```

```
Startet Windows.

WIN [/3][/S][/B][/D:[F][S][V][X]]

   /3   : Startet Windows im erweiterten Modus für 386-PC.
   /S   : Startet Windows im Standard-Modus.
   /B   : Protokollierung des Startvorgangs. Erstellt eine Protokolldatei
          BOOTLOG.TXT mit Diagnosemeldungen zum Startvorgang.
   /D   : Zur Problembehebung, falls Windows nicht korrekt startet.
    :F  : Schaltet den 32-Bit-Plattenzugriff aus.
          Äquivalent zu 32BitDiskAccess=FALSE in der SYSTEM.INI.
    :S  : Legt fest, daß Windows den Speicherbereich zwischen F000:0000
          und 1MB nicht für Breakpoints verwendet.
          Äquivalent zu SystemROMBreakPoint=FALSE in der SYSTEM.INI.
    :V  : Legt fest, daß die Festplattenunterbrechungen von den
          ROM-Routinen verarbeitet werden.
          Äquivalent zu VirtualHDIrq=FALSE in der SYSTEM.INI.
    :X  : Schließt den ganzen Adapterbereich von der Suche nach freien
          Speicherblöcken aus.
          Äquivalent zu EMMExclude=A000-FFFF in der SYSTEM.INI.
Bei dieser Konfiguration startet der Befehl WIN (ohne die Angabe von Optionen)
Windows im erweiterten Modus für 386-PC.

C:\>
```

Die Option /? zeigt alle Startmöglichkeiten an

Heute mal bescheiden

Wenn Sie die bedeutungsvollen drei Buchstaben WIN eingeben, startet Windows in dem Modus, der der Ausstattung Ihres Rechners gerecht wird. Auf einem 386- oder 486-PC (oder ist Ihr Rechner gar mit einem Pentium ausgestattet? Dann auch!) wird automatisch der erweiterte Modus in Gang gesetzt, genügend Arbeitsspeicher einmal vorausgesetzt (zwei MByte, um genau zu sein). Alle anderen Maschinen, also Rechner mit 286er-Prozessor oder zu wenig Arbeitsspeicher, müssen sich hingegen mit dem Standard-Modus bescheiden.

Tip 35

Arbeiten Sie normalerweise im erweiterten Modus, möchten aber auch mal die Spar-Version von Windows starten, verwenden Sie die Startoption /S!

666 ganz legale   Windows-Tricks

Wollen Sie den Standard-Modus von Windows erzwingen, also auf jeden Fall im Standard-Modus arbeiten, unabhängig von Speicher- und Prozessorausstattung des Rechners, dann geben Sie folgendes ein:

```
win /s
```

Die Option /S steht für den Standard-Modus, die ebenfalls mögliche Option /3 für den erweiterten Betriebsmodus. Beachten Sie bitte, daß der Standard-Modus gegenüber dem erweiterten Modus einige Einschränkungen mit sich bringt, vor allem beim Verarbeiten vom DOS-Anwendungen.

Was wäre, wenn...?

Ein bißchen in die Zukunft schauen – wer möchte das nicht ab und zu mal? Windows macht's möglich, wenn auch nur in einem – zugegeben – recht bescheidenen Rahmen.

Tip 36

Möchten Sie wissen, in welchem Betriebsmodus Windows augenblicklich starten würde? Dann werfen Sie mit Hilfe des WIN-Befehls einen kurzen Blick in die Zukunft!

Wenn Sie unter der MS-DOS-Eingabeaufforderung den Befehl:

```
win /?
```

eingeben, erscheinen nicht nur alle möglichen Startparameter des WIN-Befehls. Oft übersehen wird die letzte Zeile des ausführlichen Info-Textes: Hier teilt Windows Ihnen mit, in welchem Betriebsmodus es starten würde.

```
Startet Windows.

WIN [/3][/S][/B][/D:[F][S][U][X]]

Bei dieser Konfiguration startet der Befehl WIN (ohne die Angabe von Optionen)
Windows im erweiterten Modus für 386-PC.
```

Hier würde Windows im erweiterten Modus starten

2 • Der Start

Vor dem Start noch ein paar Dinge erledigen

Gibt es irgendetwas, was Sie vor jedem Windows-Start erledigen müssen? Etwa das Starten eines speicherresidenten Programms oder das Laden eines bestimmten Gerätetreibers, den Sie aus Speicherplatzgründen nur dann aufrufen, wenn Sie mit Windows arbeiten? Dann habe ich einen tollen Tip für Sie.

Tip 37

Lassen Sie alle Handgriffe, die Sie regelmäßig vor dem Windows-Start tätigen, durch die ein wenig versteckte Batchdatei namens WINSTART.BAT erledigen.

Es gibt tatsächlich eine Batchdatei, lieber Leser, von deren Existenz selbst manch eingefleischter Windows-Kenner keine Ahnung hat (machen Sie doch einfach mal die Nagelprobe, und befragen Sie Ihren erfahrenen Kollegen!). Die Rede ist von der Batchdatei WINSTART.BAT, die einen wirklich praktischen Vorteil hat: Sie wird automatisch ausgeführt, wenn Sie Windows im erweiterten Modus starten.

Sie haben dadurch die Möglichkeit, automatisch alle unentbehrlichen speicherresidenten Treiber zu laden, ohne daß Sie das jedesmal selbst und manuell erledigen müßten. Viele Windows-Benutzer laden zum Beispiel die erforderlichen Treiber für ihre Soundkarten oder für den Netzwerkbetrieb in der WINSTART.BAT.

Diesen Service bietet Windows kostenlos an: In der Startphase sieht Windows in seinem eigenen Verzeichnis nach, ob dort eine Datei namens WINSTART.BAT existiert. Trifft das zu, führt es die Anweisungen in dieser Batchdatei blitzschnell aus. Von all dem merken Sie im Grunde genommen nichts.

Und was noch schöner ist: Werden über diese Batchdatei speicherresidente Programme geladen, kosten diese keinen Platz im konventionellen Arbeitsspeicher, denn anders als beim „manuellen" Start von der DOS-Ebene aus, siedeln sich die Treiber beim Start über WINSTART.BAT automatisch im Extended Memory von Windows an – was alle DOS-Anwendungen freut, die Sie von Windows aus starten werden.

Die Batchdatei WINSTART.BAT können Sie nach Ihren persönlichen Bedürfnissen gestalten. Erzeugen Sie die Datei mit Hilfe eines beliebigen Editors, und tragen Sie dort alle Anweisungen ein, die vor jedem Windows-Start ausgeführt werden sollen. Ganz wichtig: Speichern Sie die Datei im Windows-Verzeichnis unter dem Dateinamen WINSTART.BAT. Schon beim nächsten Windows-Start erledigt Windows für Sie alle notwendigen, startvorbereitenden Aufgaben.

> *Dieser Trick funktioniert allerdings nur, wenn Windows im erweiterten Modus gestartet wird. Sollte Windows beim Verlassen Probleme bereiten (Rechner hängt sich scheinbar auf), so kann dies an WINSTART.BAT liegen. Löschen Sie in diesem Fall probeweise WINSTART.BAT. Tritt das Problem beim Verlassen von Windows dann nicht mehr auf, haben Sie es mit einem Bug (Fehler) in Windows zu tun. Sie müssen dann leider auf WINSTART.BAT verzichten – zumindest so lange, bis Microsoft den Fehler beseitigt hat.*

```
@echo off
cls
echo Windows wird geladen...
echo Gleich geht's zur sache!!!
c:\hsg\grab
```

Zuerst erfolgt eine nette Begrüßung, dann wird ein speicherresidentes Programm geladen

Start ohne Turbo-Zugriff

Wer über die entsprechenden Hardware-Voraussetzungen verfügt, kann unter Windows wahlweise den sogenannten 32-Bit-Zugriff aktivieren, wodurch Festplattenzugriffe spürbar beschleunigt werden. Sollte Windows darauf mit leichtem bis mittelstarkem Herzflattern reagieren, oder kommt es beim Start sogar zu einem Systemabsturz, sollten Sie Windows probeweise mit dem regulären 16-Bit-Zugriff starten.

Tip 38

> *Stellen sich beim Start Probleme ein, dann umgehen Sie beim Start ausdrücklich den 32-Bit-Zugriff mit Hilfe der Option /D:F!*

Sie haben die Möglichkeit, Windows beim Start anzuweisen, auf die Verwendung des 32-Bit-Zugriffs zu verzichten, selbst wenn dies in der Systemsteuerung so eingestellt worden sein sollte. Windows stellt dazu die Option /D:F zur Verfügung. Sie starten Windows probeweise *ohne* 32-Bit-Zugriff, indem Sie eingeben:

```
win /d:f
```

Falls Windows jetzt beschwerdefrei läuft, haben Sie den Übeltäter gefunden: Ihr Controller verkraftet den Turbo-Zugriff nicht. Schalten Sie in diesem Fall den 32-Zugriff in der Dialogbox *Virtueller Speicher* (*Systemsteuerung* ▶ *386 erweitert*) wieder ab, indem die entsprechende Option deaktiviert wird.

Unfug ausgeschlossen: Echtes Singletasking

Sowas soll ja vorkommen: Jemand, dem Sie nicht besonders viel PC-Kenntnisse zutrauen, soll demnächst an Ihrem Rechner arbeiten. Und Sie möchten unter allen Umständen vermeiden, daß Ihr „Gast" mehr an Ihrem Rechner tut, als unbedingt notwendig. Daß er keine Dateien löscht, Icons verschiebt, Systemeinstellungen ändert...

Tip 39

Nehmen Sie eine Veränderung in der Datei SYSTEM.INI vor, die nur das Starten einer einzigen benötigten Windows-Anwendung erlaubt und den Zugang zum Programm-Manager und allen übrigen Anwendungen untersagt.

Sie können zum Beispiel festlegen, daß nach dem Eingeben des Kommandos WIN die Textverarbeitung Word für Windows oder die Tabellenkalkulation Lotus 1-2-3 startet. Laden Sie dazu die Windows Systemdatei SYSTEM.INI in einen geeigneten Editor. Die erste Befehlszeile dieser Systemdatei lautet in aller Regel:

```
shell=progman.exe
```

Sie hat zur Folge, daß nach dem Start von Windows der Programm-Manager als Benutzeroberfläche („Shell") erscheint. Sie können diese Anweisungen nach Ihren Wünschen verändern. Soll beispielsweise anstatt des Programm-Managers die Textverarbeitung *WinWord* erscheinen, definieren Sie folgende Anweisung:

```
shell=winword.exe
```

Danach speichern Sie die Systemdatei wieder. Wenn Sie Windows nun wie gewohnt mit Hilfe des folgenden Startkommandos aufrufen:

```
win
```

erscheint automatisch und sofort die Textverarbeitung *WinWord* auf dem Bildschirm – und zwar ausschließlich. Ein Umschalten zu anderen Anwendungen ist nicht möglich. Das ist echtes „Singletasking"! Das bedeutet auch: Wenn Sie die Textverarbeitung beenden, wird Windows komplett beendet, und Sie befinden sich unverzüglich wieder auf der DOS-Ebene.

Wenn ein Windows allein nicht ausreicht

Sie sind Nostalgiker oder wissen aus anderen Gründen ganz gerne die Version 3.0 neben den aktueller Version 3.1 auf Ihrer Festplatte? Wenn Sie über genügend Festplattenspeicher verfügen, ist das durchaus möglich.

Tip 40

Vermeiden Sie jedoch Verwechselungen bei den Start- und Systemdateien! Achten Sie darauf, daß der in der Datei AUTOEXEC.BAT angegebene Suchpfad nur auf eines der beiden Windows-Verzeichnisse zeigt.

Wenn zwei Windows-Versionen auf Ihrem Rechner installiert sind, etwa Windows 3.0 und Windows 3.1, oder möglicherweise auch Windows 3.1 und Windows für Workgroups 3.11, dann ist es möglicherweise so, daß *beide* Windows-Versionen in den DOS-Suchpfad (PATH) eingebunden sind. Das aber kann zu Verwirrungen führen. Wenn Sie Windows durch Eingabe der Startanweisung:

```
win
```

starten, sucht das Betriebssystem (DOS) den Pfad nach einem Verzeichnis ab, in dem sich eben jene Startdatei (WIN.EXE) befindet. Dabei wird DOS zuerst in dem ersten Windows-Pfad fündig. Ist das der Pfad für das Windows-3.0-Verzeichnis, startet automatisch die ältere Version - obwohl Sie vielleicht gerade mit der Version 3.1 arbeiten möchten. (Bei gleichzeitiger Verwendung von Windows 3.1 und Windows für Workgroups 3.11 gilt entsprechendes.)

Das gleiche Problem wird auch bei den Systemdateien auftreten, so daß es leicht zu einem Programmabsturz oder nicht-gewollten Reaktionen der grafischen Benutzeroberfläche kommen kann.

Mein Tip: Geben Sie in der AUTOEXEC.BAT-Datei nur den Pfad *einer* Windows-Version an, am besten derjenigen, die Sie am häufigsten benutzen. Wollen Sie Windows 3.0 (sprich: die andere Windows-Ver-

2 • Der Start

sion) starten, müssen Sie zuerst manuell in das betreffende Verzeichnis wechseln.

```
cd \win30
win
```

Der kombinierte Start

WIN hin, WIN her: Wer schon *vor* dem Start von Windows genau weiß, welche Anwendung er benutzen wird, der sollte es mal mit einem Doppelstart versuchen! Was das bedeutet? Ganz einfach: Sie starten mit Windows selbst auch die gewünschte Anwendung.

Tip 41

Umgehen Sie den Programm-Manager! Geben Sie auf der DOS-Ebene hinter dem Windows-Startbefehl direkt den Startbefehl für die gewünschte Anwendung an!

Geben Sie wie gewohnt zuerst die drei Buchstaben WIN ein. Danach ist eine Leerstelle notwendig, bevor Sie den Namen der gewünschten Windows-Anwendung angeben können.

Möchten Sie zum Beispiel, daß unmittelbar nach dem Start von Windows die Anwendung Word für Windows gestartet wird, lautet die dazu erforderliche Befehlszeile wie folgt:

```
win winword
```

Oder soll's die Tabellenkalkulation Quattro Pro sein? Dann müssen Sie folgendes eingeben:

```
win qpro
```

In beiden Fällen wird vorausgesetzt, daß die Anwendung sich im Suchpfad befindet (PATH-Befehl), denn anderenfalls kann Windows die Anwendung nicht finden. In einem solchen Fall müßten Sie den genauen Pfadnamen der Anwendung angeben, das kann beispielsweise so aussehen:

```
win c:\winword\winword
```

Nachdem Sie die Befehlszeile bestätigt haben, startet zuerst Windows. Ohne weitere Anweisungen startet danach automatisch die gewünschte Windows-Anwendung. Sie können danach sofort mit der Anwendung arbeiten.

666 ganz legale   Windows-Tricks

> **Nochmal:** *Dieser Trick klappt nur, wenn in der AUTOEXEC.BAT ein Suchpfad zum Verzeichnis der gewünschten Anwendung angegeben ist. Das ist vor allem bei komplexeren Windows-Anwendungen in der Regel der Fall.*

Beliebte Doppelstarts

Es ist praktisch und zeitsparend, gleich beim Start von Windows automatisch eine Windows-Anwendung zu starten. Wie im unmittelbar vorangehenden Trick beschrieben, bedarf es dazu nur einer winzigen Ergänzung der WIN-Befehlszeile: es muß nur der Dateiname der Befehlsdatei angegeben werden. Was grundsätzlich mit jeder Windows-Anwendung möglich ist. Die folgende Tabelle zeigt die Startkommandos für die beliebtesten Doppelstarts.

Geben Sie diesen Startbefehl ein ...	... damit Windows zusammen mit dieser Anwendung startet
win winfile	Datei-Manager
win printman	Druck-Manager
win sysedit	Systemkonfigurations-Editor
win notepad	Editor
win pifedit	PIF-Editor
win write	Textverarbeitung Write
win pbrush	Paintbrush
win calendar	Kalender
win cardfile	Karteikasten
win sol	Spiel Solitär
win winmine	Spiel Minesweeper
win wintutor	Windows-Lernprogramm
win winword	Textverarbeitung Word für Windows*
win excel	Tabellenkalkulation Excel*
win pm4	DTP-Programm Pagemaker*

* falls installiert

2 • Der Start

Steigerungsfähig: Der Dreifachstart

Sie wissen vor dem Start von Windows nicht nur, mit welcher Anwendung Sie arbeiten möchten, sondern auch, welche Datei (welches Dokument) Sie mit der Anwendung bearbeiten möchten? Dann empfehle ich Ihnen doch ganz dringend einen Dreifachstart.

Tip 42
Geben Sie nach dem Startkommando für Windows nicht nur den Dateinamen der gewünschten Anwendung, sondern gleich auch noch den Namen des zu bearbeitenden Dokuments an!

Damit erledigen Sie wirklich alles in einem Aufwasch. Möchten Sie zum Beispiel direkt nach dem Windows-Start das Zeichenprogramm *Paintbrush* starten und damit das Bild BAUM.BMP bearbeiten, das im Verzeichnis \KUNST Ihrer Festplatte abgelegt ist, lautet der dazu erforderliche komplette Startbefehl:

```
win pbrush c:\kunst\baum.bmp
```

Hinweis
Denken Sie daran, auf jeden Fall den kompletten Pfad, der zur zu bearbeitenden Datei führt, im Startbefehl anzugeben, sonst kann die betreffende Anwendung möglicherweise das Dokument nicht finden.

Die Zwischenablage mag keine Doppelbelastung

Eine Anwendung zu starten und dabei gleichzeitig ein Dokument zu laden, das ist eine Finesse, die man dank der Programmeigenschaften im Programm-Manager bei jeder Windows-Anwendung nutzen kann. Aber halt: Eine Anwendung zieht da leider nicht mit!

Tip 43
Verzichten Sie darauf, die Befehlszeile der Zwischenablage um einen Dateinamen als Parameter zu erweitern!

Die Standard-Befehlszeile, die erscheint, wenn man zum Icon der Zwischenablage die Programmeigenschaften aufruft, lautet:

```
clipbrd.exe
```

Da wäre es doch, in Analogie zu all den anderen Windows-Anwendungen, die man bei Bedarf mit einem bestimmten Dokument starten kann, nur logisch, auch beim Start der Zwischenablage gleichzei-

666 ganz legale   Windows-Tricks

tig eine Datei zu laden - sprich: eine CLP-Datei als Parameter in der Befehlszeile anzugeben. Etwa, um beim Start der Zwischenablage beispielsweise sofort bestimmte Daten zum Datenaustausch bereit zu haben, zum Beispiel die, die man zuletzt gespeichert hat. Es gibt da eine Menge Ideen.

Denkste! Das funktioniert nicht. Die Zwischenablage muß bereits gestartet sein, um mit ihr eine Datei öffnen zu können. Die berühmten Ausnahmen bestätigen eben die noch berühmteren Regeln.

Programmeigenschaften	
Beschreibung: Ablagemappe	OK
Befehlszeile: CLIPBRD.EXE bild.clp	Abbrechen
Arbeitsverzeichnis:	
Tastenkombination: Keine	Durchsuchen...
☐ Als Symbol	Anderes Symbol...
	Hilfe

So bitte nicht!

Batchdatei für Doppel- oder Dreifachstart

Die hier beschriebenen Doppelt- und Dreifachstarts sind fraglos eine praktische Sache. Wenn Sie auf diese Art und Weise häufiger Anwendungen starten, kann es schnell lästig werden, immer wieder die, je nach Art des Dateinamens, doch manchmal recht lange Befehlszeile hinter dem Systemprompt einzugeben.

Tip 44 *Erstellen Sie für besonders häufig benutzte Startbefehle eine Batchdatei, in der Sie alle gewünschten Parameter für den Windows-Start angeben!*

Starten Sie zum Schreiben der benötigten Batchdatei einen Editor. Als Inhalt der Batchdatei formulieren Sie die Befehlszeile genau so, wie Sie sie am Systemprompt eingeben würden.

Überlegen Sie sich, welche Parameter in der Startdatei angegeben sein sollen. Vielleicht lohnt es sich ja auch, mehrere Batchdateien anzufertigen: Zum Beispiel eine für den Start von Windows plus *Excel* plus Ihrer allerwichtigsten Tabelle und eine für den Start von Windows plus *WinWord* plus dem Text, an dem Sie die nächsten Wochen noch arbeiten werden. (Wenn Sie zum Beispiel jemals ein Buch mit 666

2 • Der Start

ganz legalen Tricks schreiben sollten, das dann natürlich nicht so heißen darf, aber das nur am Rande, ist sowas wirklich eine nützliche Sache...)

Geben Sie die Befehlszeilen ein, und speichern Sie die Datei im Windows-Verzeichnis oder in einem anderen Verzeichnis, das im Suchpfad der AUTOEXEC.BAT angegeben ist (vielleicht haben Sie ja sogar ein eigenes Verzeichnis für alle Ihre Batchdateien).Wählen Sie einen aussagekräftigen Namen, zum Beispiel TEXT.BAT für den Start von Windows inklusive *WinWord* und dem aktuell stets benötigten Dokument. Statt der offiziellen Anweisung:

```
win winword \texte\konzept.doc
```

müssen Sie dann an der DOS-Eingabeaufforderung demnächst nur noch folgendes eingeben:

```
text
```

Eine kleine Batchdatei erleichtert den Dreifachstart

Datei-Manager: Programmstart als Symbol

Anwendungen können bequem über den Datei-Manager gestartet werden: Ein Doppelklick auf die entsprechende Befehlsdatei reicht aus, um die Anwendung in einem Fenster zu starten. Soll die Anwendung unmittelbar nach dem Start auf Symbolgröße verkleinert werden – das bietet sich beispielsweise bei vielen Hilfsprogrammen an –, so stehen Ihnen im Datei-Manager dieselben Möglichkeiten zur Verfügung wie im Programm-Manager.

Tip 45

Wenn Sie während des Doppelklicks auf die Programmdatei die ⇧-Taste gedrückt halten, startet die Anwendung als Symbol!

AutoStart

Von Anfang an am Ball

Benutzen Sie etwa auch nach dem Start von Windows immer die gleichen Anwendungen? Also ich habe ein paar kleine Windows-Helfer, auf die ich nicht mehr verzichten möchte, die aber halt gestartet werden müssen, damit sie ihre Arbeit verrichten können. Sicher haben Sie auch solche Helfer und haben es langsam satt, diese immer wieder aufrufen zu müssen, nachdem Windows sich bei Ihnen gemeldet hat. Oder vielleicht arbeiten Sie ja auch immer mit derselben Windows-Anwendung? Dann habe ich einen prima Tip für Sie: Sie können jede Windows-Anwendung vollkommen automatisch starten lassen.

Tip 46
Binden Sie die Anwendungen, die nach dem Start von Windows automatisch aktiv sein sollen, in die Programmgruppe AutoStart *ein.*

Das ist gar nicht schwer: Sie kopieren dazu das entsprechende Programm-Icon aus der ursprünglichen Programmgruppe (sofern es schon existiert) in die Programmgruppe *AutoStart*.

Wie Sie das ganz leicht via Drag and Drop erledigen können, erfahren Sie ganz ausführlich im Trick *Aus eins mach zwei* im Kapitel *Desktop*). Nur soviel muß man wissen: Jede Anwendung, die sich in der *AutoStart*-Gruppe befindet, wird nach dem Start automatisch und ohne weitere Abfragen ausgeführt.

Erstens, zweitens, drittens...

Wenn Sie mehrere Anwendungen wie in Trick *Von Anfang an am Ball* beschrieben über die Programmgruppe *AutoStart* starten lassen, arbeitet Windows sie in der Reihenfolge ab, in der die Icons im Fenster angeordnet sind.

Tip 47
Möchten Sie eine bestimmte Anwendung nach dem Start im Vordergrund wissen, sorgen Sie dafür, daß sich das entsprechende Icon im AutoStart-*Fenster an letzter Position befindet.*

Ist das nicht der Fall, verschieben Sie das Icon einfach innerhalb des Gruppenfensters. Klicken Sie dazu das betreffende Icon an, halten Sie

2 • Der Start

die Maustaste gedrückt, und ziehen Sie es nach ganz rechts, hinter alle anderen Icons. Lassen Sie dort die Maustaste wieder los. Die betreffende Anwendung ist dann die *letzte*, die ausgeführt wird, und überlagert somit alle anderen eventuell am Bildschirm sichtbaren Anwendungsfenster.

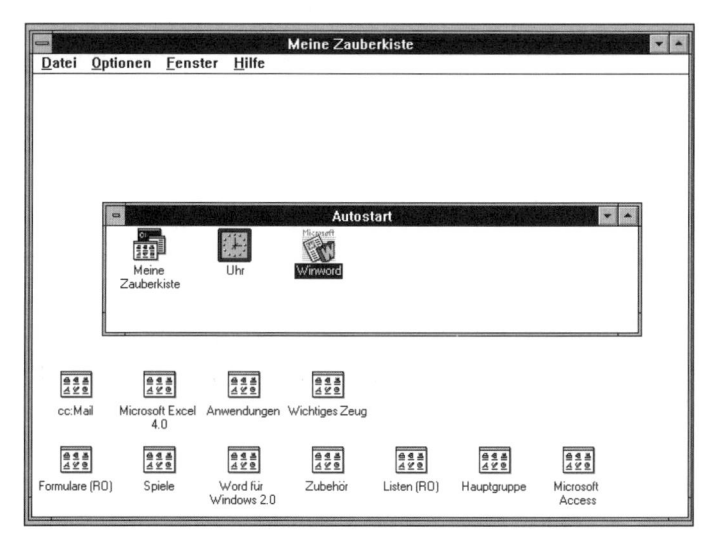

WinWord startet als letzte Anwendung

Start ja, Auto nein

Die *AutoStart*-Gruppe haben Sie eingerichtet, weil Sie nach dem Start gerne eine Reihe von Anwendungen geöffnet wissen möchten. Doch manchmal ist der automatische Programmstart überflüssig oder einfach unerwünscht. Da wäre es lästig, erst alle Anwendungen starten zu lassen, um sie hinterher Schritt für Schritt wieder zu schließen.

Tip 48

Sie unterdrücken den automatischen Start der in der Programmgruppe AutoStart aufgeführten Anwendungen, wenn Sie nach dem Abschicken des WIN-Befehls die ⇧-Taste gedrückt halten.

Halten Sie die ⇧-Taste gedrückt, bis der Programm-Manager erscheint. Beginnen Sie mit dem Drücken der ⇧-Taste spätestens, wenn das Windows-Logo erscheint. Arbeiten Sie ohne Logo, drücken Sie die ⇧-Taste sofort, nachdem Sie die Befehlszeile WIN mit der ⏎-Taste abgeschickt haben.

55

666 ganz legale Windows-Tricks

Mal 'was anderes „autostarten" lassen

Ein Trick, der sich besonders gut dazu eignet, einem Kollegen ein Schnippchen zu schlagen. Vielleicht finden Sie aber auch selbst Gefallen an dieser AutoStart-Umleitung.

Tip 49

Lassen Sie nicht die Programme der Gruppe AutoStart *nach dem Start automatisch ausführen, sondern Anwendungen, die in einer ganz anderen Programmgruppe stecken!*

Stellen Sie sich vor, Sie lassen bei Arbeitsbeginn nicht alle Anwendungen der *AutoStart*-Gruppe, sondern zum Beispiel alles, was so in der Gruppe *Spiele* steckt, automatisch starten. Das wirft zwar kein besonders gutes Licht auf Ihre Arbeitsmoral, aber ausprobieren können Sie es ja trotzdem mal.

Dazu müssen Sie eine kleine Änderung in der Datei PROGMAN.INI vornehmen. Laden Sie die Datei in einen Editor, und gehen Sie in den ersten Abschnitt:

```
[settings]
```

Suchen Sie dort nach der Anweisung STARTUP=, und tragen Sie folgende Anweisung ein, wenn Sie die Anwendungen in der Programmgruppe *Spiele* autostarten wollen:

```
startup=spiele
```

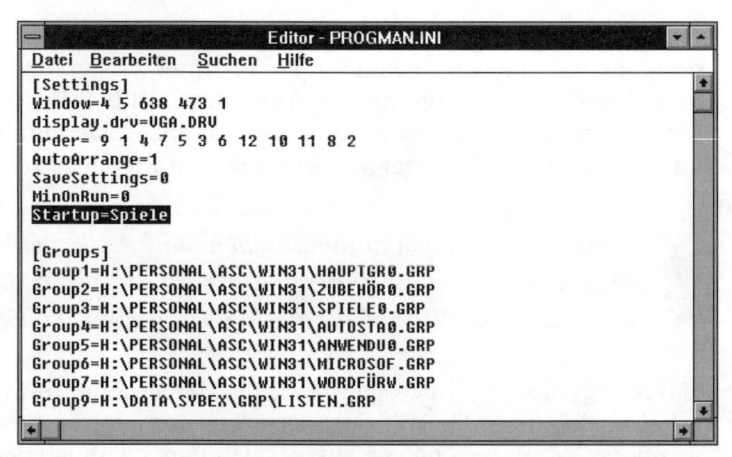

```
Editor - PROGMAN.INI
Datei  Bearbeiten  Suchen  Hilfe
[Settings]
Window=4 5 638 473 1
display.drv=VGA.DRV
Order= 9 1 4 7 5 3 6 12 10 11 8 2
AutoArrange=1
SaveSettings=0
MinOnRun=0
Startup=Spiele

[Groups]
Group1=H:\PERSONAL\ASC\WIN31\HAUPTGR0.GRP
Group2=H:\PERSONAL\ASC\WIN31\ZUBEHÖR0.GRP
Group3=H:\PERSONAL\ASC\WIN31\SPIELE0.GRP
Group4=H:\PERSONAL\ASC\WIN31\AUTOSTA0.GRP
Group5=H:\PERSONAL\ASC\WIN31\ANWENDU0.GRP
Group6=H:\PERSONAL\ASC\WIN31\MICROSOF.GRP
Group7=H:\PERSONAL\ASC\WIN31\WORDFÜRW.GRP
Group9=H:\DATA\SYBEX\GRP\LISTEN.GRP
```

Geben Sie in der PROGMAN.INI an, welche Anwendungen nach dem Start automatisch gestartet werden sollen

2 • Der Start

Hinter dem Gleichheitszeichen können Sie natürlich jede existierende Programmgruppe angeben. Tragen Sie hier die Bezeichnung ein, die im Programm-Manager unter dem entsprechenden Gruppen-Icon erscheint.

Wenn Sie die Änderungen speichern, werden beim nächsten Start von Windows automatisch alle Anwendungen gestartet, die in der angegebenen Programmgruppe enthalten sind.

Start? Logo!

Logo: Es geht auch ohne

Wie oft haben Sie Windows in Ihrem Leben wohl schon gestartet: 10mal, 100mal, oder vielleicht schon 666mal? Wenn Sie ein „alter Hase" sind, können Sie über diese Zahlen wahrscheinlich nur milde lächeln. Egal - auf jeden Fall werden Sie das Windows-Logo, das zu Beginn einer jeden Arbeitssitzung über den Bildschirm flattert, in- und auswendig kennen. Da kann es leicht passieren, daß Sie das Ding nicht mehr sehen wollen. Zumal man ohne Logo wesentlich schneller zum Kern der Sache, nämlich zum Programm-Manager gelangt.

Tip 50

Unterdrücken Sie das Windows-Logo beim Start!

Versuchen Sie es doch mal mit dem Doppelpunkt! Wenn Sie beim Start

```
win :
```

eingeben, wird das Windows-Bildchen unterdrückt. Ruckzuck sind Sie dann da, wo Sie eigentlich hinwollten: Mitten im Programm-Manager.

Hinweis: Dieser Trick funktioniert nur, wenn Sie zwischen dem WIN-Befehl und dem Doppelpunkt ein Leerzeichen eingeben. Sonst werden Sie das Ding nie los!

Logo? Nein danke!

2 • Der Start

Was, Ihnen gefällt dieser Trick nicht? Ganz schön langweilig, so vollkommen ohne Logo, meinen Sie? Na gut: Dann lesen Sie Trick 53. Da steht nämlich, wie man sich ein persönliches Logo in den Startvorgang einbauen kann. Jeder nach seinem Geschmack...

Logo loswerden, die Zweite

Neben dem beliebten Doppelpunkt-Trick gibt es noch einen zweiten Weg, Windows ohne Logo zu starten.

Tip 51

Springen Sie vom Startkommando aus direkt in den Programm-Manager – die zweite Methode!

Um nach dem Start von Windows sofort mit dem Programm-Manager zu arbeiten, können Sie den Programm-Manager einfach als zu startende „Anwendung" angeben. Ja, das geht! Geben Sie dazu ein:

```
win progman
```

Windows startet nun wie gewohnt, das Anzeigen des Logos wird unterdrückt; da eine Anwendung geladen werden soll (nur dann erscheint kein Logo). Danach erscheint sofort der Bildschirm des Programm-Managers, da er – was quasi „doppelt gemoppelt" ist – offiziell als sofort auszuführende Anwendung angegeben wurde.

Und noch mal: Starten ohne Logo

Es gibt wirklich viele Leute, die sich Gedanken darüber machen, wie man Windows das leidige Startlogo abgewöhnen kann. Anders läßt sich nicht erklären, wie all die Tips und Tricks zustande kommen, wie man Windows ohne das leidige Startlogo startet. Die Methode, die ich Ihnen hier vorstellen möchte, empfiehlt sich insbesondere dann, wenn Sie Windows regelmäßig ohne Windows-Symbol aus den Startlöchern schießen lassen möchten.

Tip 52

Windows startet grundsätzlich ohne Logo, wenn Sie die Datei WIN.CNF gegen die Datei WIN.COM austauschen!

Die Datei WIN.CNF ist im Grunde nämlich nichts anderes als die Windows-Startdatei ohne Startlogo. Da ist es naheliegend, sie anstelle der üblichen WIN.COM aufzurufen, wenn man sich das Windows-Logo ein für allemal vom Hals schaffen will. Dazu verschieben Sie die

59

ursprüngliche Datei WIN.COM - am besten mit Hilfe des Datei-Managers - in ein anderes Verzeichnis, damit es später nicht zu Verwechslungen kommen kann (natürlich können Sie WIN.COM auch umbenennen). Danach kopieren oder verschieben Sie die Datei WIN.CNF aus dem Windows-Systemverzeichnis in das Windows-Verzeichnis, und nennen Sie in WIN.COM um.

Beim nächsten Start von Windows greift das Betriebssystem auf die neue WIN.COM-Startdatei zu. Das Verwenden eines Doppelpunktes ist jetzt nicht mehr nötig. Ein Startlogo wird nicht mehr erscheinen; selbst wenn Sie das wollten.

> **Hinweis**
> *Heben Sie die „alte" Programmdatei WIN.COM auf jeden Fall gut auf. Am besten kopieren Sie sie zusätzlich auf eine Diskette, damit Sie bei Problemen nicht ohne Windows-Befehlsdatei dastehen.*

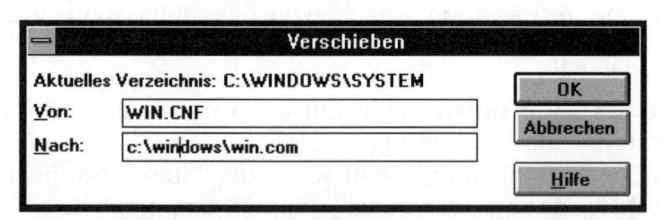

WIN.CNF übernimmt die Aufgaben der Windows-Startdatei WIN.COM

Ein Logo für jeden Geschmack

Es gibt erstaunlich viele Windows-Benutzer, die sich Gedanken über das Logo machen, das beim Start kurz auf dem Bildschirm erscheint. Ich gehöre zwar nicht dazu, es ist mir ziemlich egal, was da zu sehen ist, schließlich sind es nur ein paar wenige Augenblicke, aber der Hang zur Individualität ist bei vielen derart groß, daß sie sich am liebsten ein eigenes Logo wünschten. Sie werden lachen: Das ist gar kein Problem.

> **Tip 53**
> *Wenn Sie das Standard-Logo von Windows satt haben, dann binden Sie doch einfach eine individuelle Grafik in den Startvorgang als offizielles Logo ein!*

Das Windows-Startlogo ist in der Befehlsdatei WIN.COM enthalten. Deshalb reicht es nicht, einfach die Grafik-Datei auszutauschen, wie

2 • Der Start

man es beispielsweise von den Hintergrundbildern her kennt. Vielmehr muß das neue Logo in die WIN.COM „eingeflochten" werden. Keine Angst: Das klingt komplizierter, als es letztlich ist.

Erstellen Sie zuerst eine Grafik nach Ihrem persönlichen Geschmack. Speichern Sie diese Datei im eher etwas unbekannten RLE-Format im Windows-Verzeichnis, zum Beispiel unter dem Dateinamen NEU.RLE. (Es gibt einige Konvertierungsprogramme, etwa Paintshop Pro, die aus einer Grafik im BMP- oder PCX-Format eine Grafikdatei im RLE-Format machen, Paintbrush können Sie dazu jedenfalls *nicht* verwenden.) Beenden Sie danach die Arbeit mit Windows, und geben Sie auf der DOS-Ebene folgende Befehle ein:

```
cd \windows
copy /b system\win.cnf+system\vgalogo.lgo+neu.rle win.com
```

Ist Windows nicht das aktuelle Verzeichnis oder steckt die RLE-Datei in einem anderen Verzeichnis, aktualisieren Sie die Pfadangaben entsprechend. Auch der Dateiname der Grafikdatei muß entsprechend angegeben werden, hier lautet er NEU.RLE.

Wenn Sie nach dieser Mammutanweisung Windows erneut starten, sollte das neue Startlogo auf dem Bildschirm erscheinen. Auf diese Weise können Sie sich jederzeit und so oft Sie wollen ein neues Startlogo definieren.

Erstellen Sie zur Sicherheit vor der Veränderung des Logos eine Kopie der Datei WIN.COM. Nennen Sie diese entweder etwas anders, zum Beispiel WIN2.COM, oder speichern Sie sie in einem anderen Verzeichnis, damit sie nicht mit der „neuen" Startdatei verwechselt wird.

666 ganz legale Windows-Tricks

Das Windows-Logo wurde aufgepeppt

Persönliche Grafik als Logo

Das Einbinden persönlicher Grafiken als Windows-Startlogo (siehe unmittelbar vorangehenden Trick) bereitet in aller Regel keine Probleme. Zwei Dinge sollten Sie dennoch beachten.

Tip 54
Speichern Sie die Grafikdatei in normaler VGA-Auflösung mit 16 Farben. Und achten Sie darauf, daß die Datei möglichst nicht größer als 56 KByte ist!

Eine Grafik mit höherer Auflösung zu verwenden, macht keinen Sinn, da in der Startphase von Windows noch kein spezieller Grafiktreiber geladen ist, der die Auflösung entsprechend verarbeiten könnte. Die VGA-Auflösung reicht deshalb aus, da Windows für das Startlogo ganz kurz diese auf nahezu jedem PC verfügbare Auflösung aktiviert, um das Logo anzuzeigen. Die Beschränkung der Dateigröße liegt darin begründet, daß COM-Dateien generell nicht größer als 64 KByte sein dürfen.

Logo! Aber ich kann nicht malen...

Wer unbedingt ein neues Windows-Startlogo haben möchte, aber nicht unbedingt von der Muse geküßt ist, sprich: aus eigern Kraft keine ansprechenden Grafiken zustande bringt, der muß keineswegs verzweifeln.

2 • Der Start

Tip 55
Verwenden Sie einfach eine bereits existierende Grafikdatei als Startlogo!

Dazu eignet sich im Grunde genommen jede Bitmap-Datei, und davon gibt es ja eine mittlerweile nicht mehr überschaubare Menge. Laden Sie die ausgewählte BMP-Datei in ein spezielles Grafik-Programm wie Paintshop Pro (empfehlenswerte Shareware, die es nahezu in jeder Buchhandlung oder Mailbox gibt), und speichern Sie die Grafik im RLE-Format ab – man konvertiert dadurch das Grafikformat.

Das RLE-Format stellt im Grunde genommen die komprimierte Fassung einer BMP-Datei dar; allerdings wird das RLE-Format von Paintbrush nicht unterstützt, deshalb braucht man unbedingt eine Grafik-Anwendung wie Paintshop. Die auf diese Weise erzeugte RLE-Datei können Sie wie in Trick *Ein Logo für jeden Geschmack* beschrieben in die Startdatei WIN.COM einbinden.

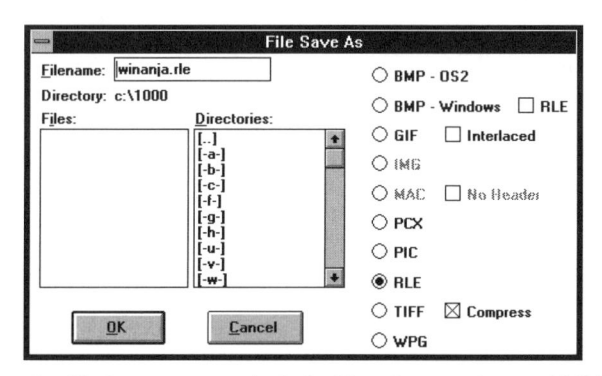

Grafik-Programme wie PaintShop konvertieren Abbildungen ins RLE-Format

Startlogos: Welches nehmen wir denn heute?

Ich habe es gewußt: Ist das Thema Startlogo erst einmal angestoßen, hören die Fragen dazu einfach nicht mehr auf. Es soll Leute geben, denen ist ein Startlogo einfach zu wenig, die möchten lieber heute dies und morgen das Logo sehen. Zum Glück ist selbst das möglich.

Tip 56
Wenn Sie die Abwechslung mögen, dann basteln Sie sich einfach Windows-Startdateien mit unterschiedlichen Logos. Dann kommt ganz bestimmt keine Langeweile auf!

Verfahren Sie dazu grundsätzlich wie im Trick *Ein Logo für jeden Geschmack* und den nachfolgenden beschrieben, um persönliche Grafiken zum Startlogo zu machen. Vergeben Sie für die Startdateien jedoch unterschiedliche Namen. Kreieren Sie beispielsweise eine Datei WIN1.COM, in der sich die Grafik LOGO1.RLE befindet, und eine Datei WIN2.COM, in der die Grafikdatei LOGO2.RLE steckt. Die Befehlszeile dazu würde lauten:

```
copy /b system\win.cnf+system\vgalogo.lgo+neu.name win1.com
```

Speichern Sie diese Dateien jeweils im Windows-Verzeichnis ab. Je nachdem, mit welchem Logo Sie Windows starten möchten, geben Sie als Startbefehl entweder *win* (für das „normale" Startlogo), oder *win1* (für die erste Variante) oder eben *win2* (für die zweite Variante) oder gar *win111* (für die 111. Variante....) ein.

Wenn Sie Bastler sind, können Sie theoretisch selbst ein kleines Programm schreiben, das per Zufall auswählt, welches Startlogo auf dem Bildschirm erscheint. Dafür ist gar nicht mal viel Aufwand nötig.

Ein Icon für die Versionsanzeige

In vielen Fällen ist es nützlich zu wissen, in welchem Modus Windows gestartet wurde. Schließlich klappt nicht alles, was im erweiterten Modus möglich ist, auch im Standard-Modus (auch umgekehrt). In der Regel erfährt man den aktuellen Modus über den Befehl *Hilfe ▶ Info*. Es gibt aber einen noch schnelleren Weg zur gewünschten Information.

Tip 57 *Richten Sie ein Icon für die Versionsanzeige ein!*

Die Idee ist, ein Programm-Icon einzurichten, das man anklickt, und schon erhält man die Dialogbox mit den Informationen zum verwendeten Betriebsmodus. Bestimmen Sie dazu zuerst die Programmgruppe, in der Sie das Icon ansiedeln möchten. Wählen Sie dann im Menü *Datei* des Programm-Managers den Menüpunkt *Neu*. Es erscheint eine Dialogbox, in der Sie sich für die Option *Programm* entscheiden. Eine weitere Box *Programmeigenschaften* erscheint. Hier brauchen Sie nur die *Befehlszeile* auszufüllen. Geben Sie

```
winver.exe
```

2 • Der Start

ein. Wenn Sie möchten, können Sie in der Zeile *Beschreibung* „Aktueller Modus" eintragen. Wenn Sie die Box nun bestätigen, erscheint das neue Icon sofort im Programm-Manager.

Wenn Sie hierauf klicken,...

...erscheint diese Infobox

65

Fensterln lernen

Ganz am Anfang...

... wissen Sie vielleicht noch herzlich wenig über Windows. Lassen Sie sich deshalb keine grauen Haare wachsen: Schließlich ist das auch dem eingefleischtesten Windows-Profi irgendwann mal so ergangen: Jeder fängt klein an, heißt es nicht zu Unrecht im Volksmund. Windows selbst hält eine nette Methode für Sie bereit, erste Schwellenängste abzubauen.

Tip 58

Wenn Sie sich mit Windows anfreunden wollen, aber erst über relativ wenig Erfahrung verfügen, dann arbeiten Sie am besten mal das mitgelieferte Windows-Lernprogramm durch.

Um mit dem Lernprogramm klarzukommen, ist kein großartiges Vorwissen erforderlich. Geben Sie auf der DOS-Ebene hinter der Eingabeaufforderung die folgende Anweisung ein, wenn Sie Windows gleich mit dem Lernprogramm starten wollen:

```
win wintutor
```

Wenn Sie sich bereits im Programm-Manager von Windows befinden, öffnen Sie das Menü *Hilfe* und wählen dort den Menüpunkt *Lernprogramm* aus. Auf dem Begrüßungsbildschirm können Sie sich entscheiden, welche Version des Lernprogramms Sie starten möchten. Wenn Sie noch gar keine Kenntnisse über Windows haben und auch im Umgang mit der Maus noch etwas unbeholfen sind, geben Sie ein M ein.

Geben Sie ein W ein, wenn Sie die Maus schon fest im Griff haben und sich auf die Windows-Grundlagen konzentrieren möchten. Anschließend unternimmt Windows mit Ihnen eine geführte Entdeckungsreise kreuz und quer durch die grafische Benutzeroberfläche.

Bei Klick Lernprogramm

Wer plant, das Lernprogramm öfter mal zu benutzen (etwa, um manchmal etwas nachzuschlagen), der sollte es besonders leicht zugänglich machen, sprich: dafür ein spezielles Programm-Icon einrichten.

2 • Der Start

Tip 59

Richten Sie für das Lernprogramm ein Programm-Icon ein!

Bestimmen Sie dazu zuerst die Programmgruppe, in der Sie das Icon ansiedeln möchten. Wählen Sie dann im Menü *Datei* des Programm-Managers den Menüpunkt *Neu*. Es erscheint eine Dialogbox, in der Sie sich für die Option *Programm* entscheiden. Eine weitere Box, *Programmeigenschaften,* erscheint. Hier brauchen Sie nur die *Befehlszeile* auszufüllen. Geben Sie folgendes ein:

`wintutor.exe`

Wenn Sie möchten, können Sie in der Zeile *Beschreibung* „Lernprogramm" eintragen. Wenn Sie die Box nun bestätigen, erscheint das neue Icon sofort im Programm-Manager. In Zukunft können Sie das Lernprogramm starten, indem Sie zweimal auf das Icon mit der Gelehrtenmütze klicken.

Ein Klick auf die Tutor-Mütze genügt, um das Lernprogramm zu starten

Start im Netzwerk

Installation auf einem Netzwerk-Server

Windows kann - wie es sich für eine „ordentliche" Anwendung gehört - sowohl auf Einzelplatzrechnern als auch im Netz betrieben werden. (Achtung: Hiermit ist *nicht* die Windows-Spezial-Ausgabe *Windows für Workgroups* gemeint, wenngleich dasselbe *auch* für diese Windows-Version gilt!) Möchten Sie Windows im Netz betreiben, so ist das ohne jedes Problem und jederzeit möglich - man muß im Grunde genommen gar nichts vorbereiten. Nur bei der Installation von Windows auf dem Server gilt es eine Besonderheit zu beachten.

Tip 60

Installieren Sie Windows auf einem Netzwerk-Server, verwenden Sie beim Setup die Option /A.

Um Windows auf einem Netzwerk-Server zu installieren, geben Sie bitte folgende Anweisung ein:

```
setup /a
```

Das Installationsprogramm Setup richtet Windows nun wie gewünscht auf dem Server ein. Im Unterschied zur „normalen" Installation werden die Dateien nicht nur kopiert und entpackt, sondern gleichzeitig auch mit Hilfe des „Read-Only"-Attributs schreibgeschützt. Diese Art des Schreibschutzes ist für einen Server besonders wichtig: Denn sollte eine lebenswichtige Windows-Programmdatei auf diesem Gerät versehentlich gelöscht oder überschrieben werden, leidet darunter nicht nur ein Anwender, sondern das gesamte vom Server versorgte Netz.

Windows-Setup erkennt Netzwerk nicht

Wenn Sie planen, Windows auf einem vernetzten Rechner zu installieren, sollten Sie unbedingt sicherstellen, daß Windows beim Setup auch wirklich das Netzwerk erkennt. Sonst haben Sie nach der Installation nämlich keinen Zugriff aufs Netz – und das kann ärgerlich sein.

Tip 61

Bei der Installation auf einem vernetzten Rechner überprüfen Sie am besten, ob das Netzwerk-Verzeichnis in der Pfadangabe von AUTOEXEC.BAT enthalten ist!

2 • Der Start

Um zu prüfen, ob das Netzwerk-Verzeichnis im DOS-Suchpfad enthalten ist, überprüfen Sie am besten die Systemdatei AUTOEXEC.BAT. Laden Sie die Systemdatei dazu in einen geeigneten Editor, und überprüfen Sie die Zeile, die die folgende Anweisung enthält:

`path=`

In dieser Anweisungszeile muß unbedingt auch das Verzeichnis enthalten sein, in dem die Netzdateien gespeichert sind. Fehlt die Angabe, erkennt Windows bei der Installation folgende Netze *nicht* von alleine: Share, 3Open, LAN Manager und MS-Net.

> **Hinweis:** *Haben Sie Windows bereits installiert, können Sie die Installation des Netzwerks über das Windows-Setup auf der DOS-Ebene nachholen. Geben Sie in diesem Fall manuell den Pfad, in dem sich die Netzwerk-Dateien befinden, an.*

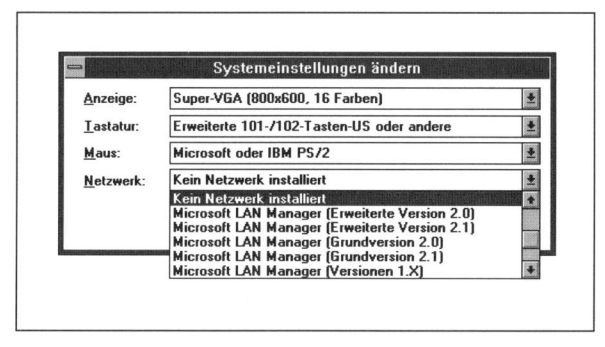

Ist wirklich kein Netzwerk installiert?

Keine Nachrichten übers Netz?

Falls Sie Windows in einem Novell-Netz einsetzen und sich mit schöner Regelmäßigkeit darüber ärgern, daß über das Netz verschickte Nachrichten nicht am Ziel-PC ankommen, dann liegt das Übel wahrscheinlich in Ihrer WIN.INI. Wenn man's weiß, ist natürlich alles halb so wild.

Tip 62

Sofern es beim Versenden von Nachrichten im Novell-Netz zu Schwierigkeiten kommt, überprüfen Sie, ob die Systemdatei WIN.INI eine Anweisung enthält, um NWPOPUP zu laden!

Um die eventuell fehlende Anweisung nachzutragen, damit endlich auch im Novell-Netz Nachrichten erfolgsversprechend verschickt werden können, laden Sie die Systemdatei WIN.INI in einen geeigneten Editor. Suchen Sie dann folgenden Abschnitt:

`[windows]`

Prüfen Sie nun, ob dort der folgende Eintrag existiert:

`load=nwpopup.exe`

Sollte er nicht existieren, ist das mit ziemlicher Sicherheit der Grund dafür, daß Nachrichten im Nirwana des Novell-Netzes verschwinden. Fügen Sie einfach obige Anweisung in die Datei WIN.INI ein, speichern Sie die korrigierte Datei, und starten Sie den Rechner neu. Danach sollte das Problem behoben sein.

Kapitel 3
Programm-Verwaltung

Klein, aber fein: Extras für den Programm-Manager   72

Fensterverwaltung   76

Programme starten   77

Der Zauber der Gleichzeitigkeit   82

Programm-Icons   89

Lauter Eigenschaften   96

Verbote   105

Wenn man den Programm-Manager nicht leiden kann   113

Windows-Kino   115

Und tschüsss...   117

666 ganz legale Windows-Tricks

Klein, aber fein: Extras für den Programm-Manager

Wie heißt denn Ihr Programm-Manager?

Finden Sie nicht auch, daß *Programm-Manager* schon ein bemerkenswert phantasieloser Name für eine so wichtige Einrichtung ist? Hat das Regiezentrum von Windows nicht einen etwas ansprechenderen Namen verdient? Finde ich auch. Vor allem sollte er auch etwas sympathischer klingen, etwas individueller, schließlich ist der Programm-Manager auch individuell. Man findet schwerlich zwei PCs, die exakt gleich konfiguriert sind. Namen wie „Daniels Regiezentrum" oder „Meine Mottenkiste" sind deshalb viel sympathischer. Zum Glück gibt es einen Kniff, wie man die Titelleiste des Programm-Managers umbenennen kann.

Tip 63 *Geben Sie Ihrem Programm-Manager einen ganz individuellen Namen!*

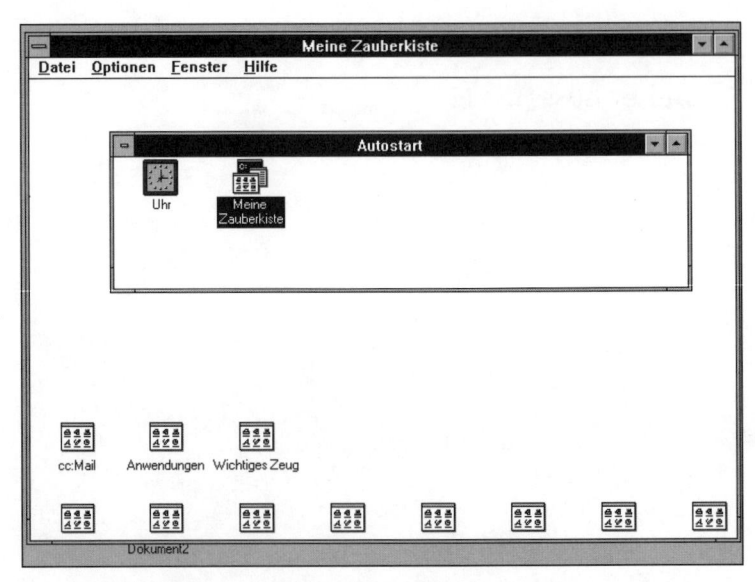

Per AutoStart *zu einem originellen Programm-Manager*

3 • Programm-Verwaltung

Öffnen Sie dazu zuerst die Programmgruppe *AutoStart*. Wählen Sie danach im Datei-Manager den Befehl *Datei▶Neu*, und klicken Sie in der daraufhin erscheinenden Dialogbox die Option *Programm* an. Tragen Sie in der Zeile *Beschreibung* den gewünschten Namen für Ihren Programm-Manager ein. In der *Befehlszeile* geben Sie die Programmdatei des *Programm-Managers* an, also C:\WINDOWS\PROGMAN.EXE.

Wenn Sie die Dialogbox bestätigen, erscheint das Icon des *Programm-Managers* in der *AutoStart*-Gruppe. Wenn Sie es doppelt anklicken, wechselt die Titelzeile ihren Namen. Bei jedem neuen Start von Windows erscheint der neue Name dann automatisch.

Immer im Blick: Die Uhrzeit

Sie stellen sich einen Wecker auf Ihren Bildschirm, damit Sie immer genau wissen, wie spät es gerade ist? (Wahrscheinlich, um ja nicht die wohl verdiente Mittagspause zu verpassen...) Das können Sie auch etwas einfacher und vor allem dezenter anrichten: Verdonnern Sie Windows dazu, stets die aktuelle Uhrzeit anzuzeigen.

Tip 64
Lassen Sie die Windows-Uhr bei jedem Windows-Start automatisch mitstarten!

Kopieren Sie dazu das Icon *Uhr* aus der Programmgruppe *Zubehör* in die Programmgruppe *Autostart*. Das geht so: Klicken Sie mit der Maus auf das Programmsymbol *Uhr* in der Programmgruppe *Zubehör*. Halten Sie die Maustaste gedrückt, und betätigen Sie gleichzeitig die Taste (Strg). Nun verschieben Sie das Programmsymbol der Uhr – es sind jetzt zwei Uhren zu sehen – „in" das Fenster oder Symbol der Programmgruppe *AutoStart*-Dort lassen Sie die Maustaste wieder los – und schon ist die Uhr kopiert.

Nun müssen Sie die Uhr noch so einrichten, daß sie grundsätzlich im Vordergrund erscheint, so daß sie nicht verdeckt werden kann, und zudem als Symbol, damit sie nicht zu viel Platz weg nimmt. Klicken Sie einmal auf die Uhr, damit sie ausgewählt ist. Dann betätigen Sie (⇧)(↵). In den Programmeigenschaften aktivieren Sie die Option *Als Symbol*. Nun starten Sie die Uhr, indem Sie sie doppelt anklicken. Das Symbol der Uhr erscheint im unteren Bildschirmbereich. Klicken Sie einmal auf die Uhr, um das Systemmenü anzuzeigen. Sofern vor der letzten Option *Immer im Vordergrund* kein Haken erscheint, wählen Sie die Option aus. Ab sofort wird die Uhr nicht mehr verdeckt. Sie können sie nun beliebig am Bildschirm plazieren.

73

Mit Zeiger oder ohne?

Falls Ihnen das Erscheinungsbild der Windows-Uhr nicht zusagt, müssen Sie nicht verzweifeln. Bekanntlich läßt sich über Geschmack ja vortrefflich streiten (besonders bei Uhren), deshalb haben die Entwickler ein paar Möglichkeiten vorgesehen, das „Outfit" der Uhr selbst zu bestimmen.

Tip 65

Bestimmen Sie selbst, wie die Windows-Uhr auszusehen hat!

Um kosmetische Korrekturen am Outfit der Uhr vorzunehmen, starten Sie sie einfach – sie befindet sich normalerweise in der Programmgruppe *Zubehör*. Öffnen Sie dann das Menü *Einstellungen* (dazu muß die Uhr allerdings auf Fenstergröße gebracht werden, wozu Sie doppelt auf die Uhr klicken, wenn sie gerade als Symbol angezeigt wird).

Hier können Sie zwischen einer digitalen (ohne Zeiger und Ziffernblatt) und einer analogen Anzeige wählen. Auch können Sie in diesem Menü per Klick festlegen, ob die Uhr eine Titelleiste tragen soll und ob Datum und Sekunden angezeigt werden sollen. Die Größe der Uhr bestimmen Sie durch die Fenstergröße; allerdings nur, wenn Sie die Uhr nicht als Symbol anzeigen lassen – was Sie ja (siehe oben) eingestellt haben.

Sofern Sie sich für die digitale Anzeige entschieden haben, haben Sie sogar die Möglichkeit, die dafür zu verwendende Schriftart festzulegen. Im Menü *Einstellungen* finden Sie die Funktion *Schriftart*. Hier können Sie die Schriftart wählen, die zur Anzeige verwendet werden soll. Die Größe der Schrift wird indirekt durch die Fenstergröße bestimmt.

Das Aussehen der Uhr können Sie verändern

3 • Programm-Verwaltung

Windows im Haus erspart den Uhrmeister

Es ist ganz normal, daß die im PC eingebaute Uhr nicht immer ganz genau geht – es handelt sich dabei schließlich nicht um eine Atomuhr, auch über funkgesteuerte Uhren verfügen nur die allerwenigsten PCs. So kommt es, daß Sie die Uhrzeit manchmal korrigieren müssen, spätestens beim Wechsel von Sommer- und Winterzeit.

> **Tip 66** *Korrigieren Sie das Systemdatum und die Systemzeit mit Hilfe der Systemsteuerung!*

Starten Sie die Systemsteuerung, indem Sie auf das entsprechende Icon in der *Hauptgruppe* doppelklicken. Klicken Sie danach zweimal auf das Icon *Datum/Uhrzeit*. Es erscheint eine Dialogbox: Hier können Sie das Datum und die Uhrzeit verändern. Geben Sie die neuen Werte über die Tastatur ein oder benutzen Sie die Pfeile neben den Eingabefeldern, um die richtigen Zahlen einzutragen. Sobald Sie die Dialogbox bestätigen, wird die neue Systemzeit übernommen.

Fensterverwaltung

Fenstergröße ändern per Doppelklick

Um die Fenster auf Vollbildgröße zu erweitern oder ein Vollbild auf seine ursprüngliche Größe zu schrumpfen, klickt man in der Regel auf einen der zwei Pfeile in der oberen rechten Fensterecke (fast jedes Fenster verfügt über sie). Falls es Ihnen lästig ist, immer auf die kleinen Pfeile klicken zu müssen, dann werden Sie die folgenden Tips sicher interessieren.

Tip 67
Fenster groß und klein: Versuchen Sie es einmal mit einem Doppelklick auf die Titelleiste des Fensters!

Ein Doppelklick auf die Titelleiste an einer beliebigen Stelle eines Anwendungsfensters weitet das Fenster sofort auf Vollbildgröße aus. Oder umgekehrt: Nimmt das Fenster bereits den gesamten Bildschirm ein, können Sie mit einem Doppelklick auf die Titelleiste seine ursprüngliche Fenstergröße wiederherstellen (die merkt sich Windows für Sie).

Fenster ruckzuck schließen

Ein Fenster schließt man gewöhnlich über das Systemmenü oder durch die Tastenkombination [Alt][F4] (bei Dokumentenfenstern sind es die beiden Tasten [Strg][F4]). Doch das geht auch schneller - und ohne Tastatur!

Tip 68
Klicken Sie einfach doppelt auf das Systemmenüfeld (oben links in der Ecke eines jeden Fensters) - schwupps, schon ist das Ding verschwunden!

3 • Programm-Verwaltung

Programme starten

Programmstart über Hotkeys

Daß man Anwendungen bequem und zielsicher über den legendären Doppelklick auf das betreffende Icon starten kann, ist ein alter Hut (wenn auch eine wesentliche Säule des Bedienungskonzeptes von Windows). Nicht minder schnell klappt der Programmstart über die Tastatur. Wenn, ja wenn man das mit Windows so vereinbart hat...

Tip 69

Jeder Anwendung kann eine nahezu beliebige Tastenkombination zugeteilt werden, über die man die betreffende Anwendung schnell und bequem starten und/oder auswählen kann!

Über welchen Hotkey (das ist ein Fachbegriff für eine vereinbarte Tastenkombination, mit der man eine Anwendung aktiviert) Sie einer Anwendung Leben einhauchen, legen Sie in der Dialogbox *Programmeigenschaften* fest. Wählen Sie dazu den Befehl *Datei ▶ Eigenschaften*. In der Zeile *Tastenkombination* legen Sie den gewünschten Hotkey fest. Standardmäßig steht dort *Keine*. Klicken Sie in diese Zeile, und drücken Sie die Tastenkombination, die Sie später als Hotkey benutzen wollen. Tippen Sie also nicht die Namen der Tasten ein, sondern betätigen Sie die Tastenkombination so, als wollten Sie die Anwendung aufrufen. Auf dem Bildschirm ist dann sofort sichtbar, welche Tastenkombinationen zulässig sind und welche nicht.

Wählen Sie zum Beispiel (Strg)(Alt)(W) für *Word* oder (Strg)(Alt)(Q) für *Quattro*. Haben Sie eine Tastenkombination ausgewählt, die schon belegt ist, erscheint ein entsprechender Hinweis, allerdings erst, wenn Sie die Dialogbox bestätigen. Ändern Sie den Hotkey dann entsprechend. Wenn Sie abschließend die Dialogbox bestätigen, steht Ihnen der neu festgelegte Hotkey ab sofort zur Verfügung.

Mit der Tastenkombination können Sie die dazugehörige Anwendung sowohl starten als auch - wenn das Programm bereits läuft - aus dem Hintergrund in den Vordergrund holen. Beides geschieht im Handumdrehen.

Hinweis

Das Starten einer Anwendung über den Hotkey ist nur möglich, wenn der Programm-Manager aktiv ist. Das ist wichtig: Nur wenn die Titelleiste des Programm-Managers hervorgehoben dargestellt wird, kann man sich der Hotkeys bedienen.

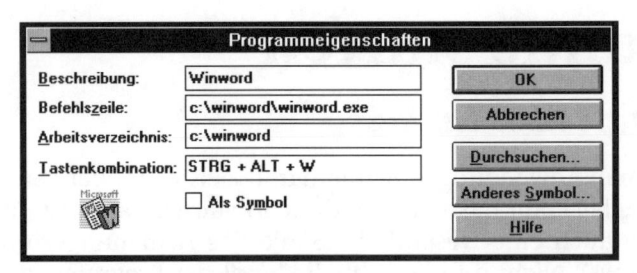

Hier geben Sie den Hotkey an

Heiße Tasten auch für DOS-Anwendungen

Auch für DOS-Anwendungen lassen sich Hotkeys vereinbaren. In diesem Fall können Sie die Hotkeys sogar auf zwei verschiedene Weisen einrichten: Entweder durch einen entsprechenden Eintrag in der Dialogbox *Programmeigenschaften*, wie oben bereits geschildert, oder durch eine Änderung in der entsprechenden PIF-Datei.

Tip 70

Geben Sie dem Eintrag in der Dialogbox Programmeigenschaften den Vorzug! Nur mit ihm können Sie noch nicht aktive Anwendungen nämlich auch starten.

Geben Sie in der zur betreffenden DOS-Anwendung gehörigen PIF-Datei die gewünschte Tastenkombination ein, hat das einen entscheidenden Nachteil: Sie können mit dem vereinbarten Hotkey zwar eine bereits aktive DOS-Anwendung in den Vordergrund holen. Starten können Sie eine DOS-Anwendung auf diesem Weg jedoch nicht. Der in der PIF-Datei festgelegte Hotkey gilt nur für bereits aktive Anwendungen.

Hinweis

Grundsätzlich lassen sich in einer PIF-Datei nur im erweiterten Modus Hotkeys definieren.

3 • Programm-Verwaltung

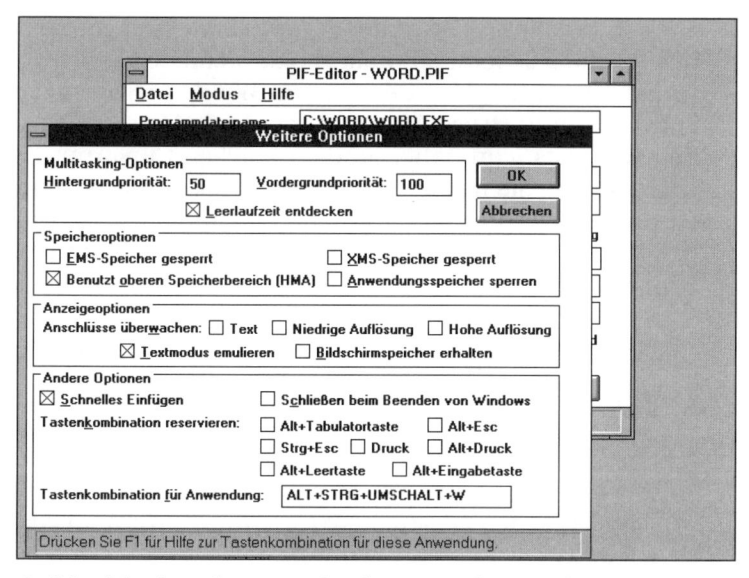

Auf den hier festgelegten Hotkey hören nur bereits aktive Anwendungen

Mit Buchstaben zu den Anwendungen

Vielleicht kennen Sie das: Der Bildschirm ist viel zu klein, um all die Programmgruppen und Programmsymbole aufzunehmen, die gleichzeitig dargestellt werden müßten. Nicht immer herrscht heitere Ordnung, wenn man eine Anwendung starten möchte. Dazu kommt: Manchmal sieht man den Wald vor lauter Bäumen nicht, sprich: das gesuchte Icon vor lauter Sinnbildern. Der Doppelklick mit der Maus ist zwar einfach, aber nur dann, wenn man das betreffende Programmsymbol auch sieht. Die Tastatur kann helfen, sich dem Ziel etwas rascher zu nähern.

Tip 71

Indem man den ersten Buchstaben der Symbolunterschrift eingibt, kann man gezielt bestimmte Symbole auswählen.

Damit keine Verwechslung aufkommt: Hiermit sind nicht die oben beschriebenen Hotkeys gemeint, also jene Tastenkombinationen, mit denen man eine Anwendung aus jeder Ecke des Programm-Managers starten kann.

Gemeint ist vielmehr ein Buchstaben-Trick, der sich ausschließlich auf das Programmgruppenfenster im Vordergrund bezieht. Befinden

666 ganz legale Windows-Tricks

Sie sich beispielsweise in der *Hauptgruppe* und geben den Buchstaben S ein, erscheint automatisch das Icon der *Systemsteuerung* hervorgehoben. Mit W würden Sie zum *Windows-Setup* gelangen, mit D entweder zum *Druck-Manager* oder zum *Datei-Manager* - je nachdem, welches Icon näher an der aktuellen Cursorposition liegt. Danach müssen Sie nur noch die ⏎-Taste betätigen - und schon startet die Anwendung. Gibt es mehrere Symbolunterschriften mit dem gewählten Anfangsbuchstaben, so wird dadurch das jeweils nächste Icon markiert.

In dieser Programmgruppe befördert Sie ein W *zu* WinWord *und ein* D *zum* **Da**tei-Manager

Ganz klein...

... machen sich Programme nach dem Programmstart, wenn Sie während des Doppelklickens auf das entsprechende Programmicon die ⇧-Taste gedrückt halten. Dann erscheint die Anwendung nicht im Fenster, sondern als Symbol - trotzdem ist die Anwendung aber aktiv.

Tip 72

Betätigen Sie beim Auswählen eines Programmsymbols in einer Programmgruppe die Taste ⇧*, so wird die Anwendung zwar gestartet, aber sofort auf Symbolgröße verkleinert.*

Das kann sich beispielsweise beim Starten kleinerer Hilfsprogramme empfehlen, die zwar im Hintergrund aktiv, aber nicht im Vordergrund sichtbar sein sollen. Wenn Sie eine Anwendung *grundsätzlich* nach dem Start auf Symbolgröße verkleinern, sollten Sie die entsprechende Option in den *Programmeigenschaften* aktivieren.

3 • Programm-Verwaltung

Immer als Symbol?

Manche Anwendung, vor allem verschiedene Hilfsprogramme, sind darauf ausgelegt, ausschließlich als Symbol gestartet zu werden. Auch der Druck-Manager macht als Symbol eine bessere Figur, da man seine Fähigkeiten zwar benötigt, ihn aber nur recht selten konkret bedient. Möchten Sie, daß eine bestimmte Anwendung nach Ihrem Start grundsätzlich als Symbol erscheint, so können Sie das dem Programm-Manager leicht beibringen.

Tip 73

Legen Sie in den Programmeigenschaften *fest, daß die betreffende Anwendung grundsätzlich als Symbol gestartet werden soll!*

Wählen Sie dazu mit der Maus oder den Cursortasten das betreffende Programmsymbol aus. Betätigen Sie danach die Tastenkombination [Alt][↵]. Alternativ können Sie auch bei gedrückter [Alt]-Taste doppelt mit der Maus auf das Icon klicken. Es erscheint die Dialogbox *Programmeigenschaften*. Aktivieren Sie hier die Option *Als Symbol*. Bestätigen Sie abschließend die Box durch einen Klick auf OK. Wenn Sie demnächst auf das entsprechende Sinnbild klicken, wird kein Fenster erscheinen, sondern sofort ein Symbol. Der Unterschied ist jedoch nur ein äußerlicher: Die Anwendung ist genauso aktiv, als ob sie im Fenster angezeigt würde. Als Symbol arbeitet sie im Hintergrund.

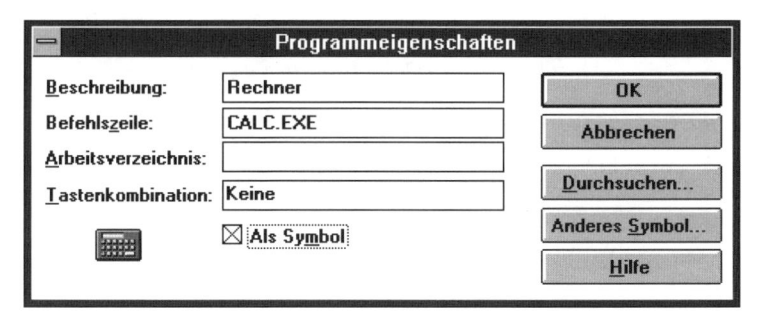

Durch diese Einstellungen wird der Taschenrechner stets als Symbol starten

666 ganz legale Windows-Tricks

Der Zauber der Gleichzeitigkeit

Von einer Anwendung zur nächsten

Nutzen Sie regelmäßig die Multitasking-Möglichkeiten von Windows und lassen mehrere Anwendungen parallel laufen? Dann wird es Sie interessieren, wie man besonders schnell von einer Anwendung zur nächsten umschaltet, zum Beispiel, um Daten zwischen den verschiedenen aktiven Anwendungen auszutauschen.

Tip 74 *Verwenden Sie die schnelle Programmumschaltung!*

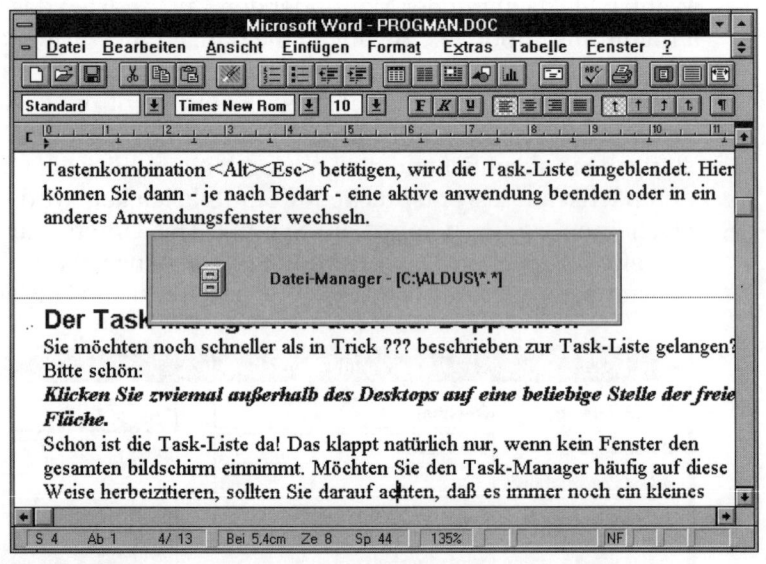

Mit [Alt][⇆] klappt der Programmwechsel am schnellsten

Wenn Sie die Tastenkombination [Alt][⇆] betätigen, erscheint in der Mitte des Bildschirms ein graues Rechteck. Darin wird der Name der nächsten aktiven Anwendung angezeigt. Halten Sie nun die [Alt]-Taste weiterhin gedrückt und betätigen die [⇆]-Taste erneut, so wird der Name der übernächsten aktiven Anwendung angezeigt und so weiter. Dieses Verfahren können Sie beliebig wiederholen. Am Ende der Liste der aktiven Anwendungen angekommen, wiederholt sich das Ganze, beginnend mit der gerade aktiven Anwendung selbst. Sind die drei Anwendungen A, B und C aktiv, und Sie arbeiten gerade mit B,

3 • Programm-Verwaltung

dann erscheint zunächst C auf dem Bildschirm, dann A, dann wieder B etc.

Um nun ganz gezielt eine bestimmte Anwendung in den Vordergrund zu holen, lassen Sie einfach beide Tasten los, wenn der Name der gewünschten Anwendung auf dem Bildschirm erscheint. Sofort ist das Anwendungsfenster der gewünschten Anwendung im Vordergrund.

[Alt][⇆] - *und nichts passiert?*

Nachdem Sie den Tip *Von einer Anwendung zur nächsten* gelesen haben, drücken Sie emsig auf [Alt][⇆], einmal, zweimal, dreimal - und nichts passiert? Das kann vorkommen. Wetten, daß nur ein Kreuz an der rechten Stelle fehlt?

Tip 75
Aktivieren Sie ausdrücklich und ein für allemal die sogenannte schnelle Programmumschaltung!

Gehen Sie dazu in die Systemsteuerung, und klicken Sie zweimal auf das Icon *Desktop*. In der daraufhin eingeblendeten Dialogbox befindet sich auf der linken Seiten eine Zeile *Schnelle Alt+Tabulator-Umschaltung*. Wenn Sie auf dieses Kästchen klicken und die Dialogbox anschließend bestätigen, hat ab sofort ein Tipp auf [Alt][⇆] den gewünschten Effekt.

```
┌─Anwendungsprogramme─────────────────┐
│  ☒ Schnelle "ALT+TABULATOR"-Umschaltung │
└─────────────────────────────────────┘
```

Dieses Kreuzchen darf nicht fehlen

[Alt][⇆] – *und es passiert immer noch nichts?*

Das gleiche Szenario wie im vorangehenden Trick, doch diesmal sind Sie absolut sicher, daß die notwendige Option *Schnelle Programmumschaltung* aktiv ist? Dann hat das Nicht-Funktionieren der praktischen Tastenkombination vielleicht einen viel banaleren Grund.

Tip 76
Prüfen Sie, ob tatsächlich mehr als eine Anwendung aktiv ist. Nur dann kann nämlich überhaupt eine Programm-Umschaltung mit [Alt][⇆] erfolgen!

Wenn Sie Windows gerade erst gestartet haben und über *AutoStart* keine Anwendung gestartet wurde, tut sich nichts, wenn Sie die Tastenkombination [Alt][⇆] betätigen. Aktiv ist in diesem Fall nämlich einzig und allein der *Programm-Manager* (der auf jeden Fall auch als aktive Anwendung zählt).

Umgeschaltet werden kann grundsätzlich nur zwischen aktiven Anwendungen. Es müssen also mindestens zwei Anwendungen aktiv sein, damit [Alt][⇆] überhaupt sinnvoll zum Einsatz kommen kann.

Raus aus der schnellen Programmumschaltung

Der Griff zur Tastenkombination [Alt][⇆], mit der die schnelle Programmumschaltung aufgerufen wird, ist fast schon ein Reflex jedes Windows-Anwenders. Und wie das mit Reflexen nun mal so ist, werden sie manchmal ganz unpassend ausgelöst. Vor allem, wenn gerade viele Anwendungen aktiv sind, ist es lästig, alle Anwendungen durchzublättern, bis man schließlich wieder bei der Ausgangs-Anwendung angelangt ist. Eine Tastenkombination schafft Abhilfe.

Tip 77

Wechseln Sie von der Tastenkombination [Alt][⇆] zur Tastenkombination [Esc][⇆], wenn Sie die schnelle Programmumschaltung versehentlich aufgerufen haben.

Sie befinden sich dann nämlich unverzüglich wieder in der Anwendung, von der aus Sie den falschen Tastengriff getätigt haben. Sie machen das Betätigen von [Alt][⇆] sozusagen ungültig.

Her mit dem Task-Manager!

Mit Hilfe des Task-Managers erhält man nicht nur eine Übersicht über die derzeit aktiven Anwendungen, sondern kann diese auch denkbar bequem kontrollieren. So kann man mit seiner Hilfe zum Beispiel auch die im Vordergrund befindliche Anwendung auswählen. Um den Task-Manager zu aktivieren, können Sie zum Beispiel die Funktion *Wechseln zu* im Systemmenü jeder beliebigen Anwendung auswählen. Wenn Ihnen das zu aufwendig erscheint, dann verrate ich Ihnen hier, wie Sie den Task-Manager sonst noch aktivieren können.

Tip 78

Verwenden Sie die praktische Tastatur-Abkürzung, um den Task-Manager aufzurufen!

3 • Programm-Verwaltung

Egal, in welchem Fenster von Windows Sie sich gerade befinden - wenn Sie die Tastenkombination [Alt][Esc] betätigen, wird die Task-Liste eingeblendet, also der Task-Manager aktiv. Hier können Sie dann - je nach Bedarf - eine aktive Anwendung beenden oder auch in ein anderes Anwendungsfenster wechseln. Das Betätigen von [Alt][Esc] reicht also aus, um Übersicht und Kontrolle über die aktiven Anwendungen zu bekommen.

Der Task-Manager hört auch auf Doppelklick

Nun ist ja nicht jeder Windows-Benutzer ein Tastaturfreund. Da mag es stören, daß man die beiden Tasten AE drücken muß, um ein so wichtiges Hilfsinstrument wie den Task-Manager zu aktivieren. Aber keine Sorge: Es gibt noch eine andere Möglichkeit, den sonst unsichtbaren Task-Manager aufzuwecken und auf den Bildschirm zu zaubern.

Tip 79

Klicken Sie zweimal mit dem Mauszeiger auf eine beliebige freie Stelle auf dem Bildschirm, und – voilà – schon ist der Task-Manager aktiv.

Das klappt freilich nur, wenn es kein Fenster gibt, das den gesamten Bildschirm in Beschlag nimmt, wie es beispielsweise der Norton Desktop für Windows sehr gerne tut. Möchten Sie den Task-Manager häufig auf diese Weise herbeizitieren, sollten Sie darauf achten, daß es immer noch ein kleines freies Plätzchen auf dem Desktop gibt!

Vielleicht muß „frei" in diesem Zusammenhang noch erläutert werden: Eine Fläche des Bildschirms gilt als *frei*, wenn dort weder ein Anwendungsfenster noch ein Symbol noch ein Dokumentenfenster zu sehen ist. Im Grunde genommen müssen Sie an der betreffenden Stelle den Hintergrund des Desktops „sehen" können. Ob eine Fläche frei ist oder nicht, merken Sie aber recht schnell, wenn Sie doppelt mit der Maus auf diese Stelle klicken. Erscheint der Task-Manager nicht, so befindet sich an der Stelle irgendein Element.

Anwendungsfenster: Eins oben, eins unten

Wenn Sie den Task-Manager aufrufen, erscheint eine Task-Liste auf dem Bildschirm. Mit ihrer Hilfe können Sie nicht nur von einer Anwendung zur nächsten wechseln. Sie können in dieser Dialogbox vielmehr auch bestimmen, *wie* die verschiedenen Anwendungsfenster auf

666 ganz legale Windows-Tricks

dem Bildschirm angeordnet sein sollen. Zur Verfügung stehen die beiden „klassischen" Wahlmöglichkeiten *Nebeneinander* und *Überlappend*.

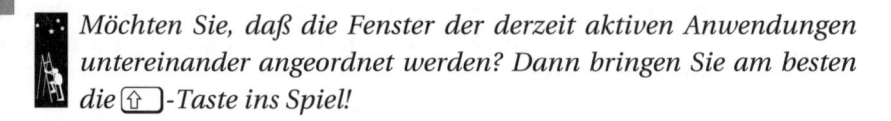

Tip 80

Möchten Sie, daß die Fenster der derzeit aktiven Anwendungen untereinander angeordnet werden? Dann bringen Sie am besten die ⇧-Taste ins Spiel!

Rufen Sie den Task-Manager durch Betätigen der Tastenkombination AE auf. Klicken Sie dann auf die Schaltfläche *Nebeneinander*, und halten Sie dabei die ⇧-Taste gedrückt. Alle derzeit aktiven Fenster werden nun *untereinander* angeordnet. Wenn Sie die Taste ⇧ *nicht* betätigen, werden die Anwendungsfenster natürlich – wie versprochen – nebeneinander angeordnet.

> **Hinweis:** *Sind mehr als drei Anwendungen im Fenster aktiv, werden die Fenster mehrspaltig angeordnet. Dann besteht kein Unterschied zu der Anordnungsweise, die Sie über die Option* Nebeneinander *ohne zusätzliche* ⇧*-Taste erreichen.*

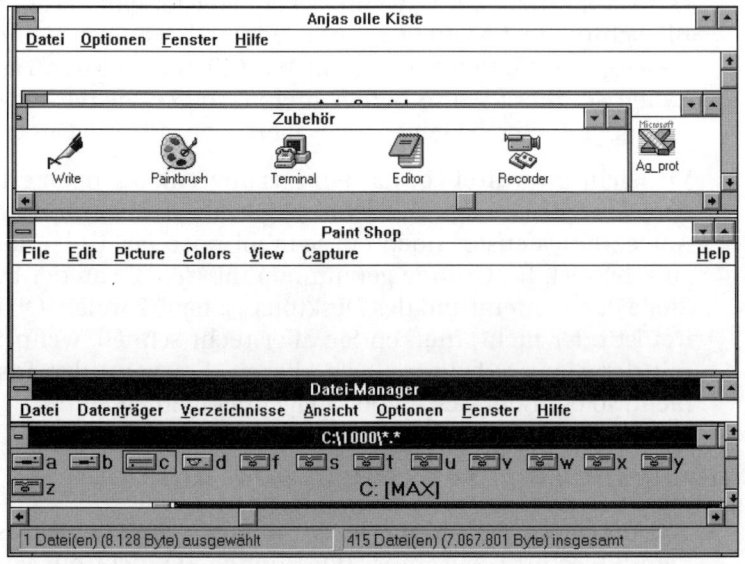

Bis zu drei Anwendungsfenster lassen sich untereinander anordnen

3 • Programm-Verwaltung

Neue Bedeutung für ⌘Strg⌘ ⌘Esc⌘

Sofern Sie grundsätzlich mit Hilfe der Tastenkombination ⌘Alt⌘ ⌘↹⌘ die aktive Anwendung bestimmen und weder den Doppelklick noch die Tastenkombination ⌘Strg⌘⌘Esc⌘ benutzen, um den Task-Manager aufzurufen, dann wird Sie sicher der folgende Tip interessieren. Die Tastenkombination ⌘Strg⌘⌘Esc⌘, ursprünglich exklusiv für den Task-Manager reserviert, kann nämlich durchaus auch anderweitig vergeben werden.

Tip 81

Lassen Sie der Tastenkombination ⌘Strg⌘⌘Esc⌘ eine neue Bedeutung zukommen, wenn Sie damit nicht den Task-Manager aufrufen!

Es wäre doch schon ein bißchen schade, wenn eine so einfach zu merkende Tastenkombination wie die zum Aufrufen des Task-Managers (einmal die linke Hand am Rande der Tastatur spreizen, und schon passiert's...) völlig brachliegen würde. Überlegen Sie sich deshalb, welche Bedeutung Sie dieser Kombination zukommen lassen möchten, wenn Sie damit schon nicht den Task-Manager aufrufen. Durch ⌘Strg⌘⌘Esc⌘ können Sie nämlich nicht nur den Task-Manager, sondern – nach einem kleinen chirurgischen Eingriff – jede beliebige Anwendung aktivieren. Nur im Windows-Verzeichnis muß die betreffende Anwendung gespeichert sein, das ist die einzige Bedingung.

Um das zu erreichen, bedarf es einer kleinen Änderung in der Windows-Systemdatei SYSTEM.INI. Laden Sie die Datei SYSTEM.INI in einen geeigneten Editor, am besten in den Windows-eigenen Systemkonfigurations-Editor *Sysedit*. Fügen Sie in der ersten Sektion:

```
[boot]
```

die folgende Anweisung ein (eine vordefinierte anderslautende Anweisung für den Task-Manager gibt es normalerweise nicht, Sie müssen die Anweisung also komplett eingeben):

```
taskman.exe=progman.exe
```

Hinter dem Gleichheitszeichen können Sie im Grunde genommen jede beliebige Programmdatei angeben - vorausgesetzt, sie ist im Windows-Verzeichnis untergebracht. Denkbar wäre also auch ein Eintrag, der zum Beispiel den Datei-Manager hervorzaubert:

```
taskman.exe=winfile.exe
```

666 ganz legale   Windows-Tricks

Haben Sie die Änderungen vorgenommen, speichern Sie die Datei und verlassen Windows danach. Die Anwendung, die Sie hinter dem Gleichheitszeichen angegeben haben, können Sie nach dem nächsten Windows-Start durch die Tastenkombination ⌜Strg⌝⌜Esc⌝ bzw. durch einen Doppelklick auf eine freien Stelle des Desktops starten.

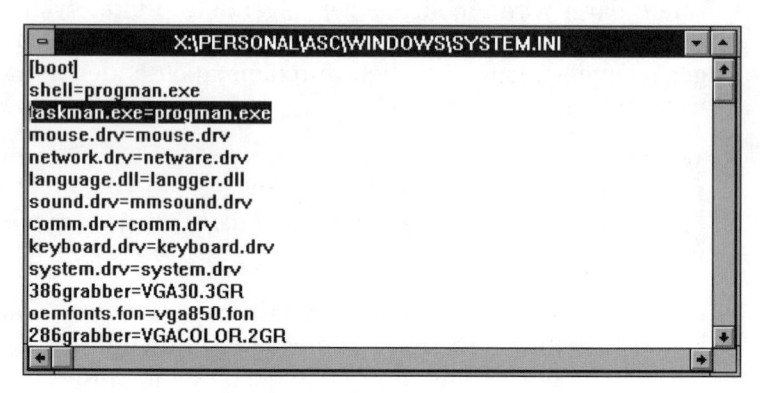

```
X:\PERSONAL\ASC\WINDOWS\SYSTEM.INI
[boot]
shell=progman.exe
taskman.exe=progman.exe
mouse.drv=mouse.drv
network.drv=netware.drv
language.dll=langger.dll
sound.drv=mmsound.drv
comm.drv=comm.drv
keyboard.drv=keyboard.drv
system.drv=system.drv
386grabber=VGA30.3GR
oemfonts.fon=vga850.fon
286grabber=VGACOLOR.2GR
```

Hier weisen Sie der Tastenkombination ⌜Strg⌝⌜Esc⌝ eine neue Bedeutung zu

3 • **Programm-Verwaltung**

Programm-Icons

Ein Icon für wichtige Dokumente

Normalerweise verbergen sich hinter den bunten Sinnbildern Anwendungen. Oder auch Programmgruppen. Doch mit etwas List und Tükke kann man auch ganz andere Dinge „hinter" den Icons verbergen.

Tip 82 *Richten Sie ein Icon für Dokumente - egal ob Texte, Tabellen oder Bilder – ein, die Sie häufig benötigen!*

Überlegen Sie sich zuerst, in welcher Programmgruppe das neu einzurichtende Dokument-Icon erscheinen soll. Öffnen Sie die betreffende Gruppe, und wählen Sie danach den Befehl *Datei▶ Neu*. Danach wählen Sie - auch wenn's sich eher falsch anhört - in der Dialogbox *Neues Programmobjekt* die Option *Programm*. Geben Sie in der nächsten Dialogbox (*Programmeigenschaften*) in der Zeile *Beschreibung* die für das Icon gewünschte Bildunterschrift, in der *Befehlszeile* den kompletten Dateinamen des Dokumentes inklusive Pfadangabe ein. Wenn Sie möchten, können Sie auch ein Tastenkürzel festlegen. Über diesen Hotkey gelangen Sie dann später besonders schnell an Ihr Dokument. Wenn Sie nun die Dialogbox bestätigen, steht das neue Dokument-Icon ab sofort zur Verfügung.

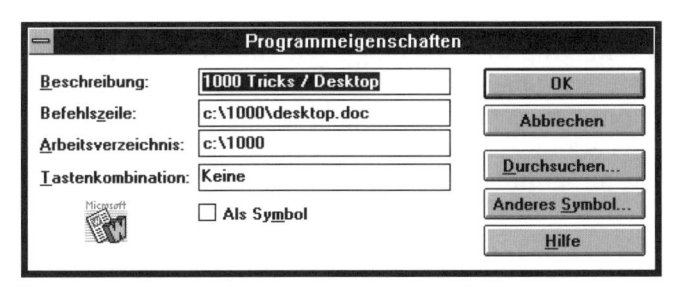

Für ein Dokument-Icon sind die gleichen Informationen nötig wie für ein Programm-Icon

Klicken Sie das Symbol doppelt an, startet die Anwendung, mit der das Dokument erstellt wurde; unmittelbar danach wird die angegebene Datei geladen und kann sofort bearbeitet werden.

666 ganz legale   Windows-Tricks

Ein Klick auf dieses Icon startet WinWord und lädt die angegebene Datei

Voraussetzung für diesen Trick ist, daß die entsprechende Datei mit einer Anwendung verbunden ist. Bei allen waschechten Windows-Anwendungen ist das meistens der Fall. Sollte dem nicht so sein, müssen Sie dem Dokument im Datei-Manager die passende Anwendung zuweisen. Siehe dazu den Trick „Jeder Datei ihre Anwendung" in Kapitel 7.

Ohne einen einzigen Tastendruck: Programm-Icons einrichten

Normalerweise richtet man neue Programm-Icons über die Funktion *Datei ▶ Neu* ein. Bei dieser Methode muß man den kompletten Pfad zur Programmdatei eingeben. Doch es geht auch einfacher.

Tip 83   *Ziehen Sie einfach die gewünschte Programmdatei aus dem Datei-Manager in den Programm-Manager.*

Drag and Drop macht's möglich – ein Klick, und das neue Icon sitzt an der richtigen Stelle. Leichter geht's nimmer. Um diese Methode auszuprobieren, ordnen Sie den Desktop so an, daß Datei-Manager und Programm-Manager gleichzeitig zugänglich sind. Markieren Sie nun die Programmdatei der Anwendung, die Sie gerne als zusätzliches Programmsymbol in den Programm-Manager einbinden möchten. Ziehen Sie das Dateisymbol bei gedrückter Maustaste in den Programm-Manager, und lassen Sie es in der gewünschten Programmgruppe „fallen". Sobald Sie die Maustaste loslassen, erscheint an der gewünschten Stelle das Icon der betreffenden Anwendung - vollautomatisch.

Machen Sie die Probe aufs Exempel: Wenn Sie das neue Icon markieren und mit der Tastenkombination [Alt][↵] die Programmeigenschaften ans Tageslicht zaubern, können Sie sehen, daß alle notwendigen Angaben vorhanden sind – ohne daß Sie auch nur eine Taste berührt haben.

3 • Programm-Verwaltung

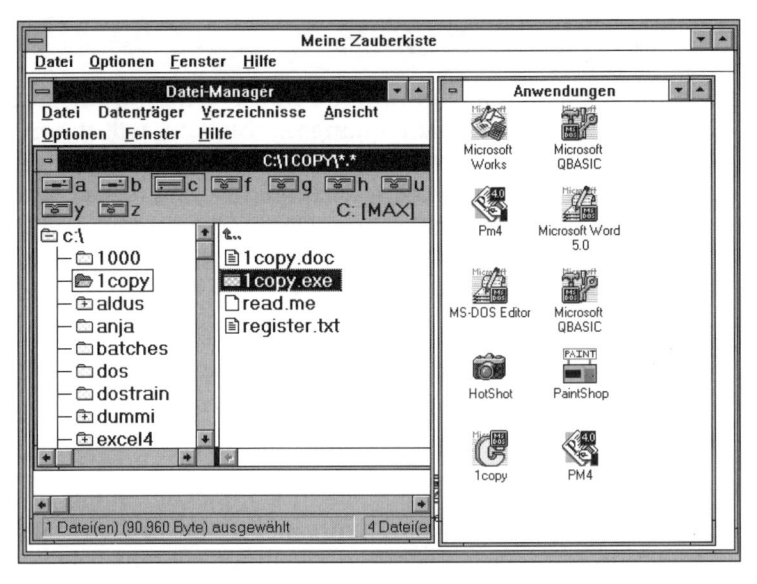

So kann man die Programmdatei bequem in den Programm-Manager ziehen

Programmsymbole verdoppeln

Oft braucht man eine schnelle, unkomplizierte Methode, um ein Icon zu kopieren, etwa, um zwei Versionen eines Programmaufrufes zu haben, um eine Anwendung mit unterschiedlichen Voraussetzungen zu starten. Und so funktioniert´s.

Tip 84

Kopieren Sie das gewünschte Icon einfach per Drag and Drop!

Der Trick ist so einfach, daß man erst einmal gar nicht auf die Idee kommt. Alles, was zu tun ist, um ein Sinnbild samt allen sich dahinter verbergenden Eigenschaften zu kopieren, ist, das betreffende Icon anzuklicken und es bei gedrückter [Strg]-Taste auf einen freien Bereich im gewünschten Gruppenfenster zu ziehen – das kann dieselbe, oder aber auch eine andere Programmgruppe sein. Das Ganze dauert keine Sekunde. So schnell können Sie das Icon nicht selbst malen...

Wenn das Icon hektisch blinkt

Wenn ein Icon, das am unteren Bildschirmrand für eine aktive Anwendung steht, plötzlich anfängt zu blinken, will Ihnen die Anwendung etwas Besonderes mitteilen. Wahrscheinlich ist ein Problem aufgetaucht, oder es liegt eine wichtige Nachricht vor, etwa bei einem vernetzten Nachrichtensystem. Da Sie die im Hintergrund laufende Anwendung ja momentan nicht im Blick haben, macht sie sich auf diese Weise bemerkbar – eine andere gibt es nicht.

> **Tip 85**
> Blinkt ein Icon, klicken Sie es am besten sofort doppelt an, um nachzusehen, was los ist.

Die Anwendung wird durch einen Doppelklick sofort in den Vordergrund geholt; sie erscheint dann als Fenster. In der Regel präsentiert sie Ihnen sofort eine Dialogbox, die Ihnen mitteilt, was Ihrer Aufmerksamkeit bedarf.

Ein Klick auf das blinkende Icon verrät das Problem

Bringen Sie Ihre Anwendungen unter die (Windows-) Haube!

Bei der Installation bietet Windows Ihnen an, die Anwendungen, die bereits auf Ihrer Festplatte vorhanden sind, in den Programm-Manager einzubinden. Sie können diesen Vorgang auch nachholen. Das ist besonders nützlich, wenn Sie nach der Installation von Windows weitere Programme installiert haben und auch diese in den Programm-Manager aufnehmen möchten.

> **Tip 86**
> Nutzen Sie das Windows-Setup, um Ihre Anwendungen als Programm-Icons anzeigen zu lassen!

3 • Programm-Verwaltung

Klicken Sie dazu zweimal auf das Sinnbild *Windows-Setup* in der *Hauptgruppe*. Wählen Sie in der folgenden Dialogbox den Befehl *Optionen▶Anwendungsprogramme einrichten*. Möchten Sie nur ein Programm einbinden, entscheiden Sie sich in der daraufhin erscheinenden Dialogbox für die Option *Sie ein Anwendungsprogramm angeben lassen*.

Es erscheint eine weitere Box: Hier geben Sie bitte den kompletten Pfad und den Namen der Programmdatei an. Bestimmen Sie außerdem, in welche Programmgruppe das Programmicon aufgenommen werden soll. Wenn Sie Ihre Ausgaben mit *OK* bestätigt haben, ist das entsprechende Icon ab sofort auf dem Desktop zu sehen.

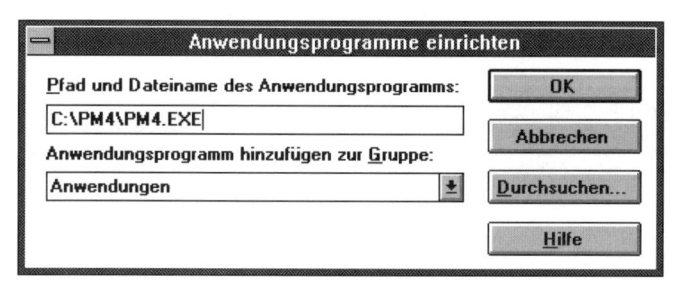

Eine Anwendung wird in den Programm-Manager eingebunden

Im Dutzend einfacher: Mehrere Anwendungen einbinden

Wenn Sie bewußt mehrere Anwendungen in den Programm-Manager einbinden möchten, wäre es meistens recht aufwendig, das „manuell" zu tun. Da sollte man sich der Hilfe von Windows versichern.

Tip 87
Lassen Sie das Windows-Setup für Sie nach Anwendungen auf den Festplatten suchen!

Wählen Sie dazu in der Dialogbox *Anwendungsprogramme einrichten* die Option *Nach Anwendungsprogrammen suchen*, und bestätigen Sie die Box. In der daraufhin erscheinenden Dialogbox müssen Sie Windows noch mitteilen, welches Laufwerk es nach Anwendungen durchforsten soll. Haben Sie auch diese Auswahl bestätigt, beginnt das Setup-Programm sofort mit der Suche.

666 ganz legale   Windows-Tricks

> *Hinweis:* Es kann passieren, daß Setup eine Programmdatei findet und nicht so recht weiß, welche Anwendung dahinter steckt. In diesem Fall erscheint eine Dialogbox, in der Ihnen verschiedene Programmnamen angeboten werden. Wählen Sie den treffenden aus. Oft werden Ihnen verschiedene Programmversionen angeboten; das kann für die Art des Aufrufes oder für die Speicherreservierung (bei DOS-Anwendungen) wichtig sein.

Ist die Suche abgeschlossen, listet Setup die gefundenen Programmdateien auf der linken Seite der Dialogbox *Anwendungsprogramme einrichten* auf. Klicken Sie diejenigen Programme an, die Sie in den Programm-Manager einbinden möchten. Wenn Sie nun auf *Hinzufügen* klicken und Ihre Auswahl anschließend mit OK bestätigen, erscheinen die gewünschten Programmicons sofort auf dem Bildschirm.

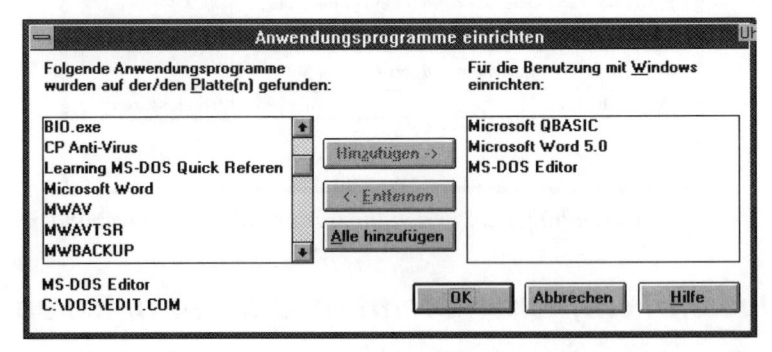

Hier werden dem Programm-Manager drei Anwendungen hinzugefügt

Kein Windows-Verzeichnis?

Wer eine Anwendung in den Programm-Manager einbinden möchte und dabei mit der Meldung „Das Windows-Verzeichnis existiert nicht" konfrontiert wird, mag sich verwundert am Hinterkopf kratzen. Zumal es in dem Moment, wo Windows bereits läuft, unbestreitbar ist, daß sehr wohl ein Windows-Verzeichnis existiert. Ich laufe, also bin ich...

Tip 88   *Prüfen Sie die Pfadangaben in der AUTOEXEC.BAT!*

3 • Programm-Verwaltung

Wenn in der Startdatei AUTOEXEC.BAT keine vollständige Pfadangabe auf das Windows-Verzeichnis verweist, kann das bei der Installation einzelner Programme zu Schwierigkeiten führen.

Um den Pfad zu überprüfen, laden Sie die Datei AUTOEXEC.BAT in einen Editor. Danach suchen Sie in der Systemdatei nach der Anweisung PATH, die für den DOS-Suchpfad verantwortlich zeichnet:

`path=`

Kontrollieren Sie, ob in der Liste der aufgeführten Verzeichnisnamen auch das Windows-Verzeichnis angegeben ist. Dabei muß sowohl das Laufwerk als auch das Verzeichnis angegeben werden. Die Angabe:

`path=c:\;\dos;\windows;\excel;\winword`

ist nicht ausreichend, da der Laufwerksbuchstabe nicht angegeben wurde. Das geht so lange gut, wie Sie ausschließlich mit der Festplatte C: als Standardlaufwerk arbeiten. Ist das aber nicht mehr der Fall, erscheint eine Fehlermeldung. Es muß daher vielmehr so lauten:

`path=c:\;c:\dos;c:\windows;c:\excel;c:\winword`

Korrigieren Sie die Pfadangabe entsprechend, und sichern Sie die veränderte Datei. Die Änderungen wirken erst nach dem nächsten Neustart Ihres Rechners.

Lauter Eigenschaften

Die Abkürzung zu den Programmeigenschaften

In den letzten Tips war des öfteren von den Programmeigenschaften eines Programmsymbols die Rede. Wenn Sie an der Beschreibung einer Anwendung, dem Arbeitsverzeichnis, Sinnbild oder Hotkey etwas ändern wollen, dann nehmen Sie Korrekturen an den *Programmeigenschaften* vor.

Tip 89

Besonders schnell gelangen Sie zu den Programmeigenschaften, wenn Sie das betreffende Programm-Icon mit der Maus doppelt anklicken und dabei gleichzeitig die Taste [Alt] drücken.

Jedes Sinnbild, das im Programm-Manager angezeigt wird, verfügt über solche Eigenschaften. In der Dialogbox *Programmeigenschaften* können Sie alles einsehen und korrigieren. Sie erreichen die Dialogbox entweder über den gleichnamigen Menüpunkt im Pull-Down-Menü *Datei* oder wie hier im Tip beschrieben. Sie können – ohne Maus – auch die Tastenkombination [Alt][↵] betätigen.

Die Reihenfolge der Programmgruppen

Vor allem, wer jede Menge Programmgruppen eingerichtet hat, kennt das Spielchen: Um eine entlegene Gruppe in den Vordergrund zu zaubern, muß man das Menü *Fenster* aufklappen. Wenn man Glück hat, ist die gesuchte Programmgruppe nun unter den Ziffern 1 bis 9 zugänglich. Tja, und wenn man Pech hat, muß man zuerst den Menüpunkt *Weitere Fenster* aktivieren, um dann in der Liste der nächsten Dialogbox den gesuchten Eintrag zu markieren. Das ist besonders ärgerlich, wenn sich eine so wichtige Programmgruppe wie die *Hauptgruppe* an hinterletzter Stelle unter *Weitere Fenster* befindet.

Tip 90

Die Sucherei läßt sich beenden: Geben Sie den Programmgruppen eine sinnvolle Reihenfolge!

Um die Reihenfolge der Programmgruppen neu festzulegen, bedarf es einer Änderung in der Systemdatei PROGMAN.INI. Laden Sie die Systemdatei dazu in einen Editor, und gehen Sie in den Abschnitt:

3 • Programm-Verwaltung

[Settings]

Meistens ist dies gleich die erste Sektion. Hier merkt sich der Programm-Manager diverse Einstellungen, etwa die Fenstergröße, aber auch die interne Reihenfolge der Programmgruppenfenster. Dafür steht folgende Anweisung zur Verfügung:

Order=

Die Zahlen hinter dem Gleichheitszeichen geben die aktuelle Reihenfolge der Programmgruppen an. Jede Programmgruppe verfügt über eine Gruppenkennziffer. Diese können Sie dem Abschnitt:

[groups]

entnehmen. Er folgt unmittelbar auf den Abschnitt [settings]. Sie können die Reihenfolge nun beliebig korrigieren, indem Sie die Gruppenziffern entsprechend anders aufzählen.

Welche Gruppenkennziffer Sie zuerst angeben und wie die folgenden Kennziffern angeordnet werden, hängt ausschließlich von Ihren persönlichen Bedürfnissen ab. Beachten Sie bitte, daß nur die ersten neun genannten Gruppen im Menü *Fenster* zu sehen sind – das sollten also die am häufigsten verwendeten Programmgruppen sein. Alle weiteren Gruppen erreichen Sie über den Menüpunkt *Weitere Fenster*.

Haben Sie die Änderungen vorgenommen, speichern Sie die Datei. Achten Sie aber darauf, daß in der Aufzählung hinter ORDER= keine Gruppenkennziffern vergessen oder doppelt genannt werden; das könnte und würde zu unnötigen Irritationen führen.

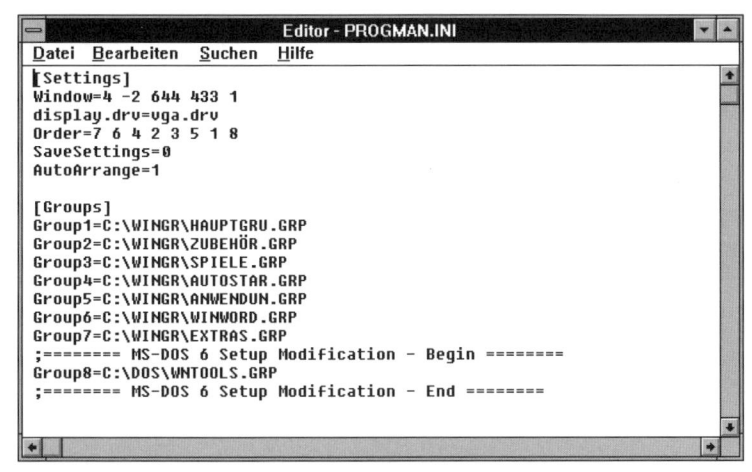

```
Editor - PROGMAN.INI
Datei  Bearbeiten  Suchen  Hilfe
[Settings]
Window=4 -2 644 433 1
display.drv=vga.drv
Order=7 6 4 2 3 5 1 8
SaveSettings=0
AutoArrange=1

[Groups]
Group1=C:\WINGR\HAUPTGRU.GRP
Group2=C:\WINGR\ZUBEHÖR.GRP
Group3=C:\WINGR\SPIELE.GRP
Group4=C:\WINGR\AUTOSTAR.GRP
Group5=C:\WINGR\ANWENDUN.GRP
Group6=C:\WINGR\WINWORD.GRP
Group7=C:\WINGR\EXTRAS.GRP
;======== MS-DOS 6 Setup Modification - Begin ========
Group8=C:\DOS\WNTOOLS.GRP
;======== MS-DOS 6 Setup Modification - End ========
```

Die Anordnung der Gruppenkennziffern ist beliebig veränderbar

Auch zu den Programmgruppeneigenschaften gibt's 'ne Abkürzung!

Es ist nicht ganz so bekannt, daß auch die Programmgruppen über Eigenschaften verfügen. Der Programm-Manager merkt sich hier zum Beispiel, unter welchem Dateinamen die jeweilige Programmgruppe intern verwaltet werden soll und wie die Symbolunterschrift lautet.

Tip 91

Wenn Sie doppelt auf ein Programmgruppensymbol klicken und dabei die [Alt]-Taste gedrückt halten, erscheint die gewünschte Dialogbox Programmgruppeneigenschaften *sofort*.

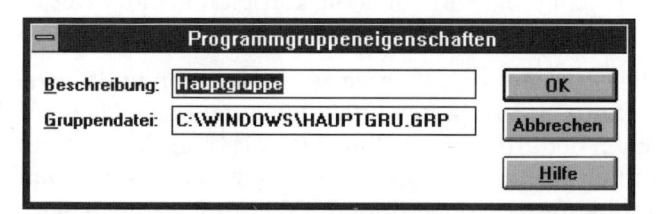

Auch hier hat die [Alt]-Taste nachgeholfen

Abkürzung funktioniert auch über die Tastatur

Es gibt nur wenige Funktionen in Windows, die man nicht auch über die Tastatur erreichen könnte. Das trifft auch auf die Eigenschaften von Programmsymbolen und Programmgruppen zu.

Tip 92

Markieren Sie das Symbol des gewünschten Programms oder der gewünschten Programmgruppe mit dem Auswahlcursor. Danach betätigen Sie einfach die Tastenkombination [Alt][↵].

Der Effekt und die Möglichkeiten, die sich daran anschließen, sind hinreichend bekannt: Die Dialogbox *Programmeigenschaften* bzw. *Programmgruppeneigenschaften* erscheint.

3 • Programm-Verwaltung

Die Krönung der Abkürzungen über die [Alt]*-Taste*

Frau Sommer spricht bekanntlich gerne von der Krrrönung. Genau die möchte ich Ihnen an dieser Stelle nicht vorenthalten: Nicht nur von bereits existierenden Programmsymbolen und Programmgruppen können Sie mit Hilfe der [Alt]-Taste (in Kooperation mit der Maus) blitzschnell die Eigenschaften abfragen. Der Trick funktioniert auch bei Programmen, die es noch gar nicht gibt! Was das nun wieder soll? Ganz einfach: Sie können auf denkbar schnelle Weise neu Programmsymbole in den Programm-Manager einbinden!

Tip 93

Klicken Sie dazu mit der Maus doppelt auf eine beliebige freie Stelle in einem Programmgruppenfenster, und halten Sie dabei gleichzeitig die Taste [Alt] *gedrückt!*

Eine Dialogbox *Programmeigenschaften* erscheint. Die Zeilen sind noch leer, sie sieht genauso aus, wie die Box, die man über den Menüpunkt *Datei ▶ Neu* erreicht. Also hat sie auch die gleiche Funktion: Füllt man alle Zeilen aus, kann man mit ihrer Hilfe ein neues Programmsymbol in der zuvor ausgewählten Programmgruppe einrichten.

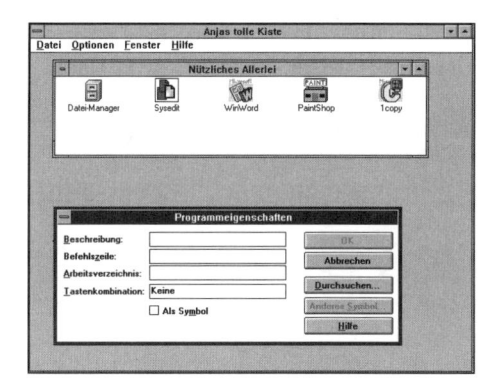

Ein neues Programm kann eingerichtet werden

Was die [Alt]*-Taste leider nicht kann*

In Analogie zu den letzten paar Tricks könnte man sich gut folgendes vorstellen: Man klickt bei gedrückter [Alt]-Taste auf eine beliebige freie Stelle im Programm-Manager, und die Dialogbox *Programmgruppeneigenschaften* erscheint auf dem Bildschirm.

666 ganz legale   Windows-Tricks

> **Tip 94**
> *Lassen Sie es sein! Sparen Sie die Energie für den nächsten Trick! Klicken Sie dort nicht hin! Es passiert wirklich und garantiert überhaupt nix!*

Bequemer Umgang mit Arbeitsverzeichnissen

Das kennen Sie sicherlich: Unter den Programmeigenschaften kann man auch ein sogenanntes Arbeitsverzeichnis angeben. Damit ist das Verzeichnis gemeint, das als erstes angeboten wird, wenn Sie die Befehle *Datei* ▶ *Speichern* oder *Datei* ▶ *Öffnen* auswählen. Vor Start der betreffenden Anwendung wird das Arbeitsverzeichnis zum Standardverzeichnis gemacht. Wer mehrere Standard-Arbeitsverzeichnisse benötigt, ist mit dieser Lösung wahrscheinlich nicht besonders glücklich.

> **Tip 95**
> *Richten Sie, je nach Ihren Bedürfnissen, zwei oder mehrere Programm-Icons derselben Anwendung mit verschiedenen Arbeitsverzeichnissen ein!*

Bequemer geht's nimmer: Richten Sie – am besten in einer eigenen Programmgruppe – nacheinander mehrere identische Programm-Icons ein. Passen Sie dann in der Dialogbox *Programmeigenschaften* das jeweils benötigte Arbeitsverzeichnis an. Stellen Sie zum Beispiel ein Icon für die Textverarbeitung *Word für Windows* mit dem Arbeitsverzeichnis \BRIEFE, und eines mit dem Verzeichnis \BUCH bereit.

Damit Sie den Überblick behalten, sollten Sie unbedingt die Zeile *Beschreibung* so aktualisieren, daß Sie später anhand der Icon-Unterzeile erkennen, welches Arbeitsverzeichnis beim Doppelklick auf das betreffende Icon das aktuelle ist. Im genannten Beispiel empfehlen sich die Iconzeilen „Word / Briefe" bzw. „Word / Buch".

3 • Programm-Verwaltung

Aktualisieren Sie das Arbeitsverzeichnis und die Beschreibung

Hinweis: *Diesen Trick sollten Sie nicht umsetzen, wenn Sie sowieso schon unter einer wahren Icon-Flut leiden und die Arbeitsfläche nicht noch unübersichtlicher gestalten wollen. In diesem Fall müssen Sie wie gewohnt das gewünschte Verzeichnis in der entsprechenden Dialogbox auswählen.*

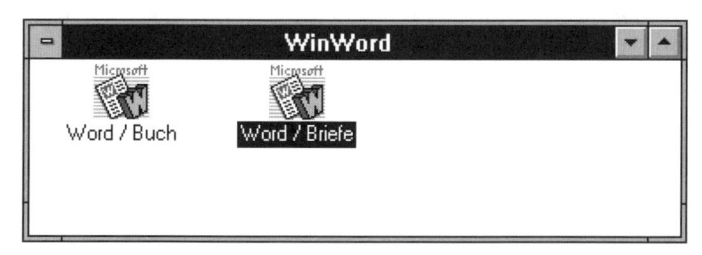

Zweimal Word - mit verschiedenen Arbeitsverzeichnissen

Programmgruppen vor Veränderungen schützen

„Normale" Dateien schützt man vor Löschen und Überschreiben, indem man das berühmte Read-Only-Attribut setzt. Sicherlich wäre es genauso wünschenswert, auch wichtige Programmgruppen vor Änderungen durch Unbefugte schützen zu können - damit Sie nicht eines Tages ohne Ihre allerwichtigsten Icons darstehen.

Tip 96

Schützen Sie wichtige Programmgruppen, indem Sie die entsprechenden Gruppendateien mit dem Read-Only-Attribut versehen!

Zu jeder Programmgruppe gehört eine Programmgruppendatei. Diese Gruppendateien befinden sich im Windows-Verzeichnis und tra-

666 ganz legale   Windows-Tricks

gen die Endung .GRP. Die Gruppendatei zur Programmgruppe *Spiele* heißt beispielsweise SPIELE.GRP, die zur Gruppe *Anwendungen* AN-WENDUN.GRP. Wenn Sie diese Dateien schreibschützen, können die dazugehörigen Programmgruppen weder gelöscht, noch auf irgend eine andere Art und Weise verändert werden. Die Folge: Kein Icon kann innerhalb einer schreibgeschützten Gruppe entfernt, keines verschoben, kopiert oder neu hinzugefügt werden.

Den Schreibschutz erhalten Sie am einfachsten über den *Datei-Manager*. Markieren Sie im Windows-Verzeichnis diejenigen Gruppendateien, die Sie mit einem Schreibschutz versehen möchten. Betätigen Sie dann die Tastenkombination [Alt][⏎]. Es erscheint die Dialogbox *Eigenschaften*: Aktivieren Sie hier die Zeile *Schreibgeschützt*, und bestätigen Sie die Box.

Ab sofort wird jeder Versuch, eine schreibgeschützte Programmgruppe zu verändern, ergebnislos bleiben. Die entsprechenden Befehle im Menü *Datei*, die Sie zum Verändern einer Gruppe benötigen, sind sogar abgeblendet dargestellt - keine Chance also für unliebsame Eingriffe! Auch wenn Sie versuchen sollten, ein Programmsymbol in eine derart geschützte Programmgruppe zu kopieren oder zu verschieben: Es geht nicht, der Mauscursor signalisiert sogar „Durchfahrt verboten!".

Diese Gruppendateien sind schreibgeschützt

3 • Programm-Verwaltung

Spurenvernichtung mit UNINSTALL

Im Grunde genommen ist es kinderleicht, ein Programm von der Festplatte zu entfernen: Man löscht die entsprechenden Dateien, vernichtet das Verzeichnis - und fertig. Doch Vorsicht: Windows-Programme hinterlassen bei ihrer Installation Spuren in diversen Systemdateien. Und die gilt es zu berücksichtigen.

> **Tip 97**
> *Entfernen Sie eine Windows-Anwendung – wenn möglich – mit Hilfe des entsprechenden UNINSTALL-Befehls!*

Eine Installation rückgängig machen, bedeutet mehr, als nur die zum Programm gehörigen Dateien zu löschen. Verwendet man die UNINSTALL-Funktion eines Programms, werden auch die Einträge, die während der Installation in den diversen Windows-Systemdateien (leider eine Plage!) vorgenommen wurden, rückgängig gemacht.

> *Hinweis: Leider bieten bislang nur recht wenige Programme einen UNINSTALL-Service an. Bevor Sie sich aber ans „manuelle" Löschen machen, sehen Sie auf den Installationsdisketten nach, ob eine solche Routine vorhanden ist.*

Ein Programm löschen

Wenn ein Programm über keine UNINSTALL-Routine verfügt (und das gibt's leider viel zu oft), müssen Sie neben dem Löschen von Dateien noch ein paar andere Dinge erledigen, um wirklich alle Spuren zu vernichten.

> **Tip 98**
> *Entfernen Sie alle Hinweise, Anweisungen und Optionen, die das Programm vor allem in den INI-Dateien hinterlassen hat!*

Laden Sie die Systemdatei WIN.INI und alle anderen INI-Dateien, die das Programm eventuell bearbeitet hat, in einen geeigneten Editor. Untersuchen Sie Zeile für Zeile, ob Hinweise auf das gelöschte Programm enthalten sind. Ist dies der Fall, entfernen Sie die entsprechenden Zeilen. Besonders anfällig sind: WIN.INI, SYSTEM.INI und eine INI-Datei unter dem Dateinamen der betreffenden Anwendung, also beispielsweise WINWORD.INI.

Prüfen Sie auch, ob der Programm-Manager noch ein Sinnbild für die gelöschte Anwendung anbietet. Löschen Sie das Sinnbild gegebenenfalls. Und schließlich: Sehen Sie in der AUTOEXEC.BAT nach, ob ein Pfad zum Verzeichnis des nicht mehr existierenden Programms gelegt ist. Entfernen Sie diesen Eintrag, falls nötig.

Ein Programm umgesiedelt?

Haben Sie eine Anwendung von einem Laufwerk auf ein anderes verschoben? Dann ist es meistens mit dem Verschieben der Dateien nicht getan - leider. Es müssen in der Regal auch noch Korrekturen an den Kontrollinstrumenten von Windows vorgenommen werden.

Tip 99

Aktualisieren Sie alle Einträge, die die betreffende Anwendung in den diversen INI-Dateien vorgenommen hat.

Bei der Programm-Installation werden in der Regel nicht nur die direkt zum Programm gehörigen Dateien entpackt und installiert. Es ist vielmehr eine typische Eigenschaft vieler Windows-Anwendungen, daß sie auch bestimmte Korrekturen an einigen INI-Dateien vornehmen, allen voran an der wichtigen Systemdatei WIN.INI.

Sehen Sie deshalb unbedingt in der WIN.INI-Datei nach, ob sich dort noch Hinweise auf den alten Aufenthaltsort der verschobenen Anwendung finden. Aktualisieren Sie diese Hinweise gegebenenfalls (meistens sind es Dateinamen oder Verzeichnisangaben). Sehen Sie außerdem im Windows-Verzeichnis nach, ob das Programm eigene INI-Dateien angelegt hat. Ist dies der Fall, untersuchen Sie auch diese auf korrekte Pfadangaben.

Wird die Anwendung über ein Sinnbild im Programm-Manager angeboten, aktualisieren Sie auch hier die Pfadangabe entsprechend. Und schließlich: Wurde in der AUTOEXEC.BAT ein Pfad zum Verzeichnis des umgesiedelten Programms gelegt, korrigieren Sie auch diesen.

3 • Programm-Verwaltung

Verbote

Der Programm-Manager in Fesseln

Windows ist im Grunde genommen recht demokratisch aufgebaut: Es darf grundsätzlich jeder alles. Doch es gibt eine Möglichkeit, ein paar Einschränkungen vorzunehmen. Das ist beispielsweise dann nützlich, wenn fremde Menschen an Ihrem PC arbeiten. Auch ein Netzwerk-Administrator mag hier und da den Wunsch haben, die Befugnisse der einzelnen Netzwerkteilnehmer einzuschränken.

Tip 100: *Verbieten Sie den Zugriff auf alle Anwendungen, die nicht als Programm-Icon im Programm-Manager eingebunden sind!*

In bestimmten Situationen kann es wünschenswert erscheinen, daß man nur die Anwendungen starten kann, die auch durch ein Sinnbild im Programm-Manager angeboten werden. Das ist möglich: Laden Sie dazu die Systemdatei PROGMAN.INI in einen geeigneten Editor. Suchen Sie dort nach dem Abschnitt:

```
[Restrictions]
```

Sollte er noch nicht vorhanden sein, legen Sie ihn einfach an. Möchten Sie, daß nur die Programme verwendet werden können, die im Programm-Manager angeboten werden, setzen Sie den Befehl *Ausführen* im Menü *Datei* außer Kraft. Tragen Sie dazu die folgende Anweisung ein:

```
NoRun=1
```

Danach speichern Sie die Systemdatei. Beenden Sie Windows und starten es erneut. Der Menüpunkt *Datei* ▶ *Ausführen* erscheint nun abgeblendet und kann nicht mehr ausgewählt werden.

Hinweis: Bedenken Sie, daß man Programme auch über den Datei-Manager starten kann. Wollen Sie auch das unterbinden, entfernen Sie kurzerhand sein Icon aus dem Programm-Manager.

105

666 ganz legale Windows-Tricks

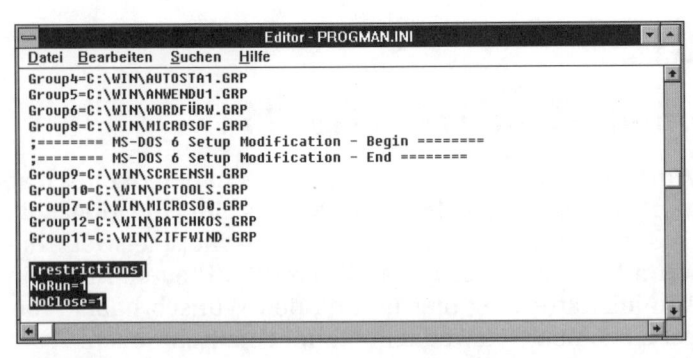

In dem Abschnitt Restrictions *können Sie Ihre Einschränkungen angeben*

Beenden unmöglich

Und wieder ein Tip für alle, die den Programm-Manager ein wenig beschneiden möchten. Wenn Sie wollen, daß man den Programm-Manager nicht mehr beenden kann, sprich: es soll unmöglich sein, Windows zu verlassen, so werden Sie sicher erfreut sein zu hören, daß genau das möglich ist. (Der Tip taugt auch als kleine Ärgerhilfe, wenn Sie mal jemanden einen Streich spielen wollen.)

Tip 101
Machen Sie es unmöglich, Windows zu beenden. Setzen Sie den Menüpunkt Datei ▶ Beenden *außer Kraft!*

Auch für diese Einschränkung des Datei-Managers bearbeiten Sie die Systemdatei PROGMAN.INI. Laden Sie die Systemdatei in einen geeigneten Editor, und fügen Sie dann in der Sektion:

`[restrictions]`

die folgende, simple Anweisung ein:

`NoClose=1`

Danach speichern Sie die Datei. Verlassen Sie anschließend Windows, und starten Sie es erneut. Danach wird der Menüpunkt *Datei ▶ Beenden* abgeblendet dargestellt; er kann also nicht mehr angewählt werden. Auch die Tastenkombination [Alt][F4] und ein Doppelklick auf das Systemmenü bleiben ohne Wirkung. Wenn das nicht herrlich gemein ist...

3 • Programm-Verwaltung

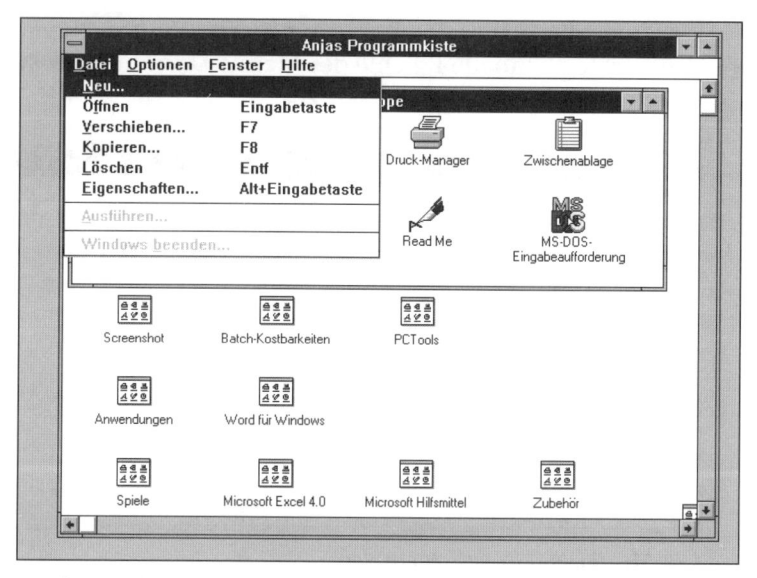

Die letzten beiden Programmpunkte sind außer Kraft gesetzt

Wo ist das Menü Datei?

Die beiden unmittelbar vorangehenden Tricks haben Ihnen eindrucksvoll gezeigt, wie man einzelne Befehle oder Funktionen des Menüs *Datei* außer Kraft setzen kann. Falls die Notwendigkeit besteht, können Sie aber auch noch etwas härter durchgreifen.

Tip 102

Lassen Sie bei Bedarf das gesamte Menü Datei *verschwinden. Viele der wesentlichen Funktionen des Programm-Managers stehen dann nicht mehr zur Verfügung.*

Auch für diese autoritäre Maßnahme ist eine Veränderung an der Systemdatei PROGMAN.INI notwendig. Laden Sie die Systemdatei dazu in einen geeigneten Editor, und suchen Sie die folgende Sektion auf:

[restrictions]

Ist die Sektion noch nicht vorhanden, legen Sie sie jetzt an. Danach tragen Sie in der neuen Sektion die folgende Anweisung ein, mit der Sie das *Datei*-Menü komplett aus dem Programm-Manager entfernen:

NoFileMenu=1

Wenn Sie die Systemdatei nun speichern, Windows beenden und erneut starten, sind die Befehle des Menüs *Datei* nicht mehr erreichbar - auch nicht über ihre Tastenkürzel.

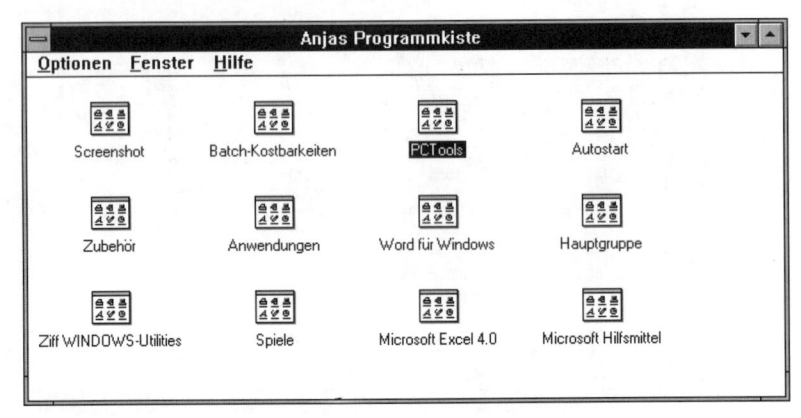

Das Menü Datei *ist verschwunden*

Rühr´ meine Programmgruppen nicht an!

Der Programm-Manager ist auf vielfältige Weise konfigurierbar. Das Anordnen und Ändern von Programmgruppen ist eine feine Sache und lädt zum Ausprobieren ein. Wenn Sie möchten, daß alles so bleibt wie es ist (auch hier wieder: das ist besonders in Netzwerkumgebungen oft erwünscht), dann schränken Sie die Möglichkeiten der Gestaltung des Programm-Managers doch einfach ein.

Tip 103

Verhindern Sie das Erstellen, Löschen, Verschieben und Umbenennen von Programmgruppen!

Eine Änderung in der INI-Datei des Programm-Managers untersagt diese Aktionen. Um dieses „Verbot" zu verhängen, laden Sie die Ihnen mittlerweile sicher vertraute Systemdatei PROGMAN.INI in einen Editor. Gehen Sie in den Abschnitt:

`[restrictions]`

Sollte die Sektion noch nicht existieren, richten Sie sie nun ein. Danach tragen Sie dort die folgende Anweisung ein, um das Bearbeiten von Programmgruppen zu unterbinden:

`EditLevel=1`

3 • Programm-Verwaltung

Nachdem Sie die Systemdatei gespeichert, Windows beendet und erneut gestartet haben, ist ein „Rumbasteln" an den Programmgruppen nicht mehr möglich. Die erforderlichen Befehle im Menü *Datei* und im Systemmenü werden abgeblendet angezeigt. Das (recht harmlose) Verschieben von Programmgruppen mit der Maus ist allerdings nach wie vor möglich.

Die Programmgruppen können nicht mehr verändert werden

Finger weg von den Programm-Icons!

Ihr Desktop ist noch sicherer vor unerwünschten Eingriffen, wenn Sie nicht nur die im Trick „Rühr´ meine Programmgruppen nicht an" vorgestellten Einschränkungen für Programmgruppen vornehmen, sondern ähnliche Einschränkungen auch für die darin enthaltenen Programme festlegen.

Tip 104

Schützen Sie nicht nur Ihre Programmgruppen, sondern auch die Programm-Icons vor unerwünschten Aktionen!

Wieder ist eine Änderung der INI-Datei des Programm-Managers notwendig. Laden Sie dazu die Datei PROGMAN.INI in einen Editor. Suchen Sie danach nach dem Abschnitt:

[restrictions]

Dort tragen Sie folgende Anweisung ein:

EditLevel=2

Danach speichern Sie die Systemdatei. Damit die Änderungen wirksam werden, müssen Sie Windows nun beenden und erneut starten. Jetzt können Sie weder Programmgruppen noch Programme neu einrichten, löschen, umbenennen, kopieren oder verschieben.

Unveränderliche Programmeigenschaften

Großes Durcheinander kann entstehen, wenn jemand Änderungen an den Programmeigenschaften vornimmt, zum Beispiel die Befehlszeile oder das Arbeitsverzeichnis verändert. Doch auch das kann man unterbinden.

> **Tip 105**
> *Lassen Sie keine Änderungen an den Programmeigenschaften und den Programmgruppeneigenschaften zu!*

Wer die letzten Tricks gelesen hat, ahnt es sicherlich schon: Wieder ist es notwendig, eine Veränderung an der Datei PROGMAN.INI vorzunehmen. Und wieder muß die Datei dazu in einen Editor geladen werden.

Um keine Veränderungen in der *Befehlszeile* in der Dialogbox *Programmeigenschaften* zu erlauben, bedarf es im Abschnitt:

[restrictions]

der folgenden Anweisung:

EditLevel=3

Möchten Sie noch einen Schritt weiter gehen und verhindern, daß überhaupt irgendein Eintrag in den Dialogboxen *Programmeigenschaften* und *Programmgruppeneigenschaften* verändert werden kann, können Sie das durch die folgende Anweisung erreichen:

EditLevel=4

Natürlich gelten auch die Restriktionen von den EditLevel-Anweisungen 1 und 2. Die veränderte Systemdatei muß nun gespeichert werden. Die „neuen Gesetze" müssen zwar nicht vom Bundesrat genehmigt werden, treten jedoch erst nach einem Neustart von Windows in Kraft.

3 • Programm-Verwaltung

Die Programmeigenschaften können nicht bearbeitet werden

Verbote wieder aufheben

Eigentlich sind Verbote eine ärgerliche Sache - vor allem, wenn man selbst der Leidtragende ist. Haben Sie unter den letzten Tricks zu leiden oder wollen Sie die Restriktionen aus anderen Gründen wieder aufheben, stehen Sie vor einem Problem: Natürlich können Sie die Restriktionen aus der Datei PROGMAN.INI löschen. Aber die Änderungen wirken erst, wenn Sie Windows beenden und neu starten. Doch das Beenden ist ja möglicherweise verboten...

Tip 106

Schließen Sie alle Windows-Anwendungen, und führen Sie einen Warmstart aus.

Bevor Sie das tun, laden Sie die Systemdatei PROGMAN.INI erneut in den Editor (sofern Sie nicht, schlau wie Sie sind, auch den Editor entfernt haben, damit genau das nicht möglich ist; in einem solchen Fall bleibt Ihnen wohl nichts anderes übrig, als den Rechner von Diskette zu booten). Löschen Sie den gesamten Abschnitt:

```
[restrictions]
```

Danach speichern Sie die veränderte Systemdatei. Stellen Sie jetzt sicher, daß wirklich *alle* Anwendungen geschlossen sind - ansonsten könnte ein Warmstart möglicherweise zu Datenverlusten führen! Drücken Sie dann auf die Reset-Taste.

Wenn Sie Windows nun wieder starten, müßten Sie die Befehle und Funktionen des Programm-Managers wieder in gewohnter Weise und gewohntem Umfang benutzen können.

Programmgruppen verstecken

Wieder so ein Tip, mit dem Sie andere Leute zur Weißglut bringen... Oder, wenn Sie so wollen, ein wertvoller Hinweis für alle, die bestimmte Programmgruppen vor unerwünschten Einblicken schützen möchten.

Tip 107

Verstecken Sie doch mal ein paar Programmgruppen!

Um Programmgruppen eine Tarnkappe aufzusetzen, ist eine Änderung in der INI-Datei des Programm-Managers notwendig. Laden Sie die Datei PROGMAN.INI dazu in einen Editor. Gehen Sie in den Abschnitt:

[groups]

Hier sind sämtlich Programmgruppen aufgelistet, die im Augenblick im Zugriff sind. Soll eine Programmgruppe vom Bildschirm verschwinden, setzen Sie einfach an den Anfang der betreffenden Zeile ein Semikolon.

Hinweis: *Nur keine Sorge: Dieser Trick richtet keinen ernsthaften Schaden an. Die betreffende Programmgruppe wird nicht etwa gelöscht, sondern nur nicht mehr angezeigt. Möchten Sie sie wieder hervorzaubern, reicht es, das Semikolon zu entfernen.*

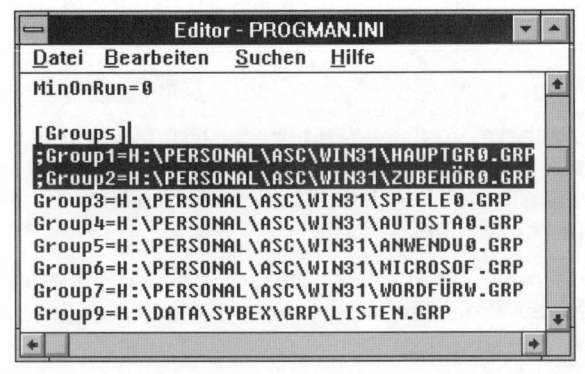

```
                Editor - PROGMAN.INI
 Datei  Bearbeiten  Suchen  Hilfe
MinOnRun=0

[Groups]
;Group1=H:\PERSONAL\ASC\WIN31\HAUPTGR0.GRP
;Group2=H:\PERSONAL\ASC\WIN31\ZUBEHÖR0.GRP
Group3=H:\PERSONAL\ASC\WIN31\SPIELE0.GRP
Group4=H:\PERSONAL\ASC\WIN31\AUTOSTA0.GRP
Group5=H:\PERSONAL\ASC\WIN31\ANWENDU0.GRP
Group6=H:\PERSONAL\ASC\WIN31\MICROSOF.GRP
Group7=H:\PERSONAL\ASC\WIN31\WORDFÜRW.GRP
Group9=H:\DATA\SYBEX\GRP\LISTEN.GRP
```

Die ersten beiden Programmgruppen wurden versteckt

3 • Programm-Verwaltung

Wenn man den Programm-Manager nicht leiden kann

Datei-Manager statt Programm-Manager

Sie finden den *Programm-Manager* zwar ganz nett, würden jedoch lieber mit einer anderen „Schaltzentrale" arbeiten? Warum nicht: Sie können auch eine andere Shell in Windows einbinden.

> **Tip 108**
>
> *Tauschen Sie bei Bedarf den Programm-Manager gegen den Datei-Manager aus!*

Wenn Ihnen der *Datei-Manager* sympathischer als der *Programm-Manager* ist, verwenden Sie doch den Dateiverwalter als Standard-Oberfläche. Programme starten können Sie damit allemal.

Laden Sie dazu die Systemdatei SYSTEM.INI in einen geeigneten Editor, zum Beispiel in den Systemkonfigurations-Editor *Sysedit*. Suchen Sie in der Systemdatei nach dem Abschnitt:

```
[boot]
```

```
shell=progman.exe
```

Die SHELL-Anweisung legt fest, welche „Anwendung" (wenn man so will, ist der Programm-Manager nichts anderes als eine Windows-Anwendung), sie legt also fest, welche Anwendung die Funktionen der übergeordneten Benutzeroberfläche übernehmen soll. Das kann der Programm-Manager sein, das kann aber auch jede andere Anwendung sein, die ähnliche Aufgaben erfüllt. Um mit dem Datei-Manager als Standardoberfläche zu arbeiten, ändern Sie die SHELL-Anweisung wie folgt ab:

```
shell=winfile.exe
```

Hinter dem Gleichheitszeichen muß also der Dateiname der Programmdatei stehen, die Sie als Schaltzentrale benutzen wollen. Dies muß natürlich eine Anwendung sein, mit der Sie andere Programme starten können. Wenn Sie die Dialogbox bestätigen, Windows schließen und erneut starten, erscheint der Datei-Manager als Navigationszentrum.

Nicht ganz ohne Programm-Manager

Wenn Sie den Datei-Manager zum Regiezentrum erklärt haben, benötigen Sie aber sicher trotzdem dann und wann die Funktionen des Programm-Managers, da bin ich sicher. Das ist aber kein Problem, da Sie den Programm-Manager natürlich auch vom Datei-Manager aus starten können.

Tip 109 *Starten Sie den Programm-Manager bei Bedarf einfach vom Datei-Manager aus!*

Klicken Sie dazu in der Dateiliste des Windows-Verzeichnisses doppelt auf den Eintrag PROGMAN.EXE. Dahinter verbirgt sich nämlich - ganz unspektakulär – der Programm-Manager.

Alternativ können Sie natürlich auch im Datei-Manager den Befehl *Datei* ▶ *Ausführen* wählen, in der Dialogbox PROGMAN.EXE eingeben und die Dialogbox bestätigen. In beiden Fällen startet dann der Programm-Manager, und Sie können wie gewohnt mit ihm arbeiten.

3 • **Programm-Verwaltung**

Windows-Kino

Schöne Grüße von den Entwicklern

Wissen Sie eigentlich, wer „Windows" geschrieben hat? Wer die verantwortlichen Damen und Herren des Projekts waren? Wenn Sie das interessiert, sollten Sie sich mal auf die Spuren der Windows-Väter begeben.

Tip 110
Spielen Sie doch einfach mal Windows-Kino. Sehen Sie sich den Nachspann zum Programm an.

Die Tastenkombination, durch die man die – versteckte – kinofilmartige Animation aufrufen kann, ist unter den Programmierern ein gut gehütetes Geheimnis. Per Zufall auf die doch recht umfangreiche Tastenfolge zu kommen, ist so gut wie unmöglich. Deshalb ist man darauf angewiesen, daß einer der Programmierern mal „plaudert". Und das passiert auch - schließlich haben die Programmierer den netten kleinen „Gang Screen" ja extra dafür geschaffen, um betrachtet zu werden.

Und so zaubern Sie den kleinen Windows-Film hervor: Wählen Sie im Programm-Manager den Befehl *Hilfe* ▶ *Info*. Drücken Sie dann gleichzeitig die Tasten [Strg] und [⇧], und halten Sie sie gedrückt. Klicken Sie doppelt in die Mitte des Windows-Symbols links oben in der *Info*-Dialogbox. Bestätigen Sie danach die Dialogbox. Danach wiederholen Sie den Vorgang.

Nach dem zweiten „Durchgang" erscheint eine wehende Microsoft-Fahne und der Satz „Gewidmet allen Menschen in Microsoft International". Doch der Clou kommt erst noch: Wenn Sie die Prozedur erneut wiederholen, erscheint der eigentliche Nachspann. Eine Person präsentiert Ihnen mit ausgestrecktem Arm eine Liste der am Projekt beteiligten Microsoft-Mitarbeiter.

Der Witz der Sache: Es erscheinen nicht immer die gleichen Personen. Zur Auswahl stehen: Microsoft-Chef Bill Gates (mit Brille und vollem Haar), Vizepräsident Steve Ballmer (Halbglatze) und Produkt-Manager Brad Silverberg. Eventuell flattert auch ein Bär über Ihre Mattscheibe: Der repräsentiert eine Art Mythos. Wann immer man in der Entwicklungsabteilung kurz vor Toreschluß, sprich: kurz vor Auslieferung des Produktes noch einen Bug (Fehler) findet, der rechtzeitig beseitigt werden konnte, sprechen die Entwickler von einem „Bären".

666 ganz legale   Windows-Tricks

> *Hinweis:* Möchten Sie alle vier Figuren mal zu Gesicht bekommen, müssen Sie den Trick entsprechend häufig wiederholen.

Welche Person jeweils erscheint, können Sie nicht beeinflussen - die Auswahl erfolgt nach dem Zufallsprinzip. Übrigens klappt dieser Trick auch bei Windows für Workgroups.

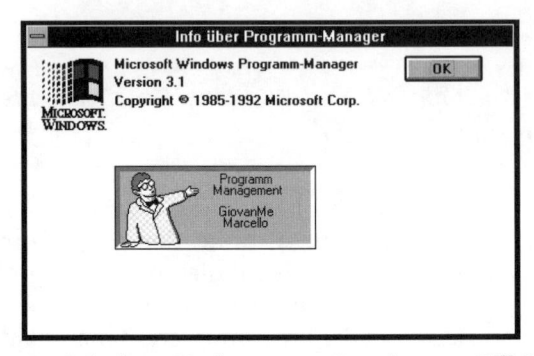

```
┌─────────── Info über Programm-Manager ───────────┐
│                                                  │
│  ▓▓▓  Microsoft Windows Programm-Manager  ┌─OK─┐ │
│  ▓▓▓  Version 3.1                         └────┘ │
│ MICROSOFT Copyright © 1985-1992 Microsoft Corp.  │
│ WINDOWS.                                         │
│                                                  │
│           ┌────────────────────────┐             │
│           │     ☺    Programm      │             │
│           │          Management    │             │
│           │          GiovanMe      │             │
│           │          Marcello      │             │
│           └────────────────────────┘             │
│                                                  │
└──────────────────────────────────────────────────┘
```

Der Windows-Nachspann, präsentiert von Bill Gates

3 • Programm-Verwaltung

Und tschüsss...
Ein Dutzend Anwendungen gleichzeitig verlassen

Wer die wohl am meisten geschätzte Fähigkeit von Windows, das Multitasking, voll ausnutzt, der hat häufig einen ganzen Schwung Anwendungen gleichzeitig geöffnet. Will man in einem solchen Fall Windows beenden, wäre es sehr umständlich, eine Anwendung nach der nächsten zu schließen, um endlich Windows selbst zu verlassen.

Tip 111

Schließen Sie alle aktiven Anwendungen mit einem Schlag, indem Sie den Programm-Manager verlassen.

Ein Doppelklick auf das Systemmenü des Programm-Managers reicht dazu aus Der Programm-Manager beendet Windows und sorgt zuvor dafür, daß alle noch aktiven Windows-Anwendungen ordnungsgemäß geschlossen werden. Sind noch Dateien in den einzelnen Anwendungen geöffnet, macht Windows Sie in einer Dialogbox darauf aufmerksam, und bietet Ihnen an, die Dateien vor dem Schließen der Anwendung zu speichern. Sie sollten dieses Angebot unbedingt annehmen (*OK*), sonst kann es zu erheblichem Datenverlust kommen.

Kapitel 4
Windows konfigurieren

Schriften verwalten   120

Rund ums Editieren   124

Pflege der wichtigsten Windows-Dateien   130

Systemsteuerung komfortabel   138

Bildschirm   144

Ansichtssachen   146

Die Systemuhr   156

Kommunikation   157

Systemdiagnose   162

Hardware und Treiber   168

Schriften verwalten

Schriften per Drag and Drop installieren

Gehören Sie auch zu jenen Anwendern, die von Schriften jeder Art nicht genug bekommen können? Dann sind Sie in guter Gesellschaft. Und dann wissen Sie sicher auch, daß das Installieren dieser Fonts besonders mühselig ist, wenn sich die Schriftdateien in verschiedenen Verzeichnissen verstreut auf der Festplatte befinden. Würden Sie die Fonts auf dem herkömmlichen Weg installieren, müßten Sie bei der Installation jeweils den genauen Pfad zur Schriftdatei angeben. Zum Glück geht es aber auch einfacher.

Tip 112

Diesen Tip werden Sie in keinem Handbuch finden: Ziehen Sie die gewünschte Schriftartdatei einfach mit der Maus in das Schriftarten*-Fenster der Systemsteuerung.*

Dazu ordnen Sie den Bildschirm am besten so an, daß der Datei-Manager und das *Schriftarten*-Fenster der Systemsteuerung beide gleichermaßen gut zugänglich sind. Markieren Sie dann die gewünschten Font-Dateien: TrueType-Fonts tragen die Endung .TTF. Ziehen Sie die markierten Dateien bei gedrückter Maustaste in das Schriften-Fenster der Systemsteuerung. Sobald Sie sie dort loslassen, werden die TrueTypes installiert.

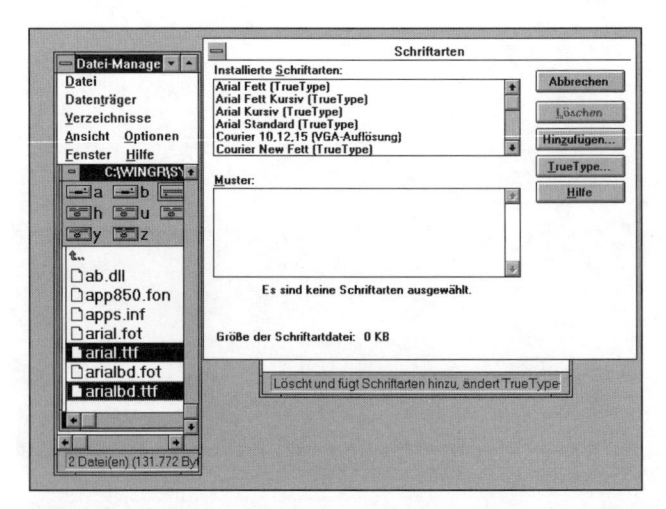

So können Sie Fonts bequem per Drag and Drop installieren

4 • Windows konfigurieren

Gepackte Schriftdateien per Klick installieren

Der vorangehende Trick hat verraten, wie sich Schriftartendateien mit der Dateikennung .TTF auf äußerst bequeme Weise installieren lassen. Doch die Methode bietet noch einen ganz ausgefallenen Service.

Tip 113 *Per Drag and Drop lassen sich bequem und schnell sogar komprimierte Font-Dateien installieren.*

Ob die gewünschte Schriftart im Datei-Manager als gewöhnliche .TTF-Datei oder als gepackte Schriftartendatei vorliegt (Dateikennung .TT_), spielt für den Vorgang keine Rolle: Nachdem Sie die Datei per Drag and Drop in das *Schriftarten*-Fenster der Systemsteuerung gezogen haben, wird sie bei Bedarf sogar automatisch entpackt. Ist das ein Service?

TrueType-Schriften nicht installierbar

Da haben Sie eine Riesensammlung an TrueType-Schriften gekauft, nun darauf brennend, sie sofort auszuprobieren, doch die TTF-Dateien lassen sich beim besten Willen nicht installieren. Wenn Windows Ihnen lapidar etwas wie „Datei kann nicht erstellt werden" meldet oder eine ähnlich unerfreuliche Fehlermeldung präsentiert, so muß das nicht unbedingt heißen, daß Sie unbrauchbare Schriften gekauft haben.

Tip 114 *Wenn sich bei der Installation neuer Schriften Schwierigkeiten einstellen, dann überprüfen Sie, ob das Windows-Verzeichnis im Suchpfad der AUTOEXEC.BAT enthalten ist.*

Bei der Installation von TrueType-Schriften ist es sehr wichtig, daß Windows im DOS-Suchpfad enthalten ist. Um das zu kontrollieren, laden Sie die Datei AUTOEXEC.BAT in einen Editor. Sehen Sie nach, ob in der Pfadangabe auch das Windows-Verzeichnis berücksichtigt ist. Das kann beispielsweise so aussehen:

```
path=c:\;c:\dos;c:\windows
```

Ist das nicht der Fall, ergänzen Sie die entsprechende Anweisung um das entsprechende Verzeichnis. Danach speichern Sie die korrigierte Fassung der AUTOEXEC.BAT, und starten Sie Ihren Rechner neu.

Versuchen Sie danach erneut, die Schriften zu installieren. Jetzt dürfte es dabei keine Probleme mehr geben. Erscheint die Fehlermeldung nach wie vor, sind wahrscheinlich die gekauften Fonts fehlerhaft.

TrueTypes - und sonst gar nichts!

Wer erst einmal die Vorzüge von TrueType-Schriften kennengelernt hat, der wird schon bald nicht mehr darauf verzichten wollen: Ein wesentlicher Vorteil: Im Gegensatz zu den „normalen" Schriften sind TrueType-Schriften beliebig skalierbar, das heißt in wirklich jeder beliebigen Größe benutzbar, und das sowohl am Bildschirm als auch auf jedem Drucker. Nur mit ihnen ist echtes WYSIWYG (What You See Is What You Get) möglich: So, wie die Daten auf dem Bildschirm erscheinen, werden Sie auch auf dem Drucker ausgegeben.

Tip 115

Arbeiten Sie, wenn möglich, ausschließlich mit TrueType-Fonts!

Wenn Sie mit Drucker- und TrueType-Fonts arbeiten und in einer beliebigen Anwendung das Listenfeld *Schriften* aufschlagen, erscheint eine ganze Latte von Einträgen. Drucker und TrueType-Schriften sind dort bunt gemischt in alphabetischer Reihenfolge aufgelistet. True-Type-Schriften sind in der Liste durch ein stilisiertes „TT" gekennzeichnet.

Doch, Hand aufs Herz: Wann benötigen Sie schon einmal eine Drucker-Schriftart? Wenn Sie bei dieser Frage zu dem Ergebnis kommen, daß Sie sowieso ausschließlich mit TrueType-Schriften arbeiten, können Sie sich die Anzeige der Druckerschriftarten sparen. Das führt zu deutlich mehr Übersichtlichkeit im Listenfeld *Schriftarten*.

Um die Anzeige der Schriften auf TrueType-Schriften zu beschränken, starten Sie bitte die Steuerungskomponente *Schriften* der *Systemsteuerung*. Klicken Sie in der Dialogbox *Schriftarten* auf die Befehlsfläche *TrueType*. Es erscheint eine weitere Box: Aktivieren Sie hier zusätzlich zur Option *TrueType-Schriften verwenden* die Option *Nur TrueType-Schriften in Anwendungen anzeigen*. Bestätigen Sie abschließend alle Boxen, und schließen Sie die Systemsteuerung. Ab sofort werden die Druckerschriftarten nicht mehr in den einzelnen Anwendungen angezeigt.

4 • Windows konfigurieren

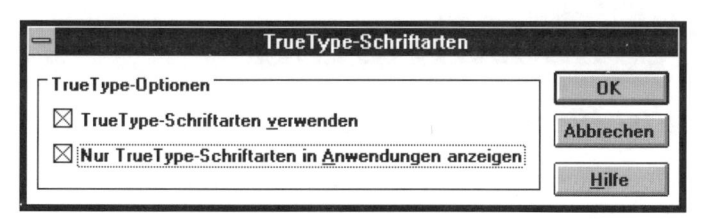

Druckerschriftarten werden nicht angezeigt

TrueTypes werden nicht angezeigt?

Sie haben ein paar neue TrueType-Schriften installiert, öffnen in einer Anwendung voller Erwartung die Liste *Schriftarten* - und können keine Spur von den neuen Fonts entdecken? Das kann passieren – zum Glück ist dem Problem relativ schnell und leicht beizukommen.

Tip 116
Aktivieren Sie den benutzten Druckertreiber!

Der Druckertreiber hat es im Grunde genommen in der Hand, welche TrueType-Schriften akzeptiert werden und welche nicht. Sollte es bei der Auswahl von TrueType-Schriften mal Probleme geben, insbesondere nach der Installation neuer Fonts, dann wechseln Sie in die Systemsteuerung und aktivieren dort die Steuerungskomponente *Drucker*. Es erscheint die Dialogbox *Drucker*. Aktivieren Sie den gewünschten Druckertreiber, und bestätigen Sie die Box.

Wechseln Sie nun zurück in die zuvor benutzte Anwendung, und öffnen Sie dort erneut das Listenfeld *Schriftarten*. Jetzt werden alle installierten TrueType-Schriftarten angezeigt, die Ihr Drucker unterstützt.

Rund ums Editieren

Ein Spezialist für Systemdateien

Systemdateien gibt es ja jede Menge, die Einfluß auf die Bedienung und Funktionalität von Windows haben, allen voran die vier Systemdateien AUTOEXEC.BAT und CONFIG.SYS sowie WIN.INI und SYSTEM.INI. Allein in diesem kleinen Büchlein lesen Sie sicher mehr als fünfzigmal, daß Sie eine dieser Systemdateien bearbeiten sollen. Damit das nicht immer mit Hilfe eines komplizierten Editors passiert, lege ich Ihnen folgenden Tip ganz dringend ans Herz.

Tip 117

Es gibt einen Spezialisten zur Bearbeitung der Systemdateien: SysEdit. Benutzen Sie, wann immer möglich, diesen zum Lieferumfang von Windows gehörenden Editor!

Der erwähnte Editor - sein hochoffizieller Name ist *SysEdit* - ist fester Bestandteil von Windows; von seiner Existenz wissen übrigens nur recht wenige Windows-Benutzer. Um den Editor mal zu starten, gehen Sie in den Datei-Manager und klicken dort im Windows-Verzeichnis doppelt auf SYSEDIT.EXE. Der Editor startet dann.

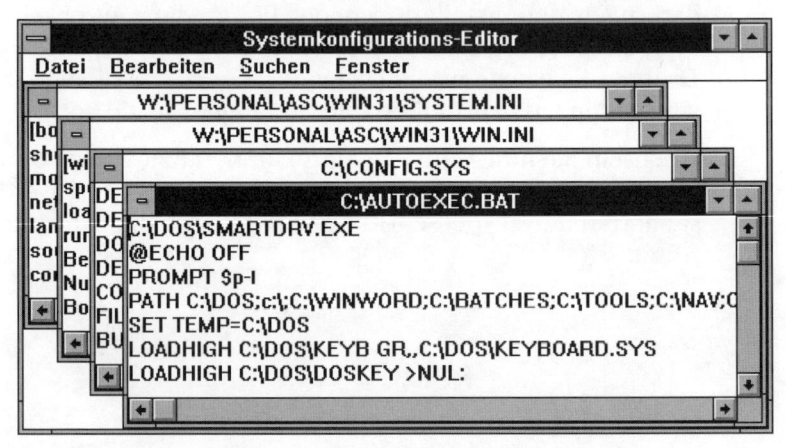

SysEdit präsentiert beim Start alle Systemdateien automatisch

Das Besondere an *SysEdit* ist sein Service: Er lädt beim Start automatisch die beiden DOS-Systemdateien CONFIG.SYS und AUTOEXEC.BAT sowie die beiden mit Abstand wichtigsten Windows-

4 • Windows konfigurieren

Systemdateien WIN.INI und SYSTEM.INI. Alle vier Systemdateien werden in separaten Fenstern angeboten und können dort bearbeitet werden.

Haben Sie Änderungen an einer der Systemdateien vorgenommen, wählen Sie einfach den Menüpunkt *Datei* ▶ *Speichern*. Sollten Sie vergessen, eine Korrektur zu speichern, weist *SysEdit* Sie beim Verlassen dezent darauf hin.

Hinweis

Beachten Sie bitte, daß Sie mit SysEdit keine anderen Dateien bearbeiten können. Einen Menüpunkt Datei ▶ Öffnen *gibt es deshalb auch nicht.*

SysEdit kennt Grenzen

SysEdit ist wie geschaffen zum Editieren der diversen Systemdateien; sicher haben Sie sich bereits davon überzeugen können. Dennoch (oder gerade deswegen?) kennt der Systemkonfigurations-Editor – vernünftige – Grenzen: *SysEdit* verkraftet zum Beispiel keine Mammut-Systemdateien.

Tip 118

Mit SysEdit kann man nur Systemdateien bis zu einer Größe von rund 30 KByte verarbeiten. Für größere Systemdateien müssen Sie einen anderen Editor benutzen!

Normalerweise wird Ihnen diese Beschränkung kein Kopfzerbrechen bereiten. Eine sattsam ausgestattete WIN.INI zum Beispiel benötigt in der Regel rund 10 bis 15 KByte. Doch je mehr Kommentare und Extra-Einträge Sie in Ihre INI-Dateien aufnehmen, um so aufgeblähter wird die Datei.

Zwar verarbeitet Windows INI-Dateien bis zu einer Maximalgröße von rund 64 KByte (ein bißchen weniger, die SYSTEM.INI darf sogar „nur" 53 KByte umfassen). Doch ab einer Größe von 30 KByte können Sie mit Hilfe von *SysEdit* keine Zeilen mehr zur bestehenden Datei hinzufügen; das Löschen von Einträgen hingegen ist sehr wohl möglich.

Hinweis

Haben Sie eine Systemdatei mit einem anderen Editor auf eine Riesengröße von mehr als 30.000 Byte gebracht, scheitert der Versuch unweigerlich, diese Datei in den Systemkonfiguration-Editor SysEdit zu laden.

125

666 ganz legale   Windows-Tricks

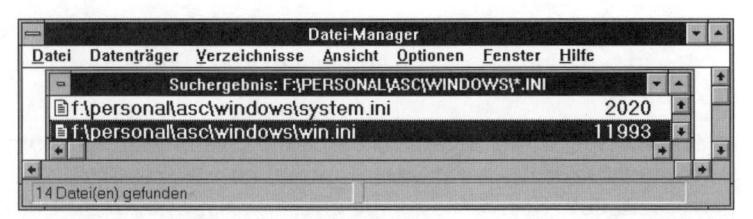

Durchschnittliche Systemdateien sind deutlich kleiner als 30.000 Byte

Ein Icon für SysEdit

Haben Sie mittlerweile Gefallen am Systemkonfigurations-Editor gefunden? Dann werden Sie in Zukunft sicherlich häufiger mit ihm arbeiten wollen. Um sich dann nicht ständig auf die Suche begeben zu müssen, um die Befehlsdatei SYSEDIT.EXE aufzuspüren, sollten Sie einfach ein eigenes Sinnbild für SysEdit einrichten.

Tip 119

Gönnen Sie SysEdit sein eigenes Icon! Der kleine und praktische Helfer hat es wirklich verdient.

Entscheiden Sie zuerst, in welcher Programmgruppe Sie das neue Icon ansiedeln möchten. Ich empfehle die Programmgruppe *Zubehör*, in der ja auch der „normale" Editor zu finden ist.

Öffnen Sie dazu das entsprechende Gruppenfenster. Wählen Sie dann die Funktion *Datei ▶ Neu*, und klicken Sie in der daraufhin erscheinenden Dialogbox die Option *Programm* an. Geben Sie in der Befehlszeile den folgenden Pfadnamen für die Befehlsdatei von SysEdit ein:

`C:\WINDOWS\SYSTEM\SYSEDIT.EXE`

Heißt Ihr Windows-Verzeichnis anders oder befindet es sich auf einem anderen Laufwerk, passen Sie die Befehlszeile bitte entsprechend an. Wenn Sie nun die Dialogbox bestätigen, erscheint das neue Icon für SysEdit an gewünschter Stelle.

SysEdit *verfügt über ein eigenes Icon*

4 • Windows konfigurieren

Geheime Sicherheitskopien der Systemdateien

Der Windows-eigene Systemkonfigurations-Editor *SysEdit* denkt für Sie mit: Sobald Sie an einer der vier Ihnen bereits vertrauten Systemdateien AUTOEXEC.BAT, CONFIG.SYS, WIN.INI oder SYSTEM.INI eine Veränderung vornehmen, wird automatisch eine Kopie der bisherigen Version der betreffenden Systemdatei im Windows-Verzeichnis gespeichert, und zwar unter dem entsprechenden Dateinamen und der Dateikennung .SYD.

Tip 120
Möchten Sie eine Änderung an den Systemdateien rückgängig machen, löschen Sie die veränderte Datei und weisen der Vorversion den aktuellen Namen zu!

Haben Sie beispielsweise an der Startdatei AUTOEXEC.BAT eine Korrektur vorgenommen (und diese auch schon gespeichert), die Ihnen im nachhinein nicht zusagt, löschen Sie die AUTOEXEC.BAT. Benennen Sie danach die Sicherungskopie AUTOEXEC.SYD in AUTOEXEC.BAT um. Und schon ist die Startdatei in ihrem ursprünglichen Zustand wiederhergestellt. Beide Operationen können Sie übrigens bequem mit Hilfe der entsprechenden Befehle des Menüs *Datei* des Datei-Managers vornehmen.

Hinweis: Dieses Verfahren bietet sich besonders dann an, wenn umfangreiche Änderungen an einer Systemdatei vorgenommen oder mehrere Systemdateien verändert wurden. In diesen Fällen wäre es zu umständlich, jede Datei einzeln in einen Editor zu laden und nach und nach alle Veränderungen zu löschen.

Vorübergehend außer Kraft gesetzt

Vor allem, wenn man eine Anweisung in einer Systemdatei nur kurzfristig ändern möchte, ist es verdammt aufwendig, zuerst einen unter Umständen recht umfangreichen Eintrag zu löschen, um ihn ein wenig später wieder neu eingeben zu müssen.

Tip 121
Möchen Sie den Eintrag einer Systemdatei kurzfristig außer Kraft setzen, löschen Sie ihn nicht. Setzen Sie vielmehr ein Semikolon an den Anfang der gerade nicht benötigten Anweisung.

Es kommt halt schon mal vor, daß man eine Anweisung für einen Windows-Start außer Kraft setzen muß. Möchten Sie beispielsweise in der Windows-Systemdatei SYSTEM.INI die Anweisung:

`FileSysChange=on`

(sie veranlaßt eine automatische Aktualisierung der Verzeichnisliste im Netzwerkbetrieb) vorübergehend außer Kraft setzen, gehen Sie an den Beginn der entsprechenden Zeile und geben hier ein Semikolon ein:

`;FileSysChange=on`

Wenn Sie die Datei speichern und Windows erneut starten, verhält sich Windows ganz so, als ob die Anweisung gar nicht vorhanden wäre. Denn alle Anweisungen, die mit einem Semikolon beginnen, werden als Kommentar und nicht als auszuführende Befehle verstanden.

Möchten Sie eine derart deaktivierte Anweisung zu einem späteren Zeitpunkt wieder in Kraft setzen, so müssen Sie nur das Semikolon vor der betreffenden Zeile löschen.

Systemdateien mit Senf

Nicht nur, wenn man an den Systemdateien anderer Leute rumbastelt, sollte man besonders exotische Einstellungen kurz erläutern. Auch bei den eigenen Systemdaten kann es sinnvoll sein, hier und da eine bestimmte Zeile zu kommentieren - eben seinen „Senf" hinzuzugeben. Wenn man nach ein paar Wochen nämlich nicht mehr weiß, welchen Zweck eine bestimmte Anweisung hat, kann eine solche Erläuterung Gold wert sein.

Tip 122

Nutzen Sie die Möglichkeit, Anweisungen in den Systemdateien zu kommentieren!

Wenn Sie in bezug auf eine Anweisung in einer der Systemdateien etwas Wichtiges mitzuteilen haben, formulieren Sie einen kurzen Kommentar. Beginnen Sie die Zeile mit einem Semikolon; die eigentliche Information tippen Sie danach ein.

4 • Windows konfigurieren

Hinweis

Gehen Sie mit derartigen Anmerkungen trotz allem sparsam um. Wenn Sie einen Kommentar für unvermeidbar halten, fassen Sie sich kurz, damit die Systemdateien nicht unnötig aufgebläht werden! Denn je umfangreicher eine Systemdatei ist, um so mehr Zeit kostet es Windows, sie zu interpretieren.

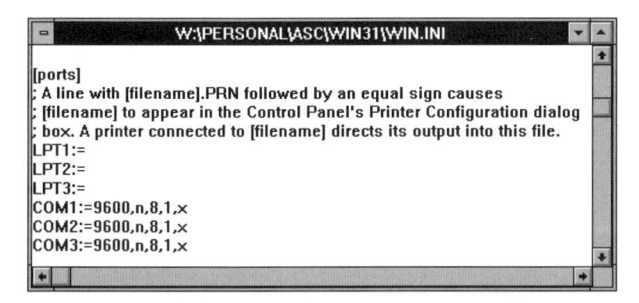

```
                  W:\PERSONAL\ASC\WIN31\WIN.INI

[ports]
; A line with [filename].PRN followed by an equal sign causes
; [filename] to appear in the Control Panel's Printer Configuration dialog
; box. A printer connected to [filename] directs its output into this file.
LPT1:=
LPT2:=
LPT3:=
COM1:=9600,n,8,1,x
COM2:=9600,n,8,1,x
COM3:=9600,n,8,1,x
```

Ein Semikolon am Zeilenbeginn signalisiert, daß in dieser Zeile keine ausführbaren Anweisungen enthalten sind

Pflege der wichtigsten Windows-Dateien

Überlebenswichtig: Kopien der INI-Dateien

Da Sie dieses Buch in den Händen halten (soweit natürlich eine vorzügliche Wahl!), gehören Sie vermutlich zu jenen Windows-Fans, die ganz gerne mal das ein oder andere in den diversen INI-Dateien ausprobieren. Nun ist das nicht ganz ungefährlich – deshalb sollten Sie von den wichtigsten Systemdateien Sicherheitskopien aufbewahren, für den Fall der Fälle.

Tip 123

Bevor Sie Veränderungen an einer INI-Datei vornehmen oder eine neue Anwendung installieren, sollten Sie unbedingt Sicherheitskopien der beiden wichtigsten INI-Dateien anfertigen.

Die beiden INI-Dateien WIN.INI und SYSTEM.INI sind für das reibungslose Funktionieren von Windows verantwortlich. Enthalten sie falsche oder fehlerhafte Einträge – was durch die fehlerhafte Installation einer Windows-Anwendung oder auch durch eigene „Experimente" verursacht werden kann –, ist die Ausführung von Windows oft stark beeinträchtigt oder gar unmöglich.

Kopieren Sie deshalb regelmäßig beide Systemdateien in ein anderes Verzeichnis Ihrer Festplatte (zum Beispiel könnten Sie zu diesem Zweck im Windows-Verzeichnis ein Unterverzeichnis \BACKUPS einrichten), oder bewahren Sie die Kopien auf Disketten auf. (Ganz Vorsichtige machen natürlich beides!)

Falls Windows nun nach einer Änderung an den INI-Dateien nicht mehr funktioniert, etwa durch einen falschen Eintrag oder einen fehlerhaften Treiber, müssen Sie nur von der DOS-Ebene aus die Kopien der INI-Dateien zurück ins Windows-Verzeichnis kopieren. Danach starten Sie Windows erneut – und alles funktioniert wieder. Das ist meist viel praktischer, als die Korrekturen manuell rückgängig zu machen.

4 • Windows konfigurieren

Automatisches Kopieren der wichtigsten Windows-Dateien

Zwei Dateiarten sind für Windows besonders wichtig, und zwar alle Dateien mit den Kennungen .INI und .GRP. In den INI-Dateien wird festgelegt, wie Windows und die zahlreichen Anwendungen arbeiten sollen. Dafür wissen die GRP-Dateien alles über die Zusammensetzung der Programmgruppen. Der Verlust dieser Dateien wäre besonders schmerzlich. Sicherheitskopien dieser wichtigen Dateien seien deshalb angeraten.

Tip 124 *Erleichtern Sie sich das Anfertigen von Backups der wichtigsten Windows-Dateien, indem Sie dafür eine Batchdatei einrichten!*

Bevor Sie zu diesem Zweck eine kleine Batchdatei anfertigen (mit Windows allein ist das bislang nämlich leider nicht automatisiert möglich, da müssen wir noch eine Weile auf einen leistungsfähigeren Makrorekorder oder eine offizielle „Programmiersprache" warten, die ja bei Microsoft bereits in den Schubladen liegen soll...), erstellen Sie zuerst mit dem *Datei-Manager* ein Verzeichnis, in dem alle Sicherheitskopien der Windows-Systemdateien abgelegt werden. Nennen Sie es beispielsweise WINBACK.

Anschließend starten Sie einen Editor, um damit die Batchdatei anzufertigen, mit der Sie die Sicherheitskopien regelmäßig anfertigen. Kompliziert ist der Inhalt der Batchdatei nicht, er sieht so aus:

```
@echo off
copy c:\windows\*.grp c:\winback
copy c:\windows\*.ini c:\winback
```

Heißt Ihr Windows-Verzeichnis anders oder trägt das Verzeichnis für die Sicherheitskopien einen anderen Namen, passen Sie die Anweisungen in der Batchdatei bitte entsprechend an. Speichern Sie die Datei abschließend unter dem Namen WINBACK.BAT im Windows-Verzeichnis. Nun ist es ein leichtes, nach jeder Windows-Arbeitssitzung Sicherungskopien der GRP- und INI-Dateien anzufertigen. Um die Sicherheitskopien anzufertigen, geben Sie nach dem Beenden von Windows auf der DOS-Ebene folgende Anweisung ein:

```
winback
```

Das Kopieren der gewünschten Dateien erfolgt danach vollautomatisch. Sie können auf die betreffenden Dateien im Verzeichnis \WINBACK zurückgreifen.

Ein Icon erinnert an das Erstellen von Backups

Vergessen Sie das Anfertigen der so wichtigen Sicherheitskopien ab und zu mal? Oder drücken Sie sich gar davor? Da sind Sie nicht alleine! Es gibt ein Hilfsmittel, das Sie an die notwendigen Backups erinnert.

> **Tip 125**
>
> *Ein spezielles Backup-Icon erinnert Sie nicht nur ständig an Ihre leidliche Pflicht, sondern erleichtert zudem den eigentlichen Vorgang des Backups.*

Noch leichter kann das Anfertigen von Sicherheitskopien wirklich nicht funktionieren: Ein Klick auf das für die Batchdatei zuständige Programm-Icon, und der Kopiervorgang beginnt. Hinter dem besagten Icon verbirgt sich natürlich nichts anderes als die im vorangehenden Trick beschriebene Batchdatei.

Um das Icon einzurichten, gehen Sie zuerst in die Programmgruppe, in der das Icon untergebracht werden soll – etwa die Programmgruppe *Zubehör*. Wählen Sie danach den Befehl *Datei ▶ Neu*, und markieren Sie in der folgenden Dialogbox die Option *Programm*. In einer weiteren Dialogbox geben Sie in der Zeile *Beschreibung* die Aufgabe des neuen Programms an, z.B. „Windows-Backup". In der *Befehlszeile* geben Sie den kompletten Pfadnamen der Batchdatei an. Zu der Batchdatei des Tricks *Automatisches Kopieren der wichtigsten Windows-Dateien* würde folgende Befehlszeile passen:

```
c:\windows\winback.bat
```

Wenn Sie möchten, können Sie jetzt noch mit Hilfe der Dialogbox *Anderes Symbol* ein schönes Icon für die neue Batchdatei aussuchen. Sobald Sie alle Angaben mit einem Klick auf *OK* bestätigt haben, ist das neue Icon einsatzbereit. Wann auch immer Sie an Ihren INI- oder GRP-Dateien Veränderungen vornehmen möchten, klicken Sie vorher zur Sicherheit auf das Backup-Icon. Sollte eine der Systemdateien beschädigt werden, können Sie leicht die „alten" INI- und GRP-Dateien aus dem \WINBACK-Verzeichnis in das Windows-Verzeichnis kopieren und ohne viel Ärger weiterarbeiten.

4 • Windows konfigurieren

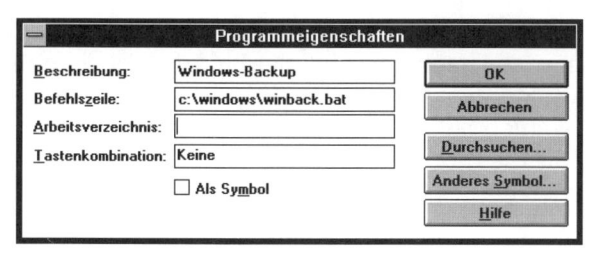

Ein Icon für die Batchdatei

Vorsichtsmaßnahme beim Erstellen von Backups

Wenn Sie im erweiterten Modus arbeiten, haben Sie sicherlich – vielleicht ja auch unbewußt – eine Auslagerungsdatei eingerichtet. Das ist beispielsweise der Fall, falls Sie virtuellen Arbeitsspeicher eingerichtet haben, der das Arbeiten unter Windows erheblich optimieren hilft. Eine Wolke trübt jedoch den Swapfile-Sonnenschein: Beim Anfertigen von Backups können kleinere Probleme auftreten. Deshalb dieser Mega-Tip.

Tip 126

Ist eine permanente Auslagerungsdatei eingerichtet, entfernen Sie sie am besten, bevor Sie ein Gesamt-Backup erstellen, oder sorgen Sie dafür, daß die Auslagerungsdatei selbst nicht mitkopiert wird.

Die Sache ist die: Wenn Sie eine Sicherheitskopie der gesamten Festplatte anfertigen, würde das verwendete Backup-Programm auch die permanente Auslagerungsdatei von Windows mitkopieren, die oft mehrere MByte groß sein kann und über keinen interessanten Inhalt verfügt. Sofern Sie die Möglichkeit haben – und die meisten guten Backup-Programme erlauben es –, sollten Sie die Datei 386SPART.PAR von der Sicherheitskopie ausschließen, denn hinter genau dieser Datei verbirgt sich der virtuelle Speicher, die permanente Auslagerungsdatei von Windows.

Haben Sie diese Chance nicht, empfiehlt es sich, den virtuellen Speicher kurzfristig abzuschalten. Aktivieren Sie dazu die Steuerungskomponente *386 erweitert* in der Systemsteuerung. Es erscheint eine Dialogbox; klicken Sie hier auf die Schaltfläche *Virtueller Speicher*. Ist eine Auslagerungsdatei vorhanden, macht Windows Sie nun in einer Dialogbox darauf aufmerksam und bietet Ihnen an, sie zu löschen. Bestätigen Sie mit *JA*. Nun erscheint die Dialogbox *Virtueller Arbeitsspeicher*, die Sie über die augenblicklichen Einstellungen informiert.

Notieren Sie sich die Einstellungen auf einem Zettel, damit Sie die Auslagerungsdatei nach Abschluß des Backups wieder einrichten können. Klicken Sie hier auf die Schaltfläche *Ändern*. In der nächsten Dialogbox wählen Sie aus dem Listenfeld *Typ* die Option *Keine* aus. Bestätigen Sie die Box.

Wenn die Änderungen sofort wirken sollen, müssen Sie Windows jetzt beenden und erneut starten. Bei einem Neustart wird Windows dann ohne Auslagerungsdatei betrieben. Einem reibungslosen Backup steht nun nichts mehr im Wege. Nach Abschluß des Backups empfiehlt es sich, die Auslagerungsdatei wieder einzurichten.

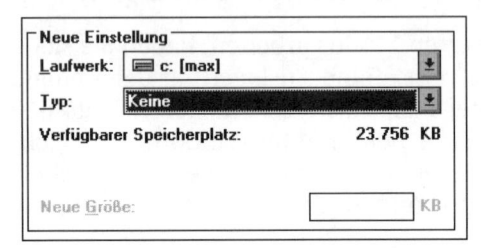

Die Einstellung Keine *löscht die aktuelle Auslagerungsdatei*

Keine Gefahr für die Auslagerungsdatei: Backup von MS-DOS 6.0

Das Entfernen vor sowie das Wiedereinrichten der permanenten Auslagerungsdatei nach dem Anfertigen eines Backups ist ja eine ganz schön lästige Angelegenheit. Wer mit MS-DOS 6 arbeitet, der ist fein aus dem Schneider.

Tip 127
Um unter Windows Sicherheitskopien ohne Gefahr für die permanente Auslagerungsdatei zu erstellen, verwenden Sie am besten das Hilfsprogramm MS-Backup!

MS-Backup und die Windows-Version MWBACKUP gehört zum Lieferumfang von MS-DOS ab der Version 6.0. Als waschechte Windows-Anwendung weiß MS-Backup die Auslagerungsdatei zu schonen.

Über dieses Icon starten Sie MS-Backup.

4 • Windows konfigurieren

Gesicherte Dateien bequem zurückkopieren

Irgendwann passiert es halt: Windows läuft nicht mehr, weil einige Gruppendateien und/oder INI-Dateien „zerschossen" sind. In einem solchen Fall können Sie heilfroh sein, wenn Sie die Tricks aus diesem Buch beherzigt und Sicherheitskopien der wichtigen Systemdateien angefertigt haben.

Tip 128

Am besten richten Sie sich auch für das Zurückkopieren von INI- und GRP-Dateien eine entsprechende Batchdatei ein.

Das Zurückkopieren von Sicherheitskopien ist nicht weniger lästig als das Anfertigen der Backups, man macht es meistens nur mit etwas mehr Genuß, weil man froh ist, daß man überhaupt über die Sicherheitskopien verfügt. Verwenden Sie einen Editor, um die Batchdatei anzufertigen, die die Sicherheitskopien zurückkopiert. Der Inhalt der Batchdatei ist schlicht, er besteht nur aus zwei Zeilen:

```
@echo off
copy c:\winback\*.* c:\windows
```

Speichern Sie diese Datei zum Beispiel unter dem Namen BACK.BAT. Möchten Sie die lebenswichtigen Windows-Dateien im Schadensfalle zurückkopieren, geben Sie auf der DOS-Ebene einfach BACK ein.

> **Hinweis:** *Ein Icon für diese Batchdatei einzurichten, macht wenig Sinn: Schließlich werden Sie dieses kleine Programm nur dann benötigen, wenn Windows nicht mehr richtig funktioniert. Daß Sie in diesem Fall noch an das Icon gelangen, ist recht unwahrscheinlich.*

Übrigens wird es ja wohl oft so sein, daß nicht alle, sondern nur einzelne Systemdateien Schaden genommen haben. In einem solchen Fall empfehle ich Ihnen dringend, nicht alle Sicherheitskopien zurückzukopieren, sondern nur die Dateien, die auch wirklich betroffen sind.

Muß eine neue Systemdatei her?

Hat Ihre Windows-Systemdatei SYSTEM.INI den Geist aufgegeben? Ist sie derart stark beschädigt, daß sie nicht mehr einsetzbar ist? Dann muß zweifelsohne eine neue SYSTEM.INI her. Die Frage ist nur, wie das zu bewerkstelligen ist.

666 ganz legale Windows-Tricks

Tip 129

Kopieren Sie die Systemdatei von den Windows-Programmdisketten in Ihr Windows-Verzeichnis!

Dazu brauchen Sie die erste Diskette der 3,5-Zoll-Programmdiskette (bei den 5,25-Zoll-Disketten ist es die zweite, bei Windows für Workgroups ebenfalls). Legen Sie bitte die Diskette in das entsprechende Laufwerk ein.

Damit es möglichst zu keinem Durcheinander kommt, ist es zunächst notwendig, die alte, fehlerhafte SYSTEM.INI umzubenennen oder – besser noch – zu löschen. Das können Sie bequem mit Hilfe des *Datei-Managers* erledigen. Nennen Sie die Datei zum Beispiel SYSTEM.ALT. Danach verlassen Sie Windows.

Jetzt können Sie die Datei SYSTEM.INI von der Programmdiskette ins Windows-Verzeichnis kopieren. Dazu muß die Datei, die sich in gepacktem Zustand unter dem Namen SYSTEM.SR_ auf der Diskette befindet, zuerst entpackt werden. Wechseln Sie dazu auf der DOS-Ebene in das Windows-Verzeichnis, und geben Sie folgendes ein:

```
expand a:\system.sr_ c:\windows\system.ini
```

Nun ist es notwendig, der Systemdatei - sie befindet sich noch im Rohzustand - die Hardwarekonfiguration Ihres PCs mitzuteilen. Normalerweise regeln Sie das über das Windows-Setup – doch mit einer unvollständigen SYSTEM.INI können Sie Windows nicht starten. Also muß der Teil des Windows-Setups, der auch von der DOS-Ebene aus betrieben werden kann, diese Aufgabe erledigen. Starten Sie das Setup, indem Sie auf der DOS-Ebene vom Windows-Verzeichnis aus folgendes eingeben:

```
setup
```

Wählen Sie nun die passenden Treiber für die angeschlossenen Geräte aus, und bestätigen Sie Ihre Auswahl mit ⏎. Stimmen alle Angaben, verlassen Sie das Setup-Programm wieder.

Jetzt ist Ihre neue SYSTEM.INI schon fast einsatzbereit. Allerdings nur fast: Die Änderungen, die jetzt noch erforderlich sind, müssen Sie manuell vornehmen. Um die letzten Einstellungen zu tätigen, laden Sie die Datei SYSTEM.INI in einen Editor, zum Beispiel den DOS-Editor EDIT. Ergänzen Sie im Abschnitt:

```
[boot]
```

4 • Windows konfigurieren

die bereits existierende Befehlszeile:

`shell=`

wie folgt:

`shell=progman.exe`

Diese Änderung stellt sicher, daß bei Ihrem nächsten Start der Programm-Manager als Oberfläche erscheint. Löschen Sie außerdem im gleichen Abschnitt [boot] den Eintrag

`taskman.exe=`

Wenn Sie nun die veränderte SYSTEM.INI speichern, haben Sie eine voll einsatzfähige Windows-Systemdatei, die auf Ihre individuelle Hardwarekonfiguration abgestimmt ist. Einem erneuten Start von Windows steht nun im Grunde genommen nichts mehr im Wege.

Schreibschutz ist für INIs tabu

Daß INI-Dateien für das reibungslose Funktionieren von Windows fürchterlich wichtig sind, haben Sie sicherlich schon gemerkt. Vielleicht haben Sie sich ja in diesem Zusammenhang schon mal gefragt, ob es sich deshalb nicht eventuell empfehlen würde, derart wichtige Daten mit dem Read-Only-Attribut oder, besser noch, mit dem System-Attribut zu versehen?

Tip 130

INI-Dateien dürfen auf keinen Fall schreibgeschützt werden, da sie von Windows und vielen Windows-Anwendungen ständig bearbeitet werden.

Zur Erklärung denken Sie bitte mal ein wenig „um die Ecke": Immer, wenn neue Treiber oder Anwendungen installiert oder Korrekturen an der Systemeinstellung vorgenommen werden, verändert Windows mindestens eine INI-Datei automatisch und für Sie unbemerkt. Ein Read-Only-Attribut würde aber eine Veränderung der geschützten Datei nicht zulassen. Damit die INI-Dateien flexibel bleiben, dürfen sie also nicht schreibgeschützt werden.

Systemsteuerung komfortabel

Der direkte Weg zur Systemsteuerung

Und noch ein Tip, der sich mit der Systemsteuerung beschäftigt: Um zu einer bestimmten Steuerungskomponente in der Systemsteuerung zu gelangen, ist normalerweise ein recht umständliches Vorgehen notwendig: Zuerst öffnet man die Systemsteuerung selbst, dann das gerade benötigte Steuerprogramm. Es geht auch einfacher.

Tip 131

Wenn's schnell gehen soll, nehmen Sie zur Verwendung einer Funktion der Systemsteuerung die Abkürzung über den Befehl Datei ▶ Ausführen!

Möchten Sie beispielsweise die Bildschirmfarben bestimmen, wählen Sie im Menü *Datei* des Programm-Managers den Befehl *Datei ▶ Ausführen*. Geben Sie in der *Befehlszeile* folgendes ein:

```
control farben
```

Bestätigen Sie danach die Dialogbox. Schon sind Sie dort, wo Sie hinwollten: direkt in der Dialogbox *Farben*. Gleiches funktioniert mit jedem anderen Steuerungsprogramm der Systemsteuerung. Um in die Dialogbox *Drucker* zu gelangen, geben Sie folgendes ein:

```
control drucker
```

Und noch ein kleines Beispiel: Um in die Steuerungsfunktion für die Windows-Oberfläche zu gelangen, *Desktop* genannt, geben Sie einfach die folgende kurze Anweisung ein:

```
control desktop
```

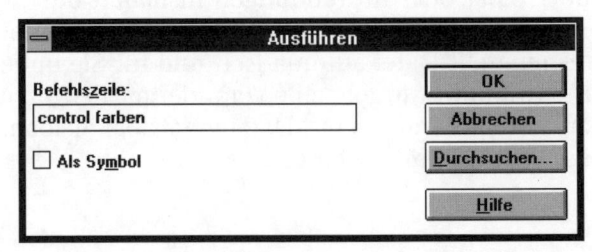

So gelangt man am schnellsten zur gewünschten Steuerungskomponente

4 • Windows konfigurieren

Eine eigene Gruppe für die Systemsteuerung

Wenn Ihnen der vorangehende Tip gefallen hat, dann sicher auch dieser: Warum sollten Sie die umständlichen Anweisungen eingeben, um eine Komponente der Systemsteuerung zu aktivieren? Richtig: Indem man sich die Möglichkeiten des Programm-Managers zunutze macht, ist jede Funktion der Systemsteuerung auf einfachen Mausklick verfügbar.

Tip 132

Sparen Sie sich den Umweg über die Funktion Ausführen. *Kreieren Sie ein Programmgruppe, in der alle Komponenten der Systemsteuerung untergebracht sind und auf Tastendruck zur Verfügung stehen!*

Legen Sie dazu zuerst eine neue Programmgruppe, zum Beispiel mit dem Namen *Systemsteuerung,* an. Binden Sie danach die einzelnen Icons der Systemsteuerung in die neue Gruppe ein. Wählen Sie dazu den Menüpunkt *Datei ▶ Neu.* Entscheiden Sie sich in der nächsten Dialogbox für die Option *Programm.* Es erscheint eine weitere Dialogbox: Geben Sie hier in der Zeile *Beschreibung* den Namen der betreffenden Systemsteuerungs-Komponente an. In der Zeile *Befehlszeile* geben Sie zuerst den Befehl CONTROL, dann den Namen der jeweiligen Funktion an. (Verwenden Sie die Unterschriften der Komponenten in der Systemsteuerung; die genaue Schreibweise ist wichtig!)

Für das Steuerungselement *Drucker* würde die Befehlszeile beispielsweise wie folgt lauten:

```
control drucker
```

Binden Sie auf diese Weise jedes der normalerweise zwölf Elemente der Systemsteurng in die neue Programmgruppe ein. Die Befehlzeilen für die Komponenten lauten:

```
control 386 erweitert
control farben
control desktop
control treiber
control klang
control tastatur
control ländereinstellungen
control maus
control anschlüsse
control datum/uhrzeit
control schriftarten
```

666 ganz legale Windows-Tricks

> *Die Systemsteuerung ist flexibel: Es können durchaus Steuerungskomponenten hinzukommen, etwa zur Verwaltung des Netzwerks oder der Multimedia-Treiber, um nur zwei Beispiele zu nennen. Diese Steuerungskomponenten können Sie natürlich auch in die neue Programmgruppe einbinden: Verwenden Sie dazu die Symbolunterschriften.*

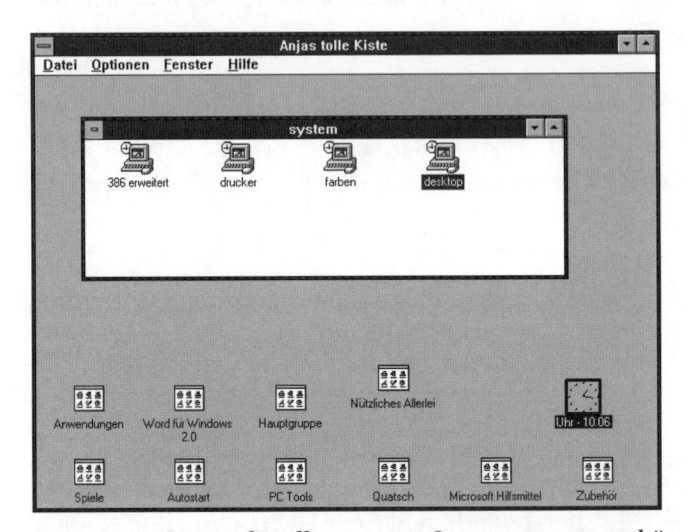

Eine eigene Gruppe für alles, was zur Systemsteuerung gehört

Einfach nicht kopierbar: Die Icons der Systemsteuerung

Falls Sie den vorangehenden Trick selbst zwar für ziemlich praktisch halten, dafür aber das Einrichten der diversen Programmsymbole für weniger bequem, dann wird Sie dieser Tip interessieren.

Tip 133

Die Icons der Systemsteuerung lassen sich partout nicht kopieren. Allerdings können Sie das Icon der Systemsteuerung selbst kopieren und nachträglich Beschreibung und Befehlszeile ändern!

Wenn Sie das Icon der Systemsteuerung in eine andere Programmgruppe ziehen (betätigen Sie dabei die Taste [Strg], um es zu kopieren statt es zu verschieben), können Sie die Programmeigenschaften nachträglich so verändern, daß beim Klicken auf das Icon nicht die komplette Systemsteuerung, sondern nur eine bestimmte Steuerungskomponente startet.

4 • Windows konfigurieren

Markieren Sie dazu das kopierte Icon und betätigen die Tastenkombination [Alt][↵], um die Programmeigenschaften des Icons zu bearbeiten. Ersetzen Sie in der Zeile *Beschreibung* den Eintrag *Systemsteuerung* durch den Namen der gewünschten Komponenten, z.B. *386 erweitert*. Ändern Sie danach den Eintrag CONTROL.EXE in der *Befehlszeile* in den Startbefehl für die gewünschte Komponente, z.B. in:

```
control 386 erweitert
```

Haben Sie die Änderungen vorgenommen, schließen Sie die Dialogbox wieder. Bei einem Doppelklick auf das neue Icon startet nun nicht mehr die gesamte Systemsteuerung, sondern nur der gewünschte Teil. Sie können das Icon nun innerhalb der Programmgruppe beliebig oft kopieren und die entsprechenden Korrekturen vornehmen.

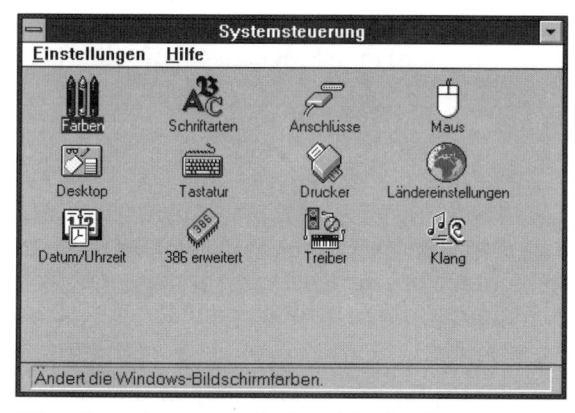

Diese Icons kann man leider nicht kopieren

Ändern Sie die Programmeigenschaften

Unsichtbare Systemsteuerungs-Icons

Die Icons der Systemsteuerung spielen im Vergleich zu ihren Icon-Kollegen im Programm-Manager eine Extrawurst, denn sie lassen sich weder verschieben, noch kopieren, noch löschen. Sie treten nur im Rudel auf. Oder etwa doch nicht?

Tip 134

Teilen Sie Windows mit, welche Komponenten der Systemsteuerung tabu sein sollen! Dadurch erreichen Sie, daß bestimmte Funktionen gar nicht erst zur Anzeige gelangen.

Durch eine Veränderung in der Systemdatei CONTROL.INI können Sie verhindern, daß bestimmte Icons innerhalb der Systemsteuerung angezeigt werden. Dahinter verbirgt sich aber nicht nur eine kosmetische Maßnahme, sondern eine Möglichkeit, die viele PC-Besitzer (vor allem Systemadministratoren von Netzwerken) begrüßen werden: Die Steuerungskomponenten, die nicht angezeigt werden, werden beim Start der Systemsteuerung auch nicht geladen. Sind Sie der Meinung, daß Sie auf bestimmte Steuerungskomponenten gut und gerne verzichten können, unterdrücken Sie den Ladevorgang dieser Anwendungen - was nicht nur verhindert, daß jemand Korrekturen an den Systemkomponenten vornehmen kann, sondern auch Zeit sparen hilft, da die Systemsteuerung dann schneller auf dem Bildschirm erscheint.

Laden Sie dazu die Systemdatei CONTROL.INI in einen geeigneten Editor. Fügen Sie am Ende der Systemdatei die in aller Regel nicht existierende Sektion namens [don't load] ein. (Einprägsamer Name, finden Sie nicht?)

Geben Sie dann, getrennt und jeweils in einer Zeile, diejenigen Komponenten der Systemsteuerung an, die *nicht* angeboten werden sollen (die Namen der Komponenten erscheinen unterhalb der Sinnbilder in der Systemsteuerung, verwenden Sie bitte genau *diese* Namen), jeweils gefolgt von einem Gleichheitszeichen und dem Wort TRUE. Verwenden Sie dazu jeweils die Beschreibung, die in der Unterzeile des entsprechenden Icons zu lesen ist.

Hinweis: Ganz wichtig ist, daß Sie das richtige Apostrophzeichen verwenden. Es muß das ganz gerade Apostroph sein, das Sie durch die Taste ⃞#⃞ erzeugen, wenn Sie gleichzeitig ⃞⇧⃞ betätigen; die „schiefen" Apostrophzeichen funktionieren nicht. Nichts kann schiefgehen, wenn Sie die Systemdatei CONTROL.INI mit Hilfe eines MS-DOS-Editors bearbeiten.

4 • Windows konfigurieren

Möchten Sie zum Beispiel, daß das Icon für die Drucker- und das für die Treibersteuerung *nicht* angezeigt werden, so sehen die dafür erforderlichen Anweisungen wie folgt aus:

```
[don't load]
drucker=true
treiber=true
```

Haben Sie die Änderungen vorgenommen, speichern Sie die Datei. Starten Sie danach die Systemsteuerung erneut.

> *Hinweis:* Wenn Sie hier alle Komponenten der Systemsteuerung aufführen, erscheint beim Laden der Systemsteuerung nur eine leere Dialogbox. Vielleicht merken Sie sich diesen Trick, um einen besonders netten Kollegen damit mal zu überraschen...

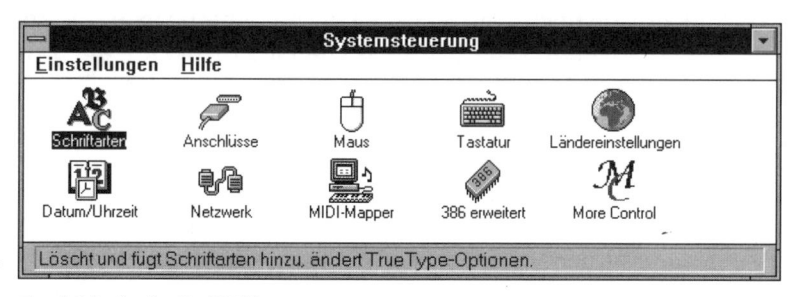

Da fehlt doch die Hälfte...

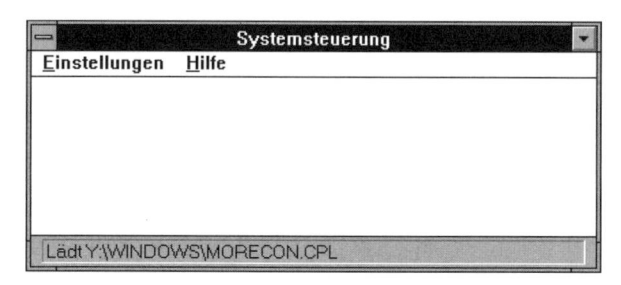

Nanu? Wo sind denn all die Icons geblieben?

143

Bildschirm

Anzeige der Bildschirmtreiber eingrenzen

Wer häufig zwischen verschiedenen Bildschirmauflösungen wechselt und dazu jeweils einen anderen Bildschirmtreiber einsetzt, der kennt das Problem: Jedesmal muß der gewünschte Treiber in der Dialogbox *Systemeinstellungen ändern* aus einer schier endlosen Treiberliste ausgewählt werden.

Tip 135

Um beim Wechsel des Bildschirmtreibers nicht die Übersicht zu verlieren, sollten Sie die Anzahl der angezeigten Treiber auf das Notwendigste begrenzen!

Wenn Sie höchstens zwischen drei Treibern wechseln, sollten Sie sich – aus Gründen der besseren Übersichtlichkeit – auch nur diese drei Treiber in Ihrer Treiberliste anzeigen lassen. Sie können die übrigen Treibereinträge durch eine Änderung in der Datei SETUP.INF jederzeit ausblenden.

Laden Sie die Systemdatei SETUP.INF dazu in das Textverarbeitungsprogramm *Write* (für den *Editor* ist die Datei zu groß). Wenn Sie die Datei öffnen, bietet *Write* Ihnen an, die Datei ins Write-Format umzuwandeln. Lehnen Sie dieses Angebot unbedingt mit der Option *Nicht umwandeln* ab. Danach gehen Sie in den wie folgt überschriebenen Abschnitt:

```
[display]
```

Setzen Sie nun ein Semikolon vor jede Zeile der Sektion, die einen Bildschirmtreiber enthält, den Sie nicht anzeigen lassen möchten. Speichern Sie danach die korrigierte Datei.

Hinweis: Die Arbeit an der Datei SETUP.INF ist eine heikle Sache. Fertigen Sie zur Sicherheit eine Kopie der Datei auf einer Diskette oder in einem anderen Verzeichnis an.

4 • Windows konfigurieren

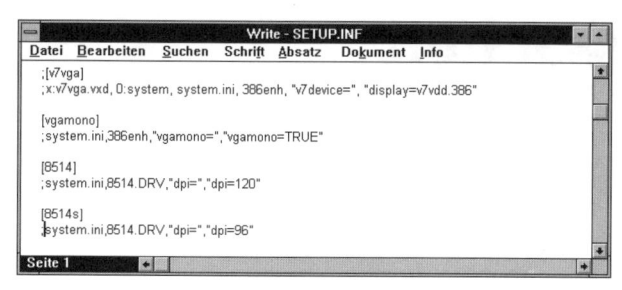

```
;[v7vga]
;x:v7vga.vxd, 0:system, system.ini, 386enh, "v7device=", "display=v7vdd.386"

[vgamono]
;system.ini,386enh,"vgamono=","vgamono=TRUE"

[8514]
;system.ini,8514.DRV,"dpi=","dpi=120"

[8514s]
;system.ini,8514.DRV,"dpi=","dpi=96"
```

Treiber, deren Zeilen mit einem Semikolon beginnen, werden nicht geladen

Unschlagbar: Der Windows-eigene SVGA-Treiber

Wenn Sie eine Super-VGA-Grafikkarte kaufen, wird gewöhnlich auf Diskette ein spezieller Bildschirmtreiber für Windows dazugeliefert. Installieren Sie diesen Treiber über das Windows-Setup, und testen Sie seine Leistungsfähigkeit. Wenn Sie allerdings eine Auflösung von 800*600 und 16 Farben wünschen, leistet Ihnen der Windows-eigene Super-VGA-Bildschirmtreiber erfahrungsgemäß die besten Dienste.

Tip 136 Ziehen Sie den Windows-Treiber SUPERVGA.DRV dem Treiber des Kartenherstellers vor.

Bei der o.g. Standardauflösung ist der „eingebaute" Treiber mit dem komplexen Namen SUPERVGA.DRV in der Regel die beste Lösung: Er arbeitet meistens flotter und zuverlässiger als ein vergleichbare Treiber des Kartenherstellers. Prüfen Sie aber dennoch, ob bei einer anderen Auflösung der Treiber des Herstellers dem Windows-eigenen Treiber vorzuziehen ist.

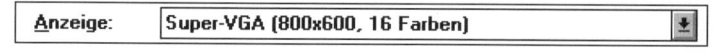

```
Anzeige:    Super-VGA (800x600, 16 Farben)
```

Der Windows-eigene SVGA-Treiber: meistens die beste Wahl

145

Ansichtssachen

2/7/93 statt 02.07.93

Das wissen Sie sicher längst: Wenn eine Datei gespeichert wird, bekommt sie unbemerkt einen Zeit- und Datumsstempel aufgedrückt, um später feststellen zu können, wann die Datei zuletzt bearbeitet wurde. Diese Angaben erscheinen zum Beispiel in der Dateiliste des Datei-Managers. Doch wußten Sie auch, daß Sie das Format des Datumsstempels beeinflussen können?

Tip 137

Kreieren Sie sich Ihren individuellen Datumsstempel!

Das kann man ganz einfach mit Hilfe der Systemsteuerung erledigen: Starten Sie die Komponente *Ländereinstellungen* der *Systemsteuerung*. In der daraufhin erscheinenden Dialogbox gibt es auf der linken Seite eine Rubrik *Datumseinstellungen*. Klicken Sie hier auf die Befehlstaste *Ändern*. Eine weitere Box erscheint: Hier können Sie festlegen, wie das Datumsformat aussehen soll.

Möchten Sie beispielsweise den Punkt in der Datumsangabe gegen einen Schrägstrich austauschen, geben Sie in der Zeile *Trennzeichen* ein „/" ein. Wenn Sie die Dialogbox mit *OK* bestätigen, wird der Formatwunsch sofort berücksichtigt. Wechseln Sie in den Datei-Manager, um sich von den Auswirkungen der Änderungen zu überzeugen.

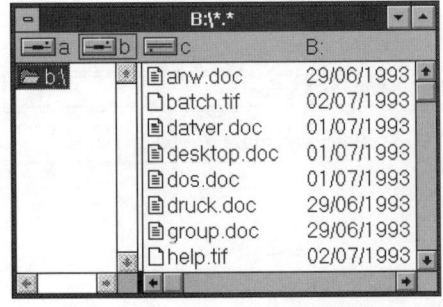

Hier wurde anstelle des Punktes ein Schrägstrich als Trennzeichen verwendet

4 • Windows konfigurieren

Individuelle Datumsanzeige mit Leerstelle

Die Art der Datumsdarstellung regelt man üblicherweise über die Systemsteuerung. Doch was, wenn man ein Datumsformat wünscht, das dort nicht angeboten wird? Wenn man sich zum Beispiel eine Datumsangabe in der Form „19. 06. 1993" (also das deutsche Datumsformat, bereichert um jeweils eine Leerstelle nach den Punkten) wünscht?

Tip 138
Definieren Sie in der Datei WIN.INI Ihr ganz persönliches Datumsformat!

Ein eigenes Datumsformat zu definieren, ist ganz einfach. Laden Sie die Systemdatei WIN.INI in einen geeigneten Editor. Suchen Sie danach den Abschnitt [intl] - hier werden die diversen „international" unterschiedlichen Standards festgelegt. Auch das zu verwendende Datumsformat ist hier definiert; die entsprechende Anweisung sieht ungefähr wie folgt aus:

`sShortDate=dd.mm.yyyy`

Ergänzen Sie die Zeile um die Leerstellen an den gewünschten Stellen.

`sShortDate=dd. mm. yyy`

Sie können grundsätzlich jedes gewünschte und denkbare Datumsformat angeben. Verwenden Sie dabei „dd" (day) für die Tagesangabe, „mm" (month) für die Angabe des Monats und „yy" (year) für die Jahresangabe. Nachdem Sie die Änderungen vorgenommen haben, speichern Sie die Datei wieder. Damit die neuen Einträge Wirkung zeigen, müssen Sie Windows allerdings beenden und danach erneut starten.

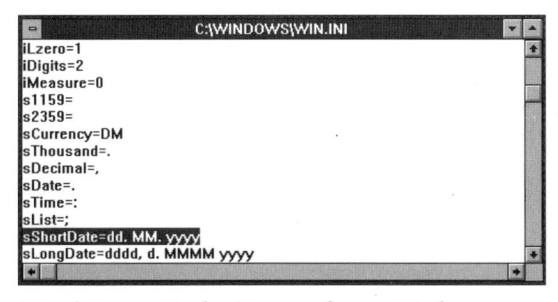

Hier können Sie das Datumsformat ändern

Chaos: Wenn das Trennzeichen fehlt...

Über die Funktion *Ländereinstellungen* der Systemsteuerung haben Sie unter anderem die Möglichkeit, das Zahlenformat zu ändern. Viele Windows-Anwendungen orientieren sich an dem hier definierten Zahlenformat. Große Zahlen über 999 können auf unterschiedliche Art und Weise dargestellt werden. Deshalb können Sie hier unter anderem das Tausender-Trennzeichen wählen. Sie können sich zwischen dem Punkt (123.456) und Komma (123,456) entscheiden. Ganz ohne Trennzeichen geht es allerdings nicht (123456).

Tip 139
Löschen Sie nie das Tausender-Trennzeichen! Das würde bei der Anzeige zu völlig verzerrten Werten führen!

Die Konsequenzen, die das – immerhin mögliche - Entfernen des Trennzeichens für Tausenderstellen hat, sind in der Tat erstaunlich: Im Datei-Manager wird zum Beispiel die Dateigröße verfälscht (statt 12.345 Byte bleiben nur noch 12 Byte übrig).

Versuchen Sie am besten erst gar nicht, mit dieser Einstellung in *Word für Windows* zu arbeiten: Auch hier unterschlägt der Datei-Manager (*Datei-Info* ▶ *Statistik*) einfach alle Zahlen, die normalerweise hinter dem Punkt stehen müßten. Der *WinWord*-Taschenrechner dreht bei fehlendem Trennzeichen völlig durch: Er kann plötzlich nicht mehr zwei und zwei (bzw. 2.000 und 2.000) zusammenzählen, sondern reagiert sofort allergisch mit einer Fehlermeldung.

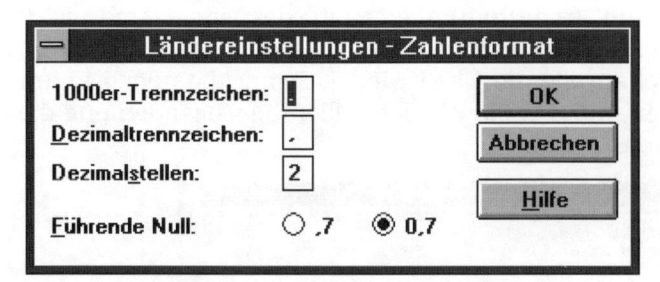

Bloß nicht das Tausender-Trennzeichen löschen!

4 • Windows konfigurieren

Wieviel Dezimalstellen dürfen's denn sein?

Wann immer bei der Anzeige Zahlen im Spiel sind, spielt das in der Systemsteuerung festgelegte Zahlenformat eine entscheidende Rolle. Ein wichtiger Aspekt ist dabei die Anzahl der Dezimalstellen, also der Stellen hinter dem Komma. Standardmäßig zeigt Windows Dezimalstellen an. Doch das ist nicht immer sinnvoll.

Tip 140 *Teilen Sie Windows ausdrücklich mit, wie viele Stellen hinter dem Komma gewünscht sind!*

Sie können Ihr eigenes Zahlenformat über die *Systemsteuerung* bestimmen. Starten Sie dazu die Steuerungskomponente *Ländereinstellungen*. In der daraufhin erscheinenden Dialogbox befindet sich unten rechts die Rubrik *Zahlenformat*. Klicken Sie hier auf die Befehlsfläche *Ändern*.

In einer weiteren Dialogbox können Sie nun festlegen, wie das Zahlenformat aussehen soll. Möchten Sie die Anzahl der Stellen hinter dem Komma erhöhen, tragen Sie in der Zeile *Dezimalstellen* die gewünschte Anzahl ein. Wenn Sie die Dialogbox bestätigen, werden die Änderungen sofort wirksam.

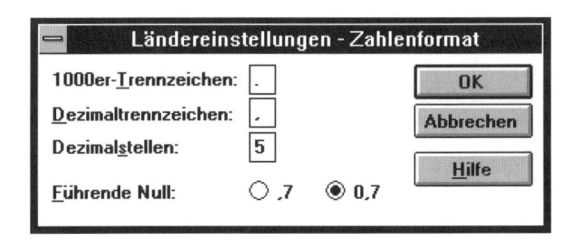

Hier werden fünf Stellen hinter dem Komma angezeigt

„1 DM" oder lieber „DM 1"?

Das Schlechte zuerst: Den Preis einer Ware können Sie mit diesem Trick leider nicht reduzieren. Doch (jetzt kommt das Gute...) Sie können immerhin das Anzeigeformat bestimmen.

Tip 141 *Legen Sie für alle Windows-Anwendungen fest, in welcher Form Währungsangaben zu formulieren sind!*

Möglichkeiten gibt es jede Menge. Soll die Tatsache, daß etwas „eine Mark" kostet, in der Tabellenkalkulation beispielsweise als „1 DM", oder als „1DM", oder als „DM 1" oder gar als „DM1" präsentiert werden?

Mit der Steuerungskomponente *Ländereinstellungen* der *Systemsteuerung* können Sie sich ein individuelles Währungsformat zurechtbasteln. In der Dialogbox *Ländereinstellungen* gibt es auf der rechten Seite die Rubrik *Währungsformat*. Wenn Sie hier auf die Befehlsfläche *Ändern* klicken, erscheint eine weitere Box, in der Sie aus verschiedenen Listenfeldern das gewünschte Outfit des Währungsformates zusammenstellen können. Haben Sie die Änderungen vorgenommen, bestätigen Sie die Dialogboxen. Das neue Format wird sofort berücksichtigt.

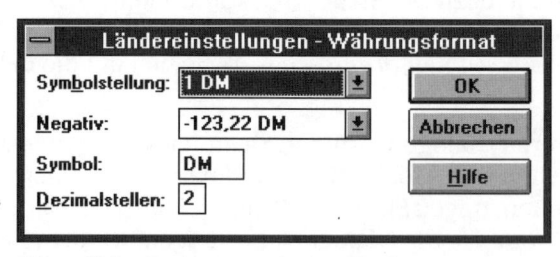

Wie soll der Preis angezeigt werden?

Negatives

Negative Zahlen in Verbindung mit dem Währungssymbol haben einen bitteren Beigeschmack, deuten sie doch fast immer auf Unheil: Das Konto ist überzogen, das Budgetziel wurde nicht erreicht... Daran kann Windows (leider) auch nichts ändern. Aber immerhin bietet es Ihnen die Möglichkeit, die Anzeige von negativen Zahlen ganz nach Ihrem persönlichen Geschmack festzulegen.

Tip 142

Teilen Sie Windows mit, wie negative Währungsangaben dargestellt werden sollen!

Wählen Sie dazu die Steuerungskomponente *Ländereinstellungen* der *Systemsteuerung*. Es erscheint eine Dialogbox, in der sich unten rechts die Rubrik *Währungsformat* befindet. Klicken Sie hier auf die Befehlsfläche *Ändern*. Eine weitere Dialogbox erscheint. Öffnen Sie das Listenfeld *Negativ*. Hier können Sie aus einem Dutzend möglicher das bevorzugte Anzeigeformat bestimmen. Bestätigen Sie abschließend die Dialogbox.

4 • Windows konfigurieren

„DM 1000 -" oder lieber „-DM1000"?

Windows hüllt sich in Schweigen

Sie kennen das: Wenn Sie etwas falsch gemacht haben, piept Windows beleidigt – manchmal nur einmal, manchmal aber auch öfters. Das ist natürlich durchaus sinnvoll, macht das Warnsignal Sie in vielen Fällen doch erst auf eine ungewöhnliche Situation aufmerksam. Dennoch gibt es Situationen, in denen das Piepen einfach stört: Zum Beispiel, wenn Sie mit Ihren Nerven sowieso schon am Ende sind, oder Ihr Partner wegen des „Computer-Lärms" partout nicht einschlafen kann, oder wenn Sie mit einem Laptop im Zugabteil oder Flugzeug sitzen etc.

Tip 143

Wenn es Sie stört, daß Windows bei jeder Fehlbedienung einen Laut von sich gibt, dann schalten Sie das Warnsignal durch eine Änderung in der WIN.INI doch einfach ab!

Laden Sie die Systemdatei WIN.INI dazu in einen geeigneten Editor. Suchen Sie dann nach der Sektion

`[windows]`

Tragen Sie dort die folgende Anweisung ein (bzw. korrigieren Sie die Zeile, wenn sie derzeit anders lautet):

`beep=no`

Danach speichern Sie die Systemdatei. Windows verstummt erst, nachdem Sie die Benutzeroberfläche verlassen und erneut gestartet haben.

> *Der Warnton sollte wirklich nur in besonderen Fällen ausgeschaltet werden. Sonst entgehen Ihnen früher oder später durch Fehlbedienung bedingte Situationen, die den Programmablauf beeinträchtigen könnten.*

Wollen Sie das Tonsignal wieder einschalten, so ist das natürlich jederzeit möglich. Löschen Sie dazu die *beep*-Anweisung, oder geben Sie folgendes ein:

```
beep=yes
```

> *Sofern in Ihrem Rechner eine Soundkarte oder ein Treiber für den PC-Lautsprecher installiert ist, enthält die Systemsteuerung eine Funktion* Klang, *in der Sie den Warnton komfortabel durch Mausklick abschalten können. In diesem Fall können Sie sich das Bearbeiten der WIN.INI ersparen. Sehen Sie deshalb am besten zuerst einmal in der Systemsteuerung nach.*

☐ Systemklänge aktivieren

So bringen Sie Windows am leichtesten zum Schweigen

Tastatur regulieren

Tiptip, tipptipp, oder tippptippp - wie gehen Sie mit der Tastatur um? Lassen Sie Ihren Finger schon mal eher länger auf der einen oder anderen Taste und ärgern sich dann über dopppppppelte Buchstaben? Das können Sie unter Windows leicht abstellen!

Tip 144 *Stellen Sie die Wiederholfrequenz und die Verzögerungszeit der Tastatur auf Ihre individuellen Bedürfnisse ein.*

Über die *Systemsteuerung* können Sie die Tastatur dazu bringen, Ihnen zu gehorchen. Starten Sie dazu die Steuerungskomponente *Tastatur*. Es erscheint ein Fenster, in dem Sie die Verzögerung und die Wiederholrate der Tastatur einstellen können.

Auf der Leiste *Verzögerung* legen Sie fest, wieviel Zeit verstreichen muß, bis die gedrückte Taste wiederholt wird. Steht das Bildlaufkästchen auf *lang*, verstreicht eine ganze Sekunde, bei *kurz* beginnt die Wie-

4 • Windows konfigurieren

derholung schon nach einer Viertelsekunde. Auf der Leiste *Wiederholrate* können Sie bestimmen, wie oft ein Buchstabe bei gedrückter Taste wiederholt wird. Hier reicht die Spanne von 2 bis 30 Zeichen pro Sekunde.

Stellen Sie die beiden Leisten nach Ihren Vorstellungen ein. Im *Testfeld* unterhalb der Leisten können Sie die Auswirkungen der vorgenommenen Einstellungen gleich ausprobieren. Empfinden Sie das gewählte Tempo als angenehm, bestätigen Sie die Dialgobox. Die neuen Tastatureinstellungen wirken dann sofort.

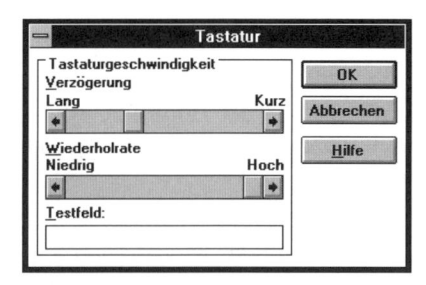

Hier können Sie Ihre persönlichen Tastatureinstellungen vornehmen

Flott oder gemächlich: der blinkende Cursor

Es ist eigentlich eher eine Mentalitätsfrage: Ruhige Typen mögen das gemächliche Blinken des Cursors als beruhigend empfinden, während Hektiker sich von einem heftig blinkenden Cursor stimuliert fühlen mögen - wie schnell oder langsam Sie Ihren Cursor blinken lassen, ist wirklich reine Geschmacksfrage. Aber keine Glückssache, denn Sie bestimmen, wie rasch der Cursor auf dem Bildschirm blinkt.

Tip 145

Teilen Sie Windows mit, wie flott der Cursor blinken soll.

Die Blinkfrequenz des Cursors können Sie mit Hilfe der *Systemsteuerung* regeln. Starten Sie dazu die Steuerungskomponente *Desktop*. In dem daraufhin erscheinenden Fenster befindet sich in der rechten unteren Ecke die Leiste *Cursor-Blinkfrequenz*. Verschieben Sie das Kästchen auf der Leiste, und achten Sie auf den Cursor, der oberhalb der Leiste im gerade ausgewählten Tempo blinkt. Sagt Ihnen das Blink-Tempo zu, bestätigen Sie die Dialogbox. Ab sofort blinkt der Cursor gemäß den neuen Einstellungen.

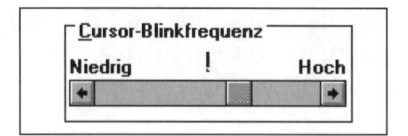

Und wie schnell blinkt Ihr Cursor?

Wer hat denn hier das Sagen?

Wie Sie sicher wissen, unterscheidet man zwischen Datendateien und Programmdateien. Letztere enthalten ausführbaren Programmcode. Sie lassen sich leicht anhand der Dateierweiterung erkennen: Die alles entscheidenden letzten drei Zeichen des Dateinamens lauten .COM, .EXE, .BAT oder .PIF. Es ist aber denkbar, auch nich andere Dateiarten als Befehlsdateien zu behandeln. Genau das kann man Windows bei Bedarf mitteilen.

Tip 146

Teilen Sie Windows mit, welche Dateikennungen auf ausführbare Befehlsdateien schließen lassen.

Welche Dateikennungen Windows als solche von Programmdateien interpretiert – auf diese Information stützt sich beispielsweise auch der Datei-Manager –, ist in der Systemdatei WIN.INI festgelegt. Möchten Sie eine der üblichen vier Dateitypen als nicht-ausführbar kennzeichnen oder einen zusätzlichen Dateityp definieren, bedarf es einer entsprechenden Änderung in der WIN.INI. Laden Sie die Systemdatei dazu in einen geeigneten Editor. Die entsprechende Anweisung befindet sich im Abschnitt:

```
[windows]
```

Dort finden Sie die folgende Anweisung, die eindeutig die Dateikennungen ausfürbarer Programmdateien bestimmt:

```
programs=com exe bat pif
```

Möchten Sie vermeiden, daß Windows einen der genannten Dateitypen als Programmdatei versteht, löschen Sie den entsprechenden Eintrag. Wollen Sie hingegen einen Dateityp hinzufügen, geben Sie seine Endung hinter dem Gleichheitszeichen ein. Achten Sie bitte darauf, daß die Endungen ohne Punkt eingegeben werden. Zwischen den Endungen muß jeweils eine Leerstelle eingefügt sein.

4 • Windows konfigurieren

> *Damit die Änderungen wirksam werden, müssen Sie die Datei nun speichern, Windows beenden und erneut starten.*

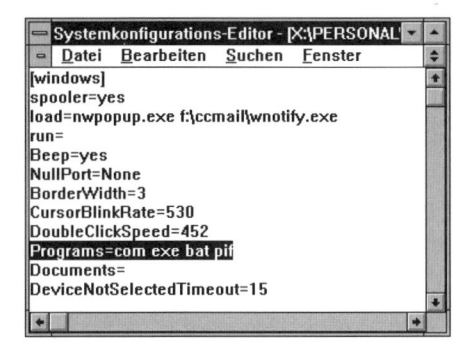

```
Systemkonfigurations-Editor - [X:\PERSONAL
 Datei  Bearbeiten  Suchen  Fenster
[windows]
spooler=yes
load=nwpopup.exe f:\ccmail\wnotify.exe
run=
Beep=yes
NullPort=None
BorderWidth=3
CursorBlinkRate=530
DoubleClickSpeed=452
Programs=com exe bat pif
Documents=
DeviceNotSelectedTimeout=15
```

Diese vier Dateitypen werden standardmäßig als Programmdateien erkannt

155

Die Systemuhr

Die Uhr geht nach

Jetzt schlägt's aber 13!? Haben Sie schon mal eine DOS-Anwendung unter Windows ablaufen lassen und bemerkt, daß die Systemuhr von Windows mit schöner Regelmäßigkeit nicht die richtige Zeit anzeigt? Das können Sie unterbinden.

Tip 147

Durch eine Änderung in der Windows-Systemdatei können Sie die Windows-Uhr wieder auf den rechten Weg bringen!

Laden Sie dazu die Systemdatei SYSTEM.INI in einen geeigneten Editor, und suchen Sie nach dem folgenden Abschnitt:

`[NonWindowsApp]`

Fügen Sie dort bitte die folgende Zeile ein:

`SysTime=true`

Speichern Sie nun die veränderte Systemdatei, und starten Sie Windows erneut. Nun hat keine DOS-Anwendung mehr Einfluß auf die Windows-Uhr – die Uhr müßte nach den Regeln des Lehrbuches ab jetzt genauer laufen.

4 • Windows konfigurieren

Kommunikation

Fehlerhafte Modemübertragung

Die Arbeit mit dem Modem macht nur dann Sinn, wenn an dem einen Ende der Leitung auch garantiert das ankommt, was am anderen Ende abgeschickt wurde – darauf basiert zumindest das gesamte Prinzip. Die Praxis sieht leider manchmal anders aus: Kommt es bei der Datenkommunikation auffällig häufig zu Übertragungsfehlern, so kann das zum Beispiel an einem zu kleinen Datenpuffer liegen.

Tip 148

Stellen sich beim Modembetrieb Schwierigkeiten ein, dann vergrößern Sie probeweise den Datenpuffer für die betreffende Schnittstelle!

Dazu ist allerdings eine kleine Änderung in der Systemdatei SYSTEM.INI erforderlich. Laden Sie die Systemdatei in einen geeigneten Editor, und suchen Sie dort nach der Sektion:

`[386Enh]`

Ergänzen Sie die Sektion um folgende Anweisung (bzw. korrigieren Sie die Anweisung entsprechend, falls sie bereits existieren sollte):

`COM1Buffer=2048`

Sofern das Modem an einer anderen seriellen Schnittstelle angeschlossen ist, muß die Anweisung natürlich entsprechend lauten. Ist das Modem zum Beispiel an COM2: angeschlossen, sieht die Anweisung wie folgt aus:

`COM2Buffer=2048`

Jetzt müssen Sie die veränderte Systemdatei nur noch speichern. Nachdem Sie Windows neu gestartet haben, verfügt die serielle Schnittstelle über einen größeren internen Zwischenspeicher. Die Chance ist groß, daß dadurch das Problem bei der Datenübertragung der Vergangenheit angehört.

Datenübertragung kontra Schreib-Cache

Wer unter fehlerhafter Datenübertragung leidet, der sollte dringend prüfen, ob er den Festplattenbeschleuniger SmartDrive mit Schreib-Cache installiert hat. Dadurch kann es nämlich zu störenden Zeitverzögerungen kommen, die die Datenkommunikation behindern.

Tip 149
Ideal ist es, wenn Sie während des Modembetriebs den Schreib-Cache für die Festplatten abschalten.

SmartDrive registiert berufsmäßig Festplattenzugriffe. Wenn der Schreib-Cache aktiv ist, werden nicht nur Lesezugriffe, sondern auch Schreibzugriffe registriert, was zu zwar meist winzigen, aber regelmäßigen Verzögerungen beim Schreibprozeß führt. Für die Datenübertragung kann dieses Bißchen schon zu viel sein: Übertragungsfehler, hauptsächlich in Form von unter den Tisch fallenden Zeichen, können sich einschleichen.

Deshalb empfehle ich Ihnen auszuprobieren, ob die Übertragungsfehler ausbleiben, wenn Sie das durch SmartDrive verursachte verzögerte Schreiben auf die Festplatte ausschalten (es gibt übrigens auch noch andere gute Gründe, darauf eher zu verzichten). Um den Schreib-Cache zu deaktivieren, geben Sie auf der DOS-Ebene folgende Anweisung ein:

```
smartdrv c
```

Wenn in Ihrem Rechner mehrere Festplatten eingebaut sind, sollten Sie den Schreib-Cache während des Modembetriebs für *alle* Festplatten deaktivieren. Das kann wie folgt aussehen:

```
smartdrv c d
```

Danach ist nur noch der Lese-, aber nicht mehr der Schreib-Cache aktiv.

Alter Kommunikationstreiber

Falls Ihr Datenübertragungsprogramm unter Windows 3.0 noch einwandfrei funktionierte, es seit dem Update auf Windows 3.1 jedoch ständig zu Übertragungsfehlern kommt, dann liegt das höchstwahrscheinlich an einem veralteten Kommunikationstreiber.

4 • Windows konfigurieren

Tip 150

Besorgen Sie sich zur Datenkommunikation einen zu Windows 3.1 kompatiblen Treiber, oder nehmen Sie eine Änderung in der Windows-Systemdatei SYSTEM.INI vor!

Die erste hier vorgeschlagene Lösung ist sicher die elegantere: Erkundigen Sie sich bei Ihrem Händler nach einem Treiber, der einwandfrei mit der aktuellen Windows-Version 3.1 zusammenarbeitet.

Ist kein passender Treiber zur Hand, sorgt alternativ ein zusätzlicher Eintrag in der Datei SYSTEM.INI für Abhilfe. Laden Sie die Systemdatei dazu in einen Editor, und gehen Sie in den Abschnitt:

```
[386 Enh]
```

Dort fügen Sie folgende Zeile hinzu:

```
COMMDRV30=true
```

Danach speichern Sie die veränderte Systemdatei. Das war´s schon: Wenn Sie jetzt Windows neu starten, arbeitet Windows prima mit dem alten Kommunikationstreiber zusammen. Trotzdem: Neuere Treiber arbeiten zuverlässiger und schneller, deshalb sollten Sie sich auf jeden Fall aktuelle Treiber besorgen.

Datenübertragung im Standard-Modus

Datenübertragung kann unter Windows auch im Standard-Modus stattfinden. Geht der Transfer allerdings unabhängig von der verwendeten Anwendung quälend langsam oder gar fehlerhaft vonstatten, sollte man der Datenübertragung ein wenig auf die Sprünge helfen.

Tip 151

Weisen Sie Windows bei Schwierigkeiten während der Datenübertragung im Standard-Modus durch eine Änderung in der Systemdatei SYSTEM.INI an, die Datenübertragung im Standard-Modus reibungslos abzuwickeln!

Um die Korrektur an der Systemdatei SYSTEM.INI vorzunehmen, laden Sie sie in einen geeigneten Editor. Suchen Sie in der Systemdatei nach dem folgenden Abschnitt:

```
[standard]
```

Er enthält diverse Anweisungen, die ausschließlich den Standard-Modus betreffen. Fügen Sie die folgende Anweisung in die Sektion ein:

```
FasterModeSwitch=1
```

Speichern Sie danach die veränderte Systemdatei. Nach der Korrektur starten Sie Windows erneut, erst dann greift die Korrektur.

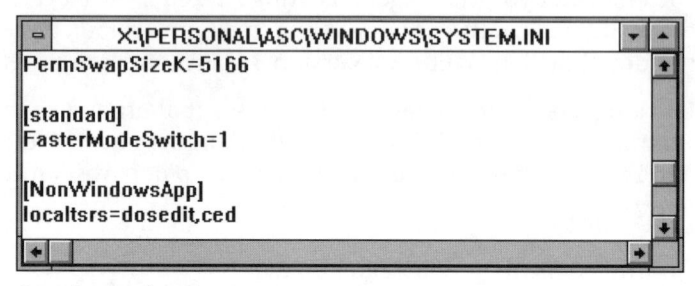

```
X:\PERSONAL\ASC\WINDOWS\SYSTEM.INI
PermSwapSizeK=5166

[standard]
FasterModeSwitch=1

[NonWindowsApp]
localtsrs=dosedit,ced
```

So geht es schneller

Mehr Millisekunden für die Kommunikation

Benutzen Sie unter Windows ein DOS-Kommunikationsprogramm, und es stellen sich immer wieder Übertragungsfehler ein, kann das möglicherweise an einem zu kleinen Wert für die minimale Zeitscheibe liegen.

Tip 152 *Vergrößern Sie den Wert für die minimale Zeitscheibe mit Hilfe der Systemsteuerung!*

Der Wert für die minimale Zeitscheibe legt die kleinste Zeitspanne fest, die innerhalb einer DOS-Anwendung verstreichen muß, bevor diese die Kontrolle an eine andere Anwendung abgibt.

Der Standardwert ist hier 20 Millisekunden. Bei der Datenübertragung auf einem 386-PC kann dieser Wert zu klein sein: Treten Fehler auf, vergrößern Sie den Wert. Starten Sie dazu die Steuerungskomponente *386 Erweitert* in der *Systemsteuerung*. Erhöhen Sie die Zahl in der Zeile *Minimale Zeitscheibe* auf mindestens 30 Millisenkunden. In Einzelfällen kann ein noch größerer Wert sinnvoll sein. Rechnern mit 486-Prozessoren reichen hingegen oft 20 Millisekunden.

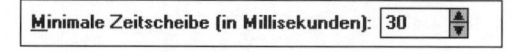

```
Minimale Zeitscheibe (in Millisekunden):  30
```

Versuchen Sie es mal mit 30 Millisekunden

4 • Windows konfigurieren

Datenübertragung ruckzuck

16550-UART-Bausteine bringen Ihrem Modem gewissermaßen das Fliegen bei. Mit ihrer Hilfe kann beispielsweise eine Datenübertragungsrate von bis zu 14.400 Bit pro Sekunde (Baud) erreicht werden. Haben Sie Ihre serielle Schnittstelle mit einem 16550-UART-Baustein ausgestattet (bei modernen seriellen Schnittstellen trifft das durchaus zu), doch die Daten „kriechen" offensichtlich durch die Leitung, hat Windows womöglich noch keine Notiz von dem Turbo-Baustein genommen.

Tip 153

Will die Datenübertragung nicht so recht schnell gelingen, machen Sie Windows auf die High Speed-Ausstattung in den seriellen Schnittstellen aufmerksam.

Dazu ist ein zusätzlicher Eintrag in der Windows-Systemdatei SYSTEM.INI erforderlich. Laden Sie die Systemdatei in einen geeigneten Editor, und gehen Sie in den Abschnitt:

```
[386Enh]
```

Falls Ihr 16550-UART-Baustein an der ersten seriellen Schnittstelle installiert ist, fügen Sie in die Sektion die folgende Zeile ein:

```
Com1FIFO=1
```

Sollte eine andere Schnittstelle betroffen sein, gleichen Sie die COM-Adresse in dieser Anweisung bitte entsprechend an. Damit die Änderung wirksam wird, ist es nötig, Windows neu zu starten.

Dieser Trick funktioniert nur im erweiterten Modus.

161

666 ganz legale Windows-Tricks

Systemdiagnose

Weiß alles über Ihr System: MSD

Mit Windows 3.1 ist Ihnen – vielleicht gänzlich unbemerkt – auch ein sehr nützliches DOS-Hilfsprogramm ins Haus geflattert: Der System-Diagnostiker aus dem Hause Microsoft, kurz MSD (Microsoft System Diagnostics) genannt.

Tip 154

Nutzen Sie MSD, um bequem und schnell an allerlei Informationen über Ihr System zu gelangen.

Sie möchten wissen, welche Schnittstellen in Ihrem Rechner eingebaut sind, welche Art von Netzwerk verwendet wird, welche DOS-Version vorhanden ist, welche Laufwerke eingebaut sind, wie die Speichersituation ist usw.? Dann verlassen Sie Windows, und starten Sie auf der DOS-Ebene die Microsoft Diagnostics:

```
msd
```

Sogleich erscheint der Analytiker mit kurzen Informationen zu 13 verschiedenen Aspekten Ihres Systems. Wenn Sie mit der Maus auf eines dieser Stichwörter klicken, liefert Ihnen MSD umgehend detaillierte Angaben zu der ausgewählten Systemkomponente.

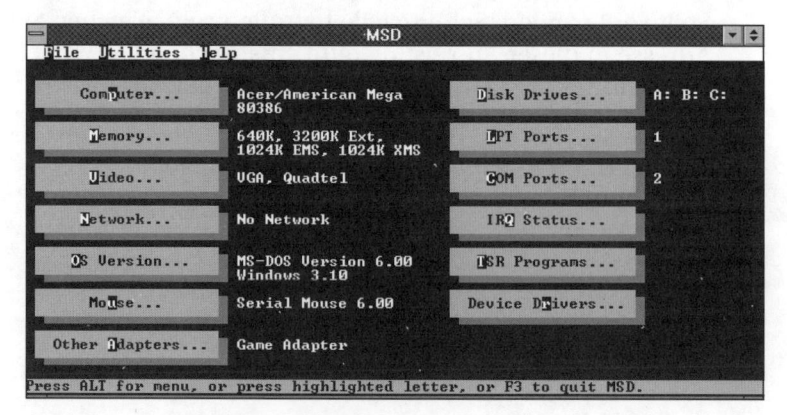

MSD gibt Informationen über Ihr System

162

4 • Windows konfigurieren

Arbeit an einem fremden PC?

MSD bringt so ziemlich alles über einen PC in Erfahrung, was für den Umgang mit dem Gerät wichtig ist. Das ist besonders nützlich, wenn Sie zum ersten Mal vor einer „fremden Kiste" sitzen.

Tip 155
Investieren Sie in ein paar Minuten - machen Sie sich mit Hilfe von MSD mit dem unbekannten System vertraut!

Übrigens empfiehlt es sich auch, die Microsoft Diagnostics zu verwenden, wenn man die telefonische Hotline eines Software-Herstellers anruft. Denn viele Fragen lassen sich – gerade vom Laien – kaum beantworten. Das Hilfsprogramm MSD hilft hier weiter.

Systemdiagnose im Arcnet

Wer den MSD-Befehl auf einem PC mit Arcnet-Board einsetzt (das sind bestimmte Netzwerkkarten), der stößt auf Probleme: Die Verbindungen zum Netz werden unterbrochen. Sogar die Arbeit anderer Netzteilnehmer kann beeinträchtigt oder sogar abgebrochen werden.

Tip 156
Möchten Sie MSD auf einem PC einsetzen, der mit einer Arcnet-Netzwerkkarte ausgerüstet ist, verwenden Sie beim Einsatz von MSD unbedingt die Option /I!

Wenn Sie es vorher wissen, daß Ihr PC mit einer Arcnet-Netzwerkkarte ausgerüstet ist, dann sollten Sie das Hilfsprogramm MSD mit der Option /I starten. Geben Sie auf der DOS-Ebene folgendes ein:

```
msd /i
```

Die Option /I bewirkt, daß MSD startet, ohne die Hardware zu berücksichtigen. Danach können Sie wie gewohnt zu jeder Systemkomponente Informationen anfordern. Wählen Sie im MSD-Menü allerdings nicht die Komponente *Netzwerk*.

163

666 ganz legale   Windows-Tricks

Fehlern auf der Spur

Passieren manchmal Dinge mit Ihrem Rechner, die Sie einfach nicht begreifen? Da hakt das System, es erscheinen seltsame Fehlermeldungen - und Sie wissen beim besten Willen nicht, was vorgeht? Dann kann Ihnen vielleicht ein anderes Zusatzprogramm weiterhelfen, das zum Lieferumfang von Windows gehört, aber so nicht zu sehen ist.

Tip 157   Wenn´s heikel wird, dann lassen Sie Dr. Watson wirken! Der digitale Detektiv kommt Fehlern auf die Schliche.

Dr. Watson ist eine undokumentierte Windows-Anwendung. Er hat ein Auge auf alles, was unter Windows schiefläuft. Seine Programmdatei heißt DRWATSON.EXE und befindet sich im Windows-Verzeichnis. Wenn Sie diese Datei über den Datei-Manager aufrufen, legt sich der Herz-und Nieren-Prüfer im Arbeitsspeicher auf die Lauer und begutachtet von dort das rege Windows-Treiben. Kommt Ihnen etwas spanisch vor, rufen Sie Watson einfach über den Task-Manager auf. In einer Dialogbox meldet er Ihnen dann seine Diagnose.

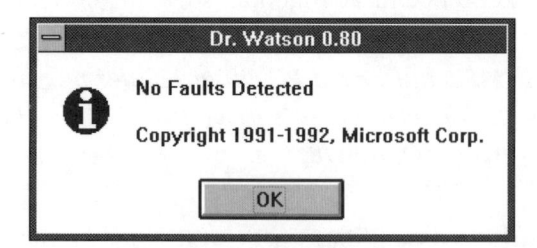

```
Dr. Watson 0.80
No Faults Detected
Copyright 1991-1992, Microsoft Corp.
        OK
```

Im Moment hat Dr. Watson keinen Grund zur Klage

Dr. Watson stets präsent

Wenn Sie Gefallen an dem digitalen Verwandten des berühmten Detektivs Dr. Watson gefunden haben und ihn regelmäßig einsetzen wollen, dann empfiehlt es sich, ein Icon für ihn einzurichten; bei ständiger Benutzung sogar in der Programmgruppe *AutoStart*.

Tip 158   Richten Sie in einer Programmgruppe ein Icon für Dr. Watson ein – dann ist der Fehlersucher ständig verfügbar.

4 • Windows konfigurieren

Da man Dr. Watson nicht erst aufruft, wenn ein Fehler aufgetreten ist, (dann ist es meistens zu spät), sondern er idealerweise bereits aktiv ist, wenn was schiefgeht, um alles protokollieren zu können, kann es sich empfehlen, Dr. Watson in der *AutoStart*-Gruppe einzubinden – etwa, wenn bei einer Anwendung relativ häufig Probleme auftreten. Die „Bedienung" von Dr. Watson ist ziemlich einfach: Es gibt nichts zu tun, da Dr. Watson sich in den Hintergrund zurückzieht und dort wartet, bis ein Fehlerzustand eintritt. Erst dann wird Dr. Watson so richtig aktiv: Sie werden aufgefordert, eine kurze Beschreibung der aktuellen Situation zu geben. Dr. Watson braucht diese Einlassung für das Protokoll.

So sieht Dr. Watson aus - hätten Sie's gedacht?

Dr. Watsons Diagnose an den Händler schicken

Dr. Watson erledigt seine Aufgabe(n) gewöhnlich mit äußerster Sorgfalt. Immer, wenn ein schwerer Fehler auftritt, wird er aufgerufen, er protokolliert das Ergebnis seiner Diagnose in einer speziellen Logdatei. Diese Logdatei kann für einen Soft- oder Hardware-Hersteller sehr nützlich sein, wenn sich ein Problem eingeschlichen hat.

Tip 159
Liegt ein Fehler in der Hard- oder Software vor, schicken Sie die Diagnose-Datei an Ihren Händler oder den Software-Hersteller!

Hat Dr. Watson im Falle einer Fehlersituation – und nur dann wird er ja aktiv – Ihr System untersucht, formuliert er seinen Diagnosebericht in der Protokolldatei DRWATSON.LOG. Diese Datei wird im Windows-Verzeichnis abgelegt. Mit dem Inhalt der Datei werden Sie in der Regel nicht besonders viel anfangen können. Wenn Sie möchten, können Sie ja mal einen Blick in dieses Protokoll werfen. Laden Sie dazu DRWATSON.LOG in einen Editor, und sehen Sie sich den Inhalt an.

Das Protokoll hilft dem Fachmann, Fehler zu analysieren und ggf. Abhilfe zu schaffen. Zur genauen Problembeschreibung empfiehlt es sich also, die Datei DRWATSON.LOG auf eine Diskette zu kopieren und dem Fachmann zuzuschicken.

Unerfreulich: Ressourcenknappheit

Sie arbeiten gerade seelenruhig an Ihrem PC – und plötzlich erscheint eine Warnung auf dem Bildschirm, in der Ihnen unmißverständlich mitgeteilt wird, daß Sie nicht mehr genügend Speicher zur Verfügung haben, um eine bestimmte Anwendung auszuführen. Nichts ungewöhnliches, selbst wenn Sie 16 MByte Arbeitsspeicher in Ihrem Rechner installiert haben. Schwierigkeiten wie diese lassen sich aber zum Glück vermeiden.

Tip 160

Prüfen Sie in mehr oder weniger regelmäßigen Abständen, wieviel Systemressourcen noch verfügbar sind.

Um sich einen Überblick über die aktuelle Ressourcensituation zu verschaffen, wählen Sie im Programm-Manager (oder im Datei-Manager) die Funktion *Hilfe ▶ Info*. In der letzten Zeile der daraufhin erscheinenden Dialogbox können Sie genau ablesen, wieviel Systemressourcen noch verfügbar sind. Sie bekommen angezeigt, wieviel Speicherkapazität in KByte verfügbar sind; über die Systemressourcen äußert sich Windows nur in prozentualen Werten.

Die Systemressourcen sind eine anachronistische Angelegenheit und gehören erst mit der kommenden Windows-Version 4.0 der Vergangenheit an. Windows verwaltet intern in drei verschiedenen Speicherbereichen diverse Dinge, die zur allgemeinen Bedienung, aber auch zur Verwaltung der aktiven Anwendungen erforderlich sind. Diese drei Speicherbereiche sind – sozusagen aus Tradition – jeweils 64 KByte groß, unabhängig davon, wieviel Arbeitsspeicher (RAM) verfügbar ist.

Der als freie Systemressourcen ausgewiesene Wert gibt in Prozent an, wieviel von den beiden wichtigsten Speicherbereichen noch frei verfügbar ist. Es wird kein Durchschnitt der beiden Werte gebildet, sondern der kleinere Wert angezeigt. Ist der angegebene Wert kleiner als 30 Prozent, sollten Sie unverzüglich einige Fenster schließen. Auf Nummer Sicher gehen Sie, wenn Sie in diesem Fall Windows beenden und danach erneut starten.

> **Hinweis:** *Der Hinweis, daß zuwenig Arbeitsspeicher verfügbar ist, muß also nicht zwingend heißen, was gesagt wird, also daß im Rechner tatsächlich zu wenig Speicher zur Verfügung steht, sondern kann auch auf zur Neige gegangene Systemressourcen hinweisen. Das ist zwar irreführend, aber nunmal Bestandteil des Windows-Bedienungskonzeptes (Vorsicht: Ironie!).*

4 • Windows konfigurieren

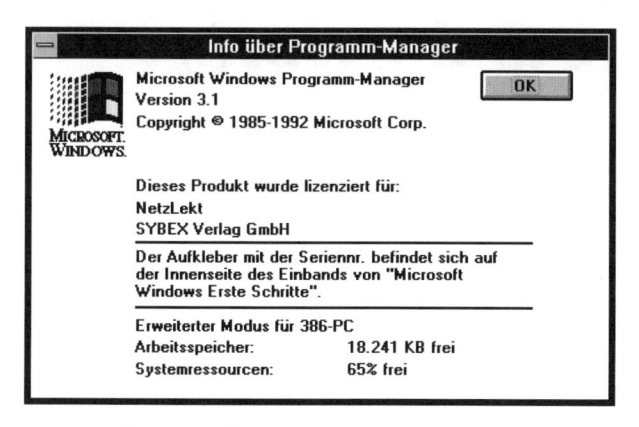

```
┌─ Info über Programm-Manager ─────────────────┐
│                                              │
│  ▓▓▓  Microsoft Windows Programm-Manager   ┌──────┐
│  ▓▓▓  Version 3.1                          │  OK  │
│  MICROSOFT  Copyright © 1985-1992 Microsoft Corp. └──────┘
│  WINDOWS.                                    │
│                                              │
│       Dieses Produkt wurde lizenziert für:   │
│       NetzLekt                               │
│       SYBEX Verlag GmbH                      │
│       ─────────────────────────────────────  │
│       Der Aufkleber mit der Seriennr. befindet sich auf
│       der Innenseite des Einbands von "Microsoft
│       Windows Erste Schritte".               │
│       ─────────────────────────────────────  │
│       Erweiterter Modus für 386-PC           │
│       Arbeitsspeicher:        18.241 KB frei │
│       Systemressourcen:       65% frei       │
│                                              │
└──────────────────────────────────────────────┘
```

Hier sind keine Probleme zu befürchten - 65% der Ressourcen sind noch frei

167

Hardware und Treiber

BIOS ist nicht gleich BIOS

Allgemeine Schutzverletzungen, sogenannte GPFs (engl. für *General Protection Fault*), sind der Kummer der meisten Windows-Anwender. Während einem unter Windows 3.0 nach einer allgemeinen Schutzverletzung nur der Neustart blieb, kann Windows 3.1 einige (bei weitem nicht alle!) GPFs selbst abfangen, so daß man das durch den Fehler betroffene Programm immerhin noch ordentlich beenden kann.

> **Tip 161** *Werden Sie häufig von allgemeinen Schutzverletzungen geplagt, nehmen Sie mal Ihr BIOS unter die Lupe!*

Zu einer allgemeinen Schutzverletzung kommt es immer dann, wenn ein Programm versucht, einen Teil des Arbeitsspeichers zu benutzen, das von einer anderen Anwendung bereits belegt oder reserviert ist. Verbreitete Ursachen für GPFs sind neben veralteter Windows-Software und TSR-Programmen vor allem Probleme mit dem BIOS (Basic Input/Output System).

Bei welchen BIOS-Versionen eventuell Schwierigkeiten bei der Zusammenarbeit mit Windows entstehen können, läßt sich der folgenden Tabelle entnehmen. In der Tabelle sind nicht nur die verschiedenen BIOS-Hersteller genannt, sondern auch die derzeit bekannten Probleme. Wie bei guter Software gibt es auch beim BIOS Versionsnummern; berücksichtigen Sie diese bitte, wenn Sie die Tabelle benutzen. Welches BIOS und welche Version eingebaut ist, erfahren Sie normalerweise beim Start des Rechners – die entsprechenden Angaben erscheinen auf dem Bildschirm.

BIOS-Typ	bekannte Fehler
ALR BIOS	Inkompatibel zu einigen IDE-Festplatten von Seagate
AMI BIOS Baujahr 1987	Sobald Sie im Datei-Manager auf ein Diskettenlaufwerk zugreifen, bootet das System
AMI BIOS Baujahr 1989	Allgemeine Schutzverletzungen und Abstürze häufiger als normal

4 • Windows konfigurieren

BIOS-Typ	bekannte Fehler
AMI BIOS Baujahr 1991	Konflikte bei seriellen Schnittstellen
AST BIOS	Oft allgemeine Schutzverletzungen; Tastatur- und Netzwerkfehler
AWARD BIOS 3.01	Inhalt der Diskettenlaufwerke wird oft nicht korrekt erkannt
DTK BIOS, Revision 35	Erweiterter Betriebsmodus kann nicht gestartet werden
QUADTEL BIOS	Windows arbeitet nur mit Versionen (Revisionen) ab 3.05
PEAK/DM BIOS Revision 1.10	Oft allgemeine Schutzverletzungen; Fehlerfreier Windows-Betrieb ab der Revision 1.30
PHOENIX BIOS	Alle BIOS-Versionen, die vor 1988 erschienen sind, müssen für die Zusammenarbeit mit Windows aktualisiert werden
TANDON BIOS	Bei älteren Versionen kommt es manchmal zu Tastaturfehlern
WYSE BIOS (84-Tasten-Tastatur)	Windows-Setup meint auch dann eine 84-Tasten-Tastatur zu erkennen, wenn eine 101/102-Tasten-Tastatur angeschlossen ist
ZENITH BIOS 386/16	Benötigt für die fehlerfreie Zusammenarbeit mit Windows mindestens BIOS-Revision 2.6e
ZENITH BIOS 286	Tastatureingaben werden wiederholt oder nicht beachtet
ZENITH BIOS Turbosport 386	Windows arbeitet mit Versionen ab 2.4d zusammen; DOS-Anwendungen unter Windows laufen überhaupt nicht.

Quelle: *Windows - Die technische Referenz, Microsoft*

Controller erfordert Zusatz in Konfigurationsdatei

Wer in seinem Rechner einen SCSI-Controller mit der offiziellen Typenbezeichnung DTC 3290 oder DTC 3292 eingebaut hat, der stößt bei der Arbeit mit Windows eventuell auf Probleme. Doch diese Schwierigkeiten kann man leicht verhindern.

> **Tip 162** — *Gibt es Schwierigkeiten mit dem SCSI-Controller, erweitern Sie Ihre Konfigurationsdatei um einen entsprechenden Treiber!*

Um genau das zu erreichen, laden Sie die Systemdatei CONFIG.SYS in einen geeigneten Editor. Fügen Sie dann die folgenden beiden Zeilen ein:

```
DEVICE = C:\ASPI3X90.SYS /Q
DEVICE = C:\ASCSI.SYS
```

Vor diesen beiden Anweisungen *muß* aber auf jeden Fall der HIMEM-Treiber geladen werden! Der Beginn Ihrer Konfigurationsdatei sollte deshalb unbedingt wie folgt aussehen:

```
DEVICE = C:\WINDOWS\HIMEM.SYS
DEVICE = C:\ASPI3X90.SYS /Q
DEVICE = C:\ASCSI.SYS
```

Die beiden Treiber-Dateien müssen am oder nach dem 16.12.1991 entstanden sein und mindestens der Version 1.3a entsprechen. Prüfen Sie das bitte nach, indem Sie im Hauptverzeichnis der Festplatte das Dateidatum nachsehen (die Versionsnummern erscheinen gewöhnlich beim Booten). Folgende Angaben wären in diesem Sinne korrekt:

```
ASPI3X90.SYS    12-16-91     10809 bytes
SCSI.SYS        12-16-91      7360 bytes
```

> *Hinweis:* Fehlen Ihnen die beiden Treiberdateien, wenden Sie sich an Ihren Händler oder direkt an DTC (im Handbuch nachsehen).

4 • Windows konfigurieren

Falsche DLL sorgt für Schutzverletzung

Falls es bei der Arbeit mit Windows-Anwendungen auffallend häufig zu einer sogenannten „allgemeinen Schutzverletzungen" kommt, und Sie sicher sind, daß mit Ihrem BIOS alles in Ordnung ist (siehe auch *BIOS ist nicht gleich BIOS* in diesem Kapitel), dann kann die Ursache möglicherweise auch in einer falschen DLL-Datei liegen.

Tip 163
Wenn es häufiger zu allgemeinen Schutzverletzungen kommt, aktualisieren Sie die Systemdatei WIN87EM.DLL!

Die Systemdatei befindet sich im Windows-Systemverzeichnis. Möglicherweise ist Sie nicht mit der verwendeten Hardware kompatibel. Erkundigen Sie sich bei Ihrem Händler nach einer aktualisierten Version der Datei WIN87EM.DLL.

Kapitel 5
Wer mit der Maus tanzt

Den digitalen Nager installieren   174

Die Maus in der DOSe   180

Bequemes Mausen   183

Den digitalen Nager installieren

Erst ohne Maus, dann mit?

Kein seltener Fall: Zuerst will man Windows noch mit der Tastatur bezwingen (schließlich ist man ja bislang prächtig ohne das kleine klickende Monster ausgekommen...). Doch irgendwann merkt man dann doch, daß mit Maus alles viel leichter wäre. Der digitale Nager wird angeschafft und an die serielle Schnittstelle angeschraubt. Doch damit nicht genug: Ein Maustreiber muß installiert werden.

Tip 164
Verwenden Sie, wenn möglich, den mitgelieferten Maustreiber der Windows-Original-Software.

Den müssen Sie aber erst einmal installieren. Sofern bereits eine Maus angeschlossen ist, wenn Sie Windows installieren, ist alles kein Problem: Windows erkennt die Maus von alleine und bereitet sich entsprechend darauf vor. Sie müssen meistens nichts machen – alles läuft von alleine.

Sollte der Treiber aber aus irgendeinem Grund fehlen, dann müssen Sie ihn nachträglich installieren. Er befindet sich in gepackter Form auf der vierten Diskette Ihrer Original-Software. Entpacken Sie ihn und kopieren ihn danach in Ihr Windows-Verzeichnis. Legen Sie dazu die Windows-Diskette, die den Maustreiber enthält (es ist meistens - aber eben nicht immer - die vierte), in das entsprechende Laufwerk. Geben Sie danach auf der DOS-Ebene folgende Anweisung ein:

```
expand a:\mouse.sy_ c:\windows\mouse.sys
```

Danach müssen Sie noch die für Windows sehr wichtige Systemdatei MOUSE.DRV entpacken und ins Windows-Systemverzeichnis kopieren. Diese Datei befindet sich meist auf der zweiten Windows-Systemdiskette. Geben Sie auf der DOS-Ebene bitte folgendes ein:

```
expand a:\mouse.dr_ c:\windows\system\mouse.drv
```

Hinweis: *Sollte Ihr Windows-Verzeichnis anders heißen oder befindet sich die Windows-Diskette in einem anderen Laufwerk, korrigieren Sie obige Anweisungen bitte entsprechend.*

5 • Wer mit der Maus tanzt

Danach sollten Sie der Konfigurationsdatei CONFIG.SYS noch mitteilen, daß Sie ab sofort eine Maus verwenden möchten, zumindest, wenn Sie die Maus auch unter DOS und in DOS-Anwendungen verwenden wollen. Laden Sie sie dazu in den Systemkonfigurations-Editor *Sysedit*, und fügen Sie folgende Zeile hinzu:

```
device=c:\windows\mouse.sys /y
```

Achten Sie bitte auf den korrekten Namen Ihres Windows-Verzeichnisses. Haben Sie die Änderungen vorgenommen, speichern Sie die Datei, verlassen Sie Windows, und booten Sie Ihren Rechner neu. Wenn Sie nun Windows neu starten, ist Ihre neue Maus sofort einsatzfähig (sollte sie zumindest).

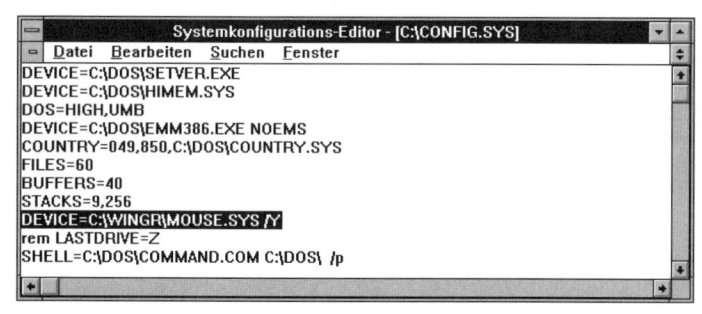

Der Maustreiber in der CONFIG.SYS

Automatische Mausvorbereitung

Die zur Installation des Maustreibers erforderlichen Schritte können Sie ohne jede Hemmungen Windows für Sie ausführen lassen. Wer es also etwas bequemer mag, der sollte sich für den nachfolgend beschriebenen Weg der Mausinstallation entscheiden.

Tip 165

Das ist viel bequemer: Installieren Sie den Maustreiber bei Bedarf mit Hilfe des Windows-Setups!

Gehen Sie dazu in die Hauptgruppe des Programm-Managers, und starten Sie das Windows-Setup. Wählen Sie dann den Befehl *Optionen* ▶ *Systemeinstellungen ändern*. Es erscheint eine Dialogbox. Öffnen Sie in dieser das Listenfeld *Maus*.

Es erscheint eine Liste mit möglichen Maustypen. Wählen Sie den passenden aus, und bestätigen Sie die Box. Sofern die erforderliche

175

Treiberdatei sich noch nicht in Ihrem Windows-Verzeichnis befindet, werden Sie jetzt in einer Dialogbox aufgefordert, die benötigte Windows-Diskette einzulegen. Haben Sie das erledigt, klicken Sie auf *OK*. Die Treiberdatei wird nun automatisch von der Diskette in das Windows-Verzeichnis kopiert, dort entpackt und anschließend installiert. Nach einem Neustart ist die Maus einsatzfähig.

Maustreiber in der Startdatei

Wenn Sie möchten, können Sie Ihren Maustreiber auch in der Startdatei AUTOEXEC.BAT unterbringen. Dann können Sie sich den entsprechenden Eintrag in der Konfigurationsdatei CONFIG.SYS sparen. Das ist allerdings nur erforderlich, wenn Sie auch unter DOS mit der Maus arbeiten wollen.

Tip 166
Um DOS und DOS-Anwendungen mit der Maus bedienen zu können, bedarf es eines separaten Maustreibers. Installieren Sie den bei Bedarf.

Dazu muß die Treiberdatei, die - genau wie ihr Pendant MOUSE.SYS - in komprimierter Form auf den Windows-Original-Disketten vorliegt, erst einmal entpackt werden. Das erledigen Sie am besten auf der DOS-Ebene, indem Sie folgendes eingeben (vorher müssen Sie die entsprechende Systemdiskette ins Diskettenlaufwerk legen, meistens ist das die vierte):

```
expand a:\mouse.co_  c:\windows\mouse.com
```

Danach müssen Sie auch noch die Systemdatei MOUSE.DRV entpacken und ins Windows-Systemverzeichnis kopieren. Diese Datei befindet sich meistens auf der zweiten Windows-Diskette. Geben Sie auf der DOS-Ebene bitte ein:

```
expand a:\mouse.dr_  c:\windows\system\mouse.drv
```

Hinweis: Sollte Ihr Windows-Verzeichnis anders lauten, oder befindet sich die Windows-Diskette in einem anderen Laufwerk, ändern Sie die Pfadangaben im obigen Befehl entsprechend.

Nun müssen Sie der Datei AUTOEXEC.BAT noch mitteilen, daß sie bei jedem Start an den Maustreiber denken soll. Laden Sie die Datei dazu in einen Editor, am besten in den Systemkonfigurations-Editor

5 • Wer mit der Maus tanzt

SysEdit, und fügen Sie die folgende Zeile ein (sofern es eine entsprechende Anweisung nicht ohnehin schon gibt):

`c:\windows\mouse.com`

Auch hier achten Sie bitte auf den korrekten Namen des Windows-Verzeichnisses. Speichern Sie die Datei anschließend, verlassen Sie Windows, und booten Sie Ihren Rechner neu. Beim erneuten Start können Sie sofort „losmausen" - auch unter DOS.

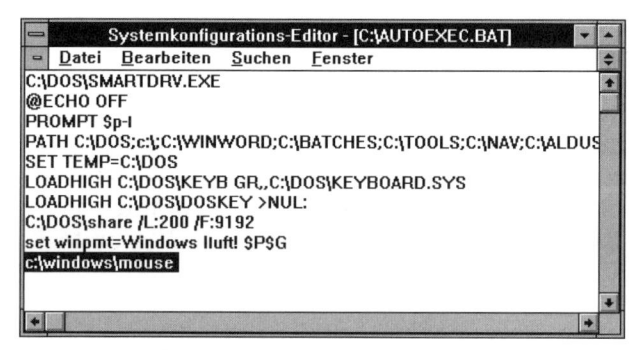

```
Systemkonfigurations-Editor - [C:\AUTOEXEC.BAT]
Datei  Bearbeiten  Suchen  Fenster
C:\DOS\SMARTDRV.EXE
@ECHO OFF
PROMPT $p-l
PATH C:\DOS;c:\;C:\WINWORD;C:\BATCHES;C:\TOOLS;C:\NAV;C:\ALDUS
SET TEMP=C:\DOS
LOADHIGH C:\DOS\KEYB GR,,C:\DOS\KEYBOARD.SYS
LOADHIGH C:\DOS\DOSKEY >NUL:
C:\DOS\share /L:200 /F:9192
set winpmt=Windows lluft! $P$G
c:\windows\mouse
```

Der Maustreiber in der AUTOEXEC.BAT

Nie ohne Ypsilon

Wenn Sie eine Maus von Microsoft (oder eine dazu kompatible) installiert haben, verändert das Windows-Setup die Konfigurationsdatei CONFIG.SYS. Der entsprechende Eintrag endet meist mit der Option /Y. Was verbirgt sich hinter dieser – undokumentierten – Option?

Tip 167

Auch wenn Ihnen der Sinn dieser Option (noch) nicht klar sein sollte - lassen Sie das „/Y" dort, wo es ist!

Lüften wir mal das Geheimnis: Das „Y" steht schlicht und ergreifend für *Yes*. Es bewirkt, daß Sie auch in DOS-Anwendungen im Textmodus die Maus einsetzen können – und zwar als Blockcursor.

Fehlt diese Option, kann es passieren, daß beim Wechseln zwischen verschiedenen DOS-Anwendungen der Mauscursor nicht mithalten kann und auf dem Bildschirm einfriert oder ganz verschwindet (oder – das ist auch möglich – doppelt erscheint). Das Problem tritt nur auf ganz bestimmten Grafikkarten und auch nur recht selten auf. Schaden kann die Option /Y jedenfalls nicht.

Wenn die Maus nicht funktioniert

Sie haben die entsprechenden Anweisungen zum Laden und Aktivieren des Maustreibers in die CONFIG.SYS oder AUTOEXEC.BAT eingetragen und auch die erforderlichen Treiberdateien ins Windows-Verzeichnis kopiert. Aber die Maus funktioniert trotzdem nicht. Was ist dann zu tun?

Tip 168

Sehen Sie in der Windows-Systemdatei nach, ob Windows auf den Einsatz einer Maus vorbereitet ist!

Wie man das herausfindet? Ganz einfach: Indem man in der Windows-Systemdatei SYSTEM.INI nachsieht, ob die entsprechenden Anweisungen vorhanden sind. Am besten, Sie verwenden dazu den Systemkonfigurations-Editor *SysEdit*. Sehen Sie im Abschnitt:

`[boot]`

nach, ob dort folgender Eintrag vorhanden ist:

`mouse.drv=mouse.drv`

Falls er fehlt, ergänzen Sie die Sektion [boot] um die genannte Zeile. Sofern Sie an der Systemdatei Veränderungen vorgenommen haben, speichern Sie sie bitte. Damit die Änderungen wirksam werden, müssen Sie Windows beenden und neu starten. Danach müßte die Maus, wenn auch die Maustreiber existieren und entsprechend den vorangehenden Tricks installiert wurden, verwendbar sein.

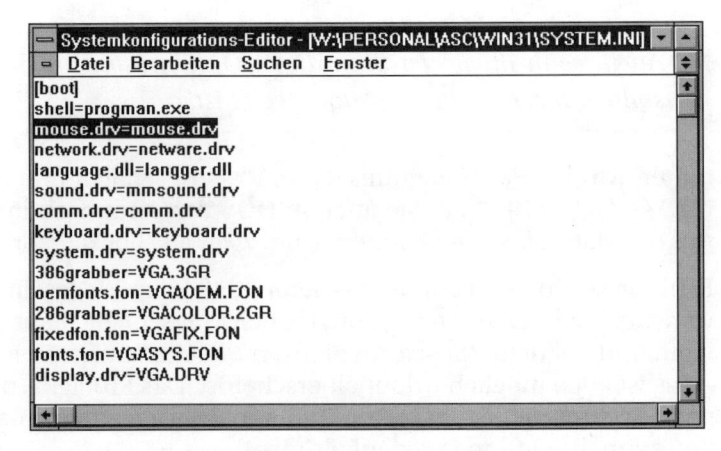

```
Systemkonfigurations-Editor - [W:\PERSONAL\ASC\WIN31\SYSTEM.INI]
 Datei  Bearbeiten  Suchen  Fenster
[boot]
shell=progman.exe
mouse.drv=mouse.drv
network.drv=netware.drv
language.dll=langger.dll
sound.drv=mmsound.drv
comm.drv=comm.drv
keyboard.drv=keyboard.drv
system.drv=system.drv
386grabber=VGA.3GR
oemfonts.fon=VGAOEM.FON
286grabber=VGACOLOR.2GR
fixedfon.fon=VGAFIX.FON
fonts.fon=VGASYS.FON
display.drv=VGA.DRV
```

Der Maustreiber in der Windows-Systemdatei

5 • Wer mit der Maus tanzt

Logitech-Maus streikt beim Update

Die Logitech-Maus funktioniert nicht mehr, nachdem Sie von Windows 3.0 auf 3.1 „upgedatet" haben? Das kann passieren, wenn Sie während der Installation des Updates angegeben haben, daß Sie den bereits vorhandenen Maustreiber weiterverwenden möchten. Doch der Fehler ist leicht behebbar.

Tip 169 *Falls die Maus nicht so will wie Sie, installieren Sie mit Hilfe des Windows-Setup den benötigten Maustreiber!*

Am besten, Sie verlassen Windows dazu und wechseln auf der DOS-Ebene ins Windows-Verzeichnis. Starten Sie dann von dort aus die DOS-Fassung des Windows-Setups, indem Sie eingeben:

```
cd \windows
setup
```

Nun können Sie aus dem Setup-Programm die „richtige" Maus auswählen. Das Setup-Programm fordert Sie auf, die erforderliche Systemdiskette ins Diskettenlaufwerk einzulegen. Danach wird die Treiberdatei automatisch von der Diskette ins Windows-Verzeichnis kopiert und dort entpackt.

Beim nächsten Start von Windows sollte Ihre Logitech-Maus jetzt endgültig topfit sein und Ihnen sowohl in Windows- wie in DOS-Anwendungen gehorchen.

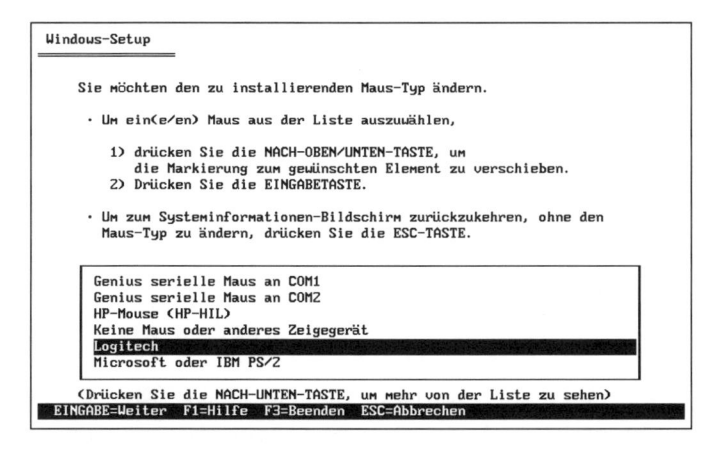

```
Windows-Setup

    Sie möchten den zu installierenden Maus-Typ ändern.

    • Um ein(e/en) Maus aus der Liste auszuwählen,

        1) drücken Sie die NACH-OBEN/UNTEN-TASTE, um
           die Markierung zum gewünschten Element zu verschieben.
        2) Drücken Sie die EINGABETASTE.

    • Um zum Systeminformationen-Bildschirm zurückzukehren, ohne den
      Maus-Typ zu ändern, drücken Sie die ESC-TASTE.

         ┌──────────────────────────────────────────┐
         │ Genius serielle Maus an COM1             │
         │ Genius serielle Maus an COM2             │
         │ HP-Mouse (HP-HIL)                        │
         │ Keine Maus oder anderes Zeigegerät       │
         │ Logitech                                 │
         │ Microsoft oder IBM PS/2                  │
         └──────────────────────────────────────────┘
        (Drücken Sie die NACH-UNTEN-TASTE, um mehr von der Liste zu sehen)
    EINGABE=Weiter  F1=Hilfe  F3=Beenden  ESC=Abbrechen
```

Installieren Sie die Logitech-Maus von der DOS-Ebene

666 ganz legale   Windows-Tricks

Die Maus in der DOSe

Auch im DOS-Fenster: Nie ohne Maus!

Wer mit der Maus nicht nur Windows-, sondern auch DOS-Anwendungen bedienen möchte, der muß darauf achten, daß der verwendete Maustreiber nicht zu alt ist. Verwenden Sie deshalb einen möglichst aktuellen Maustreiber!

Tip 170 *Wer auch DOS-Anwendungen unter Windows mit der Maus bedienen möchte, muß entsprechende Vorbereitungen betreiben. Ein separater Maustreiber für DOS muß her.*

Leider streikt die Maus im DOS-Fenster manchmal, sie rührt sich keinen Millimeter von der Stelle. Schuld daran ist meistens der Maustreiber – er ist dann wahrscheinlich zu alt. Doch das läßt sich ändern: Prüfen Sie zuerst, welcher Maustreiber derzeit installiert ist. Gehen Sie dazu auf die DOS-Ebene und wechseln ins Windows-Systemverzeichnis (meistens C:\WINDOWS\SYSTEM).

```
cd \windows\system
```

Nachdem Sie die Anweisung *mouse* eingegeben haben, erscheint ein Statusbericht, der zum Beispiel so aussehen kann:

```
Microsoft (R) Mouse Driver Version 8.20
Copyright (C) Microsoft Corp. All rights reserved
Mouse driver installed.
```

Jetzt müssen Sie noch das Entstehungsdatum der Treiberdatei überprüfen. Erledigen Sie das zum Beispiel mit Hilfe des DIR-Befehls. Geben Sie dazu ein:

```
dir mouse.drv
```

Der folgenden Meldung können Sie entnehmen, wann die Treiberdatei entstanden ist. Das sieht zum Beispiel so aus:

```
MOUSE    DRV     10672      10.03.92    12:00
        1 Datei(en)                   10672Byte
```

Um die Maus auch im DOS-Fenster einsetzen zu können, muß die Treiberdatei (zumindest, wenn sie von Microsoft kommt) am oder nach dem 10.3.92 entstanden sein. Außerdem müssen Microsoft-

5 • Wer mit der Maus tanzt

Maustreiber die Versionsnummer 8.20 (oder höher) besitzen. Verwenden Sie einen Logitech-Treiber, muß er die Versionsnummer 6.02 (oder höher) tragen. HP-Mäuse funktionieren im DOS-Fenster, wenn ihr Treiber mindestens der Version 7.04b entspricht.

Tragen die Dateien Ihres Maustreibers ein älteres Datum oder eine kleine Versionsnummer, müssen Sie sie gegen einen aktuelleren Treiber austauschen. Verwenden Sie dann probeweise die Maustreiber, die zur Windows-Originalsoftware gehören. Sie ermöglichen in den allermeisten Fällen den Einsatz der Maus auch im DOS-Fenster.

DOS-Fenster ohne Maus

Wer einen aktuellen Maustreiber benutzt, der kann mit der Maus – das ist übrigens eine Neuheit von Windows 3.1 – auch DOS-Anwendungen damit bedienen, und zwar selbst dann, wenn diese im Fenster ablaufen. Wer die Maus im DOS-Fenster jedoch eher als lästiges Übel empfindet, kann Windows anweisen, im DOS-Fenster auf Mausbedienung zu verzichten.

Tip 171

Sollte Ihnen der Mauszeiger in DOS-Anwendungen auf den Wecker gehen, dann teilen Sie Windows das in der Systemdatei SYSTEM.INI durch eine entsprechende Anweisung mit.

Laden Sie die Datei SYSTEM.INI dazu in einen geeigneten Editor. Am einfachsten können Sie diese Datei bearbeiten, wenn Sie den Systemkonfigurations-Editor *Sysedit* verwenden. Suchen Sie in der Systemdatei anschließend nach dem Abschnitt:

`[NonWindowsApp]`

Diese Sektion enthält Anweisungen, die sich ausschließlich auf sogenannte Nicht-Windows-Anwendungen beziehen. Betroffen sind dadurch im Klartext alle DOS-Anwendungen, die unter Windows gestartet und verwaltet werden. Um nun zum Beispiel den Mauseinsatz im DOS-Fenster zu unterbinden, fügen Sie folgende Anweisung in der Sektion hinzu:

`MouseInBox=0`

Nachdem Sie die Korrektur vorgenommen haben, speichern Sie die Systemdatei. Dann verlassen Sie Windows und starten es erneut. Ab sofort kann die Maus im DOS-Fenster nicht mehr verwendet werden.

Logitech-Maus im DOS-Fenster

Maus ist nicht gleiche Maus. Manche Tierchen wünschen eben eine Sonderbehandlung. Katzen lieben's hinterm Ofen, Hunde kann man mit einem saftigen Knochen erfreuen. Und der digitale Nager von Logitech fordert seine Extra-Streicheleinheiten, wenn's um dem Einsatz im DOS-Fenster unter Windows geht.

Tip 172

Verwenden Sie eine Logitech-Maus und möchten eine DOS-Anwendung unter Windows im Fenster ablaufen lassen, starten Sie die Anwendung zuerst als Vollbild, und wechseln Sie danach ins Fenster!

Grundsätzlich unterstützen die Logitech-Maustreiber erst ab der Version 6.02 ganz offiziell den Einsatz der Maus im DOS-Fenster.

Doch selbst wenn Sie den korrekten Treiber verwenden, kann es zu Problemen kommen. Wer eine DOS-Anwendung unter Windows im Fenster startet, wird wohl vergeblich nach dem Mauscursor spähen. Da hilft nur ein Umweg: Starten Sie die DOS-Anwendung grundsätzlich als Vollbild, und verkleinern Sie die Anwendung dann mit Hilfe der Tastenkombination [Alt][↵] auf Fenstergröße. Schon haben Sie der Maus Leben eingehaucht!

Hinweis

Sie können in der zur jeweiligen DOS-Anwendung gehörigen PIF-Datei bestimmen, daß die Anwendung grundsätzlich als Vollbild gestartet werden soll.

5 • Wer mit der Maus tanzt

Bequemes Mausen

Ein Schluck Zielwasser

Wer wie ich eine etwas unruhige Hand hat, der hat sich vielleicht auch schon einmal darüber geärgert: In Sachen Zielsicherheit beim Klicken und Doppelklicken ist Windows sehr penibel. Wer beim Klicken mehr als vier Pixel vom Ziel abweicht, der hat in den Augen von Windows nicht getroffen. Das bedeutet aber auch: Wenn Sie zwischen den beiden zu einem Doppelklick gehörigen Klicks die Position des Mauszeigers um mehr als vier Pixel verändern, interpretiert Windows Ihr Klicken nicht als Doppelklick, sondern als zwei einzelne Klicks.

Tip 173

Erweitern Sie den „Spielraum" beim Klicken, indem Sie eine Änderung in der Systemdatei WIN.INI vornehmen!

Laden Sie dazu die Systemdatei WIN.INI in einen geeigneten Editor, am besten in den Systemkonfigurations-Editor *Sysedit*. In der Datei selbst müssen Sie gar nicht lange suchen: Der erste Abschnitt heißt:

```
[windows]
```

Fügen Sie in die Sektion die beiden folgenden Anweisungen ein:

```
DoubleclickHeight=6
DoubleClickWidth=6
```

Danach speichern Sie die Datei und verlassen Windows. Wenn Sie die grafische Benutzeroberfläche danach erneut starten, müssen Sie beim Klicken nicht mehr ganz so genau zielen. Wenn ein Klick nun mal ein bißchen daneben geht, wird Windows Ihnen das großzügig verzeihen.

Wo steckt die Maus?

Manchmal läßt sich der Mauscursor beim besten Willen am Bildschirm nicht lokalisieren, da hilft auch heftiges mit den Augen zwinkern nicht. Dieses Phänomen ist vor allem auf LCD-Bildschirmen von tragbaren Geräten zu beobachten. Das Grau in Grau macht es halt etwas schwer, den Mauscursor zu erkennen.

Tip 174

Lassen Sie den Mauscursor bei Bewegungen eine Spur hinter sich herziehen – dadurch wird er leichter erkennbar!

666 ganz legale   Windows-Tricks

Um diesen „roten Faden" hervorzuzaubern, durch den der Mauscursor künftig vor Ihren Blicken garantiert nicht mehr sicher ist, starten Sie die *Systemsteuerung*. Klicken Sie danach zweimal auf das Icon *Maus*. Aktivieren Sie in der daraufhin erscheinenden Dialogbox die Option *Mausspur*. Sofort hinterläßt der Mauszeiger eine aus vielen Mauzeigern bestehende Maussspur. Die aktuelle Position der Maus zu bestimmen, ist nun nicht mehr schwer - der digitale Nager befindet sich am Ende der Spur.

Hinweis: Der neue Maus-Manager (Version 8.2 und größer) kennt eine Funktion, mit der man den Mauscursor auf Tastendruck (eine Maustaste plus [Alt]*,* [⇧] *oder* [Strg][F9]*, in die Bildschirmmitte holen kann.*

Eine kürzere Spur

Wenn Sie die Maussspur aktiviert haben, erscheinen bei Bewegung mit der Maus eine ganze Reihe von Mauscursorn auf dem Bildschirm – die genaue Anzahl läßt sich eigentlich nur schätzen. Doch manchmal ist weniger mehr. Das gilt auch hier. Deshalb verrate ich Ihnen jetzt, wie Sie die Maussspur etwas kürzen können.

Tip 175: *Verkürzen Sie die Maussspur durch einen entsprechenden Eintrag in der Systemdatei WIN.INI!*

Um die Länge der Maussspur nach Ihren eigenen, persönlichen Bedürfnissen zu gestalten, ist ein kleiner Eingriff in die Systemdatei WIN.INI erforderlich. Laden Sie WIN.INI in einen geeigneten Editor, am besten in den Systemkonfigurations-Editor *SysEdit*. Suchen Sie dort nach dem Abschnitt:

`[windows]`

Entscheidend in dieser Sektion ist die Anweisung MouseTrail, durch die die Länge der Maussspur festgelegt wird. Suchen Sie in der Sektion nach folgender Anweisung;

`MouseTrail=`

Normalerweise finden Sie hinter dem Gleichheitszeichen den Wert 7 eingetragen. Um die Spur zu verkürzen, geben Sie eine kleinere Zahl ein. Eine Null hinter dem Gleichheitszeichen bedeutet, daß *keine* Maussspur erscheint. Bewährt hat sich folgender Eintrag:

`MouseTrail=4`

5 • Wer mit der Maus tanzt

Wenn Sie die Systemdatei mit den Korrekturen speichern, hinterläßt die Maus zukünftig eine zaghaftere Spur auf dem Bildschirm. Allerdings muß Windows dafür neu gestartet werden, erst dann greifen die Neuheiten.

> **Hinweis:** *Sofern Sie bereits eine moderne Version des Maustreibers installiert haben, haben Sie die Möglichkeit, die Länge der Mausspur komfortabel durch einen entsprechenden Schieber zu bestimmen.*

Mäusekomfort für Linkshänder

Als Linkshänder müssen Sie sich ganz schön die Finger verrenken, um die Standardmaustaste (die linke nämlich) zu betätigen – finden Sie nicht auch? Doch das muß nicht sein. Schluß mit der Benachteiligung von Minderheiten!

Tip 176

Machen Sie die rechte Maustaste zur Standard-Maustaste!

Um die Bedeutung der beiden Maustasten (sofern Ihre Maus über mehr als zwei Tasten verfügt, interessieren uns nur die ganz linke und die ganze rechte) zu vertauschen. Starten Sie die *Systemsteuerung* und klicken zweimal auf das Icon *Maus*.

In der daraufhin erscheinenden Dialogbox aktivieren Sie bitte die Option *Linke/Rechte Maustaste vertauschen*. Die Veränderung wirkt sofort: Wenn Sie nun auf *OK* klicken wollen, müssen Sie das bereits mit Ihrer neuen Standard-Maustaste (der rechten) tun!

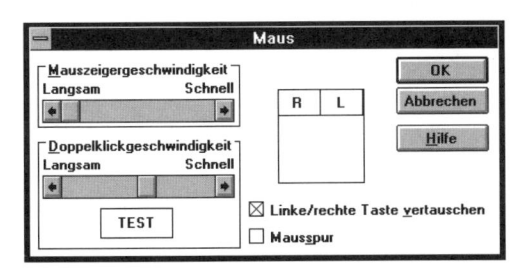

Mit dieser Einstellung ist allen Linkshändern geholfen

Haltet den Mauscursor!

Kommen Sie allein beim Anblick des über den Bildschirm rasenden Mauscursors ganz außer Atem? Oder gähnen Sie wohlmöglich ganz gelangweilt, wenn Sie den Cursor über die Mattscheibe kriechen sehen? Beides muß nicht sein, denn Sie bestimmen, wie sensibel die Maus sein soll.

Tip 177

Passen Sie die Sensibilität der Maus an Ihre persönlichen Bedürfnissen an!

Das erledigen Sie über die Funktion *Maus* in der *Systemsteuerung*. Wenn Sie die Mauszeigergeschwindigkeit herabsetzen wollen, ziehen Sie das Kästchen der gleichnamigen Leiste bei gedrückter Maustaste etwas nach links in Richtung *Langsam*. Schneller wird der Mauscursor, wenn Sie das Kästchen nach rechts schieben. Die Auswirkungen können Sie sofort am Bildschirm ausprobieren. Gefällt Ihnen die Bewegungsart der Maus, vergessen Sie nicht, die Dialogbox mit einem Klick auf *OK* zu bestätigen.

Hinweis: *Sofern Sie bereits eine moderne Version des Maustreibers installiert haben, erscheint nach Anwählen der Funktion* Maus *in der* Systemsteuerung *eine umfangreiche Dialogbox. Durch Auswählen der Befehlsfläche* Empfindlichkeit *erreichen Sie die hier beschriebene Funktion.*

Klickklickklick - den Speed bestimme ich!

Fast schon das A und O der Bedienung von Windows ist das Doppelklicken. Per Doppelklick aktiviert man Symbole und/oder Funktionen. Da jeder Mensch ein anderes Verhältnis zum Tempo hat, mit dem genau das geschehen soll, haben Sie die Möglichkeit, Windows wissen zu lassen, was noch als Doppelklick betrachtet werden soll und was schon als zwei voneinander völlig unabhängige „Klicks".

Tip 178

Teilen Sie Windows mit, wie schnell Sie klicken wollen, wenn Sie doppelklicken!

Wie schnell Sie klicken wollen, was Sie als zu langsam und was als zu schnell erachten, das können Sie Windows also ver"klick"ern. Die

5 • Wer mit der Maus tanzt

Doppelklickgeschwindigkeit regulieren Sie über die *Systemsteuerung▶ Maus*. In der Dialogbox *Maus* befindet sich die Leiste *Doppelklickgeschwindigkeit*, über die Sie das Tempo beim zweimaligen Klikken vorgeben.

Um diese Doppelklickgeschwindigkeit zu verändern, klicken Sie mit der Maus auf das Kästchen in der Leiste und verschieben es bei gedrückter Maustaste. Probieren Sie anschließend im Testfeld aus, ob die Einstellungen jetzt angenehmer sind. Klicken Sie dazu auf das Feld *Test*; wechselt es seine Farbe, stimmt die Doppelklickgeschwindigkeit.

Auch hier gilt: Sofern Sie bereits eine moderne Version des Maustreibers installiert haben, erscheint nach Anwählen der Funktion Maus *in der* Systemsteuerung *eine umfangreiche Dialogbox. Durch Auswählen der Befehlsfläche* Empfindlichkeit *erreichen Sie die hier gemeinte Funktion.*

Mauseinstellungen verloren?

Vielleicht kennen Sie ja kleine Alltagssorgen wie diese: Sie haben die Maus mit Hilfe des Maus-Managers oder der Systemsteuerung auf Ihre speziellen Bedürfnisse angepaßt, doch beim nächsten Windows-Start eiert die Maus wieder wie eh und jeh über den Bildschirm. Sie müssen die Einstellungen schon wieder vornehmen und fragen sich mit gutem Grund, warum.

Tip 179 *Wenn Korrekturen nicht greifen, die sich auf die Maus beziehen, überprüfen Sie die Systemdatei MOUSE.INI und schützen Sie sie ggf. vor etwaigen Änderungen!*

Alle Einstellungen der Maus werden in der Systemdatei MOUSE.INI festgehalten. Sie ist entweder im Verzeichnis des Maus-Managers oder im Windows-Verzeichnis (\WINDOWS) abgelegt. Damit Veränderungen an den Einstellungen dauerhaft festgehalten werden, muß Windows in die Datei hineinschreiben können. Dazu darf die Datei auf keinen Fall schreibgeschützt sein.

Überprüfen Sie deshalb im Zweifelsfalle mit Hilfe des Datei-Managers, ob das Read-Only-Attribut der Systemdatei gesetzt ist, und löschen Sie es gegebenenfalls. Nur dann können Veränderungen an der Mauskonfiguration auch über das Ende der aktuellen Windows-Sitzung hinaus gespeichert werden.

Umgekehrt gilt natürlich: Wenn Sie eine Einstellung für die Maus gefunden haben, die Ihnen ganz besonders zusagt, dann schützen Sie die Maus-Systemdatei durch Setzen des Read-Only-Attributes vor weiteren Veränderungen - und konservieren Sie dadurch die aktuellen Einstellungen.

Eine maßgeschneiderte Maus

Wer eine Microsoft-Maus sein eigen nennt (oder eine dazu vollkommen kompatible), der sollte eigentlich nicht nur den entsprechenden Maustreiber installieren, sondern auch all die andere Software, die auf der mitgelieferten Diskette enthalten ist. Die mitgelieferte Maus-Software ermöglicht es nämlich, diverse Eigenschaften der Maus für die individuellen Bedürfnisse maßzuschneidern – und das ziemlich komfortabel.

Tip 180: Nehmen Sie sich mal ein Viertelstündchen Zeit: Installieren Sie den Maus-Manager, und konfigurieren Sie die Maus nach Ihren persönlichen Ansprüchen!

Doppelklickgeschwindigkeit und Mauszeigergeschwindigkeit - das sind zwei Eigenschaften, die man auch mit Hilfe der „normalen" Windows-Systemsteuerung regeln kann. Der sogenannte *Maus-Manager* bietet noch eine Reihe weiterer Möglichkeiten an: Sie können damit beispielsweise das Aussehen der Mauszeiger oder das der Mausspur einstellen. Und wenn Sie die Maus nicht immer ganz gerade über den Tisch schieben sollten: Macht nichts, der Maus-Manager läßt Sie einmal die Maus auf ein Ziel zu bewegen, und ab sofort „weiß" der Maustreiber dann, was für Sie oben und unten ist. Damit wird die Maus endlich dem Bediener untergeordnet und nicht mehr umgekehrt.

Der Maus-Manager ist seit einiger Zeit Bestandteil der offiziellen Microsoft-Treiberdiskette. Der Manager arbeitet natürlich auch mit allen anderen Microsoft-kompatiblen Mäusen zusammen – doch dazu muß er gekauft werden, er ist weder Freeware noch Shareware.

Hinweis: Zur Installation der Maus-Software ist es nur notwendig, die zur Maus gehörige Diskette in das entsprechende Laufwerk zu legen und das auf der Diskette befindliche Installationsprogramm SETUP.EXE auszuführen. Dadurch wird der Maus-Manager und alles, was dazu gehört, vollauto-

5 • Wer mit der Maus tanzt

matisch installiert. Der Rechner wird dabei einmal neu gestartet. Nach der Installation werden Sie einmal durch das gesamte Programm geführt. Sie können bereits zu diesem – oder zu jedem beliebigen späteren – Zeitpunkt die gewünschten Einstellungen vornehmen.

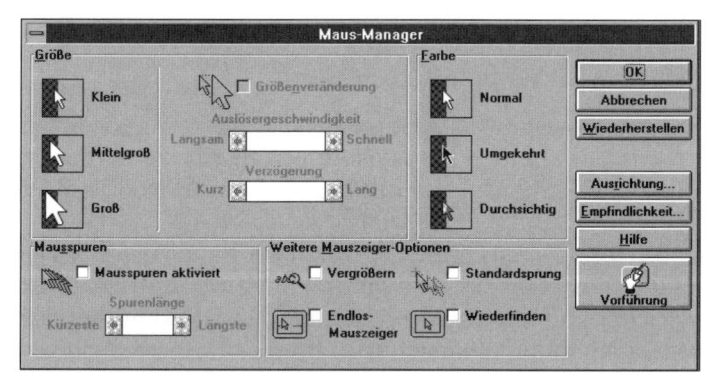

Wie soll der Mauszeiger aussehen?

Den Maustasten Leben einhauchen

Jede PC-Maus verfügt über mindestens zwei Tasten. Von Windows genutzt wird im Grunde genommen nur eine, die linke, sofern Sie sich nicht als Linkshänder zu erkennen gegeben und die Bedeutung der beiden Tasten vertauscht haben. Damit die Maustasten nicht länger ungenutzt bleiben, haben die Entwickler dem optionalen Maus-Manager eine Funktion spendiert, mit der man mit Hilfe der Maustasten verschiedene Spezialfunktionen aktivieren kann.

Tip 181

Machen Sie Ihre Maus ein wenig intelligenter: Mit Hilfe des optionalen Maus-Managers kann man den beiden Maustasten verschiedene Spezialfunktionen zuordnen.

Es gibt einen in meinen Augen äußerst begrüßenswerten Service, der Ihnen vom Maus-Manager geboten wird: Sie können die beiden Maustasten mit Funktionen belegen, über die man normalerweise nicht verfügt. So ist es zum Beispiel möglich, den Bildschirmausschnitt rund um den Mauscursor auf Wunsch vergrößert darzustellen. Oder Sie positionieren den Mauscursor auf Tastendruck in die Bildschirmmitte, wo Sie ihn ganz leicht finden.

Es stehen Ihnen insgesamt sechs verschiedene Tastenkombinationen zur Auswahl, um die genannten Funktionen zu aktivieren:

- [Alt] und primäre Maustaste
- [Alt] und sekundäre Maustaste
- [Strg] und primäre Maustaste
- [Strg] und sekundäre Maustaste
- [⇧] und primäre Maustaste
- [⇧] und sekundäre Maustaste

Die primäre Maustaste ist normalerweise die linke; haben Sie die Bedeutung der beiden Maustasten vertauscht, ist es die rechte. Die primäre Maustaste ist jene, mit der Sie bei der Arbeit mit Windows klicken. Die sekundäre ist jeweils die andere. Die Funktionen *Vergrößern* und *Wiederfinden* können Sie im Maus-Manager jeweils einer der oben genannten sechs Tastenkombinationen zuordnen. Durch Betätigen von [Alt] und der linken Maustaste können Sie beispielsweise den Mauscursor in die Bildschirmmitte positionieren.

> *Hinweis: Wenn Sie den Maus-Manager installieren, wird dieser automatisch in die Systemsteuerung eingebunden. Das heißt, wenn Sie nach der Installation in der Systemsteuerung die Funktion* Maus *aktivieren, wird automatisch der komfortable Maus-Manager aktiv. Berücksichtigen Sie das bitte, wenn Sie mit den obigen Tips arbeiten.*

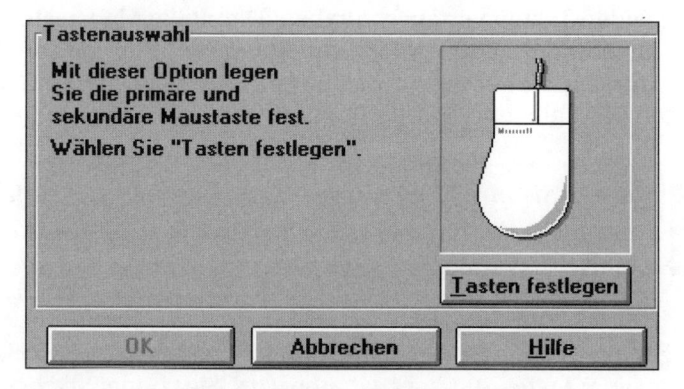

Geben Sie den Tasten eine individuelle Bedeutung!

5 • Wer mit der Maus tanzt

Das Maus-Icon braucht keine eigene Gruppe!

Wenn Sie die Microsoft-Maus-Software per Setup installieren, legt das Installationsprogramm normalerweise automatisch eine Programmgruppe *Maus* an. In dieser Gruppe ist nicht mehr und nicht weniger als das Icon für die Maussteuerung untergebracht. Reine Platzverschwendung, finden Sie nicht auch?

Tip 182 *Kopieren Sie das Maus-Icon in eine andere Programmgruppe, zum Beispiel in die Programmgruppe Zubehör, und löschen Sie anschließend die Programmgruppe Maus.*

Vor allem, wenn man ohnehin schon über eine ganze Reihe von Programmgruppen verfügt, erleichtert es die Übersicht am Bildschirm ungemein, für ein einziges Maus-Icon nicht extra über eine separate Programmgruppe zu verfügen. Kopieren Sie deshalb das Programm-Icon zum Beispiel in die Programmgruppe *Zubehör*. Dort ist es auch gut aufgehoben.

Vorsicht vor Maus-Manager 8.2

Wer seine Maus mit Hilfe des Microsoft-Maus-Managers konfigurieren möchte, die Hinweise weiter oben legen diese Idee ja wohl auch nahe, sollte einmal einen Blick auf die Versionsnummer der Maus-Software werfen. Sie können dadurch nämlich kleinere Komplikationen vermeiden.

Tip 183 *Verwenden Sie die Maus-Manager-Version 8.2, so lehnen Sie das Angebot des Managers ab, nach der Einstellung der Maus den Rechner neu zu starten!*

Ein wirklich nett gemeintes Angebot - aber es taugt nichts! Wenn man auf *Neu starten* klickt, startet der Rechner nicht etwa neu, sondern er hängt sich auf. Und das ist sicherlich nicht im Sinne des Erfinders! Beenden Sie also Windows lieber manuell, führen einen Warmstart durch (Reset) und starten Windows danach erneut.

666 ganz legale Windows-Tricks

Maus ruckt und zuckt?

In der Welt der EDV muß man mit jeder Menge Tücken leben. So kann es zum Beispiel passieren, daß Ihre Maus ruckt und zuckt, obwohl sie bislang immer schön brav über den Bildschirm huschte. Ich gebe Ihnen recht: Da kann man schon mal verzweifeln. Was man wissen muß: Die Launenhaftigkeit der Maus könnte eventuell an der Installation von MS-DOS 6 liegen.

Tip 184 *Wenn die Maus ruckt und zuckt, dann verwenden Sie probeweise den Maustreiber, der zur neuen DOS-Version gehört!*

Der aktualisierte Maustreiber befindet sich nach der Installation von MS-DOS 6 normalerweise im DOS-Verzeichnis. Tauschen Sie Ihren alten DOS-Maustreiber gegen seinen Nachfolger aus, gibt die Maus normalerweise ihre ruckartigen Bewegungen wieder auf. Ein Versuch ist es zumindest wert.

Kapitel 6
Den Desktop organisieren

Bringen Sie Farbe ins Spiel   194

Lauter Icon-Zaubereien   201

Fenster vom Feinsten   210

Ganz schön schön: Schoner   214

Hintergrundmalereien   226

Tips mit Pfiff   232

Bringen Sie Farbe ins Spiel

Die kunterbunte Windows-Welt

Wenn Sie Windows zum ersten Mal starten, präsentiert es sich normalerweise in den Standardfarben: blaue Titelleisten, graue Symbolleisten und Rollbalken, und das alles bei grauem Hintergrund. Alles in allem ein recht schmuckes Bild. Wer es jedoch etwas extravaganter liebt, sollte mal ein anderes Farbmuster ausprobieren.

Tip 185

Gestalten Sie Ihr individuelles Desktop: Streichen Sie Windows kunterbunt an.

Farbeimer und Pinsel können Sie sich dabei zum Glück sparen. Schließlich hält Windows in der *Systemsteuerung* die Steuerungskomponente *Farben* bereit, mit der Sie auf denkbar bequeme Weise Pepp in Ihre Benutzeroberfläche bringen. Klicken Sie dazu doppelt auf das Icon *Farben*. Eine Dialogbox erscheint - die Malerei kann beginnen. Öffnen Sie das Menü *Farbschemata* (Sie klicken dazu auf den nach unten weisenden Pfeil des Listenfeldes). Es erscheint eine Liste mit einer Reihe vorbereiteter Farbschemata. Von „Plasma-Power-Saver" (bedrohlich blutrot, lila und schwarz) bis „Hotdog-Stand" (majogelb und ketschuprot) reicht die nicht immer geschmacksichere Palette der Designer.

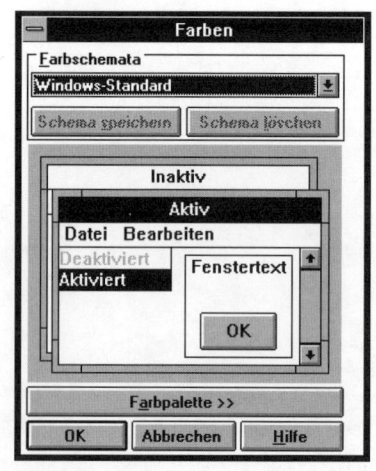

Welches Farbschema darf's sein?

6 • Den Desktop organisieren

Nicht immer sind die Namen der Muster aussagekräftig. Oder was würden Sie hinter den Mustern „Rugby" oder „Valentin" vermuten? Da hilft wirklich nur eines: Ausprobieren! Sobald Sie ein Muster aus der Liste ausgewählt haben, erscheint innerhalb der Dialogbox eine Kostprobe. Gefällt Ihnen das Design nicht, öffnen Sie einfach erneut die Liste *Farbschemata* und wählen ein neues Schema aus.

Trifft ein Muster Ihren Geschmack, bestätigen Sie die Dialogbox durch Anklicken von OK. Die neuen Farben werden dann sofort übernommen und werden auch beim nächsten Windows-Start verwendet.

Nichts von der Stange

Sollten Ihnen die von Windows angebotenen Standard-Farbschemata nicht gefallen, oder wenn Sie grundsätzlich nichts von der Stange nehmen, so ist auch das kein Problem: Für Individualisten ist hinreichend gesorgt. Sie können sich eigene Farbkombinationen zusammenstellen.

Tip 186

Gehen Sie erneut über die Funktion Farben *der Systemsteuerung in die Dialogbox* Farben. *Klicken Sie dort bitte auf die Befehlstaste* Farbpalette. *Die Dialogbox wird nach rechts erweitert. Jetzt haben Sie die Möglichkeit, jedem Element des Desktops eine Wunschfarbe zuzuweisen.*

Am besten, Sie wählen als Ausgangspunkt für Ihre eigene Farbkreation ein bereits bestehendes Schema aus, das Ihren Vorstellungen bereits recht nah´ ist. Danach ändern Sie die Farben der einzelnen Elemente. Sie haben dazu zwei Möglichkeiten: Entweder Sie klicken im Musterfeld das betreffende Bildschirmelement an, oder Sie markieren es in der Liste *Bildschirmelement*.

Nicht alle Bildschirmelemente werden im Musterfeld angezeigt (und nur die können mit der Maus angeklickt werden). Wollen Sie Komponenten wie den „Schaltflächenschatten" oder gar die „Schaltflächenkante" farblich ändern, müssen Sie diese über die Liste Bildschirmelement *auswählen.*

Nachdem Sie das einzufärbende Bildschirmelement ausgewählt haben, klicken Sie im Bereich *Grundfarben* auf die gewünschte Farbe.

Weisen Sie auf diese Weise jedem Element, das Sie farblich verändern möchten, einen neuen Farbton zu. Entspricht die neue Farbgebung in toto Ihrem Geschmack, dann bestätigen Sie die Box.

Für ganz Kreative: Farben selbst anrühren

Genau 48 Farben bietet Windows Ihnen von Hause aus zum Anfertigen eigener Farbschemata an – die Farben erscheinen alle in einer Palette, wenn Sie die Befehlstaste *Farbpalette* anklicken. Eigentlich schon eine ganz anständige Auswahl. Dennoch: Wem das noch nicht reicht, der wird von Windows nicht enttäuscht.

Tip 187 *Wenn Ihnen die Standardfarben von Windows nicht ausreichen, dann rühren Sie eigene Farben an. Färben Sie damit dann die Bildschirmelemente ein!*

Zusätzlich zu den standardmäßig angebotenen Grundfarben können Sie maximal 16 eigene Farbtöne anmischen. Dazu klicken Sie in der Dialogbox *Farben* auf die Befehlsfläche *Farbpalette* und dann *Farben definieren*. Eine weitere Dialogbox wird eingeblendet. Sie enthält auf der linken Seite ein Farbspektrum. Am einfachsten mixen Sie einen individuellen Farbton, indem Sie auf die Stelle in der Skala klicken, die Ihren Wunsch-Farbton wiedergibt.

Wenn Sie möchten, können Sie jetzt noch die Helligkeit der Farbe über die Helligkeitsleiste links neben dem Spektrum regulieren. Klicken Sie dazu auf die gewünschte Position auf der Leiste. Je höher Sie klicken, desto heller erscheint die Farbe.

Entspricht der Ton schließlich Ihren Vorstellungen, klicken Sie auf dasjenige Kästchen in der rechten Fensterseite (*selbstdefinierte Farben*), das den neuen Ton aufnehmen soll. Wählen Sie danach die Befehlsfläche *Hinzufügen*. Auf diese Weise können Sie nacheinander alle Kästchen füllen.

Die bis zu 16 *selbstdefinierten Farben* können Sie anschließend genauso selbstverständlich für die verschiedenen Bildschirmkomponenten verwenden wie die diversen Windows-Grundfarben.

6 • Den Desktop organisieren

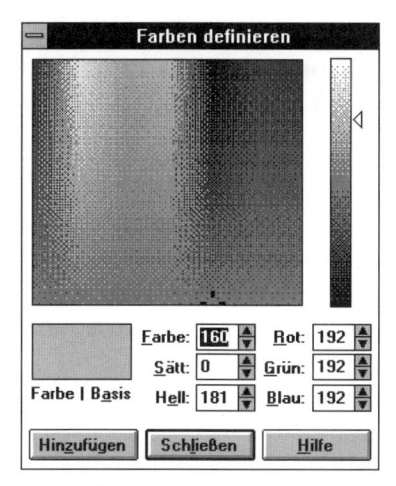

Im Farbspektrum können Sie sich Ihren Lieblingsfarbton zusammenstellen

Bringen Sie Farbe ins Hilfesystem

Das Hilfesystem ist eine nützliche Sache: Ein paar Klicks, und schon wird man mit klugen Ratschlägen zur aktuellen Situation versorgt (jedenfalls meistens). Wer häufig mit der On-line-Hilfe arbeitet, möchte möglicherweise auch die im Hilfesystem verwendeten Farben nach individuellen Aspekten gestalten. Doch die Steuerungskomponente *Farben* der *Systemsteuerung* hilft da leider nicht weiter – das Windows-Hilfesystem hat seine eigene Farbplatte.

Tip 188

Verändern Sie die Farbgestaltung des Hilfesystems: Stichwörter können in jeder beliebigen Farbe erscheinen.

Grün ist die Farbe der Hoffnung, mögen sich die Designer des Hilfesystems vielleicht gedacht haben. Jedenfalls werden alle Stichwörter im Hilfesystem, die zu weiteren Hilfetexten führen, in giftgrün dargestellt. Wer Giftgrün nicht gerade zu seinen Lieblingsfarben rechnet (ich tu´s nicht), der kann die zudem unterstrichenen Stichwörter beliebig kolorieren.

Um die Farbe für die Stichwörter im Hilfesystem festzulegen, laden Sie die Systemdatei WIN.INI in einen geeigneten Editor. Suchen Sie in der Systemdatei nach dem folgenden Abschnitt:

```
[Windows Help]
```

Nur ein kleiner Tip: Zwischen *Windows* und *Help* muß ein Leerzeichen eingegeben werden. In der genannten Sektion finden Sie wahrscheinlich folgende Anweisung (die nicht unbedingt exakt genauso lauten muß):

`JumpColor=000 127 000`

Die drei Zahlengruppen in dieser Anweisung stehen für die (relativen) Anteile der Grundfarben Rot, Grün und Blau. Hier sind jeweils Werte von 0 bis 255 möglich. Der voreingestellte Wert 000 127 000 bedeutet: Kein Rot, ziemlich viel Grün und kein Blau.

Verändern Sie diese Werte nach Ihrem Geschmack. Mögen Sie vielleicht ein kräftiges Rot mit einem zarten Blaustich? Dann versuchen Sie doch mal die Kombination:

`JumpColor=200 000 050`

Oder wie wär's mit einem satten Blau, das Anklänge von Rot und Grün nur noch ahnen läßt? Dann verwenden Sie folgende Anweisung:

`JumpColor=040 040 155`

Probieren Sie aus, welche Farbe Ihnen im Hilfesystem am besten gefällt. Wenn Sie die geänderte Systemdatei WIN.INI gespeichert haben, werden die neuen Farben sofort übernommen. Sie müssen dazu nur das Hilfesystem aufrufen.

Die unterstrichenen Zeilen kann man umfärben

6 • Den Desktop organisieren

Rosarote Definitionen

Nicht nur Stichwörter erscheinen in einer anderen Farbe, um aufzufallen. Glossarbegriffe werden ebenfalls durch eine Sonderfarbe hervorgehoben (hinter Glossarbegriffen verbergen sich zusätzliche Informationen, die auf „Anfrage" – sprich durch Anklicken – angezeigt werden). Sicher ahnen Sie es schon: Natürlich können Sie auch die Farbe der angezeigten Glossarbegriffe frei bestimmen.

Tip 189
Auch Glossarbegriffe erscheinen in einer speziellen Farbe. Wählen Sie dazu eine Farbe Ihres Geschmacks.

Die Farbinformationen für Glossarbegriffe werden ebenfalls in der Systemdatei WIN.INI definiert. Laden Sie die Systemdatei dazu in einen geeigneten Editor, und positionieren Sie den Cursor in die folgende Sektion:

`[WindowsHelp]`

Hier steht nicht nur geschrieben, welche Farbe für Stichwörter verwendet werden soll, sondern auch, welche für Glossarbegriffe angesagt ist, und zwar mit Hilfe der folgenden Anweisung:

`PopupColor=080 000 020`

Bevorzugen Sie einen anderen Farbton, können Sie die Rot, Grün- und Blauwerte selbstverständlich beliebig verändern. Tragen Sie einfach hinter dem Gleichheitszeichen die gewünschten Werte ein.

Auch die Farben der Glossareinträge kann man verändern

Die Farbskala für die Villa Kunterbunt

Das Einfärben der verschiedenen Elemente im Hilfesystem ist möglicherweise eine der nettesten Unwichtigkeiten, die es unter Windows überhaupt gibt. Ich kenne Leute, die Stunden damit verbringen, den richtigen Ton für's Hilfesystem herauszufinden.

Tip 190 *Eine Farbskala hilft dabei, die Farben für Stichwörter und Glossarbegriffe im Hilfesystem festzulegen.*

Nun kann man die Art und Weise, wie man in der WIN.INI die Farben für Stichwörter und Glossarbegriffe definiert, ja leider nicht eben als komfortabel oder leicht zu durchschauen bezeichnen. Die folgende Tabelle soll ein wenig dabei helfen, die Farben für Stichwörter und Glossarbegriffe festzulegen.

Rotanteil	Grünanteil	Blauanteil	Farbton
255	000	000	reines Rot
000	255	000	reines Grün
000	000	255	reines Blau
000	000	000	Schwarz
127	000	127	Lila
020	100	100	Türkis

6 • Den Desktop organisieren

Lauter Icon-Zaubereien

Aus eins mach zwei: Icons kopieren

Geht es Ihnen auch so: Manchmal – komischerweise vor allem dann, wenn es besonders schnell gehen soll – ist das so dringend gesuchte Programm-Icon einfach nicht auffindbar. In welcher Programmgruppe steckt das verflixte Symbol bloß? Wenn man erst einmal eine Zeit lang mit Windows gearbeitet hat, gibt es nicht nur zahllose Programmsymbole, sondern ebenso zahlreiche Programmgruppen. Das macht das Auffinden einzelner Symbole auch nicht leichter. Um sich die lästige Sucherei zu ersparen, ist man gut beraten, besonders wichtige Icons in mehreren Programmgruppen parat zu haben.

Tip 191
Besonders häufig benötigte Icons sollte man in allen wichtigen Programmgruppen bereithalten!

Zum Glück ist das Kopieren eines Programmsymbols eine ganz leichte Angelegenheit: Am bequemsten erledigen Sie das mit Hilfe der als „Drag and Drop" bekannten Bedienungstechnik.

Hinweis: Sie haben es beim Kopieren besonders leicht, wenn Sie die betroffenen Programmgruppenfenster zuvor beide öffnen und nebeneinander anordnen (Funktion Fenster ▶ Nebeneinander*).*

Drücken Sie zuerst auf die [Strg]-Taste, und halten Sie sie gedrückt. Klicken Sie danach auf das betreffende Icon, das Sie in eine andere Programmgruppe kopieren wollen. Halten Sie die Maustaste gedrückt, und ziehen Sie das Schattensymbol an sein Ziel, sprich in die Programmgruppe, in die es kopiert werden soll. Dort lassen Sie die Maustaste und die [Strg]-Taste wieder los. Das Programm-Icon ist nun doppelt vorhanden – unser Ziel ist erreicht. Den Vorgang können Sie natürlich beliebig häufig wiederholen.

666 ganz legale Windows-Tricks

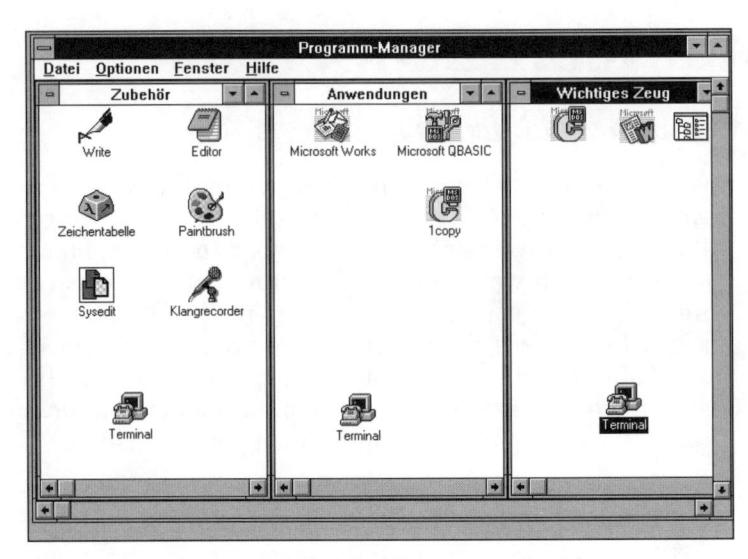

Das Icon Terminal *ist in allen drei Fenstern vorhanden*

Icons umsiedeln

Eigentlich – so fährt es Ihnen plötzlich durch den Kopf – würde das Icon für die teure Textverarbeitung doch viel besser in die andere Programmgruppe passen. Auch das ist dank Drag and Drop zum Glück kein Problem: Vielmehr als die Maus bedienen muß man dafür nicht können.

Tip 192 *Um ein Icon zu verschieben, benutzen Sie die Maus: Durch Drag and Drop ist der Umzug ein Kinderspiel.*

Klicken Sie das umzusiedelnde Symbol mit Hilfe der Maus an. Halten Sie die Maustaste gedrückt und ziehen das markierte Icon in die neue Programmgruppe (die Taste [Strg] betätigen Sie dabei *nicht*, damit *kopieren* Sie ein Icon). Lassen Sie die Maustaste erst im Ziel wieder los. Und voilà: Schon ist das Icon wie gewünscht verschoben. Im Hintergrund erledigt Windows alle erforderlichen Verwaltungsaufgaben.

Hinweis: Wenn Sie wollen, daß ein Icon in zwei Programmgruppen vorhanden ist, müssen Sie es kopieren. Wie das geht, können Sie im Tip „Aus eins mach zwei" nachlesen.

202

6 • Den Desktop organisieren

Letzter Schliff: Icon-Unterschriften nach Wahl

Da haben Sie sich alle erdenkliche Mühe gegeben, die Programmsymbole im Programm-Manager optimal zu organisieren. Eigentlich sind Sie ganz zufrieden. Aber halt: Die Icon-Unterschriften, die könnten eigentlich etwas ansprechender aussehen. Wenn die Unterschriften nicht Ihrem Geschmack entsprechen oder auf dem tragbaren PC nur schwer zu lesen sind, dann sollten Sie Hand anlegen.

Tip 193

Geben Sie den Icons den letzten Schliff, indem Sie die Schriftart der Icon-Unterschriften ändern!

Was man wissen muß: Es gibt keine Funktion in der Systemsteuerung, mit der man das bewerkstelligen könnte. Sie müssen vielmehr eine kleine Eintragung in der Systemdatei WIN.INI vornehmen. Laden Sie die Systemdatei deshalb in einen geeigneten Editor, zum Beispiel in den Systemkonfigurations-Editor *Sysedit*. Suchen Sie in der Systemdatei nach folgendem Abschnitt (meistens der zweite):

[Desktop]

Wenn Sie zum Beispiel die TrueType-Schrift „Arial" in einer Größe von 12 Punkt (Schriften werden in der Größenordnung *Punkt* angegeben) bevorzugen sollten, dann fügen Sie in der WIN.INI folgende zwei Anweisungen ein:

```
IconTitleFaceName=Arial
IconTitleSize=12
```

Sollten die Anweisungen bereits existieren, dann korrigieren Sie sie entsprechend. Der Name für die verwendete Schrift muß ganz exakt angegeben werden, und zwar so, wie sie auch in den meisten Anwendungen erscheinen. Kleiner Tip: In der Sektion [fonts] finden Sie alle bekannten Schriftarten.

Wenn Sie die Icon-Unterschriften lieber in fetter Darstellung wünschen, dann bedienen Sie sich der optionalen Anweisung *IconTitleStyle*. Der Wert 1 hinter dem Gleichheitszeichen läßt alle Icon-Unterschriften in fetter Schrift erscheinen, während der Wert 0 (oder das Fehlen der Anweisung) die Icon-Unterschriften in normaler Schrift präsentiert:

```
IconTitleStyle=1
```

666 ganz legale Windows-Tricks

Nach dem Speichern der Systemdatei müssen Sie Windows erst neu starten, damit die Korrekturen greifen. Danach erscheinen die Icon-Unterschriften in der gewählten Schrift und der gewählten Größe. Falls jetzt - je nach gewählter Größe - Überlappungen bei den Icon-Unterschriften auftreten, vergrößern Sie den Abstand zwischen den einzelnen Icons. Wie das geht, erfahren Sie im nächsten Trick.

Die Bilderwelt zusammenrücken

Wie von Geisterhand geführt, halten die am Bildschirm dargestellten Symbole artig, ja fast schon ein wenig respektvoll einen ganz bestimmten Abstand voneinander. Keine Frage: Wenn man gerne möglichst viele Icons auf dem Bildschirm hat, kann es ärgerlich sein, wenn nicht alle Symbole auf dem Desktop Platz haben. Und der Abstand zwischen den Icons ist ganz entscheidend für die Frage, wie viele Icons auf einmal auf dem Bildschirm passen.

Tip 194
Wer mehr Icons sehen möchte, der rückt sie einfach näher zusammen. Ändern Sie den Abstand zwischen den Icons!

Gehen Sie dazu in die *Systemsteuerung*, und klicken Sie auf das Icon *Desktop*. In der unteren rechten Ecke der Dialogbox befindet sich die Rubrik *Symbole*. In der Zeile *Symbolabstand* ist ein Standardwert von 100 Pixeln eingetragen. Ändern Sie ihn auf 80 - dann haben Sie zwei Fliegen mit einer Klappe geschlagen: Die Symbolunterschriften sind nach wie vor gut lesbar und der Zwischenraum zwischen den Icons wird spürbar verringert.

Hinweis
Wenn Sie eine alternative Schriftart für die Icon-Unterschriften verwenden, kann es natürlich sein, daß Sie die Abstände zwischen den Icons vergrößern müssen.

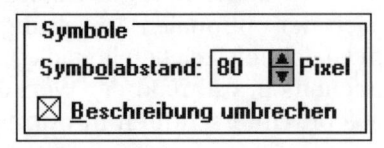

80 Pixel Abstand genügen als Icon-Zwischenraum

6 • Den Desktop organisieren

Icons vertikal zusammenrücken

Wenn Sie den vorangehenden Tip zum Zusammenrücken der Icons bereits kannten, dann werden Sie vielleicht erstaunt sein, daß man die Programmsymbole sehr wohl auch vertikal verrücken kann – ein weitgehend unbekannter Befehl in der Systemdatei macht´s möglich.

Tip 195
Um möglichst viele Icons gleichzeitig auf dem Bildschirm darzustellen, verringern Sie den vertikalen Abstand zwischen den Icons.

Sie sehen: Leider läßt sich der vertikale Symbolabstand nicht ganz so bequem bestimmen wie der horizontale. Aber es ist dennoch machbar: Laden Sie dazu die Systemdatei WIN.INI in einen geeigneten Editor. Am besten verwenden Sie dazu den Windows-eigenen Systemkonfigurations-Editor *SysEdit*. Suchen Sie in der Systemdatei nach dem Abschnitt:

`[Desktop]`

Meistens ist [Desktop] die zweite Sektion in der WIN.INI. Fügen Sie in diese Sektion die folgende Anweisung ein (sie wird es in 99,9% aller Fälle noch nicht geben):

`IconVerticalSpacing=60`

Der Wert hinter dem Gleichheitszeichen muß zwischen 1 und 100 liegen und bestimmt den vertikalen Pixelabstand der Symbole. Die Standardeinstellung ist 70 Pixel; platzsparender und dennoch gut übersichtlich fällt die Oberfläche bei einer Einstellung von 60 Pixel aus. Probieren Sie´s aus! Leider muß man Windows neu starten, um das Ergebnis bewundern zu können.

Ein Mittel gegen Bandwurmunterzeilen

Wo wir schon mal so schön bei den Icon-Unterschriften sind, können wir uns gleich noch mit einem anderen Thema beschäftigen. Egal, wie großzügig Sie den Symbolabstand definiert haben: Wenn die Icon-Unterschriften stets einzeilig sind, ist es vorbei mit dem ansprechend aussehendem Desktop.

Tip 196
Icon-Unterzeilen kann man auch umbrechen, so daß lange Unterschriften auf mehrere Zeilen ausgedehnt werden!

205

Klicken Sie dazu in der Dialogbox *Desktop* auf die Option *Beschreibung umbrechen* in der Rubrik *Symbole*. Wenn Sie die Box bestätigen, werden die Icon-Unterschriften - je nach Länge - in mehreren Zeilen dargestellt. Umbrochen wird jeweils automatisch an Leerstellen. Das ist vor allem bei längeren Icon-Unterschriften ein einfacher Weg, um den Desktop übersichtlicher zu gestalten.

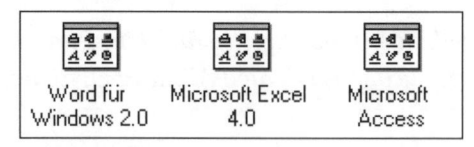

Zweizeilige Unterzeilen

Nackte Icons: Symbole ohne Unterzeilen

Daß unter dem imposanten Icon von *Word für Windows* schlicht „WinWord" steht und unter dem für *Excel für Windows* nur „Excel" zu lesen ist, ist ein Zeichen von Genügsamkeit. Die Abkürzungen sagen uns ja schon ganz gut, was sich hinter den Sinnbildern verbirgt. Manches Sinnbild ist so aussagekräftig, daß man auf eine Unterschrift auch ganz verzichten könnte. Das ist durchaus möglich!

Tip 197
Löschen Sie die Icon-Unterzeilen!

Klicken Sie dazu das entsprechende Icon einmal an, und betätigen Sie gleichzeitig die [Alt] und die [⏎]-Taste. Die Dialogbox *Programmeigenschaften* erscheint. In der ersten Zeile, *Beschreibung*, steht das, was unter dem Icon erscheint. Löschen Sie diesen Eintrag, und geben Sie als neuen Untertitel ein einzelnes Leerzeichen ein. Wenn Sie die neuen Einstellungen nun mit [⏎] bestätigen, erscheint das betreffende Icon im Programm-Manager unterschriftslos.

Hinweis: Es reicht nicht aus, den bestehenden Eintrag nur zu löschen: Windows trägt bei einem leeren Beschreibungsfeld automatisch den kompletten Dateinamen der Programmdatei (ohne Endung) als Programmbeschreibung ein.

6 • Den Desktop organisieren

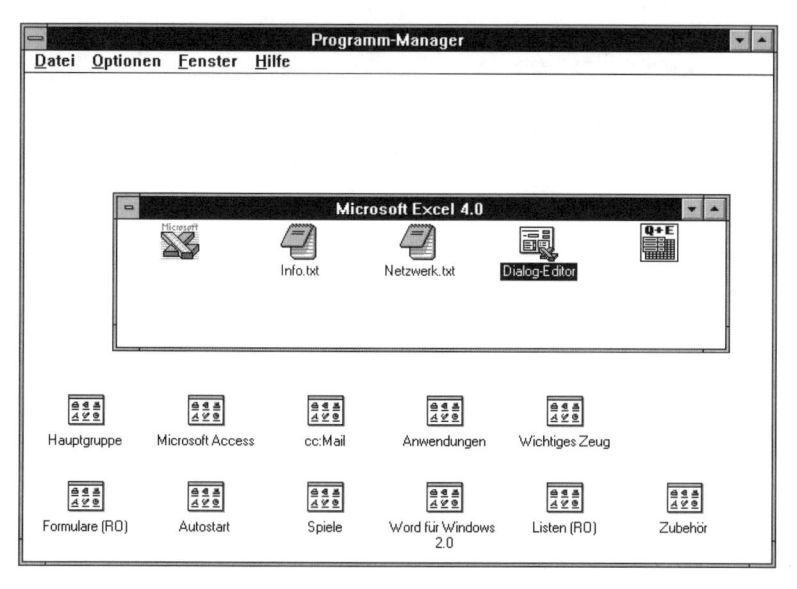

Icons ohne Unterzeilen

Wo stecken die Symbole?

Sie sind sich zwar absolut sicher, daß Sie schon mehrere Anwendungen als Symbol gestartet haben, doch Sie können keinen Hauch von ihnen auf dem Desktop erkennen? Das kann passieren: Sicherlich überlagert ein Fenster die Symbole der aktiven Anwendungen!

Tip 198
Schieben Sie die Fenster so weit vom untersten Bildschirmrand nach oben, bis die Symbole sichtbar werden!

Gehen Sie dazu mit der Maus auf die untere Fensterlinie. Wenn Sie genau gezielt haben, verwandelt sich der Mauscursor jetzt in einen Doppelpfeil. Drücken Sie die Maustaste und halten sie gedrückt. Schieben Sie dabei den unteren Fensterrand nach oben. Da tauchen sie auf, die vermißten Symbole...

666 ganz legale   Windows-Tricks

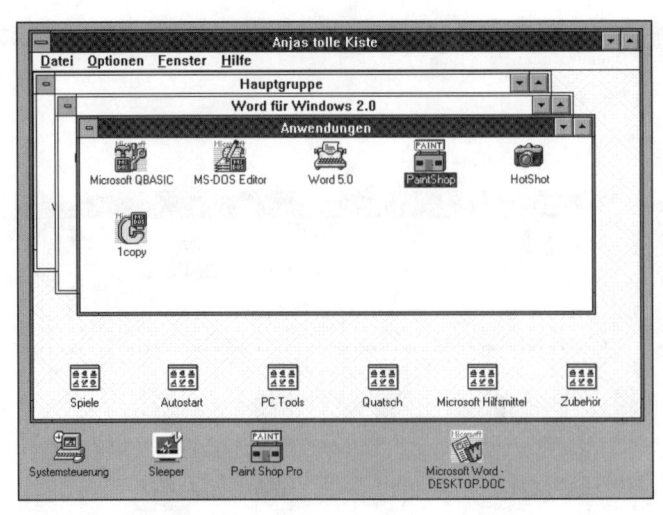

Nur wenn die Fenster nicht die gesamte Hintergrundfläche einnehmen, kann man auch die Symbole der aktiven Anwendungen sehen

Immer schön ordentlich

Wer häufig Icons durch die Gegend schiebt, der sollte dafür sorgen, daß die kleinen Symbole stets in Reih´ und Glied angeordnet sind – damit sich die Icons nicht gegenseitig überlagern und so „unsichtbar" werden. Darüber hinaus kann ein wenig Ordnung nicht schaden: Dadurch behält man leichter den Überblick und findet das Sinnbild, das man sucht.

Tip 199 *Beauftragen Sie Windows einmal ganz offiziell damit, die Icons automatisch übersichtlich anzuordnen!*

Wenn der Programm-Manager grundsätzlich Ordnung halten soll, dann wählen Sie im Programm-Manager den Menüpunkt *Optionen* ▶ *Automatisch anordnen* aus (wenn Sie vor der Option einen Haken sehen, ist die Option bereits aktiv, dann müssen Sie die Funktion nicht noch mal auswählen).

Egal, was Sie danach mit den Symbolen anstellen - Windows wird dafür sorgen, daß kein Icon-Chaos entsteht. Immer, wenn Sie ein Icon verschieben, kopieren oder löschen, organisiert Windows die Icons im betreffenden Gruppenfenster neu – dabei werden übrigens automatisch die von Ihnen definierten Icon-Abstände berücksichtigt.

208

6 • Den Desktop organisieren

In Reih´ und Glied

Sofern Sie auf die automatische Ordnung der Programmsymbole verzichten wollen, wie sie der vorausgehende Tip ermöglicht, sollten Sie sich eine andere Funktion zu Herzen nehmen.

Tip 200

Wenn das Durcheinander in einer Programmgruppe zu groß wird, lassen Sie Windows die Sinnbilder aufräumen.

Die Funktion *Symbole anordnen* im Pull-Down-Menü *Fenster* weist Windows an, die Programmsymbole in der aktuell ausgewählten Programmgruppe zu reorganisieren, sprich: für Ordnung zu sorgen. Windows verwendet automatisch die definierten Symbolabstände. Überlagerungen bei den Sinnbildern sind nach der Reorganisation nicht mehr möglich.

Wenn Sie wollen, daß die Programmsymbole der Programmgruppen grundsätzlich geordnet erscheinen sollen, dann berücksichtigen Sie bitte den vorangehenden Tip *Immer schön ordentlich*.

Fenster vom Feinsten

Ein neues Fenster

Insgesamt fünf Programmgruppen richtet Windows nach der Installation selbständig ein: *Hauptgruppe, Anwendungen, Zubehör, Spiele* und *Autostart*. Wenn Sie ein neues Windows-Programm installieren, wird dafür in der Regel eine neue Programmgruppe eröffnet. Doch Sie können das Zepter auch selbst in die Hand nehmen!

Tip 201 *Bei Bedarf richten Sie eigene Programmgruppen ein!*

Da können Sie dann all das hineinpacken, was nicht so recht in die anderen Gruppen paßt. Der Weg zu mehr Übersichtlichkeit auf dem Bildschirm ist einfach: Wählen Sie im *Programm-Manager* den Befehl *Datei ▶ Neu*. In der daraufhin erscheinenden Dialogbox klicken Sie die Option *Programmgruppe* an. Es erscheint eine weitere Dialogbox: Geben Sie hier in der Zeile *Beschreibung* den Namen des neuen Fensters ein. Dieser wird zukünftig in der Titelleiste des Fensters oder - falls das Fenster auf Symbolgröße geschrumpft wurde - unter dem Programmgruppensymbol erscheinen. Die Zeile *Programmgruppendatei* können Sie getrost leer lassen - Windows regelt das für Sie. Wenn Sie wollen, können Sie aber auch einen Dateinamen angeben (.GRP), in der die Eigenschaften der neuen Programmgruppe verwaltet werden sollen.

Wenn Sie nun mit [↵] bestätigen, erscheint das Fenster sofort auf dem Bildschirm. Danach können Sie es mit den gewünschten Programm-Icons füllen. Wie man Icons in ein Fenster kopiert oder sie dorthin verschiebt, wird weiter unten verraten.

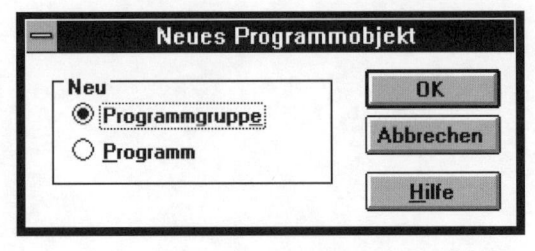

Eine neue Programmgruppe wird eingerichtet

6 • Den Desktop organisieren

Ein Fenster für jeden Benutzer

Wenn kein anderer Mensch jemals Ihren PC anrührt, dann ist dieser Trick nicht wirklich interessant für Sie. Teilen Sie sich das Arbeitsgerät jedoch mit anderen Benutzern, kann es sinnvoll sein, daß sich jeder Anwender ein eigenes Fenster einrichtet.

Tip 202

Wenn sich mehrere Anwender einen Rechner teilen, dann empfiehlt es sich, für jeden eine eigene Programmgruppe unter dem jeweiligen Namen einzurichten!

Wählen Sie dazu im Programm-Manager den Befehl *Datei* ▶ *Neu*, und klicken Sie in der daraufhin erscheinenden Dialogbox die Option *Programmgruppe* an. Nun werden Sie aufgefordert, in der Zeile *Beschreibung* einen Namen für die neue Gruppe anzugeben - tragen Sie hier Ihren eigenen Namen ein. Bestätigen Sie abschließend mit *OK*.

Jetzt ist das zweite Fenster an der Reihe. Wiederholen Sie die genannten Schritte, und tragen Sie entsprechend den Namen des anderen Benutzers ein. Haben Sie für jeden Benutzer ein Gruppenfenster eingerichtet, kopieren Sie in jedes Fenster die Icons, die der jeweilige Anwender häufig benötigt. So hat jeder, der mit Ihrem PC arbeitet, in „seiner" Gruppe sofort all die Programme parat, die er tagtäglich braucht.

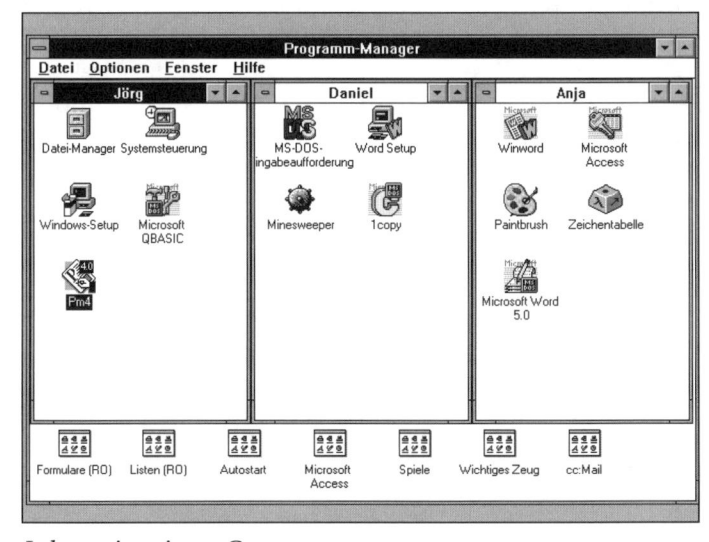

Jedem seine eigene Gruppe

Toolbar selbstgestrickt

Schätzen Sie die Möglichkeiten professioneller Windows-Anwendungen wie *WinWord* oder *Excel*, die es erlauben, sich eigene Toolbars (Funktionsleisten) zu basteln? Und finden es schade, daß das im Programm-Manager nicht möglich ist? Eine waschechte Programm-Manager-Toolbar kann kann ich Ihnen ohne Zusatzprogramme zwar nicht bieten. Doch probieren Sie doch mal eine Alternative.

Tip 203

Basteln Sie sich Ihre ganz persönliche Toolbar: Ein speziell präpariertes Gruppenfenster reicht dafür schon aus.

Erstellen Sie zuerst ein neues Gruppenfenster. Geben Sie ihm einen eindeutigen Namen, z.B. „Meine Toolbar". Kopieren Sie anschließend – am besten mit Hilfe von Drag and Drop – jene Programm-Icons in die neu eingerichtete Programmgruppe, die Sie in Ihrer Toolbar ständig verfügbar haben möchten.

Löschen Sie nun die Icon-Unterschriften der Programmsymbole in der Programmgruppe *Toolbar*, wie in Trick „Nackte Icons" beschrieben. Rücken Sie danach die Icons möglichst eng zusammen. Das klappt allerdings nur dann, wenn Sie im Menü *Optionen* die Option *Automatisch anordnen* deaktiviert haben!

Jetzt müssen Sie das Gruppenfenster so weit verkleinern, daß es die Form einer schmalen Leiste annimmt. Achten Sie darauf, daß keine Bildlaufleisten an den Rändern erscheinen (das Fenster darf also nicht zu klein sein). Klicken Sie abschließend auf die Titelleiste des Tools-Fensters und schieben diese an den obersten Rand des *Programm-Manager*, so daß die Titelleiste ganz verschwindet. Und schon haben Sie einen schönen Ersatz für eine Toolbar.

Die Option Automatisch anordnen *im Pull-Down-Menü* Optionen *darf durchaus wieder aktiviert werden, allerdings müssen Sie dann darauf achten, daß keine Korrekturen mehr in der Programmgruppe* Toolbar *vorgenommen werden – dadurch würden die Icons dann nämlich wieder aufgeräumt.*

6 • Den Desktop organisieren

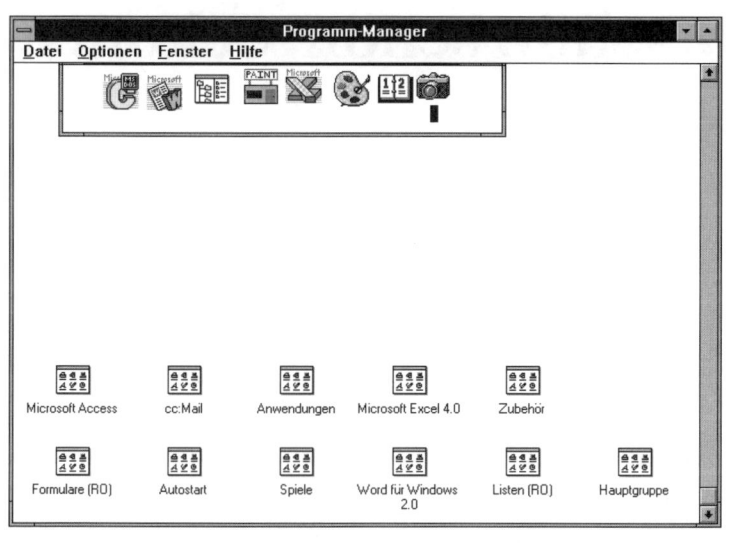

Ihre ganz persönliche Toolbar

Ganz schön schön: Schoner

Pausenbild

Wenn Sie bei der Arbeit am Bildschirm ab und zu Pausen einlegen, dann ist es eine gute Idee, Bildschirmschoner zu verwenden. Dadurch bewahren Sie den Monitor vor größeren Schäden (vor allem verhindert man dadurch das sogenannte „Einbrennen" eines dauerhaft angezeigten Bildes).

Tip 204

Wenn Sie Ihren PC öfters für längere Zeit nicht benutzen, dann verwenden Sie am besten einen Bildschirmschoner, um den Monitor vor größeren Schäden zu bewahren.

Bildschirmschoner schonen nicht nur Ihren Bildschirm, sondern sind obendrein oft auch noch ganz nett anzusehen (und ein riesengroßer Markt: Firmen wie Berkeley Systems leben davon, aufwendige Bildschirmschoner herzustellen und zu verkaufen). Bewegte Motive oder Texte, meist auf dunklem Hintergrund, verhindern, daß etwas zu lange an der gleichen Stelle des Bildschirms verweilt und sich eventuell auf der Mattscheibe „verewigt". Das ist der pragmatische Hintergrund, der wohl schon lange den unterhaltenden Aspekten der Bildschirmschoner gewichen ist.

Um einen der in Windows 3.1 eingebauten Schoner zu installieren, gehen Sie in die *Systemsteuerung* und klicken zweimal auf das Icon *Desktop*. In der Rubrik *Bildschirmschoner* können Sie eine Liste mit den zu Windows gehörigen (und möglicherweise zusätzlich installierten) Schoner aufblättern (*Name*).

Sollte Ihnen eine Bezeichnung (wie etwa „Mystify") nicht vermitteln, was sich dahinter verbirgt, dann klicken Sie auf die Befehlstaste *Test*. Der ausgesuchte Schoner wird dann für einen kurzen Moment angezeigt – bis Sie die Maus bewegen oder eine beliebige Taste betätigen.

Haben Sie sich für einen Schoner entschieden, müssen Sie noch die Zeit angeben, die nach der letzten Tasten- oder Mausbewegung verstreichen soll, bis der Schoner sich einschaltet. In der Zeile *Einschalten nach* können Sie die gewünschte Minutenzahl über die Tastatur eingeben oder mit Hilfe der Pfeiltasten auswählen. Bestätigen Sie abschließend die Dialogbox.

6 • Den Desktop organisieren

Bildschirmschoner sekundengenau

Wann sich ein Bildschirmschoner einschalten soll, können Sie in der Dialogbox *Desktop* der *Systemsteuerung* festlegen. Hier können jedoch „nur" Minutenangaben gemacht werden. Wer möchte, daß sich sein Bildschirmschoner nach exakt 200 Sekunden verdächtiger Ruhe einschaltet, der geht hier leer aus. Zum Glück gibt es aber einen Trick, wie man sekundengenau reagieren kann.

Tip 205

Sie können die Reaktion des Bildschirmschoners sekundengenau einstellen, wenn Sie eine Änderung in der Windows-Systemdatei WIN.INI vornehmen.

Laden Sie dazu die Systemdatei WIN.INI in einen geeigneten Editor. Der entsprechende Befehl, um die Wartezeit des Bildschirmschoners zu bestimmen, wird in der zumeist ersten Sektion der Systemdatei definiert:

`[windows]`

In dieser Sektion suchen Sie nun nach der folgenden Anweisung:

`ScreenSaveTimeOut=`

Die Zahl hinter dem Gleichheitszeichen gibt die Zeit in Sekunden an, die verstreichen muß, bevor sich der Schoner automatisch einschaltet. Die Systemsteuerung übersetzt Ihre Minutenangabe automatisch in die entsprechende Sekundenanzahl. Möchten Sie, daß diese Zeitspanne 200 Sekunden beträgt, muß der Eintrag also wie folgt lauten:

`ScreenSaveTimeOut=200`

Hinweis: *Sofern Sie einen kommerziellen Bildschirmschoner verwenden, der nicht in die Systematik von Windows eingebunden ist, wird die Anweisung allerdings ihre Wirkung verfehlen.*

666 ganz legale Windows-Tricks

```
Systemkonfigurations-Editor - [X:\PERSON/
 Datei  Bearbeiten  Suchen  Fenster
Documents=
DeviceNotSelectedTimeout=15
TransmissionRetryTimeout=45
KeyboardDelay=2
KeyboardSpeed=31
ScreenSaveActive=1
ScreenSaveTimeOut=200
DosPrint=no
CoolSwitch=1
device=HP LaserJet III,HPPCL5A,LPT1:
```

Wann soll sich der Schoner einschalten?

Schonen mit Pfiff

Es gibt einige Bildschirmschoner, die lassen sich nach Ihren individuellen Bedürfnissen gestalten: Sie können die Anzahl der umherflatternden Figuren oder Grafiken festlegen, das Tempo vorgeben oder manchmal auch Texte eingeben, die am Bildschirm erscheinen sollen.

Tip 206 *Einige Bildschirmschoner lassen sich konfigurieren: Verleihen Sie ihnen eine persönliche Note!*

Nachdem Sie einen Bildschirmschoner ausgewählt haben, klicken Sie auf die Befehlstaste *Einrichten*. Ist der Schoner nicht veränderbar, erscheint eine entsprechende Meldung. Versuchen Sie es in diesem Fall mit einem anderen Schoner. In der Dialogbox *Einrichten* können Sie - je nach Schoner - verschiedene Komponenten des Bildschirmschoners verändern.

Enthält der Schoner Text, können Sie hier einen flotten Spruch eintragen und diesen ansprechend formatieren. Besteht der Bildschirmschoner aus Motiven, kann man die Anzahl der Motive (Logos) und die Geschwindigkeit, mit der sie über den Bildschirm huschen sollen, bestimmen.

6 • Den Desktop organisieren

Geben Sie den Bildschirmschoner-Text ein

Ein Schoner als Wächter

Bildschirmschoner werden von sich aus aktiv, wenn eine bestimmte Zeit lang nichts passiert, also keine Taste betätigt und auch die Maus nicht bewegt wird. Also zum Beispiel dann, wenn Sie gerade nicht an Ihrem Arbeitsplatz sind. Wenn sich dann kein anderer Ihrem PC nähern können soll, dann können Sie Ihren Bildschirmschoner mit einer Schutzfunktion betrauen.

Tip 207 *Erweitern Sie die Funktionalität des Bildschirmschoners: Richten Sie einen Kennwortschutz ein!*

Klicken Sie dazu nach der Auswahl Ihres Lieblingsschoners (siehe dazu die vorangehenden Tricks) auf die Befehlsfläche *Einrichten*. In der daraufhin erscheinenden Dialogbox gibt es unten links die Rubrik *Kennwortoptionen*. Aktivieren Sie zuerst das Kästchen *Kennwortschutz*, indem Sie einmal darauf klicken.

Danach befördert Sie ein Klick auf die Befehlsfläche *Kennwort festlegen* in eine weitere Box: Hier können Sie in der Zeile *Neues Kennwort* das gewünschte Zauberwort eingeben. In der Zeile *Kennwortbestätigung* müssen Sie das geheime Schlüsselwort wiederholen. Wenn Sie nun auf *OK* klicken, ist der Kennwortschutz aktiv. Sobald der Bildschirmschoner einmal aktiv war, gelangt man nur nach Eingabe des vereinbarten Kennwortschutzes auf die Benutzeroberfläche zurück.

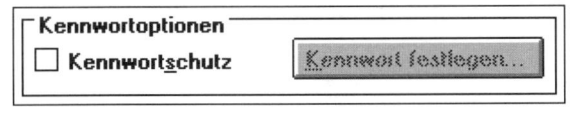

Kennwort gefällig?

Regelmäßig ein neues Kennwort festlegen

Kennwort hin, Kennwort her: So richtig sicher ist ein Kennwort immer nur dann, wenn es keiner kennt – mit Ausnahme von Ihnen natürlich. Deshalb sollte man möglichst regelmäßig das Kennwort abändern, damit sich andere keinen Zugriff zum System verschaffen können.

> **Tip 208** — *Ändern Sie Ihr Kennwort von Zeit zu Zeit!*

Das Ändern eines Kennwortes funktioniert ähnlich wie das erstmalige Einrichten (siehe weiter oben). Wählen Sie dazu in der Systemsteuerung das Icon *Desktop*. Klicken Sie in der Dialogbox *Desktop* auf die Befehlsfläche *Einrichten*. Ein weiterer Klick auf die Fläche *Kennwort festlegen*, und Sie sind da, wo Sie hin wollten. In der Zeile *Altes Kennwort* geben Sie nun das bisherige Kennwort ein. Das neue Schlüsselwort tippen Sie anschließend in die Zeilen *Neues Kennwort* und *Kennwortbestätigung*. Wenn Sie danach die drei geöffneten Dialogboxen bestätigen, gilt das neue Kennwort.

No more Kennwort!

Haben Sie die Nase voll von Kennwörtern? Vielleicht benötigen Sie den Zugriffsschutz ja gar nicht, weil Sie sowieso nur lauter nette Kollegen haben, die sich nicht an Ihrem Rechner zu schaffen machen.

> **Tip 209** — *Wenn Sie den Kennwortschutz nicht mehr benötigen, dann löschen Sie das Kennwort einfach!*

Dazu begeben Sie sich in die Dialogbox *Kennwort ändern*. Geben Sie in der Zeile *Altes Kennwort* das Kennwort ein, das Sie loswerden wollen. Lassen Sie die beiden nächsten Zeilen leer, und bestätigen Sie die Dialogbox. Deaktivieren Sie in der Box *Einrichten* die Option *Kennwortschutz*. Wenn Sie nun diese Dialogbox und auch die Dialogbox *Desktop* bestätigen, sind Sie das Kennwort los.

6 • Den Desktop organisieren

Oh wei! Kennwort vergessen?

Wichtige Sachen vergißt man ja bekanntlich besonders gerne. Falls Sie das Windows-Kennwort vergessen haben sollten, müssen Sie jetzt nicht für den Rest Ihres Lebens auf den Bildschirmschoner starren (so schön er ja vielleicht sein mag...).

Tip 210 *Sehen Sie in der Kontroll-Datei nach, wie das Kennwort lautet, und löschen Sie es gegebenenfalls!*

Dazu müssen Sie leider zuerst den Rechner neu booten (Reset). Starten Sie danach Windows, und laden Sie die Datei CONTROL.INI aus dem Windows-Verzeichnis in einen geeigneten Editor. Tun Sie dies bitte unverzüglich, sonst schaltet sich der Bildschirmschoner erneut ein, und das gleiche Spielchen geht von vorne los! Besonders flott geht das, wenn Sie den Datei-Manager aufrufen und die Datei CONTROL.INI doppelt anklicken (vorausgesetzt, Sie haben die Dateien mit der Kennung .INI mit einem Editor verknüpft). Suchen Sie dann im Dateiinhalt nach dem Abschnitt:

[Screen Saver]

Password=

Löschen Sie alle Zeilen hinter dem Gleichheitszeichen der *Password*-Anweisung. Speichern Sie die korrigierte Systemdatei. Über die *Systemsteuerung▶Desktop* können Sie dann wie bereits beschrieben ein neues Kennwort festlegen.

Paßwortschutz sofort

Wenn Sie großen Wert auf einen Paßwortschutz legen, sollten Sie eines bedenken: Es gibt Programme, die - obwohl sie im Hintergrund laufen - das Aktivwerden des Bildschirmschoners verhindern. Erst nach dem Beenden dieser Anwendungen kann der Schoner aktiv werden.

Tip 211 *Benötigen Sie unverzüglich einen Paßwortschutz, rufen Sie den verwendeten Bildschirmschoner direkt auf.*

Meistens sind es Shareware-Programme, die den Bildschirmschoner und somit auch den Kennwortschutz behindern. Sie können den

Bildschirmschoner jedoch direkt starten. Gehen Sie dazu in die *Systemsteuerung*, und starten Sie die Steuerungskomponente *Desktop*. Es erscheint die gleichnamige Dialogbox. Wählen Sie in der Rubrik *Bildschirmschoner* denjenigen Schoner aus, für den Sie ein Kennwort eingerichtet haben. Wenn Sie nun auf die Schaltfläche *Test* klicken, schaltet sich der Schoner inklusive Paßwortschutz sofort ein. Sie können nun den Raum getrost verlassen: Wer das Paßwort nicht kennt kommt erstmal nicht an Ihre Daten!

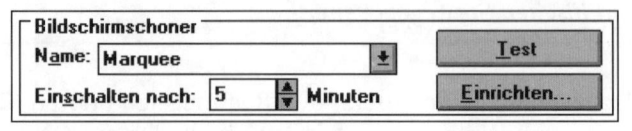

Ein Klick auf Test *schaltet den Schoner sofort ein*

Ganz Gemeine schaffen's immer

Der Paßwortschutz ist sicher eine nützliche Sache - eine hundertprozentige Sicherheit bringt er jedoch nicht. Wer wirklich an Ihre Daten 'ran möchte, der schafft das auch, wenn der Bildschirmschoner dem Benutzer ein Kennwort abverlangt! Wetten?!

Tip 212
Überschätzen Sie die Wirkung des Paßwortschutzes nicht. Und vor allem: Unterschätzen Sie die PC-Kenntnisse Ihrer Kollegen nicht.

Nicht nur Sie, sondern vielleicht auch Ihre Kollegen wissen: Wenn Sie den Rechner neu starten, finden alle aktiven Anwendungen ihr jähes Ende: Windows, Bildschirmschoner und natürlich auch der Kennwortschutz. Bis sich der Paßwortschutz zum nächsten Mal einblendet, vergeht einige Zeit. Zeit, die der „Eindringling" nutzen kann, den Kennwortschutz außer Kraft zu setzen, um ungestört weiter spionieren zu können.

Übrigens: Ich persönlich würde mit dem betreffenden Kollegen kein Wort mehr reden. Schließlich sind beim Warmstart, der ja notwendig war, um den Paßwortschutz außer Gefecht zu setzen, mit ziemlicher Sicherheit eine Menge Daten der noch geöffneten Anwendungen verlorengegangen (zumindest nimmt man das billigend in Kauf, wie die Juristen so schön sagen). Strafen Sie diesen Menschen, indem Sie sich an seinen Rechner schleichen und dort ein Kennwort vergeben, auf das er in hundert Jahren nicht kommt!

6 • Den Desktop organisieren

Klick - und der Vorhang fällt

Bildschirmschoner schützen nicht nur vor dem Einbrennen des Bildschirms. Clever eingesetzt, helfen Sie auch, unerwünschten Blicken auf Ihren Bildschirm den Garaus zu machen. Stellen Sie sich folgende Situation vor: Es klopft an der Tür – und Sie möchten sofort verschwinden lassen, was auf dem Bildschirm zu sehen ist. Zum Beispiel, weil Sie sensible Daten verarbeiten, die niemand sehen darf. Oder, weil Sie gerade „Larry" spielen, anstatt die gewünschte Kalkulation anzufertigen – und Ihr Chef mit Riesenschritten naht? Ein Klick, und der Vorhang fällt.

Tip 213
Richten Sie für Ihren Lieblings-Bildschirmschoner bei Bedarf ein eigenes Programm-Icon im Programm-Manager ein!

Dazu ist eine kleine Vorbereitung notwendig. Gehen Sie in den Datei-Manager, und markieren Sie im Windows-Verzeichnis diejenige Schonerdatei, die den gewünschten Bildschirmschoner enthält. Dateien, die Bildschirmschoner enthalten, erkennen Sie an der Dateikennung .SCR und dem „SS" (für **S**creen **S**aver) zu Beginn des Dateinamens. Die Datei des Schoners „Marquee" heißt z. B. SSMARQUE.SCR.

Fertigen Sie nun im Windows-Verzeichnis eine Kopie der ausgewählten Schonerdatei an, und zwar unter einem Dateinamen wie zum Beispiel SCHONER.EXE. Zur Anfertigung der Kopie benutzen Sie am besten die Funktion *Datei* ▶ *Kopieren* des Datei-Managers. In der Zeile *Nach* geben Sie den neuen Dateinamen der Kopie an, also etwa SCHONER.EXE. Dadurch wird aus der SCR-Datei eine ausführbare Programmdatei.

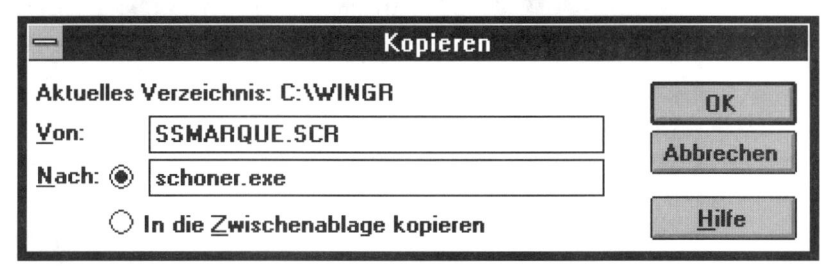

Fertigen Sie eine Kopie der Schonerdatei im Windows-Verzeichnis an

666 ganz legale   Windows-Tricks

Über das Programm-Icon kann man den Bildschirmschoner jederzeit starten

Wechseln Sie danach in den Programm-Manager. Öffnen Sie die Programmgruppe, in der Sie den Bildschirmschoner einrichten möchten, der auf Mausklick zur Verfügung stehen soll. Wählen Sie im Menü *Datei* den Befehl *Neu*, und markieren Sie in der daraufhin erscheinenden Dialogbox die Option *Programm*. Es erscheint die Dialogbox *Programmeigenschaften*.

Geben Sie in der Zeile *Beschreibung* z.B. „Bildschirmschutz" oder einfach „Schoner" ein. In der Befehlszeile tragen Sie den kompletten Pfad zur neuen EXE-Datei ein, hinter der sich ein Bildschirmschoner verbirgt, oder lassen Sie Windows mit Hilfe des Befehls *Durchsuchen* nach der Schoner-Datei suchen. Fügen Sie hinter dem Dateinamen die Option /S hinzu.

```
c:\windows\schoner.exe /s
```

Wenn Sie nun die Dialogbox bestätigen, erscheint in der aktiven Programmgruppe das neue Schoner-Icon. Ein Doppelklick auf dieses Icon reicht, um den Schoner sofort einzuschalten.

> **Hinweis:** *Wenn Sie die Option /S weglassen, erscheint beim Starten des Schoner-Programms die Dialogbox zum Einrichten des Screen Savers.*

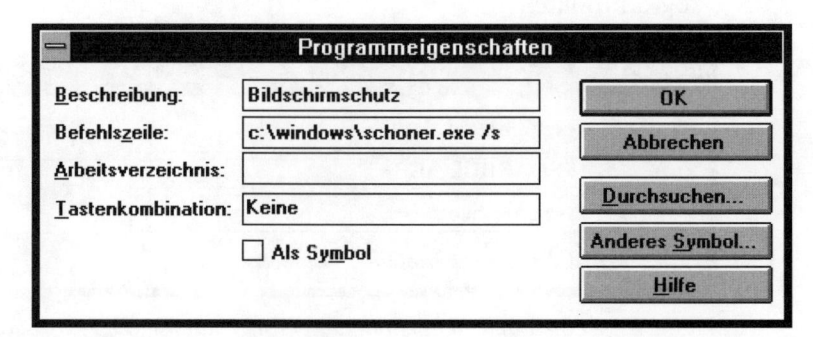

Behandeln Sie die Schonerdatei wie eine normale Programmdatei

6 • Den Desktop organisieren

Kein Schoner beim Autospeichern

Wer mit MS Excel arbeitet, hat sich vielleicht schon das eine oder andere Mal darüber gewundert, daß sich der sorgfältig ausgewählte Bildschirmschoner trotz aller richtigen Einstellungen in der Systemsteuerung nicht nach der vereinbarten Zeitspanne einschaltet.

Tip 214

Prüfen Sie, ob die Option Automatisch Speichern *aktiviert ist.*

Öffnen Sie dazu das Menü *Optionen* in MS Excel. Erscheint hier der Eintrag *Automatisch Speichern,* ist das der Grund des Übels: Das Excel-Makro AUTOSAVE.XLM, durch das Sie die Option *Automatisch Speichern* in Gang setzen, bekämpft jeglichen Bildschirmschoner. Läuft Excel im aktiven Fenster, und ist die Autosave-Option aktiv, hat der Bildschirmschoner keine Chance.

Sie müssen sich also in gewisser Hinsicht entscheiden, ob Ihnen der Schoner oder die Autosave-Funktion wichtiger ist. Ich empfehle Ihnen, die Autosave-Option aktiviert zu lassen. Nur so stellen Sie sicher, daß stets die aktuellste Version der geöffneten Excel-Dateien gespeichert wird. Schließlich müssen Sie in diesem Fall nur dann auf den Schoner verzichten, wenn Excel aktiv im Vordergrund arbeitet. Sobald Sie zu einer anderen Anwendung wechseln, oder Excel als Icon verkleinern, wird der Schoner in seiner Arbeit nicht beeinflußt.

Möchten Sie hingegen die Option *Automatisch Speichern* außer Kraft setzen, deaktivieren Sie den Eintrag einfach, oder entfernen Sie mit Hilfe des *Add-In-Managers* das entsprechende Makro.

Hinweis

Es kann passieren, daß auch andere Anwendungen durch ihre Option Automatisch Speichern *das Einschalten des Schoners verhindern. Wittern Sie Probleme in Sachen Schoner, sehen Sie zuerst nach, ob die entsprechende Option aktiv ist.*

223

666 ganz legale Windows-Tricks

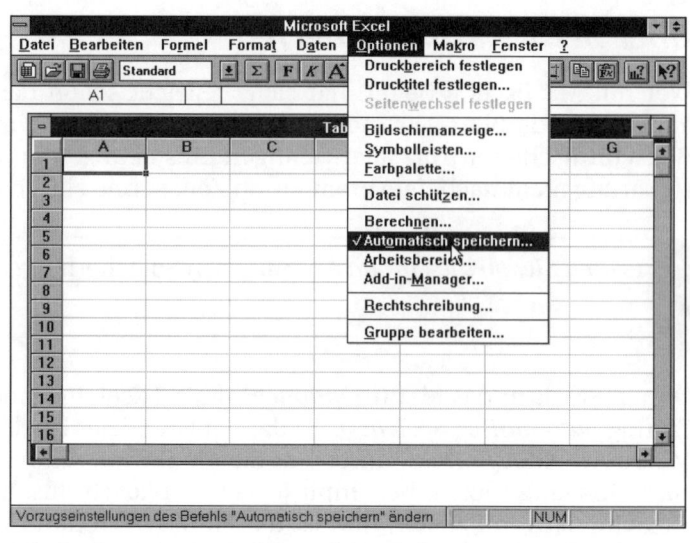

Die Option Automatisch Speichern *behindert den Bildschirmschoner*

Kein Schoner bei offenen Menüs

Nach welcher Zeitspanne ohne Aktivitäten sich ein ausgewählter Bildschirmschoner einschaltet, legen Sie in der Dialogbox *Desktop* fest. Doch nicht immer hält Windows die vereinbarte Zeitspanne ein: Ein geöffnetes Pull-Down-Menü verhindert zum Beispiel das Aktivwerden des ausgewählten Bildschirmschoners.

Tip 215 *Soll sich der Schoner einschalten, achten Sie darauf, daß alle Pull-Down-Menüs geschlossen sind.*

Unabhängig von der gewählten Zeitspanne schaltet sich der Schoner so lange nicht ein, bis alle Menüs geschlossen werden. Pull-Down-Menüs frieren Bildschirmschoner also ein: Sie unterliegen der „Macht" der Pull-Down-Menüs. Da das Schließen des Menüs als Bewegung auf dem Bildschirm registriert wird, muß nun nach der letzten Aktion auf dem Bildschirm erneut die angegebene Zeitspanne verstreichen, bis sich der Schoner einschaltet.

6 • Den Desktop organisieren

Gestörter Schoner

Wenn Sie noch für Windows 3.0 entwickelte Bildschirmschoner (z.B. das berühmte *After Dark*) unter Windows 3.1 einsetzen, so führt das oft zu merkwürdigen Ergebnissen. Zwar schaltet sich der Bildschirmschoner ein, auch wenn ein Menü geöffnet sein sollte - doch das geöffnete Menü überlappt den Schoner. Das ergibt kein schönes Bild, und keinen brauchbaren Schutz dazu.

Tip 216

Verwenden Sie unter Windows 3.1 nur Bildschirmschoner, die zur Version 3.1 kompatibel sind!

Bildschirmschoner der Windows-Versionen 3.0 und 3.1 haben unterschiedliche Eigenschaften. Während in der Version 3.1 Menüs die Schoner dominieren (wie im Trick „Kein Schoner bei offenen Menüs" beschrieben), bedecken Schoner der Version 3.0 den Bildschirm selbst dann, wenn ein Menü geöffnet sein sollte. Der Schoner wird allerdings an der Stelle, an der das Menü plaziert ist, zerstört.

Hintergrundmalereien

Tapetenwechsel

Windows ist ein recht lockerer Zeitgenosse. Es hält zum Beispiel eine Menge Dinge bereit, die das Auge erfreuen. Nicht alle haben einen praktischen Nutzen - außer natürlich, daß sie wirklich nett anzusehen sind. Sozusagen l'art pour l'art auf dem Desktop. Warum eigentlich nicht.

Tip 217 *Wenn Sie ein Augenmensch sind, dann tapezieren Sie Ihren Windows-Desktop: Richten Sie ein Hintergrundbild ein!*

Eins kann ich Ihnen versprechen: Das geht um ein Vielfaches schneller als wirkliches Tapezieren. Auch Kleister und Tapeziertisch brauchen Sie nicht anzuschleppen. Wählen Sie lieber die Steuerungskomponente *Desktop* in der *Systemsteuerung*.

Öffnen Sie das Listenfeld *Hintergrundbild*, und wählen Sie einen Dateinamen aus, der Ihnen zusagt. Sobald Sie die Dialogbox bestätigen, ist der elektronische Tapetenwechsel erledigt.

Hinweis: Wenn Ihr Arbeitsspeicher knapp ist, und Sie auf eine hohe Arbeitsgeschwindigkeit Wert legen, sollten Sie auf ein Hintergrundbild verzichten.

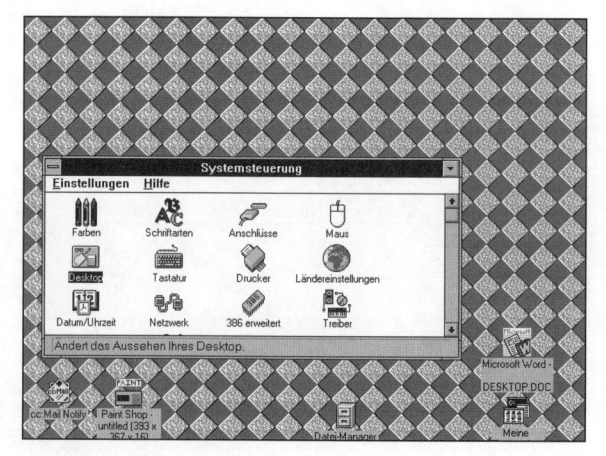

Das Hintergrundbild „Karos"

6 • Den Desktop organisieren

Wie sieht NIETEN.BMP wohl aus?

Sicher haben Sie das auch schon mal gedacht: Die Dateinamen der Hintergrundbilder sind oft alles andere als aussagekräftig. Manchmal ist schon eine gehörige Portion Phantasie notwendig, um sich vorstellen zu können, was sich hinter einer Datei namens NIETEN.BMP verbergen mag.

> **Tip 218**
> *Um die gewählte „Tapete" sofort zu begutachten, verkleinern Sie alle geöffneten Fenster auf Symbolgröße!*

Nachdem Sie die Dialogbox *Desktop* bestätigt haben, klicken Sie in allen noch geöffneten Fenstern auf den Symbolpfeil. Lassen Sie nur das Fenster der *Systemsteuerung* da, wo es ist. Ruckzuck ist der Bildschirm (fast) leer - und schon haben Sie freien Blick auf das ausgewählte Muster. Gefällt Ihnen das ausgewählte Hintergrundbild nicht, klicken Sie erneut auf das Icon *Desktop*, das Ihnen im geöffneten Fenster der Systemsteuerung ja noch zugänglich ist. Wählen Sie aus der Liste *Hintergrundbild* ein neues Bild aus. Probieren Sie wie oben beschrieben aus, ob es Ihnen gefällt.

Für Kreativlinge: Selbstgedruckte Tapeten

Windows hält standardmäßig 15 Hintergrundbilder bereit. Probieren Sie aus, ob eins dabei ist, das Ihnen gut gefällt. Sollte das nicht der Fall sein, müssen Sie trotzdem nicht auf die Verwendung einer „Desktop-Tapete" verzichten!

> **Tip 219**
> *Erstellen Sie sich Ihr eigenes Hintergrundbild. Als Tapete eignet sich jede beliebige BMP-Datei!*

Sie gehören zu den Individualisten unter den Windows-Anwendern? Dann malen Sie sich Ihre eigene Tapete. Sie können dazu mit *Paintbrush* oder einem anderen Zeichenprogramm eine beliebige Grafik erstellen. Wichtig ist dabei nur, daß Sie die Datei im BMP-Format speichern.

Zu beachten ist eigentlich nur folgendes: Soll der Dateiname demnächst in der Liste *Hintergrundbild* erscheinen, müssen Sie die Datei unbedingt im Windows-Verzeichnis (\WINDOWS) speichern oder sie nachträglich dorthin kopieren.

```
┌─Hintergrundbild──────────────┐
│ Datei: doof.bmp         [↓]  │
│   ○ Zentrieren  ⦿ Kachel     │
└──────────────────────────────┘
```

Diese Datei gehört nicht zum Standardangebot

Foto-Tapete

Was der Fotorahmen auf dem Schreibtisch, ist das Foto als Hintergrundbild beim PC. Die Foto-Tapete können Sie allerdings nur verwirklichen, wenn Sie einen Scanner besitzen. Oder wenn Sie jemanden kennen, der einen Scanner hat. Oder: Wenn Sie einen kennen, der einen kennt, der einen Scanner hat...

Tip 220 — *Nehmen Sie Ihrem PC den unpersönlichen Charakter! Verwenden Sie Ihr Lieblingsfoto als Hintergrundbild.*

Wie wär's zum Beispiel mit einer Erinnerung an den letzten Sommerurlaub oder einem lustigen Familienfoto? Suchen Sie sich das gewünschte Motiv aus, und scannen Sie das Foto. Danach müssen Sie die vom Scanner erzeugte Datei ins BMP-Format konvertieren. Benutzen Sie dazu Ihre Scanner-Software oder ein geeignetes Grafikprogramm.

Wenn Sie nun die BMP-Datei ins Windows-Verzeichnis kopieren, können Sie das eingescannte Foto sofort als Hintergrundbild verwenden.

Ganz schön gemustert

Wie sieht Ihr Desktop aus, wenn alle Anwendungsfenster auf Symbolgröße verkleinert sind? Weiß? Wenn Ihnen das zu langweilig ist, können Sie sich ein ausgefallenes Muster für den Desktop aussuchen.

Tip 221 — *Peppen Sie Ihre Arbeitsfläche auf, indem Sie die unbenutzten Flächen am Bildschirm mit einem bestimmten Muster auffüllen.*

Wählen Sie dazu in der *Systemsteuerung* die Steuerungskomponente *Desktop*. Es erscheint eine Dialogbox, in der sich oben das Listenfeld *Muster* befindet. Wählen Sie aus dem Feld ein Muster aus, das sich

6 • Den Desktop organisieren

vielversprechend anhört. Wie wär's mit Ihren Initialen, Rattan, Reibeisen oder sogar Diamanten? Windows hält einen ganzen Schwung von Mustern zur Auswahl bereit. Haben Sie sich für ein Muster entschieden, bestätigen Sie die Box.

Wenn Sie jetzt noch keine Veränderung an Ihrem Desktop erkennen, kann das daran liegen, daß ein oder mehrere Fenster den gesamten Bildschirm in Anspruch nehmen. Verkleinern Sie also alle Fenster auf Symbolgröße, um in den vollen Genuß des Desktop-Musters zu gelangen.

Hinweis: Muster sind nett anzusehen, doch bedenken Sie bitte: Auch Muster kosten Arbeitsspeicher. Wenn Sie sowieso mit 8 oder noch mehr MByte RAM gesegnet sind, wird Sie das nicht stören. Doch falls es weniger sind, müssen Sie mit einer gewissen Beeinträchtigung der Performance rechnen.

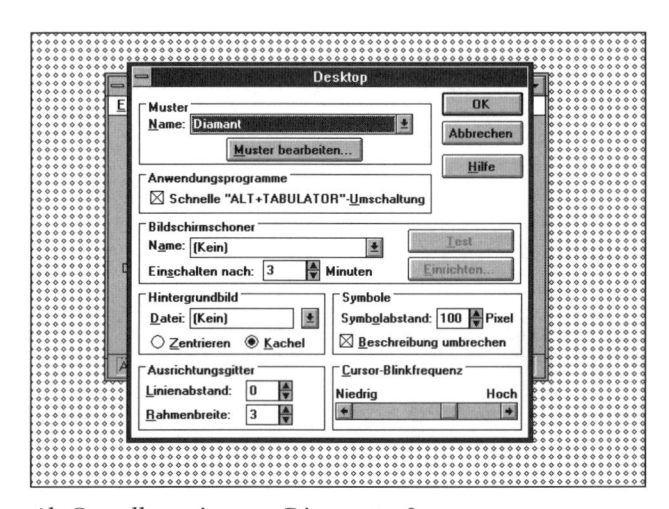

Als Grundlage ein paar Diamanten?

Fiffis Beine werden länger

Auch in Sachen Desktop-Muster nimmt Windows auf Ihren individuellen Geschmack Rücksicht. Haben Sie zum Beispiel das Muster „Pfiffie" (ich würde das ja einfach „Fiffi" schreiben...) ausgewählt, und sind Sie der Meinung, die Beinchen des Hündchens im Hintergrund müßten ein klitzekleines Stückchen länger sein - bitte schön!

666 ganz legale Windows-Tricks

Tip 222
Basteln Sie sich die vorhandenen Muster nach Ihrem persönlichen Geschmack zurecht!

Gehen Sie dazu über die Systemsteuerung in die Dialogbox *Desktop*. Wählen Sie im Listenfeld *Muster* zuerst dasjenige Muster aus, das Sie bearbeiten wollen. Klicken Sie dann auf die Befehlsfläche *Muster bearbeiten*. Eine weitere Dialogbox erscheint. In dem Rahmen mitten in dieser Box wird ein einzelnes, aus vielen kleinen Kästchen bestehendes Motiv des ausgewählten Musters angezeigt. Dieses können Sie mit der Maus bearbeiten.

Klicken Sie auf ein bestehendes Kästchen, dann wird es gelöscht. Klicken Sie hingegen auf eine noch leere Stelle, entsteht dort ein Kästchen. So können Sie zum Beispiel Fiffis Beine problemlos um ein paar Millimeter verlängern...

Hinweis: Im Beispielfeld links neben der „Experimentierfläche" können Sie sehen, wie sich die Änderungen am einzelnen Motiv auf das gesamte Muster auswirken.

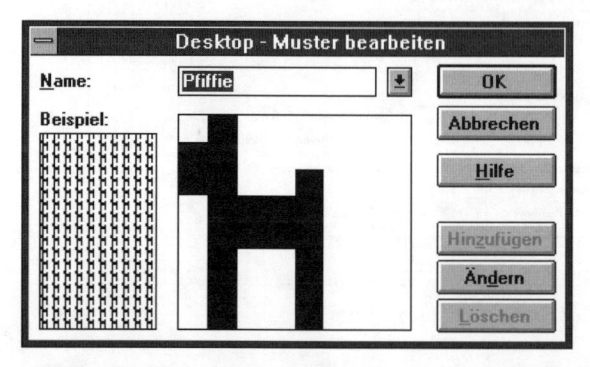

„Pfiffies" Beine können mit der Maus verändert werden

Muster kontra Hintergrundbild

Was soll ich sagen: Wenn Sie ein Muster ausgewählt und sich gleichzeitig für ein Hintergrundbild entschieden haben, so ist das ein gewisser Bilder-Overkill, der unter Umständen geschmackssichere Menschen das Fürchten lehrt.

6 • Den Desktop organisieren

Tip 223 — *Achten Sie darauf, daß es nicht zu Überschneidungen der vielen Desktop-Dekorationen kommt.*

Verwenden Sie ein Muster und ein zentriertes Hintergrundbild, erscheint das Hintergrundmotiv in der Mitte des gemusterten Desktops. So lange beide Elemente sich geschmacklich miteinander vertragen, ist dagegen nichts einzuwenden. Verwenden Sie jedoch ein gekacheltes Hintergrundbild und haben zusätzlich noch ein Muster ausgewählt, so überdeckt das Hintergrundbild das Muster komplett. In diesem Fall ist das Muster völlig überflüssig; das Hintergrundbild hat dessen Aufgabe übernommen. Einzig der Hintergrund der Unterzeilen der auf Symbolgröße verkleinerten Programm-Icons sind noch mit dem Muster unterlegt.

Ja, was soll man denn nun verwenden: Ein Muster oder ein Hintergrundbild oder beides? Das müssen Sie selbst entscheiden. Als Richtlinie gilt: Der Unterschied zwischen einem gekachelten Hintergrundbild und einem Muster besteht darin, daß die einzelnen Motive beim Hintergrundbild wesentlich größer sind als beim Muster.

Hinweis: Verwenden Sie wirklich nur dann ein Hintergrundbild und ein Muster, wenn Sie es sich leisten können, den notwendigen Arbeitsspeicher für derartigen Dekor zu opfern.

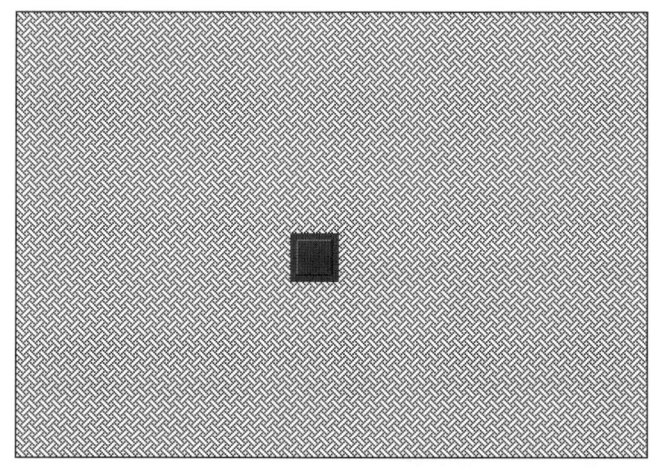

Das Hintergrundbild „Quadrat" zentriert auf dem Muster „Gewebe"

231

Tips mit Pfiff

Ganz schön link, diese Leisten

Manchmal muß es eben etwas Besonderes sein: Alle Welt hat seine Windows-Menüs rechtsbündig angeordnet - nur Sie wollen das nicht mehr länger mitmachen? Na ja, man gönnt sich ja sonst nichts. Seien Sie mal ein bißchen extravagant. Oder spielen Sie einem Freund oder Kollegen einfach mal einen Streich.

Tip 224

Tanzen Sie mal aus der Reihe: Ordnen Sie die Pull-Down-Menüs linksbündig an!

Für diese ungewöhnliche Desktop-Anordnung bedarf es einer Änderung in der Windows-Systemdatei WIN.INI. Laden Sie die Datei in einen Editor, und gehen Sie in den Abschnitt:

```
[windows]
```

Dort tragen Sie die folgende – übrigens undokumentierte – Anweisung ein:

```
MenuDropAligment=1
```

Nach der Korrektur speichern Sie wie gewohnt die Systemdatei. Nun ist alles für die absonderlichen Pull-Down-Menüs vorbereitet. Allerdings werden die „linken Leisten" erst nach dem nächsten Neustart von Windows verwendet.

Hinweis

Bevorzugen Sie irgendwann mal wieder die rechtsbündige Menü-Anordnung, löschen Sie die o.g. Zeile, oder ändern Sie sie um:

```
MenuDropAligment=0
```

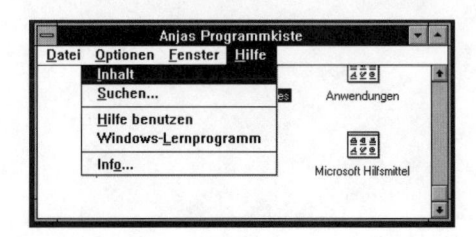

So sieht's linksbündig aus

6 • Den Desktop organisieren

Nicht nur für Kurzsichtige

Vor allem Laptop-Benutzer können ein Lied davon singen: Auf kleinen Bildschirmen sind die Menüpunkte und Titelleisten oft nur mit einiger Anstrengung zu entziffern, manchmal überhaupt nicht. Aber auch, wenn man vor einem großen Bildschirm sitzt: Je nachdem, welcher Bildschirmtreiber verwendet wird, sind manche Schriften kaum zu entziffern.

Tip 225

Tun Sie Ihren Augen einen Gefallen: Verwenden Sie größere Schriften in den Menüs und Fenstertiteln, indem Sie den Gerätetreiber 8514SYS.FON installieren!

Wenn man eine hohe Bildschirmauflösung verwendet, dann werden dadurch die Schriften – relativ gesehen – kleiner. Also muß man ab einer bestimmten Auflösung größere Schriften verwenden, um dieses Naturgesetz auszugleichen. Wenn man das nicht tut, kann genau das passieren, was eingangs geschrieben wurde: die Schriften werden schwer lesbar. Einziges Hilfsmittel: Größere Schriften verwenden. Dazu ist jedoch ein wenig „Bastelei" nötig – leider. Aber es lohnt sich.

Bevor Sie sich die Systemdatei vornehmen, sollten Sie prüfen, ob sich die Datei 8514SYS.FON in Ihrem Windows-Systemverzeichnis befindet. Das können Sie sowohl unter DOS als auch mit Hilfe des Datei-Managers überprüfen. Normalerweise sehen Sie dazu in folgendem Verzeichnis nach:

`C:\WINDOWS\SYSTEM`

Ist die Datei dort nicht vorhanden, legen Sie die entsprechende Windows-Programmdiskette (meistens ist es die erste oder zweite) ins Laufwerk ein. Starten Sie jetzt die MS-DOS-Eingabeaufforderung, und wechseln Sie in das Windows-Systemverzeichnis. Da die Dateien auf den Programmdisketten in gepacktem Zustand vorliegen, müssen Sie sie erst dekomprimieren. Geben Sie dazu folgendes ein:

```
cd \windows\system
expand a:\8514sys.fo_ 8514sys.fon
```

Hinweis: Tragen die benötigten Verzeichnisse auf Ihrem Rechner andere Namen, passen Sie die Pfadangaben bitte entsprechend an.

Jetzt können Sie die Systemdatei SYSTEM.INI bearbeiten. Laden Sie sie dazu in einen geeigneten Editor, und gehen Sie in den Abschnitt:

```
[boot]
```

Suchen Sie nach der Anweisung, die den Zeichensatz für Systemmeldungen festlegt. Das sieht auf den meisten Rechnern wie folgt aus:

```
fonts.fon=vgasys.fon
```

Um zukünftig mit den größeren Zeichensätzen zu arbeiten, ändern Sie die Anweisung rechts neben dem Gleichheitszeichen dezent ab, so daß nachher folgendes zu lesen ist:

```
fonts.fon=8514sys.fon
```

Speichern Sie die Datei. Damit die Änderungen wirksam werden, müssen Sie Windows nun beenden und danach erneut starten. Nach dem Neustart wird die größere Anzeige verwendet.

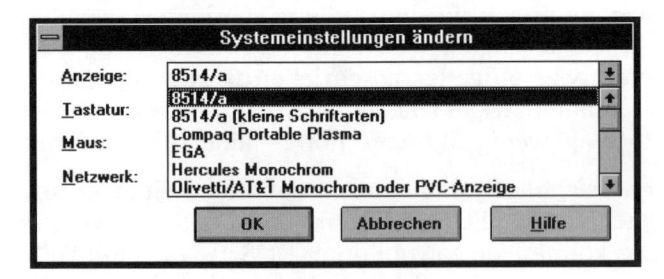

Größere Schriften bringt der Treiber 8514

6 • Den Desktop organisieren

Das hält ewig!

Wenn Sie sich eine ganz persönliche Benutzeroberfläche zurechtgebastelt haben, was Sie unter Umständen einige Zeit und Mühe gekostet hat, dann wollen Sie gewiß sicher gehen, daß die Mühen sich auch lohnen, sprich: daß die „optimale" Benutzeroberfläche erhalten bleibt.

Tip 226
Sorgen Sie dafür, daß Ihre aktuellen Lieblingseinstellungen dauerhaft gespeichert werden!

Wählen Sie dazu den Menüpunkt *Optionen ▶ Einstellungen beim Beenden speichern*. Bei jedem zukünftigen Start erscheint der Programm-Manager dann so, wie Sie ihn bei der letzten Arbeitssitzung verlassen haben. Sollen Ihre Veränderungen einmal nicht festgehalten werden, deaktivieren Sie den genannten Menüpunkt, bevor Sie Windows verlassen.

Hinweis: Wenn Sie einmal eine Oberfläche gestaltet haben, die nicht mehr verändert werden soll, dann deaktivieren Sie die Option wieder, nachdem die Konfiguration wenigstens einmal gespeichert wurde. Korrekturen an der Oberfläche haben dann keine dauerhafte Bedeutung mehr.

Doppelklick mit Pfiff

Den vorangehenden Trick können Sie auf eine viel unkompliziertere Art und Weise erreichen, die jedoch, wenn Sie so wollen, „geheim", da nicht dokumentiert ist. Also behalten Sie alles für sich, was Sie hier lesen.

Tip 227
Klicken Sie zweimal auf das Systemmenüfeld, und halten Sie dabei die ⇧ -Taste gedrückt.

Normalerweise wird Windows bei einem Doppelklick auf das Systemmenüfeld (graues Feld links oben im Fenster des Programm-Managers) geschlossen. Betätigen Sie gleichzeitig die ⇧ -Taste, sieht alles ganz anders aus: In diesem Fall tut sich erst einmal gar nichts. Die Eieruhr erscheint kurz und verschwindet ebensobald wieder. Die An-

666 ganz legale   Windows-Tricks

wendung läuft weiter. Die entscheidende Veränderung findet im Hintergrund statt: Windows weiß nun Bescheid, daß es sich die getroffenen Einstellungen bis zum nächsten Programmstart merken soll. Soll heißen: Der Programm-Manager hat sich die aktuellen Einstellungen gemerkt, selbst wenn die Option *Einstellungen beim Beenden speichern* nicht aktiv sein sollte.

Einstellungen speichern, die Zweite

Es gibt noch eine zweite Möglichkeit, die aktuellen Einstellungen des Programm-Managers – beim Datei-Manager funktioniert das übrigens ganz genauso – auf elegante Weise dauerhaft zu speichern.

Tip 228 *Um die aktuellen Einstellungen von Programm- oder Datei-Manager dauerhaft zu speichern, halten Sie die* ⇧ *-Taste gedrückt und wählen Sie im Menü* Datei *den Befehl* Beenden.

Einstellungen speichern, die Dritte

Nur, damit später niemand sagen kann, ich hätte eine Möglichkeit ausgelassen: Hier ist noch ein Weg, wie man dasselbe Ziel wie in den vorangehenden beiden Tricks erreichen kann. Man sollte sich ihn merken, da er besonders praktisch ist, wenn man mal über keine Maus verfügt.

Tip 229 *Wenn Sie die Tastenkombination* ⇧ Alt F4 *drücken, passiert dasselbe - die aktuellen Einstellungen von Programm- oder Datei-Manager werden gespeichert.*

Wenn Icons Trauer tragen

Sie benutzen eine Grafikkarte, die 65.000 oder noch mehr Farben darstellen kann – und die Programm-Icons erscheinen in düsterem Schwarz? Dann haben Sie wirklich allen Grund zur Trauer. Von einer solch sündhaft teuren Karte erwartet man gewiß etwas mehr Farbfreude.

6 • Den Desktop organisieren

Tip 230

Wenn Icons schwarz auf schwarz erscheinen, dann hauchen Sie den Icons mit einer Tastenkombination wieder Leben ein!

Markieren Sie dazu nacheinander jedes Icon, und betätigen Sie jeweils die Tastenfolge ⟨Alt⟩⟨↵⟩ und dann noch mal ⟨↵⟩. Danach dürfte es wieder etwas bunter auf Ihrem Bildschirm zugehen.

Icons selbstgemalt

Mit den Icons ist es so wie mit Pullovern: Man kann sie kaufen – oder selbst „stricken". Die schönsten, na sagen wir zumindest die persönlichsten, sind natürlich immer die selbstgemachten! Wenn Ihnen die Standard-Icons zu langweilig werden, dann kreieren Sie doch einfach eigene Symbole!

Tip 231

Kampf der Einfältigkeit: Fertigen Sie mit dem Windows-eigenen Malprogramm Paintbrush *eigene Icons an!*

Möchten Sie ein neues Icon erstellen, müssen Sie nach dem Start von *Paintbrush* zuerst die Bildattribute verändern. Wählen Sie dazu den Befehl *Optionen* ▶ *Bildattribute*. Klicken Sie in der daraufhin erscheinenden Dialogbox *Bildattribute* die Einheit *Pixel* an. Geben Sie in der Zeile *Breite* und in der Zeile *Höhe* jeweils den Wert 32 an. Das nämlich sind die Standardmaße eines Icons: 32 mal 32 Pixel, nicht mehr, aber auch nicht weniger.

Nun erscheint ein kleines Quadrat in der linken oberen Ecke des *Paintbrush*-Fensters. Da die Fläche zu klein ist, um darin seine volle Kreativität auszuleben, vergrößern Sie die Anzeige am besten zuerst über den Befehl *Ansicht* ▶ *Vergrößern*. Wenn Sie nun einmal an eine beliebige Stelle innerhalb des Quadrates klicken, erscheint eine Vergrößerung. Jetzt ist die Arbeitsfläche groß genug, um bequem darin zu arbeiten. Sie können nun losmalen: Benutzen Sie dazu, je nach gestalterischen Wünschen, wie gewohnt die *Paintbrush*-Werkzeuge.

Haben Sie Ihren Icon-Entwurf fertiggestellt, verkleinern Sie die Arbeitsfläche wieder auf ihr ursprüngliches Maß. Benutzen Sie dazu den Befehl *Ansicht* ▶ *Verkleinern*. Nun können Sie das Kunstwerk speichern.

Um Ihr Meisterwerk nun als Icon verwenden zu können, ist ein letzter Schritt erforderlich: Sie müssen die *Paintbrush*-Datei ins Icon-Format konvertieren.

666 ganz legale Windows-Tricks

> *Windows selbst bietet keine Möglichkeit, PCX- oder BMP-Dateien ins ICO-Format zu konvertieren. Benutzen Sie dazu ein Konvertier-Programm. Diese Utilities gibt es häufig günstig als Shareware zu kaufen. Auch mit PC Tools für Windows und dem Norton Desktop für Windows können Sie ICO-Dateien anfertigen.*

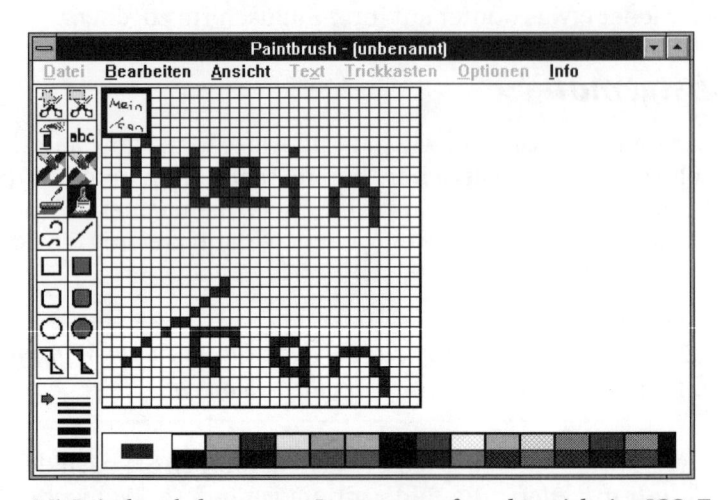

Mit Paintbrush *kann man Icons entwerfen, aber nicht ins ICO-Format konvertieren*

Kapitel 7
Der Umgang mit Dateien

Den Datei-Manager starten   240

Renovierung des Datei-Managers   243

Fenster verwalten   250

Ansichtssache   252

Laufwerke   258

Verzeichnisse   260

Starten und laden   276

Dateien auswählen   283

Verschieben, kopieren, löschen   290

Datei-Eigenschaften   295

Disketten formatieren   300

Batchdateien   306

Daten-Wiederbelebung   312

666 ganz legale   Windows-Tricks

Den Datei-Manager starten

Wozu noch die DOS-Shell?

Im Zeitalter von Windows findet die DOS-Shell, die optional einsetzbare grafische Benutzeroberfläche für die Datei- und Programm-Verwaltung unter MS-DOS (ab Version 5.0), immer weniger Anhänger. Das ist im Grunde genommen auch verständlich, denn wenn Sie mit Windows arbeiten, leisten Ihnen Datei- und Programm-Manager wesentlich bessere Dienste.

Tip 232 *Löschen Sie die DOS-Shell von Ihrer Festplatte - besonders dann, wenn Sie Speicherplatz sparen möchten.*

Mit Hilfe des Datei-Managers können Sie die zur DOS-Shell gehörenden Programmdateien leicht entfernen. Wählen Sie dazu den Befehl *Dateien auswählen* im Pull-Down-Menü *Datei*. Geben Sie in der daraufhin erscheinenden Dialogbox die folgende Dateiselektion an:

```
doss*.*
```

Wenn Sie die Dialogbox bestätigen, werden dadurch alle zur DOS-Shell gehörenden Dateien markiert. Jetzt müssen Sie nur noch die Taste [Entf] drücken und die entsprechende Sicherheitsabfrage bestätigen. Schon sind Sie die DOS-Shell los.

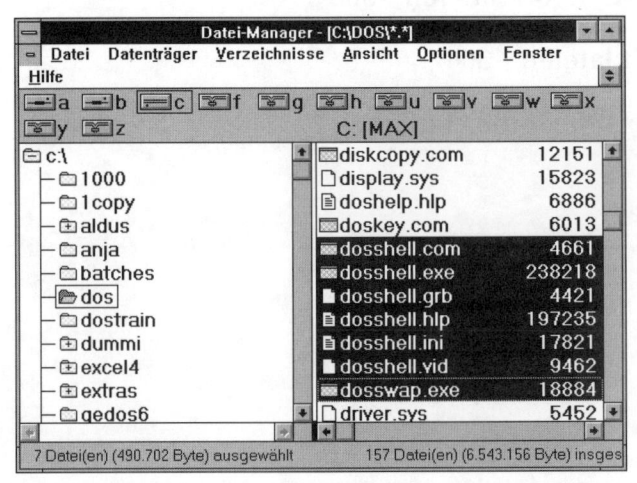

Auf diese Dateien können Sie gut und gerne verzichten

7 • Der Umgang mit Dateien

Beim Schließen an den nächsten Start denken

Nehmen wir einmal an, beim letzten Einsatz des Datei-Managers hatten Sie ein Fenster für das Laufwerk B: geöffnet. Das hat Konsequenzen, denn beim nächsten Start wird der Datei-Manager erneut versuchen, auf dieses Laufwerk zuzugreifen. Wenn dort aber keine Diskette eingelegt ist, dauert es unter Umständen eine ganze Weile, bis der Datei-Manager das akzeptiert hat.

Tip 233 *Denken Sie ans nächste Mal: Wechseln Sie vor dem Beenden des Datei-Managers zum Festplattenlaufwerk!*

Der Datei-Manager hat die in manchen Situationen etwas unangenehme Angewohnheit, beim Start automatisch auf das Laufwerk zuzugreifen, das vor dem letzten Beenden bearbeitet wurde. Das kann bei Diskettenlaufwerken problematisch sein, denn nicht immer ist hier eine Diskette eingelegt. Deshalb kann es passieren, daß der Datei-Manager nach seinem Start zuerst das Diskettenlaufwerk nach eventuell eingelegten Datenträgern untersucht, obwohl dort längst keine Diskette mehr einliegt.

Die Zeit, bis er „begriffen" hat, daß keine Diskette einliegt, ist von Laufwerk zu Laufwerk unterschiedlich. Nicht selten kann es zu unangenehmen Wartezeiten kommen, bis der Datei-Manager sich schließlich entschieden hat, doch auf die Festplatte zuzugreifen (das tut er schließlich, wenn er in den anderen Laufwerken keine Daten finden konnte).

Doch jetzt der Tip: Wenn Sie *vor* dem Schließen des Datei-Managers auf das Festplattenlaufwerk wechseln, wird eben jenes beim nächsten Start das erste Laufwerk sein, auf das der Datei-Manager zugreift. Und da wird er ruckzuck fündig: Denn eine Festplatte macht sich selten aus dem Staub...

Der Tasten-Tarzan

Keine Frage, mit der Maus ist's am allerbequemsten, den Datei-Manager zu bedienen. Doch die Programmierer der Datei-Verwaltung haben auch an die Benutzer gedacht, die unbedingt mit der Tastatur arbeiten möchten. Was übrigens gar nicht mal so abwegig ist, etwa, wenn Sie oft mit einem Notebook arbeiten.

666 ganz legale Windows-Tricks

Tip 234

Spielen Sie doch mal Tasten-Tarzan! Hangeln Sie sich mit der Tastatur von Verzeichnisast zu Verzeichnisast.

Zwar hilft Ihnen beim Bedienen des Datei-Managers keine platinblonde Jane (zumindest kann ich das nicht versprechen) - aber immerhin stehen Ihnen einige Hotkeys hilfreich zur Seite. Entnehmen Sie diese bitte der folgenden Tabelle.

Drücken Sie...	...um
[Strg][⇆]	von einem Verzeichnisfenster ins nächste zu gelangen
[⇆] oder [F6]	zwischen Verzeichnisliste, Laufwerksleiste und Dateiliste zu wechseln
[+]	abzweigende Verzeichnisse einzublenden
[-]	untergeordnete Verzeichnisse auszublenden
[Strg]*Laufwerk*	zum angegebenen Laufwerk zu wechseln
[Entf]	ausgewählte Dateien zu löschen
[ ]	eine Datei zu markieren / zu demarkieren
[⇐]	zum Hauptverzeichnis zu wechseln
[F8]	markierte Dateien zu kopieren
[F7]	markierte Dateien zu verschieben
[F5]	die Dateiliste zu aktualisieren
[Strg]</>	alle Dateien und Verzeichnisse eines Verzeichnisfensters zu markieren
[Strg]<\>	eine Komplett-Markierung aufzuheben
Buchstabe	zur nächsten Datei oder zum nächsten Verzeichnis mit dem angegebenen Buchstaben als ersten Buchstaben im Namen zu wechseln
[Bild ↑]	zum ersten sichtbaren Eintrag im aktuellen Fenster zu gehen
[Bild ↓]	zum letzten sichtbaren Eintrag im aktuellen Fenster zu gehen
[Ende]	zum letzten Eintrag in der Datei-/Verzeichnisliste zu gehen
[Pos 1]	in der Verzeichnisliste zum Stammverzeichnis bzw. in der Dateiliste zum ersten Dateieintrag zu gehen

7 • Der Umgang mit Dateien

Renovierung des Datei-Managers

Ein neues Outfit für den Datei-Manager

Sicher haben Sie es auch schon bemerkt: Es gibt fast nichts, was man an Windows nicht mehr oder weniger frei gestalten könnte. Nur der Datei-Manager scheint da eine kleine Ausnahme machen zu wollen. Das kann ja wohl nicht wahr sein... Keine Sorge: Ist es nämlich auch nicht!

Tip 235 *Verändern Sie die Schriften des Datei-Managers!*

Wählen Sie dazu im Menü *Optionen* den Menüpunkt *Schriftart*. Es erscheint eine Dialogbox, in der Sie den Schriftstil, die Schriftart und die Schriftgröße aus Listenfeldern auswählen können. Im Feld *Muster* erscheint eine Kostprobe der aktuell ausgewählten Schrift. Bestätigen Sie die Dialogbox, wird die gewünschte Schrift übernommen.

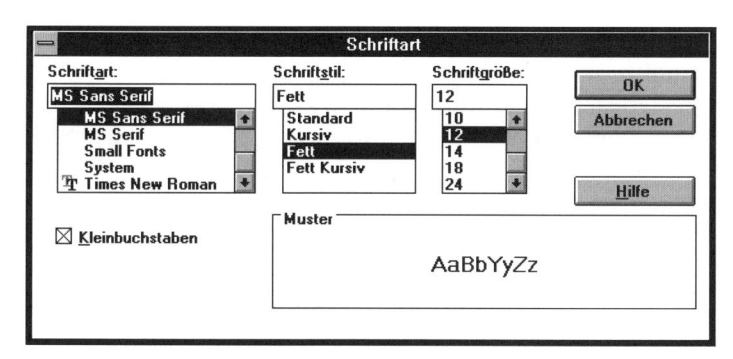

Welche Schrift darf's sein?

Am besten ohne Schnörkel

Durch den vorangehenden Tip haben Sie sich entschlossen, dem *Datei-Manager* ein neues Outfit zu verpassen und sind jetzt verzweifelt auf der Suche nach einer geeigneten Schrift? Da hätte ich eine Empfehlung.

Tip 236

Wählen Sie eine möglichst serifenlose Schrift!

Serifen, das sind die kleinen Schnörkel unten und oben an jedem Buchstaben (wie zum Beispiel bei dieser Schrift). Schriften mit Serifen gestalten den Lesefluß bei längeren Texten erfahrungsgemäß recht angenehm. Will man dagegen knappe, prägnante Texteile – zum Beispiel längere Listen (wie die Verzeichnislisten des *Datei-Managers*) – übersichtlich gestalten, empfiehlt sich hingegen eine serifenlose Schrift. Welche der in Ihrem Rechner installierten Schriften über Serifen verfügt, können Sie gut im *Muster*-Fenster der Dialogbox *Schriftart* erkennen.

Die Schrift „Sans Serif" hat keine Serifen

Die Namen lieber klein oder GROSS?

Auch in puncto Groß- und Kleinschreibung richtet sich Windows ganz nach Ihrem individuellen Geschmack: Möchten Sie, daß die Einträge im Datei-Manager durchgehend als Kleinbuchstaben dargestellt werden, oder bevorzugen Sie Großbuchstaben? Die Entscheidung ist nicht unwichtig, denn sie hat Einfluß auf die Lesbarkeit der Dateinamen.

Tip 237

Teilen Sie dem Datei-Manager mit, wie Sie die Anzeige der Datei- und Verzeichnisnamen wünschen!

In der Dialogbox *Schriftart*, in die Sie mit dem Befehl *Optionen▶ Schriftart* gelangen, können Sie die Buchstabenart festlegen. Standardmäßig ist hier die Option *Kleinbuchstaben* aktiviert. Wünschen Sie nur Großbuchstaben, deaktivieren Sie die Option, und bestätigen Sie abschließend die Dialogbox.

7 • Der Umgang mit Dateien

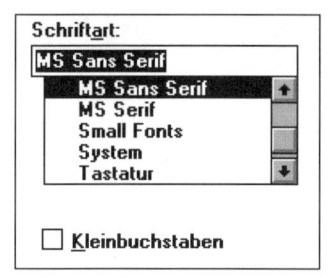

Diese Einstellung führt zu Großbuchstaben

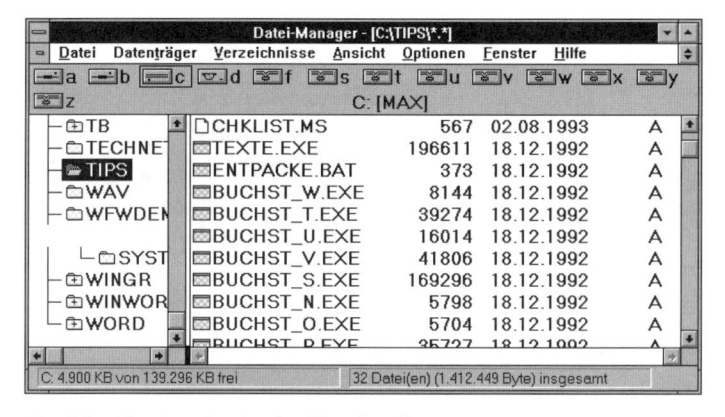

So sieht die Anzeige in Großbuchstaben aus

Bauen Sie den Datei-Manager um!

Es ärgert Sie, daß für die Verzeichnisliste auf der linken Seite des Datei-Manager-Fensters so viel Platz zur Verfügung steht, während sich in der Dateiliste rechts die Namen knubbeln? Eng wird es rechts vor allem, wenn Sie neben dem Namen noch weitere Angaben zur Datei wünschen.

Tip 238 *Verschieben Sie einfach die „Trennwand" im Datei-Manager zugunsten der Dateiliste.*

Vor allem, wenn Sie nur die erste Ebene der Verzeichnisstruktur anzeigen lassen, reicht eine schmale Spalte im linken Teil des Datei-Manager-Fensters für die Verzeichnisliste meistens aus. Um den Trennbalken nach links zu verschieben, positionieren Sie den Mauszeiger auf die dünne Linie rechts neben dem Trennbalken. Hier ver-

666 ganz legale Windows-Tricks

wandelt sich der Mauscursor in einen Doppelpfeil. Klicken Sie an dieser Stelle, und verschieben Sie den Balken bei gedrückter Maustaste an die gewünschte Stelle. Lassen Sie die Maus danach wieder los. Schon erscheint die Trennwand an ihrer neuen Position.

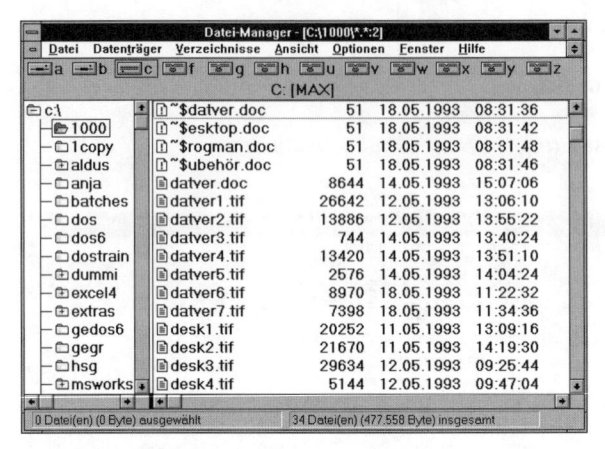

So haben alle Dateiangaben Platz...

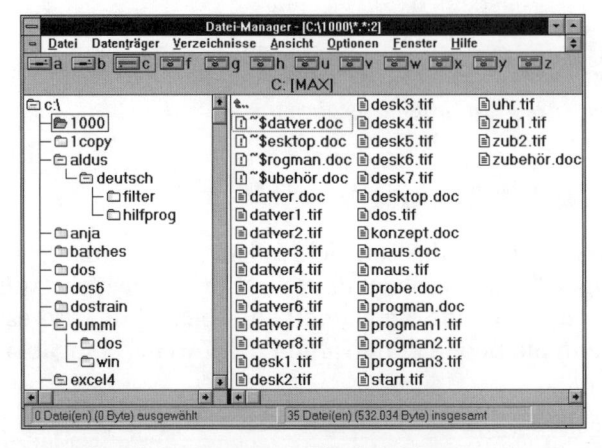

... und so die gesamte Verzeichnisstruktur

Ist weniger mehr? Zusätzliche Menübefehle

Im System-Verzeichnis von Windows befinden sich eine Reihe von Dateien mit der Dateikennung .DLL. Diese sogenannten „Dynamic Link Libraries" können Sie dem Funktionsumfang des Datei-Managers hinzufügen.

7 • Der Umgang mit Dateien

Tip 239

Erweitern Sie Ihren Datei-Manager um neue Menüpunkte!

Verfügen Sie zum Beispiel über die Datei SENDFILE.DLL (sie befindet sich im Systemverzeichnis von Windows für Workgroups), können Sie den Datei-Manager um das Menü *Nachrichten* und den Menüpunkt *Nachrichten senden* erweitern. Entsprechendes gilt z.B. für die Erweiterungen von MS-DOS 6.x, etwa der *Undelete*-Funktion.

Um die Funktionalität des Datei-Managers zu erhöhen, ist eine kleine Änderung der Systemdatei WINFILE.INI notwendig. Laden Sie die Datei in einen Editor. Beachten Sie bitte, daß die Datei WINFILE.INI erst dann im Windows-Verzeichnis existiert, nachdem Sie eine dauerhafte Änderung an den Optionen und/oder Einstellungen des Datei-Managers vorgenommen haben.

Um im Datei-Manager ein zusätzliches Menü einzurichten, suchen Sie in der WINFILE.INI nach der folgenden Sektion (richten Sie die Sektion ein, wenn sie noch nicht existieren sollte):

```
[settings]
```

Durch eine ganz einfache Anweisung wird die gewünschte DLL in den Datei-Manager eingebunden und dadurch ein zusätzliches Menü eingefügt, etwa durch:

```
addons=mail
```

Möchten Sie nicht - wie hier - Befehle aus dem Bereich *Mail*, sondern Menüpunkte zu anderen Gebieten hinzufügen, ändern Sie den Eintrag hinter dem Gleichheitszeichen entsprechend.

Darüber hinaus muß ein weiterer Abschnitt [Addons] in der Systemdatei eingerichtet werden. Während die Anweisung *Addons* die Pull-Down-Menüs einbindet, werden durch die gleichnamige Sektion die erforderlichen DLLs geladen. Geben Sie dazu den Pfad zur gewünschten DLL an. Im Fall des Menüs *Nachrichten* sieht das so aus:

```
[addons]
mail extensions=c\windows\system\sendfile.dll
```

Gehen Sie analog vor, wenn Sie andere DLL-Dateien in den Datei-Manager einfügen wollen. Speichern Sie abschließend die veränderte Datei WINFILE.INI. Wenn Sie den Datei-Manager erneut starten, erscheint das zusätzliche Menü *Nachrichten*, das den Menüpunkt *Nachrichten senden* enthält (zumindest in diesem Beispiel).

666 ganz legale Windows-Tricks

Der Datei-Manager des „normalen" Windows läßt sich um maximal sechs DLLs erweitern, der Datei-Manager von Windows für Workgroups um fünf, (inklusive UNDELETE).

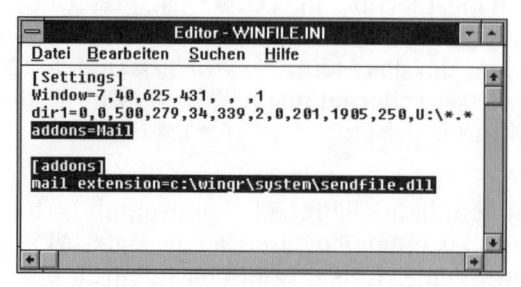

```
[Settings]
Window=7,40,625,431, , ,1
dir1=0,0,500,279,34,339,2,0,201,1905,250,U:\*.*
addons=Mail

[addons]
mail extension=c:\wingr\system\sendfile.dll
```

Die Einträge des Abschnitts Addons *werden als neue Menüpunkte in den Datei-Manager aufgenommen*

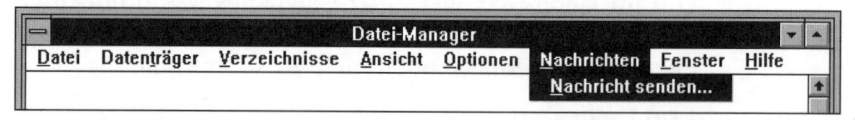

Das Menü Nachrichten *ist neu*

So soll es bleiben!

So, wie der Datei-Manager gerade aussieht, ist es ganz nach Ihrem Geschmack? Vorläufig wollen Sie keine Veränderungen an der Anzeigeart und dem Outfit vornehmen?

Tip 240

Weisen Sie Windows an, sich die aktuellen Einstellungen zu merken!

Wählen Sie dazu im Menü *Optionen* den Menüpunkt *Einstellungen beim Beenden speichern*. Beim nächsten Start wird der Datei-Manager ganz derselbe sein, wie zu dem Zeitpunkt, als Sie ihn verlassen haben.

7 • Der Umgang mit Dateien

Doppelklick mit Pfiff

Den vorhergehenden Trick können Sie auch auf eine noch unkompliziertere Art erreichen. Das ist vor allem für diejenigen nützlich, die auch schon mal vergessen, wo denn nun die Option *Einstellungen beim Beenden speichern* steckt.

Tip 241

Klicken Sie zweimal auf das Systemmenüfeld und halten Sie dabei die ⇧ -Taste gedrückt, um die aktuellen Einstellungen zu speichern.

Wird der Datei-Manager durch einen Doppelklick auf das Systemmenüfeld geschlossen, während gleichzeitig die Taste ⇧ gedrückt ist, passiert erst einmal gar nichts. Jedenfalls nichts Sichtbares: Die Anwendung läuft weiter. Die entscheidende Veränderung findet im Hintergrund statt: Der Datei-Manager weiß nun Bescheid, daß er beim nächsten Start in der soeben gespeicherten „alten Form" erscheinen soll. Sie haben eine undokumentierte Funktion des Datei-Managers benutzt.

Fenster verwalten

Wirklich nebeneinander?

Vielleicht ist Ihnen ja auch schon mal eine kleine Kuriosität aufgefallen, die Windows auszeichnet (allerdings nicht Windows für Workgroups). Die Rede ist von der Funktion *Fenster▶Nebeneinander*, die nicht hält, was sie verspricht. Die Fenster des Datei-Managers werden dadurch nämlich nicht nebeneinander, wie versprochen, sondern *unter*einander angeordnet.

Tip 242 Wirklich vertikal angeordnete Fenster erhalten Sie, wenn Sie während des Auswählens des Menübefehls die ⇧-Taste gedrückt halten.

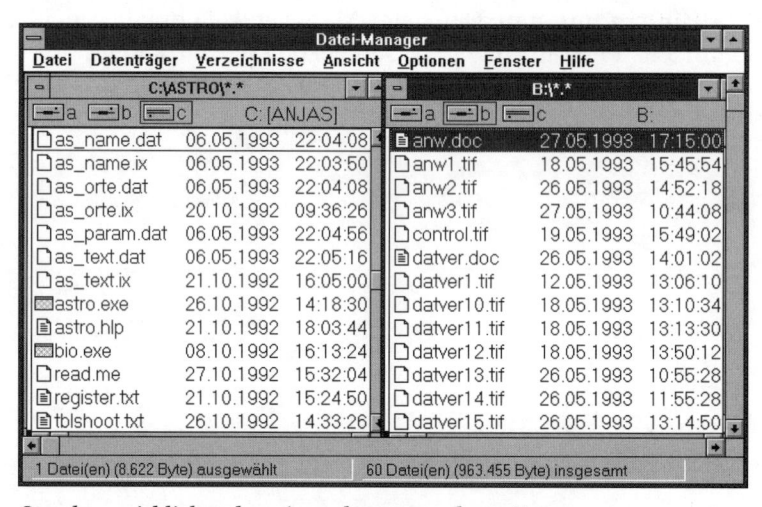

So sehen wirklich nebeneinander angeordnete Fenster aus

Ein Fenster bleibt immer offen

Von Windows-Anwendungen wie Word für Windows sind Sie es vielleicht gewohnt, daß Sie innerhalb des Anwendungsfensters alle Dokumentenfenster restlos schließen können. Beim Datei-Manager ist das allerdings nicht der Fall.

7 • Der Umgang mit Dateien

Tip 243

Versuchen Sie nicht, das letzte Verzeichnisfenster des Datei-Managers zu schließen. Denn ein Fenster muß immer geöffnet bleiben.

Wenn Sie probieren, das letzte geöffnete Verzeichnisfenster innerhalb des Datei-Managers zu schließen, tut sich rein gar nichts. Es erscheint auch keine Fehlermeldung. Das ist ganz normal - also wundern Sie sich bitte nicht.

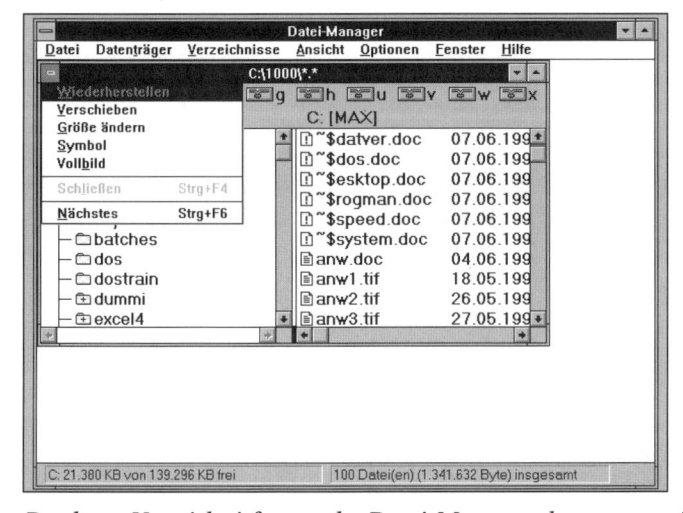

Das letzte Verzeichnisfenster des Datei-Managers kann man nicht schließen

Abkürzungen für die Fensterverwaltung

Wer seine Fenster neu anordnen möchte, der kann das gewöhnlich bequem mit Hilfe der entsprechenden Befehle des Pull-Down-Menüs *Fenster* erledigen. Amaller schnellsten geht es jedoch mittels einiger Tastenkombinationen - diese Tastenkombinationen sollten Sie sich gut merken, besonders dann, wenn Sie mit einem Tragbaren ohne Maus arbeiten.

Tip 244

Mit ⇧ F4 ordnen Sie die Fenster nebeneinander, mit ⇧ F5 untereinander an.

251

Ansichtssache

Neue Diskette, alte Dateiliste...

Den Inhalt einer Diskette im Datei-Manager einzusehen, ist nun wirklich ein Kinderspiel: Man legt die Diskette ins Laufwerk, klickt auf das entsprechende Laufwerkssymbol - und schon erscheint der Diskettеninhalt im aktuellen Verzeichnisfenster. Doch wehe, Sie wechseln die Diskette im Laufwerk: Dann wird nach wie vor das vorherige Inhaltsverzeichnis angezeigt. Oder nicht?

> **Tip 245**
> Um ein Verzeichnisfenster zu aktualisieren, betätigen Sie einfach die Taste [F5]!

Erst nachdem Sie entweder auf [F5] gedrückt oder im Menü *Fenster* den Befehl *Aktualisieren* gewählt haben (nach dem Einlegen einer neuen Diskette freilich), erscheint die „richtige" Anzeige - nämlich die der tatsächlich eingelegten Diskette. Vor allem, wenn Sie häufig die Disketten wechseln, machen Sie sich einen regelmäßigen Tipp auf [F5] zur Gewohnheit. Falsche Informationen im Verzeichnisfenster führen im harmlosesten Fall zu Verwirrung, im schlimmsten Fall zu Datenverlust.

Stets up to date: Die Verzeichnisliste

Ein echtes Manko des Datei-Managers ist es, daß, obwohl sich der Inhalt eines Laufwerkes nach einem Diskettenwechsel ändert, auf dem Bildschirm nach wie vor der alte Inhalt erscheint - davon handelte ja der vorangehende Trick schon.

Das beschriebene Problem, eben daß der angezeigte Verzeichnisinhalt nicht topp-aktuell ist, haben Sie aber auch bei Festplatten und anderen Laufwerken. Wenn beispielsweise eine Anwendung eine Datei erzeugt oder löscht, müßte der Datei-Manager darüber in Kenntnis gesetzt werden, nämlich für den Fall, daß in einem Fenster gerade der Inhalt des betreffenden Verzeichnisses angezeigt wird. Doch erst, wenn Sie die Taste [F5] gedrückt oder gar den Befehl *Fenster* ▶ *Aktualisieren* in Gang gesetzt haben, wird die Verzeichnisliste dem neuen Inhalt angepaßt. Darüber stöhnen zurecht viele Anwender, die von anderen Datei-Managern mehr Komfort gewohnt sind. Und tatsächlich gibt es eine Möglichkeit, den Datei-Manager derlei Veränderungen erkennen und sofort anzeigen zu lassen.

7 • Der Umgang mit Dateien

Tip 246

Durch eine kleine Änderung in der SYSTEM.INI können Sie den Datei-Manager dazu überreden, von selbst auf Änderungen im Verzeichnisinhalt zu achten!

Laden Sie dazu die Systemdatei SYSTEM.INI in einen geeigneten Editor. Gehen Sie danach in den Abschnitt [386Enh], der auf jeden Fall existiert. Dort tragen Sie folgende Befehlszeile ein:

`FileSysChange=on`

Danach speichern Sie die veränderte Systemdatei. Ab dem nächsten Mal (allerdings erst, nachdem Windows neu gestartet wurde) wird der Datei-Manager Ihnen stets automatisch den aktuellen Inhalt eines Verzeichnisfensters anzeigen. Übrigens kommt der Datei-Manager nicht von alleine auf den Trichter, wenn sich etwas an den Verzeichnisinhalten ändert - die aktiven Anwendungen müssen mit ihm zusammenarbeiten, aber auch dafür ist die hier erwähnte Option gut.

Hinweis: *Dieser Trick läuft nur, wenn Windows im erweiterten Modus läuft. Leider funktioniert er nicht bei Netzlaufwerken.*

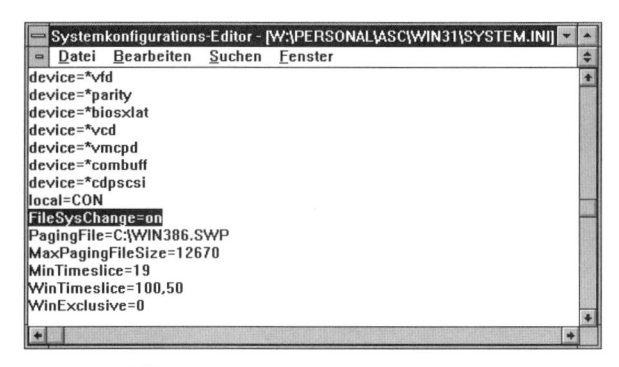

```
Systemkonfigurations-Editor - [W:\PERSONAL\ASC\WIN31\SYSTEM.INI]
 Datei  Bearbeiten  Suchen  Fenster
device=*vfd
device=*parity
device=*biosxlat
device=*vcd
device=*vmcpd
device=*combuff
device=*cdpscsi
local=CON
FileSysChange=on
PagingFile=C:\WIN386.SWP
MaxPagingFileSize=12670
MinTimeslice=19
WinTimeslice=100,50
WinExclusive=0
```

Nie mehr [F5]...!

Unsichtbares ans Tageslicht zaubern

Manchmal ist es wichtig zu wissen, was sich so an versteckten Dateien auf der Festplatte tummelt. Von Hause aus sind Systemdateien und versteckte Dateien nicht in den Verzeichnislisten zu sehen. Bis Sie anderes verfügen.

253

666 ganz legale Windows-Tricks

> **Tip 247**
>
> *Machen Sie Unsichtbares doch einfach sichtbar - lassen Sie sich eine vollständige Dateiliste anzeigen!*

Wählen Sie dazu den Befehl *Angaben auswählen* aus dem Pull-Down-Menü *Ansicht*. Es erscheint eine Dialogbox: Aktivieren Sie hier die unterste Option, *Versteckte/Systemdateien anzeigen*. Nachdem Sie die Dialogbox bestätigt haben, werden in der Verzeichnisliste auch alle Dateien angezeigt, die intern als Systemdateien oder versteckte Dateien verwaltet werden - und nun nicht mehr versteckt sind.

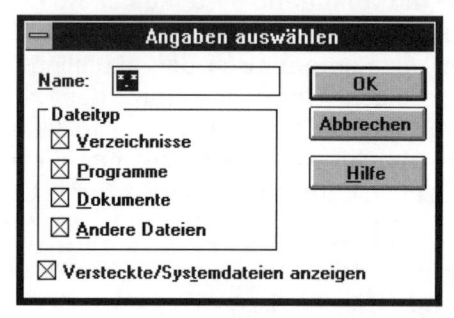

Ist die unterste Option aktiv, wird Unsichtbares sichtbar

Wie groß sind die ausgewählten Dateien?

Sie haben - sagen wir - vier Dateien markiert und wollen diese auf eine Diskette kopieren? Um sicherzustellen, daß wirklich alle Dateien dort Platz haben, sollten Sie wissen, wie groß (sprich: umfangreich) die markierte Datenmenge ist. Dazu müssen Sie aber nicht zu Griffel und Zettel greifen und alle Zahlen addieren. Der Datei-Manager macht es Ihnen leichter.

> **Tip 248**
>
> *Werfen Sie einen Blick auf die Statuszeile. In der linken Hälfte können Sie ablesen, wieviel Speicherplatz die markierten Dateien zusammen benötigen!*

Die vier ausgewählten Dateien sind rund 20 KByte groß

7 • Der Umgang mit Dateien

Statuszeile: Es geht auch ohne

Die Statuszeile ist ein nützlich' Ding, zeigt sie doch stets den Speicherbedarf der ausgewählten Dateien oder des ausgewählten Verzeichnisses an (siehe vorangegangenen Trick). Doch wer sich so gar nicht dafür interessiert, was in der Statuszeile steht, der kann auf diese Zeile auch verzichten.

> **Tip 249** *Bestimmen Sie selbst, ob Sie die Statuszeile einblenden lassen möchten oder nicht!*

Die Statusleiste kostet - je nach ausgewählter Schriftart - ein bis zwei Zeilen der Datei- und Verzeichnisliste. Es gibt Situationen, in denen eine möglichst vollständige Dateianzeige wichtiger ist als der Statusbericht. Um der Dateiliste mehr Platz zur Verfügung zu stellen, können Sie die Statuszeile ausblenden. Deaktivieren Sie dazu den Menüpunkt *Optionen* ▶ *Statuszeile*.

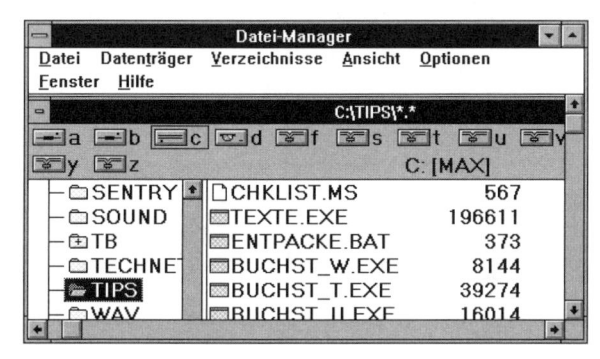

Hier fehlt die Statuszeile

Ansicht maßgeschneidert

Vor allem, wer mit umfangreichen Dateilisten arbeitet (man könnte auch sagen: mit vollen Festplatten), der kann bei der Arbeit mit dem Datei-Manager recht leicht den Überblick verlieren. Da lohnt es sich, mal über Möglichkeiten nachzudenken, wie man etwas mehr Ordnung erreicht.

Tip 250
Überlegen Sie sich, welche Dateien Sie anzeigen lassen möchten und welche nicht!

Wählen Sie dazu im Menü *Ansicht* den Menüpunkt *Angaben auswählen*. Hier können Sie festlegen, welche Dateiarten erscheinen sollen. Aktivieren Sie beispielsweise nur die Option *Programmdateien*, werden ausschließlich Dateien mit den Endungen .COM, .EXE und .BAT angezeigt. Ist die Option *Dokumentdateien* aktiviert, werden hingegen keine Programmdateien angezeigt.

Gut und gerne erübrigen kann man meistens die Option *Verzeichnisse*. Ist sie deaktiviert, fehlen lediglich die Verzeichnissymbole am Anfang der Dateiliste, die auf eventuell abzweigende Unterverzeichnisse hinweisen. Trotzdem sind Sie über abzweigende Verzeichnisse stets im Bilde: Das entsprechende Symbol erscheint nach wie vor in der Verzeichnisliste auf der linken Seite des Verzeichnisfensters.

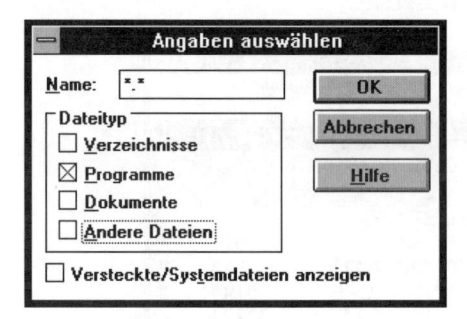

Hier werden nur ausführbare Dateien angezeigt

Sortierte Dateilisten

In jeder Hinsicht sinnvoll ist es sicher auch, die angezeigten Dateinamen zu sortieren. Sonst wird es noch schwerer, den Überblick zu bewahren. Aber: Sie können nach verschiedenen Kriterien sortieren.

Tip 251
Überlegen Sie sich, nach welchem Kriterium die Dateien in der Verzeichnisliste geordnet werden sollen!

Die Ihnen zur Verfügung stehenden Sortierkriterien finden Sie, wenn Sie das Menü *Ansicht* öffnen. Hier können Sie sich per Klick entschei-

7 • Der Umgang mit Dateien

den, ob die Dateien nach ihrem Entstehungsdatum (die älteste ganz oben, die jüngste ganz unten), ihrem Dateinamen (alphabetisch), ihrem Dateityp oder nach Dateigröße (die kleinste oben, die größte unten) geordnet werden sollen.

Sie können für jedes Verzeichnisfenster ein eigenes Sortierkriterium festlegen! Wenn Sie ein *neues* Fenster öffnen, werden die Eigenschaften des aktuellen Fensters übernommen.

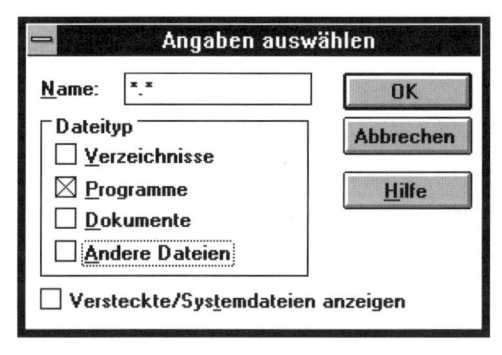

Diese Dateien wurden nach Datum geordnet

Laufwerke

Laufwerk-Infos per Doppelklick

Wer „nur" über drei Laufwerke verfügt (oder weniger, etwa im Laptop oder Notebook), behält wohl noch relativ leicht den Überblick über seine Laufwerkskennungen: Die Festplatte heißt C:, das erste Diskettenlaufwerk hört auf A: und das zweite nennt sich B:. Doch gerade, wenn man mit diversen Netzlaufwerken arbeitet (etwa A: bis Z:?), ist es ziemlich hilfreich zu wissen, welche Laufwerke derzeit überhaupt verwendbar sind.

Tip 252

Zu einer Übersicht über alle derzeit zur Verfügung stehenden Laufwerke gelangt man besonders flott, wenn man doppelt auf eine freie Stelle in der Laufwerksleiste klickt.

In der erscheinenden Dialogbox werden alle derzeit ansprechbaren Laufwerke aufgeführt. Wenn Sie möchten, können Sie über diese Dialogbox das aktuelle Laufwerk ändern. Klicken Sie dazu einfach doppelt auf den entsprechenden Laufwerksnamen. Einen konkreten Vorteil gegenüber dem Anklicken des entsprechenden Laufwerkssymbols in der Laufwerksleiste gibt es nicht; nur den: Es ist etwas leichter, das gewünschte Laufwerk dort mit Hilfe der Tastatur auszuwählen, falls Sie darauf angewiesen sein sollten.

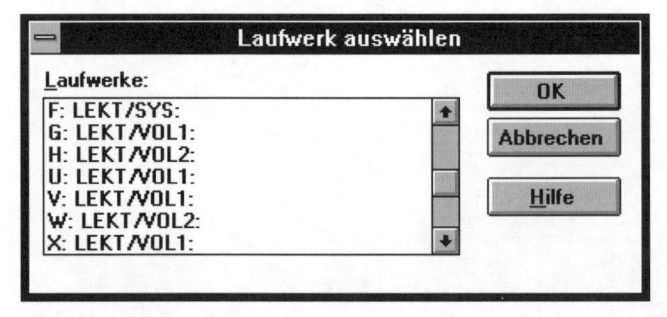

Hier gibt's wichtige Laufwerk-Infos und die Möglichkeit, das Laufwerk zu wechseln

7 • Der Umgang mit Dateien

Blitzschnell das Laufwerk wechseln

Doch es gibt einen noch sehr viel schnelleren Weg, im aktuellen Laufwerksfenster ein beliebiges Laufwerk auszuwählen. Und dieser Weg führt nicht über die Maus, sondern über die Tastatur.

Tip 253 *Betätigen Sie die Tastenkombination [Strg] plus Laufwerksbuchstabe, um das Laufwerk „fliegend" zu wechseln.*

Alles, was Sie für die Blitzauswahl wissen müssen, ist, *welches* Laufwerk angezeigt werden soll. Nachdem Sie das Verzeichnisfenster aktiviert haben, in dem der Inhalt des betreffenden Laufwerks angezeigt werden soll, betätigen Sie die Taste [Strg] zusammen mit der Taste für die entsprechende Laufwerkskennung, also zum Beispiel [Strg][C] für die Festplatte C:. Bitte beachten Sie, daß der Inhalt des aktuellen Fensters ersetzt und kein neues Fenster geöffnet wird.

Laufwerk-Klick: Einfach oder doppelt?

Natürlich sollen auch alle Mausfans erfahren, wie man möglichst schnell zwischen den verschiedenen Laufwerken hin- und herwechselt.

Tip 254 *Wenn Sie doppelt auf das gewünschte Symbol in der Laufwerksleiste klicken, erscheint das Fenster des betreffenden Laufwerks zusätzlich zu den bereits geöffneten Fenstern.*

Klicken Sie hingegen nur einfach auf das gewünschte Laufwerkssymbol, wird ein bereits bestehendes Fenster durch den Inhalt des frisch angeklickten Laufwerks ersetzt - es erscheint also kein zusätzliches Fenster.

Verzeichnisse

Die Standard-Verzeichnisse stets im Griff

Es sind immer dieselben zwei oder drei Verzeichnisse, auf die Sie „mal eben" zugreifen möchten? Dann ist es recht umständlich, zuerst das Laufwerk zu wechseln und sich dann bis in die betreffende Verzeichnisebene durchzuklicken. Sparen Sie sich die viele Klickerei!

Tip 255 — *Richten Sie ein ständig verfügbares Verzeichnis-Icon für die am häufigsten benötigten Verzeichnisse ein!*

Dazu wählen Sie zunächst – auf gewohntem Weg – dasjenige Verzeichnis aus, für das Sie ein Icon anlegen möchten (sprich: auf das Sie regelmäßig zugreifen wollen). Auf welchem Laufwerk oder auf welcher Ebene sich das betreffende Verzeichnis befindet, spielt keine Rolle – der Trick klappt für jedes Verzeichnis!

Drücken Sie dann die ⇧-Taste, und klicken Sie doppelt auf das betreffende Laufwerk oder Verzeichnis. Es erscheint dann ein Fenster, das nur den Inhalt des gewünschten Verzeichnisses enthält. Ein Klick auf den Symbolpfeil reicht nun aus, um dieses Verzeichnisfenster auf Symbolgröße zu verkleinern.

Gehen Sie analog bei allen Verzeichnissen vor, für die Sie ein Icon benötigen. Klicken Sie abschließend zweimal auf das Systemmenüfeld, und halten Sie dabei die ⇧-Taste gedrückt (dadurch werden die aktuellen Einstellungen gespeichert). Wenn Sie nun den Datei-Manager schließen und erneut starten, werden die selbstgefertigten Verzeichnis-Icons automatisch am unteren Fensterrand angezeigt. Ein Doppelklick auf das gewünschte Icon reicht dann aus, um das Fenster des Verzeichnisses parat zu haben. Sie müssen jetzt bei Bedarf nur noch doppelt auf das spezielle Icon klicken, das in der Titelteile übrigens auch den Verzeichnisnamen seines „Inhalts" kundtut.

7 • Der Umgang mit Dateien

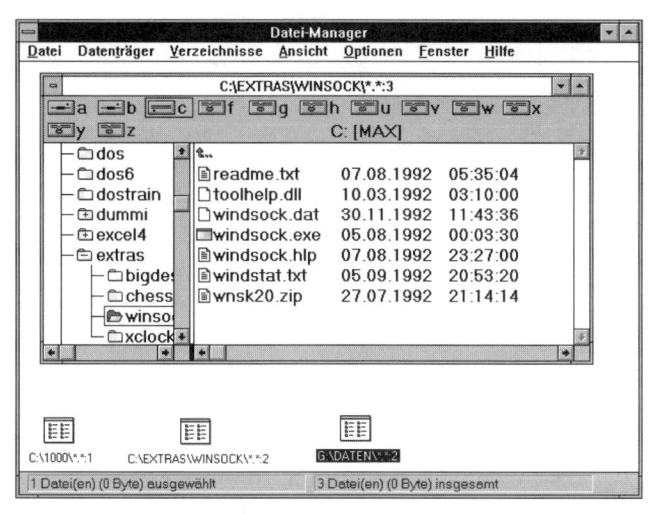

Blättern unnötig - Icons für alle wichtigen Verzeichnisse

Der Wink mit dem Pluszeichen

Ob von diesem Verzeichnis wohl noch ein Verzeichnis abzweigt? Manchmal hilft beim Anblick eines Verzeichnisastes im Verzeichnisstrukturfenster nur Raten - oder Ausprobieren. Das läßt sich vermeiden.

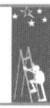

Tip 256

Lassen Sie den Datei-Manager alle Verzeichnisse kennzeichnen, die über weitere Unterverzeichnisse verfügen!

Der Datei-Manager macht es Ihnen leicht: Wählen Sie im Menü *Verzeichnisse* den Punkt *Verzweigungen kennzeichnen.* Ist diese Option aktiv, werden alle Symbole für Verzeichnisse, von denen noch nicht angezeigte Unterverzeichnisse abzweigen, mit einem Pluszeichen gekennzeichnet. Hier lohnt es sich also, noch einmal doppelt draufzuklicken: Eine weitere Ebene erscheint. Sind keine weiteren Ebenen mehr ausklappbar, wird das durch ein Minuszeichen im Verzeichnissymbol angezeigt. Ist die Option nicht aktiv, verzichtet der Datei-Manager darauf, diese - nicht unwichtige - Information mit Ihnen zu teilen.

666 ganz legale Windows-Tricks

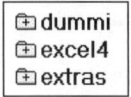

```
⊞ dummi
⊞ excel4
⊞ extras
```

Hier zweigen weitere Ebenen ab

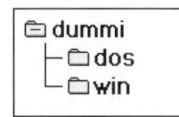

```
🗁 dummi
   ├─ 🗀 dos
   └─ 🗀 win
```

Alle Ebenen sind bereits ausgeklappt

Mit der ⇧-Taste ins Verzeichnisfenster

Manchmal ist weniger bekanntlich mehr. Das trifft auch auf den Datei-Manager zu. Wie wär's zum Beispiel mit einem Fenster, das nur die Dateiliste eine bestimmten Verzeichnisses anzeigt - und sonst gar nichts?

Tip 257

Klicken Sie dazu in der Verzeichnisliste doppelt auf das entsprechende Verzeichnis, und halten Sie dabei die ⇧-Taste gedrückt!

Ein auf diese Weise aktiviertes Verzeichnisfenster zeigt nur den Inhalt des betreffenden Verzeichnisses – darüber hinaus wird automatisch ein neues Fenster geöffnet. Die Verzeichnisstruktur wird nicht mit angezeigt (linker Fensterteil). So steht mehr Platz für die aufgelisteten Dateien zur Verfügung.

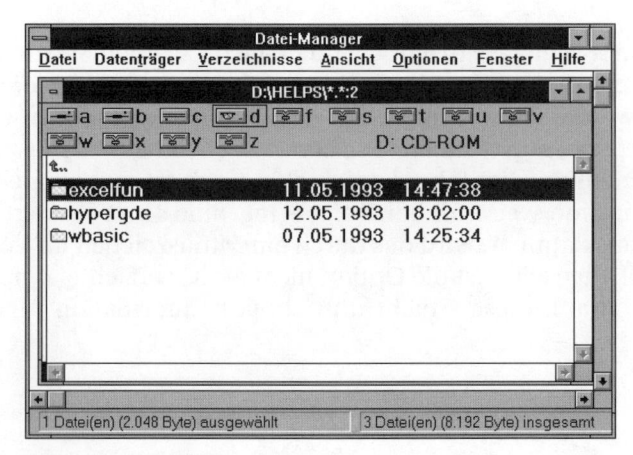

Die reine Dateiliste

7 • Der Umgang mit Dateien

Ein Verzeichnis für die VIFs

Fremdwörter im allgemeinen und amerikanische Abkürzungen im besonderen sind in der Welt der Computer nicht nur unvermeidbar, sondern in gewisser Weise auch chic, beispielsweise die VIFs. Was bitteschön VIFs sind? Da können Sie lange in Ihrem PC-Lexikon blättern... Die Abkürzung VIF ist eine Wortschöpfung aus dem Hause Schieb - sie steht in Analogie zu den VIPs (Very Important Persons) für Very Important File, also für alle Dateien, die so wichtig sind, daß man sie besser doppelt hat. Mal sehen, wann sich dieser Begriff eingebürgert hat...

Tip 258 *Richten Sie bei Bedarf ein spezielles Verzeichnis für die Sicherheitskopien Ihrer VIFs ein!*

Das können Sie bequem mit dem Befehl *Datei ▶ Verzeichnis erstellen* des Datei-Managers erledigen. Nachdem Sie das Verzeichnis erstellt haben, kopieren Sie zumindest eine Sicherheitskopie der Dateien SYSTEM.INI, WIN.INI, PROGMAN.INI und REG.DAT in dieses Verzeichnis. Haben Sie andere VIFs, zum Beispiel wichtige Programmdateien, sichern Sie auch diese im VIF-Verzeichnis.

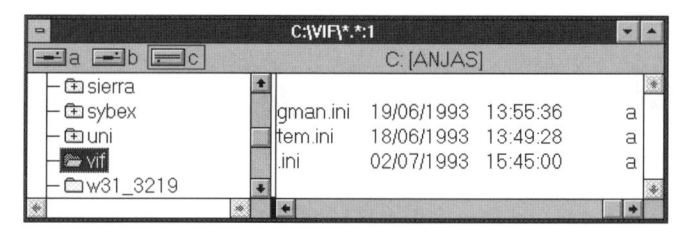

Ein paar VIFs im eigenen Verzeichnis

Das verlegte Verzeichnis

Eine Brille kann man schon mal verlegt haben, einen Schlüsselbund auch - aber ein Verzeichnis? Doch, es hat auch mit Ihrer Schusseligkeit zu tun, wenn Sie im Fenster des Datei-Managers kein Verzeichnis mehr entdecken können.

Tip 259 *Blockieren Sie sich nicht durch widersprüchliche Voreinstellungen die Ansicht der Verzeichnisse!*

Wenn Sie auf dem Bildschirm kein Verzeichnis erblicken, putzen Sie zuerst mal in aller Ruhe Ihre Brille. Immer noch kein Verzeichnis da? Dann sehen Sie im Menü *Ansicht* nach. Sie haben hier den Menüpunkt *Nur Verzeichnisse* aktiviert? Dagegen ist eigentlich nichts einzuwenden. Es sei denn, Sie haben im gleichen Menü unter dem Punkt *Angaben auswählen* die Option *Verzeichnisse* deaktiviert. Dann sehen Sie im aktuellen Fenster nur die Dateiliste. Welches das aktuelle Verzeichnis ist, können Sie immerhin der Titelleiste entnehmen.

In ein anderes Verzeichnis wechseln können Sie bei einer solch restriktiven Voreinstellung nicht – und das beeinträchtigt die Arbeit mit dem Datei-Manager natürlich erheblich. Für den Normalgebrauch empfiehlt es sich also, die Option *Verzeichnisse* in der Dialogbox *Angaben auswählen* stets zu aktivieren.

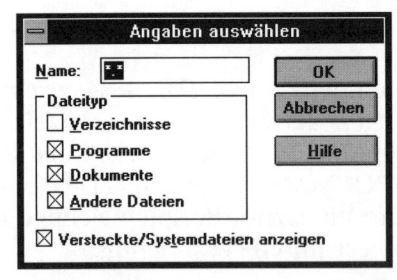

Kein Wunder, daß kein Verzeichnis zu sehen ist

Per Buchstabe durch die Dateiliste

Besonders bei längeren Dateilisten kann es sehr mühsam sein, über den Rollbalken eine bestimmte Datei herauszupicken. Doch zum Glück gibt es einen Weg, der gezielte Sprünge erlaubt (zumindest in gewissem Rahmen).

Tip 260
Um schnell an eine Datei heranzukommen, geben Sie einfach den ersten Buchstaben des Dateinamens ein!

Befinden Sie sich zum Beispiel am Anfang des Windows-Verzeichnisses, reicht die Eingabe eines einfachen ⊠ aus, um mit Siebenmeilenstiefeln und einem Sprung zur Klangdatei XYLOPHON.WAV zu gelangen.

7 • Der Umgang mit Dateien

Existieren mehrere Dateien mit dem gleichen Anfangsbuchstaben, wird die erste Datei mit dem entsprechenden Buchstaben markiert. Von dort aus ist der Weg zur gesuchten Datei per Cursor oder Maus ja dann nicht mehr sehr weit.

Eigene Verzeichnisse für Dokumente

Vielleicht machen Sie es ja genauso, es ist ja auch so bequem: Sie speichern die Dokumente einer Anwendung in dem Verzeichnis, in dem auch die Anwendung selbst gespeichert ist. Das geht zwar, hat aber eine Menge Nachteile. Fehlende Übersicht ist nur einer davon.

Tip 261

Speichern Sie alle Dokumente in einem eigenen Verzeichnis. Trennen Sie auf dem Datenträger die Programmdateien auf jeden Fall von den Dokumenten!

Ob Texte, Tabellen, Bilder oder was-weiß-ich: Dokument-Dateien haben nichts im Programm-Verzeichnis zu suchen. Das hat zwei Gründe: Erstens würde bald ein ziemlich wüstes Durcheinander in dem betreffenden Verzeichnis herrschen. 'Zig Programmdateien, zusätzlich einige Dutzend Dokumente – wer soll da noch den Durchblick behalten?

Außerdem (zweitens) sind Ihre Dokumente in einem separaten Verzeichnis wesentlich sicherer untergebracht als im Programm-Verzeichnis. Denn sollte ein Programm mal „zerschossen" werden, sind oft alle Dateien des Verzeichnisses – also auch die Dokumente – in großer Gefahr. Sind die Dokumente allerdings separat untergebracht, stört sie ein Programm-Crash kaum.

Erzeugen Sie deshalb mit Hilfe des Befehls *Datei ▶ Verzeichnis erstellen* des Datei-Managers eigene Verzeichnisse für Ihre diversen Dokumente. Wenn Sie möchten, können Sie die Dokumente in einem Unterverzeichnis des Programm-Verzeichnisses ablegen.

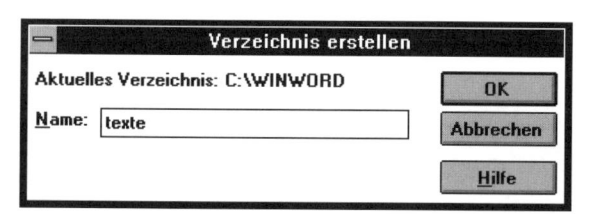

Vom WinWord-Verzeichnis zweigt ein Verzeichnis für die Texte ab

Sofort das richtige Verzeichnis parat

Beim Öffnen einer Datei gilt es, zuerst *das* Verzeichnis auszuwählen (und zu durchsuchen), in dem die Datei gespeichert ist, mit der Sie arbeiten wollen. Das kann lästig werden: Manchmal muß man sich ganz schön durch die Verzeichnisstruktur hangeln, bis man am Ziel angekommen ist. Wenn Sie für Dokumente einer Anwendung häufig dasselbe Verzeichnis zum Speichern benutzen, können Sie eine Abkürzung nehmen.

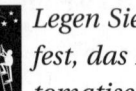

Tip 262

Legen Sie in Ihrer Anwendung ein sogenanntes Arbeitsverzeichnis fest, das Ihnen beim Speichern und Öffnen Ihrer Dokumente automatisch angeboten wird!

Wenn Sie die Befehle *Datei▶Speichern* und *Datei▶Öffnen* aufrufen (in jeder Anwendung verfügbar), wird in der gleichnamigen Dialogbox stets ein bestimmtes Verzeichnis „aufgeschlagen". Dieses ist das sogenannte Arbeitsverzeichnis. Wenn nicht anders gewünscht, wird hier das Programmverzeichnis angezeigt. Doch in den seltensten Fällen empfiehlt es sich, seine Dokumente zusammen mit den Programmdateien unterzubringen (siehe auch unmittelbar vorangehenden Trick).

Deshalb legen Sie am besten das Verzeichnis, in dem die meisten ihrer Dokumente stecken, als Arbeitsverzeichnis fest – Sie können für jede Anwendung ein Arbeitsverzeichnis definieren. Dazu bedarf es einer Änderung der Programmeigenschaften im Programm-Manager. Klicken Sie im Programm-Manager doppelt auf das Icon der betreffenden Anwendung, und halten Sie dabei die (Alt)-Taste gedrückt. Die Dialogbox *Programmeigenschaften* erscheint.

Tragen Sie in der Zeile *Arbeitsverzeichnis* dasjenige Verzeichnis ein, das Ihnen beim Öffnen und Speichern Ihrer Dokumente standardmäßig angeboten werden soll. Wenn Sie nun die Dialogbox bestätigen, „merkt" Windows sich das neue Arbeitsverzeichnis.

7 • Der Umgang mit Dateien

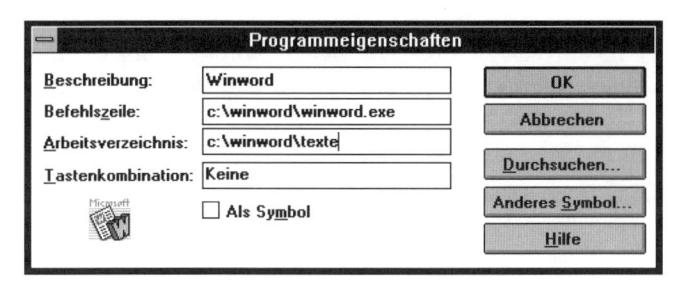

Das Unterverzeichnis \TEXTE wird Ihnen bei einer solchen Einstellung automatisch zum Speichern Ihrer Word-Dokumente angeboten

Verzeichnisse umsiedeln

Daß man Dateien mit Hilfe des Datei-Managers verschieben oder kopieren kann, ist so gut wie selbstverständlich. Schließlich läßt schon der Name „Datei-Manager" darauf schließen, daß diese Anwendung für die Verwaltung von Dateien zuständig ist. Eigentlich stünde dem Datei-Manager ja ein Doppelname zu: Datei- und Verzeichnis-Manager. Oder besser noch: Datei-, Verzeichnis- und Laufwerks-Manager. Aber das paßt ja nun wirklich auf keine Visitenkarte... Was ich eigentlich sagen wollte: Man kann mit Hilfe des Datei-Managers nicht nur Dateien kopieren und verschieben, sondern auch komplette Verzeichnisse.

Tip 263 *Probieren Sie es aus: Siedeln Sie ein Verzeichnis samt Inhalt via Drag and Drop um!*

Einfacher geht's nimmer: Klicken Sie einfach das Verzeichnis an, das Sie verschieben möchten. Halten Sie die Maustaste gedrückt, und ziehen Sie das Verzeichnissymbol auf sein Ziel. Möchten Sie das Verzeichnis innerhalb eines Laufwerks nicht verschieben, sondern kopieren, halten Sie während des Ziehvorgangs mit der Maus die [Strg]-Taste gedrückt.

Wenn Sie das Verzeichnis einem anderen Verzeichnis unterordnen möchten, bewegen Sie das Symbol des zu verschiebenden Verzeichnisses auf das übergeordnete (Ziel)-Verzeichnis. Wenn Sie das Symbol dort loslassen, wird das verschobene Verzeichnis dem Zielverzeichnis untergeordnet.

> *Wenn Sie ein Verzeichnis verschieben, von dem noch Unterverzeichnisse abzweigen, werden diese automatisch mit umgesiedelt. Auch der Inhalt dieser untergeordneten Verzeichnisse wird mit verschoben.*

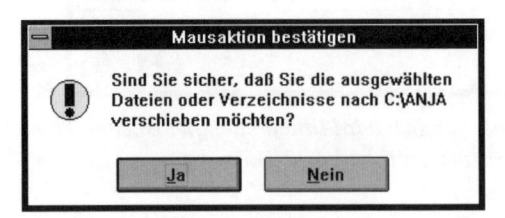

Vor dem Verschieben von Verzeichnissen erfolgt eine Sicherheitsabfrage

Programm-Verzeichnisse mögen keinen Umzug

Die Verzeichnisstruktur neu zu ordnen, ist mit Hilfe der Verschiebe-Funktion im Grunde genommen ein Klacks (wie auch der unmittelbar vorangehende Trick *Verzeichnisse umsiedeln* zeigt). Allerdings sollten Sie bestehende Verzeichnisse nicht allzu großzügig hin und her schieben. Denn das kann eine Menge Arbeit machen.

Tip 264

Belassen Sie die Verzeichnisse von bereits installierten Anwendungen am besten dort, wo sie sind!

Wenn Sie Programmverzeichnisse umsiedeln, wird das - je nach Art und Beschaffenheit des Inhaltes - mehr oder weniger heftigen Wirrwarr stiften. Das liegt daran, daß bei einer Umsiedlung von Windows-Anwendungen sämtliche Pfadangaben in den diversen INI-Dateien und auch in der Systemdatei AUTOEXEC.BAT dann nicht mehr stimmen. Während Sie die Pfadangaben in der AUTOEXEC.BAT in einem Editor noch relativ rasch korrigieren können, wäre es wirklich reine Sisyphus-Arbeit, sämtliche INI-Dateien auf Spuren zum geänderten Verzeichnis abzuklopfen.

Möchten Sie dennoch eine Anwendung (sprich: ein Verzeichnis) an einem anderen Ort - zum Beispiel auf einem anderen Laufwerk - einrichten, empfiehlt sich im Grunde eine Neuinstallation des Programms.

7 • Der Umgang mit Dateien

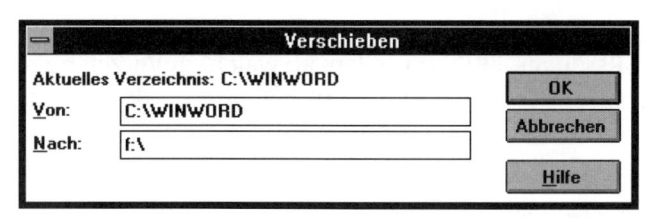

Das Verzeichnis für das Programm Word für Windows *zu verschieben, ist keine gute Idee*

Und es geht doch - Verzeichnisdruck unter Windows

Es ist schon an vielen Stellen kritisiert worden: Den Befehl *Verzeichnis Drucken* haben die Programmierer des *Datei-Managers* von Windows wohl schlichtweg vergessen. Trotzdem müssen Sie auf den Ausdruck von Verzeichnisinhalten auch unter Windows keineswegs verzichten.

Tip 265

Um den Inhalt eines Verzeichnisses zu drucken, öffnen Sie ein DOS-Fenster und leiten dort den Verzeichnisdruck durch entsprechende DOS-Befehle ein.

Aktivieren Sie dazu zuerst die MS-DOS-Eingabeaufforderung der Hauptgruppe. Danach wechseln Sie mit Hilfe des CD-Befehls in das Verzeichnis, von dem Sie einen Ausdruck des Inhaltsverzeichnisses wünschen. Geben Sie dazu einfach folgenden Befehl ein:

```
dir >prn
```

Das Verzeichnis wird durch diese Anweisung nicht auf dem Bildschirm angezeigt, sondern direkt auf den angeschlossenen Drucker ausgegeben. Sind mehrere Drucker am Rechner angeschlossen, dann spezifizieren Sie den Anschluß, mit dem der gewünschte Drucker verbunden ist, etwas näher. Der erste Drucker nennt sich PRN oder LPT1:, der zweite LPT2: und der dritte LPT3:. Für den dritten Drucker sieht das wie folgt aus:

```
dir >lpt2
```

Wünschen Sie nicht die Auflistung aller Dateien und Verzeichnisse, sondern eine grafische Darstellung der Verzeichnisstruktur, geben Sie bitte den TREE-Befehl ein:

```
tree >prn
```

269

666 ganz legale   Windows-Tricks

Um die Verzeichnisstruktur eines kompletten Laufwerkes auszudrukken, müssen Sie TREE mitteilen, ab welchem Verzeichnis die Struktur angezeigt werden soll, in diesem Fall also ab dem Hauptverzeichnis (komplett):

```
tree \ >prn
```

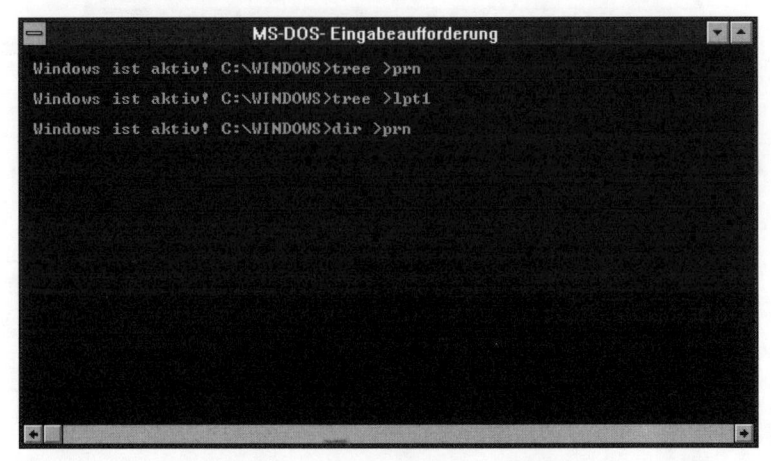

Via DOS-Box gelangt man zum Verzeichnisausdruck

Verzeichnisdruck aus dem Datei-Manager

Wer nicht extra ein DOS-Fenster öffnen möchte, um an einen Verzeichnisdruck zu gelangen, der kann auch den (Um-)Weg über den Datei-Manager nehmen.

Tip 266 *Bewerkstelligen Sie den Verzeichnisdruck auch im Datei-Manager über den Befehl* Datei ▶ Ausführen!

Starten Sie dazu zuerst den Datei-Manager. Markieren Sie in der Verzeichnisliste dasjenige Verzeichnis, von dem Sie einen Ausdruck benötigen. Wählen Sie danach den Befehl *Datei ▶ Ausführen*. Geben Sie folgende Zeile ein:

```
command /c dir >lpt1
```

Wenn Sie nun die Dialogbox bestätigen, schaltet Windows für einen kleinen Augenblick auf die DOS-Ebene um - und kehrt schließlich selbständig wieder zurück zu seiner eigenen Oberfläche. In diesem Moment wird eine Kopie des Kommandoprozessors COMMAND.COM in den Speicher geladen. Er enthält auch den DIR-Befehl, der so aus-

7 • Der Umgang mit Dateien

geführt werden kann. Durch die Umleitung >PRN bzw. >LPT1 erfolgt die Ausgabe ausschließlich auf dem Drucker.

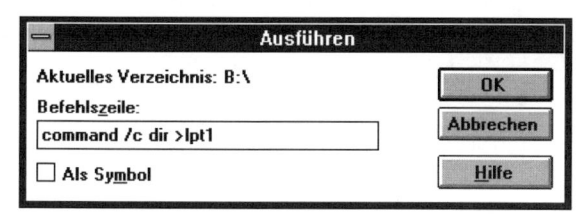

```
┌─────────────── Ausführen ───────────────┐
 Aktuelles Verzeichnis: B:\         ┌─────────┐
                                    │   OK    │
 Befehlszeile:                      └─────────┘
 ┌─────────────────────────┐        ┌─────────┐
 │ command /c dir >lpt1    │        │Abbrechen│
 └─────────────────────────┘        └─────────┘
                                    ┌─────────┐
 ☐ Als Symbol                       │  Hilfe  │
                                    └─────────┘
```

Auch mit diesem Befehl gelangen Sie an einen Verzeichnisausdruck

Ein Makro für den Verzeichnisdruck

Zugegeben: Der im vorangehenden Trick geschilderte Umweg zum Ausdruck des Verzeichnisinhaltes kostet jede Menge Klicks und Tastatureingaben. Wenn Sie möchten, können Sie sich diesen Aufwand in Zukunft sparen.

Tip 267

Fertigen Sie ein Makro für den Druck von Verzeichnissen an!

Makros werden unter Windows mit Hilfe des Makrorekorders aufgezeichnet. Mit seiner Hilfe kann man Anweisungen, die man immer wieder benötigt - z.B. die Abfolge der Befehle zum Drucken eines Verzeichnisse - ein für allemal zusammenfassen. Einmal aufgezeichnet, lassen sich die gespeicherten Makros im wahrsten Sinne des Wortes auf Tastendruck aufrufen und ausführen. Ein bequemer Weg, Zeit und Mühe zu sparen.

Für die Aufzeichnung des Makros muß der Datei-Manager aktiv sein. Starten Sie ihn dazu, falls noch nicht geschehen. Danach starten Sie bitte den *Rekorder;* er befindet sich in der Programmgruppe *Zubehör*. Stellen Sie sicher, daß der Menüpunkt *Optionen ▶ Tastenkombination* aktiv ist. Nur wenn vor dem Menüpunkt ein Häkchen erscheint, können Sie das Makro später bequemer per Hotkey aufrufen.

Jetzt kann die eigentliche Aufzeichnung beginnen. Wählen Sie dazu *Makro Aufzeichnen*. Es erscheint eine Dialogbox. Geben Sie hier einen Namen für das Makro ein, und wählen Sie einen Hotkey, unter dem Sie das Makro später aufrufen können. Die Option *Tastenkombination aktivieren* sollte aktiv sein. Aus der Liste *Maus aufzeichnen* wählen Sie bitte die Option *Maus ignorieren*.

Stimmen alle Angaben, klicken Sie auf *Starten*. Die Dialogbox verschwindet; ein blinkendes Rekorder-Symbol signalisiert, daß die „Kamera" läuft. Alle Schritte, die Sie von jetzt an unternehmen, werden vom Makrorekorder aufgezeichnet. Passen Sie deshalb genau auf, daß Ihnen ab jetzt keine Fehler unterlaufen - auch sie würden mit aufgezeichnet.

Wechseln Sie zuerst über die schnelle Programmumschaltung (Alt)(⇆) zum Datei-Manager. Verwenden Sie dazu nicht die Maus oder den Task-Manager, da das beim Abspielen zu Verwirrungen führen könnte (siehe Trick „Makro/Zubehör").

Öffnen Sie nun über (Alt)(Druck) das Menü *Datei*, und geben Sie ein (A) für *Ausführen* ein. Tippen Sie (ohne Fehler, dafür aber mit den Leerzeichen an den richtigen Stellen!!!) die folgende Befehlszeile ein:

```
command /c dir >lpt1
```

Bestätigen Sie die Dialogbox durch (↵). Das war's schon - jetzt kann die Aufzeichnung beendet werden. Dazu klicken Sie auf das blinkende Rekorder-Symbol (dieser Klick wird nicht mit aufgezeichnet), oder betätigen Sie die Tastenkombination (Strg)(Pause). Es erscheint eine Dialogbox, in der Sie bitte *Makro ▶ Speichern* wählen. Das Symbol des Makrorekorders hört auf zu blinken (endlich...!).

Bevor Sie den Makrorekorder verlassen, wählen Sie noch den Befehl *Datei ▶ Speichern unter* aus. Geben Sie einen Namen für die Makrodatei an, zum Beispiel VERDRUCK. Der Makrorekorder vergibt automatisch die Endung .REC.

Geschafft! Probieren Sie das neue Makro doch gleich einmal aus. Geben Sie dazu die Hotkey-Kombination ein, die Sie soeben vergeben haben – und schon läuft all das, was Sie aufgezeichnet haben, quasi von selbst ab.

Möchten Sie das Makro in einer der nächsten Arbeitssitzungen anwenden, achten Sie darauf, daß der Makrorekorder auch zum Abspielen von Makros aktiv sein muß.

Wenn der (Makro-)Rekorder blinkt, läuft die Aufzeichnung

7 • Der Umgang mit Dateien

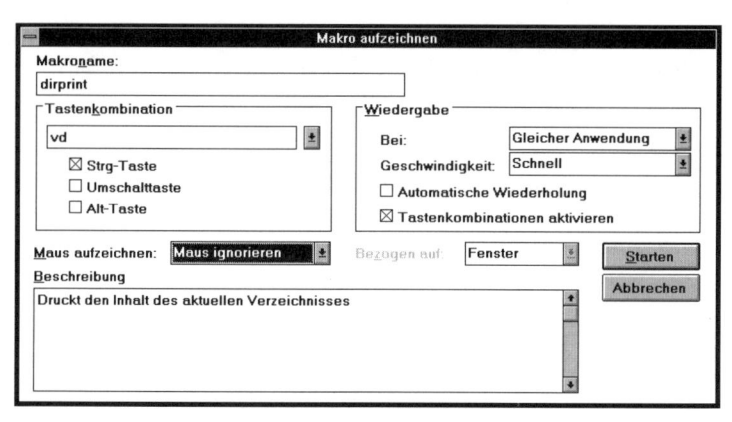

Ein Makro wird erstellt

Eine besonders schöne Verzeichnisliste

Manchmal muß es eben etwas Besonderes sein: Da soll der Drucker die Verzeichnisliste nicht in Schnellschrift ausspucken, sondern - möglichst ansprechend gestaltet - in ein Dokument einbetten werden. Oder eine besonders lange Verzeichnisliste soll mehrspaltig und in einer anderen Schrift erscheinen. Sie ahnen es sicher schon: Alles gar kein Problem.

Tip 268

Leiten Sie die Druckausgabe bei Bedarf in eine Textdatei um, mit der dann später alles mögliche angestellt werden kann.

Dazu öffnen Sie zuerst ein DOS-Fenster – ohne geht´s nun mal nicht –, um dort den aktuellen Verzeichnisinhalt in eine Datei zu „drucken". Soll die Datei mit der Verzeichnisliste beispielsweise LISTE.TXT heißen (natürlich ist jeder Dateiname möglich), geben Sie folgende Befehlszeile ein:

```
dir >liste.txt
```

Die Ausgabe des Inhaltsverzeichnisses erfolgt jetzt weder auf dem Bildschirm noch auf dem Drucker. Es wird vielmehr eine Datei erzeugt, die den Verzeichnisinhalt enthält. Möchten Sie diese Liste mit einer Windows-Textverarbeitung, z.B. *Write* oder *Word für Windows,* weiterverarbeiten, dann laden Sie die Datei LISTE.TXT über den Befehl *Datei ▶ Öffnen.* Es ist allerdings eine Umwandlung des vorliegenden TXT-Formats in ein von der jeweils verwendeten Anwendung akzeptiertes Format erforderlich – schließlich wechseln wir von der DOS-Welt in die Windows-Welt. Diese Konvertierung wird Ihnen in aller Regel in einer Dialogbox angeboten, die Sie einfach bestätigen sollten.

Nach der Konvertierung können Sie den Text wie jedes andere Dokument beliebig formatieren und über den Befehl *Datei▶Drucken* der Textverarbeitung ausdrucken. Nachdem der Verzeichnisinhalt einmal als Textdokument gespeichert ist, ist keine Konvertierung mehr nötig.

Arbeiten Sie mit Write, *muß die Datei vom TXT- ins WRI-Format konvertiert werden*

Mehrere Verzeichnisse gleichzeitig anlegen

Ein neues Verzeichnis richtet man normalerweise mit Hilfe des Datei-Manager-Befehls *Datei▶Verzeichnis erstellen* ein. Keine Sorge: Das ist natürlich nicht der Tip. Der kommt erst jetzt.

Tip 269

Möchten Sie ein Verzeichnis mit mehreren abzweigenden Unterverzeichnissen anlegen, können Sie das mit nur einem Befehl erledigen.

Um zum Beispiel einen Verzeichnisast mit drei Ebenen anzulegen, müßten Sie normalerweise den Befehl *Datei▶Verzeichnis erstellen* gleich dreimal hintereinander bemühen und sich dabei schrittweise durch die Verzeichnisebenen hangeln. Doch das können Sie sich in Zukunft sparen.

Wählen Sie dazu wie gewohnt aus dem Menü *Datei* den Befehl *Verzeichnis erstellen*. Geben Sie nun den kompletten Pfad zum Verzeichnis der untersten neu einzurichtenden Ebene ein. Möchten Sie beispielsweise ein Verzeichnis VEREIN einrichten, von dem ein Verzeichnis KASSE abzweigt, und gleichzeitig von dem Verzeichnis KASSE ein

7 • Der Umgang mit Dateien

Verzeichnis SOLL abzweigen lassen, ist in der Zeile *Name* der Dialogbox *Verzeichnis erstellen* nur eine Angabe erforderlich:

`\verein\kasse\soll`

Nachdem Sie die Dialogbox bestätigt haben, werden alle drei Verzeichnisse gleichzeitig angelegt (was unter DOS übrigens in der Form *nicht* möglich ist).

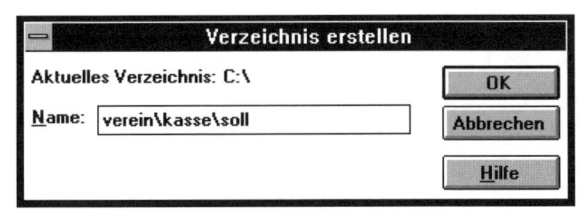

Hier werden drei Verzeichnisse auf einen Schlag angelegt

Starten und laden

Programm starten über den Datei-Manager

In der Regel startet man eine Anwendung, indem man zweimal auf das betreffende Icon im Programm-Manager klickt. Doch es geht auch anders. Zum Beispiel, wenn man gerade den Datei-Manager bedient.

Tip 270 *Wenn Sie gerade mit dem Datei-Manager arbeiten, starten Sie Ihre Anwendungen einfach von dort aus.*

Um das bewerkstelligen zu können, müssen Sie im Verzeichnisfenster den Dateinamen der betreffenden Anwendung aussuchen und zweimal darauf klicken. Programmdateien tragen übrigens die Dateikennung .EXE, .COM oder .BAT. Die Programmdatei von Word für Windows heißt beispielsweise ganz offiziell WINWORD.EXE, die von Excel EXCEL.EXE. Nach einem Doppelklick auf den entsprechenden Namen startet das Programm wie gewohnt.

```
setup.exe
```

Eine Programmdatei erkennen Sie an diesem Symbol

Programmstart ganz anders

Der vorangehende Trick funktioniert allerdings auch noch auf eine zweite Art und Weise – und davon soll dieser Trick berichten. Probieren Sie aus, was Ihnen lieber ist!

Tip 271 *Eine Anwendung kann auch über den Menübefehl* Ausführen *in Gang gesetzt werden!*

Um eine Anwendung über einen Menübefehl zu starten, markieren Sie zunächst im Verzeichnisinhalt die gewünschte Programmdatei (eventuell ist vorher noch in der Verzeichnisstruktur das betreffende Verzeichnis auszuwählen). Danach wählen Sie den Befehl *Datei* ▶ *Ausführen*.

7 • Der Umgang mit Dateien

Das Ergebnis ist in beiden Fällen – Doppelklick auf der einen, Verwenden des Menübefehls *Ausführen* auf der anderen Seite – dasselbe: Die ausgewählte Anwendung startet wie gewohnt.

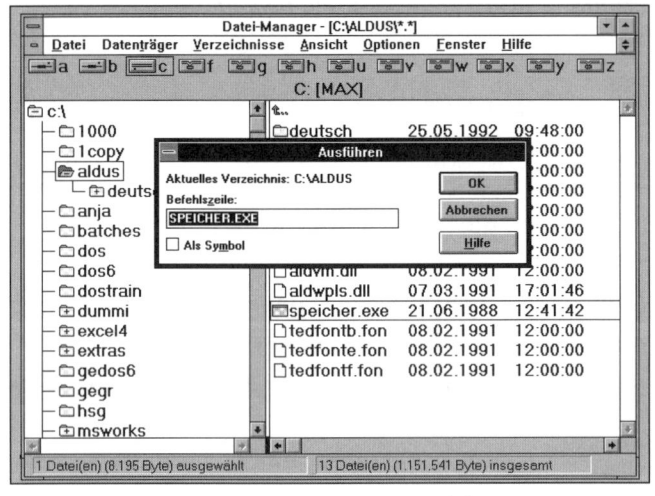

Ein Programm kann man auch über Ausführen *starten*

Datei per Doppelklick laden

Wenn Sie in der Dateiliste des Datei-Managers doppelt auf den Dateinamen einer Programmdatei klicken, startet automatisch die dazugehörige Anwendung. Danach können Sie dann normalerweise die gewünschte Datei laden. Doch es geht auch um einiges bequemer.

Tip 272 *Laden Sie ein gewünschtes Dokument bei Bedarf direkt beim Start der betreffenden Anwendung!*

Das geht übrigens viel einfacher, als es sich möglicherweise zunächst anhören mag: Alles, was dazu notwendig ist, ist nämlich ein Doppelklick auf den Dateinamen des zu bearbeitenden Dokumentes. Klicken Sie beispielsweise doppelt auf den Eintrag DESKTOP.DOC, startet unverzüglich die dazugehörige Anwendung, in diesem Falle meistens Word für Windows. Unmittelbar nach dem Start von Word für Windows wird die Dokumentendatei DESKTOP.DOC geladen, ohne daß Sie erneut eingreifen müßten.

> *Voraussetzung für diesen Trick ist, daß die Dateiart (hier: .DOC) eindeutig einer bestimmten Anwendung zugeordnet ist. Ist das nicht der Fall, holen Sie das nach und verknüpfen die Datei mit dem entsprechenden Programm. Wie das geht, steht im folgenden Trick.*

Jeder Datei ihre Anwendung

Ob Sie eine Anwendung lieber über ein Dokument-Icon oder über den Datei-Manager starten, in beiden Fällen gilt: Wenn Windows nicht „weiß", welches die dazugehörige Anwendung ist, tut sich gar nichts.

Tip 273
Stellen Sie sicher, daß alle Dokumentarten, die Sie aus dem Datei- oder Programm-Manager heraus per Doppelklick öffnen möchten, mit der entsprechenden Anwendung verknüpft sind!

Durch eine Verknüpfung bestimmen Sie, welche Anwendung bei der Auswahl eines bestimmten Dateityps gestartet wird. Deshalb können Sie jede Datei nur mit einer einzigen Anwendung verbinden. Verknüpfen Sie eine Datei mit der Endung .TXT beispielsweise mit der Textverarbeitung Word für DOS, wird die entsprechende Datei bei Doppelklick auf ihren Namen in der Dateiliste automatisch in genau diese Anwendung geladen.

> *Das heißt nicht, daß Sie eine einmal verknüpfte Datei in keiner anderen Anwendung bearbeiten können. Auf konventionellem Weg, also über den Befehl* Öffnen *oder* Laden *klappt das nach wie vor. Die Eindeutigkeit der Verknüpfung bezieht sich nur auf den Doppelklick-Trick.*

Um eine Datei mit einer Anwendung zu verknüpfen, markieren Sie bitte zuerst eine Datei mit der entsprechenden Dateikennung (welche Datei, ist dabei vollkommen egal). Wählen Sie danach aus dem Menü *Datei* den Befehl *Verknüpfen*.

In der nachfolgend erscheinenden Dialogbox suchen Sie aus der Liste *Verknüpfen mit* diejenige Anwendung aus, die Sie dem markierten Dateityp zuweisen möchten. Ist die gewünschte Anwendung hier nicht aufgeführt (es werden nur die Anwendungen genannt, die gewissermaßen hoch offiziell registriert sind), dann klicken Sie auf die Befehlstaste *Durchsuchen* und suchen nach der entsprechenden Anwendung.

7 • Der Umgang mit Dateien

Haben Sie beispielsweise eine Datei mit der Endung .WRI ausgewählt, und möchten Sie, daß beim Anklicken einer Datei dieses Typs stets die Windows-eigene Textverarbeitung *Write* startet, wählen Sie aus der Liste der angebotenen Programme den Eintrag *Write-Dokument* aus. Die angebotenen Wahlmöglichkeiten sind teilweise recht allgemein gehalten (z.B. „Kalenderdatei"); der in Klammern erwähnten Programmdatei können Sie jedoch entnehmen, welche Anwendung genau gemeint ist (in diesem Fall CALENDAR.EXE). Bestätigen Sie abschließend die Dialogbox.

Ab sofort startet die ausgewählte Anwendung, wenn Sie eine Datei des soeben bearbeiteten Typs doppelt anklicken. Und zwar unabhängig davon, ob Sie eine Datei des betreffenden Typs im Programm-Manager oder im Datei-Manager anwählen. Die Zuordnung Anwendung/Dateityp ist an höchster Stelle in Windows registriert.

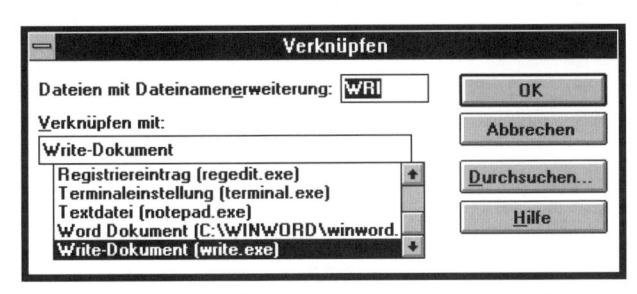

Eine WRI-Datei wird mit der Textverarbeitung Write *verknüpft*

Extrawürste beim Verknüpfen

Der vorangegangene Trick hat Ihnen zwar gefallen, doch Sie möchten neben den standardmäßig angebotenen Verknüpfungsmöglichkeiten auch noch andere Bünde zwischen Dateien und Anwendungen schließen? Das ist durchaus möglich.

Tip 274

Ziehen Sie auch Anwendungen, die nicht standardmäßig zu Windows gehören, in Ihre Verknüpfungen mit ein!

Gehen Sie dazu erst mal genauso vor wie im Trick „Jeder Datei ihre Anwendung" beschrieben: Markieren Sie eine Datei des Dateityps, den Sie mit einer Anwendung verknüpfen möchten. Wählen Sie dann den Befehl *Verknüpfen* im Menü *Datei*.

Nehmen wir einmal an, es handelt sich dabei um eine TIF-Datei, also um eine Datei, die ein Bild oder eine Grafik enthält. Wenn Sie zum Beispiel veranlassen möchten, daß bei einem Doppelklick auf eine Datei diesen Typs das Zeichenprogramm *PaintShop* startet, sind Sie erst einmal aufgeschmissen: Weder der Eintrag *PaintShop*, noch die entsprechende Programm-Datei findet sich in der Liste *Verknüpfen mit*.

Klicken Sie in diesem Fall bitte auf die Befehlsfläche *Durchsuchen*. Wählen Sie in der daraufhin erscheinenden Dialogbox das Laufwerk und das Verzeichnis aus, auf dem sich die Befehlsdatei befindet. Markieren Sie schließlich in der Liste *Dateiname* den Namen der entsprechenden Befehlsdatei. Bestätigen Sie die Dialogbox. Der Pfad zur Befehlsdatei wird in die Dialogbox *Verknüpfen mit* übernommen. Wenn Sie nun auch diese Box bestätigen, wird das zugewiesene Programm beim Doppelklick auf eine Datei des ausgewählten Typs automatisch starten.

Sie können durchaus auch Verknüpfungen zu DOS-Anwendungen vornehmen. Geben Sie einfach den Pfad zur Befehlsdatei des gewünschten Programms an.

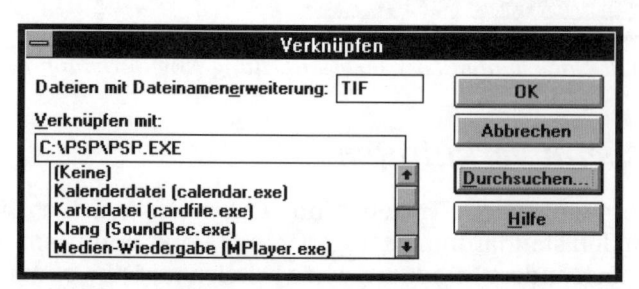

Eine Verknüpfung kann zu jeder auf dem Rechner vorhandenen Anwendung hergestellt werden

Dokumente laden per Drag and Drop

Eine Datei in einer bestimmten Anwendung zu öffnen, ist weiter keine Kunst, schließlich gibt es dafür ja den gleichlautenden Befehl *Datei ▶ Öffnen*. Doch falls die Anwendung bereits aktiv ist und Sie zufällig gerade mit dem Datei-Manager arbeiten, gibt es zum konventionellen Weg eine wirklich flotte Abkürzung.

7 • Der Umgang mit Dateien

Tip 275

Öffnen Sie die gewünschte Datei, indem Sie sie auf das Symbol oder in das Fenster der entsprechenden Anwendung ziehen.

Um sich der Technik mit dem etwas merkwürdig klingenden Namen zu bedienen, ist es besonders wichtig, den Bildschirm sinnvoll anzuordnen. Verkleinern Sie dazu am besten die aktive Anwendung, in der Sie später Dateien öffnen möchten. Bestimmen Sie die Größe des Datei-Manager-Fensters so, daß der untere Rand vom Bildschirmhintergrund - samt der dort angesiedelten Programmsymbole der bereits gestarteten, aber derzeit auf Symbolgröße verkleinerten Anwendungen - sichtbar ist.

Um nun eine Datei in einer bestimmten Anwendung zu öffnen, klicken Sie in der Dateiliste auf den entsprechenden Dateinamen, halten die Maustaste gedrückt und ziehen danach die Datei über den Rand des Datei-Manager-Fensters auf das betreffende Programmsymbol. Wenn Sie die Maus hier wieder loslassen, wird die Datei augenblicklich in der gewünschten Anwendung geöffnet. Diese Vorgehensweise funktioniert aber nur, wenn die betreffende Anwendung bereits aktiv ist. Wenn Sie das Symbol einer Datei auf ein Symbol des Programm-Managers ziehen, hat das eine andere Auswirkung: Es wird dann ein neuer Programmpunkt eingerichtet.

Hinweis

Bei dieser Methode ist es nicht notwendig, daß die Datei mit der gewählten Anwendung verknüpft ist. Dennoch muß sichergestellt sein, daß die betreffende Anwendung überhaupt in der Lage ist, die zu öffnende Datei zu verarbeiten.

Eine Datei mit der Endung .XLS, also ein *Excel*-Dokument, auf das *WinWord*-Symbol zu ziehen, macht beispielsweise keinen Sinn. Grundsätzlich lassen sich Dateien nur dann in einer Anwendung öffnen, wenn ihr Dateiformat von der gewählten Anwendung akzeptiert wird. Wie Sie herausfinden, welche Anwendung welche Dateiformate akzeptiert, erfahren Sie an einer anderen Stelle in diesem Buch: Und zwar im Trick Welche Dateiformate eine Anwendung akzeptiert.

666 ganz legale   Windows-Tricks

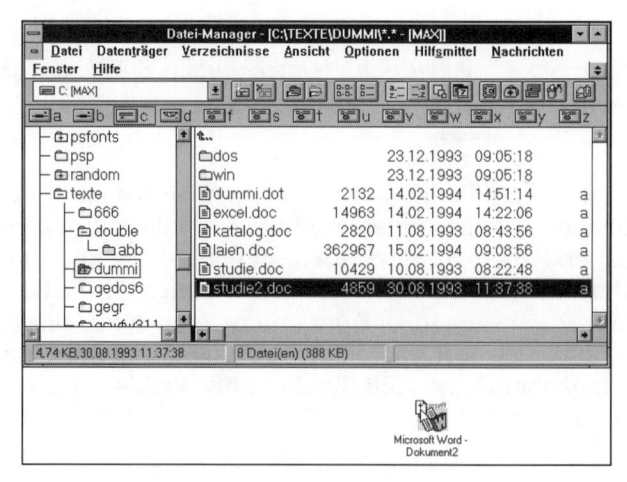

Wenn der Bildschirm so aufgeteilt ist, ist das Laden eines Dokumentes per Drag and Drop ein Kinderspiel

Datei-Manager: Programmstart als Symbol

Anwendungen können bequem über den Datei-Manager gestartet werden: Ein Doppelklick auf die entsprechende Befehlsdatei reicht aus, um die Anwendung in einem Fenster zu starten. Soll die Anwendung unmittelbar nach dem Start auf Symbolgröße verkleinert werden – das bietet sich beispielsweise bei vielen Hilfsprogrammen an –, so stehen Ihnen im Datei-Manager dieselben Möglichkeiten zur Verfügung wie im Programm-Manager.

Tip 276

Wenn Sie während des Doppelklicks auf die Programmdatei die ⇧-Taste gedrückt halten, startet die Anwendung als Symbol!

7 • Der Umgang mit Dateien

Dateien auswählen

Eine Dateigruppe markieren

Das ist das Praktische am Datei-Manager: Man kann mit ihm nicht nur *eine* Datei, sondern bei Bedarf gleichzeitig einen ganzen Schwung von Dateien bearbeiten. Man muß sie vorher nur alle markiert, sprich ausgewählt haben.

Tip 277
Um eine Gruppe von in der Verzeichnisliste hintereinander aufgeführten Dateien zu markieren, drücken Sie die ⇧-Taste, halten sie gedrückt und markieren mit der Maus oder den Cursortasten nacheinander alle gewünschten Dateien.

Eine Liste von Dateien markieren

Möchten Sie 'zig in der Verzeichnisliste hintereinander aufgeführte Dateien gleichzeitig bearbeiten, müssen Sie diese nicht Klick für Klick einzeln markieren, sondern können das viel eleganter mit Hilfe entsprechender Techniken erledigen.

Tip 278
Machen Sie es sich einfach: Mit Hilfe der ⇧-Taste kann man einen ganzen Datei-Block markieren!

Klicken Sie dazu auf die erste der zu markierenden Dateien, drücken Sie die ⇧-Taste und halten sie gedrückt. Klicken Sie nun auf die letzte der gewünschten Dateien, werden automatisch alle Dateien, die zwischen der ersten und der letzten ausgewählten Datei liegen, mitmarkiert. Sie klicken im Grunde genommen also nur noch zweimal: Einmal am Anfang und einmal am Ende eines zusammenhängenden Dateiblocks.

Mehrere Einzeldateien markieren

Nicht immer sind die Dateien, die man bearbeiten möchte, schön ordentlich hintereinander in der Verzeichnisliste aneinandergereiht. Häufig passiert es auch, daß man sich eine Datei, die sich ganz oben, und eine andere, die sich ganz unter in der Verzeichnisliste befindet, vornehmen möchte.

Tip 279 *Natürlich lassen sich auch Dateien gleichzeitig bearbeiten, die sich verstreut in einer Dateiliste befinden.*

Markieren Sie dazu wie gewohnt die erste Datei. Drücken Sie dann die [Strg]-Taste, und halten Sie sie gedrückt. Klicken Sie nun auf alle anderen Dateien, die noch markiert werden sollen. Anschließend können alle so markierten Dateien auf einen Schlag bearbeitet werden.

Alle Dateien markieren

Um alle Dateien des aktuellen Verzeichnisses zu markieren, gibt es viele Wege: Durch den Befehl *Ansicht▶Angaben auswählen* und die Dateiselektion *.* werden die entsprechenden Dateien zwar angezeigt, aber nicht markiert. Reingefallen. Durch die Funktion *Datei▶Dateien auswählen* markieren Sie durch beliebig viele Dateiselektionen nacheinander die gewünschten Dateien - nicht schlecht, aber nicht in allen Lebenslagen ideal. Durch das Klicken auf die erste und auf die letzte Datei, verbunden mit der [⇧]-Taste, wird die gesamte Liste markiert. Schon wesentlich besser. Doch es geht noch bequemer!

Tip 280 *Markieren Sie doch alle Dateien eines Verzeichnisses auf einen Schlag, indem Sie einfach die Taste [#] betätigen!*

Übrigens: Auf welcher Datei der Auswahlcursor gerade verweilt, spielt bei der Markierung keine Rolle. Durch ein einfaches Tippen auf das Nummernsymbol werden alle Dateien des ausgewählten Verzeichnisses ruckzuck markiert.

Welcher Typ soll´s denn bitte sein?

Wenn Sie in einem Verzeichnis nur Dateien eines gewissen Typs - sagen wir, alle Textdateien mit der Endung .DOC - markieren möchten, wäre es sicherlich recht umständlich, das gesamte Verzeichnis „per Hand" (Betriebswirte sagen hier gerne: *händisch*) nach den gesuchten Dateien zu durchsuchen.

Tip 281 *Machen Sie es sich einfacher: Beauftragen Sie Windows, für Sie alle Dateien eines bestimmten Typs auszuwählen!*

7 • Der Umgang mit Dateien

Wählen Sie dazu im Pull-Down-Menü *Datei* den Befehl *Dateien auswählen*. Geben Sie in der Eingabezeile *Datei(en)* die folgende Dateiselektion ein, wenn Sie nach Textdokumenten mit der Dateikennung .DOC suchen:

`*.DOC`

Klicken Sie danach auf die Schaltfläche *Auswählen*, werden automatisch alle Dateien mit der gewünschten Endung in der Dateiliste markiert. Sie können die Selektion auf diese Weise bequem erweitern (oder auch kürzen). Wenn Sie danach die Dialogbox schließen, können Sie wie gewohnt mit den ausgewählten Dateien arbeiten.

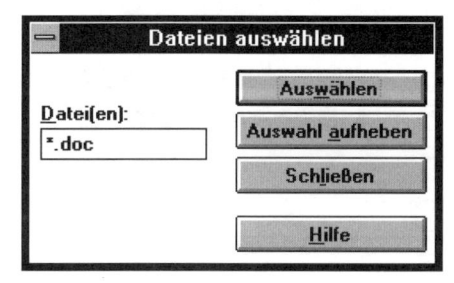

Hier werden alle DOC-Dateien ausgewählt

Mehrere Verzeichnisse markieren

Was mit Dateien möglich ist, klappt erfreulicherweise auch bei Verzeichnissen: Man kann gleich mehrere Verzeichnisse auf einen Schlag markieren. Allerdings müssen die Voraussetzungen dafür stimmen.

Tip 282

Eine Gruppe von Verzeichnissen läßt sich nur dann markieren, wenn die Verzeichnissymbole im rechten Teil des Fensters angezeigt werden.

Der Versuch, mehr als ein Verzeichnis gleichzeitig in der Verzeichnisliste im linken Fensterteil zu markieren, ist hoffnungslos. Schließlich wird ein Klick auf ein Verzeichnissymbol vom Datei-Manager stets als Aufforderung interpretiert, die dazugehörige Dateiliste im rechten Teil des Fensters einzublenden. Zum gleichzeitigen Markieren eines zweiten Verzeichnissymbols kommt es daher gar nicht mehr.

Deshalb ist es nötig, den Inhalt des Stammverzeichnisses im rechten Verzeichnisfenster anzeigen zu lassen. Das können Sie bequem mit

666 ganz legale Windows-Tricks

einem Klick auf das Symbol des Stammverzeichnisses erledigen. Jetzt erscheinen die abzweigenden Verzeichnisse auch im rechten Teil des Fensters, dort, wo normalerweise die Dateiliste ihren Platz hat.

Dem Markieren mehrerer Verzeichnisse steht nun nichts mehr im Wege: Benutzen Sie genau wie beim Markieren mehrerer Dateien die ⇧- bzw. die Strg-Taste (siehe vorangehende Tricks).

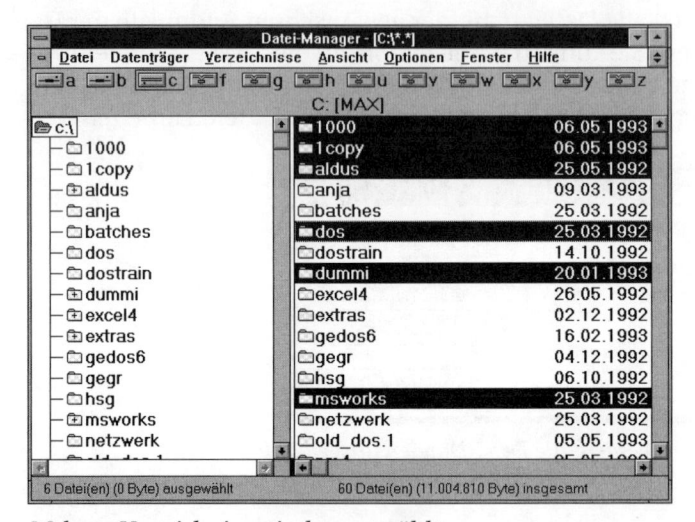

Mehrere Verzeichnisse sind ausgewählt

Auf der Suche

Irgendwo auf der Festplatte muß sie doch stecken, die verflixte Datei!?! Nur ruhig Blut: Wenn Sie auf der verzweifelten Suche nach einer Datei sind, hilft Ihnen der Datei-Manager gerne weiter.

Tip 283 *Fahnden Sie nach einer bestimmten Datei, vertrauen Sie sich dem Suchen-Befehl des Datei-Managers an.*

Markieren Sie dazu zuerst das Laufwerk, auf dem sich die gesuchte Datei befindet. Können Sie den „Wohnort" der Datei näher eingrenzen, wissen Sie beispielsweise nur nicht, in welchem Unterverzeichnis eines bestimmten Verzeichnisses das Luder genau steckt, markieren Sie das entsprechende Verzeichnis in der Verzeichnisliste.

Wählen Sie danach den Befehl *Datei* ▶ *Suchen*. Es erscheint die Dialogbox *Suchen*. Geben Sie hier den Namen der Datei ein, nach der Sie

7 • Der Umgang mit Dateien

fahnden. Das markierte Verzeichnis erscheint in der Zeile *Beginnen in*. Hier können Sie bei Bedarf nachträglich eine Korrektur vornehmen. Möchten Sie, daß alle Unterverzeichnisse nach der gesuchten Datei durchgeforstet werden, aktivieren Sie zusätzlich die Option *Alle Unterverzeichnisse durchsuchen*.

Nachdem Sie die Dialogbox bestätigt haben, beginnt der *Datei-Manager* unverzüglich mit der Suche. Je nachdem, wie groß der zu durchsuchende Bereich ist, dauert die Suche eine Weile. Danach erscheint das Suchergebnis in einem eigenen Fenster. Die dort aufgeführten Dateien können Sie wie alle anderen Datei-Einträge weiterverarbeiten.

> *Hinweis:* *Wissen Sie nicht genau, wie die gesuchte Datei heißt, oder sind Sie auf der Suche nach einer Gruppe von Dateien, können Sie auch das Stellvertreterzeichen „*" als Dateiselektion benutzen.*

Sie können das Sternchen „*" als Teil des Dateinamens oder als Ersatz für die Dateierweiterung einsetzen. Denkbar wären also auch Suchkriterien wie zum Beispiel:

`juni*.xls`

oder auch:

`juni.*`

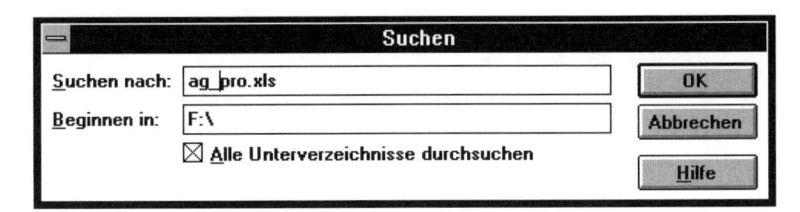

Auf der Suche nach einer bestimmten Datei

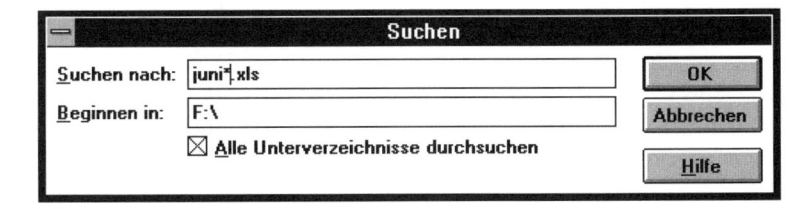

Auf der Suche nach einer Dateigruppe

Fensterknappheit: Nur ein Ergebnisfenster

Angenommen, Sie suchen zuerst eine bestimmte Datei und wollen unmittelbar danach eine zweite Suche einläuten. Dann müssen Sie bestimmte Spielregeln einhalten!

Tip 284 *Beachten Sie, daß stets nur höchstens ein Fenster mit einem Suchergebnis angezeigt werden kann.*

Bei mehreren, hintereinander gestarteten Suchvorgängen wird jeweils der letzte Fensterinhalt des Ergebnis-Fensters mit dem aktuellen Suchergebnis überschrieben.

Verarbeiten Sie also am besten das Suchergebnis unmittelbar, oder merken oder notieren Sie es sich. In Sachen „Notieren" kann ich Ihnen eine Hilfskonstruktion anbieten: Schicken Sie den Inhalt des aktuellen Fensters (also des Datei-Managers mit dem Ergebnisfenster im Vordergrund) in die Zwischenablage. Betätigen Sie dazu die Tastenkombination [Alt][Druck].

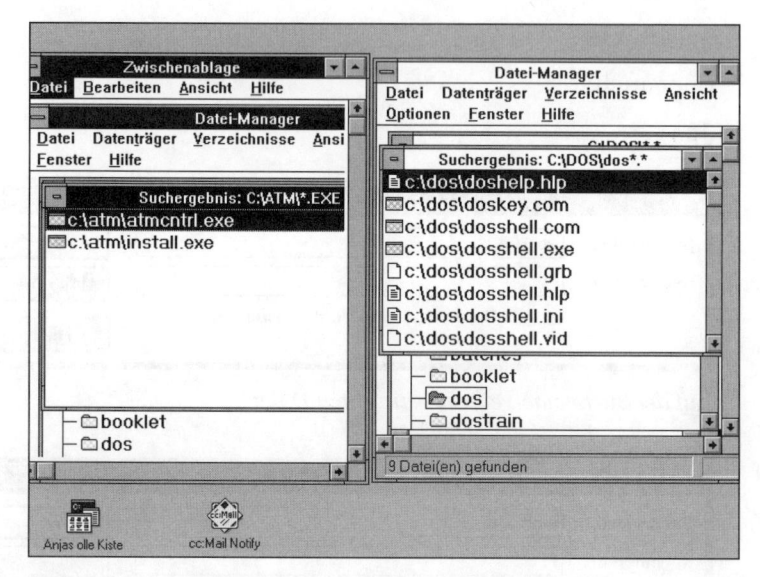

Eine Hilfskonstruktion: Das aktuelle Ergebnis-Fenster im Datei-Manager, das vorherige Suchergebnis in der Zwischenablage

7 • Der Umgang mit Dateien

Nun ist es möglich, mehrere Ergebnisfenster gleichzeitig anzusehen. Starten Sie dazu die Zwischenablage (sie befindet sich in der Hauptgruppe), und organisieren Sie Ihren Bildschirm so, daß sowohl der Datei-Manager als auch die Zwischenablage sichtbar sind. Die Befehle des Datei-Managers können Sie natürlich nur auf das „echte" Ergebnis-Fenster anwenden. Was Sie in der Zwischenablage sehen, ist nur ein Bild des vorherigen Suchergebnisses - sozusagen als kleine Gedächtnisstütze.

Verschieben, kopieren, löschen

Schauen Sie der Maus auf die Pfoten!

Sie erledigen einen Großteil der Datenorganisation mittels *Drag and Drop*, weil's so schön einfach ist? Und ziehen die Maus auch ab und zu mal einen Millimeter über das Ziel hinaus? Das passiert immer wieder: Man will mit der Maus eine Datei kopieren, verschieben oder einfach nur markieren. Und weil's schnell gehen muß, sieht man im Eifer des Gefechts nicht genau hin. Ziehen, Fallenlassen, und schon ist mit der Datei passiert, was eigentlich gar nicht passieren sollte.

Tip 285

Achten Sie darauf, daß Sie sich nicht „verklicken". Nutzen Sie die diversen möglichen Sicherheitsabfragen!

Sie können Windows veranlassen, sich nach jeder Mausaktion innerhalb des Datei-Managers mit einer Sicherheitsabfrage zu Wort zu melden. Hier steht dann in Worten, was Sie per Klick erreicht haben. Soll die Aktion tatsächlich ausgeführt werden, bestätigen Sie die Dialogbox einfach mit einem Klick auf *OK* oder durch Betätigen der ⏎-Taste.

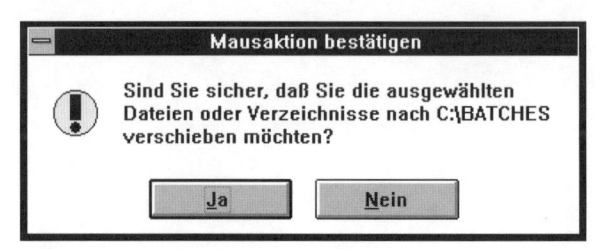

Wollen Sie, oder wollen Sie nicht?

Sie können selbst bestimmen, wann eine solche Sicherheitsabfrage erscheinen soll und wann nicht: Ob also die Frage „Sind Sie sicher..." nur bei allen Mausaktionen oder auch bei jedem Löschen oder Überschreiben von Dateien und Verzeichnissen eingeblendet werden soll.

Wählen Sie dazu im Menü *Optionen* den Menüpunkt *Bestätigen*. In der daraufhin erscheinenden Dialogbox entscheiden Sie, welche Aktionen vor ihrer Ausführung bestätigt werden sollen. Deaktivieren Sie das entsprechende Kästchen, wenn Sie eine Abfrage für überflüssig erachten. Am sichersten ist es jedoch, alle fünf Angebote anzunehmen.

7 • Der Umgang mit Dateien

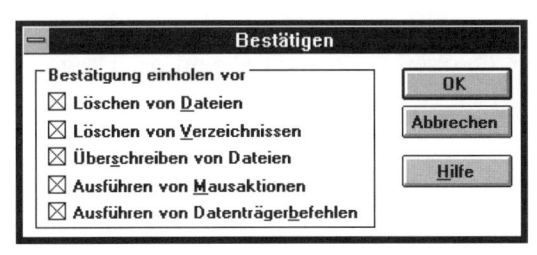

Am besten lassen Sie Windows immer nachfragen – sicher ist sicher...

Die Tagesarbeit sichern

Wenn Sie nicht jeden Abend zum Backup-Programm greifen möchten, um die mühsam erarbeiteten Daten auf einer Diskette oder einem Tape (Band) zu sichern, sollten Sie zumindest eine „kleine Lösung" zur Erstellung der täglichen Sicherheitskopien in Betracht ziehen.

Tip 286

Lassen Sie sich vom Datei-Manager die neuen oder unlängst veränderten Dateien anzeigen, und kopieren Sie diese auf eine Diskette!

Dabei erleichtert Ihnen der Datei-Manager die Arbeit ungemein: Sie können die Anzeige der Dateien nämlich so gestalten, daß Ihnen die jüngsten (und somit sicherungsbedürftigen) Dateien am Anfang der Dateiliste gleich ins Gesicht springen. Wählen Sie dazu im Menü den Befehl *Ansicht ▶ Nach Datum*. Sofort wird die Dateiliste neu aufgebaut: Die zuletzt erstellten oder veränderten Dateien stehen am Anfang der Liste, die ältesten an deren Ende.

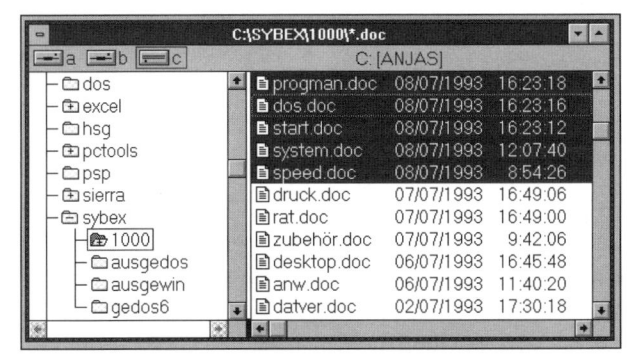

Die jüngsten Dateien stehen ganz oben in der Liste

291

Jetzt brauchen Sie nur noch die noch nicht gesicherten Dateien zu markieren (also die obersten der Liste) und per Drag and Drop oder über die Taste [F8] auf eine Diskette zu kopieren.

[⇧] statt [Alt]

Beim Verschieben von Dateien mit Hilfe der Maus müssen Sie die [Alt]-Taste gedrückt halten, um die Datei auf ein anderes Laufwerk zu verschieben. Doch es geht auch anders.

Tip 287
Anstelle der [Alt]-Taste können Sie die [⇧]-Taste betätigen!

Die [⇧]-Taste hat in diesem Fall dieselbe Funktion, aber den entscheidenden Vorteil, auf beiden Seiten der Tastatur zur Verfügung zu stehen - damit läßt sie sich gerade auf tragbaren Geräten oft leichter bedienen.

Schnelle Tasten für die Dateiverwaltung

Mit der Maus läßt sich der Datei-Manager sicherlich am einfachsten bedienen; schneller geht's jedoch in einigen Fällen mit der Tastatur. Legen Sie Wert auf kurze Wege, merken Sie sich für die drei wohl am häufigsten benutzten Dateioperationen die Tasten.

Tip 288
Mit [F7] verschieben Sie eine oder mehrere markierte Datei(en), per [F8] erstellen Sie eine Kopie. Und mit [Entf] löschen Sie die ausgewählten Dateien.

Maus in Tastenbegleitung

Mit der Maus ist's am schönsten - beim Kopieren und Verschieben von Dateien stimmt das sicherlich. Doch mit dem eigentlichen Ziehen- und Fallenlassen ist es manchmal nicht getan. Will man eine Datei auf ein anderes Laufwerk verschieben, muß man die [Alt]-Taste zusätzlich gedrückt halten – sonst würde sie nicht verschoben, sondern kopiert. Beim Kopieren verhält es sich ähnlich: Will man innerhalb eines Laufwerkes kopieren, muß man während der Mausbewegung die [Strg]-Taste gedrückt halten - sonst geht der Datei-Manager davon aus, daß Sie die Datei verschieben möchten.

7 • Der Umgang mit Dateien

Tip 289

Da diese Wenn-Dann-Regel nicht unbedingt einfach zu merken ist: Machen Sie es sich zur Gewohnheit, beim Kopieren mit der Maus grundsätzlich die [Strg]-Taste und beim Verschieben grundsätzlich die [Alt]-Taste zu drücken.

Das Kreuz im Dateisymbol

Kopiere ich jetzt gerade, oder verschiebe ich? Verflixt, welche Taste habe ich begleitend zur Mausbewegung gedrückt? Solche Unsicherheiten müssen nicht sein, denn der Datei-Manager teilt Ihnen mit, was Sache ist.

Tip 290

Achten Sie auf das Symbol, das Sie gerade über den Bildschirm ziehen. Trägt es ein Pluszeichen, kopieren Sie gerade, fehlt das Zeichen, befinden Sie sich mitten in einem Verschiebevorgang.

Sagt Ihnen das Dateisymbol, das Sie gerade über den Bildschirm ziehen, daß Sie einen Vorgang eingeleitet haben, den Sie eigentlich gar nicht wollten, können Sie ihn jederzeit wieder abbrechen: Machen Sie mit der Maus kehrt - ziehen Sie das Dateisymbol, noch bevor Sie es irgendwo anders fallen lassen, zurück auf seine Quelle.

Die Kleinen haben das Nachsehen

"Die Kleinen haben immer das Nachsehen", so lautet ein deutsches Sprichwort. Offensichtlich gilt das auch bei Microsoft USA - und da besonders in bezug auf kleine Dateien. Die vernachlässigt der *Datei-Manager* von Windows nämlich sträflich!

Tip 291

Passen Sie besonders gut auf, wenn Sie Dateien mit einer Größe unter 512 Byte kopieren oder verschieben!

Wenn Sie eine Datei auf eine Diskette kopieren möchten, die schreibgeschützt ist, teilt Ihnen der Datei-Manager mit, daß das nicht geht, und bricht den Kopiervorgang ab. Wunderbar. Gleiches passiert, wenn Sie eine Datei auf eine schreibgeschützte Diskette verschieben möchten.

666 ganz legale Windows-Tricks

Ganz anders sieht die Sache jedoch aus, wenn es sich bei der zu kopierenden Datei um eine mit weniger als 512 Byte Inhalt handelt. Wenn Sie eine solche Datei versehentlich auf einen schreibgeschützten Datenträger kopieren, erscheint *keine* Warnung. Vielmehr wird man als Anwender in dem Glauben gelassen, der Kopiervorgang verlaufe erfolgreich.

Schlimmer noch verhält sich die Sache beim Verschieben von Dateien, die kleiner als 512 Bytes sind. Auch hier erscheint keine Meldung. In diesem Fall wird die Datei zwar vom Quelldatenträger gelöscht, aber nicht auf den Zieldatenträger kopiert (schließlich ist der ja schreibgeschützt). Das Ende des Liedes: Die Datei, die eigentlich verschoben werden sollte, wurde gelöscht! Wenn das nicht bitter für die Kleinen ist...

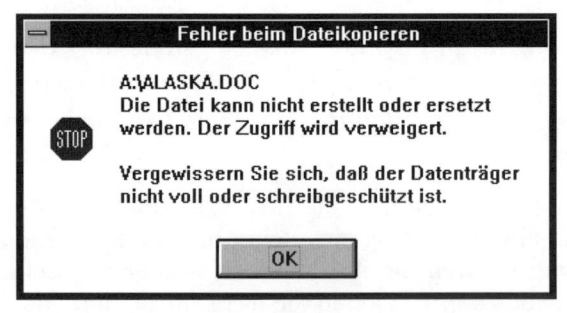

```
┌─ Fehler beim Dateikopieren ─┐
│                             │
│   A:\ALASKA.DOC             │
│   Die Datei kann nicht erstellt oder ersetzt │
│   werden. Der Zugriff wird verweigert.       │
│                             │
│   Vergewissern Sie sich, daß der Datenträger │
│   nicht voll oder schreibgeschützt ist.      │
│                             │
│          [  OK  ]           │
└─────────────────────────────┘
```

Diese Warnung erscheint leider nur bei Dateien mit einer Größe über 512 Byte

7 • Der Umgang mit Dateien

Datei-Eigenschaften

Die Abkürzung zu den Dateiattributen

Sie möchten die Dateiattribute einer bestimmten Datei einsehen oder sogar verändern? Nach einem Befehl *Attribute* im Menü *Datei* können Sie lange suchen - den gibt es nämlich nicht. Was unter DOS *Datei-Attribut* genannt wird, heißt unter Windows kurz und prägnant *Eigenschaften*.

Tip 292
Am schnellsten haben Sie durch die Tastenkombination [Alt][↵] Zugriff auf die Datei-Eigenschaften.

Markieren Sie dazu zuvor in der Dateiliste denjenigen Eintrag, über den Sie mehr erfahren möchten. Wenn Sie nun die Tastenkombination [Alt][↵] betätigen, erscheint eine Dialogbox, die den Namen, die Größe, den Pfad sowie die Dateiattribute der markierten Datei anzeigt.

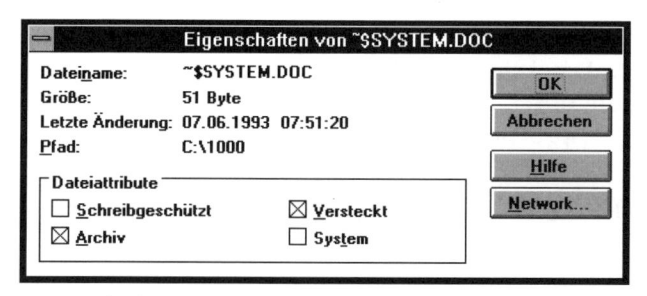

```
                Eigenschaften von ~$SYSTEM.DOC
   Dateiname:        ~$SYSTEM.DOC
   Größe:            51 Byte              [   OK    ]
   Letzte Änderung:  07.06.1993  07:51:20
   Pfad:             C:\1000              [ Abbrechen ]

   ┌─Dateiattribute─────────────────┐    [  Hilfe   ]
   │ ☐ Schreibgeschützt  ☒ Versteckt│
   │ ☒ Archiv            ☐ System   │    [ Network... ]
   └────────────────────────────────┘
```

Die Dialogbox Eigenschaften *zeigt u.a. die Dateiattribute an*

Schutz vor unfreiwilligem Löschen

Besonders wichtige Dateien benötigen besonderen Schutz. Zu ärgerlich wäre es, wenn die Datei mit dem Text der Diplomarbeit oder die Tabelle mit der aktuellen Etat-Planung durch einen einzigen falschen Befehl über den berühmten Jordan geschickt würde.

Tip 293
Schützen Sie wichtige Dateien mit dem Read-Only-Attribut.

295

Dieses Attribut stellt sicher, daß man die betreffende Datei zwar lesen (Read Only), aber nicht verändern, überschreiben oder gar löschen kann. Um eine Datei oder eine Dateigruppe mit diesem Attribut zu impfen, markieren Sie zuerst die entsprechenden Dateien und betätigen dann die Tastenkombination [Alt][↵]. Aktivieren Sie danach in der Dialogbox *Eigenschaften* das Kontrollfeld *Schreibschutz*. Wenn ein Kreuzchen in dem entsprechenden Kästchen erscheint, ist das Attribut gesetzt. Nachdem Sie die Dialogbox bestätigt haben, sind die ausgewählten Dateien nun vor versehentlichem Löschen geschützt.

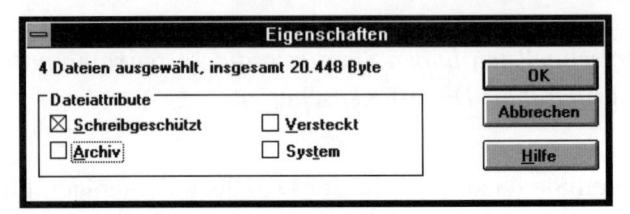

Bei vier Dateien wurde das Read-Only-Attribut gesetzt

Attribute wieder aufheben

Irgendwann einmal möchten Sie sicherlich auch eine zuvor schreibgeschützte Datei löschen. Doch so einfach geht das nicht: Schließlich haben Sie durch das Setzen des Read-Only-Attributs festgelegt, daß für die entsprechende Datei das Löschen tabu ist.

Tip 294 *Heben Sie das Attribut wieder auf!*

Dazu müssen Sie die betroffenen Datei erneut markieren und die Tastenkombination [Alt][↵] betätigen. Durch Anklicken eines aktiven Kontrollfeldes deaktivieren Sie es. Klicken Sie also auf das aktivierte Feld *Schreibschutz*, verschwindet das Kreuzchen. Nachdem Sie die Dialogbox bestätigt haben, kann die betreffende Datei also wieder ungehindert gelöscht werden.

Grundsätzlich gilt: Alle Attribute, die nicht „angekreuzt" sind, sind nicht (mehr) gesetzt. Um sie zu setzen, klicken Sie mit der Maus darauf oder betätigen die entsprechende [Alt]-Tastenkombination.

7 • Der Umgang mit Dateien

Die Tarnkappe

Für einige Dateien ist es besser, wenn man sie nicht sieht. So kann man nicht auf dumme Gedanken kommen. Im Klartext: Was man nicht sieht, kann man auch nicht löschen oder verändern. Deshalb tauchen zum Beispiel die beiden für den PC so lebenswichtigen Dateien IO.SYS und MSDOS.SYS nicht in der regulären Verzeichnisliste auf - sie sind quasi unsichtbar.

Tip 295
Möchten Sie einige Dateien geheimhalten, so verstecken Sie sie!

Um eine Datei vor den neugierigen Blicken des „normalen" Anwenders zu verstecken, markieren Sie zuerst die Dateien, denen Sie eine Tarnkappe aufsetzen wollen. Mit der Tastenkombination [Alt][↵] gelangen Sie jederzeit in die Dialogbox *Eigenschaften*. Klicken Sie hier auf das Feld *Versteckt*. Wenn Sie nun die Box bestätigen, werden die betreffenden Dateien nicht mehr in der Verzeichnisliste zu sehen sein (sofern die Option *Versteckte/Systemdateien anzeigen* im Menü *Ansicht▶Angaben auswählen* nicht aktiv sein sollte, dann werden nämlich auch versteckte Dateien angezeigt). Natürlich sind sie aber nach wie vor vorhanden.

Das warnende !

Sie haben den Datei-Manager veranlaßt, auch versteckte Dateien anzuzeigen, indem Sie die Option *Versteckte/Systemdateien anzeigen* im Menü *Ansicht▶Angaben auswählen* aktiviert haben? Und jetzt fragen Sie sich, welche der in der Verzeichnisliste angezeigten Dateien nun versteckt sind und welche sozusagen ganz legal angezeigt werden? Keine Sorge: Es gibt einen Hinweis darauf.

Tip 296
Achten Sie auf das rote Ausrufungszeichen im Dateisymbol. Es kennzeichnet eine versteckte Datei.

Eigentlich versteckte Dateien und Systemdateien werden in der Dateiliste mit einem roten Ausrufungszeichen gekennzeichnet. Gehen Sie möglichst vorsichtig mit derart gekennzeichneten Dateien um. Wenn ihnen etwas zustößt, ist sozusagen das Wohlergehen Ihres Rechners gefährdet.

[!] io.sys *IO.SYS ist eine versteckte Systemdatei*

GanzLangeDateinamen

MS-DOS weiß, was es will. Und vor allem, was es nicht will: Dazu gehören Dateinamen mit einer Länge von mehr als acht Zeichen (plus drei Zeichen Erweiterung). Windows hat diese Regel - ganz im Sinne des Fortschritts - übernommen. Dateien, deren Namen länger als insgesamt elf Zeichen sind, werden im *Datei-Manager* nicht angezeigt und schon gar nicht von den Windows-Anwendungen bearbeitet.

Ärgerlich ist diese Einschränkung vor allem, wenn man im Netz arbeitet, etwa mit dem LAN Manager oder Windows NT: Netzlaufwerke und Dateien des Netz-Servers haben hier nämlich oft Namen, die länger als acht Zeichen sind - und die bekommen Sie im Datei-Manager folglich nicht zu Gesicht.

Tip 297

Weisen Sie Windows in einem solchen Fall an, auch Namen von Netzwerk-Verzeichnissen und -Dateien mit mehr als acht Zeichen anzuzeigen!

Dazu ist eine Änderung in der „privaten" INI-Datei des *Datei-Managers* - WINFILE.INI heißt sie - notwendig. Laden Sie die INI-Datei in einen geeigneten Editor, und suchen Sie dort nach der Sektion

```
[settings]
```

Dort tragen Sie die folgende Anweisung ein:

```
longfilenames=1
```

Danach speichern Sie die veränderte Datei. Wenn Sie den *Datei-Manager* nun erneut starten, werden die Namen der Netzwerkverzeichnisse und -dateien, sofern Sie länger als acht Zeichen sind, in voller Länge angezeigt. Sie können diese Dateien und Verzeichnisse nun innerhalb der Netzwerklaufwerke mit Hilfe Ihres *Datei-Managers* kopieren oder umbenennen.

Obwohl die außergewöhnlich langen Datei- und Verzeichnisnamen und nun in Ihrem *Datei-Manager* angezeigt werden, gilt es einige Besonderheiten im Umgang mit ihnen zu beachten. Dateien vom Netzwerk-Server mit mehr als acht Buchstaben können auf Ihrem lokalen DOS-Rechner nicht ausgeführt werden. Wenn Sie eine langnamige Datei markieren und das Menü *Datei* öffnen, sehen Sie, daß der Menüpunkt *Ausführen* abgeblendet dargestellt ist.

7 • Der Umgang mit Dateien

> *Wenn Sie eine Datei mit einem langen Dateinamen vom Server auf ein lokales, unter DOS laufendes Laufwerk kopieren, erscheint eine Dialogbox, die Sie auffordert, einen für DOS gültigen Namen (bis acht Zeichen) einzugeben. Folgen Sie dieser Aufforderung, wird der Kopiervorgang erfolgreich fortgesetzt.*

Auch bedarf es einem Zwischenschritt, wenn Sie Dateien mit langen Dateinamen in Windows- oder DOS-Anwendungen öffnen möchten. Dazu müssen Sie die Datei zuerst mit Hilfe des *Datei-Managers* umbenennen - das geht ja dank der veränderten WINFILE.INI jetzt. Danach können Sie die Datei mit dem ursprünglich (zu) langen Namen wie jede normale Datei behandeln.

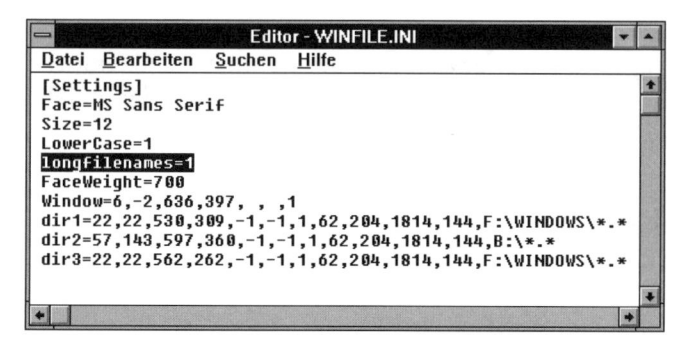

```
                Editor - WINFILE.INI
 Datei  Bearbeiten  Suchen  Hilfe
 [Settings]
 Face=MS Sans Serif
 Size=12
 LowerCase=1
 longfilenames=1
 FaceWeight=700
 Window=6,-2,636,397, , ,1
 dir1=22,22,530,309,-1,-1,1,62,204,1814,144,F:\WINDOWS\*.*
 dir2=57,143,597,360,-1,-1,1,62,204,1814,144,B:\*.*
 dir3=22,22,562,262,-1,-1,1,62,204,1814,144,F:\WINDOWS\*.*
```

Dank dieser Zeile können Sie im Datei-Manager auch lange Dateinamen anzeigen lassen

299

Disketten formatieren

Disketten ruckzuck formatieren

Eine besonders effektive Methode, alle auf einer Diskette befindlichen Daten zu löschen, ist das Formatieren das Datenträgers. Da bleibt wirklich nichts an Daten übrig! Wer aus diesem oder einem anderen Grund eine bereits formatierte Diskette erneut formatieren möchte, kann viel Zeit sparen!

> **Tip 298**
> Verwenden Sie zum erneuten Formatieren eines Datenträgers die Option Quick-Format!

Dazu ist nur ein Kreuzchen an der richtigen Stelle notwendig. Wählen Sie im Menü *Datenträger* des *Datei-Managers* den Befehl *Datenträger formatieren*. Es erscheint eine Dialogbox: Aktivieren Sie hier die Option *QuickFormat*. Sobald Sie die Dialogbox bestätigen, beginnt der Formatierungsvorgang. Er läuft deutlich schneller als eine „normale" Formatierung ab. Der Diskette wird automatisch das bestehende Format zugewiesen - eine Formatierung in einem anderen Format ist mit *QuickFormat* nicht möglich.

> **Hinweis**
> Kann aus irgendeinem Grund keine Formatierung mit QuickFormat durchgeführt werden, bietet der Datei-Manager Ihnen in einer Dialogbox an, den Datenträger auf herkömmliche Weise zu formatieren. Am besten nehmen Sie das Angebot mit einem Klick auf OK an.

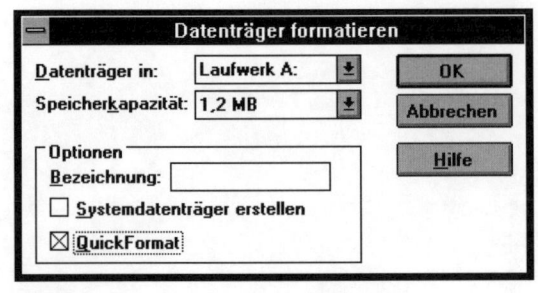

Mit QuickFormat *geht's besonders flott*

7 • Der Umgang mit Dateien

Bei Fehlerverdacht lieber „langsam" formatieren

Wenn Sie aus irgendeinem Grund vermuten, daß sich auf einer Diskette ein schadhafter Bereich versteckt, sollten Sie QuickFormat nicht benutzen!

Tip 299

Ein Datenträger wird beim Formatieren nur dann auf schadhafte Bereiche untersucht, wenn Sie den „normalen" Formatierungsprozeß benutzen!

Verwenden Sie *QuickFormat*, wird der Datenträger grundsätzlich *ohne* Prüfung formatiert. Eventuelle schadhafte Sektoren werden - entgegen sonstigen Gewohnheiten bei der Formatierung - nicht gemeldet. Wer also auf Nummer Sicher gehen will, läßt im Verdachtsfall die Finger von *QuickFormat*.

Systemdateien inklusive

Systemdateien sind eine recht wichtige Angelegenheit. Wenn ihnen etwas zustößt, geht es Ihrem Rechner in aller Regel gar nicht gut. Deshalb sollte man stets über eine Diskette mit „Ersatz"-Systemdateien verfügen.

Tip 300

Formatieren Sie eine Diskette als bootfähige Systemdiskette.

Das Formatieren einer Systemdiskette unterscheidet sich vom Formatieren „normaler" Disketten vor allem dadurch, daß nach dem eigentlichen Formatierungsvorgang die Systemdateien IO.SYS und MSDOS.SYS und der Kommandoprozessor COMMAND.COM auf den frisch formatierten Datenträger kopiert werden. Diese Ausstattung reicht aus, um einen Rechner von Diskette zu booten (starten).

Um eine solche Diskette anzufertigen, wählen Sie im Menü *Datenträger* des Datei-Managers den Befehl *Datenträger formatieren*. Es erscheint eine Dialogbox; aktivieren Sie hier die Option *Systemdatenträger*. Sobald Sie die Dialogbox bestätigt haben, beginnt der Formatierungsprozeß. Die Übertragung der Systemdaten erfolgt danach automatisch.

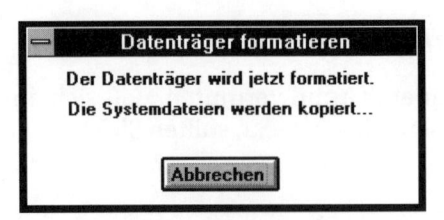

Nach dem Formatieren werden die Systemdateien übertragen

Noch mal: Systemdateien

Um Systemdateien und den Kommandoprozessor auf eine Diskette zu kopieren, muß man diese nicht unbedingt eigens formatieren (wie im vorangegangenen Trick beschrieben). Das wäre vor allem dann überflüssig, wenn man gerade eine frisch formatierte Diskette in der Hand hat und auf diese die Systemdaten übertragen möchte. Aber auch das reguläre Kopieren über den Befehl *Datei ▶ Kopieren* ist nicht ohne weiteres möglich, da die Systemdateien als versteckte Dateien im Normfall nicht in der Verzeichnisliste auftauchen.

Tip 301

Verwenden Sie zum Kopieren der Systemdateien den Befehl Systemdatenträger erstellen*!*

Diesen Befehl finden Sie im Menü *Datenträger*. Wenn Sie ihn wählen, erscheint die Dialogbox *Systemdatenträger erstellen*. Nun müssen Sie nur noch im Listenfeld dasjenige Laufwerk auswählen, auf dessen Datenträger die Systemdaten übertragen werden sollen. Ein Klick auf *OK*, und der Kopiervorgang beginnt.

Ob sich auf der zukünftigen Systemdiskette bereits andere Daten befinden, interessiert den Datei-Manager nicht. Allerdings muß auf der Diskette genügend freier Speicherplatz vorhanden sein.

Ist die Diskette bereits voll, werden Sie in einer Dialogbox darauf aufmerksam gemacht. Löschen Sie in diesem Fall ein paar Dateien, die Sie erübrigen können, von dem Datenträger. Oder verwenden Sie ganz einfach eine andere Diskette.

7 • Der Umgang mit Dateien

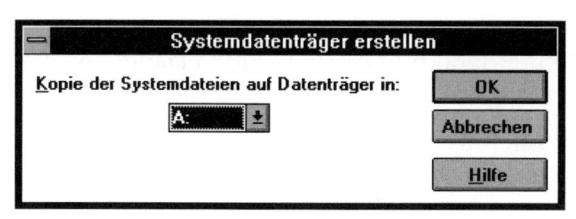

Auf welches Laufwerk sollen die Systemdaten kopiert werden?

Die falschen Systemdateien

Wenn Sie, bevor Sie auf MS-DOS 5 oder 6 umgestiegen sind, mit PC DOS (der DOS-Version auf Original IBM-PCs) gearbeitet haben sollten, kann es zu Problemen beim Anfertigen einer bootfähigen Systemdiskette mit dem Befehl *Datenträger▶Formatieren* des *Datei-Managers* kommen.

Tip 302 *Erstellen Sie in diesem Fall die Systemdisketten mit dem FORMAT-Befehl der DOS-Ebene!*

Wenn Sie auf einem ursprünglich mit PC DOS ausgestatteten PC unter Windows eine Systemdiskette formatieren, kann es passieren, daß anstelle der MS-DOS-Systemdateien MSDOS.SYS und IO.SYS die IBM-Systemdateien IBMDOS.COM und IBMIO.COM übertragen werden. Das Ergebnis: Unter MS-DOS ist eine derartige Systemdiskette nicht einsatzfähig. Was im Ernstfall - also dann, wenn Sie Ihren PC von der Systemdiskette aus booten müssen - zu einem großen Ärgernis werden kann.

Um das zu vermeiden, gibt es zwei Wege. Der erste davon: Verlassen Sie Windows, und erstellen Sie die Systemdiskette von der DOS-Ebene aus. Geben Sie dazu folgendes ein:

```
format a: /s
```

Bei diesem Verfahren werden automatisch die richtigen Systemdateien übertragen. Der FORMAT-Befehl sorgt zudem dafür, daß die Zieldiskette frisch und komplett formatiert wird.

Die zweite Möglichkeit: Wenn Sie die PC DOS-Systemdateien nicht mehr benötigen, entfernen Sie sie aus dem Hauptverzeichnis Ihrer Festplatte. Das können Sie bequem mit Hilfe des *Datei-Managers* erledigen.

Wählen Sie dazu zuerst den Befehl *Ansicht* ▶ *Angaben auswählen*. Aktivieren Sie in der daraufhin erscheinenden Dialogbox die Option *Versteckte/Systemdateien anzeigen*, und bestätigen Sie die Box.

Im Hauptverzeichnis Ihrer Festplatte werden nun auch die beiden PC DOS-Systemdateien IBMDOS.COM und IBMIO.COM angezeigt. Löschen Sie diese. Es erscheint ein Hinweis, daß es sich um versteckte Systemdateien handelt. Sind Sie sicher, daß Sie nicht mehr mit PC DOS arbeiten möchten, bestätigen Sie die Sicherheitsabfrage.

> *Löschen Sie auf keinen Fall die aktuellen MS-DOS-Systemdateien IO.SYS und MSDOS.SYS - sonst geht gar nichts mehr...*

Die DOS-Systemdateien dürfen nicht gelöscht werden

Im Normalfall immer ohne Systemdateien

Systemdateien benötigt man nicht auf jeder Diskette, denn nicht jede Diskette muß bootfähig sein. Ganz im Gegenteil: Es reicht völlig, wenn man über eine einzige bootfähige Scheibe verfügt (und sich merkt, wo man diese aufbewahrt...). Würde jede Diskette als Systemdiskette formatiert, würde das unnötigerweise Speicherplatz verschwenden. Schließlich nehmen IO.SYS, MSDOS.SYS und COMMAND.COM insgesamt rund ein Zehntel einer HD-Diskette ein.

Tip 303

> *Bei jedem „normalen" Formatierungsvorgang sollte die Option* Systemdatenträger erstellen *nicht aktiv sein!*

Nur wenn das Kreuzchen vor der Option *Systemdatenträger erstellen* fehlt, ist sichergestellt, daß der komplette Speicherplatz einer Diskette nach der Formatierung zur Aufnahme von Daten bereitsteht.

7 • Der Umgang mit Dateien

Systemdisketten und DoubleSpace

Der Befehl *Datenträger* ▶ *Systemdatenträger erstellen* fertigt eine Systemdiskette an, die das absolute Minimum an Daten enthält, die zum Booten eines Rechners notwendig sind. Wenn Sie jedoch mit MS-DOS 6 arbeiten und ein DoubleSpace-Laufwerk eingerichtet haben, benötigt Ihre Systemdiskette zusätzliche Informationen - insbesondere, wenn Sie mit DoubleSpace zusammenarbeiten wollen.

Tip 304

Achten Sie unbedingt darauf, daß Ihre Systemdiskette auch die Systemdatei DBLSPACE.BIN enthält!

Der Befehl *Datenträger* ▶ *Systemdatenträger erstellen* versäumt es, die für das Funktionieren des DoubleSpace-Laufwerks lebenswichtige Systemdatei DBLESPACE.BIN auf den Systemdatenträger zu kopieren. Die unangenehme Folge: Sie können einen Rechner, auf dem ein DoubleSpace-Laufwerk eingerichtet ist, nicht mit einer Systemdiskette booten, die Sie mit dem Befehl *Datenträger* ▶ *Systemdatenträger erstellen* angefertigt haben. Respektive: Sie können einen solchen Rechner zwar von Diskette booten, müssen dann aber damit leben. daß die auf den komprimierten Laufwerken gespeicherten Dateien nicht verfügbar sind.

Deshalb empfiehlt es sich, bootfähige Systemdisketten nur unter MS-DOS anzufertigen - zumindest so lange, bis Microsoft das Problem in Windows behoben hat. Ich empfehle Ihnen deshalb, mit Hilfe des folgenden Befehls eine bootfähige Systemdiskette anzufertigen:

```
format /s
```

In dem Fall wird auch die Systemdatei DBLSPACE.BIN mit auf die neue Systemdiskette übertragen. Arbeiten Sie mit einem DoubleSpace-Laufwerk, sollten Sie Systemdisketten also besser nur von der DOS-Ebene anfertigen.

Möchten Sie dennoch den Datei-Manager mit der Erstellung einer Systemdiskette beauftragen, denken Sie daran, die Datei DOUBLESPACE.BIN aus dem DOS-Verzeichnis manuell mit Hilfe des Befehls Datei ▶ Kopieren *auf den Systemdatenträger zu kopieren.*

Batchdateien

Icons für Batchdateien

Erfahrene DOS-Fans richten sich gewöhnlich für alle möglichen Aufgaben Batchdateien ein: Gibt man ihren Namen ein, werden die in dieser Datei aufgeführten Befehle Schritt für Schritt abgearbeitet – vollautomatisch. Stapelverarbeitung nennt man das. Unter Windows müssen Sie auf diesen Service keineswegs verzichten.

Tip 305

Richten Sie sich Icons für Ihre Lieblings-Batchdateien ein!

Am besten, Sie überlegen sich zuerst ganz genau, wie viele Batch-Icons Sie in den Programm-Manager einbinden wollen, zumindest grob. Sind es nämlich mehrere, dann sollten Sie am besten gleich eine separate Programmgruppe dafür einrichten, etwa unter dem Namen *Batchdateien*.

Binden Sie danach die gewünschte Batchdatei als Icon in die Programmgruppe ein: Wählen Sie dazu im Programm-Manager den Befehl *Datei▸Neu*, und klicken Sie in der daraufhin erscheinenden Dialogbox die Option *Programm* an. Es erscheint eine weitere Dialogbox auf dem Bildschirm. Hier klicken Sie auf die Fläche *Durchsuchen* und wählen aus der daraufhin eingeblendeten Box Laufwerk, Verzeichnis und Namen der gewünschten Batchdatei aus - natürlich können Sie auch den genauen Dateinamen der Batchdatei angeben, sofern er Ihnen bekannt ist. Batchdateien verfügen übrigens über die Dateikennung .BAT.

Wenn Sie die zuletzt geöffnete Dialogbox bestätigen, können Sie in der Box *Programmeigenschaften* ein Icon für die Batchdatei auswählen. Gehen Sie dazu auf die Schaltfläche *Anderes Symbol* (Sie wollen doch sicher nicht mit dem langweiligen DOS-Icon leben, oder etwa doch?), und wählen Sie aus dem breiten Angebot ein passendes Symbol aus. Wenn Sie diese Wahl und danach auch die Dialogbox *Programmeigenschaften* bestätigen, erscheint Ihr neues Batch-Icon in der gewählten Programmgruppe. Und auf Tastendruck läßt sich der Batch dann auch von Windows aus ausführen.

7 • Der Umgang mit Dateien

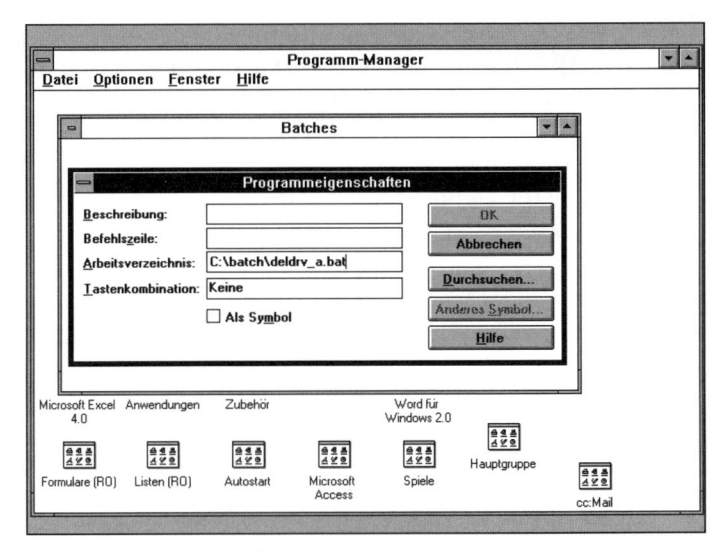

Ein Icon für jede Batchdatei

Ganze Diskette löschen mit einem Klick

Der vorangehende Trick *Icons für Batchdateien* setzt voraus, daß bereits ein paar Batchdateien vorhanden sind – woraus sollten Sie sonst nach Betätigen der Befehlsfläche *Durchsuchen* auswählen? Doch es ist ja keineswegs selbstverständlich, daß sich auf der Festplatte Ihres Rechners bereits Batchdateien tummeln. Sofern Sie noch keinen Kontakt mit Batchdateien gehabt haben, sollten Sie folgende Mini-Stapelverarbeitung mal ausprobieren:

Tip 306

Schreiben Sie Ihre eigene Batchdatei, mit der Sie den Inhalt einer ganzen Diskette auf einen Schlag löschen - und binden Sie diesen praktischen Batch in Ihren Programm-Manager ein!

Verlockender Gedanke, oder nicht? Also mir passiert es sehr oft, daß ich eine Datendiskette löschen möchte, um Daten darauf zu speichern, die ich jemanden geben will. Und da kommt mir die hier vorgestellte Batchdatei immer gerade recht. Um die Batchdatei anzufertigen, gehen Sie in die DOS-Ebene, indem Sie entweder Windows verlassen oder die MS-DOS-Eingabeaufforderung aktivieren. Danach geben Sie ein:

```
edit deldrv_a.bat
```

Der MS-DOS-Editor startet mit einem noch leeren Bildschirm für die Datei DELDRV_A.BAT. Jetzt müssen Sie den Dateiinhalt der Batchdatei angeben. Er besteht nur aus folgender Zeile:

```
echo j | del a:*.*
```

Speichern Sie die Datei, indem Sie im Menü *Datei* den Punkt *Beenden* aufrufen und das Abgebot zur Speicherung mit „Ja" beantworten.

Jetzt können Sie - wie bereits beschrieben - die neue Batchdatei als Icon in den Programm-Manager aufnehmen. Nennen Sie das neue Programm-Icon zum Beispiel „Alles auf A: löschen" oder was immer Ihnen für diese Aufgabe sinnvoll erscheint. Klicken Sie danach auf das Programmsymbol, wird sofort und ohne Rückfrage die gesamte Diskette im Laufwerk A: gelöscht.

Der Trick klappt auch fürs andere Laufwerk

Sofern Sie fast ausschließlich mit Laufwerk B: arbeiten sollten, nutzt Ihnen der gerade vorgestellte Trick natürlich herzlich wenig, da er sich ausschließlich auf Laufwerk A: bezieht. Aber das ist kein Problem: DOS und Windows sind ja flexibel.

Tip 307 *Richten Sie sich für jedes Diskettenlaufwerk eine Batchdatei ein, die jeweils den gesamten Disketteninhalt löscht.*

Was soll ich viel erklären: Sie gehen dazu genauso vor, wie im vorangehenden Trick ausführlich beschrieben. Sie müssen natürlich einen anderen Dateinamen für die Batchdatei verwenden, damit sich die verschiedenen Batchdateien nicht ins Gehege kommen, ich schlage folgenden Dateinamen vor, den Sie gleich mit EDIT bearbeiten sollten:

```
edit deldrv_b.bat
```

Natürlich muß auch die Batchdatei selbst ein wenig abgeändert werden, allerdings nur an einer klitzekleinen Stelle. Die Batchdatei sollte wie folgt aussehen:

```
echo j | del b:*:*
```

Danach richten Sie auch für diese Batchdatei ein eigenes Programmsymbol ein. Die Beschriftung sollte natürlich gleich klarmachen, daß hier die Diskette in Laufwerk B: bearbeitet wird, etwa durch die Unterschrift „Alles auf Diskette B: löschen".

7 • Der Umgang mit Dateien

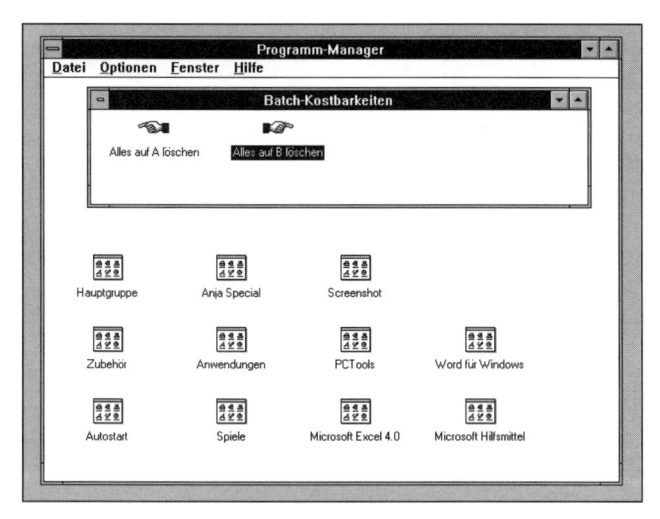

Für jedes Laufwerk ein Icon zum Diskettenlöschen

Die letzten beiden Tricks für Vorsichtige

Haben Sie letzten beiden Tricks ausprobiert? Und auch schon mal auf eines der beiden neuen Programmsymbole für die Batchdateien geklickt? Dann haben Sie sicher gemerkt, daß das Löschen ohne Wenn oder Aber, d.h. ohne Rückfrage geschieht. Wenn Sie ein flotter Klicker sind und Ihre Daten gerne einer Diskette anvertrauen, kann das ganz schön in die Hose gehen.

Tip 308 *Wenn Sie Sicherheit bevorzugen, dann bauen Sie in die Batchdateien einfach eine Sicherheitssabfrage ein!*

Das ist nicht viel Arbeit. Sie müssen nur den Inhalt der betreffenden Batchdatei, also zum Beispiel DELDRV_A.BAT, etwas abändern. Das kann dann wie folgt aussehen:

```
@echo off
del a:*:*
cls
echo Die Diskette in Laufwerk A ist jetzt leer
```

Wenn Sie diese Batchdatei starten, erscheint eine Sicherheitsabfrage vor dem endgültigen Löschen der Dateien auf der Diskette. Sie können es sich also noch einmal gut überlegen, ob Sie wirklich den kompletten Disketteninhalt über den Jordan schicken möchten.

Datenmüll - nein danke!

Üblicherweise ist Windows so nett und entfernt beim Beenden von sich aus alle temporären Dateien, das sind Hilfsdateien, die während der Arbeit von Windows selbst, aber auch von Windows-Anwendungen erzeugt werden. Was ja bekanntlich nicht gerade wenige sind. Wenn Sie Windows jedoch nicht ordnungsgemäß schließen (also etwa durch [Alt][F4] oder durch die Funktion *Datei* ▶ *Beenden*, wenn Sie also z.B. einen Warmstart durchführen mußten, bleiben die temporären Dateien erhalten.

Tip 309 *Erstellen Sie eine Batchdatei, die Ihren Rechner ruckzuck von diesem wertlosen Datenmüll befreit.*

Temporäre Dateien, die nicht mehr benötigt werden, kosten jede Menge wertvollen Speicherplatz auf der Festplatte, Speicherplatz, den Sie gut für andere Aufgaben verwenden könnten. Deshalb ist es wichtig, seine Festplatten regelmäßig von solchen nicht mehr benötigten Temporärdateien zu befreien. Und diese Aufgabe sollte - damit man sie ja regelmäßig ausführt! - eine Batchdatei übernehmen. Starten Sie dazu eine beliebigen Editor. Geben Sie danach den Dateiinhalt ein, der wie folgt aussieht:

```
if exist c:\windows\*.tmp del c:\windows\*.tmp

if exist %temp%\*.tmp del %temp%\*.tmp
```

Speichern Sie die Batchdatei am besten im DOS- oder Windows-Verzeichnis, damit man sie immer sofort findet, zum Beispiel unter dem Dateinamen MÜLL.BAT. Sie können sie natürlich auch in einem anderen Verzeichnis speichern, das im PATH-Suchpfad enthalten ist (PATH ohne Parameter zeigt Ihnen, welche Verzeichnisse den Suchpfad ausmachen).

Die beiden Anweisungen löschen eventuell vorhandene Temporärdateien im Windows-Verzeichnis und im durch die Umgebungsvariable TEMP definierten Verzeichnis (dort legen Windows und die meisten Windows-Anwendungen artig ihre temporären Hilfsdateien an).

Sofern die TMP-Dateien nicht im Windows-Verzeichnis, sondern in einem anderen Verzeichnis abgelegt werden, ändern Sie die Pfadangabe in der Batchdatei entsprechend. Das können Sie leicht feststellen, indem Sie sich mit Hilfe des Datei-Managers mal das Inhaltsver-

7 • Der Umgang mit Dateien

zeichnis der entsprechenden Verzeichnisse ansehen und dann entscheiden, in welchen Verzeichnissen sich besonders viele Dateien mit der Dateikennung .TMP tummeln.

Möchten Sie nun alle temporären Dateien auf einen Schlag loswerden, müssen Sie nur noch von der neuen Batchdatei Gebrauch machen. Dazu geben Sie auf der DOS-Ebene (nach Verlassen von Windows oder Aufrufen der MS-DOS-Eingabeaufforderung) folgendes ein:

```
müll
```

Danach werden automatisch alle temporären Dateien von der Festplatte gelöscht.

> *Führen Sie diesen Befehl bitte nicht aus, wenn Windows aktiv ist! Das kann zu schlimmen Datenverlusten führen, da Sie dann auch aktuell benötigte Temporärdateien löschen.*

Daten-Wiederbelebung

Versehentlich gelöscht?

Wenn es einem heiß und kalt zugleich vor dem PC wird, hat das oft die gleiche Ursache: Eine Datei wurde versehentlich gelöscht. Das kann trotz Sicherheitsabfrage jederzeit passieren, auch einem Vollprofi: Wie leicht markiert man in der Dateiliste des Datei-Managers einen falschen Eintrag, tippt auf [Entf] und bestätigt auch die Sicherheitsabfrage ruckzuck. Bevor man sich versieht, ist die Datei - wahrscheinlich war sie unheimlich wichtig - schon im digitalen Mülleimer gelandet.

Tip 310

Wenn Sie das Malheur früh genug bemerken, können Sie mit Hilfe von Undelete *womöglich alles Vergessen machen.*

Das Hilfsprogramm *Undelete* gehört zum standardmäßigen Lieferumfang von MS-DOS 6.0. Wer diese jüngste Betriebssystemversion installiert hat, verfügt unter Windows automatisch über die Programmgruppe *Microsoft Hilfsmittel* (na ja, das sollte er zumindest). Hinter dem Symbol, das ein aus einem Abfalleimer aufsteigendes Blatt zeigt, verbirgt sich das erwähnte Windows-Programm zur Entlöschung von Dateien.

Haben Sie eine Datei versehentlich gelöscht, starten Sie am besten sofort dieses Hilfsprogramm, indem Sie doppelt auf das beschriebene Symbol klicken. Danach, wenn die Anwendung *Undelete* gestartet wurde, klicken Sie in der Toolbar auf das Feld *Laufwerk/Verzeichnis*. In einer weiteren Dialogbox haben Sie Gelegenheit, das Laufwerk sowie das Verzeichnis, in dem die Datei gespeichert war, zu bestimmen. Haben Sie die Auswahl getroffen, werden alle Dateien angezeigt, die Sie aus dem betreffenden Verzeichnis gelöscht haben.

Neben der Größe und dem Löschdatum wird auch der *Zustand* der gelöschten Datei angezeigt. Von *Perfekt* über *Ausgezeichnet* bis zu *Zerstört* reicht die Skala der Zustandsattribute. Grundsätzlich gilt: Je besser der Zustand der Datei ist, desto höher stehen die Chancen auf eine einwandfreie Rekonstruierung. Und der Zustand einer gelöschten Datei ist dann am besten, wenn der von der Datei belegte Platz auf dem Datenträger von keinen anderen Daten überschrieben wurde.

7 • Der Umgang mit Dateien

Wählen Sie also mit der Maus oder den Cursortasten aus der Liste der angezeigten rekonstruierbaren Dateien diejenige aus, der Sie wieder Leben einhauchen möchten. Klicken Sie danach auf das Befehlsfeld *Wiederherstellen*.

Je nach Zustand der Datei wird die Datei entweder automatisch wiederhergestellt, oder es bedarf etwas „Nachhilfe": Ist die gelöschte Datei schon etwas wackelig auf den Beinen, fordert *Undelete* Sie gegebenenfalls auf, den ersten Buchstaben des Dateinamens einzugeben. Danach versucht das Hilfsprogramm, die Datei zu entlöschen. Ob das geklappt hat, können Sie der Spalte *Zustand* der Dateianzeige entnehmen: Hier steht *Hergestellt*, wenn die Rekonstruktion erfolgreich war.

> **Hinweis**
> *Wenn Sie (noch) nicht mit MS-DOS 6.0 arbeiten, finden Sie auch in dem Utility-Programm PC-Tools von Central Point ein Undelete-Programm. Es arbeitet genauso so wie* Undelete *von Microsoft – kein Wunder, stellen die DOS-Zusatzprogramme* MS-Undelete *(das ist die Windows-Version von* Undelete*) sowie* Undelete *doch eine Lizenzversion des Central-Point-Hilfsprogramms dar.*

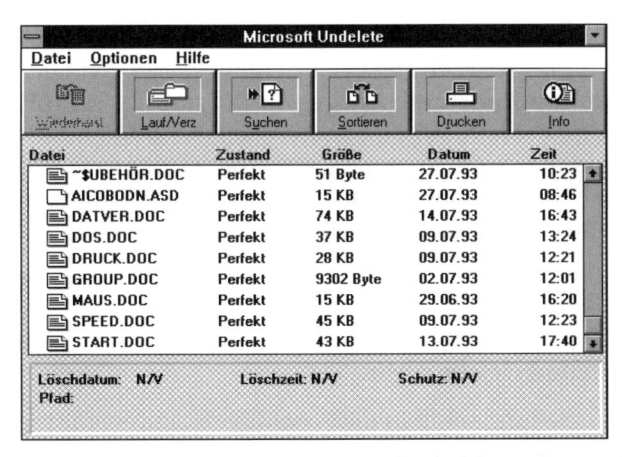

Bei diesen „perfekten" Dateien wird es bei der Rekonstruktion keine Probleme geben

Hinter diesem Icon verbirgt sich das Hilfsprogramm zum Entlöschen von Dateien

313

Künstliche Lebensverlängerung

Wer einmal versucht hat, eine versehentlich gelöschte Datei mit Hilfe des MS-DOS-6-Zusatzprogramms *Undelete* zu rekonstruieren, hat es sicherlich schon am eigenen Leibe erfahren: Je besser der Zustand einer gelöschten Datei, desto höher sind die Erfolgschancen beim Entlöschen. Der Zustand einer gelöschten Datei verschlechtert sich dann abrupt, wenn der von der Datei belegte Speicherplatz von einer anderen Datei in Beschlag genommen wird. Doch das kann man verhindern.

Tip 311

Konfigurieren Sie den Löschschutz so, daß sich die Lebensdauer der gelöschten Dateien verlängert und sich somit die Chancen auf eine erfolgreiche Entlöschung spürbar erhöhen.

Diese Vorsichtsmaßnahme ist äußerst wirkungsvoll. Richten Sie eine sogenannte *Löschüberwachung* ein, werden alle gelöschten Dateien für Sie unbemerkt in ein eigens eingerichtetes verstecktes Verzeichnis verschoben. Dort bleiben sie sieben Tage enthalten, bevor sie endgültig vernichtet werden. Wer bis dahin den unfreiwilligen Datenverlust bemerkt, kann die Datei ohne Probleme entlöschen.

Um die Löschüberwachung einzurichten, starten Sie *Undelete*, indem Sie doppelt auf das entsprechende Programmsymbol in der Programmgruppe *Microsoft-Hilfsmittel* klicken. Wählen Sie danach den Befehl *Optionen ▶ Löschschutz konfigurieren*. Es erscheint eine Dialogbox, in der Sie sich zwischen drei verschiedenen Schutzmethoden entscheiden können. Wählen Sie die erste, *Löschüberwachung*.

Wenn Sie diese Wahl bestätigt haben, erscheint eine weitere Dialogbox: Hier können Sie wählen, welche Dateiarten grundsätzlich für eine mögliche Entlöschung im versteckten Verzeichnis aufbewahrt werden sollen und welche nicht.

Die Voreinstellung schließt die Löschüberwachung für temporäre Dateien aus. Und das ist auch gut so: Schließlich legt Windows große Menge von TMP-Dateien an und löscht sie vor dem Arbeitsende selbständig. Temporäre Dateien müssen nie rekonstruiert werden - sie sieben Tage lang aufzubewahren, wäre reine Platzverschwendung. Bestätigen Sie also die Voreinstellung.

Möchten Sie die Löschüberwachung für mehrere Laufwerke einrichten, klicken Sie in der Dialogbox *Löschüberwachung konfigurieren* auf

7 • Der Umgang mit Dateien

die Fläche *Laufwerke:* In einer weiteren Box können Sie dann die Laufwerke bestimmen, deren gelöschte Dateien vor dem Löschen für eine gewisse Zeit in ein verstecktes Verzeichnis verschoben werden sollen. Haben Sie alle Einstellungen bestätigt, richtet Windows für Sie automatisch das neue Verzeichnis, das ausschließlich zur Lebensverlängerung der gelöschten Dateien dient, ein. Auch wird die Startdatei AUTOEXEC.BAT automatisch um die Befehlszeile:

`undelete /load`

erweitert. Diese Anweisung bewirkt, daß bei jedem Start der Löschschutz geladen wird. Das wird durch den UNDELETE-Befehl mit der Option /Load erreicht.

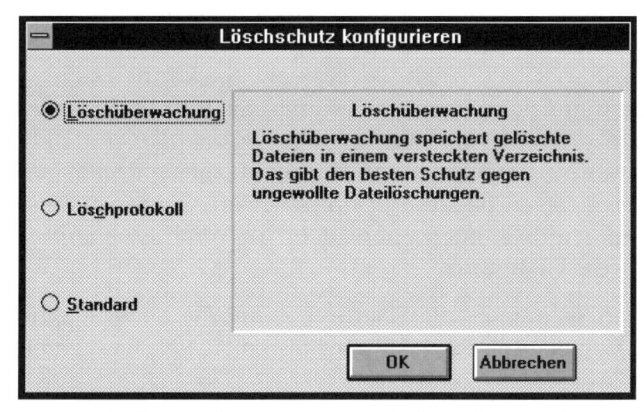

Die Löschüberwachung garantiert hohe Rekonstruktionsmöglichkeiten

Nicht alle Dateien sollten „aufbewahrt" werden

315

Ein Blick in die Katakomben

Wenn Sie eine Löschüberwachung eingerichtet haben, interessiert es Sie vielleicht, wohin die gelöschten Dateien verschwinden, bevor Sie irgendwann endgültig vom Datenträger entfernt werden.

Tip 312

Lassen Sie sich im Datei-Manager das versteckte Verzeichnis \SENTRY anzeigen. Dorthin werden alle „gelöschten" Dateien verschoben.

Jetzt wissen Sie zwar, wie das Verzeichnis, das die gelöschten Dateien bis zu ihrem endgültigen „Aus" aufnimmt, heißt, doch im Datei-Manager ansehen können Sie es sich nicht so ohne weiteres. Schließlich ist das SENTRY-Verzeichnis versteckt. Sie können es nur mit Hilfe eines kleinen Tricks einsehen: Wählen Sie im Menü *Ansicht* des Datei-Managers den Menüpunkt *Angaben auswählen*, und aktivieren Sie in der daraufhin erscheinenden Dialogbox die Option *Versteckte/Systemdateien anzeigen*. Ist diese Option aktiviert, werden nicht nur versteckte Dateien, sondern auch ebensolche Verzeichnisse angezeigt. Bestätigen Sie die Dialogbox.

Drücken Sie danach die Taste F5, damit die Anzeige aktualisiert wird. In der Verzeichnisliste erscheint nun das SENTRY-Verzeichnis.

Hinweis

Wundern Sie sich nicht über die Dateinamen in der Liste des SENTRY-Verzeichnisses. Diese tragen die Endung .MS und entsprechen nicht den „wahren" Namen der gelöschten Dateien. Die Löschüberwachung weiß jedoch, hinter welchem Dateinamen sich welche ursprüngliche Datei befindet und kann diese im Bedarfsfall wieder dem richtigen Namen zuordnen.

Im SENTRY-Verzeichnis sind die Dateien übrigens wirklich sicher: Nicht nur das Verzeichnis ist versteckt - auch die einzelnen Dateien sind es. Das können Sie an dem Ausrufungszeichen in den Dateisymbolen erkennen.

7 • Der Umgang mit Dateien

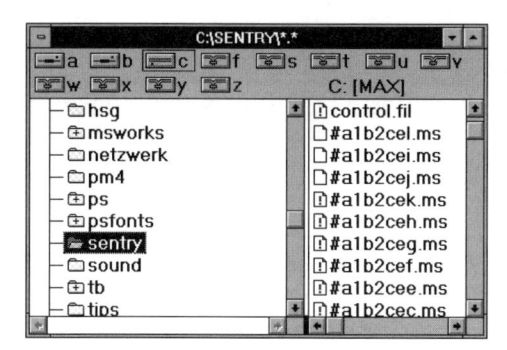

Das versteckte Verzeichnis \SENTRY bewahrt Gelöschtes auf

Löschüberwachung nach Maß

Das SENTRY-Verzeichnis ist eine tolle Erfindung der Microsoft-Programmierer. Bewahrt es doch alles Gelöschte ein paar Tage auf, so daß Sie versehentlich Gelöschtes im Bedarfsfall rekonstruieren können. Der Nachteil der Sache: Üblicherweise löscht man Dateien, um Speicherplatz freizusetzen. Werden die Dateien jedoch zwecks Löschüberwachung ins SENTRY-Verzeichnis verschoben, wird vorerst kein Speicherplatz freigegeben. Überlegen Sie sich daher gut, welche Dateien überhaupt zu einer eventuellen Rekonstruierung aufbewahrt werden sollen.

Tip 313

Legen Sie detailliert fest, welche Dateien nach ihrer Löschung wie lange aufbewahrt werden sollen.

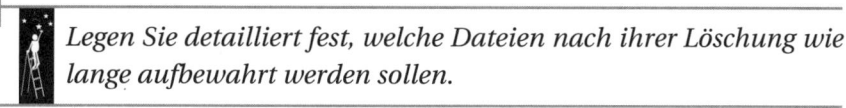

Ihre Wünsche in bezug auf die Art der Dateiaufbewahrung für die Löschüberwachung können Sie in der Dialogbox *Löschüberwachung konfigurieren* äußern. Hier sollten Sie auf jeden Fall in der Zeile *Von Löschüberw. zu speichernde Dateien* die Option *Bestimmte Dateien* aktivieren und in den Listenfeldern *Einschließlich* bzw. *Ausschließlich* festlegen, welche Dateiarten das SENTRY-Verzeichnis aufnehmen soll und welche nicht.

Außerdem empfiehlt es sich, die Option *Archivierte Dateien nicht speichern* zu aktivieren. Sind Dateien einmal gesichert worden, gelten Sie für Windows durch das zurückgesetzte Archiv-Attribut als archiviert. Wenn solche Dateien gelöscht werden, besteht in der Regel keinerlei Notwendigkeit zur Rekonstruktion: Schließlich gibt es für derartige Notfälle ja die Sicherheitskopien.

Überlegen Sie sich schließlich, ob die gelöschten Dateien wirklich sieben Tage im SENTRY-Verzeichnis aufbewahrt werden müssen, bevor sie endgültig vom Datenträger entfernt werden. In der Regel bemerkt man wesentlich eher, daß man eine Datei versehentlich gelöscht hat. Geben Sie also in der Zeile *Dateien nach Tagen entfernen* einen kleineren Wert ein.

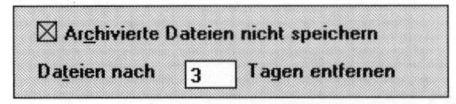

☒ A*r*chivierte Dateien nicht speichern
Da*t*eien nach [3] Tagen entfernen

Archivierte Dateien müssen nicht löschüberwacht werden

Der bessere Datei-Manager

Wer an einem Einzelplatzrechner arbeitet und Windows für Workgroups zur Verfügung hat, ohne die Netzwerkversion von Windows aber installiert zu haben, der sollte zumindest den Datei-Manager von Windows für Workgroups mal näher unter die Lupe nehmen. Der verfügt nämlich über ein paar nützliche und praktische Extras, über die sein Namensvetter der Windows-Version für Solo-Rechner nicht verfügt. Die Workgroup-Version sticht vor allem durch die Symbolleiste hervor, die frei konfigurierbar ist.

Tip 314

Picken Sie sich die Rosinen aus dem Windows-für-Workgroups-Kuchen: Übernehmen Sie den Datei-Manager von Windows für Workgroups in Ihre Windows-Version!

Dazu ist durchaus keine Komplett-Installation von Windows für Workgroups notwendig. Das ist ein wichtiger Punkt, denn oft ist die ja nicht erwünscht, schließlich ist Windows für Workgroups etwas speicherplatzintensiver als die „normale" Windows-Version, sowohl auf der Festplatte als auch im RAM.

Es reicht jedoch aus, zwei Dateien von den Windows-für-Workgroups-Systemdisketten in das Windows-Verzeichnis zu kopieren: WINFILE.EXE und COMMCTRL.DLL. Diese beiden Dateien befinden sich in komprimierter Form auf der vierten bzw. fünften Programmdiskette von Windows für Workgroups. Um sie zu entpacken und in Ihr Windows-Verzeichnis zu kopieren, geben Sie bitte folgende zwei Befehle ein (natürlich erst, nachdem Sie die vierte Systemdiskette von Windows für Workgroups ins Diskettenlaufwerk eingelegt haben):

```
expand a:winfile.ex_ c:\windows\winfile.exe
```

7 • Der Umgang mit Dateien

und, nachdem Sie die fünfte Systemdiskette ins Diskettenlaufwerk gelegt haben, entsprechend folgende Anweisung:

```
expand a:commctrl.dl_ c:\windows\commctrl.dll
```

Schon beim nächsten Doppelklick auf das Icon des Datei-Managers steht Ihnen die komfortablere Version zur Verfügung.

Hinweis: Heißt Ihr Windows-Verzeichnis anders oder liegt die Programmdiskette in einem anderen Laufwerk (z.B. B:), passen Sie die Befehlszeile(n) bitte entsprechend an.

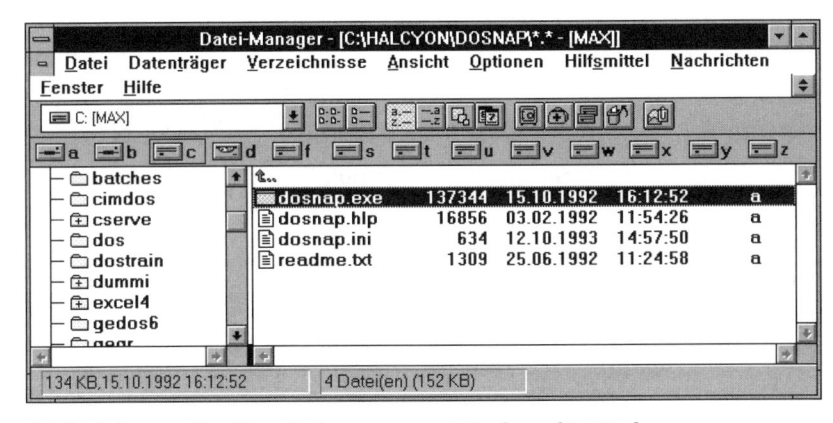

Einfach besser: Der Datei-Manager von Windows für Workgroups

Dateien einer CD-ROM

Dateien, die auf einer CD-ROM gespeichert sind, lassen sich problemlos auf Festplatte oder Disketten kopieren. Völlig unbemerkt werden aber auch die Dateiattribute dieser Dateien kopiert. Und das hat Folgen: Da auf einer CD-ROM gespeicherte Dateien gewöhnlich über ein gesetztes Read-Only-Attribut verfügen; dieses Attribut wird mitkopiert, so daß sich auch die Kopien weder löschen noch bearbeiten lassen.

Tip 315

Dateien, die von einer CD-ROM auf Festplatte oder Diskette kopiert werden, verfügen automatisch über ein gesetztes Read-Only-Attribut. Das muß erst aufgehoben werden, bevor man „normal" mit den betreffenden Dateien arbeiten kann.

666 ganz legale Windows-Tricks

Dazu müssen Sie das Read-Only-Attribut der entsprechenden Dateien zurücksetzen. Zum Glück ist das mit Hilfe des Datei-Managers kein Problem: Markieren Sie dazu die ursprünglich von einer CD-ROM stammenden Dateien. Danach aktivieren Sie über die Tastenkombination [Alt][←] die Dialogbox *Eigenschaften* und deaktivieren die Option *Schreibgeschüzt*. Danach können Sie die Dateien beliebig verändern oder löschen.

Der Programm-Manager sagt, woran es hapert

Innerhalb des Datei-Managers werden Befehlsdateien per Doppelklick gestartet – das bereitet gewöhnlich keine Schwierigkeiten, sofern das betreffende Programm korrekt installiert ist. Ist aber genau das nicht der Fall, tut sich beim Doppelklick meist nicht besonders viel: Meistens erscheint ganz kurz die Sanduhr und verschwindet danach genauso schnell wieder. Oder es erscheint eine Fehlermeldung, die aber so allgemein gehalten ist, daß man gerade mal erahnt, daß für die korrekte Programmausführung eine oder mehrere Dateien fehlen.

Tip 316

Wenn es beim Start einer Anwendung vom Datei-Manager aus Schwierigkeiten gibt, dann verwenden Sie den Programm-Manager, um die Anwendung zu starten: Der Programm-Manager gibt detaillierter Auskunft darüber, welche Dateien eventuell fehlen.

Die Informationen, die der Programm-Manager anzeigt, falls eine Anwendung nicht wie gewünscht gestartet werden kann, sind meist etwas ausführlicher und damit hilfreicher: Meistens wird genau angegeben, woran es hapert. Wenn zum Beispiel eine DLL-Datei fehlt, teilt der Programm-Manager den genauen Dateinamen mit. So können Sie gezielt Abhilfe schaffen, indem Sie die fehlenden Dateien von den Programmdisketten in das betreffende Verzeichnis kopieren und ggf. entpacken.

Falscher Fehler

Wenn im normalen Leben der Amtsschimmel wiehert, dann tut er dies meist kräftig, so manche Stilblüte haben wir den sich gern nur allzu kompliziert ausdrückenden Staatsdienern zu verdanken. Manchmal drückt sich aber auch Windows nicht so ganz eindeutig aus: Wenn Sie zum Beispiel auf einer schreibgeschützten Diskette mit Hilfe der Funktion *Datei ▶ Umbenennen* eine Datei umbenennen wollen, er-

7 • Der Umgang mit Dateien

scheint die Fehlermeldung „Das Verzeichnis A:\ existiert nicht. Soll es angelegt werden?"

Tip 317

Lassen Sie sich durch die Fehlermeldung nicht verwirren. Es ist zwar etwas schiefgelaufen, doch das hat nichts mit dem zu tun, was auf dem Bildschirm gemeldet wird!

Die korrekte Meldung müßte lauten: „Der Datenträger ist schreibgeschützt; ich kann die Datei nicht wie gewünscht umbenennen". Es handelt sich hierbei ganz offensichtlich um einen kleinen Programmfehler. Zum Glück arbeitet man heute nicht mehr so oft mit Disketten, so daß einem der Fehler auch nicht so oft auffällt.

Versuchen Sie also bitte nicht, irgendein Verzeichnis anzulegen – das würde aufgrund der Tatsache, daß die Diskette schreibgeschützt ist, sowieso nicht funktionieren. Möchten Sie die Datei auf der schreibgeschützten Diskette wirklich umbenennen, entfernen Sie zuerst den Schreibschutz und führen Sie danach den Befehl *Datei* ▶ *Umbenennen* erneut aus.

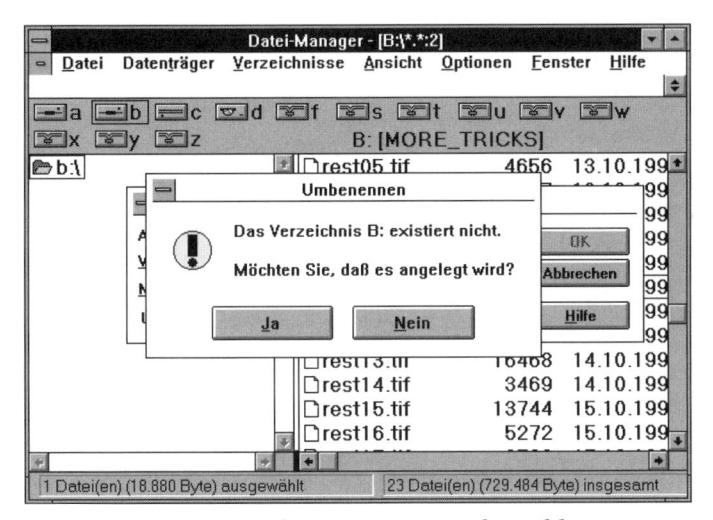

Irreführend: Das Verzeichnis B:\ existiert sehr wohl

Formatieren: Vorne oder hinten?

Das Formatieren von Disketten ist eine langwierige und meist auch recht lästige Angelegenheit. Da könnte man doch allzu leicht auf den Gedanken kommen, die Disketten im Hintergrund zu formatieren, während man im Vordergrund ungestört mit einer anderen Windows-Anwendung arbeitet. Wozu hat man schließlich eine Multitasking-Umgebung? Doch weit gefehlt.

Tip 318 *Formatieren Sie Disketten nur im Vordergrund!*

Würden Sie den *Datei-Manager* zum Formatieren im Hintergrund ablaufen lassen und mit einer anderen Windows-Anwendung aktiv im Vordergrund arbeiten, müßten Sie empfindliche Geschwindigkeitseinbußen bei Ihrer Arbeit mit der aktiven Anwendung in Kauf nehmen! Daß Sie gerade mit einem 386er- oder gar mit einem 486er-PC arbeiten, werden Sie in diesem Fall selbst nicht glauben wollen!

Hinweis: Recht unproblematisch ist es allerdings, den Datei-Manager zum Formatieren im Hintergrund und eine DOS-Anwendung im Vordergrund laufen zu lassen.

Kapitel 8
Lauter Zubehör

Die Zeichentabelle   324

Klangrekorder   328

Paintbrush   340

Makrorekorder   358

Editor   365

Karteikasten   370

Spiele   381

Kalender   386

Write   395

Rechner   405

Terminal   407

Die Zeichentabelle

Sonderzeichen für alle Lebenslagen

Wenn Sie in einem Textdokument so ausgefallene Sonderzeichen wie schräg nach unten zeigende Pfeile, Weihnachtsglocken, Disketten- oder Telefonsymbole brauchen, dann sollte dem nichts im Wege stehen. Zum Glück müssen Sie sich die Sonderzeichen nicht mal selbst malen – Windows stellt Sie Ihnen zur Verfügung, man muß nur wissen wie.

Tip 319

Nutzen Sie die Zeichentabelle - sie ist eine wahre Fundgrube für alle möglichen Sonderzeichen, die über die Tastatur nicht erhältlich sind.

Sonderzeichen aus der *Zeichentabelle* können Sie über die Zwischenablage bequem in jedes Dokument einbinden. Starten Sie dazu zuerst die Anwendung *Zeichentabelle*, die Sie in der Programmgruppe *Zubehör* finden. In dem Listenfeld *Schriftart* können Sie einen beliebigen Font aussuchen. Welchen Font Sie verwenden, ist ganz entscheidend, denn dadurch bestimmen Sie ja, welche Zeichen überhaupt zur Auswahl angeboten werden. Die Zeichen der ausgewählten Schriftart werden in der Matrix angezeigt.

Die Zeichen, die Sie in Ihr Dokument übernehmen möchten, klicken Sie doppelt an. Sie können die gewünschten Zeichen auch mit Hilfe der Cursortasten oder der Tastatur allgemein auswählen, denn *jedes* angezeigte Zeichen ist über Tastatur zu erreichen. Haben Sie alle gewünschten Zeichen ausgewählt – sie erscheinen als *zu kopierende Zeichen* –, wählen Sie die Befehlsfläche *Kopieren*. Die Sonderzeichen lagern danach abholbereit in der Zwischenablage.

Von dort aus können Sie sie auf gewohntem Weg in Ihr Dokument einbinden. Wechseln Sie dazu in die Anwendung, in der Sie die Zeichen benötigen, und gehen Sie mit dem Cursor an die Stelle, an der die Sonderzeichen eingefügt werden sollen. Wählen Sie dann den Befehl *Bearbeiten* ▶ *Einfügen*.

8 • Lauter Zubehör

Die Zeichentabelle läßt keine Wünsche offen

Für Exoten: WingDings

Das Schärfste, was die *Zeichentabelle* zu bieten hat, zumindest solange man sich „nur" mit den Standard-Schriften von Windows beschäftigt, finden Sie in der Schriftart mit dem etwas mystischen Namen *WingDings*.

Tip 320

Mögen Sie so ausgefallene Zeichen wie ✍📖☹❻, dann schnuppern Sie doch einfach mal in diesen Font.

Um derartige Exoten in einem Dokument zu verwenden, kopieren Sie wie im unmittelbar vorangehenden Trick beschrieben die Sonderzeichen aus der *Zeichentabelle* in die Zwischenablage. Von dort fügen Sie sie in das betreffende Dokument ein.

Beachten Sie dabei aber unbedingt folgendes: Wenn Sie Sonderzeichen in ein Textdokument einfügen, dann müssen Sie den eingefügten Zeichen auch die entsprechende Schrift zuweisen. Sonst werden sie in der Schriftart erscheinen, mit der das Dokument von Hause aus formatiert ist. Die Folge: Das Resultat sieht anders als erwartet aus. Die oben abgebildeten WingDings-Zeichen ergeben zum Beispiel in der Schrift „Times" die Zeichenfolge „$ - L '2". Und das ist wahrlich nicht aufregend.

Schicke Anführungszeichen

Mit Windows und seinen TrueType-Schriften kann man zweifellos sehr schicke Dokumente erstellen. Doch eines stört das perfekte Layout: „Die schreibmaschinenartigen Anführungszeichen".

Tip 321

Ersetzen Sie die vertrauten Gänsefüßchen durch die französischen Anführungszeichen « und ».

Diese Zeichen sind auf der Tastatur leider nicht vorhanden. Verwenden Sie eine TrueType-Schrift, können Sie die attraktiven Sonderzeichen aber jederzeit problemlos hervorzaubern. Aktivieren Sie dazu den [Num]-Block. Drücken Sie die [Alt]-Taste und die in der nachfolgenden Tabelle aufgeführte Nummer, so erscheint das gewünschte Zeichen im Text.

Sie geben den Code des Sonderzeichens ein, indem Sie die [Alt]-Taste betätigen und festhalten. Danach tasten Sie im separaten Ziffernblock die drei oder vier Ziffern des Codes nacheinander ein, die Taste [Alt] bleibt dabei aber gedrückt. Erst wenn der Code komplett eingetastet ist, lassen Sie die Taste [Alt] wieder los.

Zeichen	Tasten-Code
«	174
»	175
'	0145
'	0146
"	0147
"	0148

Der echte Gedankenstrich

Liebhaber der Typographie wissen: Der Gedankenstrich ist kein Bindestrich – und umgekehrt. Der Unterschied ist im Detail, denn der Gedankenstrich ist etwas länger als der Bindestrich. Zwar meistens nur einen Hauch – aber immerhin...

Tip 322

Legen Sie Wert auf ein typographisch korrektes Layout, verwenden Sie nicht den Bindestrich, wenn der Gedankenstrich gefragt ist!

Der Gedankenstrich befindet sich nicht auf der Tastatur. Um ihn zum Beispiel in einer Textverarbeitung zu benutzen, verwenden Sie bitte den Code des Sonderzeichens: 0151 (sogenannter ANSI-Code). Über den separaten Ziffernblock (oder aktiven Nummernblock) geben Sie den Code ein: [Alt]-[0][1][5][1].

8 • Lauter Zubehör

Ein Gedankenstrich ist länger als ein Bindestrich

Zeichen austauschen

In den letzten Tricks haben Sie erfahren, mit welchen Zeichen Sie Ihrem Layout den letzten Schliff verleihen können. Allerdings kann es vor allem bei längeren Texten recht lästig werden, jedesmal, wenn Sie etwa einen französischen Anführungsstrich benötigen, den entsprechenden Tastaturcode eingeben zu müssen.

Tip 323

Verwenden Sie während der Schreibphase die „normalen" Zeichen. Tauschen Sie diese im Anschluß an die Texteingabe gegen die gewünschten Sonderzeichen aus.

Jede moderne Textverarbeitung (auch das Windows-eigene Textprogramm *Write*) verfügt über die Funktion *Ersetzen*. Nutzen Sie diesen Befehl, um die Standard-Zeichen gegen die schickeren Sonderzeichen auszutauschen. Wählen Sie dazu im Menü *Suchen* den Befehl *Ersetzen* (in Word für Windows finden Sie die Funktion *Ersetzen* im Pull-Down-Menü *Bearbeiten*). Geben Sie in der daraufhin erscheinenden Dialogbox zuerst das zu ersetzende Zeichen, dann das Ersatz-Zeichen ein. Wenn Sie nun auf *Ersetzen* klicken, wird das Zeichen wunschgemäß ausgetauscht, und zwar auf Wunsch im gesamten Text. Idealerweise machen Sie sich mit den Möglichkeiten der *Ersetzen*-Funktion der von Ihnen verwendeten Textverarbeitung vertraut.

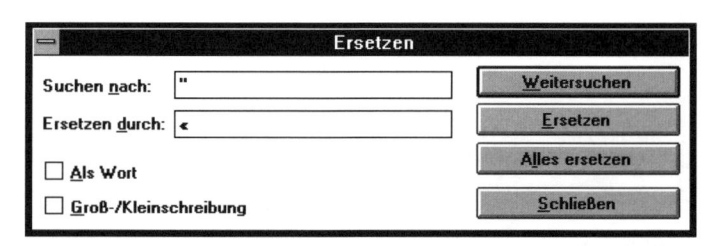

So tauschen Sie die herkömmlichen gegen französische Anführungszeichen aus

666 ganz legale Windows-Tricks

Klangrekorder

Ziehen, fallenlassen, zuhören

Der *Klangrekorder* verwandelt Ihren PC in eine kleine Musikbox - vorausgesetzt, in Ihrem PC ist eine Soundkarte eingebaut. Die Anwendung *Klangrekorder* erlaubt es, spezielle Tondateien abzuspielen, so daß man den Inhalt der Dateien hören kann. Dazu lädt man die gewünschte Datei normalerweise in den Klangrekorder und spielt sie dann ab. Doch es geht auch einfacher.

Tip 324

Bringen Sie Ihren PC per Drag and Drop zum Klingen!

Ordnen Sie dazu Ihren Bildschirm so an, daß der *Klangrekorder* – gemeint ist die bereits gestartete Anwendung – und der Datei-Manager gleichzeitig zu sehen sind. Markieren Sie dann im Datei-Manager die WAV-Datei, die Sie anhören möchten. Ziehen Sie die markierte Klangdatei bei gedrückter Maustaste in das Fenster des *Klangrekorders*. Wenn Sie, am Ziel angelangt, die Maustaste wieder loslassen, ertönt unverzüglich der gewünschte Sound. Der Klangrekorder lädt die Datei und spielt sie auch gleich.

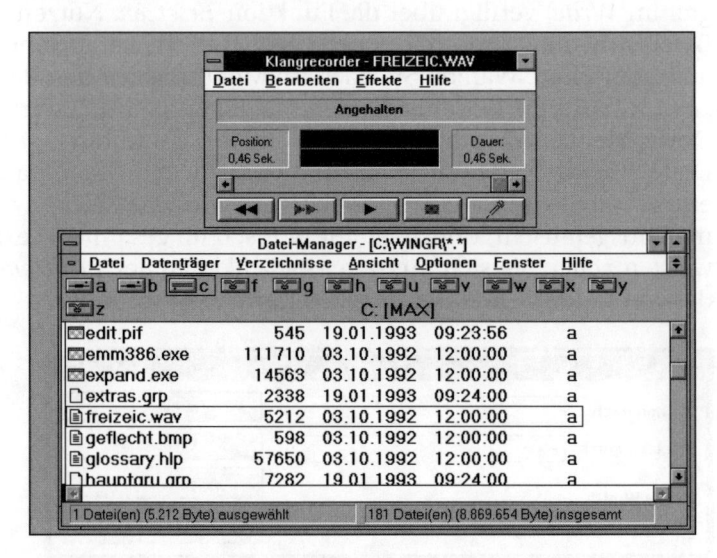

So können Sie die WAV-Dateien leicht „in" den Rekorder ziehen

8 • Lauter Zubehör

Sound ohne Soundkarte

In den Genuß eines dudelnden PC kommt man normalerweise nur dann, wenn die entsprechenden Hardwarevoraussetzungen erfüllt sind, sprich, wenn im PC eine Soundkarte eingebaut ist. Doch nicht jeder verfügt über derlei Luxus. Dann muß man sich behelfen.

Tip 325
Möchten Sie Ihrem PC ohne Soundkarte Töne entlocken, installieren Sie den Treiber mit dem Namen SPEAKER.DRV!

Diese Treiberdatei gehört nicht zum Windows-Originalpaket, doch zu den sicher begehrtesten Dateien rund um den Globus. Wer über den kommerziellen Mailbox-Anbieter CompuServe Zugang zur *Microsoft Software Library* hat, der kann die praktische Datei dort bequem „runterladen". Auch auf den Büchern und Zeitschriften beiliegenden Disketten befindet sich die Treiberdatei manchmal (so zum Beispiel auf den Disketten zum „Das Windows-3.1-Buch" und „Jörg Schiebs Windows Tricks" von SYBEX). In privaten Mailboxen ist die Datei auch meistens irgendwo zu finden.

Wenn Sie diesen Treiber installieren, erklingen Tondateien, die Sie übrigens an der Dateikennung .WAV erkennen, über den eingebauten PC-Lautsprecher. Natürlich müssen Sie hier teilweise arge Qualitätseinbußen hinnehmen, der eingebaute PC-Lautsprecher ist nunmal keine 16-Bit-Soundkarte, aber es ist immerhin mehr als nichts.

Haste Töne: Es klingelt, krächzt, kracht...

Ist in Ihrem PC eine Soundkarte vorhanden oder haben Sie den speziellen Treiber für den PC-Lautsprecher installiert, dann können Sie Ihrem PC jederzeit Töne entlocken. Das ist eine recht nette Sache für all jene, die sich den Computer-Alltag auch musikalisch etwas aufpeppen möchten.

Tip 326
Bringen Sie Ihrem PC die Flötentöne bei. Weisen Sie bestimmten Ereignissen des PC-Alltags Soundeffekte zu!

Eine Fanfare zum Arbeitsbeginn; das Geräusch einer einstürzenden Mauer, wenn Sie einen Fehler gemacht haben; heftiger Applaus, wenn Sie Windows beenden – so oder so ähnlich könnten sich auch Ihre

329

Systemklänge anhören. Welchem Ereignis Sie welchen Soundeffekt zuweisen möchten, können Sie mit Hilfe der Steuerungkomponenten *Klänge* in der *Systemsteuerung* festlegen.

> *Hinweis*
>
> *Sie haben nur dann die Möglichkeit, bestimmten Systemereignissen eine Klangdatei zuzuordnen, wenn eine Soundkarte und/oder ein entsprechender Treiber installiert ist.*

Klicken Sie doppelt auf das Icon *Klänge*. Es erscheint die Dialogbox *Klang*. Wählen Sie in dieser Box in der Liste *Ereignis* auf der linken Seite denjenigen Vorgang aus, dem Sie einen Klang zuweisen möchten. Klicken Sie anschließend in der Liste *Dateien* die gewünschte Klangdatei an. Verfahren Sie auf diese Weise mit jedem Ereignis, das Sie mit einem gewissen Klangteppich unterlegen möchten. Haben Sie alle Klänge nach Ihrem Geschmack zugeordnet, bestätigen Sie die Dialogbox.

> *Hinweis*
>
> *Das Angebot an Sound-Dateien, die Windows von Hause aus beigegeben werden, ist nicht besonders groß. Doch im Shareware-Markt und in Mailboxen findet man jede Menge Sound – auch Sprache oder Sequenzen aus bekannten Filmen.*

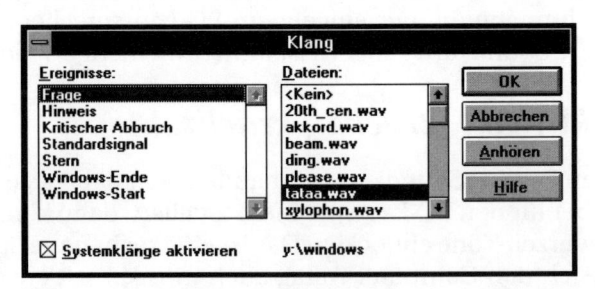

Eine Frage wird mit einem entrüsteten „Tataaa" kommentiert

Probehören

Bei der Festlegung der Klänge für die jeweiligen Ereignisse stößt man immer wieder auf dasselbe Problem: Wie hört sich der in der Klangdatei konservierte Toneffekt wohl an? Es ist ja schon schwierig genug, sich vorzustellen, was für Toneffekte sich in einer Klangdatei verbergen, zu allem Überfluß sind die Dateinamen der Klangdateien aber oft auch noch alles andere als aussagekräftig.

8 • Lauter Zubehör

> **Tip 327**
>
> Bevor Sie die Systemklänge endgültig zuweisen, sollten Sie sich die betreffenden Klangdateien kurz anhören!

Das geht leichter, als man denkt: Es reicht aus, in der Liste *Dateien* doppelt auf den Eintrag der Datei, die man anhören möchten, zu klicken. Natürlich können Sie auch zuerst die Datei markieren und dann die Befehlstaste *Anhören* wählen. Das Ergebnis ist identisch: Die Klangdatei wird probehalber einmal abgespielt.

Mit Echo

Wußten Sie, daß Windows ein Mini-Tonstudio eingebaut hat? Doch, doch, das ist schon richtig. Der Klangrekorder kann nämlich durchaus mehr, als nur Klangdateien abspielen. Er kann sie auch verändern, sogar verfremden.

> **Tip 328**
>
> Mit Hilfe der im Klangrekorder integrierten Echofunktion können Sie Klangdateien verändern.

Um einer Klangdatei ein Echo zu verpassen, laden Sie die betreffende Wave-Datei (Dateikennung .WAV) wie gewöhnlich. Wählen Sie danach den Menüpunkt *Effekte* ▶ *Echo*. Wenn Sie nun auf die *Play*-Taste klicken, wird die Klangdatei mit einem hallenden Sound unterlegt.

> **Hinweis**
>
> Haben Sie eine Klangdatei einmal mit einem Echo abgespeichert, ist dieser Effekt nicht wieder rückgängig zu machen, zumindest nicht mit den Mitteln, die Ihnen unter Windows standardmäßig zur Verfügung stehen.

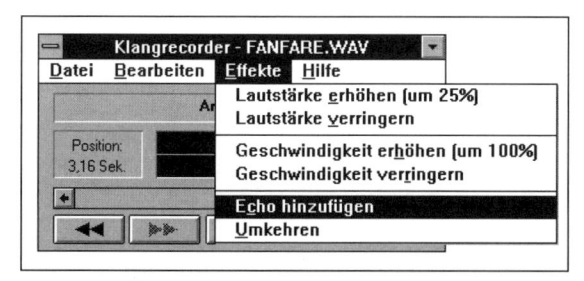

Wie wär's mit einem Echo?

sträwkcüR

Was das für eine seltsame Überschrift ist? Sie ist genauso außergewöhnlich wie ein besonders interessanter Spezialeffekt, den der Klangrekorder Ihnen beim Abspielen Ihrer Klangdateien bietet. Lesen Sie das Wort in der Überschrift doch mal von rechts nach links. Richtig: Da steht „rückwärts" - denn die WAV-Dateien kann man sich bei Bedarf auch „gegen den Strich" anhören.

Tip 329
Schwimmen Sie doch mal gegen den Strom. Hören Sie sich Ihre Klangdateien rückwärts an!

Dazu laden Sie die WAV-Datei wie gewöhnlich in den Klangrekorder. Wählen Sie danach den Menüpunkt *Effekte▶Umkehren*. Klicken Sie nun auf die *Play*-Taste. Die Datei wird nun in umgekehrter Aufzeichnungsrichtung abgespielt.

Hinweis
Es ist gut möglich, daß sich das Ergebnis wie Katzengejammere anhört. Nennen Sie das dann einfach „moderne Kunst" - oder schaffen Sie Abhilfe, indem Sie den Menüpunkt Effekte ▶ Umkehren *noch einmal wählen. Dann wird die Datei wieder in der „richtigen" Richtung abgespielt.*

Rasende Sounds

Sicherlich haben Sie früher im Zeitalter der guten, alten LPs eine LP schon mal auf 45 statt auf 33 Umdrehungen laufen lassen. Wenn Sie möchten, können Sie mit dem Klangrekorder einen ähnlichen Effekt erreichen.

Tip 330
Verändern Sie die Abspielgeschwindigkeit der Klangdateien!

Je nach Bedarf ermöglicht es der Klangrekorder, die Abspielgeschwindigkeit um 100 Prozent zu verringern oder zu erhöhen. Möchten Sie die Abspielgeschwindigkeit beschleunigen, wählen Sie den Menüpunkt *Effekte▶ Geschwindigkeit erhöhen*. Bevorzugen Sie eine langsamere Tonart, wählen Sie entsprechend den Menüpunkt *Geschwindigkeit verringern*.

8 • Lauter Zubehör

> *Den Effekt, den Sie durch das Auswählen eines der genannten Menüpunkte erzielt haben, können Sie durch Auswahl des jeweils anderen rückgängig machen. Im Klartext: Einmal Geschwindigkeit verringern und einmal Geschwindigkeit erhöhen führt zur Original-Geschwindigkeit.*

Bei Nichtgefallen

Sie haben die Lautstärke reduziert, die Klangdatei mit einem Echo unterlegt und die Abspielgeschwindigkeit erhöht - doch das Ergebnis gefällt Ihnen ganz und gar nicht? Dann sollten Sie den Urzustand der Klangdatei wiederherstellen.

Tip 331 *Wenn Ihnen einmal eingestellte Effekte nicht zusagen, dann wählen Sie den Menüpunkt Datei ▶ Wiederherstellen!*

Bedenken Sie aber bitte: Ist eine Datei einmal gespeichert worden, sind alle Änderungen dauerhaft festgehalten. Vor dem Speichern besteht jedoch die Möglichkeit, die just vorgenommenen Änderungen durch Auswählen des Menüpunktes *Datei ▶ Wiederherstellen* rückgängig zu machen. Dabei werden en bloc alle Veränderungen, die Sie seit dem letzten Speichern vorgenommen habe, aufgehoben.

Selbstkomponiertes

Zum Lieferumfang von Windows gehören eine Reihe von Klangdateien. In der Regel sind diese ausreichend, um die Arbeit am PC musikalisch gesehen ansprechend zu gestalten. Doch wie so oft bei dieser Benutzeroberfläche wird auch der außergewöhnliche Geschmack befriedigt.

Tip 332 *Sie können jede beliebige Klangdatei als Systemklang verwenden. Vielleicht verfügen Sie ja sogar über Selbstkomponiertes!*

Klangdateien kann man, wenn man über die entsprechende Hardware verfügt, mit Hilfe des *Klangrekorders* selbst erstellen. Außerdem wimmelt es auf dem Shareware-Markt nur so von Sound-Angeboten: Es gibt Musik, Stimmen, Geräusche, Gags, Filmausschnitte – im Grunde genommen alles mögliche. Vielleicht sind da ja auch Ihre ultimativen Klänge dabei!

Egal, ob Sie die Klangdateien selbst erzeugt oder gekauft haben: Wenn Sie die WAV-Dateien ins Windows-Verzeichnis kopieren, werden sie Ihnen in der Dialogbox *Klang*, die Sie durch die Funktion *Klang* in der Systemsteuerung aktivieren, als verfügbare WAV-Dateien angeboten. Sie können die Klänge auf gewohntem Wege einem bestimmten Ereignis zuweisen.

Ruhe!!!

Es gibt Tage, da will man einfach sein Ruhe haben. Da soll einem kein Arnold Schwarzenegger nachrufen „I'll be back", wenn man seinen Rechner ausschaltet. Und kein Akkord soll ertönen, wenn man Windows startet. Es soll einfach ganz, ganz ruhig sein am PC...

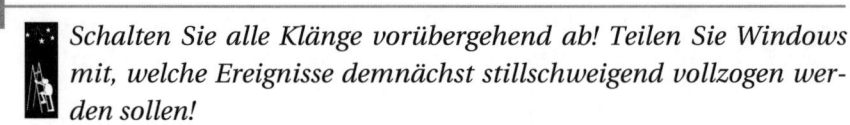

Tip 333 *Schalten Sie alle Klänge vorübergehend ab! Teilen Sie Windows mit, welche Ereignisse demnächst stillschweigend vollzogen werden sollen!*

Auch das können Sie in der Dialogbox *Klang* erledigen. Wählen Sie zuerst das Ereignis aus, das demnächst ohne Geräuschkulisse über die Bühne gehen soll. Wählen Sie dann in der Liste *Datei* den Eintrag *Keine* (ganz oben in der Liste). Verfahren Sie so mit jedem Ereignis, für das Sie keine Klanguntermalung mehr wünschen. Wenn Sie nun die Box bestätigen, haben Sie Ihre Ruhe!

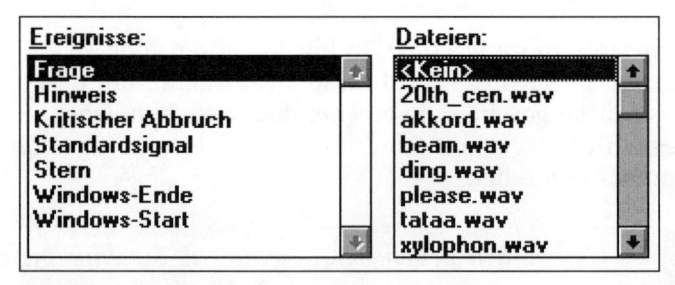

Ereignisse:	Dateien:
Frage	<Kein>
Hinweis	20th_cen.wav
Kritischer Abbruch	akkord.wav
Standardsignal	beam.wav
Stern	ding.wav
Windows-Ende	please.wav
Windows-Start	tataa.wav
	xylophon.wav

Windows verstummt

Klangdateien in beliebiger Länge

Wenn Sie gerne mit dem *Klangrekorder* arbeiten, dann haben Sie sich womöglich schon mal darüber geärgert, daß Wave-Dateien maximal 60 Sekunden lang sein dürfen. Doch Sie können dieses Limit geschickt umgehen.

8 • Lauter Zubehör

Tip 334

Fügen Sie zwei (oder mehr) Klangdateien zusammen, und nehmen Sie die Sounds neu auf!

Die Ein-Minuten-Grenze gilt glücklicherweise nur für die erstmalige Aufnahme. Wird eine bestehende Datei zum zweiten Mal aufgezeichnet, spielt ihre Länge keine Rolle mehr.

Damit der Trick klappt, müssen Sie zuerst Ihr Mikrophon ausschalten oder den Stecker kurzfristig aus dem Rechner ziehen. Starten Sie danach den *Klangrekorder*. Klicken Sie auf die Aufnahmefläche (das ist die mit dem Mikrophon ganz rechts in der Button-Bar), und nehmen Sie eine „leere" Klangdatei auf. Speichern Sie die Datei unter einem Namen, der Ihnen sagt, worum es sich handelt, zum Beispiel unter LEER1.WAV.

Wiederholen Sie den Vorgang, und fertigen Sie ein zweite leere Klangdatei an. Nennen Sie diese z.B. LEER2.WAV. Fügen Sie nun über den Menüpunkt *Bearbeiten ▶ Datei Einfügen* die Datei LEER1.WAV in LEER2.WAV ein. Die gesamte Datei ist nun zwei Minuten lang. Klicken Sie danach auf die beiden nach links zeigenden Rewind-Pfeile, und „spulen" Sie die Datei bis zu ihrem Beginn zurück.

Nun können Sie das Mikrophon wieder einstöpseln und nach einem Klick auf die Mikrophon-Befehlstaste die noch leere „Attrappe" mit Tönen füllen. Speichern Sie sie danach erneut unter dem gleichen Dateinamen.

Wenn Sie eine Klangdatei einfügen, wird die ursprüngliche Datei größer

666 ganz legale Windows-Tricks

Töne sind sehr speicherhungrig

Keine Frage: Klangdateien sind was Nettes, sie versüßen – in Maßen konsumiert! – den PC-Alltag. Allerdings muß man sich darüber im Klaren sein, daß Wave-Dateien echte Speicherfresser sind. Klanginformationen in Stereoqualität fordern nun mal ihren Tribut.

Tip 335 *Toninformationen sind speicherplatzintensiv: Begrenzen Sie die Länge Ihrer Klangdateien auf das Nötigste.*

Wenn Sie mit dem zur Verfügung stehenden Festplattenspeicher sparsam umgehen möchten, bedenken Sie bitte folgendes: Eine 72 Sekunden dauernde Klangdatei kostet knapp 300 KByte Festplattenspeicher. Außerdem nimmt das Abspielen langer WAV-Dateien auch jede Menge Arbeitsspeicher in Anspruch und bremst somit die gesamte Performance von Windows.

Hinweis: Es gibt verschiedene Aufnahmeverfahren, man könnte auch sagen „Auflösungen", doch kann man die nur mit professionellen Werkzeugen einstellen, nicht mit dem mitgelieferten Klangrekorder. Stimmen zum Beispiel lassen sich deutlich platzsparender aufzeichnen.

Da werden Ihre Ohren Augen machen

Wer über Soundkarte und CD-ROM-Laufwerk verfügt, der kann damit nicht nur CD-ROMs lesen, sondern auch ganz gewöhnliche Audio-CDs abspielen. Michael Jackson und Madonna ertönen dann aus den am PC angeschlossenen Boxen oder aus dem Kopfhörer.

Tip 336 *Um auch gewöhnliche Audio-CDs auf seinem PC abspielen zu können, muß der entsprechende Treiber installiert werden.*

Sie können jetzt jede beliebige Scheibe aus Ihrer CD-Sammlung auf Ihrem Multimedia-PC ertönen lassen. Alles, was Sie dazu brauchen, ist bereits in Windows enthalten: die Windows-Anwendung *Klangrekorder* zum Beispiel. Es gilt nur eine einzige Voraussetzung zu erfüllen (neben der erforderlichen Hardware natürlich, aber das liegt ja auf der Hand): Der Treiber *[MCI] CD-Audio* muß installiert sein. Am

8 • Lauter Zubehör

besten, Sie sehen gleich nach, ob das der Fall ist. Gehen Sie dazu in die *Systemsteuerung* und wählen dort die Steuerungskomponente *Treiber*. Suchen Sie in der Liste *Installierte Treiber* den Eintrag *[MCI]-Audio*. Fehlt der Treiber, klicken Sie auf die Schaltfläche *Hinzufügen*.

In der *Treiberliste* können Sie jetzt den gewünschten Treiber markieren. Wenn Sie nun auf *OK* klicken, fordert die Systemsteuerung Sie auf, eine der Windows-Programmdisketten einzulegen. Folgen Sie den Anweisungen, wird der Treiber von der Diskette in Ihr Windows-Verzeichnis kopiert, entpackt und installiert, so daß er sofort einsatzbereit ist. Ab sofort können Sie mit Ihrem PC einen CD-Player simulieren.

Madonna auf dem PC abspielen

Wenn erst einmal der entsprechende Treiber installiert ist, kann man jede beliebige Audio-CD auf seinem multimediatauglichen PC abspielen. Die Frage ist nur, wie das gehen soll. Sie müssen sich gar nicht auf die Suche begeben: Windows verfügt von Hause aus über ein entsprechendes Kontrollinstrument, um Audio-CDs abzuspielen.

Tip 337
Die Medienwiedergabe erlaubt auch das Abspielen von Audio-CDs: Auf Wunsch werden die Titel sogar im Klartext angezeigt. Die Titelreihenfolge bestimmen Sie selbst; sie kann sogar zufällig ausgewählt werden.

Sollte der für diese Angelegenheit so wichtige Treiber [MCI] CD-AUDIO noch nicht installiert sein, beispielsweise, weil Sie erst nach der Installation von Windows 3.1 ein CD-ROM-Laufwerk in Ihren Rechner eingebaut haben, steht Ihnen im Pull-Down-Menü *Gerät* der Medien-Wiedergabe der Eintrag *CD Audio Player* auch nicht zur Verfügung. Wie Sie den erforderlichen Treiber installieren, erfahren Sie im Tip „Da werden Ihre Ohren Augen machen".

Wenn der Treiber korrekt installiert ist, wählen Sie nach dem Start der Medienwiedergabe im Pull-Down-Menü *Gerät* den Eintrag *CD Audio Player* aus, der Media Player wird dadurch zum Kontrollinstrument für Audio-CDs, das CD-ROM-Laufwerk zur Mini-Hifi-Anlage. Nach einigen Sekunden - in dieser Zeit fragt der Media Player auf dem CD-ROM-Laufwerk die aktuellen Daten ab - erscheint eine Skala am Bildschirm.

Im Pull-Down-Menü *Skala* können Sie zwischen zwei verschiedenen Skalen: Entweder, der Media Player zeigt die Titel der CD oder aber eine Zeit-Skala an. Verwenden Sie die Titel-Skala, können Sie nicht nur sehen, welcher Titel derzeit gespielt wird, sondern im Handumdrehen jeden beliebigen Titel anspringen. Klicken Sie mit der Maus in den Rollbalken, können Sie titelweise wechseln.

> **Hinweis** *Es gibt – gerade im Shareware-Markt – jede Menge interessanter Alternativen zur Medienwiedergabe. Es gibt Anwendungen, die ausschließlich zum Abspielen von Audio-CDs entwickelt wurden und jeden heimischen CD-Player von der Bedienung her in den Schatten stellen.*

Speaker-Treiber gewinnt gegen Soundkarte

Viele Windows-Liebhaber haben ihren PCs mit Hilfe des weiter oben bereits beschriebenen Treibers SPEAKER.DRV die ersten Töne entlockt. Wenn man dann später doch noch fürs Multimedia-Zeitalter rüsten will und eine Soundkarte in seinen PC einbaut, kann es zu unangenehmen Überraschungen kommen.

> **Tip 338** *Wenn Sie eine Soundkarte in Ihren Rechner einbauen, entfernen Sie den Speaker-Treiber aus der Systemdatei SYSTEM.INI!*

Selbst wenn Sie den Treiber für Ihre neue Soundkarte korrekt installiert haben, kann es passieren, daß Wave-Dateien nach wie vor aus dem PC-Lautsprecher ertönen - und nicht, wie eigentlich gewünscht, über die Soundkarte verarbeitet werden. Das liegt daran, daß bei der Installation der Soundkarte der Windows-Gerätetreiber SPEAKER.DRV nicht automatisch entfernt wird.

Offensichtlich ist er so „mächtig", daß er den Treiber für die Soundkarte dominiert. Also müssen Sie „per Hand" etwas nachhelfen: Laden Sie dazu die Systemdatei SYSTEM.INI in einen Editor, und entfernen Sie die Zeile:

```
wave=speaker.drv
```

aus dem Abschnitt:

```
[mci]
```

8 • Lauter Zubehör

Danach müssen Sie die veränderte Systemdatei speichern, Windows beenden und erneut starten. Natürlich können Sie den Treiber auch mit Hilfe der Systemsteuerung entfernen; verwenden Sie dazu die Funktion *Treiber*, die es auf jedem Multimedia-PC gibt.

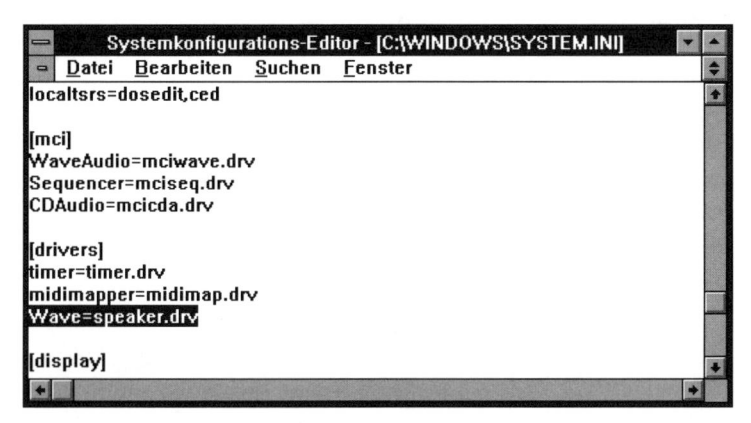

```
Systemkonfigurations-Editor - [C:\WINDOWS\SYSTEM.INI]
 Datei  Bearbeiten  Suchen  Fenster
localtsrs=dosedit,ced

[mci]
WaveAudio=mciwave.drv
Sequencer=mciseq.drv
CDAudio=mcicda.drv

[drivers]
timer=timer.drv
midimapper=midimap.drv
Wave=speaker.drv

[display]
```

Ist eine Soundkarte installiert, hat der SPEAKER.DRV in der SYSTEM.INI nichts mehr zu suchen

Paintbrush

Machen Sie sich ein Bild vom Bildschirm

Zum „Fotografieren" und/oder Ausdrucken des aktuellen Windows-Bildschirms bedarf es normalerweise spezieller Screenshot-Programme. Doch auch, wenn Sie eine solche Anwendung nicht Ihr eigen nennen sollten, müssen Sie keineswegs auf Bildschirm-Abbildungen verzichten.

Tip 339

Um vom aktuellen Bildschirminhalt einen Ausdruck anzufertigen, ist ein „Umweg" über Paintbrush erforderlich!

Das Erstellen von Screenshots funktioniert über die Zwischenablage. Mit Hilfe der Taste (Druck) kopieren Sie einen „Abzug" des aktuellen Bildschirminhaltes in die Zwischenablage. Möchten Sie nur das aktive Fenster oder eine Dialogbox „knipsen", betätigen Sie die Tastenkombination (Alt)(Druck). In beiden Fällen befindet sich danach der gewünschte Bildschirmausschnitt als Bitmap-Grafik in der Zwischenablage.

Wechseln Sie nun in die *Paintbrush*-Anwendung. Zur besseren Übersicht und bequemeren Handhabung empfiehlt es sich, *Paintbrush* als Vollbildanwendung zu benutzen. Sollte die Arbeitsfläche von *Paintbrush* nicht leer sein, sollten Sie den Arbeitsbereich durch *Datei ▶ Neu* freimachen. Sofern Sie den kompletten Bildschirm in *Paintbrush* übernehmen wollen, verkleinern Sie anschließend durch (Strg)(L) die Darstellung.

Öffnen Sie nun das Pull-Down-Menü *Bearbeiten,* und wählen Sie den Menüpunkt *Einfügen* an, oder betätigen Sie (Strg)(Einfg). Es erscheint nun eine Gitterlinie. Sie verdeutlicht, wie groß die Abbildung ist; Sie können sie bei Bedarf verschieben, was sich aber nur dann empfiehlt, wenn Sie einen Bildschirmausschnitt kopiert haben. Anschließend wird der Zeichenbereich neu aufgebaut: Es erscheint der Bildschirm, den Sie soeben per (Druck) bzw. (Alt)(Druck) in die Zwischenablage kopiert haben haben.

Damit ist der letzte Schritt aber noch nicht getan: Sie müssen nun die Bildschirmdarstellung wieder normalisieren (sofern Sie die verkleinerte Darstellung aktiviert haben). Dazu betätigen Sie die Tastenkombination (Strg)(R).

8 • Lauter Zubehör

Wenn Sie möchten, können Sie die Abbildung jetzt mit den *Paintbrush*-Werkzeugen wie eine normale Grafik bearbeiten und anschließend über den Befehl *Datei▶Drucken* auf dem Drucker ausgeben. Speichern Sie die Abbildung abschließend als BMP- oder PCX-Datei.

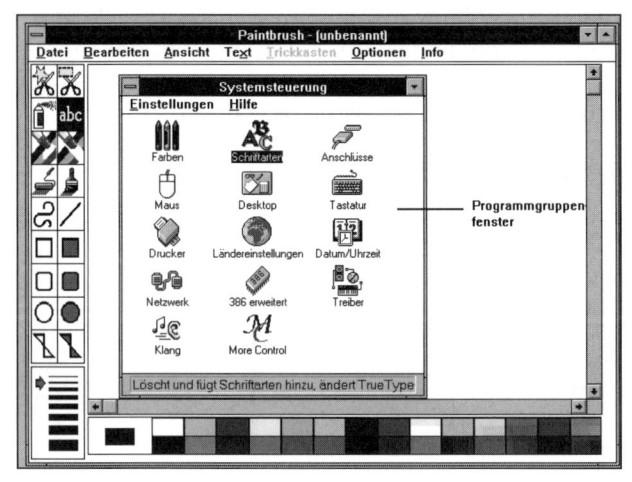

Ein Screenshot wird bearbeitet

Straffreie Bilderfälschung

Man muß nicht Konrad Kujau heißen, um professionelle Fälschungen anzufertigen. Mit *Paintbrush* kann jeder zum Bilderfälscher werden - und zwar zum Fälscher von Screenshots!

Tip 340

Wollen Sie sich einen Spaß erlauben, verändern Sie mit Paintbrush Abbildungen von Windows-Bildschirmen. Ihre Kollegen werden Bauklötze staunen!

Erstellen Sie zuerst wie gewohnt über die Zwischenablage eine Abbildung des gewünschten Bildschirms (siehe Trick *Machen Sie sich ein Bild vom Bildschirm*). Entfernen Sie dann mit dem Radiergummi die Teile des Bildes, die Sie ersetzen möchten. Danach müssen Sie nur noch die neuen Elemente einfügen. Schon fertig, die perfekte Fälschung!

In dem unten abgebildeten Beispiel wurde der Name des Lizenzinhabers entfernt. Um unauffällig einen neuen Namen einzugeben, müssen Sie die gleiche Schrift verwenden, die Windows selbst für seine Mitteilungen verwendet. Das ist die sogenannte *System*-Schriftart. Diese Schriftart steht Ihnen in der Liste *Schrift* in der Dialogbox *Schriftart* zur Verfügung. Dorthin gelangen Sie über den Befehl *Text▶Schriftart*.

Haben Sie die System-Schrift ausgewählt, klicken Sie auf die Stelle, an der der gefälschte Name erscheinen soll. Klicken Sie genau, sonst fällt der Betrug auf! Geben Sie dann den neuen Namen ein. Sobald Sie die Datei speichern, merkt keiner mehr, daß an der Stelle des gefälschten Namens einmal andere Buchstaben standen...

So sieht das Original aus...

... und so die Fälschung

Rund statt eirig

Haben Sie schon einmal versucht, mit *Paintbrush* einen wunderschön runden Kreis zu zeichnen? (Sofern es überhaupt nicht-runde Kreise gibt, denn nicht-runde Kreise sind Ovale, während runde Ovale Kreise sind...) Wenn Sie dazu das entsprechende Symbol aus der Werkzeug-

8 • Lauter Zubehör

leiste (es ist das zweite von unten) anklicken, müssen Sie schon eine ruhige Hand und ein genaues Auge haben, damit aus dem Kugelrunden keine ovale Plinse wird.

Tip 341
Soll der Kreis so richtig schön rund werden, halten Sie beim Zeichnen die ⇧-Taste gedrückt!

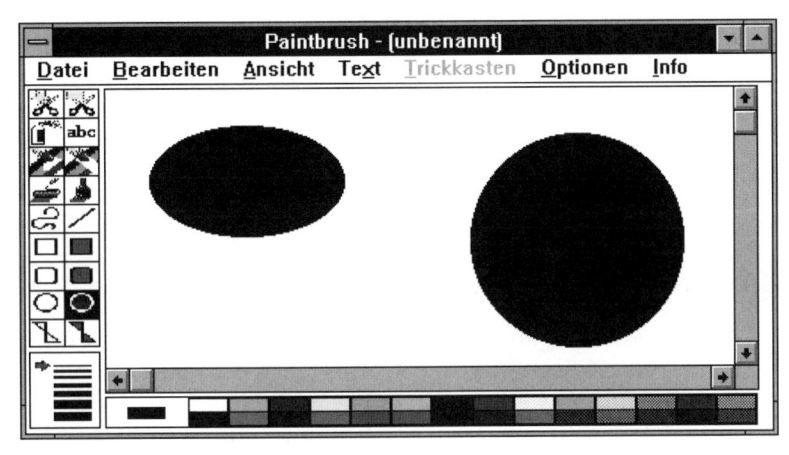

Einmal oval und einmal schön rund

Quadratisch, praktisch, gut?

Noch 'ne gute Nachricht: Der vorangehende Tip *Rund statt eirig* klappt auch bei Rechtecken. Grundsätzlich erzeugen Sie Rechtecke, indem Sie auf das vierte Zeichen von unten in der Symbolleiste klicken und dann mit der Maus im Arbeitsbereich Umfang und Lage der Figur bestimmen.

Tip 342
Wenn Sie während des Zeichnens eines Rechteckes die ⇧-Taste gedrückt halten, wird aus dem Rechteck ein Quadrat!

666 ganz legale Windows-Tricks

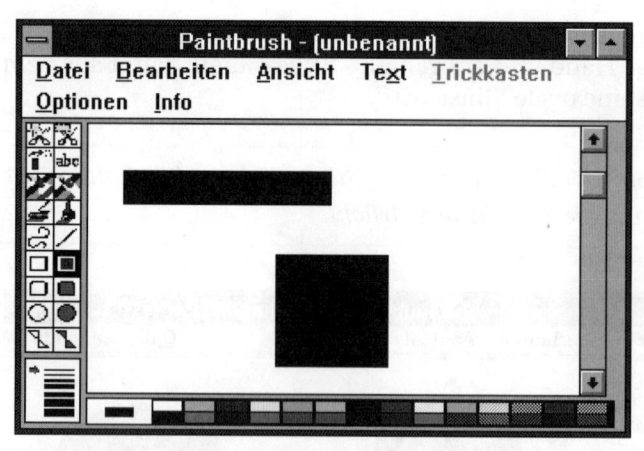

Was darf's sein: Rechteck oder Quadrat?

Großformatiges passend machen

Es passiert eigentlich immer wieder: Will man ein großformatiges Bild aus der Zwischenablage einfügen, ist das *Paintbrush*-Fenster oft zu klein. Die unschöne Folge: Wenn Sie das eingefügte Bild nach oben scrollen, sehen Sie, daß es am unteren Bildschirmrand einfach „abgeschnitten" wurde. Doch diese unfreiwillige Bild-Kastration muß nicht sein.

Tip 343

Um Beschneidungen beim Einfügen der Zwischenablage zu verhindern, sollten Sie die Anzeige rechtzeitig verkleinern.

Wählen Sie dazu aus dem Menü *Anzeige* den Befehl *Verkleinern* – oder betätigen Sie die Tastenkombination [Strg][L]. Die Arbeitsfläche im *Paintbrush*-Fenster wird daraufhin neu aufgebaut. Jetzt können Sie in zwei Schritten den Inhalt der Zwischenablage einfügen. Wählen Sie den Befehl *Bearbeiten ▶ Einfügen* dazu zweimal hintereinander (oder betätigen Sie zweimal die Tastenkombination [Strg][Einfg]).

Beim ersten Mal wird noch nicht das eigentliche Bild eingefügt, sondern ein Raster als Platzhalter. Dieses Raster können Sie beliebig positionieren. Wenn Sie nun ein zweites Mal *Einfügen* wählen, erscheint das richtige Bild – und zwar direkt an der gewünschten Position.

So, wie das Bild nun angezeigt wird, können Sie es nicht bearbeiten. Überzeugen Sie sich: Alle zur Bildbearbeitung erforderlichen Menü-

8 • Lauter Zubehör

befehle sind abgeblendet dargestellt. Um das Bild bearbeiten zu können, müssen Sie es zuerst wieder vergrößern. Das geht problemlos mit dem Befehl *Ansicht vergrößern* (oder [Strg][R]). Das Bild erscheint danach in seiner vollen Größe - und paßt höchst wahrscheinlich nicht auf einen *Paintbrush*-Bildschirm. Doch dieses Mal ist das unerheblich. Sie können das Bild über die Rollbalken beliebig weiterblättern.

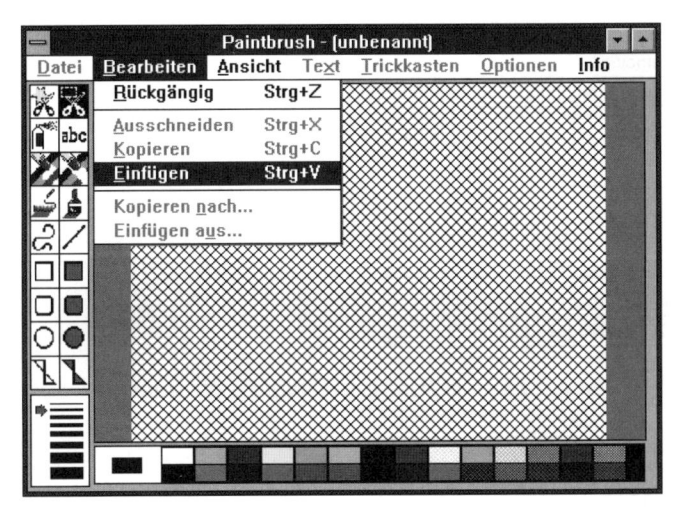

Noch einmal Einfügen *und das Bild steht*

PCX statt BMP

Wer gerne und viel mit *Paintbrush* arbeitet, wird sich nach einer Weile wundern: Die angefertigten BMP-Dateien, in denen sich die mit dem beliebten Zeichenprogramm angefertigten digitalen Kunstwerke verstecken, benötigen eine Menge Speicherplatz.

Tip 344
Wenn Sie Speicherplatz sparen möchten, speichern Sie die Datei nicht im BMP-Format, sondern als PCX-Datei.

Fertigen Sie dazu Ihre Grafik wie gewohnt an. Wählen Sie dann im Menü *Datei* den Befehl *Speichern unter*. Öffnen Sie in der daraufhin erscheinenden Dialogbox das Listenfeld *Dateiformat*. Wählen Sie bitte den ersten Eintrag dieser Liste, .PCX, aus. In der Zeile *Dateiname* ändert sich die Dateikennung jetzt automatisch in PCX. Geben Sie einen Datei-"Vornamen" ein, und bestätigen Sie die Dialogbox.

666 ganz legale   Windows-Tricks

> *Es lohnt sich auch, eine Grafik nur vorübergehend im PCX-Format abzuspeichern - zumal, wenn der Plattenspeicher knapp ist. Sie können eine PCX-Datei bei Bedarf mit Paintbrush zu jeder Zeit wieder ins BMP-Format konvertieren. Laden Sie dazu die PCX-Datei, und speichern Sie sie in einem der angebotenen BMP-Formate ab.*

Im PCX-Format machen Paintbrush-Bilder sich dünn

```
doof.bmp      153718
doof.pcx       27296
```

Der Datei-Manager bringt's ans Licht: Die gleiche Grafik ist im PCX-Format wesentlich kleiner als im BMP-Format

Bild laden durch Drag and Drop

Möchten Sie eine bereits bestehende Grafik in *Paintbrush* laden, geschieht das meistens mit dem Befehl *Datei* ▶ *Öffnen*. Das Problem dabei: Trägt die zu öffnende Datei nicht das in der Liste *Dateiformat* angezeigte Format, erscheint sie erst gar nicht in der Liste der zur Verfügung stehenden Dateien. In diesem Fall müßten Sie zuerst in der Liste *Dateiformat* das betreffende Format auswählen. Doch es geht auch anders.

Tip 345 *Besonders praktisch ist das Laden von Bilddateien, wenn Sie sich der Drag-and-Drop-Funktion bedienen!*

Verkleinern Sie dazu das *Paintbrush*-Fenster auf Symbolgröße. Ordnen Sie den Bildschirm so an, daß sowohl der Datei-Manager als auch

8 • Lauter Zubehör

das *Paintbrush*-Symbol sichtbar sind. Klicken Sie nun im Datei-Manager die Datei an, die Sie öffnen möchten. Halten Sie die Maustaste gedrückt, und ziehen Sie das Dateisymbol auf das *Paintbrush*-Icon. Lassen Sie die Maustaste erst auf dem Programmicon wieder los.

Jetzt wird - für Sie unsichtbar - die Grafikdatei in das Zeichenprogramm geladen. Die Icon-Unterschrift wird aktualisiert: Sie trägt jetzt den Namen der geöffneten Datei im Untertitel.

Es reicht, das Icon doppelt anzuklicken, um die Anwendung auf Fenstergröße zu erweitern. Das geladene Bild erscheint unmittelbar im Anwendungsfenster.

> *Hinweis*
>
> *Auf diese Weise ist es möglich, alle Dateiformate, die Paintbrush normalerweise insgesamt in der Liste der* Dateiformate *der Dialogbox* Öffnen *anbietet, ohne Veränderung der Voreinstellungen zu laden. Akzeptiert Paintbrush das Format der ausgewählten Datei nicht, werden Sie in einer Dialogbox darauf aufmerksam gemacht.*

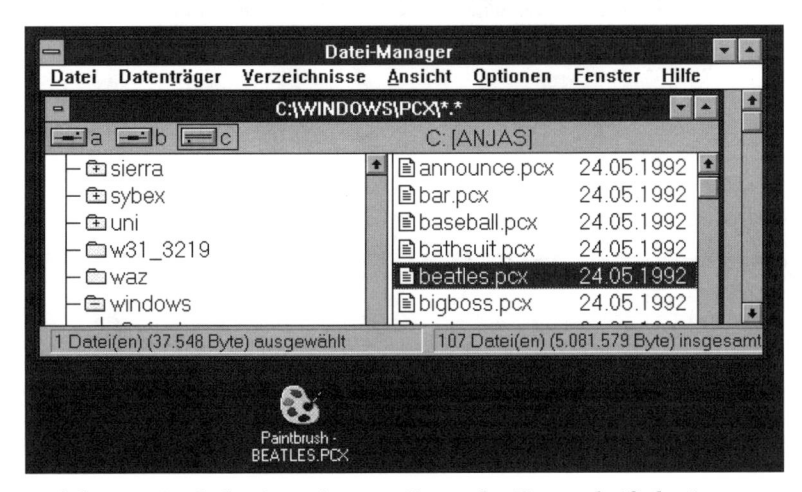

Welche Datei geladen ist, erkennen Sie an der Unterschrift des Icons

Bildausschnitte kopieren

Bei der Gestaltung eines Bildes oder einer Grafik mag hier und da der Wunsch aufkommen, einen bestimmten Ausschnitt des Bildes zu kopieren. Dazu müssen Sie zum Glück nicht den betreffenden Bildteil noch mal malen. Es geht viel einfacher.

347

666 ganz legale Windows-Tricks

> **Tip 346**
> *Durch Drag and Drop können Sie einzelne Bildteile beliebig vervielfältigen.*

Markieren Sie dazu zuerst mit einer der beiden Scheren den Bildausschnitt, den Sie duplizieren möchten. Drücken Sie dann die ⇧-Taste, und klicken Sie die Markierung einmal kurz an – die Maustaste bleibt gedrückt. Lassen Sie jetzt die ⇧-Taste wieder los, und ziehen Sie den markierten Bildausschnitt an die Stelle des Bildes, an der das Duplikat stehen soll. Wenn Sie dort die Maus loslassen, wird eine exakte Kopie des Ausschnitts eingefügt.

> *Hinweis: Wenn Sie nach dem Anklicken des Bildausschnittes die ⇧-Taste nicht loslassen, vervielfältigt sich das Motiv ununterbrochen in die Richtung, in die Sie die Maus bewegen.*

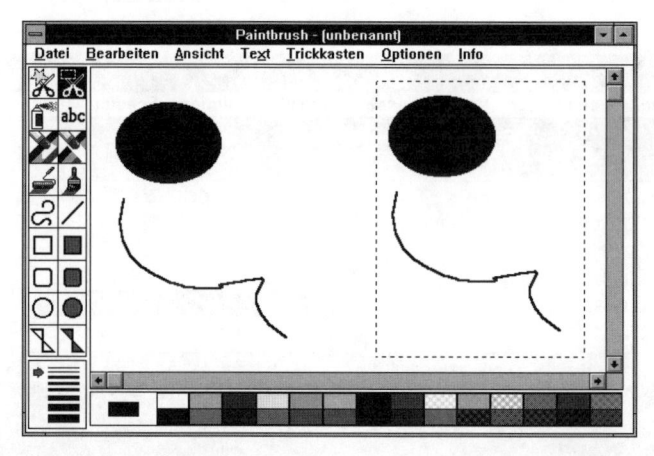

Aus eins mach zwei

Digitale Collagen gefällig?

Wer behauptet, daß Computer die Kreativität hemmen? *Paintbrush* jedenfalls fördert die musischen Fähigkeiten des Bedieners. Möchten Sie zum Beispiel – romantisch, romantisch – einen Baum vor einem Haus malen und verfügen bereits über eine Datei mit einem Haus und über eine andere Datei mit einem Baum, dann empfehle ich Ihnen, mal digital zu collagieren.

8 • Lauter Zubehör

Tip 347

Wenn Sie bestehende Bilder zusammenfügen wollen, dann machen Sie mittels Einfügen *aus zwei Dateien eine!*

Erstellen oder laden Sie zuerst die Datei, in die Sie die zweite Grafik einbinden möchten. Wählen Sie danach den Befehl *Bearbeiten* ▶ *Einfügen* aus. Es erscheint eine Dialogbox, in der Sie die Datei auswählen, die Sie einfügen möchten. Wenn Sie die Box bestätigen, wird die Datei sofort in die bestehende Datei eingefügt.

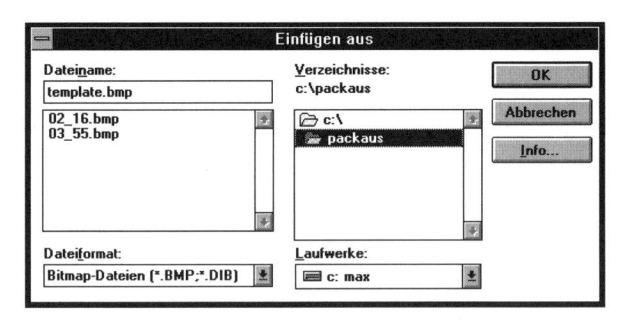

In eine Grafik wird eine bestehende BMP-Datei eingefügt

Wie groß, wie bunt?

Wer eine Paintbrush-Datei öffnet, der weiß meistens, nach welchem Motiv er Ausschau hält. Doch manchmal will man gar nicht das eigentliche Bild sehen, sondern benötigt nur bestimmte Informationen über die Abbildung. *Paintbrush* kann Sie mit einigen Informationen versorgen.

Tip 348

Nutzen Sie die Info-Box von Paintbrush, wenn Sie wissen möchten, wie groß eine Grafik ist und wie viele Farben sie enthält.

Über Breite und Höhe der Grafik, die Anzahl der verwendeten Farben sowie Bildebenen erhalten Sie Auskunft, wenn Sie in der Dialogbox *Datei* ▶ *Öffnen* auf die Befehlsfläche *Info* klicken. Nachdem Sie die gewünschten Angaben zur Kenntnis genommen haben, können Sie diese Info-Box durch einen Klick auf dieselbe Fläche wieder verlassen.

Hinweis: *Die Info-Taste steht Ihnen auch zur Verfügung, wenn Sie in den Befehl* Bearbeiten ▶ Einfügen *ausgewählt haben.*

349

666 ganz legale Windows-Tricks

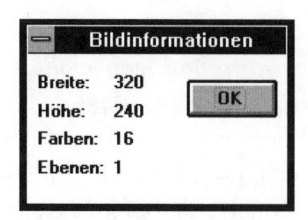

Das Wichtigste in Kürze

Radieren Sie doch mal farbig

Ein Radiergummi ist dazu da, um Kleckse oder Striche zu entfernen, die einen stören. Das ist auch bei *Paintbrush* nicht anders. Allerdings bietet der digitale Radierer im Malprogramm *Paintbrush* einen Extra-Service, den ich Ihnen keinesfalls vorenthalten möchte.

Tip 349 *Nutzen Sie den Farbradierer, um in einem Bild eine Farbe gegen eine andere auszutauschen!*

Wenn Sie zum Beispiel ein Bild gemalt haben, das jede Menge rote Flächen enthält, von denen einige jedoch nicht mehr länger rot, sondern künftig blau sein sollen, dann können Sie diese Farbänderung bequem mit Hilfe des Farbradierers vornehmen.

Klicken Sie dazu zuerst auf das Symbol des Farbradierers in der Werkzeugleiste. Es ist das linke der beiden Radierersymbole. Legen Sie nun zuerst die Farbe fest, die ausgetauscht werden soll. Klicken Sie dazu die betreffende Farbe in der Farbleiste mit der linken Maustaste an. Haben Sie zum Beispiel Rot ausgewählt, bedeutet dies, daß bei der folgenden Radieraktion nur alle roten Bildteile berücksichtigt werden. Alle Stellen, die eine andere Farbe tragen, läßt der Radierer in Ruhe. Wählen Sie danach die Farbe, die als Ersatzfarbe erscheinen soll: Klicken Sie das betreffende Farbkästchen mit der rechten Maustaste an. Nun können Sie zur eigentlichen Radieraktion schreiten. Gehen Sie mit dem Cursor auf die Stelle im Bild, die Sie farblich verändern möchten. Drücken Sie die Maustaste, und bewegen Sie den Mauscursor bei gedrückter Maustaste über die Fläche, die mit der Ersatzfarbe eingefärbt werden soll.

Der Farbradierer

Halb so wild: Vermalt

Wenn Ihnen ein Kunst-Fehler unterlaufen ist, Sie also zum Beispiel eine Linie gezeichnet haben, die nicht dick genug ist, oder der dicke rote Punkt doch nicht zum blauen Hintergrund paßt, dann sollten Sie den Fehler möglichst rasch rückgängig machen.

Tip 350 *Kunst-Fehler machen Sie in* Paintbrush *mit Hilfe der Tastenkombination* [Alt][←] *rückgängig.*

Widerrufen wird durch [Alt][←] alles, was Sie seit der Auswahl der letzten Funktion der Utensilienleiste angestellt haben. Sprühen Sie zum Beispiel gerade mit der Sprühdose, und betätigen dann irgendwann die Tastenkombination [Alt][←], so verschwindet das Graffiti komplett wieder vom Bildschirm. Alternativ können Sie auch die Tastenkombination [Strg][Z] oder den Menüpunkt *Rückgängig* im Menü *Bearbeiten* benutzen.

Der intelligente Radierer

Vor allem, wenn man komplexere Grafiken angefertigt hat und nur eine winzige Stelle korrigieren möchte, muß man beim Radieren wirklich höllisch aufpassen. Denn sonst verschwindet womöglich weit mehr als das, was wirklich verschwinden soll.

Tip 351 *Möchten Sie nur an den Bildelementen feilen, die als letzte entstanden sind, benutzen Sie den Spezialradierer!*

Der Spezialradierer ist nicht über die Werkzeugleiste zugänglich, sondern wird durch Betätigen der Taste [←] aktiv. Bewegen Sie danach die Maus: Der Mauscursor verwandelt sich in ein transparentes durchgestrichenes Kästchen. Drücken Sie die Maustaste, wenn der Radier-Cursor Bildelemente wegradieren soll.

Der Vorteil dieses Radierers: Sie können nur die Bildteile löschen, die entstanden sind, nachdem Sie das aktuelle Werkzeug aus der Werkzeugleiste ausgewählt haben. Wenn Sie über ältere Bildelemente radieren, bleiben diese unbeschädigt.

666 ganz legale   Windows-Tricks

Panoramablick ohne Aufpreis

Wer malt, der braucht vor allem eines: Platz. Steht man vor einem überdimensionalen Gemälde im Museum, geht man ein paar Schritte zurück, um es in seiner ganzen Schönheit anblicken zu können. Das nutzt allerdings bei *Paintbrush*-Bildern, die zu groß für das Anwendungsfenster sind, nicht besonders viel...

Tip 352

Wenn Sie das gesamte Paintbrush-Dokument ansehen möchten, lassen Sie es in Vollbildgröße und ohne Rahmen anzeigen!

Klicken Sie dazu einfach doppelt auf das rechte Scherensymbol. Utensilienleiste, Menüleiste und Farbpalette verschwinden schlagartig. Dasselbe passiert, wenn Sie die Tastenkombination [Strg][B] verwenden. Mit einem Klick auf eine beliebige Stelle des Desktops oder durch das Betätigen der [Esc]-Taste gelangen Sie wieder zurück zur Normalanzeige.

RLE statt BMP

Sind Sie ein Fan von Grafikprogrammen? Dann wimmelt es auf Ihrer Platte sicherlich nur so von Bilddateien mit der Dateikennung .BMP. Wetten, daß es auf der Festplatte deshalb schon bald ziemlich voll sein wird?

Tip 353

Sie können wertvollen Speicherplatz auf der Festplatte sparen, wenn Sie Grafiken im RLE-Format speichern.

Das RLE-Format ist nichts anderes als die komprimierte Form des BMP-Formats. Konvertieren Sie eine BMP-Datei ins RLE-Format, sparen Sie bis zu 50 Prozent Speicherplatz. Die Halbierung des Speicherplatzes macht sich – zumal bei einer Vielzahl von Bitmap-Dateien – deutlich bemerkbar.

Allerdings eignet sich das Windows-eigene Grafikprogramm *Paintbrush* nicht zum Konvertieren von Grafiken. Mit *Paintbrush* können Sie Grafiken nur im BMP- oder PCX-Format speichern. Wollen Sie Ihre Grafiken im RLE-Format speichern, verwenden Sie zum Beispiel die Shareware-Anwendung *PaintShopPro*.

8 • **Lauter Zubehör**

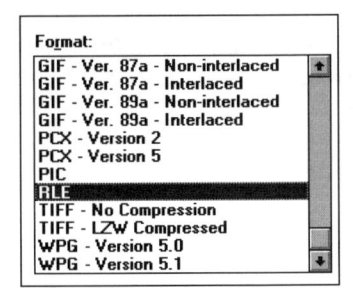

Mit einem Grafik-Programm wie PaintShop Pro *können Sie Dateien ins RLE-Format konvertieren*

Der geheime Weg zur Bildschirmauflösung

Was tun Sie, wenn Sie wissen möchten, welche Bildschirmauflösung Ihnen gerade geboten wird? Sie suchen nach dem Handbuch zum Monitor (na, wo ist es denn???) und blättern in der Rubrik „Technische Daten" herum? Dasselbe wiederholen Sie dann für die Grafikkarte, da die ja eigentlich für die Auslösung verantwortlich ist? Oder Sie rufen in Ihrer Verzweiflung einen Freund an, verabreden sich für nächste Woche mit ihm, damit er Ihnen ein Systemanalyse-Programm vorbeibringt? Ja, so geht's natürlich auch. Doch ich habe eine Methode auf Lager, die Sie wesentlich müheloser zu Ihrem Ziel bringt.

Tip 354

Wenn Sie die genaue Auflösung wissen wollen, mit der Sie gerade arbeiten, dann lassen Sie das Windows-eigene Malprogramm Paintbrush *die aktuelle Bildschirmauflösung ermitteln!*

Das Maß, in dem die Bildschirmauflösung angegeben wird, lautete dpi – was soviel heißt wie „Dots per Inch". Und das heißt übersetzt „Pixel pro Zoll". In dieser Übersetzung liegt der Schlüssel zum Geheimweg. Bevor Sie sich auf diesen begeben, starten Sie zuerst – ganz und gar nicht geheimnisvoll – das Malprogramm *Paintbrush*. Wählen Sie dort den Befehl *Optionen* ▶ *Bildattribute*. Es erscheint eine Dialogbox, in der Sie normalerweise die Höhe und die Breite des Bildes angeben.

Mit einem kleinen Kniff teilt Ihnen diese Dialogbox auch die Bildschirmauflösung mit. Klicken Sie dazu zuerst auf die Option *Zoll*. Geben Sie danach in den Feldern *Breite* und *Höhe* den Wert 1 ein. Wenn Sie nun auf *Pixel* klicken, weist *Paintbrush* den entsprechenden Pixelwert aus. Und schon haben Sie die Antwort auf Ihre Frage: Die Zahl, die jetzt erscheint, gibt die Bildschirmauflösung an. Kleiner Trick, große Wirkung...

Vergleichen Sie die gerade verwendete Auflösung Ihrer Grafikkarte mit den Standard-Bildschirmauflösungen, die die folgende Tabelle auflistet.

Bildschirmtyp	Auflösung
EGA	72 dpi
VGA	96 dpi
SVGA	96 dpi
8514 Large	120 dpi
8514 Small	96 dpi

Vorsicht bei Bildern mit 256 Farben

Mit *Paintbrush* können Sie Bilder mit bis zu 256 Farben (8-Bit-Farbtiefe) erstellen und speichern. Problematisch kann's allerdings werden, wenn Sie die Grafiken später erneut bearbeiten möchten.

Tip 355

Um Speicherplatz zu sparen, sollten Sie prüfen, ob 16 Farben nicht möglicherweise ausreichend sind!

Ein Bild mit 256 Farben - und sei es noch so klein - braucht eine Unmenge an Speicher. Das macht BMP-Dateien schwer verdaulich. Im Klartext: Es kann zu Problemen kommen, wenn Sie die Bilddatei beispielsweise über die Zwischenablage in ein anderes Dokument einbinden möchten. Oder aber, wenn Sie die Datei zum erneuten Bearbeiten ganz einfach öffnen möchten. In beiden Fällen kann es passieren, daß die Grafik dann nicht mehr bunt, sondern (fast) schwarz erscheint. Von wegen 256 Farben!

Um solche Schwierigkeiten zu vermeiden, speichern Sie Ihre Bitmaps – wenn möglich – besser im 16-Farben-Format; klar, daß dabei unter Umständen die Ausdrucksfähigkeit des Bildes leidet, es empfiehlt sich daher nicht in jedem Fall, auf 16 Farben zu wechseln, sondern nur da, wo man sowieso nicht mehr Farben benutzt, was durchaus vorkommen soll. *Paintbrush* – wie übrigens die meisten anderen Anwendungen – kann die „schlankeren" Formate wesentlich besser handhaben.

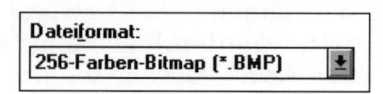

Bilder mit 256 Farben können Probleme bereiten

Doppelklick wirkt Wunder

Die Werkzeuge der Werkzeugleiste wählt man aus, indem man einfach auf das gewünschte Symbol klickt. So weit, so gut. Doch haben Sie es bei dem einen oder anderen Werkzeugsymbol auch schon mal mit einem Doppelklick versucht? Hinter einigen Symbolen verbergen sich nämlich Sonderfunktionen, wenn man sie doppelt anklickt.

Tip 356 *Doppelklicken Sie doch einmal auf das rechte Scherensymbol, die beiden Radierer, den Pinsel oder die Farbpalette!*

Da tun sich ungeahnte Möglichkeiten auf: Ein Doppelklick auf das rechte Scherensymbol zum Beispiel fördert eine Ganzseitenansicht bar jeglicher Leisten und Symbole zutage; ein zweifacher Klick auf den Farbradierer ersetzt die eingestellten Farben.

Wenn Sie zweimal auf das Radierersymbol klicken, ist die Wirkung noch erstaunlicher: Der Doppelklick an diesem Ort entspricht dem Befehl *Datei* ▶ *Neu*. Wenn Sie zweimal auf das Pinselsymbol klicken, erscheint die Dialogbox *Pinseloptionen*. Und ein Doppelklick auf die Farbpalette entspricht dem Befehl *Optionen* ▶ *Farben bearbeiten*. Nicht schlecht, was?

Kein Druck unter Paintbrush?

Wer unter *Paintbrush* eine Grafik angefertigt hat, will diese mit relativ hoher Wahrscheinlichkeit früher oder später zu Papier bringen. Wie ärgerlich, wenn man dann mit einer Fehlermeldung der Art: „Nicht genügend Speicher frei oder kein Drucker installiert" konfrontiert wird - und das, obwohl mit Sicherheit noch ein paar MBytes RAM frei sind und der Drucker schon seit Ewigkeiten korrekt angeschlossen ist.

Tip 357 *Stellen sich beim Ausdrucken von* Paintbrush*-Grafiken Schwierigkeiten ein, überprüfen Sie den für den Bildschirm installierten Gerätetreiber!*

Bekannt ist dieses Problem beispielsweise bei der Cardinal-Grafikkarte und den dazugehörenden Treiberdateien. Wenn Sie mit dieser Hardware arbeiten, haben Sie das Problem schon umzingelt. Folgen-

666 ganz legale Windows-Tricks

de Treiberdateien verursachen die Fehlermeldung beim Druckversuch unter *Paintbrush*:

```
VGA443.DRV    20.09.91    84.192 Bytes
V7VGA.3GR     10.03.92    13.824 Bytes
DDTLI4.386    20.09.90    39.996 Bytes
```

Sie können die Druck-Probleme abstellen, indem Sie mit Hilfe des Windows-Setup den „normalen" VGA-Bildschirmtreiber installieren.

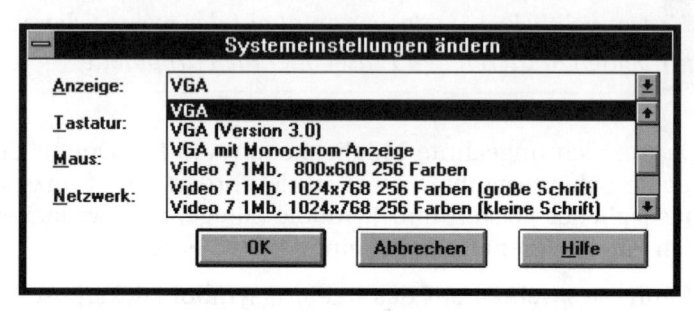

Keine Probleme beim Druck gibt's mit dem VGA-Bildschirmtreiber

Zubehör vergißt Seiteneinstellungen

Die in der Programmgruppe *Zubehör* enthaltenen Anwendungen sind zu Recht beliebt, weil sie eine ganze Menge leisten. Doch eines leisten sie nicht: Wenn Sie in *Paintbrush*, dem *Karteikasten*, dem *Kalender* oder dem *Editor* eine Datei speichern, werden die Seiteneinstellungen nicht mitgespeichert.

Tip 358
Wenn Sie eine Datei zum Bearbeiten öffnen, müssen Sie die Seitenränder jedesmal neu festlegen.

Vielleicht haben Sie sich auch schon einmal darüber gewundert: Da haben Sie eine Datei gespeichert und zuvor über den Befehl *Datei ▶ Seite einrichten* die Seitenränder festgelegt. Doch als Sie die Datei beim nächsten Mal geöffnet haben, galten wieder die Standard-Seiteneinstellungen.

Nein, Ihr Rechner ist durchaus nicht defekt, Sie haben auch nichts falsch gemacht. Die Anwendungen *Paintbrush, Editor, Kalender* und *Karteikasten* weigern sich leider standhaft, die Seiteneinstellungen mit der Datei zu speichern. Und daran können nicht Sie, sondern nur Microsoft etwas ändern.

8 • Lauter Zubehör

> **Hinweis:** *Zum Glück merkt sich wenigstens eine Anwendung aus der Programmgruppe* Zubehör *die Seiteneinstellungen: Die Textverarbeitung* Write.

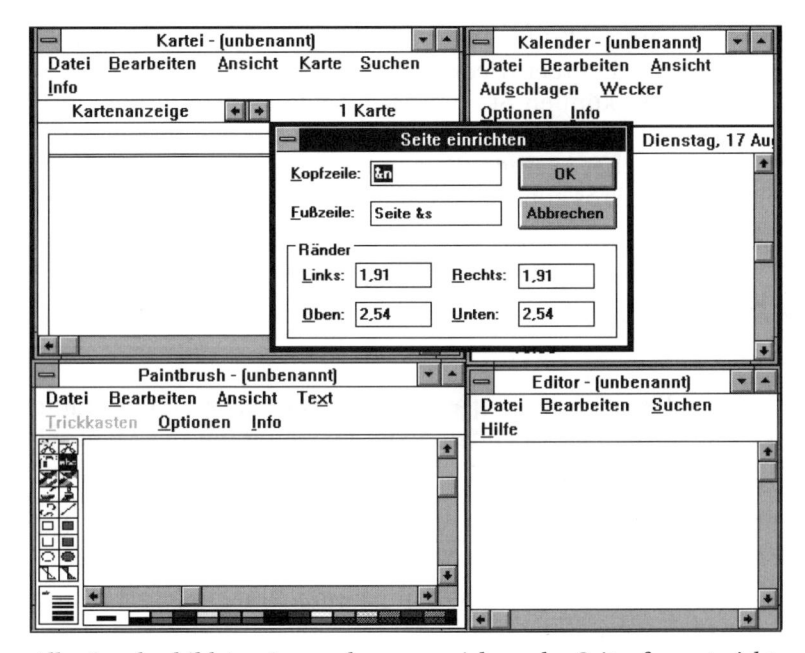

Alle vier abgebildeten Anwendungen speichern das Seitenformat nicht

Makrorekorder

Makros ohne Maus

Die Aufzeichnung von Makros ist eine praktische Sache: Anstatt immer und immer wieder die gleichen Befehle Schritt für Schritt auszuführen, können Sie per Makro alle Schritte automatisch ausführen lassen. Was einmal aufgezeichnet wurde, muß nie wieder „manuell" eingegeben werden. Folgenden Tip sollten Sie bei der Aufzeichnung von Makros aber unbedingt beherzigen.

Tip 359

Verwenden Sie während der Aufzeichnung eines Makros ausschließlich die Tastatur! Lassen Sie die Maus derweil ruhen!

Ist die Aufzeichnung eines Makros einmal gestartet, „filmt" der Makrorekorder alle Eingaben. Jeder Schwung mit der Maus wird festgehalten, auch jedes nicht ganz exakte Klicken. Das führt zu einer hohen Störanfälligkeit der Makros, nicht zuletzt weil nicht immer sichergestellt werden kann, daß beim späteren Abspielen der Makros alles an exakt denselben Stellen des Bildschirms plaziert ist wie zum Zeitpunkt der Aufzeichnung. Eindeutiger und daher unkomplizierter ist deshalb die Verwendung von Tasten. Die Aufzeichnung von Mausbewegungen sollte man deshalb ausschließen, sofern keine wirklich guten Gründe dagegen sprechen.

Wählen Sie dazu im Menü *Optionen* des *Rekorders* den Befehl *Einstellungen*. Die Dialogbox *Standardeinstellungen* erscheint. Aus der Liste *Makro aufzeichnen* wählen Sie den Eintrag *Maus ignorieren*. Bestätigen Sie die Dialogbox. Bei der Aufzeichnung eines Makros werden eventuelle Mausklicks nun nicht mitaufgezeichnet.

Am sichersten funktioniert die Makroaufzeichnung ohne Maus

8 • Lauter Zubehör

Makros über Hotkeys aufrufen

Ein einmal aufgezeichnetes Makro startet man normalerweise über die Funktion *Makro▶Ausführen*, nachdem man die entsprechende Makrodatei geladen hat. Man wählt den Makronamen aus einer Liste aus, in der alle Makros aufgeführt sind, die derzeit verfügbar sind. Das ist ein nicht unbedingt kurzer Weg, besonders dann, wenn das Angebot an Makros umfangreich ist. Doch es geht viel schneller.

Tip 360
Makros lassen sich bequem, sicher und schnell starten, wenn man ihnen eine Tastenkombination (Hotkey) zuweist!

Die Klicks, die erforderlich sind, um ein Makro über das Menü auszuführen, können unter Umständen genauso zeitintensiv sein wie das Ausführen der dort aufgezeichneten Befehle. Deshalb machen Makros eigentlich nur dann Sinn, wenn man sie per Hotkey aufrufen kann.

Das klappt freilich nur, wenn Sie beim Aufzeichnen des Makros eine Tastenkombination festgelegt haben, über die das Makro gestartet werden kann. Tragen Sie deshalb in der Dialogbox *Makro aufzeichnen* in der Rubrik *Tastenkombination* unbedingt ein beliebiges Zeichen ein. Da Hotkeys nur in Kombination mit bestimmten Sondertasten funktionieren, wählen Sie aus, welche der Tasten ⇧, Alt und Strg gleichzeitig gedrückt werden sollen.

Überprüfen Sie außerdem, ob der Menüpunkt *Optionen▶Tastenkombination* aktiv ist. Nur dann können Sie die aufgezeichneten Makros nämlich über die vereinbarten Hotkeys aufrufen.

Hinweis: Wenn ein Makro schon aufgezeichnet sein sollte, ist es noch nicht zu spät für einen Hotkey: Durch die Funktion Makro▶Eigenschaften *haben Sie Zugang zu den Eigenschaften eines Makros; dazu gehört auch der Hotkey, den Sie jederzeit ändern oder hinzufügen können.*

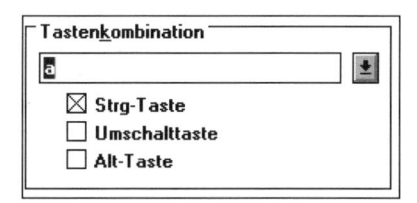

Vergeben Sie auf jeden Fall einen Hotkey!

Wenn ein Makro mal bocken sollte

Sie wollen eines Ihrer Makros per Hotkey aufrufen, doch nichts passiert? Wenn Ihr Rechner bestenfalls ein ungehaltenes Piepen von sich gibt, so ist das ein Hinweis darauf, daß der Makrorekorder entweder nicht aktiv ist oder die Verwendung von Hotkeys nicht zugelassen wurde.

Tip 361 *Achten Sie darauf, daß der Makrorekorder aktiv ist. Nur wenn er bereits gestartet wurde, lassen sich Makros ausführen.*

Anders als bei den Hotkeys des Programm-Managers startet ein Makro-Hotkey nicht die Anwendung selbst, sprich den Makrorekorder, sondern nur das eigentliche Makro. Dazu muß der *Makrorekorder* schon aktiv sein; es reicht aus, wenn der Makrorekorder als Symbol am Bildschirmrand zu sehen ist. Starten Sie doch einfach per Programm-Hotkey zuerst den Makro-*Rekorder*, bevor Sie per Makro-Hotkey das gewünschte Makro aktivieren.

Hinweis: Bevor ein Makro benutzt werden kann, muß unbedingt die entsprechende Makrodatei geladen worden sein.

Für Makro-Maniacs

Sie haben inzwischen 'zig Makros aufgezeichnet - weil's Spaß macht, alles mögliche automatisch ablaufen zu lassen und einen auch von lästigen Routinearbeiten befreit? Wirklich keine schlechte Idee. Bestimmt starten Sie die Makros vor allem bequem über Hotkeys.

Tip 362 *Wenn Sie den Makrorekorder regelmäßig benutzen, dann kopieren Sie sein Programm-Icon in die Programmgruppe* Autostart.

Wenn Sie diesen Tip beherzigen, haben Sie garantiert keinen Ärger mehr beim Aufrufen der Makros durch die entsprechenden Hotkeys. Denn wenn der Makrorekorder beim Programmstart von Windows automatisch gestartet wird, dann reagiert er jederzeit auf einmal vereinbarte Makro-Hotkeys.

8 • Lauter Zubehör

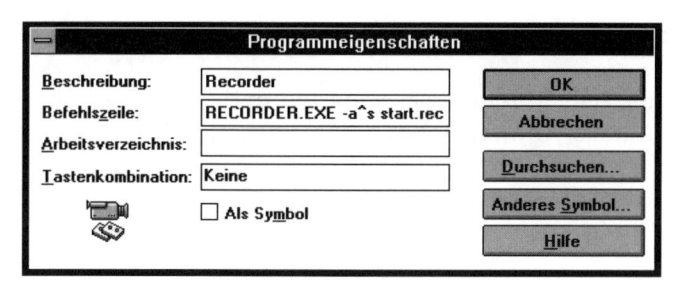

Die Gruppe Autostart *ist ein guter Ort für den Makrorekorder*

Makrodatei von Anfang an dabei

Nachdem der Makrorekorder gestartet wurde, müssen Sie erst eine Makrodatei laden, bevor Sie die darin enthaltenen Makros verwenden können. Das sind im Normalfall zwei Arbeitsschritte: Zuerst wird der Makrorekorder selbst gestartet. Danach wird über die Funktion *Datei ▶ Öffnen* die gewünschte Makrodatei geladen. Warum nicht beides zusammenfassen?

Tip 363

Schlagen Sie zwei Fliegen mit einer Klappe. Laden Sie die benötigte Makrodatei direkt beim Start des Makrorekorders!

Das können Sie zum Beispiel bequem mit Hilfe des Befehls *Datei ▶ Ausführen* des Programm-Managers erledigen: Geben Sie in der *Befehlszeile* die Programmdatei, ein Leerzeichen und den Namen der Makrodatei ein.

```
recorder.exe makro3.rec
```

Sobald Sie die Dialogbox bestätigen, startet der Makrorekorder. Gleichzeitig wird die angegebene Makrodatei geladen - alle in ihr enthaltenen Makros sind ab Programmstart einsatzbereit.

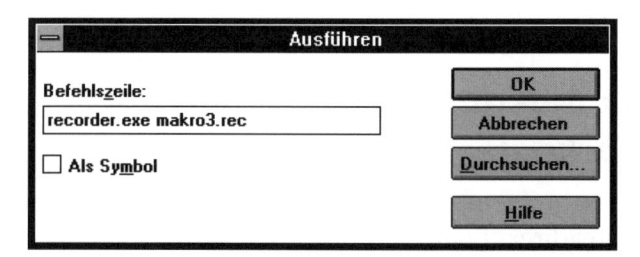

Beim Start des Rekorders *kann gleichzeitig eine Makrodatei geöffnet werden*

Bei jedem Start die gleiche Makrodatei

Wie Sie den *Makrorekorder* starten und beim Start eine Makrodatei automatisch öffnen, haben Sie im vorherigen Trick erfahren. Doch es geht noch einfacher – und zwar, wenn Sie bei jedem Start des Makrorekorders dieselbe Makrodatei benötigen. Dann können Sie diese mit einem Klick beim Programmstart laden.

Tip 364: *Verändern Sie die Programmeigenschaften des Makrorekorders so, daß Ihre Standard-Makrodatei automatisch beim Start des Makrorekorders geöffnet wird!*

Klicken Sie dazu mit der Maus doppelt auf das Icon des Makrorekorders, und halten Sie dabei die [Alt]-Taste gedrückt. Geben Sie in der *Befehlszeile* zuerst die Programmdatei des *Makrorekorders*, danach ein Leerzeichen und schließlich den Namen der Makrodatei an.

```
recorder.exe makro3.rec
```

Haben Sie die Änderung vorgenommen, bestätigen Sie die Dialogbox. Wenn Sie nun den *Rekorder* durch einen Doppelklick auf sein Programm-Icon starten, wird die gewünschte Makrodatei automatisch geladen - alle darin abgelegten Makros sind also unverzüglich zugänglich.

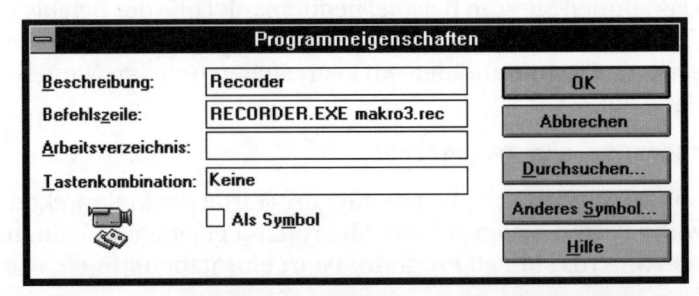

Der Rekorder *startet und lädt die am häufigsten benutzte Makrodatei*

Auch das gibt's: Makros schießen automatisch aus den Startlöchern

Alles schön und gut: Die letzten Tricks haben verraten, wie man eine Makrodatei direkt beim Start des Makrorekorders öffnet. Das bedeutet aber nicht, daß automatisch ein Makro ausgeführt würde. Schließ-

8 • Lauter Zubehör

lich enthält so eine Makrodatei unter Umständen eine Vielzahl von Makros, die bei Bedarf gesondert aufgerufen sein wollen. Es müßte da doch eine Möglichkeit geben, bei jedem Start des *Makrorekorders* ohne weiteres Dazutun unmittelbar ein bestimmtes Makro ausführen zu lassen... Stimmt: Die gibt es, obwohl sie wirklich geheim (d.h. undokumentiert) ist. Deshalb, als letzter Tip zum Thema Makros, ein echter Mega-Trick für alle Makro-Fans.

Tip 365

Holen Sie das letzte aus Ihrem Makrorekorder: Schlagen Sie gleich drei Fliegen mit einem Klick, äh: mit einer Klappe!

Stellen Sie sich vor, Sie möchten bei jedem Start des Makrorekorders ein ganz bestimmtes Makro ausführen lassen, z.B. eines zum Anordnen Ihres Desktops und gleichzeitigem Starten einiger Anwendungen. Nehmen wir weiterhin an, dieses Makro steckt in der Makrodatei START.REC und wird über die Tastenkombination [Strg][S] in Gang gesetzt. Der Startbefehl muß also dreierlei leisten: Er muß die Datei RECORDER.EXE starten (das ist der Makrorekorder), danach die Datei START.REC öffnen und schließlich die Tastenkombination [Strg][S] simulieren. Die ersten beiden Teile des Startvorgangs sind recht einfach zu leisten (siehe hierzu auch die entsprechenden Tricks weiter oben): Um den *Makrorekorder* zu starten und die gewünschte Datei zu laden, reicht die Befehlszeile:

```
recorder.exe start.rec
```

Was fehlt, ist der Hotkey. Der Clou der Sache: Man kann die festgelegte Tastenkombination mit der (undokumentierten) Option -A simulieren. Zusammen mit der Option -A wird die Tastenkombination angegeben, die der Makrorekorder als gedrückt voraussetzen soll.

Dabei kann man die Tasten [Strg], [Alt] und [⇧] allerdings nicht direkt verwenden (klar, wie sollte man sie auch in einer Befehlszeile eingeben?), sondern nur über sogenannte Fluchtsequenzen erreichen: Verwenden Sie anstelle der [Strg]-Taste das Zeichen „^", anstelle von [Alt] das Zeichen „%" und anstelle von [⇧] das „+"-Zeichen. Der Hotkey [Strg][S] zum Start eines Makros wäre also mit „^S" zu umschreiben. Natürlich können Sie die Tasten [⇧], [Strg] und [Alt] auch kombinieren.

Jetzt müssen Sie den Hotkey nur noch in die Befehlszeile einbauen. Geben Sie zuerst die Programmdatei, dann ein Leerzeichen, dann die Option -A gefolgt von einem weiteren Leerzeichen und der Hotkey-

Umschreibung, wieder ein Leerzeichen und schließlich den Namen der Makrodatei an:

```
recorder.exe -a ^s start.rec
```

Soll das Start-Makro bei jedem Start des *Makrorekorder*s ausgeführt werden, tragen Sie diese Zeile als *Befehlszeile* in die Dialogbox *Programmeigenschaften* ein.

Ein Makro wird automatisch gestartet

Das Innenleben der Makros

Gerade bei Makros ist es wichtig, auf einen Klick im Blick zu haben, was das jeweilige Makro leistet. Man sollte meinen, der Menüpunkt *Makro ▶ Eigenschaften* würde genau das ermöglichen. Doch weit gefehlt: Keine Spur vom eigentlichen Makroinhalt, wenn Sie diesen Menüpunkt aufrufen!

Tip 366
Um den Inhalt eines Makros zu erkunden, halten Sie die ⇧-Taste gedrückt, während Sie den Menüpunkt Makro ▶ Eigenschaften aufrufen!

Nicht nur Makroname, Beschreibung und Hotkey werden auf diese Weise angezeigt: Auch der komplette Makroinhalt erscheint. Wann immer Sie wissen möchten, welche Befehle in einem Makro aufgezeichnet sind – wenden Sie sich an die ⇧-Taste!

Hinweis: Sie können den Makroinhalt auf diese Weise nur einsehen, aber leider nicht bearbeiten!

8 • Lauter Zubehör

Editor

Dateien werden gestempelt

Wie Sie vielleicht wissen, trägt jede Datei einen sogenannten Datumsstempel. Er macht deutlich, wann genau – an welchem Tag und zu welcher Zeit – eine Datei zuletzt verändert worden ist. Diese Informationen sehen Sie aber sozusagen nur „von außen", etwa im *Datei-Manager*. Wer kleine persönliche Texte mit dem Editor erstellt oder damit Dateien bearbeitet, der wird es nützlich finden, schon im Dateiinhalt zu sehen, wann die Datei erstellt bzw. verändert wurde. Damit Sie sofort wissen, was, wann, wo los war.

Tip 367

Übernehmen Sie das aktuelle Datum und die Uhrzeit in den Text.

Natürlich könnten Sie einfach auf die Uhr und auf den Kalender schauen und die Daten in Ihr Dokument eintippen. Doch diese Mühe können Sie sich sparen. Gehen Sie einfach mit dem Cursor an die Stelle im Text, an der der Datumsstempel erscheinen soll. Wenn Sie nun die [F5]-Taste drücken, werden automatisch das Systemdatum und die Systemzeit eingefügt. Alternativ können Sie den Befehl *Bearbeiten ▶ Uhrzeit/Datum* wählen.

Die Funktion können Sie an jeder Stelle und beliebig oft wiederholen. Das kann zum Beispiel sinnvoll sein, um ein fortlaufendes Protokoll zu erstellen.

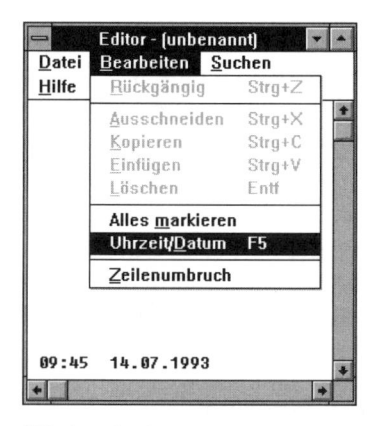

[F5] *drückt der Datei einen Datumsstempel auf*

Extrawünsche beim Druck

Der *Editor* erfüllt Ihnen Extrawünsche beim Druck einer Datei: Egal, ob Sie den Dateinamen am Anfang einer jeden Seite stehen haben oder die aktuelle Systemzeit in der Kopfzeile drucken möchten – all diese Wünsche erfüllt der *Editor* nicht nur zur Weihnachtszeit.

Tip 368

Gestalten Sie den Ausdruck fast wie in einer professionellen Textverarbeitung: Teilen Sie dem Editor über Steuerzeichen mit, welche Angaben Sie in der Kopf- und Fußzeile wünschen!

Der Schlüssel zur Trickkiste liegt diesmal im Befehl *Datei* ▶ *Seite einrichten* verborgen. In der Dialogbox *Seite einrichten* können Sie sowohl die Seitenränder als auch den Inhalt der Kopf- und Fußzeilen festlegen, die am Kopf und Ende jeder Seite erscheinen sollen. Standardmäßig ist als Kopfzeile das folgende Steuerzeichen eingetragen:

`&n`

Es veranlaßt den *Editor* dazu, den Namen der Datei zu Beginn einer jeden Seite zu drucken. Wenn Sie möchten, können Sie aber zum Beispiel auch durch

`&d`

das aktuelle Datum in der Kopfzeile angeben lassen. Natürlich sind auch komplexe Kopf- oder Fußzeilen denkbar. Probieren Sie mal folgende aus:

`Dokument: &n, am &d um &u Uhr &z`

Über die Steuerzeichen können Sie außerdem die Ausrichtung des Textes festlegen (des Textes in der Kopf- oder Fußzeile natürlich). Welche Steuerzeichen insgesamt im *Editor* zur Verfügung stehen, entnehmen Sie bitte der folgenden Tabelle.

Steuerzeichen	Bedeutung
&n	Dateiname der aktuellen Datei
&z	Text wird zentriert ausgerichtet
&l	Text wird linksbündig ausgerichtet
&r	Text wird rechtsbündig ausgerichtet
&s	aktuelle Seitenzahl
&d	aktuelles Systemdatum
&u	aktuelle Systemzeit

8 • Lauter Zubehör

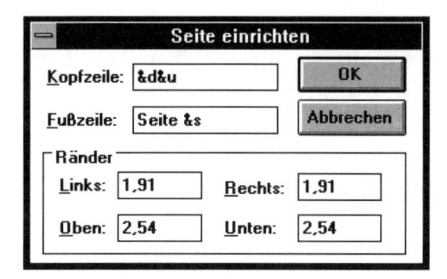

Als Kopfzeile werden das Systemdatum und die Systemzeit angegeben

Wenn's im Editor zu eng wird

Wenn Sie im Datei-Manager eine TXT-Datei doppelt anklicken, versucht Windows normalerweise automatisch, die betreffende Datei in den *Editor* zu laden. Nicht immer ist dieser Versuch von Erfolg gekrönt: Dateien mit einer Größe über 45 KByte verkraftet der Editor nämlich nicht.

Tip 369

Weisen Sie in der Datei WIN.INI an, alle TXT-Dateien nicht in den Editor, sondern in die Textverarbeitung Write *zu laden!*

Wenn Sie öfters große Textdateien bearbeiten, kann es deshalb sinnvoll sein, statt des Editors die Textverarbeitung *Write* zu verwenden (oder eine andere Textverarbeitung Ihrer Wahl). Dazu ist eine Änderung in der Windows-Systemdatei WIN.INI notwendig. Laden Sie die Datei in einen geeigneten Editor, am besten in dem Windows-eigenen Systemkonfigurations-Editor *SysEdit*. Gehen Sie in den Abschnitt:

```
[Extensions]
```

Dort sind alle Zuordnungen von Dateikennungen und Anwendungen festgehalten. Die Standard-Zuordnung für TXT-Dateien sieht so aus:

```
txt=notepad.exe^.txt
```

Ersetzen Sie die Anweisung durch folgende, wenn Write gestartet werden soll, wenn im Datei-Manager eine TXT-Datei doppelt angeklickt wird:

```
txt=write.exe^.txt
```

Haben Sie die Änderung vorgenommen, speichern Sie die Systemdatei. Beenden Sie danach Windows und starten es erneut.

Wenn Sie nun im Datei-Manager doppelt auf eine Datei mit der Endung .TXT klicken, startet nicht mehr der Editor, sondern die Textverarbeitung Write, die ohne Probleme auch Dateien verkraften kann, die größer als 45 KByte sind.

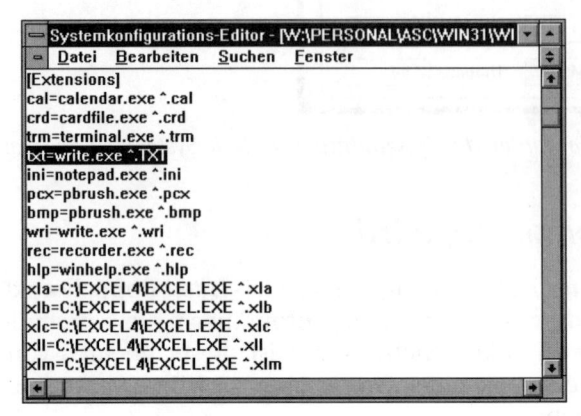

Nicht mit dem Editor, *sondern mit* Write *sollen TXT-Dateien verarbeitet werden*

Größere Schriften für den Editor

Wer oft mit dem *Editor* arbeitet, ist es vielleicht leid, ständig die doch recht kleine Systemschrift vor Augen zu haben. Das strapaziert die Augen und macht das Arbeiten nicht unbedingt angenehmer. Natürlich ist es auch nicht ganz unwichtig, welchen Bildschirm Sie verwenden.

Tip 370 *Machen Sie es Ihren Augen leichter: Verwenden Sie eine größere Schrift für den Editor!*

Dazu müssen Sie einen anderen Bildschirm-Font installieren. Arbeiten Sie zur Zeit mit einem VGA-Monitor, können Sie zum Beispiel problemlos den Font 8514FIX.FON verwenden. Er sorgt für Buchstaben, die so groß sind, daß Ihre Augen Gefallen daran finden werden.

Um in den Genuß der größeren Schriften zu kommen, bedarf es einer Änderung in der Windows-Systemdatei SYSTEM.INI. Laden Sie die Datei in einen geeigneten Editor, und suchen Sie dort nach dem Abschnitt:

```
[boot]
```

8 • Lauter Zubehör

Die Sektion enthält eine Anweisung, die den System-Font definiert. Das sieht in den meisten Fällen wie folgt aus:

`fixed.fon=vgafix.fon`

Wollen Sie eine andere, sprich größere Schrift zum System-Font machen, geben Sie die Namen des betreffenden Fonts an. Es sollte ein serifenloser Font sein (das sind Schriften ohne viele Schnörkel). Folgende Anweisung installiert den etwas größeren Systemfont 8514FIX.FON:

`fixed.fon=8514fix.fon`

Speichern Sie die Systemdatei. Prüfen Sie nun, ob die erforderliche Datei 8514FIX.FON im Windows-Systemverzeichnis (C:\WINDOWS\SYSTEM) vorhanden ist. Ist das nicht der Fall, entpacken Sie die Datei und kopieren Sie sie von Ihren Windows-Originaldisketten in das Windows-Verzeichnis. Geben Sie dazu folgende Anweisung ein:

`expand a:\8514fix.fo_ c:\windows\system`

Liegt die Programmdiskette in Laufwerk B: oder heißt Ihr Windows-Verzeichnis anders, aktualisieren Sie die Pfadangabe bitte entsprechend. Beenden Sie nun Windows und starten es erneut. Wenn Sie jetzt den *Editor* starten, sehen Sie die Änderung sofort.

> *Hinweis:* Haben Sie die genannte Änderung vorgenommen, wird auch im System-konfigurations-Editor SysEdit *die Schrift größer angezeigt. Auf Rechnern mit Super-VGA-Bildschirm wird die Änderung sicher als eher angenehm empfunden, während man auf VGA-Bildschirmen den Font garantiert als zu groß bewertet.*

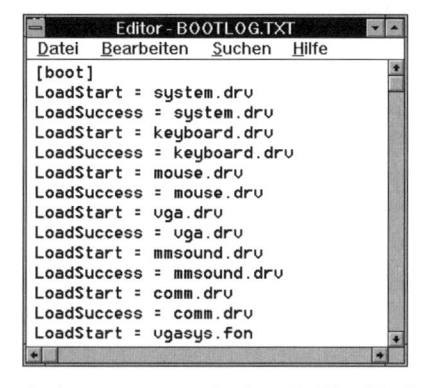

So kann man auch ohne Brille alles lesen

369

Karteikasten

Karteikasten: Wer suchet, der findet nicht immer

Welchen Befehl wählt man, wenn man auf einer Karteikarte ein bestimmtes Wort sucht? Natürlich den Befehl *Suchen* aus dem Menü *Suchen*. Oder vielleicht doch nicht? Die Zweifel sind berechtigt: Es kann passieren, daß man mit diesem Befehl ein Wort nicht findet, obwohl man sich ganz sicher ist, daß es sich irgendwo auf den angezeigten Karteikarten versteckt haben muß.

Tip 371

Wenn Sie mit dem Befehl Suchen ▶ Suchen *nicht fündig geworden sind, versuchen Sie's doch mal mit dem Befehl* Suchen ▶ Gehe zu.

Der kleine, aber feine Unterschied: Der Befehl *Suchen* schließt bei seiner Fahndung die Stichwortzeile aus. Der Befehl *Gehe zu* hingegen bezieht sich ausschließlich auf die Stichwortzeile. Sind Sie unsicher, ob die gesuchte Zeichenkette im Text einer Karteikarte oder in deren Stichwortzeile vorkommt, benutzen Sie die beiden Befehle hintereinander. Nur wenn beide Suchergebnisse erfolglos sind, können Sie sicher sein, daß das gewünschte Wort wirklich nirgendwo auf den Karten auftaucht.

Hinweis: Am schnellsten gelangen Sie an die Dialogbox Gehe zu, *wenn Sie die Taste* F4 *drücken!*

Gehe zu *sucht nach einem Wort in der Stichwortzeile*

8 • Lauter Zubehör

Windows hilft beim Telefonieren

Wenn Sie Ihr Telefon am Rechner angeschlossen haben (was in den USA durchaus üblich ist und auch hierzulande immer mehr Freunde findet), macht der *Karteikasten* Ihnen das Telefonieren leicht: Er übernimmt die Funktion des „Fräuleins vom Amt" für Sie. Herr PC: Bitte verbinden Sie...

Tip 372
Lassen Sie sich vom Karteikasten verbinden!

Schlagen Sie dazu zuerst die Karteikarte auf, auf der die Nummer notiert ist, mit der Sie verbunden werden möchten. Um eine Verbindung herzustellen, müssen Sie nun nur noch den Befehl *Karte ▶ Automatisch wählen* auswählen. Alternativ können Sie auch die Abkürzung über den Hotkey [F5] nehmen. Windows stellt dann die Verbindung für Sie her, und fordert Sie bei Erfolg in einer Dialogbox dazu auf, den Telefonhörer abzunehmen.

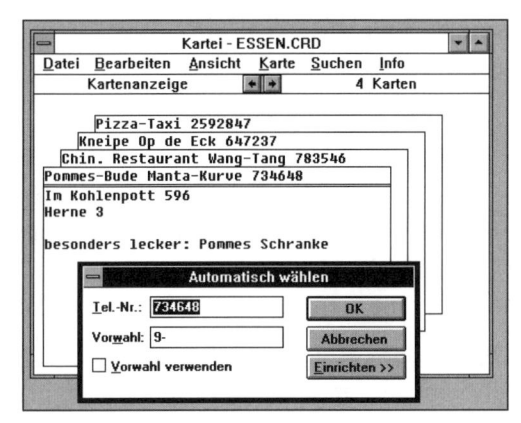

Der Karteikasten *wählt für Sie*

Die Verbindung ist zustande gekommen

Hörer abnehmen - aber nicht sofort!

Sobald Sie eine Telefonnummer angegeben und die Dialogbox *Automatisch wählen* bestätigt haben, erscheint eine Dialogbox: „Nehmen Sie bitte den Telefonhörer ab!" Am besten, Sie folgen dieser Aufforderung nicht allzu spontan.

Tip 373 *Greifen Sie nicht zu früh zum Hörer! Warten Sie, bis das Modem zu Ende gewählt hat!*

Die Aufforderung, den Hörer abzunehmen, erfolgt eindeutig zu früh. Wenn Sie sofort beim Erscheinen der o.g. Dialogbox zum Hörer greifen, schaltet sich das Modem nicht online, so daß die Verbindung abgebrochen wird, noch bevor sie überhaupt zustandegekommen ist.

Verlassen Sie sich in diesem Fall auf Ihr Gehör: Lauschen Sie, bis das Wählgeräusch aufgehört hat. Erst, wenn das Modem die Nummer zu Ende gewählt hat, können Sie den Hörer abnehmen.

Kleine Telefonnummern-Kunde

Damit das Telefonieren mit dem Windows-*Karteikasten* klappt, gilt es, einige Besonderheiten in bezug auf das Format der Telefonnummern zu berücksichtigen.

Tip 374 *Verwenden Sie als Trennzeichen innerhalb einer Telefonnummer ausschließlich den Bindestrich!*

Eine Telefonnummer, die von der automatischen Wählfunktion des *Karteikasten* akzeptiert werden soll, darf ausschließlich Zahlen und Bindestriche, auf keinen Fall Schrägstriche („/" oder „\" enthalten). Falls Sie besondere Zeichen benötigen, um Ihr Modem anzusprechen, sind außerdem das Komma („,") und das Pausenzeichen („|") zulässig.

Zur Verdeutlichung vielleicht ein Beispiel: Die Verbindung kann hergestellt werden, wenn Sie die Nummer:

9739-208

eingeben, nicht aber, wenn Sie die Zahlen in Form von:

97 39 / 208

8 • Lauter Zubehör

eingeben. Ob Sie hingegen die gewünschte Nummer in Form von:

9739208

oder mit Bindestrich in Form von:

9739-208

eingeben, spielt keine Rolle.

Hinweis: *Wenn Sie beispielsweise die Nummer 333/333-333 eintippen, wählt der* Karteikasten *nur den korrekt eingegebenen Nummernteil, also 333-333.*

Hier wählt der Karteikasten *fälschlicherweise die Nummer des Postfachs, weil die Telefonnummer im falschen Format eingegeben wurde*

Vorwahl

Der *Karteikasten* gibt Ihnen die Möglichkeit, beim automatischen Wählen eine Vorwahl anzugeben. Doch die darf nicht beliebig lang sein.

Tip 375: *Soll eine Vorwahl dauerhaft gespeichert werden, darf sie nicht mehr als vier Ziffern enthalten.*

Eine normale deutsche Vorwahl hat in aller Regel mehr als vier Ziffern, zumal mit der Ländervorwahl. Möchten Sie, daß die Vorwahl gespeichert wird, müssen Sie die betreffende Nummer so auf die beiden Zeilen verteilen, daß in der Zeile *Vorwahl* nicht mehr als vier Ziffern erscheinen. Alle weiteren Zahlen der Nummer tragen Sie in der Zeile *Tel.-Nr.* ein.

Die Vorwahl wird dann automatisch in die Windows-Systemdatei WIN.INI übernommen. Auch ein Versuch, hier in der Zeile:

```
[Windows]
Prefix=
```

373

eine Vorwahl mit mehr als vier Stellen einzugeben, ist erfolglos. Es bleibt bei einer vierstelligen Vorwahl – alle weiteren Zahlen fallen weg. Da haben die amerikanischen Entwickler mal wieder nur an sich gedacht, die nur dreistellige Vorwahlen kennen und eine weitere Ziffer für das Amt zugelassen haben.

Diese Vorwahl ist zu lang

So stimmt's

Kurze Telefonnummern

Wer sich vom Windows-*Karteikasten* beim Telefonieren helfen lassen will, schließlich ist das ein ganz angenehmer Service, der sollte besondere Sorgfalt bei der Eingabe der Telefonnummern walten lassen.

Tip 376

Beim Telefonieren mit dem Karteikasten *ist zu beachten: Verwenden Sie keine Telefonnummern mit weniger als vier Stellen!*

Grundsätzlich gilt: Nummern mit weniger als vier Zahlen werden vom *Karteikasten* nicht als Telefonnummern erkannt. Möchten Sie dennoch eine kurze Rufnummer eingeben, verlängern Sie die Nummer mit Hilfe des Bindestrichs.

Machen Sie aus der Nummer „258" einfach „-258" - und schon kann die Nummer von der automatischen Wählfunktion des *Karteikasten* erkannt werden. Verbindungen innerhalb der Firma sind damit also auch möglich. Man muß es nur wissen!

8 • Lauter Zubehör

Kein Anschluß unter dieser Nummer...

Unwahrscheinlich, aber nicht undenkbar: Auch Windows kann sich mal verwählen. Damit es erst gar nicht so weit kommt, sollten Sie lesen, wie Sie wirksam vorbeugen können.

Tip 377
Geben Sie die Telefonnummer in der Stichwortzeile an!

Sind mehrere längere Nummern auf einer Karteikarte notiert, kann es vorkommen, daß Windows die falsche Nummer als Telefonnummer interpretiert. Grundsätzlich hält der *Karteikasten* nämlich nach der ersten Nummer im typischen Format einer Telefonnummer Ausschau und versucht dann, mit dieser Nummer eine Verbindung herzustellen.

Der Gefahr des Verwählens beugen Sie wirkungsvoll vor, indem Sie gleich in der Stichwortzeile und auf dem eigentlichen Textfeld der Karteikarte die Telefonnummer notieren. Dann ist es ausgeschlossen, daß sich der Karteikasten für eine falsche Nummernfolge entscheidet.

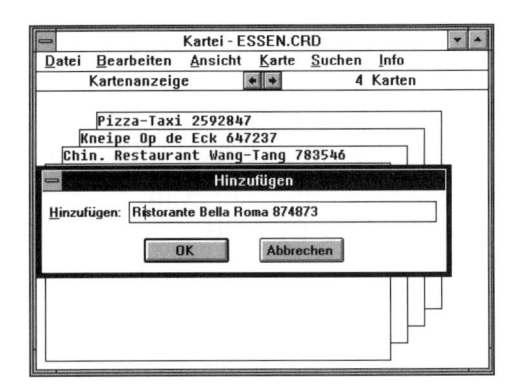

Notieren Sie die Telefonnummer in der Stichwortzeile

Nummern aus der Liste

Wer sich alle Karteikarten als Liste anzeigen läßt (*Ansicht* ▶ *Liste*), der kann mit dem *Suchen* ▶ *Gehe Zu*-Befehl (oder der Taste F4) zu einer bestimmten Karte springen. Probleme stellen sich allerdings ein, wenn man diese Kombination mit dem automatischen Wählverfahren konfrontiert.

Tip 378

Möchten Sie das automatische Wählverfahren benutzen, verzichten Sie entweder auf die Listenanzeige oder auf den Befehl Suche ▶ Gehe zu!

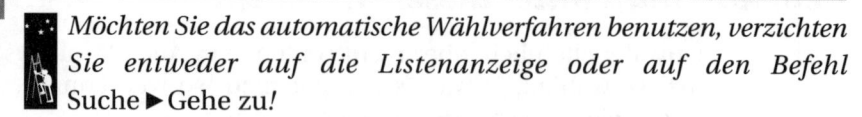

Wenn Sie sich in der Listenanzeige befinden, und mittels [F4] (*Gehe zu*) und dem [F5] (*automatisch wählen*) eine Verbindung herstellen lassen, können Sie sicher sein, falsch verbunden zu werden. Der *Karteikasten* wählt bei dieser Befehlsfolge nämlich nicht die Nummer der aktuell ausgewählten Karteikarte, sondern die der zuletzt ausgewählten. Verwenden Sie also am besten die Kartenanzeige, wenn Sie mit Hilfe des *Karteikasten* telefonieren möchten.

Die Listenanzeige und der Gehe Zu-*Befehl vertragen sich nicht mit dem automatischen Wählverfahren*

Von Karte zu Karte ohne Maus

Wer einen Stapel Karteikarten verwalten will, braucht dazu nicht unbedingt eine Maus. Denn zum Glück gibt es für alle wichtige Operationen innerhalb des *Karteikasten* praktische Hotkeys. Tastendruck genügt, und der *Karteikasten* pariert.

Tip 379

Bearbeiten Sie Ihre Karteikarten mit Hilfe der Tastatur! Haben Sie sich einmal die wichtigsten Tastenkürzel gemerkt, ist die Bedienung meist schneller als mit der Maus.

Üblicherweise gibt man auf Karteikarten Text und Zahlen ein. Das kann man nur über die Tastatur erledigen. Da ist es etwas störend, zum Auswählen eines Befehls jedesmal zur Maus greifen zu müssen. Wer sich folgende Hotkeys merkt, kann durchgehend mit den Tasten arbeiten.

8 • Lauter Zubehör

Drücken Sie...	...um
[F4]	einen Suchbegriff zu finden
[F3]	weitere Suchbegriffe zu finden
[F5]	eine Telefonnummer automatisch wählen zu lassen
[F6]	die Stichwortzeile zu bearbeiten
[F7]	eine Karte hinzuzufügen
[Bild ↑]	zur letzten Karte zu gehen
[Bild ↓]	zur nächsten Karte zu gehen
[Strg][Ende]	zur ersten Karte des Stapels zu gehen
[Strg][Pos 1]	zur letzten Karte des Stapels zu gehen
[Alt][⇐]	den letzten Befehl rückgängig zu machen

Von der Karteikarte zum „richtigen" Text

Der *Karteikasten* unterstützt den Datenaustausch: Über die Funktionen des Menüs *Bearbeiten* kann man den Inhalt einer Karteikarte kopieren, um ihn in einer anderen Anwendung weiterzuverarbeiten. Die Zwischenablage hilft allerdings nicht weiter, wenn es darum geht, aus allen Karten – inklusive der Stichwortzeilen – einen Text zu machen, sprich Listen zu erstellen.

Tip 380

Fertigen Sie aus der Kartendatei eine Druckdatei im reinen ASCII-Format an! Diese können Sie in jedem beliebigen Editor weiterbearbeiten.

Um das Ziel zu erreichen, sind schon ein paar Vorbereitungen notwendig. Das Wichtige ist aber, daß man das Ziel erreichen kann. Und zwar so: Installieren Sie zuerst über die *Systemsteuerung* den Druckertreiber *Universal / Nur Text* (siehe auch den Trick „Mit Überschallgeschwindigkeit" im Kapitel „Drucken"). Verbinden Sie diesen Druckertyp mit dem Anschluß *Datei* (siehe Trick „In eine Datei drucken"), und wählen Sie den *Nur Text*-Drucker als aktuellen Standarddrucker aus. Danach können Sie mit jeder Anwendung „in" eine Datei drucken.

Wechseln Sie nun in den *Karteikasten,* und öffnen Sie die Datei, deren Informationen Sie an anderer Stelle weiterverarbeiten möchten. Wählen Sie danach den Befehl *Datei ▶ Alles drucken.* Es erscheint die

666 ganz legale   Windows-Tricks

Dialogbox *Ausgabe in Datei*: Geben Sie hier einen Namen für die Textdatei ein. Sie sollte die Endung .TXT tragen. Wechseln Sie dann in einen beliebigen Editor oder eine Textverarbeitung. Öffnen Sie die soeben erzeugte TXT-Druckdatei. Der Text aller Karteikarten inklusive aller Stichwortzeilen erscheint. Sie können ihn nun beliebig weiterverarbeiten.

> *Enthält die Druckdatei ein paar Steuerzeichen, stören Sie sich nicht daran. Sie können diese Zeichen wie jedes andere Zeichen einfach mit der* (Entf)*-Taste löschen.*

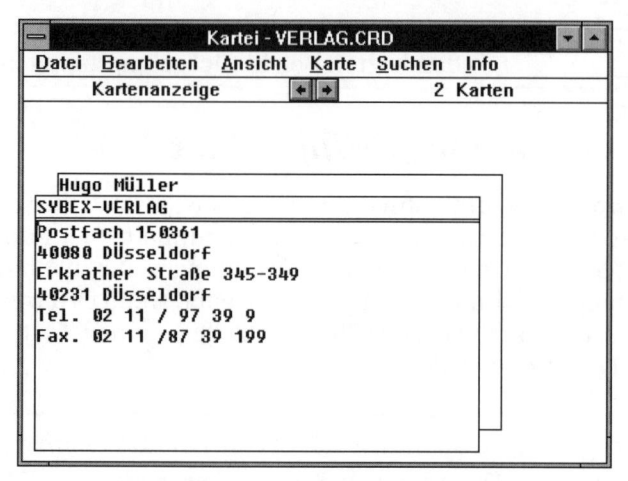

So sehen die Einträge auf der Karteikarte aus...

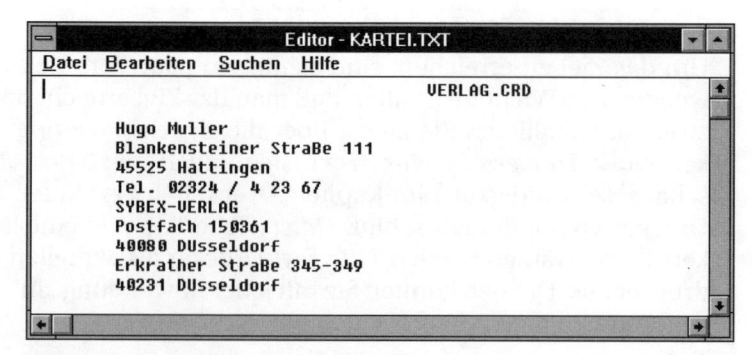

... und so der daraus entstandene Text

378

8 • Lauter Zubehör

Daten in die Karteikarte einfügen

Wer Daten aus der Zwischenablage in eine Karteikarte einfügen möchte, gemeint sind andere Daten als Texte, etwa Grafiken, Tabellen oder Sounddateien etc., der sucht vergebens nach einem entsprechenden Befehl: Im Menü *Bearbeiten* gibt es normalerweise keinen anwählbaren Menüpunkt *Objekt Einfügen*.

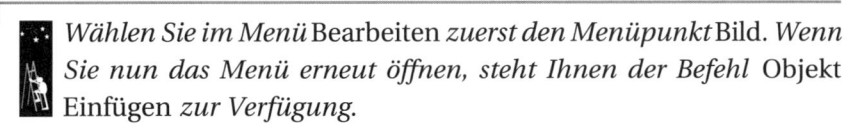

Tip 381

Wählen Sie im Menü Bearbeiten *zuerst den Menüpunkt* Bild. *Wenn Sie nun das Menü erneut öffnen, steht Ihnen der Befehl* Objekt Einfügen *zur Verfügung.*

OLE-Objekte lassen sich nur dann in eine Karteikarte einbinden, wenn der *Karteikasten* intern auf Bildbetrieb eingestellt ist. Mit Hilfe der beiden Funktionen *Bild* und *Text* wechseln Sie bei Bedarf zwischen den beiden Modi hin und her.

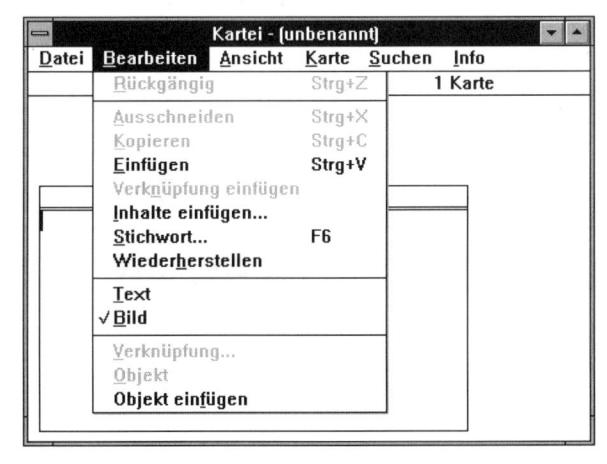

Nur in der Bildanzeige steht der Menüpunkt Einfügen *zur Verfügung*

Datei nicht doppelt öffnen

Die meisten Windows-Anwendungen unterstützen das sogenannte *File Sharing*. Das Verfahren gewährleistet, daß ein und dieselbe Datei in mehreren Anwendungen gleichzeitig geöffnet werden kann. Haben Sie beispielsweise ein Dokument in *Word für Windows* geöffnet und möchten das gleiche Dokument in einer zweiten aktiven *WinWord*-Anwendung - sei es auf Ihrem eigenen Rechner, sei es auf einem anderen Rechner im Netz - öffnen, so stellt Ihnen Windows eine Kopie der benutzten Datei zur Verfügung. Der *Karteikasten* ist leider weniger kooperativ.

Tip 382

Versuchen Sie nicht, eine Karteikarten-Datei mehr als einmal zu öffnen.

Wenn Sie eine CRD-Kartei im *Karteikasten* öffnen, danach ein zweites Exemplar des *Karteikasten* starten und versuchen, dieselbe Datei zu öffnen, wird Ihnen nicht etwa eine Kopie der benutzten Datei angeboten. Vielmehr meldet Windows einen „Systemfehler durch gemeinsamen Zugriff" auf das Laufwerk, auf dem die CRD-Datei untergebracht ist.

Es gibt keine Möglichkeit, diese Fehlermeldung zu unterdrücken und Daten-Sharing mit dem *Karteikasten* zu betreiben.

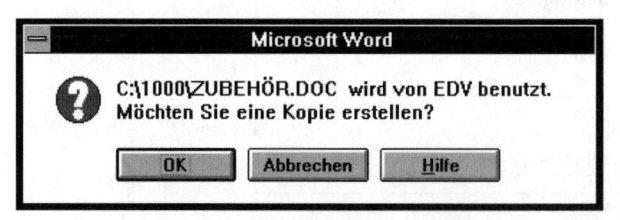

„File Sharing": Eine Datei kann mehrmals gleichzeitig geöffnet werden

Spiele

Fliegenschiß mit Folgen

Wenn Sie befolgen, was in diesem Trick steht, sind Sie ein echter Schurke. Diese Beschimpfung müssen Sie sich gefallen lassen – wenn Sie beim *Minesweeper*-Spielen wirklich mogeln wollen, was das Zeug hält. Das Gute an der gleich vorgestellten Schummel-Methode: Niemand merkt's – es sei denn, dieses Buch gerät in die Hände Ihrer Mitspieler!

Tip 383

Lassen Sie sich durch ein winziges Pünktchen am Bildschirm anzeigen, auf welchem Feld eine Mine versteckt ist!

Es ist wirklich zum Verzweifeln: Liegt unter dem Feld nun eine Mine oder nicht? Soll ich oder soll ich besser nicht auf das fragwürdige Feld klicken? Insbesondere bei den ersten Klicks ist man auf reine Spekulation angewiesen. Dem Zufall ein Schnippchen schlagen und dem Glück ein wenig nachhelfen kann man, indem man die Desktop-Fläche dunkel „färbt".

Erledigen Sie das über die Steuerungskomponente *Farben* der *Systemsteuerung*: Weisen Sie dem Bildschirmelement *Desktop* die Farbe Schwarz zu, zumindest für die Dauer des Spiels. Starten Sie danach den *Minesweeper*. Verkleinern Sie alle Fenster auf Symbolgröße, so daß nur noch das *Minesweeper*-Fenster auf schwarzem Hintergrund zu sehen ist. Betätigen Sie dann nacheinander die Tasten [X],[Y],[Z], [Z],[Y], [↵] und [⇧][↵].

Setzen Sie (spätestens!) jetzt Ihre Brille auf, und sehen Sie in die linke obere Bildschirmecke: Dort erscheint ein winzig kleiner Punkt, den man auch leicht für einen Fliegenschiß halten könnte. Doch dieser Fliegenschiß ist der Schlüssel zum Erfolg.

Drücken Sie jetzt die [⇧]-Taste, und halten Sie sie gedrückt. Wenn Sie nun den Mauszeiger langsam über das Minesweeper-Spielfeld bewegen, können Sie die Minengefahr erkennen. Zeigen Sie auf ein Feld, unter dem sich eine Mine versteckt, verschwindet der kleine Punkt. Klicken Sie also nur dann, wenn der Punkt eingeblendet ist. Beim Klicken müssen Sie die [⇧]-Taste wieder loslassen.

Wenn Sie die Methode geschickt einsetzen, wird man Sie in Ihrem Büro schon bald zum ultimativen Minesweeper-König krönen. Ein Schlitzohr bleiben Sie aber natürlich trotzdem.

Und noch ein bißchen schummeln

Die Wahrheit ist bitter: Wenn Ihnen jemand eine Bestenliste von *Minesweeper* präsentiert, die er mit einem sensationellen Punktestand anführt, muß dieses Ergebnis nicht immer auf anständige Weise zustande gekommen sein. Der letzte Trick hat ja bereits wirkungsvoll demonstriert, daß man seinem Glück durchaus nachhelfen kann. Wenn Sie aber nicht während des Spielverlaufes betrügen, sondern „nur" mit Super-Rekordzahlen in der Bestenliste prahlen wollen, wird Sie dieser Trick (schon wieder 'ne Mogelpackung!) interessieren. Allerdings sollten Sie sich ernsthaft fragen, ob Sie so etwas wirklich nötig haben...

Tip 384 *Manipulieren Sie die Bestenlisten von Minesweeper, indem Sie die Systemdatei WINMINE.INI verändern!*

Laden Sie die Systemdatei dazu in einen geeigneten Editor. Suchen Sie die Zeilen, die mit „Time" beginnen. Sie stehen für die verschiedenen Schwierigkeitsgrade. „Time1" steht für die Anfängerstufe, „Time2" für den fortgeschrittenen Level und „Time3" schließlich für die Profistufe. Die Zahlen hinter dem Gleichheitszeichen geben die in der jeweiligen Kategorie erreichten Punkte an.

Unterhalb der *Time*-Eintragungen befinden sich drei Zeilen, die mit „Name" beginnen. Der Name hinter *Name1=* bezeichnet den Sieger der Anfängerstufe, der hinter *Name2* den der fortgeschrittenen Stufe und der Name hinter *Name3* schließlich den der Profistufe.

```
[Minesweeper]
Difficulty=3
Height=8
Width=8
Mines=10
Mark=0
Color=1
Xpos=80
Ypos=80
Time1=32
Time2=111
Time3=14
Name1=Schwesterherz
Name2=Opa
```

Wenn Sie die Datei WINMINE.INI so verändern...

Der Gag an der Sache: Sowohl die Punktzahlen als auch die Namen lassen sich beliebig verändern! Löschen Sie die wahren Werte, und tragen Sie Ihren Wunschwert ein. Wenn Sie die Datei nun speichern und die Bestenliste von Minesweeper erneut aufrufen, steht der Prahlerei mit den getürkten Zahlen nichts mehr im Wege.

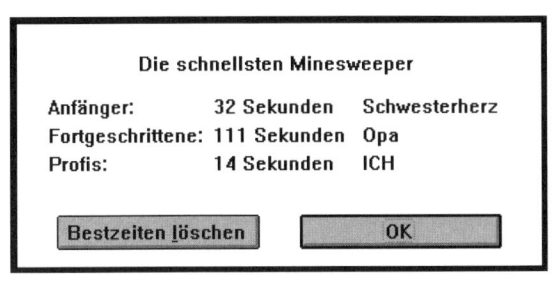

```
                Die schnellsten Minesweeper
    Anfänger:          32 Sekunden    Schwesterherz
    Fortgeschrittene: 111 Sekunden    Opa
    Profis:            14 Sekunden    ICH

         [Bestzeiten löschen]          [   OK   ]
```

...sieht Ihre Bestenliste so aus!

Minesweeper mit Sound

Minesweeper kommt in der Regel stumm daher: Wenn Sie auf eine Mine treffen oder das Spiel erfolgreich beenden, wird Ihnen der Erfolg in einer Dialogbox mitgeteilt. Was viele nicht wissen: Minesweeper kann sich auch akustisch bemerkbar machen. Das ist zwar kein digitaler Sound in Stereoqualität, sondern malträtiert nur den PC-Lautsprecher, aber immerhin.

Tip 385

Bringen Sie ein wenig Musik ins Spiel: Untermalen Sie Minesweeper musikalisch!

Wer hätte das gedacht: Minesweeper kann auch Töne von sich geben. Dazu ist lediglich eine kleine Ergänzung in der Datei WINMINE.INI notwendig. Laden Sie die Datei in einen Editor. Fügen Sie dort die Zeile:

```
sound=3
```

hinzu, und speichern Sie die veränderte Datei. Bei Ihrer nächsten Minesweeper-Runde wird Ihrem PC so mancher Ton entweichen. Haben Sie auf ein Minenfeld geklickt, erklingt ein erschütterndes „Rummms!". Haben Sie hingegen gewonnen, wird ein kleiner Tusch gespielt.

666 ganz legale   Windows-Tricks

> *Die Datei WINMINE.INI existiert erst, wenn Sie bereits ein Minesweeper-Spiel erfolgreich beendet haben.*

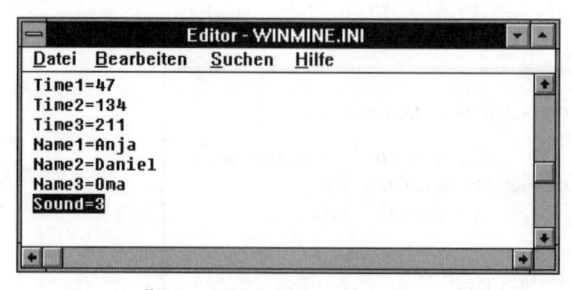

```
Editor - WINMINE.INI
Datei  Bearbeiten  Suchen  Hilfe
Time1=47
Time2=134
Time3=211
Name1=Anja
Name2=Daniel
Name3=Oma
Sound=3
```

Eine kleine Änderung an der WINMINE.INI, und schon klingt Minesweeper

Minesweeper: Sieg in Rekordzeit

Die Zeit einmal anhalten zu können, das ist ein oft gehegter Wunsch. Was im richtigen Leben unmöglich ist, können Sie beim Spiel *Minesweeper* verwirklichen. Und so in allerkürzester Zeit zum Sieg gelangen. Ihre Mitspieler werden staunen!

Tip 386 *Wenn Sie die Titelleiste des* Minesweeper-*Fensters anklicken, läuft die Zeit im rechten Anzeigefeld nicht weiter!*

Hier eine gute Strategie, schnell zum Sieg zu gelangen: Nachdem Sie den ersten Klick auf ein Feld getan haben, klicken Sie einfach auf eine beliebige Stelle der *Minesweeper*-Titelleiste. Halten Sie die Maustaste gedrückt.

Jetzt können Sie in Ruhe überlegen, auf welches Feld Sie als nächstes klicken möchten. Erst, wenn Sie zu Ende gedacht habe, verlassen Sie mit der Maus die Titelleiste. Die Zeitersparnis ist am größten, wenn Sie nach jedem Zug sofort wieder auf die Fensterleiste klicken.

Solitär: Schnelle Sieger

Hat man beim *Solitär*-Spiel gewonnen, wird man mit dem Beifall der Karten belohnt. In einer Dialogbox wird dann die Chance zum neuen Spiel angeboten. Jetzt bedarf es noch eines Klicks auf *Ja*, um das Spiel erneut in Gang zu setzen. Doch man kann schneller zum neuen Spiel und neuen Glück gelangen.

Tip 387
Nehmen Sie die Abkürzung: Betätigen Sie noch während der Erfolgs-Animation die ⏎-Taste.

Die Karten werden dann unverzüglich neu aufgedeckt – und schon kann eine neue Spielrunde beginnen.

Kalender

Achtung: Wichtiger Termin!

Es gibt Menschen, die leben prima ohne jeden Terminkalender. Für diesen Menschenschlag ist dieser Tip sicherlich nichts. Dann gibt es solche, die schreiben alle Termine auf irgendwelche Zettel oder Bierdeckel. Wenn Sie zu diesen Leuten gehören, sollten Sie vielleicht mal in die nächsten paar Zeilen hineinschauen. Tja, und dann ist da noch die Spezies, die auf eine gründliche Planung des Tagesgeschehens Wert legt. Für diese Leute ist der folgende Trick eigentlich unentbehrlich.

Tip 388
Lassen Sie sich von Windows bei Ihrer Terminplanung helfen!

Zum Lieferumfang von Windows gehört ein sehr nützliches Programm: Der *Kalender*, er ist in der Programmgruppe *Zubehör* untergebracht und sehr leicht zu bedienen, ähnelt er doch in seinen Grundzügen dem „normalen" Taschenkalender. Starten Sie den *Kalender*, erscheint automatisch das Kalenderblatt des aktuellen Tages. Hier können Sie die bereits eingetragenen Termine einsehen oder verändern. Möchten Sie Termine für einen anderen Tag eintragen, wählen Sie den Befehl *Aufschlagen ▶ Datum*, und geben Sie das gewünschte Datum ein. Schon erscheint das entsprechende Kalenderblatt, das Sie sofort beschreiben können.

Hinter diesem Icon verbirgt sich Ihr Terminkalender

8 • Lauter Zubehör

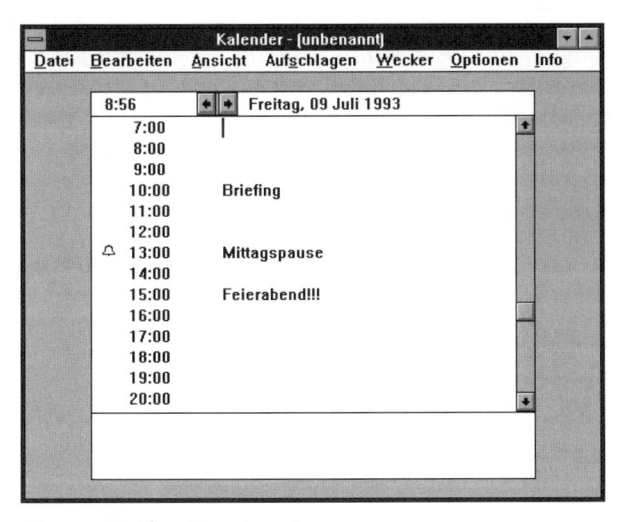

Tragen Sie Ihre Termine ein

Bitte nicht vergessen!

Sicher kennen Sie das: Man ist in seine Arbeit vertieft, vergißt irgendwann die Welt um sich herum – und hat plötzlich eine fürchterlich wichtige Verabredung verschwitzt. Das kann manchmal unangenehme Folgen haben. Wenn Sie möchten, hilft der *Kalender* Ihrem Gedächtnis auf die Sprünge.

Tip 389

Wenn Sie vergeßlich sind, dann lassen Sie sich doch durch ein „Wecksignal" an wichtige Termine erinnern!

Gehen Sie dazu zu der Uhrzeit im Kalenderblatt, zu der der wichtige Termin stattfinden soll. Tragen Sie den Termin stichpunktartig ein, und betätigen Sie die Taste (F5). Alternativ können Sie auch den Befehl *Wecker ▶ Stellen* wählen.

Möchten Sie ein paar Minuten vor dem Termin benachrichtigt werden (zum Beispiel, um sich die Haare zu richten oder wichtige Unterlagen einzupacken), wählen Sie den Befehl *Wecker ▶ Optionen*. Hier können Sie eintragen, wie viele Minuten zuvor der Hinweis auf den anstehenden Termin erscheinen soll.

> Das Wecksignal wird nur dann „gesendet", wenn der Kalender aktiv ist. Machen Sie es sich also zur Regel, ihn als Symbol im Hintergrund laufen zu lassen.

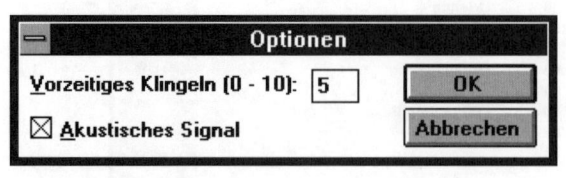

Fünf Minuten vor dem Termin soll's klingeln

Das warnende Klingeln

Wenn Sie die Weckfunktion Ihres *Kalenders* nutzen (siehe vorangehenden Trick), dann können Sie sogar bestimmen, in welcher Form Sie Windows an den anstehenden Termin erinnern soll.

Tip 390 *Lassen Sie sich durch ein akustisches Signal auf den bevorstehenden Termin aufmerksam machen.*

Um nicht nur in einer Dialogbox, sondern auch per (Weck-)Geräusch erinnert zu werden, müssen Sie lediglich die Option *Akustisches Signal* in der Dialogbox *Wecker▶Optionen* aktivieren. Dann ertönt zu gegebener Zeit ein eindringliches „Dringdringring" auf Ihrem Rechner.

Wenn Sie nun per [Alt][⇆] in den *Kalender* umschalten, werden Sie in einer Dialogbox über den Termin informiert. Der Infotext ist identisch mit dem Eintrag, den Sie auf dem Kalenderblatt vorgenommen haben.

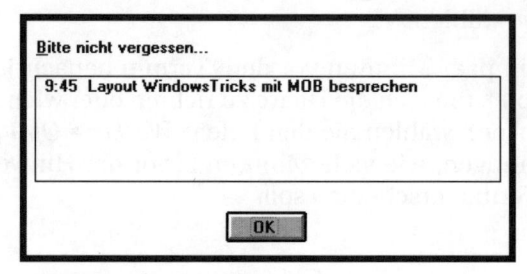

Achtung: Gleich geht's los!

Was steht heute auf dem Plan?

Wer häufig mit dem Terminkalender arbeitet, wird ihn bald kaum mehr missen wollen. Besonders praktisch ist es, sich bei Arbeitsbeginn jeden Morgen die aktuellen Termine anzeigen zu lassen.

Tip 391 *Kopieren Sie das Programm-Icon des Kalenders in die Programmgruppe* Autostart.

Die Auswirkung ist einfach, aber effektiv: Wird der *Kalender* beim Start von Windows automatisch mitgestartet, werden Ihnen, noch bevor Sie irgend etwas anderes erledigen, alle aktuellen Termine präsentiert. Sie haben dann die Wahl: Sie können Ihre Termine nur zur Kenntnis nehmen oder sie gleich bearbeiten.

Auf jeden Fall sollten Sie den *Kalender* danach nicht schließen. Lassen Sie ihn im Hintergrund weiterlaufen, und wechseln Sie mit der [Alt][⇆]-Programmumschaltung zur nächsten Anwendung.

Das hat den Vorteil, daß Sie ebenso schnell wieder zum *Kalender* zurückwechseln können. Außerdem ertönen alle eventuell gesetzten Wecksignale nur dann, wenn der *Kalender* aktiv ist.

Morgens um sieben ist die Welt noch in Ordnung

Standardmäßig zeigt Ihnen der *Kalender* auf dem aktuellen Tagesblatt den Zeitraum von 7 bis 19 Uhr an. Für jede Stunde ist eine Zeile vorgesehen. Wenn Sie aber Ihre Zeit erst ab 9 Uhr verplanen möchten oder nicht stündliche, sondern halbstündige Eintragungen wünschen, ist die Standardeinstellung nicht besonders geeignet für Sie.

Tip 392 *Stimmen Sie die Anzeige des Terminkalenders auf Ihre persönlichen Bedürfnisse ab.*

Wünschen Sie eine Zeile für jede halbe Stunde, und zwar ab 9 Uhr? Kein Problem. Wählen Sie den Menüpunkt *Optionen* ▶ *Tageseinstellungen*. In der daraufhin erscheinenden Dialogbox können Sie das Intervall der Eintragungen, das Zeitformat und den ersten Eintrag festlegen. Wenn Sie die Box bestätigen, wird die neue Anzeige sofort übernommen.

666 ganz legale Windows-Tricks

Hinweis

Haben Sie kleine Intervalle gewählt, kann es natürlich sein, daß nicht alle Zeilen in einen Fensterinhalt passen. Kein Problem: Über die Rollbalken oder mit Hilfe der Cursortasten kann man beliebig innerhalb eines Kalenderblattes „blättern".

Eine Zeile für jede halbe Stunde

Ein Extra-Termin

Selbst, wenn Sie das Anzeigeformat des *Kalenders* auf Ihre persönlichen Bedürfnisse angepaßt haben (siehe unmittelbar vorangehenden Trick), können Sie einen Termin, der um 14:40 Uhr stattfinden soll, nicht in Ihrem Kalenderblatt unterbringen. Oder etwa doch?

Tip 393

Richten Sie für Termine, die aus der Reihe tanzen, eine Extra-Zeile in Ihrem Kalenderblatt ein!

Dazu wählen Sie bitte den Befehl *Optionen▶Besondere Uhrzeit*. Geben Sie die Uhrzeit ein; trennen Sie dabei die Minuten- von der Stundenangabe durch einen Doppelpunkt („14:40"). Klicken Sie dann auf die Befehlsfläche *Einfügen*. Der neue Termin erscheint im Kalenderblatt. Sie können ihn genauso wie jeden regulären Eintrag verwalten.

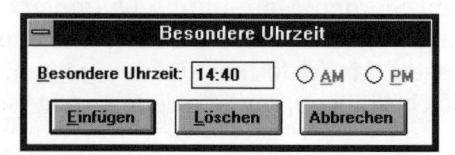

Ein Extra-Termin für den Nachmittag

8 • Lauter Zubehör

Anmerkungen

Sie kennen das von Ihrem „normalen" Kalender: Es gibt Dinge, die sind nicht an einen konkreten Termin gebunden, z.B. „Geschenk kaufen für Oma". Anmerkungen, Notitzen, Aufzeichnungen - auch die gehören in einen echten Kalender. Auch der elektronische Windows-*Kalender* hat dafür Platz.

Tip 394 *Nutzen Sie die Rubrik unterhalb des Terminblattes!*

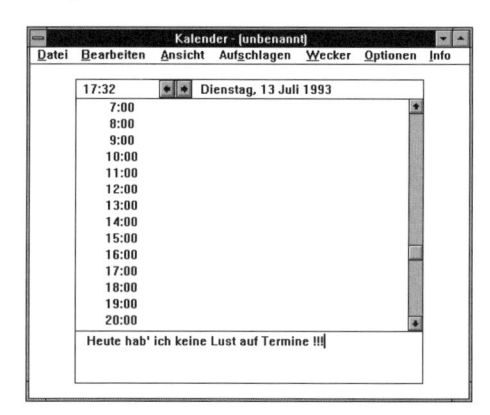

Klicken Sie in das rechteckige Kästchen unterhalb der Termineintragungen. Alternativ können Sie auch die ⤶-Taste benutzen, um von eigentlichen Kalenderblatt in das Anmerkungsfeld zu wechseln. Dort können Sie Ihre Anmerkungen notieren. Sie haben dazu allerdings nur drei Zeilen Platz.

Für Anmerkungen ist unten auf dem Kalenderblatt Platz

Heiße Tasten für den Kalender

Beim Bedienen des *Kalender* kann man, wenn man denn möchte, auf die Maus vollständig verzichten. Nahezu alle Funktionen können ohne Maus erledigt werden. Da schlägt das Herz eines jeden Tastatur-Freundes (oder Notebook-Besitzers) höher.

Tip 395 *Legen Sie die Maus beiseite, und merken Sie sich ein paar Tastenkombinationen zur Bedienung des* Kalender*!*

666 ganz legale Windows-Tricks

Drücken Sie...	... um
[F4]	das Datum anzeigen zu lassen
[F5]	einen Alarm zu setzen oder aufzuheben
[F6]	eine Tagesmarkierung vorzunehmen
[F7]	eine besondere Zeit einzufügen
[F8]	von der Monats- zur Tagesanzeige zu wechseln
[F9]	von der Tages- zur Monatsanzeige zu wechseln
[Strg][Bild↑]	den letzten Tag anzeigen zu lassen
[Strg][Bild↓]	den nächsten Tag anzeigen zu lassen
[↹]	vom Kalenderblatt ins Anmerkungsfeld zu wechseln
[Strg][Pos 1]	zur ersten angezeigten Zeit zu springen
[Strg][Ende]	zur letzten angezeigten Zeit zu springen

Monatskalender drucken

Haben Sie schon einmal versucht, die Monatsansicht des *Kalender* zu drucken? Dann haben Sie als Ergebnis nur ein leeres Blatt in den Händen gehalten. Der Druck der Monatsansicht funktioniert nämlich nicht – obwohl es einen entsprechenden Menüpunkt (*Datei* ▶ *Drucken*) gibt. Dennoch können Sie an einen gedruckten Monatskalender gelangen – wenn auch auf Umwegen.

Tip 396

Drucken Sie den Monatskalender als Paintbrush-*Bild!*

Schlagen Sie das benötigte Kalender-Monatsblatt auf. Drücken Sie danach die Tastenkombination [Alt][Druck]. Ein Bild des *Kalenders* befindet sich nun in der Zwischenablage. Wechseln Sie jetzt in das Malprogramm *Paintbrush*, und fügen Sie das Bild mit Hilfe des Befehls *Bearbeiten* ▶ *Einfügen* in das *Paintbrush*-Fenster ein. Von hier aus können Sie das Bild des Monatskalenders nun wie eine normale Grafik über den Befehl *Datei* ▶ *Drucken* auf dem Drucker ausgeben.

392

8 • Lauter Zubehör

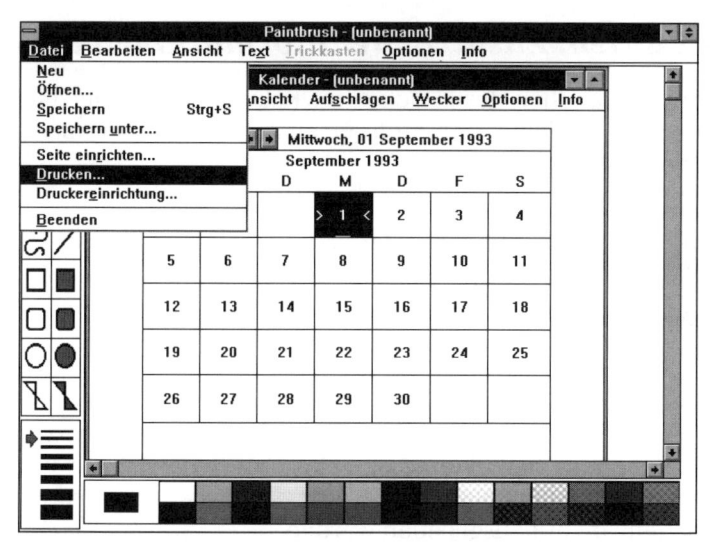

Drucken Sie den Monatskalender als Paintbrush-*Bild*

Tageskalenderblatt drucken

Ein Tageskalenderblatt zu drucken, ist weniger problematisch als der Druck eines Monatsblatts. Dennoch ist der Druck unzureichend für all diejenigen, die ein komplettes Kalenderblatt in den Händen halten möchten: Gedruckt werden nämlich nur die Zeilen, in denen Sie einen Termin eingetragen haben.

Tip 397

Legen Sie Wert auf ein komplettes Kalenderblatt, geben Sie in jeder leeren Zeile eine Leertaste ein!

Ein bißchen umständlich ist es schon – doch anders gelangen Sie nicht an Ihr vollständiges Kalenderblatt. Für den Druck ist entscheidend, daß sich mindestens ein Zeichen in einer Zeile befindet – ansonsten wird die Zeile beim Druck ausgelassen. Ob es sich bei diesem Zeichen um eine Leertaste oder ein anderes Zeichen handelt, ist völlig egal. Nachdem Sie in jeder Zeile einmal die Taste ⬜ betätigt haben, können Sie über den Befehl *Datei ▶ Drucken* das vollständige Kalenderblatt ausdrucken. Der Ausdruck erfolgt allerdings im Textmodus; Linien werden also nicht gedruckt.

393

666 ganz legale Windows-Tricks

Oben und unten: Zusätzliche Informationen drucken

So umständlich der Druck einer Kalenderseite einerseits erscheinen mag, so vielfältig sind andererseits die Extras, die man beim Druck „bestellen" kann.

Tip 398 *Weisen Sie den Kalender über Steuercodes an, welche Informationen in der Kopf- und Fußzeile des ausgedruckten Kalenderblatts enthalten sein sollen!*

Wie auch beim Editor ist es möglich, in der Dialogbox *Seite einrichten* in den Zeilen *Kopfzeile* bzw. *Fußzeile* Steuercodes anzugeben. Diese Steuercodes bewirken, daß beim Druck bestimmte Informationen, zum Beispiel der Name der Datei, das aktuelle Systemdatum oder die Seitenzahl mit ausgegeben werden.

Steuerzeichen	Bedeutung
&n	Dateiname der aktuellen Datei
&z	Text wird zentriert ausgerichtet
&l	Text wird linksbündig ausgerichtet
&r	Text wird rechtsbündig ausgerichtet
&s	aktuelle Seitenzahl
&d	aktuelles Systemdatum
&u	aktuelle Systemzeit

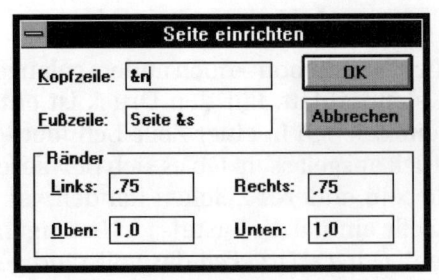

In der Dialogbox Seite einrichten *tragen Sie die gewünschten Steuerzeichen ein*

8 • **Lauter Zubehör**

Write

Write: Druckformat-Ersatz

Die zum Lieferumfang von Windows gehörende Textverarbeitung *Write* sieht keine Druckformatvorlagen vor, wie Sie sie von professionellen Textverarbeitungsprogrammen her kennen. Die Konsequenz: Wer zum Beispiel mit voreingestellten Seitenrändern nicht einverstanden ist, der muß diese bei jedem Dokument neu einrichten. Keine besonders interessante Art, seine Zeit zu ver(sch)wenden, wie ich finde.

Tip 399 *Seien Sie clever: Basteln Sie sich einen Druckformat-Ersatz!*

Legen Sie dazu eine Datei an, die keinen Text, sondern nur die gewünschten Seitenformate enthält. Lassen Sie also das Textfeld leer, und wählen Sie den Befehl *Dokument ▶ Seite einrichten*. Geben Sie hier die gewünschten Seitenränder ein, und bestätigen Sie die Box. Speichern Sie danach den Text samt Formaten, zum Beispiel unter dem Namen VORLAGE.WRI.

Möchten Sie später einen Text mit Ihren persönlichen Standard-Rändern anfertigen, öffnen Sie die Datei VORLAGE.WRI. Wenn Sie nun den Text eingeben, werden automatisch die richtigen Seitenformate verwendet. Speichern Sie den Text danach unter seinem „richtigen" Namen. Die Vorlage bleibt erhalten; Sie können sie also immer wieder verwenden.

Hinweis: Benötigen Sie verschiedene Vorlagen, fertigen Sie auf die gleiche Art und Weise mehrere Ersatz-Druckformate an. Speichern Sie diese unter aussagekräftigen Namen, z.B. VORBRIEF.WRI oder VORDINA5.WRI.

666 ganz legale Windows-Tricks

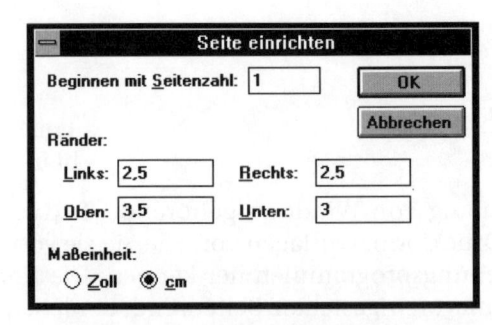

Bestimmen Sie die gewünschten Seitenränder für Ihre Vorlage

Vorlage beim Start bereit

Der Trick mit der selbstgebastelten Ersatz-Druckformatvorlage läßt durchaus eine Steigerung zu. Die ist für Sie dann interessant, wenn Sie wirklich immer die in der Datei VORLAGE.WRI definierten Seitenränder verwenden möchten.

Tip 400

Sorgen Sie dafür, daß die Datei VORLAGE.WRI bei jedem Start von Write *automatisch geöffnet wird.*

Dazu ändern Sie bitte die Befehlszeile von *Write*. Gehen Sie auf das Icon der Textverarbeitung (es steckt in der Programmgruppe *Zubehör*), und betätigen Sie dort die Tastenkombination [Alt][↵]. Es erscheint die Dialogbox *Programmeigenschaften*. Erweitern Sie die Befehlszeile um den Namen der Vorlage-Datei. Geben Sie also z.B. ein:

```
write.exe vorlage.wri
```

Nachdem Sie die Änderungen vorgenommen haben, bestätigen Sie die Dialogbox. Beim nächsten Start von *Write* wird die Vorlagedatei automatisch geöffnet, so daß Sie sofort eine formatierte Seite vorfinden und mit der Texteingabe beginnen können.

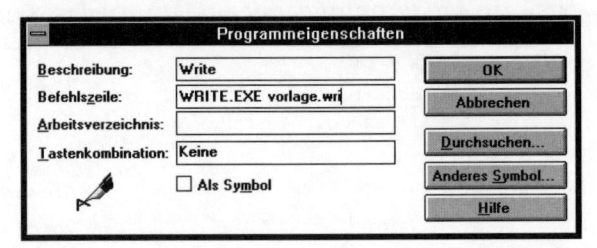

Die Datei VORLAGE.WRI wird beim Programmstart automatisch geöffnet

8 • Lauter Zubehör

Auf der Suche

Mit *Write* können Sie nicht nur bestimmte Zeichen oder ganze Wörter suchen lassen: Auch wenn Sie nach bestimmten Formatierungsmerkmalen fahnden, läßt die Textverarbeitung Sie nicht im Regen stehen.

Tip 401

Mit der Suchen-*Funktion können Sie auch Leerzeichen, Tabulatoren, Absatzzeichen und manuelle Seitenumbrüche aufspüren!*

Wenn Sie nach Sonderzeichen oder Formatierungsmerkmalen suchen wollen, wählen Sie wie gewohnt den Befehl *Suchen* ▶ *Suchen*. Geben Sie dann folgende Zeichen ein, um zum gewünschten Formatierungsmerkmal zu gelangen.

Leerzeichen   ^w
Tabulator   ^t
Absatzzeichen   ^p
Harter Absatz   ^p^p
Seitenumbruch   ^d

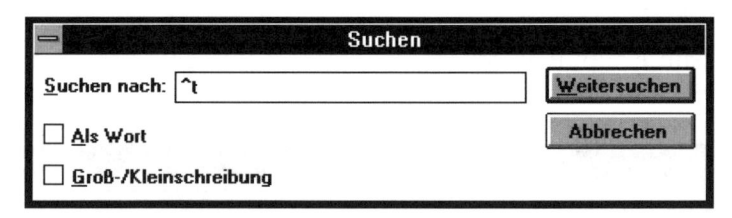

Gesucht wird der nächste Tabulator

The Most Wanted

Wie lautete er doch noch gleich, dieser seltsame Name? Hauser, Hausman oder war es Hauserer? Und wo in den vielen Seiten wurde er erwähnt? In einer solchen Situation hilft die Suchfunktion von *Write* weiter. Ruckzuck finden Sie den Herrn mit dem nicht geklärten Namen.

Tip 402

Platzhalter helfen einem immer dann, wenn man einen Begriff finden will, dessen genaue Schreibweise nicht bekannt ist!

Um beispielsweise dem gesuchten Namen auf die Schliche zu kommen, wählen Sie zuerst den Befehl *Suchen* ▶ *Suchen*. Geben Sie dann die Zeichen ein, die Sie sicher kennen. Ersetzen Sie den Rest durch den Platzhalter „?". Im oben beschriebenen Beispiel würde der Suchbegriff wie folgt lauten:

Haus?

Wenn Sie nun die Dialogbox bestätigen, wird die erste Fundstelle angezeigt, auf die die Zeichenfolge zutrifft. Wünschen Sie weitere Suchergebnisse, klicken Sie danach auf *Weitersuchen*.

> *Hinweis*
>
> *Diese Methode eignet sich auch, wenn Sie mehrere Wörter mit einem identischen Wortteil suchen. Dabei ist es egal, welche Stelle des Begriffes das Fragezeichen ersetzt.*

Das Fragezeichen hat eine andere Bedeutung als unter DOS: Während es unter DOS nur für ein einzelnes unbestimmtes Zeichen steht, repräsentiert es in Windows beliebig viele unbestimmte Zeichen. Ein weiterer wichtiger Vorteil: Das Fragezeichen kann an jeder beliebigen Stelle stehen. Der Suchbegriff:

?haus

würde zum Beispiel zu den Suchergebnissen Krankenhaus, Rathaus, Bauhaus, Fachwerkhaus etc. führen.

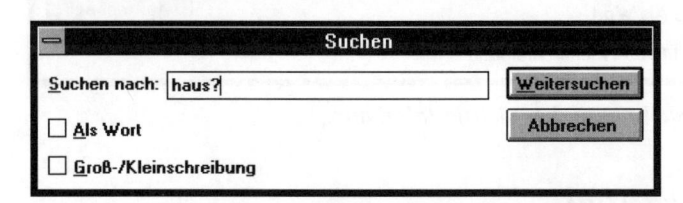

Gesucht werden alle Wörter, die mit „Haus" anfangen

Klick-Art

Wie in allen Anwendungen, so gilt auch in *Write*: Verändert wird nur das, was zuvor markiert wurde. Das Markieren erledigt man am bequemsten mit Hilfe der Maus.

> **Tip 403**
>
> *Merken Sie sich ein paar besondere Klick-Arten zur komfortablen Markierung Ihres* Write-*Dokuments.*

Möchten Sie ein bestimmtes Wort markieren, klicken Sie doppelt an eine beliebige Stelle des Wortes. Einen ganzen Satz können Sie bequem markieren, indem Sie die (Strg)-Taste drücken und dabei an eine beliebige Stelle des Satzes klicken.

Möchten Sie diese Markierung auf die folgenden Zeilen ausweiten, ziehen Sie den pfeilförmigen Mauscursor links neben dem Text hinunter.

Möchten Sie eine Zeile inmitten eines Absatzes inklusive dem Rest des Absatzes markieren, halten Sie die (⇧)-Taste gedrückt, während Sie links vor die erste Zeile der Markierung klicken.

Um einen gesamten Absatz zu markieren, klicken Sie doppelt links neben den Text. Möchten Sie gar das ganze Dokument markieren, halten Sie die (Strg)-Taste gedrückt, während Sie links neben dem Text einfach klicken.

Und jetzt kommt das beste am ganzen Trick: Alle Klick-Arten gelten auch für Word für Windows! *Wenn das keine Arbeitserleichterung ist!*

Ein Bild in der Kopfzeile?

Wer mit *Write* ein Dokument gestaltet und in die Kopfzeile ein grafisches Element eingebaut hat, wird beim Druckversuch mit der lapidaren Mitteilung konfrontiert, daß *Write* keine Bilder drucken kann. Und nun?

Tip 404

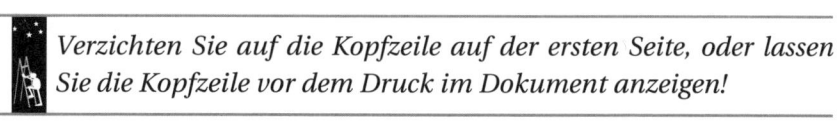

Verzichten Sie auf die Kopfzeile auf der ersten Seite, oder lassen Sie die Kopfzeile vor dem Druck im Dokument anzeigen!

Öffnen Sie Ihr Dokument, das ein graphisches Dokument in der Kopfzeile enthält. Wählen Sie danach den Befehl *Dokument▶Kopfzeile*. Deaktivieren Sie die Option *Auf erster Seite drucken*. Jetzt steht dem Druck nichts mehr im Wege.

Legen Sie jedoch Wert auf einen Kopfzeile mit graphischem Element, die auch auf der ersten Seite erscheinen soll, blenden Sie die Kopfzeile vor dem Druck mit dem Befehl *Dokument▶Kopfzeile* ein. Auch jetzt ist der Druck möglich. Möchten Sie die Datei jedoch bei einer anderen Arbeitssitzung noch einmal drucken, ist es erneut notwendig, die Kopfzeile vor dem Druck einzublenden.

Wenn auf der ersten Seite keine Kopfzeile erscheinen soll, klappt auch der Druck von grafischen Elementen

Heiße Tasten für Write

Write ist eine derjenigen Windows-Anwendungen, die man auch über die Tastatur flink bedienen kann. Deshalb, als Sonderservice für alle Tastatur-Freaks, die heißesten Tasten für die Windows-eigene Textverarbeitung.

Tip 405

Zeigen Sie Write, wo's langgeht - natürlich mit der Tastatur!

Drücken Sie ...	... um
F4	eine bestimmte Seite aufzuschlagen
F3	weiterzusuchen
F5	zur Standard-Schrift zurückzukehren
Alt ⇐	die letzte Operation rückgängig zu machen

Speicherprobleme unter Write

Das kommt Ihnen wie verhext vor: Sie laden unter *Write* eine Datei von einer Diskette in Laufwerk A:, verändern die Datei geringfügig und möchten sie wieder schließen. Doch den Speicherversuch weist *Write* energisch zurück: „Nicht genügend Speicherplatz auf dem Datenträger verfügbar". Dabei könnten Sie schwören, daß der erforderlich Speicherplatz noch zur Verfügung steht. Was ist geschehen? Und viel wichtiger: Was ist zu tun?

8 • Lauter Zubehör

Tip 406

Kopieren Sie das Dokument, mit dem Sie arbeiten möchten, zuerst auf die Festplatte, und öffnen Sie es von dort in Write. Wenn Sie die Veränderungen vorgenommen haben, kopieren Sie es zurück auf die Diskette.

Sobald Sie eine bereits bestehende Datei verändern, fertigt *Write* eine temporäre Datei (sie trägt die Endung .TMP) von der gerade bearbeiteten Datei an und legt diese auf dem Herkunftslaufwerk der Originaldatei ab. Die temporäre Datei nimmt dabei mindestens genausoviel Platz in Anspruch wie die Originaldatei.

Das bedeutet, daß auf der Diskette, von der Sie das *Write*-Dokument geladen haben, mindestens das doppelte Maß der eigentlichen Dateigröße verfügbar sein muß. Zwar wird die temporäre Datei nach dem Abschluß der Arbeiten selbständig von Windows gelöscht, so daß dann nur noch die einfache Dateigröße an Speicherplatz auf dem Datenträger erforderlich ist – doch vorübergehend will die TMP-Datei eben untergebracht sein.

Die Spekulation, ob die ursprüngliche Datei und die entsprechende temporäre Datei gleichzeitig auf eine Diskette passen, können Sie sich sparen, wenn Sie das *Write*-Dokument vor seiner Bearbeitung auf die Festplatte kopieren und von dort aus die gewünschten Veränderungen vornehmen. Das vermeidet nicht nur Speicherengpässe, sondern führt auch zu einem deutlich höheren Zugriffstempo. Haben Sie die Datei bearbeitet, speichern Sie sie, und kopieren (oder verschieben) Sie sie anschließend zurück auf die Diskette.

Kursive Buchstaben haben's schwer

Um es vorweg zu nehmen: Mit TrueType-Schriftarten kann all das, was ich Ihnen nachfolgend schildere, nicht passieren. Mit allen anderen unter *Write* verfügbaren Schriften allerdings schon. Also: Wenn Sie in einer Druckerschriftart kursive Zeichen verwenden und anschließend wieder in nicht-kursive Schriftstil umschalten, leidet der letzte kursive Buchstabe erheblich: Er wird zerquetscht, von dem nächsten überlappt. Das alles sieht sehr unschön auf. Auf dem Bildschirm wie auf dem Papier.

Tip 407

Wenn Sie in einem Dokument kursive Buchstaben verwenden möchten, wählen Sie unbedingt eine TrueType-Schriftart.

Wenn das Umschalten von kursiver zu nicht-kursiver Schrift nicht reibungslos klappt, ist das schon eine ärgerliche Sache. Probieren Sie's aus: Tippen Sie zum Beispiel in der Schrift *Modern* ein paar kursive Buchstaben. Geben Sie hinter dem letzten kursiven Buchstaben keine Leertaste ein, sondern schalten Sie direkt auf nicht-kursiv um. Geben Sie dann ein weiteres Wort ein. Der letzte Buchstabe des kursiven Wortes ist zerstört.

> **Hinweis**
> *Wenn Sie partout keine TrueType-Schriftart verwenden möchten, können Sie das Problem auch noch auf eine andere Weise umgehen: Machen Sie es sich zur Regel, nach der Eingabe des letzten kursiven Buchstabens ein Leerzeichen einzugeben, und erst dann in die nicht-kursive Schriftart zu wechseln.*

Dieser Ausweg ist allerdings nicht in allen Fällen möglich: Das Wort „*Windows*-Anwendung", das keine Leerstelle in der Wortmitte vorsieht, könnten Sie mit dieser Methode zum Beispiel nicht schreiben.

Der letzte kursive Buchstabe wurde zerstört

Write mag keine Draw-Objekte

Wer mit Microsoft *Draw* eine Grafik erstellt hat, der kann diese über die Zwischenablage in jede andere OLE-fähige Windows-Anwendung einfügen. Doch *Write* spielt da manchmal nicht mit.

> **Tip 408**
> *Wenn es Probleme beim Einbinden von Draw-Objekten gibt, überprüfen Sie, ob Sie einen HP Laserjet III installiert haben!*

8 • Lauter Zubehör

Was bei jedem anderen Druckertreiber funktioniert, ist mit zwei Versionen der Treiberdatei für den HP Laserjet III unmöglich. Anstatt das gewünschte Objekt einzufügen, meldet Windows Ihnen in einer Dialogbox eine allgemeine Schutzverletzung. Einzige Möglichkeit: Wählen Sie kurzfristig einen anderen Druckertreiber aus. Sofort kann die *Draw*-Grafik in das *Write*-Dokument eingefügt werden. Zum Drucken können Sie dann wieder den richtigen Treiber wählen, jetzt richtet er keinen Schaden mehr an.

Der beschriebene Fehler tritt nur bei den folgenden Druckertreibern auf: HPPCL5A.DRV vom 31.3.89 oder bei der Version 2.0 des Treibers HPPCL5MS.DRV.

Draw-Objekte trotzdem einbinden

Wer mit einem HP Laserjet III arbeitet und in ein *Write*-Dokument ein Objekt aus *MS Draw* einfügen möchte, stößt in der Regel auf Probleme. „In Ihrer Anwendung ist ein Fehler aufgetreten", teilt Windows dann in einer Dialogbox mit.

Tip 409
Wenn Sie in ein Write-Dokument ein Draw-Objekt einbinden wollen, wechseln Sie kurzfristig den Druckertreiber!

Der Fehler ist leider nur über einen Umweg zu beheben. Tauschen Sie vor dem Einfügen des *Draw*-Objektes in Ihr *Write*-Dokument über den Menüpunkt *Datei* ▶ *Druckereinrichtung* den HP Laserjet III-Treiber gegen einen beliebigen anderen Druckertreiber aus. Fügen Sie das *Draw*-Objekt dann in das *Write*-Dokument ein.

Vergessen Sie nicht, den Druckertreiber vor dem Drucken wieder umzustellen!

Standard-Schriftart

Write verwendet automatisch eine Standardschrift, die nicht unbedingt jedem immer gefällt. Um sie zu ändern, muß man sich eines kleinen Tricks bedienen, denn einstellen kann man die Standardschrift nirgendwo.

Tip 410

Richten Sie eine Textdatei ein, die optimal auf Ihre Bedürfnisse zugeschnitten ist und auch die Standardschriftart festlegt!

Wenn Ihnen die Standardschriftart von Write nicht gefällt, was insbesondere auf Rechnern mit Grafikkarten der Fall sein kann, die sich durch eine recht hohe Auflösung auszeichnen, dann gehen Sie wie folgt vor.

Wählen Sie die Funktion *Schriftart* im Pull-Down-Menü *Schrift*. Wählen Sie nun in der Dialogbox die Schriftart, den Schriftstil und die Schriftgröße der Schrift, die *Write* nach dem Start bereitstellen soll. Bestätigen Sie mit OK. Geben Sie nun mindestens ein Leerzeichen ein, damit die gewählte Schriftart Gültigkeit erlangt. Speichern Sie danach den „Text", der idealerweise aus nur einem Leerzeichen besteht, als DEFAULT.WRI oder unter einem ähnlich einprägsamen Dateinamen im Windows-Verzeichnis. Danach verlassen Sie *Write*.

Markieren Sie nun in der Programmgruppe *Zubehör* das Sinnbild der Textverarbeitung *Write*. Wählen Sie im Menü *Datei* die Funktion *Eigenschaften* aus. Ergänzen Sie in der Eingabezeile *Befehlszeile* den standardmäßigen Eintrag:

```
WRITE.EXE DEFAULT.WRI
```

Danach bestätigen Sie die Dialogbox durch OK. Das war schon alles. Immer, wenn Sie *Write* in Zukunft durch Anwählen des *Write*-Sinnbildes in der Programmgruppe *Zubehör* starten, wird automatisch die gerade erzeugte Textdatei DEFAULT.WRI geladen. Die mitgeladene Textdatei stört nicht, da sie nur aus einem einzigen Leerzeichen besteht. Der Vorteil: Dieses Leerzeichen ist so formatiert, wie Sie es sich für die Standard-Schrift wünschen.

Rechner

Rechnen ohne Maus

Wer den Taschenrechner bedient, wird zum Eingeben der Zahlen hauptsächlich den numerischen Block benutzen. Natürlich kann man die Zahlen auch anklicken, doch dazu muß man schon ziemlich genau mit dem Mauszeiger zielen. Wer die Zahlen per Tastatur eingibt, muß danach zur Maus wechseln, um die gewünschte Rechenoperation auszuwählen. Ganz schön umständlich, dieses Hin und Her!

Tip 411

Nutzen Sie die Hotkeys des wissenschaftlichen Rechners!

Leider gibt es nicht für alle Funktionen auch eine Tastaturvariante. Sie müssen also bei bestimmten Rechenoperationen nach wie vor zur Maus greifen. Doch ein paar Hotkeys erleichtern Ihnen den Umgang mit dem *Rechner*.

Mit [F9] können Sie das Vorzeichen des Wertes ändern; durch das Eingeben von [R] wird der Kehrwert gebildet (1:x). Die Tastenkombination [Strg][L] leert den Speicher des *Rechner*; mit [Strg][M] speichern Sie einen Zahl. Durch [Strg][P] addieren Sie den angezeigten Wert zur gespeicherten Zahl.

Im Matheunterricht nicht aufgepaßt!

Punktrechnung geht vor Strichrechnung. Das lernt jedes Kind schon in der Grundschule. Die Programmierer des Standard-Taschenrechners von Windows müssen da wohl gerade die Masern gehabt haben: Das Standard-Rechner-Modell ignoriert diese Regel einfach – falsche Rechenergebnisse sind die Folge.

Tip 412

Wenn Sie Dinge berechnen müssen, die über eine einfache Addition hinausgehen, wenden Sie sich an das wissenschaftliche Rechner-Modell!

Sie glauben mir nicht? Dann probieren Sie's doch am besten gleich mal aus: Berechnen Sie folgende kleine Aufgabe, die man hier in Europa schon in der Grundschule problemlos beherrscht:

27 - 5 x 3

Kalkulieren Sie einmal im Standard-Rechner und einmal mit der wissenschaftlichen Ausführung. Der Standard-Rechner teilt Ihnen als Ergebnis den falschen Wert 66 mit, weil er zuerst 27-5 gerechnet hat, bevor er das Ergebnis mit 3 multipliziert hat. Gedanklich hat dieser Rechner die Klammern falsch gesetzt: (27-5)·3=66. Der wissenschaftliche Rechner hingegen hält sich an die „Punkt-vor-Strich"-Anweisung und kommt zum richtigen Ergebnis 27-(5·3)=12

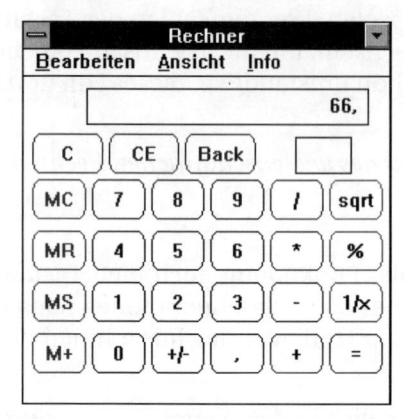

Der Standard-Rechner hat sich verrechnet

Terminal

Nur 24 Zeilen

Modembesitzer aufgepaßt: Wenn Sie mit dem Windows-eigenen Kommunikationsprogramm *Terminal* arbeiten, müssen Sie sich mit 24 Zeilen pro angezeigter Bildschirmseite begnügen, selbst wenn mehr auf den Bildschirm passen würden.

Tip 413 *Versuchen Sie nicht, die Anzahl der gleichzeitig am* Terminal*-Bildschirm angezeigten Zeilen zu ändern!*

Selbst, wenn Sie über den Menüpunkt *Einstellungen* ▶ *Terminal-Einstellungen* eine kleinere Schrift wählen, werden nach wie vor nur 24 Zeilen auf dem Bildschirm angezeigt. Sie müssen sich wohl oder übel damit abfinden.

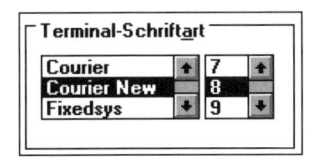

Welche Schrift Sie auswählen, ist unerheblich

Kapitel 9
Arbeiten mit Windows-Anwendungen

Dateiformate 410

Datenaustausch 411

Word für Windows 425

Excel 429

PageMaker 432

Dateiformate

Welche Dateiformate werden akzeptiert?

Wenn man in einer Anwendung eine Datei öffnen möchte, ist es wichtig zu wissen, welche Dateiformate diese Anwendung überhaupt unterstützt. Versucht man, ein Dateiformat zu laden, das nicht von der Anwendung akzeptiert wird, führt das im besten Fall zu einer Fehlermeldung.

Tip 414 *Sehen Sie in der Dialogbox* Speichern unter *nach, welche Dateiformate die Anwendung unterstützt.*

Wählen Sie dazu den Befehl *Datei▶Speichern unter.* Öffnen Sie danach die Liste *Dateityp,* was allerdings nicht in jeder Anwendung angeboten wird. Mit den hier aufgeführten Dateiformaten weiß die betreffende Anwendung umzugehen. Dasjenige Format, das an erster Stelle in der Dialogbox aufgeführt wird, ist normalerweise das Dateiformat, das die Anwendung standardmäßig vergibt.

Hinweis: In vielen Anwendungen wird dem Benutzer beim Laden einer Datei auch angeboten, das Dateiformat zu bestimmen, so zum Beispiel bei Paintbrush.

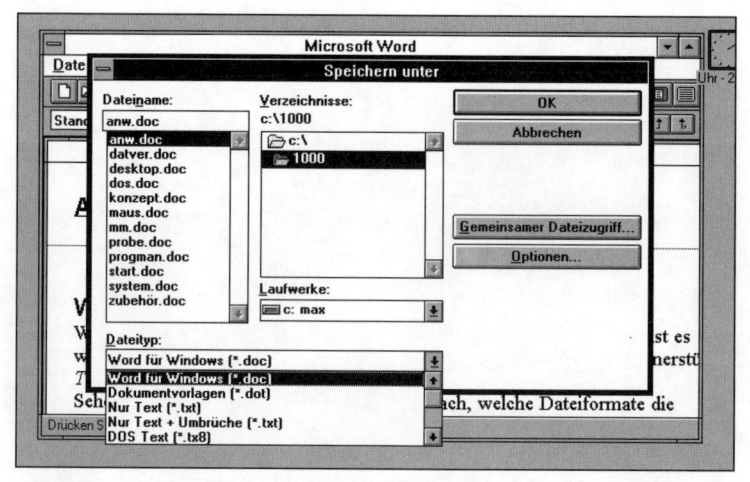

Einige der Dateiformate, die WinWord *vergibt*

9 • Arbeiten mit Windows-Anwendungen

Datenaustausch

Abkürzung für die Zwischenablage

Die für die Zwischenablage wichtigen Befehle *Ausschneiden*, *Kopieren* und *Einfügen* befinden sich bekanntlich im Pull-Down-Menü *Bearbeiten*. Doch oft geht's mit den Kurzbefehlen schneller. Mit [Strg][X] können Sie ausschneiden, mit [Strg][C] kopieren und mit [Strg][V] einfügen. Diese Tastenkombinationen können Sie sich nie im Leben merken? Dann versuchen Sie es doch mal mit den folgenden Kürzeln:

Tip 415
Benutzen Sie [Strg][Entf] zum Ausschneiden und [Strg][Einfg] zum Kopieren. Mit [⇧][Einfg] können Sie Kopiertes oder Ausgeschnittenes einfügen.

Ausschneiden oder Kopieren?

Nicht allein der Befehl *Bearbeiten▶Kopieren* befördert Daten in die Zwischenablage. Auch mit dem Befehl *Bearbeiten▶Ausschneiden* gelangen Daten ins digitale Zwischenlager. Doch der Menüpunkt *Ausschneiden* ist mit Vorsicht zu genießen.

Tip 416
Wenn Sie Daten über den Befehl Ausschneiden an die Zwischenablage übergeben, werden diese in der ursprünglichen Datei gelöscht!

Verwenden Sie den Menüpunkt *Ausschneiden* wirklich nur dann, wenn Sie Daten von der ursprünglichen Stelle entfernen wollen. Sollen die Daten sowohl in der „gebenden" Datei als auch in der „nehmenden" Datei vorhanden sein, benutzen Sie unbedingt den Menüpunkt *Bearbeiten▶Kopieren*.

Ein sinnvoller Einsatz des Befehls *Ausschneiden* ist das Verschieben von Daten innerhalb einer Datei: Möchten Sie zum Beispiel einen Absatz innerhalb eines Textdokumentes an einer anderen Stelle ansiedeln, markieren Sie die betreffende Stelle, schicken sie mit *Bearbeiten▶Ausschneiden* in die Zwischenablage und fügen sie von dort aus mit Hilfe des Menüpunktes *Einfügen* an der neuen Stelle wieder ein. Der Text ist nun nur noch an der neuen Position vorhanden, an der Ursprungsstelle wurde er gelöscht.

Ein Blick in die Zwischenablage

Das Besondere an der Zwischenablage ist: Sie bemerken sie kaum. Wenn Daten aus einer Anwendung eingefügt werden, kommen sie scheinbar aus dem Nichts. Aber wirklich nur scheinbar: Denn tatsächlich wickelt die Zwischenablage den Datenaustausch ab. Und zwar still und leise – und unsichtbar.

Tip 417 *Wenn Sie wissen wollen, was sich aktuell in der Zwischenablage befindet, werfen Sie einen Blick in das digitale Zwischenlager!*

Die Zwischenablage ist eine eigene Anwendung, mit Menüs, Befehlen und dem sonstigen Drumherum, was eine waschechte Windows-Applikation so ausmacht. Wollen Sie einen Blick in den aktuellen Inhalt der Zwischenablage werfen, klicken Sie zweimal auf das Programm-Icon der Zwischenablage. Es befindet sich in der *Hauptgruppe*. Die Ablage startet; der derzeitige Inhalt wird in ihrem Fenster angezeigt.

Klicken Sie auf dieses Icon, sehen Sie das Innenleben der Zwischenablage

Zwischengelagertes sichern

In der Zwischenablage herrscht ein ständiges Kommen und Gehen. Denn grundsätzlich gilt: Daten weilen so lange in der Zwischenablage, bis neue Daten dorthin kopiert werden. Der Inhalt der Zwischenablage wird also ständig überschrieben. Normalerweise ist das eine recht günstige Regelung. Doch in Ausnahmefälle mag man sich wünschen, die Daten, die in der Zwischenablage stecken – sei es nun Texte, Tabellen oder Bilder – vorher zu sichern. Dann hat man auf Dauer was davon.

Tip 418 *Speichern Sie den aktuellen Inhalt der Zwischenablage!*

Starten Sie dazu die Zwischenablage. Der aktuelle Inhalt der Zwischenablage wird nach dem Start direkt angezeigt. Sie können den Inhalt

9 • Arbeiten mit Windows-Anwendungen

sichern, indem Sie den Befehl *Datei* ▶ *Speichern unter* wählen. Es erscheint eine Dialogbox, in der Sie den Namen und den Pfad der Datei festlegen können. Die Zwischenablage vergibt standardmäßig die Dateikennung .CLP (was für „Clipboard" steht, dem englischen Begriff für Zwischenablage).

Wünschen Sie eine andere Dateikennung, wählen Sie in der Liste *Dateiformate* den Eintrag *Alle Dateien (*.*)*, und geben Sie die gewünschte Endung manuell hinter dem Dateinamen ein.

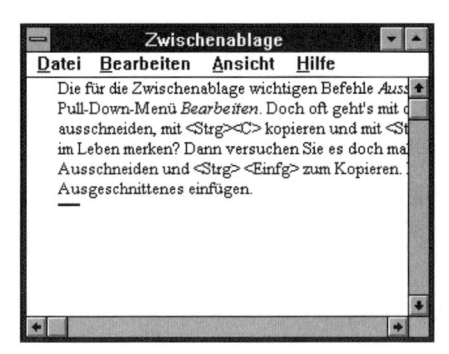

Der Inhalt der Zwischenablage kann gespeichert werden

Mehrfachverwertung aus der Zwischenablage

Nicht nur Pfandflaschen kann und sollte man mehrfach verwerten. Auch Daten, die Sie schon einmal aus der Zwischenablage in ein Dokument eingefügt haben, sind mehrwegtauglich.

Tip 419 *Verwenden Sie den Inhalt der Zwischenablage beliebig oft!*

Solche Situationen sind alltäglich: Sie benötigen zum Beispiel bestimmte Informationen von einer Karteikarte des *Karteikasten* sowohl in dem gerade bearbeiteten Textdokument als auch in einer Tabelle. Dazu müssen Sie die benötigten Daten nur einmal von der Karte in die Zwischenablage kopieren. Von dort aus können die aktuellen Daten beliebig oft in dieselbe oder in verschiedene Anwendungen eingefügt werden.

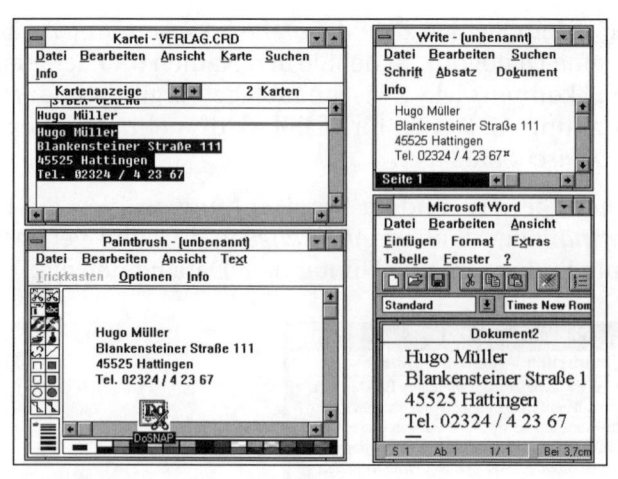

Eine Adresse aus dem Karteikasten wurde via Zwischenablage dreimal verwendet

Versteckt: Der Registrier-Editor

Damit der Datenaustausch zwischen den Windows-Anwendungen auch möglichst reibungslos funktioniert, sind bestimmte Angaben erforderlich, die über die Informationen in den INI-Dateien weit hinausgehen. Dieses Wissen steckt – abrufbereit und auch veränderbar – in der Windows-Systemdatei REG.DAT.

Tip 420

Wenn der Datenaustausch nicht klappt, bearbeiten Sie mit Hilfe des sogenannten Registriereditors, einer versteckten Windows-Anwendung, die Systemdatei REG.DAT.

Wenn Sie sich nun wundern, weil Sie den Registrier-Editor noch nie zu Gesicht bekommen haben, so kann ich Sie beruhigen: Microsoft hat den Registrier-Editor gut vor Ihnen versteckt, so wie auch den Editor für die Systemdateien *SysEdit*. Möchten Sie den Registriereditor starten, haben Sie zwei Möglichkeiten dazu: Entweder, Sie klicken im Datei-Manager in der Dateiliste des Windows-Verzeichnisses doppelt auf den Dateinamen des Editors, der da REGEDIT.EXE lautet. Oder Sie wählen im Datei-Manager (im Programm-Manager geht´s auch) den Befehl *Datei* ▶ *Ausführen* und geben in der daraufhin erscheinenden Dialogbox den folgenden Befehl ein:

```
regedit
```

9 • Arbeiten mit Windows-Anwendungen

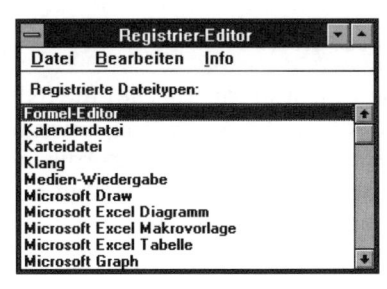

Der Registrier-Editor

Ein Icon für den Registrier-Editor

Wer häufig mit dem Editor REGEDIT arbeiten will, der sollte sich den Zugriff auf die versteckte Anwendung erleichtern! Und zwar, indem Sie dauerhaft ein Icon dafür einrichten.

Tip 421 *Meine dringende Empfehlung: Richten Sie für den praktischen Registrier-Editor ein Icon ein.*

Bestimmen Sie dazu zuerst die Programmgruppe, in der Sie das Icon einrichten wollen, zum Beispiel die Programmgruppe *Zubehör*. Wählen Sie dann im Menü *Datei* des Programm-Managers den Menüpunkt *Neu*. Es erscheint eine Dialogbox, in der Sie sich für die Option *Programm* entscheiden. Eine weitere Box, *Programmeigenschaften*, erscheint. Hier brauchen Sie nur die *Befehlszeile* einzugeben, was wie folgt aussieht:

`regedit.exe`

Wenn Sie möchten, können Sie in der Zeile *Beschreibung* noch „Registrier-Editor" eintragen, damit das Icon nicht schlicht mit REGEDIT unterschrieben wird. Wenn Sie die Box nun bestätigen, erscheint das neue Icon sofort im Programm-Manager. In Zukunft können Sie den Registrier-Editor starten, indem Sie zweimal auf sein Icon klicken.

Das Icon des Registrier-Editors

Sicherheitskopie der Registrierdatei

Die Registrierdatei REG.DAT ist fast so wichtig wie eine INI-Datei. Wird sie beschädigt, gehen besonders wichtige Informationen für den komfortablen Datenaustausch zwischen den Windows-Anwendungen verloren (Stichwort: OLE). Im Normalfall würde es sich empfehlen, eine so wichtige Datei schreibzuschützen. Doch das wäre nicht sonderlich praktisch: Schließlich werden bei der Installation neuer Programme Veränderungen an der Registrierdatei vorgenommen, die durch das Read-Only-Attribut nicht zulässig wären.

Tip 422 *Gehen Sie auf Nummer Sicher: Fertigen Sie eine Sicherheitskopie von REG.DAT an!*

Speichern Sie die Sicherheitskopie entweder in einem separaten Verzeichnis – vielleicht haben Sie ein spezielles Verzeichnis für wichtige Sicherungskopien eingerichtet – oder auf einer Diskette. Beides können Sie bequem mit dem Datei-Manager erledigen.

Hinweis: Im Falle des Verlustes von REG.DAT können Sie die Sicherheitskopie einfach ins Windows-Verzeichnis zurückkopieren.

Her mit der Info!

Es ist quasi eine Art Naturgesetz: Windows-Anwendungen verstehen sich. Jede Anwendung gibt auf Nachfrage bereitwillig die von ihr verwalteten Informationen preis. Das *Paintbrush*-Bild wandert so auf die Karteikarte, das Rechenergebnis ins *WinWord*-Dokument – dank der Zwischenablage ist der Datenaustausch ein Kinderspiel.

Tip 423 *Sie ersparen sich eine Menge Arbeit, wenn Sie die Befehle* Kopieren *und* Einfügen *aus dem Menü* Bearbeiten *nutzen!*

Der einfache Datenaustausch über die Zwischenablage funktioniert grundsätzlich nach dem gleichen Muster: Markieren Sie die Teile des Dokumentes, die Sie in ein anderes Dokument, das auch von einer anderen Anwendung erstellt sein kann, übernehmen wollen. Mit dem Befehl *Bearbeiten* ▶ *Kopieren* befördern Sie die markierten Informa-

9 • Arbeiten mit Windows-Anwendungen

tionen in die Zwischenablage. Wechseln Sie danach in die Anwendung und das Dokument, in das Sie die zwischengespeicherten Informationen übernehmen möchten.

Gehen Sie dann mit der Maus oder den Cursortasten an die Stelle, an der die Daten eingefügt werden sollen. Wenn Sie nun den Befehl *Bearbeiten ▶ Einfügen* wählen, erscheinen die Daten an der gewünschten Stelle.

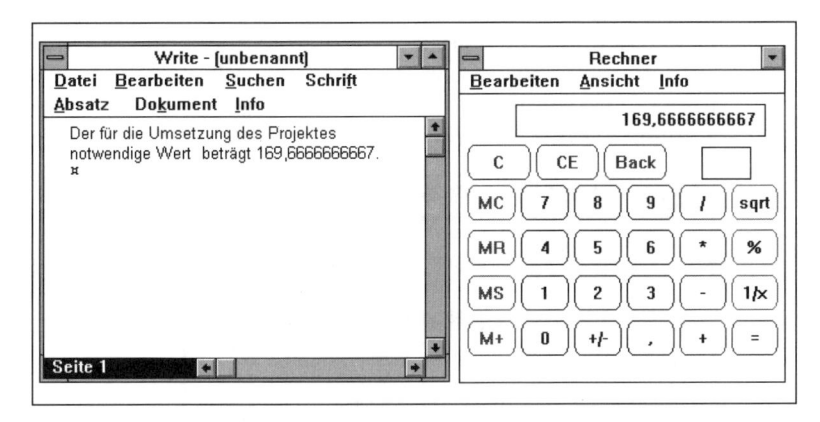

Der mit dem Rechner *ermittelte Wert wurde in das* Write*-Dokument übernommen*

Direktverbindung (Embedding)

Werden Daten in eine Anwendung eingefügt, können sie dort nicht mehr verändert werden. In vielen Fällen ist es aber notwendig, zum Beispiel ein eingefügtes Bild nachträglich zu bearbeiten. Eine Sonderform des Datenaustausches über die Zwischenablage ermöglicht genau das.

Tip 424

Betten Sie Daten in eine Datei ein, so behalten diese eine Direktverbindung zur Herkunftsanwendung.

Der Unterschied zum Standard-Datenaustausch ist gewaltig: Klicken Sie doppelt auf kopierte Daten (vom Rest im Dokument sowieso nicht mehr zu unterscheiden), tut sich gar nichts. Doppelklicken Sie hingegen auf ein eingebettetes Objekt, startet ohne Ihr Dazutun die Anwendung, in der das eingebettete Objekt entstanden ist. Gleichzeitig wird auch noch das eingebettete Objekt selbst geladen, so daß es sofort bearbeitet werden kann. Welch ein Service.

Um Daten in ein Dokument einzubetten, ist nicht viel zu tun. Markieren Sie wie beim Kopieren von Informationen die Daten, die Sie an die Zwischenablage übergeben möchten. Wählen Sie dann den Befehl *Bearbeiten* ▶ *Kopieren* oder den Befehl *Bearbeiten* ▶ *Ausschneiden*. Wechseln Sie danach zu der Anwendung, in die die Daten eingebettet werden sollen. Klicken Sie die entsprechende Einfügestelle in der Datei an, und wählen Sie dann den Menüpunkt *Bearbeiten* ▶ *Inhalte einfügen*.

Es erscheint eine Dialogbox, in der Sie in der Spalte *Dateityp* das einzubettende Objekt auswählen können. Wählen Sie hier die Zeile, die mit „Objekt" endet. Dies ist in der Regel der erste Listeneintrag. Bestätigen Sie Ihre Auswahl, wird das Objekt sofort eingebettet.

Hier wird ein Paintbrush-*Bild in ein* Word-*Dokument eingebettet*

Auf den ersten Blick können Sie keinen Unterschied zum normalen Einfügen von Daten erkennen. Den Unterschied, den der Befehl *Inhalte Einfügen* mit sich bringt, merken Sie erst, wenn Sie doppelt auf das eingebettete Objekt klicken. Sofort startet die Anwendung, aus der Sie die Daten entnommen haben.

In der bereitstellenden Anwendung können Sie die Daten nun verändern, zum Beispiel ein Paintbrush-Bild neu gestalten. Haben Sie die Veränderungen abgeschlossen, beenden Sie die Server-Anwendung. In einer Dialogbox bietet Windows Ihnen nun an, die Veränderungen auch an dem eingebetteten Objekt in der Client-Anwendung vorzunehmen. Bestätigen Sie mit *Ja,* wird das eingebettete Objekt sofort aktualisiert.

9 • Arbeiten mit Windows-Anwendungen

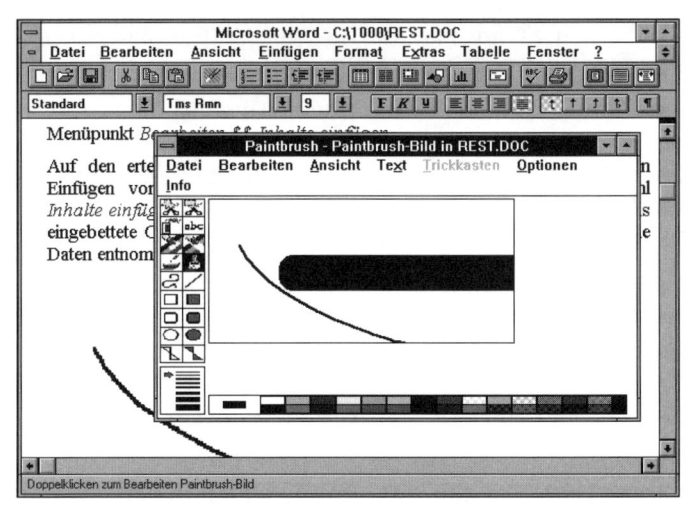

Beim Doppelklick auf das eingebettete Bild startet Paintbrush *automatisch*

Datenaustausch mit Folgen (Linking)

Der Datenaustausch unter Windows hält noch eine ganz besondere Finesse bereit. Wenn Sie möchten, verständigen sich Windows-Anwendungen untereinander. Das kann zum Beispiel so aussehen: In einem mit *Write* erstellten Angebotsschreiben ist ein Preis enthalten, den Sie in einer *Excel*-Tabelle errechnet haben. Sobald der Wert in der *Excel*-Tabelle verändert wird, klopft Windows ohne Ihr Dazutun bei *Write* an und teilt mit: „Achtung Preisänderung! Bitte aktualisiere den Brief entsprechend!" So ungefähr wenigstens.

Tip 425

Wenn Sie eine Verknüpfung zwischen zwei Dateien herstellen, teilt die Server-Anwendung der Client-Anwendung Veränderungen automatisch mit!

Bequemer geht's nimmer: Auch wenn Sie vielleicht schon längst vergessen haben, daß sich der Preis, der in dem Textdokument enthalten ist, verändert hat – Windows entgeht es bei hergestellter Verbindung (Linking) nicht. So sind Ihre verknüpften Dokumente immer auf dem neuesten Stand.

Das Verfahren ist einfach: Markieren Sie, wie auch bei den anderen beiden Verfahren des Datenaustausches, diejenige Stelle in der Server-Anwendung, die Sie in die Client-Anwendung übernehmen möch-

666 ganz legale Windows-Tricks

ten. Wählen Sie dann, je nach Bedarf, den Befehl *Bearbeiten* ▶ *Kopieren* oder *Bearbeiten* ▶ *Ausschneiden*.

Wechseln Sie danach in die Client-Anwendung, und wählen Sie den Menüpunkt *Bearbeiten* ▶ *Verknüpfung einfügen*. Die Daten aus der Server-Anwendung werden unverzüglich eingefügt. Was Sie nicht sehen: Es besteht nun eine Verbindung zwischen den eingefügten Daten und Ihrer Herkunftsdatei.

Probieren Sie es doch gleich einmal aus: Nehmen Sie eine Veränderung an den Daten der Server-Anwendung vor. Beobachten Sie dabei die Client-Anwendung: Die Veränderungen werden simultan übernommen. Das können Sie natürlich nur beobachten, wenn sowohl die Server- als auch die Client-Anwendung aktiv in einem Fenster laufen.

Falls die Datei mit den verknüpften Daten in dem Augenblick, in dem Sie die Daten in der ursprünglichen Anwendung (Server-Anwendung) verändern, nicht geöffnet sein sollte, macht das gar nichts. Sobald Sie die Datei, zu der eine Verknüpfung hergestellt wurde, beim nächsten Mal laden, macht Windows Sie in einer Dialogbox darauf aufmerksam, daß diese Datei mit einer anderen Datei verbunden ist und dort eventuell Daten verändert wurden. Windows bietet Ihnen an, die verknüpfte Datei zu aktualisieren. Wenn Sie mit *Ja* bestätigen, wird die verknüpfte Datei entsprechend der Änderungen in der Server-Anwendung angepaßt.

Windows macht Sie auf Veränderungen in der verknüpften Datei aufmerksam

9 • Arbeiten mit Windows-Anwendungen

Wer gibt, wer nimmt?

Eine Anwendung, die via Zwischenablage Daten an eine andere Anwendung abgibt, nennt man *Server* (das kommt von engl. „to serve", was „bedienen" heißt. Und die Anwendung, die bedient wird, in die also die Daten aus der Zwischenablage eingefügt werden, wird als *Client* (also „Kunde") bezeichnet. Viele Windows-Anwendungen können sowohl als Client wie als Server eingesetzt werden. Aber es gibt Ausnahmen. Und die sollte man kennen.

Tip 426

Ein Blick in das Menü Bearbeiten *sagt Ihnen, ob die Anwendung als Client und/oder als Server geeignet ist.*

Nicht jede Anwendung taugt gleichermaßen als Server und als Client. Seiner Natur nach kann der *Taschenrechner* zum Beispiel nur Zahlen abgeben und aufnehmen. *Paintbrush* kann zwar als Server für einzubettende Objekte dienen, kann aber selbst keine eingebetteten Objekte aufnehmen, kann also diesbezüglich nicht die Rolle eines Client einnehmen.

Welche Anwendung was kann, verraten die Befehle des Menüs *Bearbeiten*. Fehlen zum Beispiel Befehle zum Einbetten eines Objektes, kann diese Variante des Datenaustausches schlicht nicht vollzogen werden.

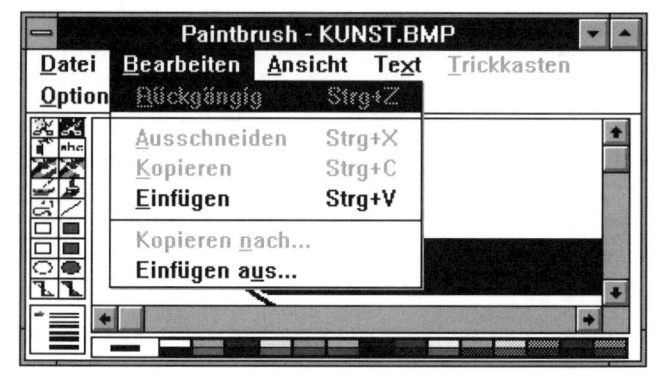

Bei Paintbrush *fehlen die Befehle zum Einbetten von Daten*

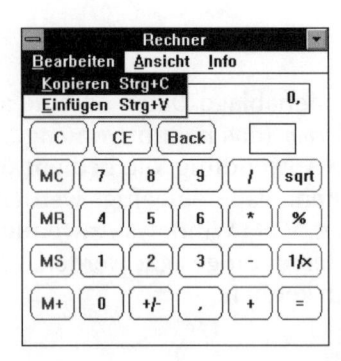

Der Taschenrechner kann nur Zahlen einfügen

Polygamie erwünscht

In Verknüpfungsdingen sind Windows-Anwendungen polygame Wesen. Will sagen: Eine Datei kann nicht nur mit einer, sondern mit beliebig vielen Dateien verknüpft sein. Hier gibt es praktisch keine Einschränkungen.

Tip 427

Reizen Sie alle Möglichkeiten des flexiblen Datenaustausches aus. Verknüpfen Sie eine Datei mehrfach!

So wird die tägliche Arbeit spürbar effektiver: Von einer Server-Anwendung können Sie ohne Bedenken mehrere Verknüpfungen ausgehen lassen. Und auch der umgekehrte Weg funktioniert: Eine Datei der Client-Anwendung kann Verknüpfungen zu mehreren Servern haben.

So kann zum Beispiel ein Text der Client-Anwendung eine Verknüpfung zu einer Tabelle und eine weitere zu einer Grafik haben. Wann immer in einer der Server-Anwendungen etwas verändert wird, teilt Windows der Client-Anwendung das mit und bietet Ihnen eine Aktualisierung der verknüpften Daten an.

Oder eine *Excel*-Tabelle, die als Server dient, kann unterschiedliche Client-Dateien bedienen: Zum Beispiel können einzelne Zahlen der Tabelle mit unterschiedlichen Briefen verknüpft sein, und vielleicht die Tabelle als ganzes Bestandteil des Jahresabschlußberichtes sein. Wenn Sie an der *Excel*-Tabelle etwas ändern, entgeht das keiner der verknüpften Dateien – weder den Briefen noch dem Jahresabschlußbericht.

9 • Arbeiten mit Windows-Anwendungen

Wer mit wem?

Verknüpfungen sind normalerweise unsichtbar. Doch gerade dann, wenn man eine Datei mit einer Vielzahl von Partnern verknüpft hat, sollte man wissen, wer mit wem liiert ist. Zum Glück hilft Windows Ihnen dabei.

Tip 428 *Über den Menüpunkt* Bearbeiten ▶ Verknüpfungen *können Sie die bestehenden Verbindungen einsehen.*

In der Dialogbox *Verknüpfungen* sind alle Dateien aufgelistet, zu denen die aktuelle Datei einen „heißen Draht" besitzt. Sie können die bestehenden Verknüpfungen nicht nur einsehen, sondern auch bearbeiten. Klicken Sie dazu zuerst den gewünschten Listeneintrag an, und wählen Sie dann den Befehl *Bearbeiten*. Sofort startet die Server-Anwendung; die Datei, zu der eine Verknüpfung besteht, wird automatisch geladen, so daß Sie die verknüpfte Stelle unmittelbar bearbeiten können.

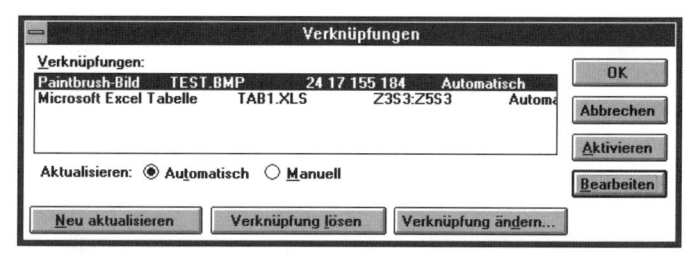

Diese Write-*Datei ist mit einem Bild und einer Tabelle verknüpft*

Nichts währt ewig

Irgendwann wird eine Verknüpfung möglicherweise überflüssig. Dann wird es Zeit zur Trennung. Dafür gibt es zwei Varianten: Entweder Sie löschen die verknüpften Daten mit Hilfe der (Entf)-Taste – dann verschwinden sowohl die eingefügten Daten als auch die Verknüpfung. Oder Sie gehen subtiler vor und löschen ganz gezielt die überflüssig gewordene Verknüpfung.

Tip 429 *Möchten Sie die verknüpften Daten erhalten, gleichzeitig aber vermeiden, daß sie weiterhin aktualisiert werden, löschen Sie nur die bestehende Verknüpfung!*

423

Wenn Sie zum Beispiel in Ihrem Jahresabschlußbericht eine Verknüpfung zu einer Tabelle hergestellt haben und nach Abschluß des Berichtes nicht mehr wollen, daß sich die Werte der Tabelle im Text ändern, kappen Sie die Verbindung. Dann bleibt die Tabelle als Element im Text der Client-Anwendung erhalten. An der Tabelle der Server-Anwendung können Sie nun getrost weiterarbeiten: Diese Veränderungen haben nach dem Löschen der Verbindung keine Auswirkungen mehr auf Ihren Jahresabschlußbericht.

Zum Löschen einer Verbindung wählen Sie den Menüpunkt *Bearbeiten* ▶ *Verknüpfungen*. Markieren Sie in der Liste der aktuellen Verknüpfungen diejenige Verbindung, die Sie trennen möchten. Klicken Sie dann auf die Befehlsfläche *Verbindung lösen*.

9 • Arbeiten mit Windows-Anwendungen

Word für Windows

Text pur

Einmal ohne alles, bitte! Ein Wunsch, den man nicht nur in der Pommes-Bude hören kann. Die Konzentration aufs Wesentliche ist auch in *WinWord* eine feine Sache: Wenn man über einen längeren Zeitraum nur Text eingeben muß, kann man auf die Symbolleisten und Menüs gut und gerne verzichten. Text pur – und davor eine ganze Menge – das wär' doch was?

Tip 430

Konzentrieren Sie sich auf das Wesentliche: Verbannen Sie alles, was nicht Text ist, von Ihrem WinWord-*Bildschirm!*

Dazu gehen Sie in das Menü *Extras* und wählen dort den Befehl *Einstellungen*. Sehen Sie genau hin: Am unteren Ende der Dialogbox steht das, was Sie jetzt brauchen: Nämlich die Option *Ganzer Bildschirm (keine Menüs)*. Klicken Sie einmal auf das Kästchen und einmal auf *OK*. Der Effekt ist nicht schlecht, oder: Text, Text, Text... und sonst gar nichts.

Hinweis

Dieser Trick funktioniert erst ab der WinWord-*Version 2.0b!*

Konzentieren Sie sich auf das Wesentliche: Verbannen Sie alles, was nicht Text ist, von Ihrem WinWord-Bildschirm!
Dazu gehen Sie in das Menü *Extras* und wählen dort den Befehl *Einstellungen*. Sehen Sie genau hin: Am unteren Ende der Dialogbox steht das, was Sie jetzt brauchen: Nämlich die Option *Ganzer Bildschirm (keine Menüs)*. Klicken Sie einmal auf das Kästchen und einmal auf *OK*. Der Effekt ist nicht schlecht, oder: Text, Text, Text... und sonst gar nichts.
Hinweis
Dieser Trick funktioniert erst ab der WinWord-Version 2.0b!

textpur.tif
Weg mit den Menüs!
|
pur.tif

Hinweis
Natürlich werden Sie die Menüs und die Symbolleisten irgendwann wieder benötigen. Wie sonst sollte man formatieren, speichern, drucken... Um der Nur-Text-Anzeige ein Ende zu machen, drucken Sie einfach auf <Esc>. Schon erscheint der Bildschirm in alter Form.

Weg mit den Menüs!

666 ganz legale   Windows-Tricks

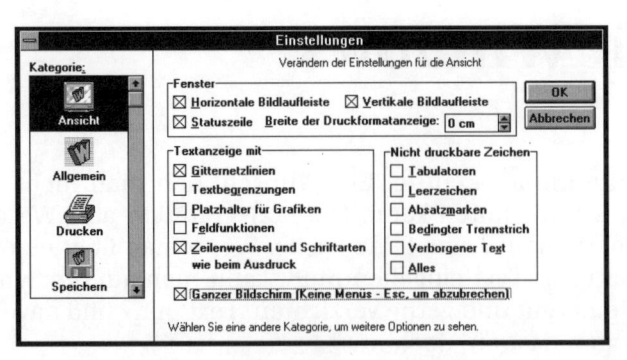

Die Option Ganzer Bildschirm *steckt in der Dialogbox* Extras

Natürlich werden Sie die Menüs und die Symbolleisten irgendwann wieder benötigen. Wie sonst sollte man formatieren, speichern, drucken... Um der Nur-Text-Anzeige ein Ende zu machen, drücken Sie einfach auf Esc. *Schon erscheint der Bildschirm in alter Form.*

Der Klick am Rande

Vor allem, wer umfangreiche Dokumente mit *WinWord* verwalten muß, weiß die Dienste des Befehls *Gehe zu* zu schätzen. Eine bestimmte Seitenzahl kann man so ohne großartiges Blättern gezielt ansteuern.

Tip 431

Besonders schnell gelangt man an die Gehe Zu-*Dialogbox, wenn man doppelt auf die Statuszeile klickt.*

Mit Hilfe der Funktion *Gehezu* können Sie eine beliebige Seite des Dokumentes anspringen. Zum selben Ziel - also zur Dialogbox *Gehe zu* - gelangen Sie, wenn Sie die Taste F5 betätigen.

Klicken Sie hier doppelt, erscheint die Dialogbox Gehe zu

426

9 • Arbeiten mit Windows-Anwendungen

Die korrekte WinWord-Verbindung

In Windows-Anwendungen kann man Dokumente nicht nur über den Befehl *Datei* ▸ *Öffnen* laden, sondern auch, indem man im Datei-Manager doppelt auf den gewünschten Dateinamen klickt. Besteht eine Verbindung, startet unmittelbar die betroffene Anwendung mit dem benötigten Dokument. Bei einer populären Anwendung klappt diese Vorgehensweise allerdings leider nicht: Rufen Sie ein Dokument auf, das mit *Word für Windows 2.0* erstellt wurde, erscheint die Fehlermeldung „SUB/FUNCTION nicht definiert". In diesem Fall bleibt Ihnen nichts anderes übrig, als die Dialogbox mit der Fehlermeldung zu bestätigen – der Befehl wird also nicht ausgeführt. Aus der Traum vom bequemen Laden von Dateien. Oder vielleicht doch nicht?

Tip 432

Verknüpfen Sie den Dateityp .DOC manuell mit der WinWord-Programmdatei!

Besagte Fehlermeldung erscheint nämlich aufgrund eines Fehlers in der Verknüpfung zwischen Dateityp und Programmdatei. Hätten Sie´s gedacht? Naja: Auch Programmierer sind eben nur Menschen...

Das Problem können Sie jedoch bequem mit Hilfe des Datei-Managers beheben. Wählen Sie dazu im Menü *Datei* den Befehl *Verknüpfen*. Es erscheint eine Dialogbox: Geben Sie in der Zeile *Dateien mit Dateinamenserweiterung* die Erweiterung .DOC ein. Wählen Sie nun aus der Liste *Verknüpfen mit* nicht den Eintrag *Word-Dokument* aus (sonst kommt es wieder zum erwähnten Fehler). Geben Sie in der Zeile statt dessen den Namen und den Pfad der *WinWord*-Befehlsdatei manuell ein, z.B.:

```
c:\winword\winword.exe
```

Wenn Sie die Dialogbox nun bestätigen, wird die Verknüpfung neu hergestellt. Probieren Sie's doch gleich einmal aus: Klicken Sie im Datei-Manager doppelt auf eine Datei mit der Endung .DOC. Haben Sie alles richtig gemacht, startet *Word für Windows* und lädt die gewünschte Datei.

666 ganz legale Windows-Tricks

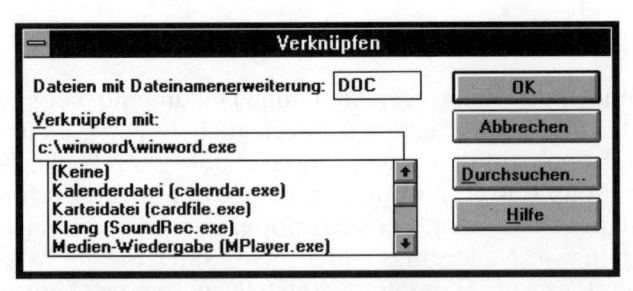

Die Verknüpfung zur WinWord-Programmdatei muß neu hergestellt werden

Ohne Startdokument

Wenn *WinWord* gestartet wird, erscheint automatisch ein leeres Dokument mit Namen „Dokument 1" im Fenster. Das ist nur dann sinnvoll, wenn Sie nach dem Start von *WindWord* eine neue Datei erstellen möchten.

Tip 433
Möchten Sie das leere Dokument beim WinWord-Start unterdrücken, verwenden Sie die Startoption /N.

Wissen Sie schon vor dem Start von WinWord, daß Sie kein neues Dokument erstellen, sondern ein bestehendes bearbeiten möchten, verwenden Sie den Startbefehl:

```
winword /n
```

Hinweis: *Möchten Sie, daß* WinWord *stets ohne Anfangsdokument gestartet wird, ergänzen Sie die Befehlszeile in der Dialogbox* Programmeigenschaften *um die Option /N.*

428

9 • Arbeiten mit Windows-Anwendungen

Excel

Der rechte Klick zur rechten Zeit

Haben Sie's schon mal mit rechts versucht? Ach, Sie erledigen gewöhnlich alles „mit links"? Im Umgang mit *Excel* sollten Sie sich das vielleicht abgewöhnen: Die rechte Maustaste weist Ihnen flotte Abkürzungen durch die Tabellenkalkulation.

Tip 434

Klicken Sie mal mit der rechten Maustaste auf die Symbolleiste!

Probieren Sie's aus: Gehen Sie mit dem Mauszeiger auf die Symbolleiste unterhalb der Menüleiste, und klicken Sie hier einmal mit der rechten Taste. Just an der Stelle, an der Sie geklickt haben, erscheint ein Menü. Alles, was man zum Erstellen und Formatieren einer Tabelle schnell zur Hand haben muß, wird Ihnen hier angeboten.

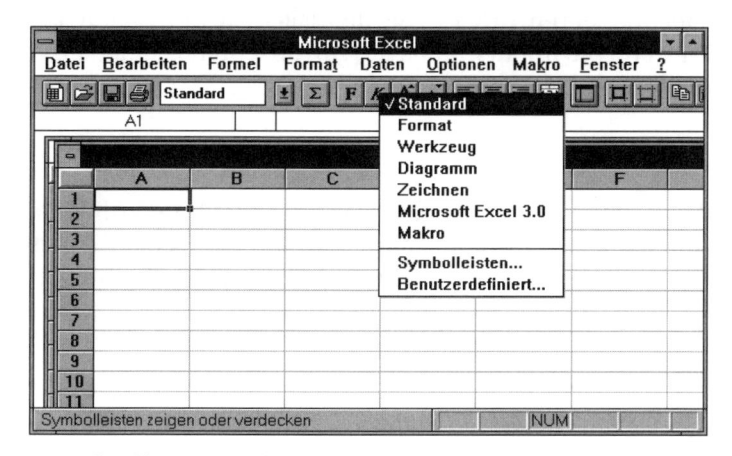

Ein schnelles Menü – fast schon ein Fertiggericht

Sie können nun wie gewohnt wählen: Klicken Sie auf *Zeichnen*, wird Ihnen das *Extra*-Menü mit den Zeichenutensilien angeboten; ein Klick auf *Format* blendet eine Leiste mit den gängigsten Textformaten ein. Auch der Tabelle selbst können Sie über diese Abkürzung letzten Schliff geben: Ein Klick auf *Diagramm* und ein weiterer auf die bevorzugte Darstellungsform, und es entsteht ein Diagramm mit dem gewählten Outfit.

Mehrere Dateien gleichzeitig öffnen

Eine Datei öffnet man in Excel, indem man den Befehl *Datei▶Öffnen* wählt. Das ist wahrlich nichts Besonderes. Besonders ist allerdings, daß man auf einen Schlag mehrere Dateien laden kann.

Tip 435

Können Sie absehen, daß Sie mehrere Tabellen bearbeiten möchten, öffnen Sie diese gleichzeitig! Am besten direkt bei Arbeitsbeginn: Dann haben Sie für den Rest der Arbeitssitzung mit dem Laden von Tabellen nichts mehr am Hut.

Die Durchführung ist denkbar einfach. Wählen Sie zuerst den Befehl *Datei▶Öffnen*. In der daraufhin erscheinenden Dialogbox markieren Sie in der Liste *Dateiname* alle Dateien, die geöffnet werden sollen. Arbeiten Sie mit der Maus und möchten Sie eine Gruppe von in der Liste zusammenhängenden Dateien auswählen, halten Sie die Maustaste gedrückt und ziehen den Cursor auf alle betreffenden Dateien. Möchten Sie allerdings einige nicht hintereinander aufgelistete Dateien markieren, drücken Sie die [Strg]-Taste und halten Sie sie gedrückt, während Sie mit der Maus die gewünschten Dateien aus der Liste anwählen.

Schutzverletzung beim Start?

Wenn beim Start von Excel 4.0 die Meldung „Allgemeine Schutzverletzung..." erscheint, dann stimmt wahrscheinlich etwas mit der Datei EXCEL.XLB nicht. Diese Datei enthält alle Informationen, die für das Aussehen Ihrer individuellen Toolbar wichtig sind.

Tip 436

Wenn sich beim Start von Excel Probleme einstellen sollten, dann löschen Sie die Datei EXCEL.XLB!

Löschen Sie die Systemdatei EXCEL.XLB entweder unter DOS oder mit Hilfe des Datei-Managers. Wenn Sie danach Excel starten, gibt es – sofern es keine anderen Hindernisse gibt – keine Startprobleme mehr. Allerdings befindet sich die Toolbar nun wieder in jungfräulichem Zustand. Ihre individuellen Toolbar-Einstellungen haben Sie mit der Datei EXCEL.XLB gelöscht. Sie müssen nun leider in den sauren Apfel beißen und die Toolbar erneut maßschneidern.

9 • Arbeiten mit Windows-Anwendungen

Haben Sie sich einmal Ihre Spezial-Toolbar zurechtgestellt, sichern Sie die Datei EXCEL.XLB, die sich im Windows-Verzeichnis befindet, in einem separaten Verzeichnis oder auf einer Diskette. Sollte es noch mal zu einer Schutzverletzung kommen, können Sie den Übeltäter ohne Bauchschmerzen löschen: Danach ist es ein leichtes, die (fehlerfreie) Sicherheitskopie ins Windows-Verzeichnis zurückzukopieren – und schon ist der Schaden vergessen.

PageMaker

PagerMaker 4.0 steht auf Kriegsfuß mit Ihrem Arbeitsspeicher? „Nicht genügend Speicher verfügbar, um Befehl auszuführen". Wenn diese Fehlermeldung für Sie keine Seltenheit ist, und das, obwohl andere Anwendungen mehr Speicher benötigen und trotzdem reibungslos laufen, dann müssen Sie wohl oder übel handeln.

Tip 437

Wenn sich regelmäßig Schwierigkeiten beim Start von PageMaker *einstellen, installieren Sie* PageMaker 4.0 *am besten neu auf der Festplatte.*

Die Fehlermeldungen in Sachen Speicherverwaltung sind durch mangelnde Anpassung der *PageMaker*-Befehlsdatei an die Hardware begründet. Um alle Optionen bei der Installation zu berücksichtigen, muß eine Komplettinstallation erfolgen. Und die kostet mindestens 9 MByte Plattenspeicher.

Werden Sie unter PagerMaker 4.0 von Fehlern in der Speicherverwaltung geplagt, während andere Anwendungen reibungslos laufen, bleibt Ihnen eigentlich nur eine Neusinstalltion von PageMaker. Sichern Sie aber vorher unbedingt alle PageMaker-Dokumente.

Stellen Sie vor der Neuinstallation sicher, daß auf Ihrer Festplatte rund 9 MByte Speicherplatz frei sind. Prüfen Sie mit DEFRAG oder einem anderen Festplatten-Defragmentierungsprogramm, in welchem Zustand die Festplatte ist; ist sie stark fragmentiert, optimieren Sie die Platte vorher.

Danach starten Sie Windows erneut – und zwar im Standard-Modus. Geben Sie dazu ein:

```
win /s
```

Der Windows-Start im Standard-Modus verhindert das Anlegen einer Auslagerungsdatei; nur so kann sichergestellt werden, daß der gesamte verfügbare Plattenspeicher für die Installation von *PageMaker 4.0* bereitsteht.

Nach der Neuinstallation können Sie wie gewohnt mit *PageMaker* arbeiten; Speicherprobleme sollten nun der Vergangenheit angehören.

Kapitel 10
Drucken

Drucker installieren   434

Besonderheiten beim Druck   439

Die Drucker-Warteschlange   449

Probleme beim Druck   454

Drucker installieren

Ein neuer Drucker

Wenn Sie einen Drucker an Ihren Rechner anschließen, der dort zur Zeit der Windows-Installation noch nicht angeschlossen war, existiert für ihn folglich auch noch kein Druckertreiber. Um mit dem Drucker arbeiten zu können, sollten Sie das schleunigst nachholen.

Tip 438
Holen Sie die Installation des benötigten Druckertreibers nach!

Sie können das auf zweierlei Weisen erledigen. Entweder Sie starten den *Druck-Manager* und wählen im Menü *Optionen* den Befehl *Druckerinstallation*. Oder aber Sie starten in der *Systemsteuerung* die Steuerungskomponente *Drucker*. In beiden Fällen gelangen Sie in die Dialogbox *Drucker*. Klicken Sie dort auf die Befehlsfläche *Drucker hinzufügen*. Die Dialogbox wird nach unten erweitert. Jetzt können Sie aus der *Druckerliste* den benötigten Drucker auswählen. Markieren Sie den entsprechenden Eintrag, und klicken Sie auf *Installieren*. In einer weiteren Dialogbox fordert Windows Sie nun auf, die benötigte Windows-Programmdiskette einzulegen. Danach wird die Treiberdatei in das Windows-Verzeichnis kopiert, entpackt und automatisch installiert.

Möchten Sie mehrere Drucker installieren, wiederholen Sie den Vorgang entsprechend häufig. Windows kann problemlos mit mehreren Druckern gleichzeitig umgehen. Aber auch, wenn Sie den angeschlossenen Drucker ständig wechseln, sollten Sie die entsprechenden Druckertreiber alle bereithalten (siehe weiter unten: *Mehrere Drucker angeschlossen*).

Wo ist die Druckerliste?

Wer auf die Befehlsfläche *Drucker hinzufügen* in der Dialogbox *Drucker* klickt, darf mit Fug und Recht erwarten, daß sich die Box nach unten um die Liste der installierbaren Drucker erweitert. Wenn das nicht der Fall sein sollte, ist das wirklich ärgerlich. Doch es gibt Wege aus der Misere.

10 • Drucken

Tip 439

Wenn sich bei der Installation eines Druckertreibers Schwierigkeiten einstellen, ersetzen Sie die Dateien SETUP.INF und CONTROL.INF!

Doch bevor Sie zu dieser Maßnahme greifen, überprüfen Sie erst einmal, ob noch genügend Arbeitsspeicher zur Druckerinstallation frei ist. Verlassen Sie die Systemsteuerung, und schließen Sie ein paar Anwendungen. Versuchen Sie dann nochmals, einen Drucker hinzuzufügen. Klappt das immer noch nicht, ist wohl eine der beiden Dateien SETUP.INF oder CONTROL.INF beschädigt. Vielleicht fehlen sie sogar völlig.

In diesem Fall kopieren Sie die beiden für die Installation recht wichtigen Systemdateien SETUP.INF und CONTROL.INF von der ersten Windows-Programmdiskette in das Windows-Systemverzeichnis. Sie können das bequem mit dem Datei-Manager erledigen. Starten Sie danach die Systemsteuerung erneut. Jetzt dürfte der Installation eines weiteren Druckers nichts mehr im Wege stehen.

Hinweis: Die beiden Systemdateien SETUP.INF und CONTROL.INF befinden sich in nicht-gepacktem Zustand auf der Programmdiskette. Sie können also ganz normal den Befehl Datei▶Kopieren *verwenden und müssen nicht den EXPAND-Befehl bemühen.*

Mehrere Drucker angeschlossen

Ohne jedes Problem kann man mit Windows mehrere Drucker betreiben: Zum Beispiel einen Nadeldrucker „fürs Grobe" und einen Laserdrucker für alles, was schön aussehen soll. Oder Sie wechseln zwischen Druckertreiber für Laserdrucker und FAX-Modem hin und her.

Tip 440

Da die Windows-Anwendungen nicht von sich aus wissen, auf welchem Drucker sie ausdrucken sollen, müssen Sie einen Drucker zu Ihrem Standarddrucker machen!

Gehen Sie auf einem der beiden in Trick *Ein neuer Drucker* beschriebenen Wege in die Dialogbox *Drucker*. In der Liste *Installierte Drucker* sind alle Drucker aufgelistet, die Ihnen derzeit zur Verfügung stehen. Markieren Sie den Drucker, den Sie am häufigsten benötigen.

Klicken Sie dann auf die Fläche *Als Standarddrucker*. Der ausgewählte Drucker wird nun in der obersten Zeile der Dialogbox als *Standarddrucker* aufgeführt.

> **Hinweis**
>
> *Sofern Sie einer Windows-Anwendung nicht genau sagen, auf welchem Drucker sie drucken soll, verwendet sie immer und garantiert den Standarddrucker.*

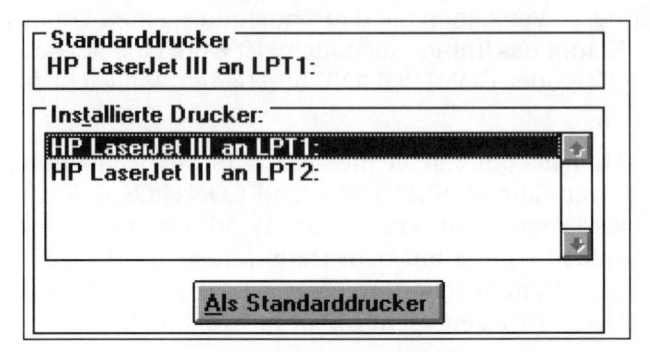

Der erste Drucker wurde als Standarddrucker ausgewählt

Welcher Drucker soll denn rattern?

Die berühmte Qual der Wahl hat eine Windows-Anwendung, wenn sie drucken soll und mehrere Drucker zur Auswahl stehen. Der Druckvorgang selbst ist ja schnell gestartet: Man klickt auf das Drucker-Symbol in der Toolbar, wählt den *Drucken*-Befehl im Menü *Datei* oder betätigt die entsprechende Tastenkombination. Und schon wird das aktuelle Dokument automatisch auf dem Drucker ausgegeben, der zur Zeit als Standarddrucker definiert ist.

Tip 441

Möchten Sie einen anderen als den Standarddrucker benutzen, müssen Sie Windows das mitteilen!

Wählen Sie dazu im Menü *Datei* den Menüpunkt *Druckereinrichtung*. Es erscheint eine Dialogbox, in der alle installierten Drucker aufgeführt sind. Um den Drucker zu wechseln, markieren Sie den gewünschten Eintrag, und bestätigen Sie die Dialogbox.

10 • Drucken

Hinweis: *Der gewählte Drucker wird in der betroffenen Anwendung nur so lange als Standarddrucker eingesetzt, bis Sie eine erneute Änderung vornehmen.*

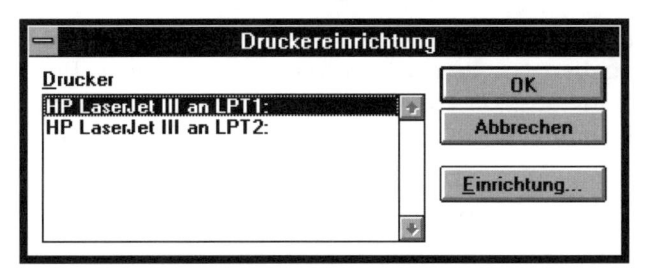

Welcher Drucker darf es sein?

Individuelle Namen für die Drucker

Eigentlich ist es ja ganz einfach, in der Dialogbox *Druckereinrichtung* einen Drucker auszuwählen. Etwas schwierig wird es eigentlich nur dann, wenn mehrere Drucker gleichen Typs angeschlossen sind, was zum Beispiel passieren kann, wenn es im Netz mehrere identische Netzwerkdrucker gibt. Dann sind Meldungen wie „HP LaserJet an LPT1:" und „HP LaserJet an LPT2:" keine Seltenheit. Was tun?

Tip 442: *Geben Sie den angeschlossenen Druckern individuelle Namen, aus denen eindeutig hervorgeht, welches Gerät gemeint ist!*

Die Bezeichnung des Druckers, wie sie unter anderem in der Dialogbox *Drucker* vor der Bezeichnung der Schnittstelle steht, wird normalerweise aus den Namen der Druckertreiber abgeleitet. Doch wenn Sie möchten, können Sie diese Bezeichnungen beliebig und damit womöglich sehr viel aussagekräftiger gestalten.

Dazu ist eine Änderung der Windows-Systemdatei WIN.INI notwendig. Laden Sie die Datei dazu in einen beliebigen Editor, am besten in den Windows-eigenen Systemkonfigurations-Editor *SysEdit*. Gehen Sie dann in den Abschnitt mit dem Namen:

```
[PrinterPorts]
```

In dieser Sektion sind alle installierten Druckertreiber aufgeführt, auch die, die sich derzeit nicht in Gebrauch befinden. Das kann zum Beispiel so ausssehen:

```
HP DeskJet Plus=HPDSKJET,LPT2:,15,45
HP LaserJet III=HPPCL5A,LPT1:,15,45
```

Um den Geräten aussagekräftigere Namen zuzuweisen, tauschen Sie die Angaben vor dem Gleichheitszeichen gegen Ihre Wunschbeschreibung aus. Die Angaben hinter dem Gleichheitszeichen verändern Sie bitte nicht. Nach den Korrekturen kann die Sektion so aussehen:

```
Tinte Briefe=HPDSKJET,LPT2:,15,45
Laser Ökopapier=HPPCL5A,LPT1:,15,45
```

Speichern Sie die veränderte Datei WIN.INI jetzt. Wenn Sie danach erneut in der Dialogbox *Drucker* der *Systemsteuerung* nachsehen, erscheinen nun die neuen Namen anstelle der alten 08/15-Bezeichnungen.

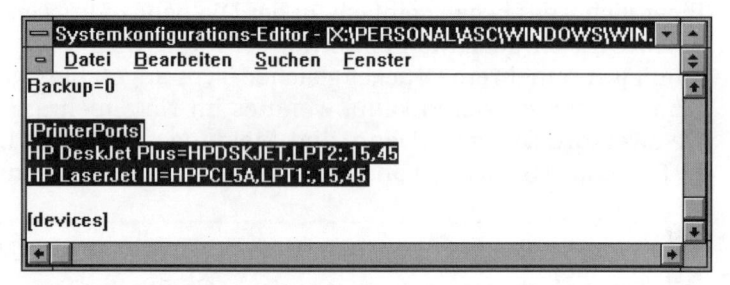

Tauschen Sie die Druckernamen aus

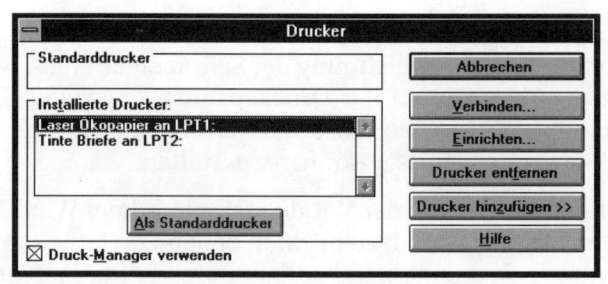

So weiß jeder, welches Gerät gemeint ist

10 • Drucken

Besonderheiten beim Druck

Druck wie von Geisterhand

Sie arbeiten gerade mit dem Datei-Manager und wollen „mal eben" ein Dokument zu Papier bringen? Gute Nachrichten: Dann können Sie es sich sparen, zuerst zur betreffenden Anwendung zu wechseln und dort den Menüpunkt *Datei ▶ Drucken* auszuwählen. In vielen Fällen geht es nämlich auch leichter.

> **Tip 443**
> *Bei OLE-tauglichen Anwendungen drucken Sie Dokumente mit freundlicher Unterstützung der Drag-and-Drop-Technologie!*

Drag and Drap macht alles denkbar bequem: Ordnen Sie Ihren Desktop so an, daß Sie neben dem Datei-Manager auch noch das Symbol des aktiven Druck-Managers sehen (sofern dieser noch nicht aktiv ist, starten Sie ihn, und verkleinern Sie ihn auf Symbolgröße). Klicken Sie dann mit der Maus die Datei an, die Sie drucken möchten. Halten Sie die Maustaste gedrückt, und ziehen Sie die Datei auf das Symbol des Druck-Managers. Lassen Sie erst dort die Maustaste wieder los.

> **Hinweis**
> *Sofern für die in den Druck-Manager gezogene Datei keine Verknüpfung zu einer Anwendung besteht und/oder diese Anwendung nicht OLE-tauglich ist, erscheint eine entsprechende Meldung, wenn Sie die Datei beim Druck-Manager „abgeben".*

Augenblicklich startet die Anwendung, mit der die Datei verbunden ist. Ohne daß Sie eine weitere Taste betätigen müßten, druckt diese Anwendung das Dokument nun aus und übergibt die Druckinformationen wiederum an den Druck-Manager. Die Anwendung wird anschließend automatisch geschlossen, zumindest sofern sie vorher nicht aktiv war.

Drucker stets am Ball

Damit das Drucken via Drag and Drop (siehe Trick *Drucken wie von Geisterhand*) funktionieren kann, muß der Druck-Manager aktiv sein. Wollen Sie in Zukunft häufiger mit dieser wirklich praktischen Methode Dateien zu Papier bringen, wäre es etwas mühsam, den Druck-Manager bei jedem Windows-Start manuell zu starten. Windows kann Ihnen diese Arbeit abnehmen.

666 ganz legale Windows-Tricks

> **Tip 444** — *Sehen Sie zu, daß der Druck-Manager bei jedem Windows-Start automatisch gestartet wird!*

Dazu müssen Sie nur das Icon des Druck-Managers in die Programmgruppe *Autostart* kopieren. In den Programmeigenschaften des kopierten Programmsymbols sollten Sie noch die Option *Als Symbol* aktivieren, damit der Druck-Manager nach dem Start bescheiden als Symbol am unteren Bildschirmrand erscheint – das reicht.

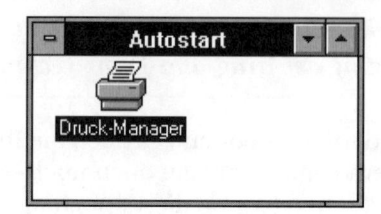

In der Gruppe Autostart *ist der Druck-Manager gut aufgehoben*

Druck im Hintergrund

Sobald Sie in einer x-beliebigen Windows-Anwendung den Menüpunkt *Drucken* auswählen, startet – für Sie unbemerkt – der Druck-Manager. Während Sie sich nicht mehr um den Druckvorgang kümmern müssen und unverzüglich weiterarbeiten können, setzt der Druck-Manager im Hintergrund seine Arbeit fort. Das kann unter Umständen ziemlich viel Arbeitszeit kosten und dadurch die Arbeit im Vordergrund beeinträchtigen.

> **Tip 445** — *Überlegen Sie sich, wieviel Rechenzeit Sie dem Druck-Manager für seine Aufgaben gönnen möchten!*

Wieviel Power Sie dem Druck-Manager zugestehen, hängt von der Wichtigkeit des Druckvorgangs ab. Soll Ihr Drucker Ihnen zum Beispiel möglichst schnell ein umfangreiches Dokument liefern, sollten Sie dem Druck-Manager viel Rechenzeit zuteilen. Drucken Sie allerdings nur hier und da mal ein kleines Briefchen, reicht auch wesentlich weniger Rechenzeit. Außerdem ist die Entscheidung auch abhängig davon, wie schnell der angeschlossene Drucker druckt. Langsame Drucker brauchen nicht so viel Zuwendung wie schnelle.

10 • Drucken

Starten Sie den Druck-Manager, um die Priorität festzulegen. Öffnen Sie das Menü *Optionen*. Hier können Sie sich zwischen niedriger, hoher und mittlerer Priorität entscheiden. Standardmäßig wird dem Druck-Manager eine „mittlere Priorität" zugeteilt. Wollen Sie, daß er weniger Rechenzeit beansprucht, wählen Sie *Niedrige Priorität*.

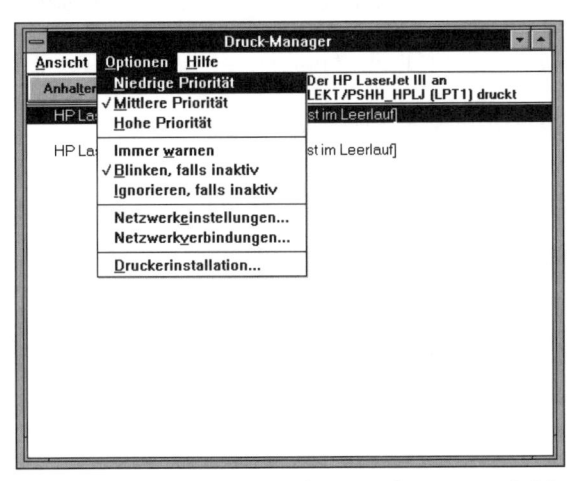

Bestimmen Sie, wieviel Rechenzeit Ihrem Druck-Manager zugeteilt wird

In eine Datei drucken

Sie fragen sich nach der Lektüre der Überschrift, warum man wohl „in eine Datei" und nicht „auf Papier" drucken sollte? Dafür gibt es wirklich gute Gründe. Bearbeitet man beispielsweise gerade ein Dokument, das man nicht auf seinem eigenen, sondern auf einem anderen Drukker ausgeben möchte, empfiehlt sich das Erstellen einer solchen Druckdatei. Das Praktische an dieser Methode: Auf dem Rechner, auf dem die Datei schließlich und endlich ausgedruckt wird, muß weder die Anwendung, mit der die Datei ursprünglich erstellt wurde, noch das Dokument vorhanden sein. Man druckt einfach die Druckdatei – c´est ça.

Tip 446

Wenn Sie Daten auf einem fremden Drucker ausgeben möchten, erstellen Sie eine Druckdatei!

Im Vergleich zur reinen Dokumentdatei ist eine Druckdatei in der Regel wesentlich größer; enthält sie doch alle Formatierungsmerkmale, Druckbefehle und sonstige Einstellungen, die für das Aussehen des Dateiinhaltes verantwortlich sind.

Um in eine an einem fremden Rechner verwertbare Datei zu drucken, wählen Sie zuerst denjenige Drucker aus, auf dem die Druckdatei später ausgegeben werden soll. Erledigen Sie das über die Steuerungskomponente *Drucker* der Systemsteuerung. Der hier ausgewählte Drucker muß natürlich nicht an Ihrem Rechner angeschlossen sein; nur der betreffende Druckertreiber muß installiert sein. Klicken Sie danach auf die Befehlsfläche *Verbinden*. Wählen Sie in der Liste *Anschlüsse* den Eintrag FILE, und bestätigen Sie die Box.

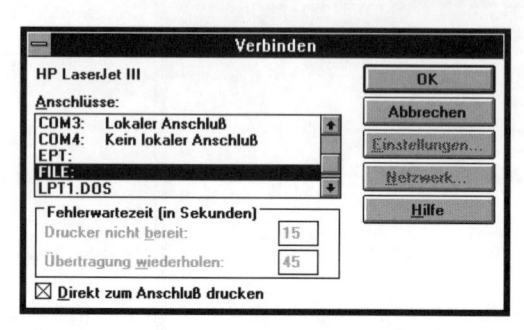

Um in eine Datei zu drucken, muß die Verbindung FILE gewählt werden

Danach können Sie das Dokument wie gewohnt in der Anwendung über den Befehl *Datei ▶ Drucken* auf dem „Pseudo"-Drucker „Datei" (File) ausgeben. Nachdem Sie die Funktion *Drucken* gewählt haben, erscheint eine Dialogbox, in der Sie den Namen der Druckdatei eingeben müssen. Wenn Sie die Box bestätigen, wird die Druckdatei wunschgemäß angefertigt.

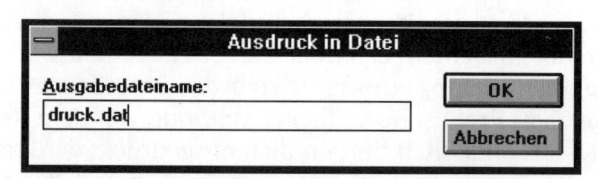

Geben Sie hier den Namen der Druckdatei an

Die Druckdatei können Sie nun auf eine Diskette kopieren und zum angestrebten fremden Drucker transportieren, etwa per Post oder Modem. Dort können Sie die Druckdatei direkt drucken, indem Sie die betreffende Datei auf den Drucker kopieren. Das läßt sich mit Hilfe des Datei-Managers bewerkstelligen (Funktion *Kopieren* wählen, Taste [F8], und als Ziel PRN angeben), oder Sie geben folgende Anweisung in der DOS-Box ein:

```
copy druck.dat prn
```

10 • Drucken

> **Hinweis:** *Weder die Anwendung, mit der die Datei erstellt wurde, noch eventuelle Druck- oder Dokumentvorlagen müssen auf diesem Rechner installiert sein.*

Immer in dieselbe Datei drucken

Wer regelmäßig von der Möglichkeit Gebrauch machen will, Daten mit Hilfe von Druckdateien auf einem Drucker auszugeben, und dabei auch oft in dieselbe Datei druckt, der kann viel Zeit sparen. Die obligatorische Abfrage nach dem Dateinamen der Druckdatei kann nämlich umgangen werden.

Tip 447

Wenn Sie regelmäßig in eine Druckdatei drucken, dann richten Sie am besten eine Druckdatei als Quasi-Schnittstelle ein!

Um das zu erreichen, ist nur eine klitzekleine Änderung in der Windows-Systemdatei WIN.INI erforderlich. Laden Sie die Datei in einen geeigneten Editor, und gehen Sie in den Abschnitt:

```
[ports]
```

In dieser Sektion sind alle Anschlüsse aufgeführt, die Sie normalerweise in der Dialogbox *Verbinden* der Systemsteuerung anwählen können. Fügen Sie hier den Namen der Druckdatei hinzu, gefolgt von einem Gleichheitszeichen. Das kann beispielsweise so aussehen:

```
druck.dat=
```

Der Eintrag erscheint später in exakt derselben Schreibweise in der Auswahlbox. Speichern Sie die veränderte Systemdatei. Nun müssen Sie noch einen Druckereintrag mit dem neu eingerichteten Quasi-Anschluß verbinden. Gehen Sie dazu in die Systemsteuerung, und starten Sie die Steuerungskomponente *Drucker*. Markieren Sie den Drucker, dem Sie den voreingestellten Druckdateinamen zuweisen möchten. Klicken Sie danach auf die Befehlsfläche *Verbinden*. Es erscheint eine weitere Dialogbox. Wählen Sie hier aus der Liste *Anschlüsse* den selbsteingetragenen Namen der Druckdatei. Bestätigen Sie danach die Verbindung.

Wenn Sie nun in einer beliebigen Windows-Anwendung den Befehl *Drucken* wählen und auf den „Anschluß" Druckdatei drucken, wird das Dokument nicht auf einem Drucker, sondern in der Datei mit dem voreingestellten Namen abgelegt – die lästige Eingabe eines Dateinamens entfällt.

666 ganz legale Windows-Tricks

> **Hinweis:** *Die Druckdatei wird im jeweils aktuellen Standardverzeichnis erstellt. Das sollte man beachten, wenn man nach ihr fahndet, um sie auszudrucken.*

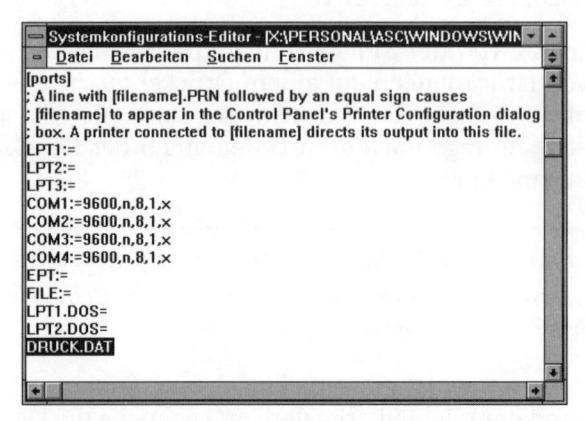

```
Systemkonfigurations-Editor - [X:\PERSONAL\ASC\WINDOWS\WIN
 Datei  Bearbeiten  Suchen  Fenster
[ports]
; A line with [filename].PRN followed by an equal sign causes
; [filename] to appear in the Control Panel's Printer Configuration dialog
; box. A printer connected to [filename] directs its output into this file.
LPT1:=
LPT2:=
LPT3:=
COM1:=9600,n,8,1,x
COM2:=9600,n,8,1,x
COM3:=9600,n,8,1,x
COM4:=9600,n,8,1,x
EPT:=
FILE:=
LPT1.DOS=
LPT2.DOS=
DRUCK.DAT
```

Fügen Sie den Namen der Druckdatei den Schnittstellen hinzu!

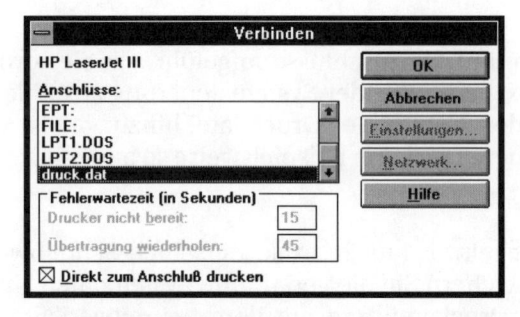

Verbinden Sie den Drucker mit der Druckdatei

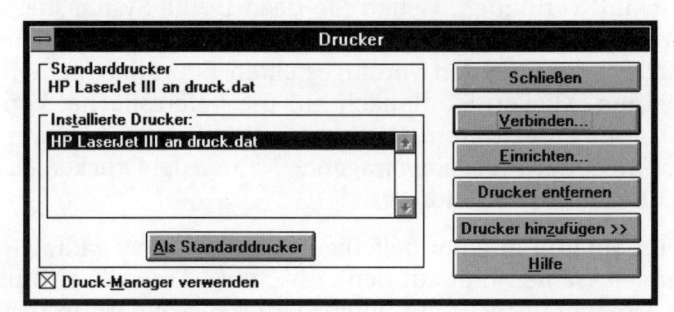

Der Standarddrucker ist mit der voreingestellten Druckdatei verbunden

Windows-Datei außerhalb von Windows drucken

Wer normalerweise mit einem Rechner arbeitet, der mit Windows ausgestattet ist, manche Male aber auch vor einem Rechner sitzt, auf dem lediglich DOS installiert ist, der muß sich über sowas Gedanken machen: Eine Datei, die mit Hilfe einer Windows-Anwendung erstellt wurde, kann man durchaus auch ohne Hilfe von Windows drucken. Damit ist nicht die Quadratur des Kreises gemeint, sondern ein Lösungsvorschlag für den Fall, daß Sie mal auf einem Rechner arbeiten müssen, der nicht mit Windows ausgestattet ist.

Tip 448

Eine unter Windows erzeugte Druckdatei kann man auch auf der DOS-Ebene ausdrucken!

Um zum Beispiel ein *Word für Windows*-Dokument auszudrucken, bedarf es im Normalfall zumindest der grafischen Benutzeroberfläche Windows. Macht man aus dieser Dokumentdatei jedoch eine Druckdatei (siehe vorangehende Tricks), ist nicht nur *Word für Windows*, sondern auch Windows selbst überflüssig.

Begründung: Mit Hilfe des COPY-Befehls können Sie die Dateiausgabe jederzeit auf den Drucker umleiten. Um eine Druckdatei DRUCK.DAT auf dem Drucker auszugeben, geben Sie auf der DOS-Ebene folgendes ein:

```
copy druck.dat prn
```

DRUCK.DAT steht für den Namen der Druckdatei; passen Sie ihn ggf. an.

Druck von Texten beschleunigen

Legen Sie Wert auf einen gestochen scharfen Ausdruck von Grafiken, sollten Sie beim Druck stets die größtmögliche Auflösung verwenden. Anders verhält es sich beim Ausdruck von Texten auf einem Laserdrucker: Welche Auflösung Sie verwenden, sehen Sie dem Ausdruck meistens nicht an.

Tip 449

Der Druck textlastiger Dokumente geht wesentlich flotter vonstatten, wenn Sie eine geringe Auflösung verwenden.

Die Auflösung eines Ausdruckes wird in Punkten pro Zoll (dpi) angegeben. Diesen Wert können Sie über die Steuerungskomponente *Drukker* der Systemsteuerung verändern. Klicken Sie dazu in der Dialogbox *Drucker* auf die Befehlsfläche *Einrichten*. Es erscheint eine weitere Dialogbox: Je nach Druckermodell erscheint entweder hier, oder nachdem Sie die Funktion(en) *Optionen* und/oder *Weitere Optionen* ausgewählt haben, das Listenfeld *Grafikauflösung* oder *Auflösung*.

Meistens können Sie in diesem Feld zwischen verschiedenen Auflösungen wählen. Sie können hier normalerweise bedenkenlos einen kleinen Wert wählen – auf die Qualität des Textausdruckes hat das meist keine allzu negativen Auswirkung (natürlich hat es Konsequenzen). Wenn Sie die Dialogboxen der Systemsteuerung bestätigt haben, wird der nächste auszudruckende Text spürbar schneller zu Papier gebracht.

Bestimmen Sie die Auflösung

Mit Überschallgeschwindigkeit

Natürlich ist die Überschrift eine reine Lüge: Es gibt meines Wissens keinen Weg, einen Drucker so zu konfigurieren, daß er mit Überschallgeschwindigkeit arbeitet (falls Sie wider Erwarten doch einen Weg dahin kennen, lassen Sie ihn mich wissen). Aber es gibt einen Tip, der die Textausgabe *fast* in Überschallgeschwindigkeit ermöglicht. Auf Schnörkel und sonstiges dekoratives Beiwerk müssen Sie dabei allerdings verzichten.

Tip 450
Verwenden Sie den Druckertreiber Universal/Nur Text, *und die Blätter fliegen nur so aus dem Drucker!*

Dieser etwas unbekannte Druckertreiber sollte vor allem dann zum Einsatz kommen, wenn Sie größere Mengen Text ruckzuck ausdrucken möchten. Er druckt nichts anderes als reine ASCII-Zeichen.

10 • Drucken

Das heißt konkret: Tabellenlinien eines Spreadsheeds ignoriert er genauso wie zum Beispiel die Umrandung der Karteikarte des Windows-*Karteikasten* oder bestimmte Rasterungen oder Umrahmungen in aufwendig formatierten Texten. Was Sie auf dem Papier zu sehen bekommen, ist Text pur – und sonst gar nichts.

Der Druckertreiber *Universal/Nur Text* sollte sich also unbedingt in der Liste der installierten Drucker befinden (siehe Trick: *Ein neuer Drucker*). Wenn Sie einmal einen Super-Schnelldruck ohne Wenn und Aber benötigen, wählen Sie über den Befehl *Datei ▶ Druckereinrichtung* der betreffenden Anwendung den *Nur-Text*-Treiber aus, und leiten Sie den Druckvorgang wie gewohnt ein.

Hinweis: Der Druckertreiber Universal/Nur Text *funktioniert wunderbar mit allen Druckern, die reine ASCII-Texte drucken können; dazu zählen im Grunde genommen alle Matrix-, Tintenstrahl- und auch Laserdrucker. Nur PostScript-Drucker können mit diesem Druckertreiber nicht kooperieren.*

Ein Muß für alle Eiligen: Der Druckertreiber „Universal/Nur Text"

447

„Nur Text" contra ATM

Wenn Sie den vorangehenden Trick befolgt haben, doch der *Universal*-Druckertreiber erfüllt nicht die in ihn gesetzten Erwartungen, so kann das ebentuell an der gleichzeitigen Verwendung des Adobe Type Managers (ATM) liegen.

Tip 451 *Verwenden Sie den Druckertreiber* Universal/Nur Text *nicht gleichzeitig mit dem ATM!*

Wenn sich der genannte Treiber und der Adobe Type Manager nicht vertragen, Sie aber dennoch Wert auf einen Ausdruck mit Überschallgeschwindigkeit legen, sollten Sie den Type-Manager kurzfristig ausschalten. Auf den letzten Schliff, den der ATM Ihren Dokumenten verleiht, können Sie bei einem Super-Schnellausdruck sowieso gut und gerne verzichten.

Gehen Sie dazu in den Datei-Manager und klicken doppelt auf die Datei ATMCNTRL.EXE (möglicherweise gibt es auch irgendwo ein Programmsymbol für die ATM-Konfiguration). Die ATM-Steuerungszentrale erscheint: Aktivieren Sie hier die Option *ATM aus*. Danach schließen Sie die Dialogbox, verlassen Windows und starten es erneut. Nach dem erneuten Start ist der Adobe Type Manager inaktiv – dem Druck mit dem Druckertreiber *Universal/Nur Text* steht nun nichts mehr im Wege.

10 • **Drucken**

Die Drucker-Warteschlange

Die Daten des Druckauftrags

Der Druck-Manager verwaltet bekanntlich alle eingehenden Druckaufträge. Damit sie nicht durcheinander geraten, werden diese Druckaufträge in einer Warteschlange organisiert. Das Praktische an dieser Warteschlange ist nicht nur, daß dadurch sichergestellt ist, daß alles in der Reihenfolge aus dem Drucker kommt, in der die Druckaufträge verschickt wurden, sondern vor allem, daß man sich jederzeit einen Überblick über die aktuelle Situation der Druckaufträge verschaffen kann. Nur so läßt sich einschätzen, wie lange es ungefähr dauern wird, bis man den gewünschten Ausdruck in Händen hält.

Tip 452
Die Warteschlange des Druck-Managers ist auskunftsfreudig: Lassen Sie sich Größe und Uhrzeit der Druckaufträge anzeigen!

Das geht ganz einfach: Sofern der *Druck-Manager* noch nicht gestartet ist, starten Sie ihn. Aktivieren Sie dann im Menü *Ansicht* die beiden Optionen *Uhrzeit/Datum anzeigen* und *Dateigröße anzeigen*. Beachten Sie dabei, daß sich die Uhrzeit- und Datumsangaben nicht auf die Entstehung der Datei, sondern auf den Zeitpunkt, zu dem die Datei dem Druck-Manager übergeben wurde, bezieht.

Dieser Auftrag wurde kurz vor der Mittagspause abgeschickt

Vormogeln erlaubt

Der Druck-Manager bearbeitet die eingegangenen Druckaufträge nicht nur mit stoischer Ruhe, sondern auch in exakt der Reihenfolge, in der sie bei ihm eingegangen sind. Wenn nun der allerwichtigste Druckauftrag an 13. Stelle in der Warteschlange steht und man nichts sehnlicher erwartet, als eben diesen Druckauftrag zu Papier gebracht zu wissen, dann wird man schnell unruhig. In solchen Fällen sollte man zum äußersten greifen: Mogeln Sie den dringenden Druckauftrag nach vorne.

Tip 453 *Wichtige Dokumente lassen sich nach vorne mogeln: Ändern Sie die Reihenfolge in der Drucker-Warteschlange.*

Wechseln Sie dazu in den Druck-Manager. Sofern der Druck-Manager mehrere Drucker verwaltet, wählen Sie den aus, auf dem der betreffende Druckauftrag gedruckt werden soll. Klicken Sie danach den Druckauftrag an, den Sie vormogeln möchten, und halten Sie die Maustaste gedrückt. Der Cursor verwandelt sich nun in einen großen Pfeil. Ziehen Sie den Druckauftrag an die gewünschte Stelle in der Warteschlange. Wenn Sie ihn dort loslassen, wird die Liste der Druckaufträge automatisch neu geordnet.

Hinweis: Am allerschnellsten gelangen Sie an Ihren Ausdruck, wenn Sie den betreffenden Druckauftrag an die zweite Stelle in der Liste ziehen. Die erste Stelle ist tabu – hier befindet sich stets die Datei, die gerade gedruckt wird.

Wer blockiert die Netzwerkwarteschlange?

Eine alltägliche Szene aus dem SYBEX-Verlag: Man muß unbedingt und ganz dringend etwas zu Papier bringen. Den Druckauftrag hat man schon abgeschickt. Danach wartet man eine halbe Ewigkeit auf eine „Vollzugsmeldung" des Drucker-Servers. Man wartet eine Minute, fünf Minuten, zehn Minuten – und nichts geschieht. Irgendjemand hat die Netzwerk-Warteschlange blockiert; wahrscheinlich, weil er wieder so einen 1000-Seiten-Wälzer ausdruckt...

Tip 454 *Lassen Sie sich vom Druck-Manager anzeigen, welche Pappnase den Drucker in Beschlag genommen hat.*

Um Ihre Neugierde zu befriedigen, wechseln Sie zuerst in den Druck-Manager. Öffnen Sie hier das Menü *Ansicht*, und wählen Sie den Menüpunkt *Ausgewählte Netzwerkwarteschlange*. Hier werden alle Druckaufträge samt dem Rechner, von dem sie stammen, angezeigt. Sie können den „Übeltäter" also leicht ausfindig machen, zu ihm ins Büro gehen und ihm gehörig die Meinung sagen...

10 • Drucken

Über diesen Menüpunkt erhalten Sie Einblick in die Netzwerkwarteschlange

Druck unterbrechen

Das Telefon klingelt, Sie nehmen ab – und verstehen Ihr eigenes Wort nicht, weil direkt neben dem Telefon Ihr Nadeldrucker bekanntermaßen geräuschvoll die Tinte ins Papier haut. Für die nächsten Minuten des Telefonats sieht es recht schlecht aus – weil der Druck nämlich so umfangreich ist, daß er bestimmt noch ein Viertelstündchen dauert. Aber Sie müssen deshalb nicht auflegen.

Tip 455

Halten Sie den Druck an, und setzen Sie ihn zu einem späteren Zeitpunkt fort!

Ist der Druckauftrag bereits abgeschickt, ist automatisch auch der Druck-Manager aktiv. Wechseln Sie in sein Fenster, um Einblick in die Drucker-Warteschlange zu bekommen.

Markieren Sie in der Warteschlange den Druckauftrag, den Sie anhalten möchten – also den ersten Eintrag in der Liste. Klicken Sie dann auf die Befehlstaste *Anhalten* (unterhalb der Menüleiste). Windows schickt danach keine neuen Druckdaten mehr an den Drucker.

Hinweis: Wundern Sie sich bitte nicht, wenn der Drucker seine Tätigkeit nicht unmittelbar einstellt. Das, was sich aktuell noch im Speicher des Druckers befindet, wird noch ausgedruckt.

Möchten Sie den Druckauftrag wieder fortsetzen – zum Beispiel, wenn Sie Ihr Schwätzchen an der Strippe beendet haben, klicken Sie einfach auf die Befehlstaste *Fortsetzen*.

Einen Druckauftrag kann man anhalten

451

Halt! Das soll doch nicht gedruckt werden!

So was passiert jedem mal: Da waren Sie im Eifer des Gefechts zu eilig und haben eine Datei dem Druck-Manager übergeben, obwohl noch vor dem Ausdruck eine wichtige Änderung vorgenommen werden mußte. Oder Sie haben schlicht und ergreifend die falsche Datei an den Drucker gesandt. Beide Fehler kann man ausmerzen.

Tip 456   *Löschen Sie die Druckaufträge, die versehentlich in die Drucker-Warteschlange geraten sind!*

Wechseln Sie dazu in das Fenster des Druck-Managers. Markieren Sie in der Warteschlange denjenigen Druckauftrag, den Sie löschen möchten. Klicken Sie danach auf die Befehlstaste *Löschen*. Die Datei wird nun nicht mehr zu Papier gebracht.

Die Nummer eins in der Warteschlange

Der erste Eintrag in der Drucker-Warteschlange bezeichnet die Datei, die just gedruckt wird. Sie ist gewissermaßen „heilig", löschen läßt sie sich nicht – deshalb sollte man sie in Ruhe lassen!

Tip 457   *Versuchen Sie nicht, den ersten Druckauftrag zu löschen oder zu verschieben. Das würde Ihrem Drucker einiges Kopfzerbrechen und Ihnen ggf. einige Schwierigkeiten bereiten.*

Bedenkenlos löschen, anhalten oder verschieben können Sie alle Druckaufträge in der Warteschlange ab dem zweiten Eintrag.

Immer up to date

Wenn das Fenster Ihres Druck-Managers schon einige Zeit geöffnet ist und sich seitdem Veränderungen in der Warteschlange ergeben haben, ist die Anzeige eventuell nicht mehr up to date. Wurden Druckaufträge bereits abgearbeitet oder haben sich neue Dateien in die Warteschlange eingereiht, muß diese aktualisiert werden.

Tip 458   *Halten Sie die Anzeige des Druck-Managers stets auf dem neuesten Stand!*

10 • Drucken

Haben sich Veränderungen in der Drucker-Warteschlange ergeben, die in der derzeitigen Anzeige noch nicht berücksichtigt wurden, drücken Sie die Taste [F5], um die Liste der Druckaufträge zu aktualisieren. Alternativ können Sie auch im Menü *Ansicht* den Befehl A*ktualisieren* wählen.

Probleme beim Druck

Der richtige Druckertreiber

Der Drucker war schon immer die Achillesferse der Computerei, hier gibt´s die meisten Schwierigkeiten. So kann es beispielsweise passieren, daß der Drucker zwar brav vor sich hin schnurrt und Windows reibungslos funktioniert, doch der Ausdruck kommt einem irgendwie chinesisch vor.

> **Tip 459**
>
> Wenn der Ausdruck nur Verwunderung hervorruft, dann überprüfen Sie, ob der richtige Druckertreiber installiert ist!

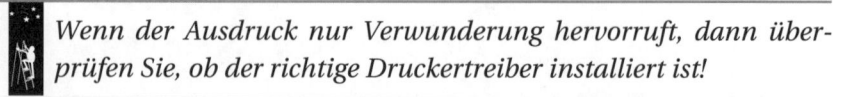

Bei der Druckerinstallation kann man sehr leicht daneben klicken – und schon ist der falsche Druckertreiber installiert. Was zur Folge hat, daß sich PC und Drucker nicht richtig verständigen können und es folglich zu allerlei Blödsinn auf dem Papier kommt.

Der Fehler kann leicht behoben werden: Gehen Sie in die Systemsteuerung, und wählen Sie die Steuerungskomponente *Drucker*. Es erscheint eine Dialogbox, in der Sie erkennen können, welche Drukker bereits installiert sind. Ist hier ein falscher Drucker installiert, markieren Sie den entsprechenden Eintrag und klicken auf *Drucker entfernen*.

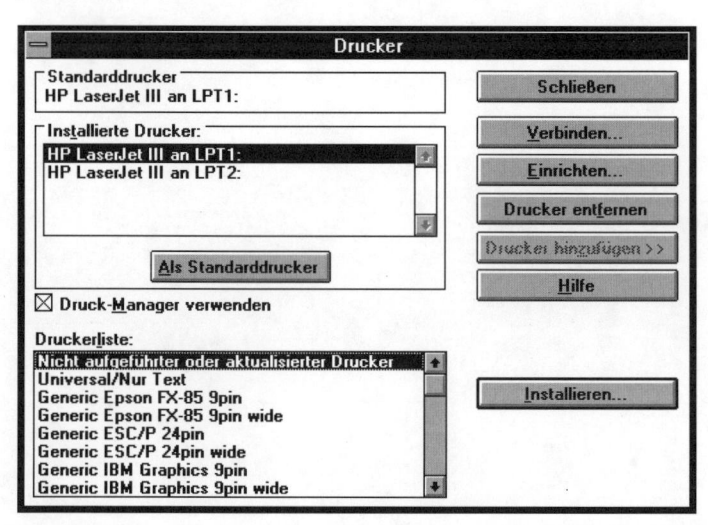

Aus der Druckerliste kann man den gewünschten Drucker auswählen

10 • Drucken

Jetzt gilt es, den richtigen Drucker zu installieren. Klicken Sie dazu auf die Befehlsfläche *Drucker hinzufügen*. Die Dialogbox wird nach unten vergrößert. Aus der *Druckerliste* können Sie den benötigten Drucker auswählen. Achten Sie darauf, daß sowohl der Hersteller als auch der Typ genau mit Ihrem Gerät übereinstimmen. Klicken Sie danach auf *Installieren*. In einer weiteren Dialogbox werden Sie dazu aufgefordert, die benötigte Windows-Programmdiskette einzulegen. Danach wird die entsprechende Treiberdatei automatisch ins Windows-Verzeichnis kopiert, entpackt und installiert.

Falsch verbunden

Wenn der Drucker nicht das tut, was Sie von ihm erwarten, kann auch eine falsche Verbindung die Ursache des Übels sein. Schließlich müssen Sie Windows genau mitteilen, an welcher Schnittstelle der jeweilige Drucker angeschlossen ist. Da kann man sich schon mal vertun. Oder vielleicht hat auch jemand am Druckerkabel gezerrt?

Tip 460

Wenn der Drucker sich nicht rührt, überprüfen Sie, an welcher Schnittstelle der Drucker angeschlossen ist.

Standardmäßig verbindet Windows den ersten installierten Drucker mit der ersten parallelen Schnittstelle, LPT1:, den zweiten mit LPT2: usw. Laserdrucker werden jedoch häufig auch an seriellen Schnittstellen angeschlossen.

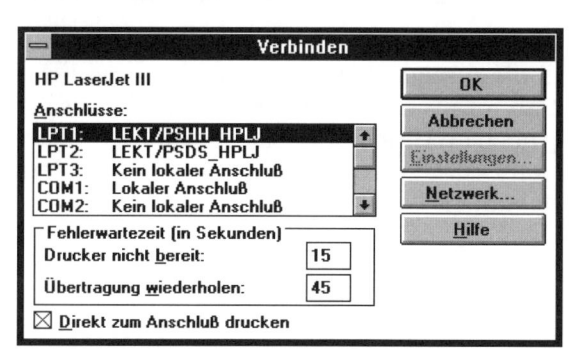

```
┌─────────────── Verbinden ───────────────┐
 HP LaserJet III
 Anschlüsse:                    ┌───  OK  ───┐
 LPT1:   LEKT/PSHH_HPLJ         └────────────┘
 LPT2:   LEKT/PSDS_HPLJ         ┌─ Abbrechen ┐
 LPT3:   Kein lokaler Anschluß  └────────────┘
 COM1:   Lokaler Anschluß       ┌Einstellungen┐
 COM2:   Kein lokaler Anschluß  └────────────┘
                                ┌─ Netzwerk ─┐
 ┌Fehlerwartezeit (in Sekunden)┐└────────────┘
  Drucker nicht bereit:     15  ┌─── Hilfe ──┐
  Übertragung wiederholen:  45  └────────────┘
 
 ☒ Direkt zum Anschluß drucken
```

Wählen Sie hier die korrekte Schnittstelle aus

Sie können diese Verbindung mit Hilfe der Systemsteuerung überprüfen und ggf. ändern. Starten Sie dazu die Steuerungskomponente *Drucker*. Markieren Sie den Eintrag in der Liste *Installierte Drucker,*

455

dessen Verbindung Sie überprüfen möchten. Klicken Sie dann auf die Befehlsfläche *Verbinden*. In der nächsten Dialogbox sind die zur Verfügung stehenden Anschlüsse aufgelistet. Markieren Sie den Anschluß, an dem Ihr Drucker „angeschraubt" ist, und klicken Sie auf *OK*. Wenn Sie nun noch die Dialogbox *Drucker* schließen, ist die neue Verbindung hergestellt.

Druck – und nichts passiert...

Der Druckertreiber stimmt, die Schnittstelle auch – und trotzdem rührt sich der Drucker nicht? Das kann manchmal ganz banale Gründe haben.

Tip 461

Überprüfen Sie alle möglichen Fehlerquellen!

Es gibt viele Gründe, weshalb ein Drucker nicht das zu Papier bringt, was er zu Papier bringen sollte. Alle möglichen Ursachen aufzuzählen, wäre recht mühselig. Folgende Checkliste soll Ihnen aber im Fall der Fälle helfen, der Ursache auf die Schliche zu kommen.

- Ist der Drucker eingeschaltet?
- Ist der Drucker on-line geschaltet (Kontrollämpchen prüfen)?
- Liegt möglicherweise ein Papierstau vor?
- Ist genügend Papier eingelegt?
- Ist das Kabel sowohl am Rechner als auch am Drucker richtig befestigt?

Prüfen Sie all diese möglichen Fehlerquellen, und beheben Sie das Problem, sofern lokalisiert. Danach sollten Sie nachschauen, ob der Druckauftrag noch im Druck-Manager verwaltet wird. Ist das der Fall, müssen Sie den Druckauftrag nicht wiederholen, anderenfalls drucken Sie das Dokument erneut aus.

PostScript: Störendes ^D

Wer unter Windows ein PostScript-Dokument erzeugt und dieses mit Hilfe eines von Windows unterstützten Druckertreibers zu Papier bringen will, der stolpert möglicherweise über das ^D-Zeichen ([Strg][D] oder [Alt]-[0][4]), das am Anfang und am Ende jedes Ausdruckes erscheint. Der Code steht für das sogenannte „End-of-File-Symbol" (EOF). Es signalisiert, daß der Drucker für den nächsten Druckauftrag bereitsteht.

10 • Drucken

Tip 462
Möchten Sie diese Zeichensequenz unterdrücken, nehmen Sie eine Änderung in der Windows-Systemdatei WIN.INI vor.

Nicht nur rein optisch wirkt ein ^D-Zeichen dort, wo es eigentlich gar nicht hingehört, störend. Auf UNIX-Netzwerken (zum Beispiel Banyan Vines oder Sun) kann das Kontrollzeichen möglicherweise sogar den kompletten Ausdruck verhindern.

Um die Erzeugung des Kontrollcodes zu unterdrücken, laden Sie die Systemdatei WIN.INI in einen Editor. Gehen Sie in den Abschnitt, der mit dem Namen Ihres Druckers überschrieben ist. Fügen Sie eine Anweisung ein, die Windows anweist, beim Druck die störenden Kontrollcodes zu unterdrücken. Das sieht dann beispielsweise so aus:

```
[PostScript,COM1]
crtld=0
```

Danach speichern Sie die Systemdatei wieder. Damit die Änderungen wirksam werden, beenden Sie Windows und starten es anschließend erneut.

Hinweis: Grundsätzlich besteht die Möglichkeit, das ^D-Zeichen auch durch Anfertigen von EPS-Dateien (Encapsulated PostScript) zu umgehen. Dieses Dateiformat verwendet weder das EOF-Symbol noch irgendeinen anderen Code mit druckerspezifischen Informationen. EPS-Dateien sind in erster Linie nicht für den unmittelbaren Druck gedacht, sondern eignen sich hauptsächlich für Dateien, die in eine andere Anwendung importiert werden, um dort weiterverarbeitet zu werden.

Falsch formatiert?

Da wollten Sie sich gerade über Ihren gelungenen Ausdruck freuen – und müssen nun mit Schrecken feststellen, daß die Formatierung des Dokumentes überhaupt nicht Ihren Vorstellungen entspricht. In einem solchen Fall stimmt vielleicht etwas mit den Druckparametern nicht.

Tip 463
Wenn die Formatierung des Ausdrucks nicht Ihren Vorstellungen entspricht, überprüfen Sie die Druckereinrichtung!

Gehen Sie dazu in die Systemsteuerung und aktivieren die Steuerungskomponente *Drucker*. Klicken Sie danach in der Dialogbox *Drucker* auf die Befehlsfläche *Verbinden*. Eine weitere Box, *Druckereinrichtung*, erscheint. Hier können Sie dem Drucker eine Menge Dinge mitteilen: z.B. welcher Papierschacht verwendet werden soll, wie groß die Seite ist, ob das Papier hoch oder quer bedruckt werden soll, wie viele Kopien pro Seite Sie benötigen oder wie hoch die Grafikauflösung sein soll. Haben Sie die Angaben Ihren Wünschen entsprechend getroffen, bestätigen Sie die Dialogbox. Wenn Sie nun den Druckvorgang wiederholen, dürfte eigentlich nichts mehr schiefgehen.

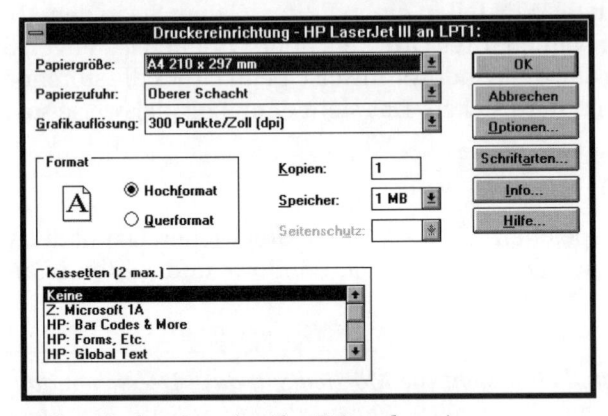

Teilen Sie dem Drucker Ihre Wünsche mit

DOS-Druck unter Windows

Normalerweise ist es eigentlich kein Problem, aus einer DOS-Anwendung heraus zu drucken, die von Windows aus gestartet wurde. Wenn dann aber trotzdem eine Fehlermeldung auftauchen sollte, in der Windows sich beklagt, daß die entsprechende Drucker-Schnittstelle gerade von einer DOS-Anwendung benutzt wird, müssen Sie eingreifen.

Tip 464

Überprüfen Sie, ob Windows im erweiterten Modus läuft und der Bildschirmschoner After Dark 2.0 installiert ist.

Leider vertragen sich der erweiterte Modus von Windows, ein installierter After-Dark-Bildschirmschoner und eine gleichzeitig aktive DOS-Anwendung überhaupt nicht. Spätestens beim Druck kommt es zu Problemen.

10 • Drucken

In diesem Fall müssen Sie jedoch weder auf den Bildschirmschoner noch auf den Betrieb der DOS-Anwendung verzichten. Verändern Sie vielmehr die Einstellungen der sogenannten Gerätekonkurrenz. Das können Sie bequem mit der *Systemsteuerung* erledigen. Starten Sie dazu die Steuerungskomponente *386 erweitert,* und wählen Sie die Schnittstelle aus, an der der betreffende Drucker angeschlossen ist. Verändern Sie in der Zeile *Gerätekonkurrenz* den Standardwert 60 auf 1 oder 2, und bestätigen Sie die Dialogbox.

Sie können die – ungerechtfertigte – Konfliktmeldung auch unterbinden, indem Sie für die betreffende Schnittstelle die Option *Nie warnen* auswählen.

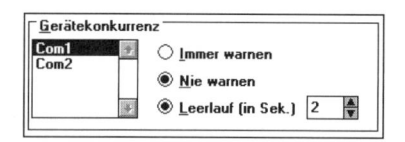

So wird die Fehlermeldung unterdrückt

Zeichensätze plötzlich verschwunden?

Wenn Sie Ihren Drucker mit Zeichensatz-Cartridges bestücken, um beim Druck über mehr Schriftarten (Fonts) zu verfügen, kann es schon mal passieren, daß diese Zeichensätze von Windows nicht korrekt verwendet werden.

Tip 465

Überprüfen Sie, ob die Zeichensätze ordnungsgemäß installiert und die Cartridges richtig eingesteckt sind.

Wenn die Zeichensätze einmal in den Speicher des Druckers geladen wurden, bleiben sie dort so lange aktiv, bis Sie den Drucker wieder ausschalten. Das heißt andersherum: Ist der Drucker ausgeschaltet worden, können Sie nicht auf die Zeichensätze der Cartridges zugreifen, solange Sie diese nicht erneut laden.

Drucken nach Beenden von Windows

Umfangreiche Dokumente unter Windows zu drucken, ist dank des Druck-Managers kein Problem: Er kümmert sich um den Druck – während Sie in Ruhe mit der Windows-Anwendung Ihrer Wahl weiterarbeiten können. Allerdings sollten Sie die Mühen des Druck-Managers respektieren und Windows nicht beenden, bevor er seine Aufgaben nicht erledigt hat.

459

Tip 466: *Bei umfangreichen Druckaufträgen zu beachten: Beenden Sie Windows nicht, während der Druck-Manager noch aktiv ist!*

Wird Windows nämlich beendet, werden automatisch alle noch aktiven Anwendungen geschlossen. Der Druck-Manager ist aus der Sicht von Windows nichts anderes als eine aktive Anwendung. Wenn er geschlossen wird, obwohl die Drucker-Warteschlange noch nicht komplett abgearbeitet ist, wird der Druck jäh abgebrochen.

Mit dem DOS-Spooler drucken

Was der Druck-Manager für Windows ist, das sind Druck-Spooler wie etwa PRINT für das Betriebssystem DOS; wenngleich DOS-Spooler bei weitem nicht die Leistungsfähigkeit des Windows-Kollegen erreichen. Aber immerhin: Sie schaffen etwas, was unter DOS alles andere als selbstverständlich ist: Sie drucken, während man weiterarbeiten kann. Sie haben nun einen solchen DOS-Druck-Spooler und wundern sich, daß Windows diesen selbstbewußt umgeht? Das läßt sich ändern.

Tip 467: *Verbinden Sie Ihren Drucker mit dem Anschluß LPT1.DOS!*

Windows kümmert sich nicht die Bohne um einen eventuell vorhandenen DOS-Druck-Spooler. Die grafische Benutzeroberfläche schickt alles, was nach Druck schmeckt, über den Windows-eigenen Druck-Manager direkt an den betreffenden Drucker. Die beiden Optionen *Druck-Manager verwenden* und *Direkt zum Anschluß drucken* veranlassen diesen Weg.

All´ das ist kein Problem, solange Windows läuft. Wird Windows jedoch beendet, bevor der Druck abgeschlossen ist, bedeutet das das endgültige „Aus" für den Druckvorgang, wie im Trick *Drucken nach Beenden von Windows* schon angedeutet.

Wenn Sie Windows trotzdem beenden möchten, bevor der Druck zu Ende gebracht wurde, kann eine neue Druckerverbindung Abhilfe schaffen, die Sie einrichten müssen, *bevor* Sie den Druckauftrag abschicken. Um diese Druckerverbindung herzustellen, starten Sie die Steuerungskomponente *Drucker* der *Systemsteuerung*. Markieren Sie

10 • Drucken

in der Liste der installierten Drucker das betreffende Gerät, und klicken Sie auf *Verbinden*. In der Regel ist der Drucker an der ersten parallelen Schnittstelle, LPT1:, angeschlossen. Ändern Sie die Verbindung, indem Sie in der Liste den Eintrag LPT1.DOS auswählen.

Beim nächsten Aufruf wird der Druck-Manager übergangen; der DOS-Druck-Spooler kann sich einschalten und den Druck verwalten – auch über das Ende von Windows hinaus. Der Nachteil: Wenn kein DOS-Druck-Spooler aktiv ist, muß man warten, bis der Druck tatsächlich zu Ende gebracht worden ist. Sie sollten ausprobieren, welche Vorgehensweise Ihnen besser gefällt.

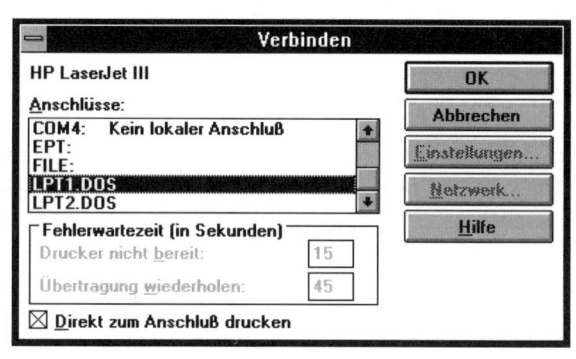

Manchmal kann es nützlich sein, einen Drucker mit LPT1.DOS zu verbinden

Probleme mit HP LaserJet II

Wer ein ⓡ oder ein ⒿⒺ eingibt, der erwartet als Ergebnis auch ein „R" oder „J" auf dem Papier, ganz klar. Allerdings wird dieser Wunsch nicht immer Wirklichkeit – nämlich dann nicht, wenn man auf einem HP LaserJet II Dokumente ausdrucken möchte, die TrueType-Schriften enthalten. Der Laserdrucker druckt anstelle der beiden genannten Buchstaben wüste Sonderzeichen.

Tip 468 *Stellen sich beim HP LaserJet II Probleme ein, dann verwenden Sie einen aktualisierten Druckertreiber, oder verändern Sie die Druckoptionen!*

Es gibt zwei Wege, die Zeichenverwirrung zu vermeiden: Entweder Sie lassen sich vom Microsoft-Kundenservice einen aktualisierten Druckertreiber zuschicken; den Treiber UNIDRV.DLL erhalten Sie dort sogar kostenlos. Wenn Sie hingegen mit Ihrem alten Druckertreiber weiterarbeiten möchten, dann sollten Sie über die *Systemsteuerung* eine Änderung an den Druckoptionen vornehmen.

Starten Sie dazu die Steuerungskomponente *Drucker*. Klicken Sie in der daraufhin erscheinenden Dialogbox auf die Befehlsfäche *Einrichten* und in der nächsten Box auf die Fläche *Optionen*. Aktivieren Sie hier die Option *TrueType als Grafik drucken*. Bestätigen Sie abschließend Ihre Auswahl.

Druck auf dem Kopf?

Sie möchten mit Ihrem PostScript-Drucker Briefumschläge bedrucken, doch der bedruckt diese Briefumschläge hartnäckig falsch herum? Keine Sorge: Sie sind mit diesem Problem nicht allein. Doch was noch viel besser ist: Es gibt eine Lösung dafür.

Tip 469

Wenn Sie sich zur Lektüre der Adresse nicht auf den Kopf stellen möchten, sollten Sie eine Änderung in der Windows-Systemdatei WIN.INI vornehmen!

Wenn Sie Ihrem Laserdrucker beibringen wollen, alles auf den Kopf zu stellen, dann laden Sie dazu die Systemdatei WIN.INI in einen Editor. Suchen Sie in der Systemdatei nach dem Abschnitt, in dem alle Parameter und Optionen des Druckers festgehalten sind, mit dem Sie die Briefumschläge bedrucken wollen. Diese Sektion kann beispielsweise wie folgt überschrieben sein:

```
[Apple LaserWriter II NTX,COM2]
```

In diesen Sektionen sind Anweisungen enthalten, die festlegen, wie der Drucker drucken soll. Hier fügen Sie folgende Anweisung ein, um dafür zu sorgen, daß Ihre Briefumschläge künftig korrekt bedruckt werden:

```
landscapeorient=270
```

Speichern Sie die veränderte Systemdatei. Danach beenden Sie die Arbeit mit Windows und starten die grafische Benutzeroberfläche erneut.

Drucker mag keine TIFF-Dateien?

Manche PostScript-Drucker weigern sich standhaft, Abbildungen im TIF-Format (TIFF steht für „Tag Image File Format") auszudrucken.

Tip 470 *Falls ein Drucker sich weigert, TIF-Dateien zu drucken, konvertieren Sie die Dateien ins DIB-Format!*

Dazu benötigen Sie eine Anwendung, die sowohl TIF- als auch DIB-Dateien verarbeitet. Geeignet sind zum Beispiel *Corel Draw!* oder das Shareware-Programm *PaintShop Pro*. Damit konvertieren Sie das Dateiformat TIF nach DIB. Danach sollten Sie den Ausdruck erneut probieren.

Kapitel 11
Windows und DOS

PIF mit Pfiff   466

Die MS-DOS-Eingabeaufforderung   474

DOS-Fenster und Icons   481

Datenaustausch   490

Hardcopys anfertigen   493

In Krisenzeiten   496

Und tschüss!   503

Windows und DoubleSpace   506

PIF mit Pfiff

Wie gut, wenn man jemanden fragen kann

Spätestens, wenn Sie all´ die interessanten Tricks dieses Kapitels studiert haben, wissen Sie: Wenn man das Verhältnis zwischen DOS und Windows verbessern möchte, muß man sich an die PIF-Dateien wenden. Das macht man mit dem PIF-Editor, der in der Hauptgruppe steckt. Schon beim ersten Blick auf seine Oberfläche fällt auf, daß man nicht alle Angaben, die hier verlangt werden, aus dem Handgelenk schütteln kann.

Tip 471

Nutzen Sie das umfangreiche Hilfesystem des PIF-Editors!

Dabei können Sie auf zweierlei Weisen vorgehen: Klicken Sie entweder innerhalb der PIF-Box auf die Stelle, zu der Sie einen Rat benötigen, und betätigen Sie danach die Taste [F1]. Oder aber öffnen Sie im PIF-Editor das Menü *Hilfe*, und wählen Sie den Bereich aus, zu dem Sie weitere Informationen wünschen, z.B. *Optionen Standard-Modus* oder *Optionen 386 erweitert*. In beiden Fällen erscheint in einer Dialogbox ein Hilfetext zum gewünschten Thema.

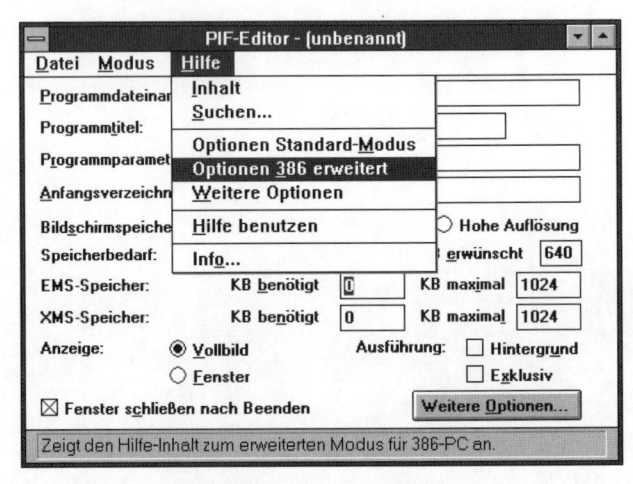

Zu welchem Bereich brauchen Sie Hilfe?

11 • Windows und DOS

Der Hilfetext verweist auf weitere Themen

DOS-Anwendungen immer im Fenster

Sie lassen Windows im erweiterten Modus laufen und haben sich entschlossen, eine DOS-Anwendung unter Windows grundsätzlich im Fenster ablaufen zu lassen? Eine gute Entscheidung, denn dann können Sie sich die ständige Umschalterei zwischen Vollbild- und Fensterdarstellung sparen.

Tip 472

Legen Sie in der PIF-Datei fest, daß die betreffende Anwendung immer im Fenster gestartet werden soll.

Starten Sie dazu den PIF-Editor, der sich in der Hauptgruppe befindet. Wählen Sie den Befehl *Datei* ▶ *Öffnen*, und geben Sie in der daraufhin erscheinenden Dialogbox den Namen sowie den Pfad der gewünschten PIF-Datei an. Sofern für die DOS-Anwendung noch keine PIF-Datei existiert, richten Sie jetzt eine ein.

Hinweis

Die PIF-Datei heißt mit „Vornamen" so, wie die Programmdatei des entsprechenden Programms. Die zu Word *für DOS gehörige Programmdatei heißt beispielsweise WORD.EXE, die PIF-Datei heißt WORD.PIF.*

Haben Sie die gewünschte PIF-Datei geladen, erscheinen in der vorgegebenen Maske die Einstellungen des betreffenden DOS-Programms. Um eine dauerhafte Fensterdarstellung zu erwirken, aktivieren Sie in der Rubrik *Anzeige* die Option *Fenster*.

Damit die Änderungen wirksam werden, müssen Sie die Datei nun speichern. Erledigen Sie das mit dem Befehl *Datei▶Speichern*. Mit [Alt][F4] können Sie den PIF-Editor wieder verlassen. Beim nächsten Start der DOS-Anwendung unter Windows wird wie gewünscht ein DOS-Anwendungsfenster erscheinen.

> **Hinweis**
> *Die Möglichkeit zur Umschaltung zwischen Vollbild- und Fensteranzeige durch die Tastenkombination [Alt][↵] wird durch die Änderung der PIF-Datei nicht beeinträchtigt. Es wird lediglich ein anderer Startzustand festgelegt.*

Beenden – und weg mit dem Fenster

Für Windows-Anwendungen eine Selbstverständlichkeit: Wenn sie beendet werden, wird automatisch auch das Fenster geschlossen, in dem sie jeweils abgelaufen sind. Bei DOS-Anwendungen, die im Fenster ablaufen, ist das allerdings nicht so.

Tip 473
Möchten Sie, daß das DOS-Fenster automatisch geschlossen wird, wenn Sie eine DOS-Anwendung beenden, nehmen Sie eine Änderung in der PIF-Datei vor.

Starten Sie dazu den PIF-Editor. Öffnen Sie die zur Anwendung gehörige PIF-Datei. Aktivieren Sie die Option *Fenster schließen nach Beenden*. Ist die Option nicht aktiv, hat das unschöne Auswirkungen auf den Desktop. Schließen Sie beispielsweise ein Fenster, in dem *Word für DOS* abläuft, verschwindet zwar die Programmoberfläche (oft nur zum Teil); die Titelzeile ändert sich in *Inaktives Fenster*.

Um dieses absolut nutzlose Fenster vom Bildschirm zu verbannen, müßten Sie im Systemmenü den Befehl *Schließen* wählen. Viel zu umständlich, wie ich finde – beauftragen Sie die PIF-Datei lieber gleich mit Schließen des Fensters nach Programmende.

☒ Fenster s̲chließen nach Beenden

Ist diese Option aktiv, bleiben Ihnen inaktive DOS-Fenster erspart

11 • Windows und DOS

Parameter beim Programmstart

Viele DOS-Anwendungen bieten beim Start einen besonderen Service, wenn man ein paar Parameter angibt. Das kann zum Beispiel der Name eines Dokumentes sein, das beim Start automatisch geladen werden soll. Oder eine Option, die das Programm in einem bestimmten Modus startet. Auf diesen Service müssen Sie nicht verzichten, bloß weil Sie die DOS-Anwendungen jetzt unter Windows starten.

Tip 474

Möchten Sie beim Start einer DOS-Anwendung unter Windows stets denselben Parameter verwenden, geben Sie Ihren Wunsch-Parameter in der zur jeweiligen DOS-Anwendung gehörigen PIF-Datei an!

Starten Sie dazu den PIF-Editor. Er befindet sich in der Hauptgruppe des Programm-Managers. Laden Sie dann über den Befehl *Datei▶Öffnen* die zu bearbeitende Datei. Geben Sie den gewünschten *Programmparameter* in der gleichlautenden Zeile an.

Ein Beispiel: Möchten Sie, daß bei jedem Start von (DOS-)*Word* automatisch die zuletzt bearbeitete Datei geladen wird, geben Sie die Option /L an. Diese Option tragen Sie in die eigens dafür vorgesehene Eingabezeile *Programmparameter* ein.

Haben Sie die Eintragungen vorgenommen, speichern Sie die PIF-Datei (Befehl *Datei▶Speichern*). Beim nächsten Start der betreffenden DOS-Anwendung wird der Startparameter sofort berücksichtigt.

Hinweis: *Die möglichen Parameter sind von Programm zu Programm unterschiedlich. Über welche Parameter das jeweilige Programm verfügt, entnehmen Sie bitte der Programmdokumentation (im Kapitel „Start" nachsehen).*

Programmdateiname:	C:\WORD\WORD.EXE
Programmtitel:	Microsoft Word 5.5
Programmparameter:	/l
Anfangsverzeichnis:	C:\WORD

In der PIF-Datei können Sie angeben, welcher Parameter beim Start berücksichtigt werden soll

Welcher Parameter darf's heute sein?

Es muß beim Start einer DOS-Anwendung natürlich nicht immer derselbe Parameter sein, das macht nur dann Sinn, wenn man eine DOS-Anwendung immer wieder auf dieselbe Art und Weise starten will. Mit einem kleinen Trick können Sie Windows dazu überreden, bei jedem Start einer DOS-Anwendung höflich nach möglichen Parametern und Optionen zu fragen. Ganz ordentlich in einer Dialogbox.

Tip 475 *Machen Sie den Programmaufruf noch flexibler: Geben Sie als Programmparameter in der PIF-Datei ein Fragezeichen ein!*

Dazu gehen Sie im Grunde genauso vor, wie im Trick *Parameter beim Programmstart* beschrieben. Einziger Unterschied: Sie tragen Sie in der Zeile *Programmparameter* keinen festen Parameter wie /L oder einen Dateinamen ein, sondern einen Platzhalter für die flexible Parameterabfrage:

?

Bitte achten Sie darauf, daß Sie das Fragezeichen ohne führenden Schrägstrich „/" eingeben. Nachdem Sie die PIF-Datei korrigiert haben, speichern Sie sie.

Beim nächsten Start der betreffenden DOS-Anwendung erscheint eine Dialogbox, in der Sie Gelegenheit haben, den oder die benötigten Parameter einzugeben. Das ist besonders praktisch, wenn Sie direkt beim Programmstart eine Datei laden möchten. In diesem Fall geben Sie in der Dialogbox *Programmparameter* den Namen und – falls notwendig – den Pfad der gewünschten Datei an. Wie viele Parameter und Optionen Sie eingeben, spielt keine Rolle.

Doppelbedeutung von Hotkeys vermeiden

Hotkeys zur Aktivierung besonders häufig benutzer Funktionen sind in Windows- und DOS-Anwendungen gewiß gleichermaßen beliebt. Problematisch wird der Einsatz solcher Tastenkürzel erst, wenn in der aktiven DOS-Anwendung eine Tastenkombination verwendet wird, die unter Windows ebenfalls eine wichtige Funktion hat. Dann stellt sich nämlich die Frage, ob die Funktion in der DOS-Anwendung oder die unter Windows gemeint ist.

11 • Windows und DOS

Tip 476

Setzen Sie die Funktionalität „doppeldeutiger" Hotkeys für Windows außer Kraft, wenn Sie eine Tastenkombination innerhalb eines DOS-Programms benutzen möchten.

Ein Beispiel für eine Überschneidung: Mit der Tastenkombination [Alt][⌐] heben Sie in der DOS-Version von *Word* die Formatierung des aktuell markierten Bereichs auf. Unter Windows bewirkt dieser Hotkey das Öffnen des Systemmenüs. Konflikte sind also vorprogrammiert. Ob das Betätigen dieser Tastenkombination nun für die betreffende DOS-Anwendung oder für Windows gelten soll, legen Sie in der entsprechenden PIF-Datei fest.

Starten Sie dazu den PIF-Editor, und laden Sie die PIF-Datei der betreffenden Anwendung; im Falle von DOS-*Word* müßten Sie also die Datei WORD.PIF laden. Es erscheint eine Dialogbox; klicken Sie auf die Befehlsfläche *Weitere Optionen*. In der daraufhin angezeigten Box befindet sich in der Rubrik *Andere Optionen* der Abschnitt *Tastenkombinationen* (unten links).

Hier werden sieben Hotkeys aufgeführt, die unter Windows eine besondere Bedeutung haben: Beispielsweise die Tastenkombination [Strg][Esc], mit der Sie den Task-Manager aufrufen; oder die Tastenkombination [Alt][↹], die Sie per „schnelle Porgrammumschaltung" von einer aktiven Anwendung zur nächsten befördert.

Aktivieren Sie durch einfaches Anklicken diejenigen Hotkeys, die Sie für die betreffende DOS-Anwendung reservieren möchten. Das bedeutet: Ist in der Dialogbox *Weitere Optionen* eine Tastenkombination aktiviert (mit Kreuzchen in der betreffenden Zeile), hat sie für Windows keine Bedeutung mehr. Alle Tastenkombinationen, die *nicht* reserviert sind (kein Kreuzchen), behalten ihre Bedeutung unter Windows, gelten dafür aber während der Arbeit mit der DOS-Anwendung nicht. Normalerweise ist keine Tastenkombination reserviert, um die volle Funktionalität von Windows zu erhalten. Haben Sie die gewünschten Hotkeys reserviert, speichern Sie die Datei. Die Änderungen wirken sofort.

Tastenkombination reservieren:		
	☐ Alt+Tabulatortaste	☐ Alt+Esc
	☐ Strg+Esc ☐ Druck	☐ Alt+Druck
	☐ Alt+Leertaste	☐ Alt+Eingabetaste

Maximal sieben Tastenkombinationen lassen sich für DOS-Anwendungen reservieren

Speicher: So viel wie nötig

DOS-Anwendungen sind im Vergleich zu Windows-Anwendungen eher bescheiden, zumindest was den Arbeitsspeicher betrifft. Einen Speicherbereich lieben DOS-Anwendungen ganz besonders: den sogenannten konventionellen Speicher, das sind die ersten 640 KByte. Damit müssen die meisten DOS-Anwendungen auskommen. Deshalb sollte sichergestellt sein, daß Windows jeder DOS-Anwendung soviel konventionellen Speicher wie möglich zur Verfügung stellt. Das kann mal mehr, mal weniger sein.

Tip 477 *Weisen Sie Windows an, den Speicher für DOS-Anwendungen dynamisch zu verwalten und den DOS-Anwendungen genügend Speicher zur Verfügung zu stellen!*

Wieviel Arbeitsspeicher einer DOS-Anwendung genau zugeteilt wird, bestimmt man in der zur DOS-Anwendung gehörenden PIF-Datei. Sie können den Speicherbedarf entweder exakt in KByte angeben oder eine dynamische Verwaltung des Speichers veranlassen. Starten Sie dazu den PIF-Editor und laden die gewünschte PIF-Datei. Geben Sie in der Zeile *Speicherbedarf* sowohl im Feld *KB benötigt* als auch im Feld *KB erwünscht* den Wert -1 an. Dadurch wird der betreffenden DOS-Anwendung soviel konventioneller Arbeitsspeicher wie möglich zur Verfügung gestellt, maximal also 640 KByte.

Speichern Sie die PIF-Datei, nachdem Sie die Korrekturen vorgenommen haben. Beim nächsten Start wird der DOS-Anwendung dann soviel konventioneller Speicher wie möglich zur Verfügung gestellt.

| Speicherbedarf: | KB benötigt | -1 | KB erwünscht | -1 |

So nimmt sich die Anwendung so viel Speicher, wie sie benötigt

Abrufbereite PIFs

PIF-Dateien sind eine Art Moderator, um zwei so unterschiedlichen Welten, wie es die von DOS und Windows nun einmal sind, einander etwas näher zu bringen. In den meisten Fällen gelingt das auch recht gut, schließlich kann das Gros der DOS-Anwendungen mehr oder weniger problemlos unter Windows eingesetzt werden. Doch das ist nicht in allen Fällen so. Auf immerhin rund 170 Standard-DOS-Programme ist Windows PIF-mäßig vorbereitet.

11 • Windows und DOS

Tip 478

Wenn es Sie interessiert, für welche DOS-Anwendungen Windows automatisch eine PIF-Datei anlegt, werfen Sie einen Blick in die Datei APPS.INF

Die Datei APPS.INF befindet sich im Windows-Systemverzeichnis. Laden Sie diese Datei in die Textverarbeitung *Write*, sie ist zu groß für den Editor. Lassen Sie dabei die Anwendung nicht in das *Write*-Format umwandeln. Beantworten Sie die entsprechende Anfrage unbedingt mit *Nein*. Die Datei enthält Informationen über rund 170 DOS-Anwendungen, die Windows für die Angaben der entsprechenden Standard-PIF-Dateien benutzt.

Hinweis: Nehmen Sie diese Datei nur zur Kenntnis, verändern Sie sie auf keinen Fall! Möchten Sie eine Veränderungen an den PIF-Werten vornehmen, laden Sie die entsprechende Datei dazu in den PIF-Editor.

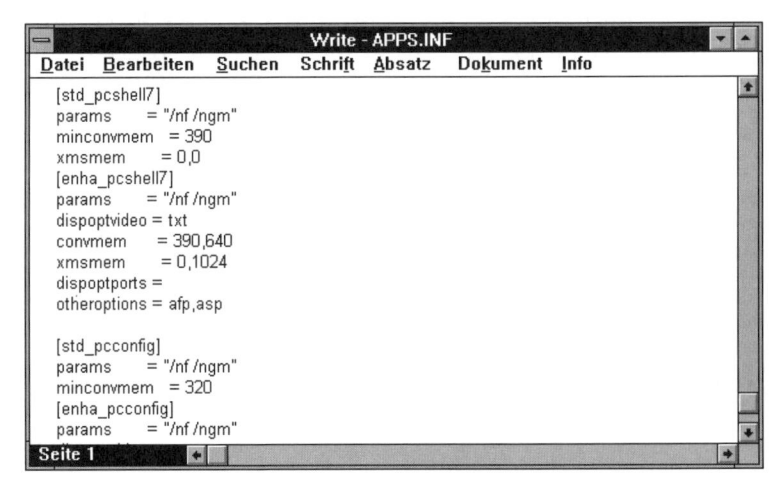

```
                        Write - APPS.INF
 Datei  Bearbeiten  Suchen  Schrift  Absatz  Dokument  Info
[std_pcshell7]
params       = "/nf /ngm"
minconvmem   = 390
xmsmem       = 0,0
[enha_pcshell7]
params       = "/nf /ngm"
dispoptvideo = txt
convmem      = 390,640
xmsmem       = 0,1024
dispoptports =
otheroptions = afp,asp

[std_pcconfig]
params       = "/nf /ngm"
minconvmem   = 320
[enha_pcconfig]
params       = "/nf /ngm"
Seite 1
```

Der Datei APPS.INF können Sie entnehmen, welche Standard-PIFs Windows bereithält

473

Die MS-DOS-Eingabeaufforderung

DOS unter Windows

Im Grunde können Sie fast alles mit dem Programm-Manager erledigen, und was der nicht kann, das beherrscht der Datei-Manager. Aber eben nur fast alles... Wenn Sie sich gerade in Windows befinden und einen DOS-Befehl eingeben möchten, dann müssen Sie Windows nicht schließen.

Tip 479 *Benutzen Sie die MS-DOS-Eingabeaufforderung, um auf die Betriebssystemebene zu gelangen.*

Gehen Sie dazu in die Hauptgruppe, und klicken Sie zweimal auf das Icon *MS-DOS-Eingabeaufforderung*. Es erscheint der typische DOS-Bildschirm mit dem Systemprompt auf dem Bildschirm. Ob die sogenannte DOS-Box im Fenster oder als Vollbild erscheint, wird durch die PIF-Datei mit dem Namen DOSPRMPT.PIF bestimmt. Nehmen Sie eventuell Korrekturen vor, falls nötig.

Wollen Sie die DOS-Box schließen, müssen Sie das DOS wissen lassen. DOS beendet dann seine Arbeit und übergibt die Kontrolle wieder an Windows; das Fenster wird automatisch geschlossen. Geben Sie am Ende bitte folgende Anweisung ein:

```
exit
```

DOS-Eingabeaufforderung ohne Erläuterungen

Spätestens, wenn Sie die DOS-Eingabeaufforderung ein paar Dutzend Mal unter Windows gestartet haben, kennen Sie den Hinweistext, der vor dem ersten Systemprompt erscheint, in- und auswendig: Er macht sie darauf aufmerksam, daß Sie mit Hilfe des EXIT-Befehls zur Windows-Oberfläche zurückkehren, mit [Alt][⇆] zur nächsten aktiven Anwendung gelangen und mit [Alt][↵] zwischen Vollbild- und Fensteranzeige wechseln.

Tip 480 *Wenn Sie auf die gutgemeinten Hinweise verzichten können, dann schalten Sie die Hinweise ein für alle Mal ab!*

11 • Windows und DOS

Dafür gibt es allerdings keine bequem mit Hilfe der Maus zu deaktivierende Option. Es ist vielmehr erforderlich, dazu eine kleine Veränderung an der Windows-Systemdatei SYSTEM.INI vorzunehmen. Aber das nur einmal: Laden Sie die Systemdatei in einen geeigneten Editor, zum Beispiel in den Windowse-igenen Systemkonfigurations-Editor *Sysedit*. Suchen Sie in der Systemdatei dann nach der Sektion:

`[383Enh]`

Hier wird einiges festgelegt, was nur den erweiterten Betriebsmodus betrifft. Durch die folgende Anweisung erreichen Sie, daß künftig beim Aktivieren der DOS-Box keine Hinweise mehr erscheinen:

`DOSPromptExitInstruc=false`

Die Anweisung scheint komplex, der Befehl ist aber eindeutig. Speichern Sie nun die Systemdatei. Die Änderung wirkt erst nach dem nächsten Neustart von Windows.

> *Möchten Sie irgendwann einmal, daß diese Meldung wieder auf dem Bildschirm erscheint – zum Beispiel, wenn jemand an Ihrem Rechner arbeitet, der nicht mit dem Umgang der DOS-Eingabeaufforderung vertraut ist – löschen Sie die Anweisung oder ändern sie wie folgt ab:*

`DOSPromptExitInstruc=True`

```
■ Geben Sie EXIT ein und drücken Sie EINGABE, um die MS-DOS-
  Eingabeaufforderung zu beenden und zu Windows zurückzukehren.
■ Drücken Sie ALT+TABULATOR, um zu Windows oder einer anderen
  Anwendung zu wechseln.
■ Drücken Sie ALT+EINGABE, um zwischen Vollbild- und Fenster-
  anzeige der MS-DOS-Eingabeaufforderung umzuschalten.
```

Möchten Sie auf diese Hinweise verzichten?

Ein prägnantes DOS-Prompt

Haben Sie es sich angewöhnt, grundsätzlich mit Windows zu arbeiten und – soweit möglich – eventuell anfallende DOS-Operationen mit Hilfe der *MS-DOS-Eingabeaufforderung* zu erledigen? Dann kennen Sie vielleicht folgendes Problem: Vor allem, wenn man längere Zeit auf der DOS-Ebene gearbeitet hat, vergißt man nur zu leicht, daß Windows im Hintergrund noch läuft – es sieht ja alles so DOSmäßig aus! (Natürlich nur, wenn man die DOS-Box im Vollbild verwendet.) Das kann zu bösen Überraschungen führen, gibt es doch eine Reihe

666 ganz legale Windows-Tricks

von Befehlen, die man tunlichst nicht von der MS-DOS-Eingabeaufforderung aus ausführen sollte, sondern ausschließlich auf der „echten" DOS-Ebene.

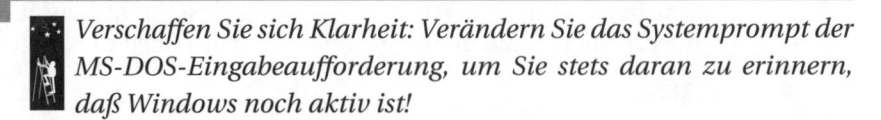

Tip 481

Verschaffen Sie sich Klarheit: Verändern Sie das Systemprompt der MS-DOS-Eingabeaufforderung, um Sie stets daran zu erinnern, daß Windows noch aktiv ist!

Dazu bedarf es einer kleinen Ergänzung der Startdatei AUTOEXEC.BAT. Laden Sie die Datei, und fügen Sie die folgende Anweisung ein:

```
set winpmt=Windows ist aktiv $P$G
```

Danach speichern Sie die Datei. Damit die Änderung Wirkung zeigt, müssen Sie den Rechner neu starten. Ein Warmstart ist ausreichend. Wenn Sie nun Windows erneut starten und von dort die MS-DOS-Eingabeaufforderung aufrufen, erinnert Sie das neue Systemprompt daran, daß Sie sich nicht auf der „echten" DOS-Ebene befinden.

Hinweis: WINPMT ist eine Umgebungsvariable, die nach Aktivieren der DOS-Box zum DOS-Prompt wird. Sie können deshalb von allen Besonderheiten des PROMPT-Befehls Gebrauch machen, auch von den diversen Steuerzeichen wie $P, $D, $G etc.

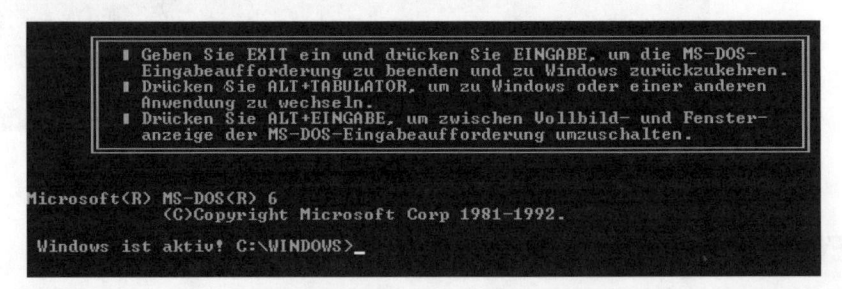

So werden Sie stets daran erinnert, daß Windows im Hintergrund läuft

DOS-Box auf Tastendruck

Wenn Sie auch im Windows-Zeitalter noch ganz schön häufig mit dem guten, alten DOS arbeiten, dann sollten Sie sich eines besonders schnellen Weges bedienen, um die DOS-Oberfläche aufzurufen. Eine spezielle Tastenkombination wäre natürlich besonders praktisch.

11 • Windows und DOS

Tip 482

Geben Sie der Tastenkombination, mit der Sie üblicherweise den Task-Manager aufrufen, eine neue Bedeutung: Rufen Sie mit ⎣Strg⎦⎣Esc⎦ künftig die DOS-Ebene auf!

Dazu bedarf es einer Änderung in der Windows-Systemdatei SYSTEM.INI. Laden Sie die Datei in einen geeigneten Editor, und fügen Sie im Abschnitt:

`[boot]`

die folgende Anweisung hinzu (sofern sie nicht bereits existiert):

`taskman.exe=command.bat`

Das ist allerdings noch nicht alles, denn darüber hinaus müssen Sie noch eine winzige Bachdatei unter dem Namen COMMAND.BAT anfertigen. Die Batchdatei besteht nur aus einer einzigen Zeile:

`@command.com`

Speichern Sie die Batchdatei als COMMAND.BAT im Windows-Verzeichnis. Wenn Sie nun Windows erneut starten, wird die DOS-Oberfläche immer dann aufgerufen, wenn Sie entweder die Tastenkombination ⎣Strg⎦⎣Esc⎦ betätigen oder mit der Maus doppelt auf eine freie Fläche des Bildschirmhintergrunds klicken. Kleiner Nachteil: Den Task-Manager können Sie jetzt auf diesem Wege nicht mehr rufen. Aber das muß ja auch nicht sein.

Rasende DOS-Listen per Klick anhalten

Sicher kennen Sie das: Auf der DOS-Ebene geben Sie den Befehl DIR ein, und schon huscht eine Liste über den Bildschirm, von der Sie gerade noch die letzten paar Zeilen entziffern können. Da hilft eigentlich nur noch der Griff zur digitalen Bremse – sprich: zur ⎣Pause⎦-Taste. Wer DOS unter Windows im Fenster laufen läßt – ich mache das sehr gerne –, der kann sich eines eleganteren Weges bedienen, um die Ausgabe anzuhalten.

Tip 483

Durch einen kleinen Trick werden Bildschirmanzeigen im DOS-Fenster auf Mausklick eingefroren.

666 ganz legale   Windows-Tricks

Öffnen Sie dazu die Datei SYSTEM.INI in einem geeigneten Editor, zum Beispiel im Systemkonfigurations-Editor *SysEdit*. Suchen Sie den Abschnitt:

`[NonWindowsApp]`

Fügen Sie dort bitte die folgende Anweisung ein (falls sie schon vorhanden ist, aktualisieren Sie sie):

`MouseInDosBox=0`

Haben Sie die Änderung vorgenommen, speichern Sie die Datei. Danach beenden Sie Windows und starten es erneut.

Probieren Sie die Wirkung aus: Öffnen Sie ein DOS-Fenster, wechseln Sie ins Hauptverzeichnis, und geben Sie den DIR-Befehl ein. Schon setzt sich eine schier endlose Dateiliste in Gang. Wenn Sie diese Liste anhalten möchten, klicken Sie einmal mit der linken Maustaste ins Fenster. Sofort friert die Bildschirmanzeige ein. Sie rollt weiter, wenn Sie die *rechte* Maustaste einmal betätigen.

> *Hinweis:* Die Änderung in der SYSTEM.INI bewirkt, daß Sie die Maus ansonsten in der DOS-Box nicht einsetzen können. Möchten Sie den Nager jedoch irgendwann mal wieder im DOS-Fenster nutzen, ändern Sie die betreffende Anweisung wieder ab.

`MouseInDosBox=1`

Die ganze Wahrheit über DOS

Welche DOS-Version ist noch gleich auf meinem Rechner installiert? Diese Frage beantwortet man klassischerweise mit Hilfe des DOS-Befehls VER. Wer mehr über seine DOS-Version wissen möchte, der kann dazu einen speziellen Parameter benutzen. Der funktioniert sowohl auf der DOS-Ebene als auch im DOS-Fenster unter Windows ganz wunderbar.

Tip 484
Verwenden Sie die Option /E, um zu sehen, in welchem Speicherbereich das Betriebssystem angesiedelt ist.

Aktivieren Sie dazu die MS-DOS-Eingabeaufforderung in der Hauptgruppe. Geben Sie hinter dem Systemprompt folgende Anweisung ein:

`ver /r`

11 • Windows und DOS

Neben der Versionsnummer wird nun auch angezeigt, ob DOS ausschließlich im Hauptspeicher oder zu Teilen auch im oberen Speicherbereich (High Memory Area) untergebracht ist.

Hinweis: Es kommt der allgemeinen Performance zugute, wenn DOS den oberen Speicherbereich benutzt. Sie erreichen das durch den folgenden Eintrag in der Datei CONFIG.SYS:

```
DOS=HIGH
```

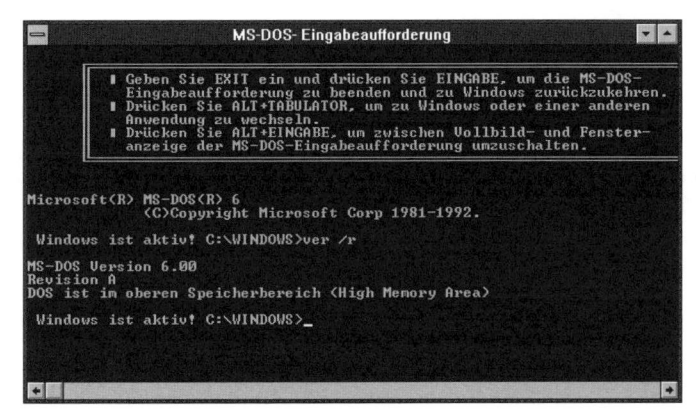

Auf diesem Rechner benutzt DOS den oberen Speicherbereich

DOS-Befehle, die unter Windows tabu sind

Eine todsichere Methode, einen Systemabsturz herbeizuführen oder Probleme zu verursachen, ist die Verwendung ganz bestimmter DOS-Befehle, während Windows im Hintergrund aktiv ist. Wenn Sie einen geruhsamen Windows-Ablauf einer von Abstürzen bedrohten Arbeit vorziehen – was zu erwarten wäre –, dann sollten Sie eine Reihe von DOS-Befehlen nicht benutzen, wenn Sie mit der MS-DOS-Eingabeaufforderung arbeiten. Diese Befehle sollten Sie nur von der „echten" DOS-Ebene aus ausführen.

Tip 485

Verwenden Sie nie die Befehle APPEND, ASSIGN, SUBST oder JOIN, wenn die MS-DOS-Eingabeaufforderung aktiv ist. Benutzen Sie unter Windows auch kein Festplatten-Defragmentierungsprogramm!

479

Die genannten Befehle und Programme greifen alle im weitesten Sinne in die Verwaltungsstruktur von Laufwerken ein. Wenn Windows aktiv ist, sind normalerweise sehr viele Dateien geöffnet – Korrekturen an der Verwaltungsstruktur eines Datenträgers wären sehr gefährlich, da Windows diese Korrekturen nicht mitbekäme (DOS-Anwendungen sind nun mal nicht multitasking-fähig).

Das größte Unheil stellen Programme zur Defragmentierung der Festplatte dar, wenn sie unter Windows eingesetzt werden. Werden Utility-Programme wie *Compress* oder *Speed Disk* unter Windows im DOS-Fenster aufgerufen, sind Datenverlust und Systemabsturz unvermeidbar.

11 • Windows und DOS

DOS-Fenster und Icons

Phantasievollere DOS-Icons

Jeder DOS-Anwendung, die in das Angebot des Programm-Managers aufgenommen wird, wird ein recht phantasieloses DOS-Icon verpaßt. Mehr als ein blauer Bildschirm mit dem Schriftzug „MS DOS" ist auf dem schmucklosen Bildchen nicht zu erblicken. Ein Einheitsbrei: Für jede DOS-Anwendung dasselbe triste Symbol. Doch zum Glück muß das nicht sein.

Tip 486
Dringen Sie in die Icon-Schatztruhe vor: Suchen Sie sich möglichst peppige Symbole für die DOS-Anwendungen aus!

Gehen Sie dazu mit der Maus oder den Cursortasten auf das Icon, das Sie austauschen möchten. Betätigen Sie die Tastenkombination `Alt` `⏎`. Die Dialogbox *Programmeigenschaften* erscheint. Klicken Sie auf die Schaltfläche *Anderes Symbol*, um ein neues Symbol auszuwählen. Eventuell erscheint jetzt eine Warnung, daß keine weiteren Symbole existieren, diese Warnung können Sie getrost ignorieren.

Es erscheint eine weitere Dialogbox. Klicken Sie nun auf *Durchsuchen*, und suchen Sie im Windows-Verzeichnis die Datei MORICONS.DLL heraus; natürlich können Sie diesen Dateinamen auch eingeben. Wenn Sie nun die Box bestätigen, erscheint eine ganze Reihe neuer Icons. Blättern Sie mit Hilfe der Bildlaufleiste in der Auswahl herum. Haben Sie sich für ein Icon entschieden, klicken Sie es einfach an. Wenn Sie Ihre Auswahl abschließend durch einen Klick auf *OK* bestätigen, erscheint das neue Icon sofort auf dem Bildschirm.

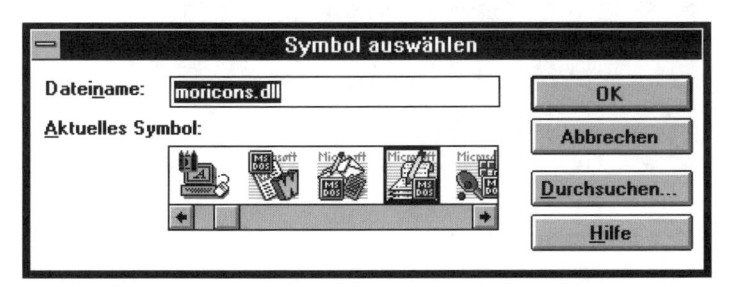

Viele nette DOS-Icons stecken in der Datei MORICONS.DLL

666 ganz legale   Windows-Tricks

Wenn DOS im Fenster laufen lernt

Normalerweise flackert der Bildschirm kurz, wenn Sie die MS-DOS-Eingabeaufforderung ausgewählt haben. Danach erscheint dann die normale Benutzeroberfläche von DOS – der gesamte Bildschirm ist in Beschlag genommen. Falls Sie die DOS-Box lieber im Fenster verwalten, sollten Sie sich eine Tastenkombination merken, mit der man bequem umschalten kann.

Tip 487   *Lassen Sie DOS im Windows-Fenster laufen: Durch [Alt][↵] schalten Sie bequem zwischen Vollbild und Fenster um.*

Nachdem Sie die MS-DOS-Eingabeaufforderung gestartet haben (siehe hierzu auch den Trick *DOS unter Windows*) und der DOS-Bildschirm erschienen ist, betätigen Sie die Tastenkombination [Alt][↵]. Danach erscheint DOS wie jede Windows-Anwendung im Fenster; natürlich können Sie das Fenster genauso behandeln wie jedes andere Windows-Fenster auch: Sie können es frei positionieren, verkleinern oder vergrößern. Nur schließen können Sie es über das Systemmenüfeld nicht: Dazu müssen Sie:

`exit`

eingeben, damit DOS seine Arbeit vorher offiziell beenden kann. Möchten Sie wieder zur Vollbilddarstellung zurückkehren, betätigen Sie die Tastenkombination [Alt][↵] erneut.

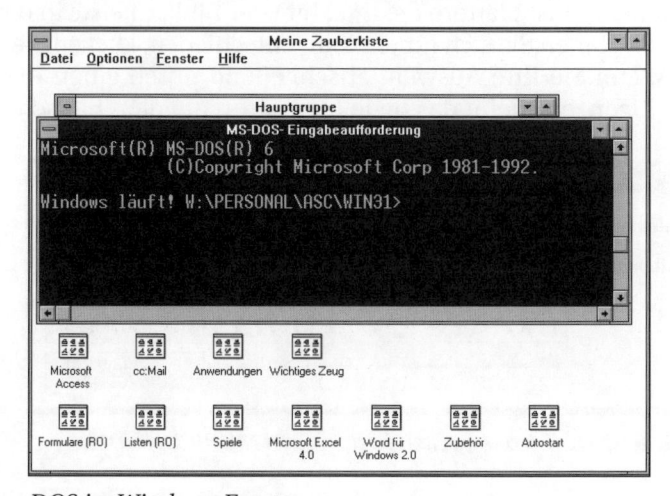

DOS im Windows-Fenster

482

11 • Windows und DOS

> **Hinweis:** Dieser Trick funktioniert allerdings nur, wenn Windows im erweiterten Modus gestartet wurde!

DOS-Anwendung im Fenster oder Vollbild?

Auch DOS-Anwendungen können von Windows im Fenster verwaltet werden. Wenn mehrere DOS-Anwendungen parallel arbeiten, hat man sie dadurch bequem im Überblick. Ein Tastendruck genügt, um zwischen Vollbilddarstellung und Fensterdarstellung zu wechseln.

Tip 488

> Wurde eine DOS-Anwendung als Vollbild gestartet, können Sie durch die Tastenkombination [Alt][↵] veranlassen, daß das Programm ab sofort in einem Fenster läuft.

Die DOS-Anwendungen erscheinen durch Betätigen von [Alt][↵] in einem waschechten Windows-Fenster: mit Rahmen, Titelleiste und Systemmenü. Wenn Sie die Tastenkombination [Alt][↵] erneut betätigen, wird aus der Fensterdarstellung wieder eine Vollbilddarstellung.

> **Hinweis:** Auch dieser Trick funktioniert nur, wenn Sie Windows im erweiterten Modus gestartet haben. Im Standard-Modus können Sie DOS-Anwendungen nur als Vollbild ablaufen lassen.

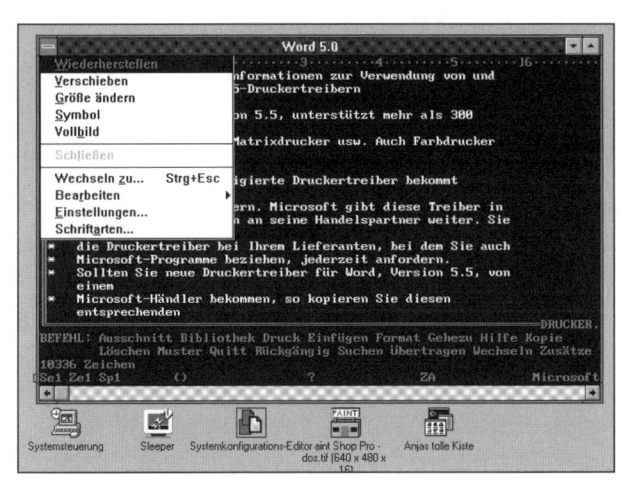

Word *für DOS im Windows-Fenster*

Lauter humpelnde Sprinter

Man muß es mal aussprechen dürfen: Zwar unterstützt Windows die Verarbeitung von DOS-Anwendungen, doch besonders schnell sind die aus Sicht von Windows eher archaischen Programme dabei sicher nicht. Leider kann man da nicht viel machen: Aus einem Lahmen wird nunmal kein Sprinter.

Tip 489
Legen Sie bei DOS-Anwendungen Wert auf eine hohe Arbeitsgeschwindigkeit, dann verzichten Sie auf die Fensterdarstellung!

Am schnellsten sind DOS-Anwendungen, wenn Windows außen vor bleibt, sie also von der DOS-Ebene aus gestartet werden – und wofür sie ja eigentlich auch gemacht sind. Einiges langsamer arbeiten dieselben Anwendungen, wenn man sie von Windows aus startet und als Vollbild-Anwendung laufen läßt. Hier mögen die Vorteile der grafischen Benutzeroberfläche (Druck-Management, Datenaustausch usw.) die Geschwindigkeitseinbußen ja noch überwiegen.

Recht zäh in Sachen Geschwindigkeit wird die Angelegenheit aber, wenn DOS-Anwendungen im Fenster ablaufen: Man bezahlt den Luxus von Gleichzeitigkeit und Übersichtlichkeit durch wirklich hohe Performance-Einbußen. Der Grund dafür ist, daß DOS-Anwendungen eigentlich gar nicht so recht in die Windows-Welt passen und deshalb jede Menge Arbeit nötig ist, um es hinzukriegen, daß sie trotzdem unter Windows laufen. Dagegen ist man einigermaßen machtlos.

Schriftart für DOS-Anwendung im Fenster

Wenn Sie eine DOS-Anwendung oder die MS-DOS-Eingabeaufforderung im Fester ablaufen lassen, haben Sie die Möglichkeit, die Schriftgröße der DOS-Zeilen zu bestimmen. Das ist besonders praktisch, wenn man auf einem PC mit hoher Grafikauflösung arbeitet, da es hier manchmal etwas schwierig werden kann, die Zeichen zu entziffern.

Tip 490
Die Größe der im DOS-Fenster dargestellten Zeichen ist beliebig: Bestimmen Sie, wie groß die Zeichen sein sollen.

11 • Windows und DOS

Öffnen Sie dazu das Systemmenü des DOS-Fensters ([Alt][___]) oder durch Anklicken des grauen Feldes links oben im Fenster), und aktivieren Sie dort den Menüpunkt *Schriftarten*, der übrigens mehr verspricht, als er hält, da Sie nicht wirklich zwischen verschiedenen Schriftarten auswählen können, sondern zwischen verschiedenen Zeichengrößen. Es erscheint die Dialogbox *Schriftenauswahl*. Wählen Sie hier die gewünschte Größe aus. Die angegebenen Werte sind Pixel-Angaben (Pixel sind Bildschirmpunkte).

Im Testfenster *Ausgewählte Schriftart* sehen Sie sofort, wie die entsprechende Schriftart auf Ihrem Bildschirm aussieht (einige „Angebote" sehen meiner Meinung nach wegen übertriebener Verzerrung eher unästhetisch aus). Bedenken Sie jedoch, daß Sie die Schriftart Ihrer DOS-Zeilen nur verändern können, wenn Sie DOS im Fenster verarbeiten.

Im Testfenster *Vorschau* können Sie einigermaßen maßstabsgetreu erkennen, wie sich die Größe des DOS-Fensters im Verhältnis zur Gesamtgröße des Desktops verändert. Aktivieren Sie in dieser Dialogbox die Option *Speichern beim Beenden*, wenn Sie möchten, daß das Erscheinungsbild Ihres DOS-Fensters nicht nur für die gegenwärtige Arbeitssitzung gilt, sondern dauerhaft festgehalten wird.

Wenn der Menüpunkt „Schriftarten" fehlt

Daß man die in einem DOS-Fenster verwendete Schriftgröße im erweiterten Betriebsmodus über den Menüpunkt *Schriftarten* des Systemmenüs bestimmen kann, haben Sie schon in Trick *Schriftart für DOS-Anwendungen im Fenster* erfahren. Doch was ist, wenn es keinen solchen Menüpunkt gibt?

Tip 491
Zwingen Sie Windows durch einen Eintrag in der Systemdatei SYSTEM.INI dazu, den Menüpunkt Schriftarten *anzuzeigen.*

Das kann durchaus passieren: Ein veralteter oder nicht vollständig kompatibler Bildschirmtreiber verhindert die Anzeige des Menüpunktes *Schriftarten* im Systemmenü eines DOS-Fensters.

Das Manko können Sie bequem auf gleich zwei Weisen beheben: Entweder, Sie verwenden einen Windows-eigenen Bildschirmtreiber – dann wird der gewünschte Menüpunkt auf jeden Fall angezeigt. Oder aber Sie erweitern den Abschnitt:

```
[NonWindowsApp]
```

485

in der Systemdatei SYSTEM.INI um die folgende Anweisung:

```
FontChangeEnable=1
```

Diese Anweisung sollte Windows ausreichen, um das begehrte Menü auf jeden Fall anzuzeigen. Nach der Korrektur müssen Sie Windows neu starten, damit die Änderungen sichtbar werden.

Wenn zu wenig Schriften im Angebot sind

Wie viele Schriftgrößen stehen Ihnen zur Verfügung, wenn Sie ein DOS-Fenster geöffnet haben? Sehen Sie doch mal mit Hilfe des Befehls *Schriftarten* im Systemmenü nach, über wie viele Fonts Sie im DOS-Fenster verfügen können. Über nur eine? Das könnten ja wirklich ein paar mehr sein.

Tip 492

Wenn nur eine Schriftgröße für DOS-Fenster angeboten wird, überprüfen Sie die Systemdatei DOSAPP.FON!

Kontrollieren Sie zuerst mit Hilfe des Datei-Managers, ob sich die Datei DOSAPP.FON überhaupt im Windows-Systemverzeichnis befindet. Falls ja, ist sie wahrscheinlich defekt und sollte erneuert werden. Löschen Sie die Datei. Wenn Sie von Anfang an keine entsprechende Datei gefunden bzw. sie gelöscht haben, muß die Datei DOSAPP.FON nun in das Windows-Systemverzeichnis kopiert werden. Verlassen Sie dazu Windows.

Die Datei befindet sich auf den Windows-Programmdisketten, und zwar auf der dritten 5,25-Zoll-Diskette bzw. auf der zweiten 3,5-Zoll-Diskette. Sie ist gepackt und heißt in der komprimierten Fassung DOSAPP.FO_.

Um die Datei von der Diskette in das Windows-Systemverzeichnis zu kopieren und gleichzeitig zu entpacken, geben Sie auf der DOS-Ebene ein:

```
expand a:\dosapp.fo_ c:\windows\system\dosapp.fon
```

Befindet sich Ihre Windows-Programmdiskette nicht in Laufwerk A: oder heißt Ihr Windows-Systemverzeichnis anders, aktualisieren Sie die Angaben entsprechend. Starten Sie danach Windows erneut.

Starten Sie nun eine DOS-Anwendung, und lassen Sie sie im Fenster laufen. Sehen Sie mit Hilfe des Befehls *Schriftarten* im Systemmenü nach, ob nun mehr Schriftgrößen zur Verfügung stehen.

11 • Windows und DOS

Mehr Zeilen im DOS-Fenster, Part I

Es gibt Situationen, in denen muß es einfach ein bißchen mehr sein. Wer zum Beispiel im DOS-Fenster lange Listen bearbeitet, der wird sich ab und zu ein paar Zeilen mehr wünschen, zugunsten einer besseren Übersicht. Ob Sie´s glauben oder nicht: Das ist kein Problem.

Tip 493

Falls Sie bei der Arbeit mit DOS über mehr als 25 Textzeilen verfügen wollen, teilen Sie Windows das doch einfach mit!

Windows kennt für diesen Zweck eine spezielle – und undokumentierte – Anweisung in der Systemdatei SYSTEM.INI. Sie können mit Hilfe dieser Anweisung frei zwischen 25, 43 und 50 gleichzeitig angezeigten Textzeilen wählen. Laden Sie die Systemdatei SYSTEM.INI dazu in einen Editor, und gehen Sie in den Abschnitt:

`[NonWindowsApp]`

Dort definieren Sie die bereits erwähnte Anweisung. Zur gleichzeitigen Darstellung von 25 Textzeilen, der Standardeinstellung, wäre folgende Anweisung erforderlich:

`screenlines=25`

Ändern Sie den Wert hinter dem Gleichheitszeichen nach Ihren Wünschen. Windows kann 25, 43 oder 50 Textzeilen gleichzeitig darstellen. Nach der Korrektur speichern Sie die Systemdatei und starten Windows neu. Beachten Sie bitte, daß sich 50 Textzeilen auf einem normalen VGA-Bildschirm im Fenster nicht darstellen lassen; Sie müssen entweder 43 Zeilen wählen oder eine kleinere Schriftart.

Hinweis

Ohne Windows ist dasselbe auch möglich, allerdings wird dann vorausgesetzt, daß der Gerätetreiber ANSI.SYS geladen ist. Das spielt unter Windows keine Rolle, selbst wenn Sie die DOS-Box im Vollbild ablaufen lassen. Nachteil dieses Tricks: Es laufen alle DOS-Anwendungen mit der festgelegten Zeilenzahl, und nicht jede DOS-Anwendung unterstützt mehr als 25 Zeilen.

Mehr Zeilen im DOS-Fenster, Part II

Der Nacheil des vorangehenden Tricks ist, daß ausnahmslos *alle* DOS-Anwendungen und auch die MS-DOS-Eingabeaufforderung auf die durch die ScreenLines-Anweisung definierte Anzahl gleichzeitig dargestellter Zeilen festgelegt sind. Durch folgenden Trick können Sie sich ganz gezielt für einen normalen oder einen großen Bildschirminhalt entscheiden.

Tip 494

Gönnen Sie Ihrem DOS-Fenster eine Extraportion Zeilen: Lassen Sie Windows bis zu 50 Zeilen im Fenster anzeigen!

Unter DOS können nur dann mehr als 25 Zeilen angezeigt werden, wenn der Bildschirmtreiber ANSI.SYS installiert ist. Erledigen Sie das am besten zuerst, denn für diesen Trick brauchen Sie den Treiber. Laden Sie dazu die Konfigurationsdatei CONFIG.SYS in einen Editor, und fügen Sie die folgende Zeile, falls noch nicht vorhanden, hinzu:

```
device=c:\dos\ansi.sys
```

Danach können Sie sich dem eigentlichen Trick widmen: Dazu wird eine Batchdatei COMMAND.BAT erstellt, die eine fünfzigzeilige Bildschirmdarstellung bewirkt. Diese wird in der PIF-Datei für das DOS-Prompt gegen die Befehlsdatei COMMAND.COM ausgetauscht.

Erstellen Sie zuerst die erwähnte Batchdatei. Das können Sie mit Hilfe jedes beliebigen Editors erledigen. Der Inhalt der Batchdatei lautet (wenn statt 50 nur 43 Zeilen angezeigt werden sollen, korrigieren Sie den Wert in der zweiten Anweisung entsprechend):

```
@Echo off
mode co80,50
cls
command.com
```

Speichern Sie die Batchdatei als COMMAND.BAT im Windows-Verzeichnis. Um die Befehlszeile der PIF-Datei für das Systemprompt zu aktualisieren, starten Sie den PIF-Editor und laden die Datei DOS-PRMPT.PIF. Ändern Sie den Eintrag in *Programmdateiname* von COMMAND.COM in COMMAND.BAT ab. Speichern Sie die korrigierte PIF-Datei.

Wenn Sie beim nächsten Mal die MS-DOS-Eingabeaufforderung aufrufen, kann das DOS-Fenster 50 Zeilen darstellen. Natürlich spielt hierbei auch die für das DOS-Fenster ausgewählte Schriftart eine Rolle.

11 • Windows und DOS

DOS im Hintergrund

Wer die Multitasking-Möglichkeiten unter Windows voll ausschöpfen möchte, der kann eine DOS-Anwendung im erweiterten Modus im Hintergrund ablaufen lassen, während gleichzeitig andere DOS- oder Windows-Anwendungen aktiv sind. Sollten Sie dabei jedoch feststellen, daß die im Hintergrund befindliche DOS-Anwendung einfriert, also nicht weiter arbeitet, ist das nicht im Sinne des Erfinders.

Tip 495

Weisen Sie Windows über die zur entsprechenden DOS-Anwendung gehörenden PIF-Datei an, die betreffende Anwendung auch im Hintergrund laufen zu lassen!

Laden Sie dazu die benötigte PIF-Datei in den PIF-Editor. Unten rechts in der Dialogbox befindet sich der Abschnitt *Ausführung*. Aktivieren Sie hier die Option *Hintergrund*. Speichern Sie die veränderte PIF-Datei, und starten Sie die betreffende DOS-Anwendung erneut.

Dieser Trick funktioniert nur im erweiterten Modus!

Ausführung: ☒ **Hintergrund**
☐ E**x**klusiv

Klicken Sie auf die Option Hintergrund

Datenaustausch

Rein in die Zwischenablage

Datenaustausch über die Zwischenablage ist für DOS-Anwendungen normalerweise ein Fremdwort. Doch wenn Windows sich dieser Programme im erweiterten Modus annimmt, sieht alles ganz anders aus: Auch DOS-Anwendungen sind dann datenaustauschfähig.

Tip 496 Wenn Sie die Zwischenablage auch in DOS-Anwendungen nutzen möchten, lassen Sie sie im Windows-Fenster laufen!

Alles, was mit der Zwischenablage zu tun hat, wird bei echten Windows-Anwendungen über das Menü *Bearbeiten* geregelt. Das geht bei DOS-Anwendungen nicht – schließlich gibt es ein solches Menü überhaupt nicht.

Also muß man einen Ausweg suchen. Der führt über das Systemmenüfeld, das jedes Windows-Fenster, also auch ein DOS-Fenster unter Windows, besitzt. Allerdings lassen sich auf diesem Weg nur Ausschnitte eines Textbildschirms in die Zwischenablage kopieren. Das ist also die Voraussetzung: Die DOS-Anwendung muß im Textmodus laufen.

Wenn dem so ist, öffnen Sie das Systemmenü, indem Sie auf das Systemmenüfeld (ganz links in der Titelleiste) klicken. Wählen Sie den Menüpunkt *Bearbeiten*. Die Dialogbox wird nach rechts erweitert. Wählen Sie aus der neuen Spalte den Befehl *Markieren*.

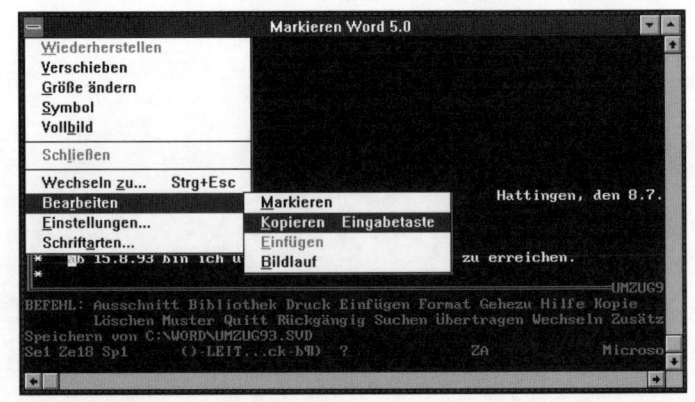

Über das Systemmenü ist der Zugang zur Zwischenablage gewährleistet

11 • Windows und DOS

Die Menüleisten verschwinden nun; markieren Sie mit der Maus bei gedrückter Maustaste den Bereich im Bildschirm, den Sie an die Zwischenablage übergeben möchten. Sobald Sie mit der ⏎-Taste Ihre Auswahl bestätigt haben, wird der Inhalt in die Zwischenablage geschickt. Von dort aus können Sie die Daten dann auf gewohnte Weise in jede beliebige Windows-Anwendung einbinden.

Raus aus der Zwischenablage

Für das Einfügen von Daten aus der Zwischenablage in ein DOS-Dokument gilt das gleiche wie für das Kopieren in die Zwischenablage: Es geht – wenn auch eingeschränkt und auf Umwegen!

Tip 497 *Um Daten aus der Zwischenablage in eine DOS-Anwendung zu übernehmen, nehmen Sie den Weg über das Systemmenü!*

Ganz wichtig: DOS-Anwendungen können auf die nachfolgend beschriebene Art ausschließlich Texte übernehmen; Tabellen, Grafiken, Sounds und so weiter lassen sich aus naheliegenden Gründen *nicht* in DOS-Anwendungen übernehmen.

Gehen Sie zuerst mit dem Cursor an die Stelle in Ihrem Dokument, an der die Daten aus der Zwischenablage eingefügt werden sollen. Wählen Sie dann im Systemmenü den Befehl *Bearbeiten*. Aus der erweiterten Menüleiste wählen Sie danach den Befehl *Einfügen*. Der Inhalt der Zwischenablage wird nun in das DOS-Dokument übertragen.

Hinweis: Der Datenaustausch in eine DOS-Anwendung geht nicht so schnell vonstatten, wie Sie es vom Austausch zwischen Windows-Anwendungen gewohnt sind. Auch können Formatierungsprobleme auftauchen.

Einfügen: Ein bißchen schneller, bitte!

Machen Sie sich keine Illusionen: Das Einfügen von Informationen aus der Zwischenablage in eine DOS-Anwendung ist ein zeitraubendes Unterfangen. Doch immerhin: Sie können den Datenaustausch ein wenig beschleunigen.

666 ganz legale Windows-Tricks

Tip 498

Aktivieren Sie in der PIF-Datei der entsprechenden Anwendung die Option Schnelles Einfügen.

Starten Sie dazu den PIF-Editor, und öffnen Sie die zur betreffenden DOS-Anwendung gehörige Datei. Klicken Sie auf die Befehlsfläche *Weitere Optionen*. Es erscheint eine weitere Dialogbox. Gehen Sie hier in den Bereich *Andere Optionen*, und aktivieren Sie die Zeile *Schnelles Einfügen*. Wenn Sie die Box bestätigen, und die betreffende DOS-Anwendung beim nächsten Mal starten, findet das Einfügen von Daten aus der Zwischenablage in schnellstmöglichem Tempo statt. (Das ist freilich immer noch recht langsam...)

Einfügen – und nichts passiert?

Es ist schon ein Kreuz: Sie haben den vorangehenden Trick befolgt, also die Option *Schnelles Einfügen* aktiviert, doch nun tut sich gar nichts mehr, wenn Sie den Befehl *Einfügen* wählen. Das ist dann ein typisches EDV-Phänomen: Obwohl man alles richtig macht, klappt nichts. Doch das ist noch kein Grund zur Verzweiflung.

Tip 499

Probieren Sie aus, ob das Einfügen aus der Zwischenablage klappt, wenn die Option Schnelles Einfügen *nicht aktiviert ist.*

Ändern Sie dazu die zur Anwendung gehörige Datei entsprechend. Es gibt einige wenige Anwendungen, die reagieren bei aktivierter Option *Schnelles Einfügen* mit einem Generalstreik, sind aber bei Deaktivierung der entsprechenden Option sofort wieder zufriedengestellt.

Wenn allerdings auch nach der Änderung kein Datenaustausch vorgenommen werden kann, müssen Sie bei dieser bestimmten Anwendung leider auf den Datenaustausch via Zwischenablage verzichten.

Hardcopys anfertigen

DOS-Screenshots

Sich ein Bild vom Windows-Bildschirm zu machen (sprich eine Hardcopy anzufertigen), ist dank der Zwischenablage und *Paintbrush* ja kein Problem. Doch auch von DOS-Anwendungen kann man einen Screenshot (Bildschirmausdruck) anfertigen. Allerdings gilt es, hier – wie so oft im Zusammenspiel von Windows und DOS – ein paar Besonderheiten zu beachten.

Tip 500

Erstellen Sie DOS-Screenshots über die Zwischenablage. Achten Sie dabei aber unbedingt auf das Format!

Wer einen DOS-Bildschirm unter Windows abbilden möchte, geht grundsätzlich genauso vor, als ob es sich um einen „echten" Windows-Bildschirm handeln würde: Läuft DOS im Vollbild, drücken Sie die (Druck)-Taste, um den Bildschirminhalt in die Zwischenablage zu kopieren.

Wenn Sie DOS im erweiterten Modus im Fenster laufen lassen, befördert die Taste (Druck) den Inhalt des kompletten Windows-Bildschirms, die Tastenkombination (Alt)(Druck) nur den des aktiven DOS-Fensters, in die Zwischenablage, unabhängig davon, ob die Anwendung im Text- oder Grafikmodus läuft.

Von dort aus kann die Kopie des aktuellen Bildschirminhaltes zum Beispiel in das Windows-eigene Zeichenprogramm *Paintbrush* eingefügt, bearbeitet und schließlich als PCX- oder BMP-Datei gespeichert werden.

Hinweis: *Folgende Besonderheit gilt es zu beachten: Läuft die DOS-Anwendung im Textmodus und als Vollbild, wird der aktuelle Bildschirminhalt im reinen ASCII-Format in die Zwischenablage kopiert; arbeitet die Anwendung im Grafikmodus oder läuft die Anwendung im Fenster ab, erhält die Zwischenablage eine Bitmap.*

Beim Einfügen eines abgebildeten Text-DOS-Bildschirms in eine *Paintbrush*-Datei erscheint deshalb ein entsprechender Hinweis: Da die Zwischenablage nur Daten im Textformat enthält, muß zuerst die Einfügestelle für den Text(!) angegeben werden. Klicken Sie also auf die Stelle, an der der „Text" erscheinen soll, und wählen Sie dann den Befehl *Bearbeiten* ▶ *Einfügen*.

> **Paintbrush**
>
> Die Zwischenablage enthält nur Daten im Textformat. Um Text einzufügen: Wählen Sie zunächst die Einfügestelle aus und dann den Befehl Einfügen.
>
> OK

Abbildungen von DOS-Anwendungen, die im Textmodus und Vollbild laufen, werden nicht als Bitmap übertragen

DOS-Bild direkt an den Drucker schicken

Wer es gewohnt ist, DOS-Screenshots außerhalb von Windows zu erstellen, also auf der „echten" DOS-Ebene, hat sich vielleicht ein wenig über die im letzten Trick beschriebene Methode gewundert: Durch Betätigen der Taste (Druck) wird unter DOS der aktuelle Bildschirminhalt ausgedruckt. Wenn Sie hingegen unter Windows die (Druck)-Taste betätigen, können Sie lange darauf warten, daß etwas aus dem Drucker kommt: Die (Druck)-Taste transportiert die Abbildung nicht zum Drucker, sondern erst mal in die Zwischenablage.

Tip 501

Wenn Sie wollen, daß die Taste (Druck) den aktuellen Bildschirminhalt wie unter DOS zu Papier bringt und nicht in die Zwischenablage kopiert, nehmen Sie eine Änderung in der PIF-Datei der betreffenden Anwendung vor.

Zugegeben: Der Weg ist recht mühsam, muß doch für jede Anwendung, für die diese Ausnahme gelten soll, die betreffende PIF-Datei verändert werden. Aber leider ist mir keine praktischere Methode bekannt. Und noch eine Einschränkung kommt hinzu: Die nachfolgend beschriebene Lösung funktioniert nur im erweiterten Modus.

Laden Sie die entsprechende PIF-Datei, und klicken Sie auf die Schaltfläche *Weitere Optionen*. Aktivieren Sie im Bereich *Tastenkombinationen reservieren* die Einträge (Druck) und (Alt)(Druck). Wenn vor diesen beiden Zeilen ein Kreuzchen erscheint, bedeutet das: Die beiden genannten Tastenkombinationen werden nicht mit der entsprechenden Windows-Funktion belegt, sondern rufen das hervor, was in der betreffenden DOS-Anwendung vorgesehen ist.

11 • Windows und DOS

Im Klartext: Windows schickt bei Betätigen von (Druck) den aktuellen Bildschirminhalt in die Zwischenablage, DOS hingegen gibt ihn auf dem Drucker aus. Indem Sie die Tasten für Windows außer Kraft setzen, gilt die ursprüngliche DOS-Funktionalität wieder. Nachdem Sie die PIF-Datei gespeichert haben, können Sie mit der Taste (Druck) oder mit der Tastenkombintion (Alt)(Druck) Bildschirmabbildungen direkt auf dem Drucker ausgeben.

Hinweis: Beachten Sie bitte, daß die Reservierung der angegebenen Tasten nur für die ausgewählte Anwendung gilt. Möchten Sie die Abbildung einer anderen DOS-Anwendung direkt auf dem Drucker ausgeben, müssen Sie in der dazugehörigen PIF-Datei die Änderungen gesondert vornehmen.

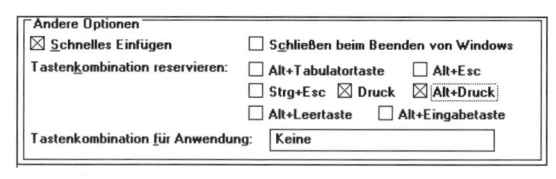

```
┌─Andere Optionen─────────────────────────────────────────┐
│  ☒ Schnelles Einfügen      ☐ Schließen beim Beenden von Windows │
│  Tastenkombination reservieren:  ☐ Alt+Tabulatortaste  ☐ Alt+Esc │
│                                   ☐ Strg+Esc  ☒ Druck  ☒ Alt+Druck │
│                                   ☐ Alt+Leertaste  ☐ Alt+Eingabetaste │
│  Tastenkombination für Anwendung:  │Keine│              │
└─────────────────────────────────────────────────────────┘
```

Setzen Sie die Tasten (Druck) und (Alt)(Druck) für Windows außer Kraft

Arbeitsbedingungen für die DOS-Box

Das Geheimnis ist gelüftet: Um den aktuellen Bildschirminhalt einer DOS-Anwendung direkt an den Drucker zu senden, ist eine Änderung der dazugehörigen PIF-Datei notwendig. Welche PIF-Datei zu welcher DOS-Anwendung gehört, ist in der Regel leicht zu erkennen: Die PIF-Datei zum Editor heißt EDITOR.PIF, die für die Textverarbeitung *Word* heißt WORD.PIF etc. Preisfrage: Wie heißt die PIF-Datei, in der die Arbeitsbedingungen für die MS-DOS-Eingabeaufforderung festgelegt werden? DOS.PIF? Mitnichten!

Tip 502 *Die Arbeitsbedingungen für die MS-DOS-Eingabeaufforderung sind in der Datei DOSPRMPT.PIF gespeichert!*

Die PIF-Datei DOSPRMPT.PIF regelt das Zusammenspiel zwischen dem DOS-Kommandoprozessor COMMAND.COM und der Windows-Oberfläche; die PIF-Datei wird bemüht, wenn Sie im Programm-Manager die MS-DOS-Eingabeaufforderung auswählen. Werden hier zum Beispiel die Tasten (Druck) und/oder die Tastenkombination (Alt)(Druck) reserviert, können Sie den aktuellen Bildschirminhalt der MS-DOS-Eingabeaufforderung ohne Umweg direkt auf dem Drucker ausgeben.

In Krisenzeiten

Wenn nichts mehr geht: DOS hängt

Leider passiert es immer wieder mal: Eine DOS-Anwendung, die unter Windows läuft, hängt sich plötzlich auf. Rien ne va plus. Bevor man über mögliche Fehlerquellen nachdenkt, steht man erst einmal vor einem ganz anderen Problem: Wie komme ich mit möglichst wenig Schaden aus dieser Situation wieder raus?

Tip 503

Greifen Sie im Problemfall nicht zur Reset-Taste. Strecken Sie Ihre Finger auch nicht zum berühmten Affengriff aus! Führen Sie vielmehr einen Abbruch über das Systemmenü herbei.

Das freilich klappt nur, wenn die entsprechende DOS-Anwendung im Fenster und somit im erweiterten Modus abläuft, sonst gäbe es ja gar kein Systemmenü. Ist das der Fall, klicken Sie auf das Systemmenüfeld (ganz oben links im Fenster) und wählen den Befehl *Einstellungen*.

Es erscheint eine Dialogbox. In der Rubrik *Sonstiges* steht Ihnen der Befehl *Abbruch* zur Verfügung. Klicken Sie auf diese Taste, wenn Sie sich sicher sind, daß die betreffende Anwendung anders nicht mehr zu stoppen oder zu beenden ist.

Es erscheint nun eine Dialogbox, die Sie darauf aufmerksam macht, daß der gewählte nicht der reguläre Weg ist, die betreffende DOS-Sitzung zu beenden. Aber das wissen Sie ja längst... Klicken Sie also auf *OK*. Die DOS-Anwendung wird nun radikal beendet. Eventuell noch geöffnete Dateien werden nicht gespeichert.

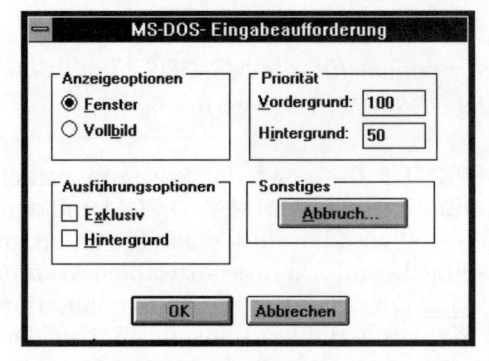

Manchmal unvermeidbar: Die Notbremse ziehen

11 • Windows und DOS

Der hier mögliche Datenverlust ist allerdings in der Regel geringer, als wenn Sie den Rechner komplett neu gebootet hätten. Bei einem Warm- oder Neustart wären nämlich ausnahmslos *alle* nicht-gespeicherten Daten verloren – nicht nur die in der problematischen DOS-Anwendung, sondern auch die in allen derzeit aktiven Windows-Anwendungen.

Nach einem DOS-Absturz

Wenn Ihnen eine DOS-Anwendung unter Windows abgestürzt ist, können Sie über die *Abbruch*-Funktion im Systemmenü die Notbremse ziehen. Doch danach sollten Sie auf jeden Fall ein paar Sicherheitsvorkehrungen treffen, um zu vermeiden, daß es womöglich zu Datenverlusten kommt.

Tip 504
Beenden Sie nach dem Abbruch einer DOS-Anwendung alle noch aktiven Windows-Anwendungen und schließlich Windows selbst!

Nur auf diese Weise stellen Sie wirklich sicher, daß in den noch aktiven Windows-Anwendungen keine Daten verlorengehen. Nicht, daß wir uns mißverstehen: Vielleicht haben Sie Glück, und es passiert auch ohne das Beenden von Windows nichts. Doch das Risiko ist nicht unwesentlich – schließlich führt ein derart unsanftes und unorthodoxes Beenden einer laufenden Anwendung fast immer zur Instabilität des Systems.

Kriegen sich in die Wolle: DOS und Super-VGA

Zwar ist die Bedienung des PCs dank Windows ganz ohne Frage bequemer und einfacher geworden, doch heißt das noch lange nicht, daß keine unerklärlichen Dinge mehr passieren. Im Gegenteil: Windows hält jede Menge Überraschungen für uns bereit. Wenn zum Beispiel Ihr Rechner abstürzt, sobald Sie eine DOS-Anwendung im Fenster starten, so kann das möglicherweise an Konflikten bei der Speicherbenutzung liegen.

Tip 505
Falls Sie eine Super-VGA-Karte verwenden, sollten Sie Windows anweisen, einen bestimmten Speicherbereich zu reservieren.

DOS im Windows-Fenster und im PC eine Super-VGA-Karte im Einsatz: Keine seltene Kombination – im Gegenteil! –, dafür aber eine extrem absturzgefährdete. Das liegt daran, daß die im Fenster ablaufende DOS-Anwendung und die Super-VGA-Karte identische Speicherbereiche beanspruchen.

Durch einen Eintrag in der Datei SYSTEM.INI können Sie diesen Konflikt ein für allemal vermeiden. Laden Sie die Datei dazu in einen Editor. Gehen Sie in den Abschnitt:

```
[386Enh]
```

Hier fügen Sie die folgende Anweisung ein, um sicherzustellen, daß Windows nicht mehr den Speicherbereich der Super-VGA-Karte benutzt:

```
Dualdisplay=1
```

Nach erfolgter Korrektur speichern Sie die Datei. Danach verlassen Sie Windows und starten die grafische Benutzeroberfläche erneut. Ab jetzt sollte es beim Start einer DOS-Anwendung im Fenster eigentlich keine Probleme mehr geben. Eine mögliche Ursache ist jedenfalls abgestellt.

Programmumschalten nicht möglich

Wenn die DOS-Anwendung problemlos gestartet ist, doch ein Umschalten zwischen den Anwendungen vermittels [Alt][⇆] einfach nicht funktionieren will, so hat das meistens einen ganz trivialen Grund: Möglicherweise ist die Tastenkombination reserviert.

Tip 506

Wenn [Alt][⇆] *nicht funktioniert, kontrollieren Sie, ob Sie die Tastenkombination für eine andere Funktion reserviert haben!*

In der zur betreffenden DOS-Anwendung gehörenden PIF-Datei haben Sie die Möglichkeit, bestimmte Tastenkombinationen für die DOS-Anwendung zu reservieren und damit für Windows außer Kraft zu setzen.

Legen Sie auf die schnelle Programmumschaltung Wert, sollten Sie unbedingt sicherstellen, daß die Tastenkombination [Alt][⇆] nicht für eine andere Funktion reserviert ist. (Mir sind ohnehin nur wenige DOS-Anwendungen bekannt, die mit der Tastenkombination [Alt][⇆] irgendetwas Schlaues anfangen können.)

11 • Windows und DOS

Im Zweifelsfall starten Sie den PIF-Editor, und öffnen Sie die entsprechende PIF-Datei. Klicken Sie auf die Befehlsfläche *Weitere Optionen*. Im Abschnitt *Tastenkombinationen reservieren* muß das Kästchen vor der Kombination „Alt+Tabulatortaste" unbedingt leer bleiben. Ist die Option der Tastenkombination eingeschaltet, deaktivieren Sie sie. Nachdem Sie die Datei gespeichert haben, starten Sie die DOS-Anwendung erneut. Nun dürfte der Programmumschaltung mittels der Tastenkombination [Alt][⇆] nichts mehr im Wege stehen.

Nur Ärger mit dem DOS-Fenster?

Sie haben soviel Ärger mit den DOS-Fenstern, daß Sie eigentlich schon beschlossen haben, nie wieder irgendeine DOS-Anwendung unter Windows ablaufen zu lassen? Bevor Sie zu derart endgültigen Maßnahmen greifen, sollten Sie sich ein Herz fassen und sich noch ein letztes Mal auf Fehlersuche begeben. Vielleicht lohnt es sich ja!

Tip 507 *Wenn DOS-Anwendungen nicht so richtig wollen, nehmen Sie mal den verwendeten Bildschirmtreiber unter die Lupe!*

Orientieren Sie sich an folgender Grundregel: Wenn die Abstürze nur bei einer bestimmten DOS-Anwendung auftreten, ist es wahrscheinlich, daß die Einstellungen in der dazugehörigen PIF-Datei fehlerhaft sind. Kommt es hingegen bei mehreren oder gar allen DOS-Anwendungen zum Absturz im DOS-Fenster, liegt ein Versagen des Bildschirmtreibers nahe.

Installieren Sie in diesem Fall den Treiber über das *Windows-Setup* neu. Schafft auch das keine Abhilfe, fragen Sie beim Hersteller der Grafikkarte nach der neuesten Treiber-Version. Oft hält er Treiber bereit, die ein besseres Zusammenspiel zwischen Windows und der Grafikkarte ermöglichen.

Probleme beim Start einer DOS-Sitzung

Falls immer dann, wenn Sie eine DOS-Anwendung unter Windows starten wollen, eine Fehlermeldung erscheint, die darauf schließen läßt, daß nicht genügend Arbeitsspeicher vorhanden sei, etwas mit der CONFIG.SYS nicht stimme oder der Datei- oder Pfadname nicht korrekt sei, obwohl dem ganz gewiß nicht so ist (Fehlermeldungen sagen recht oft nicht das aus, was eigentlich das Problem ist), so kann das an einem unzureichenden Eintrag in der CONFIG.SYS liegen.

Tip 508

Häufen sich die Probleme beim Start von DOS-Anwendungen, erhöhen Sie die Anzahl der maximal gleichzeitig zu öffnenden Dateien in der Konfigurationsdatei!

Mit Hilfe der FILES-Anweisung wird in der Datei CONFIG.SYS festgelegt, wie viele Dateien gleichzeitig geöffnet werden können. Hier ist möglicherweise ein zu kleiner Wert eingetragen. Laden Sie deshalb die Datei CONFIG.SYS in einen Editor. Erhöhen Sie den Wert in der Anweisung:

```
Files=
```

Die Wert hinter dem Gleichheitszeichen sollte mindestens 45 betragen. Speichern Sie die veränderte Datei, und starten Sie Windows erneut.

DOS-Sitzung streikt immer noch

Der vorangehende Trick hat nicht geholfen oder die Angabe zu den maximal gleichzeitig zu öffnenden Dateien war von vorneherein größer als 45? Falls die Fehlermeldung immer noch erscheint, unbeirrt von der Erhöhung des Wertes, dann liegt der Fehler sehr wahrscheinlich nicht an der DOS-, sondern an der Windows-Konfiguration.

Tip 509

Erhöhen Sie die Anzahl der VM-Dateien in der SYSTEM.INI

Die Abkürzung VM steht für „Virtual Machine". Virtuelle Maschinen sind nicht wirklich vorhanden, sondern werden simuliert. Der Hintergrund: Unter Windows wird *jede* DOS-Anwendung oder DOS-Box als virtuelle Maschine bezeichnet, da die betreffende Anwendung nichts von Windows und den anderen Anwendungen bemerkt und sich „einbildet", ganz alleine zu sein. Verwaltungstechnisch ist jede DOS-Anwendung in sich abgeschlossen, wie auf einem einzelnen, separaten PC. Eine virtuelle Maschine ist demnach eine DOS-Anwendung, die unter Windows im erweiterten Betriebsmodus läuft.

Die Zahl der VM-Dateien muß so hoch sein, daß Windows alle benötigten DOS-Dateien gleichzeitig öffnen kann. Um die Zahl zu erhöhen, laden Sie die Datei SYSTEM.INI in einen Editor. Gehen Sie in den Abschnitt:

```
[386Enh]
```

Suchen Sie hier nach der folgenden Anweisung, die aber wahrscheinlich nicht existieren wird, so daß Sie sie neu werden eintragen müssen:

`PerVMFILES=`

Der Wert hinter dem Gleichheitszeichen muß größer als 10 sein (10 ist der Standardwert). Probieren Sie aus, ab welchem Wert Ihre DOS-Anwendungen unter Windows problemlos laufen. Übrigens: In der Summe dürfen die beiden Einträge PerVMFiles und FILES in der Datei CONFIG.SYS nicht größer als 255 sein.

Novell-Netzwerk: DOS-Anwendung streikt

Falls die in Trick *DOS-Anwendung kann nicht geöffnet werden* erwähnten Fehlermeldungen auftreten, wenn Sie Windows im Novell-Netz laufen lassen, kann es sein, daß der Fehler weder an der DOS-, noch an der Windows-Konfiguration liegt, sondern im Netz begründet liegt. Verzagen Sie nicht, sondern zeigen Sie Ihrem Netzwerk-Administrator folgenden Trick (oder trauen Sie sich selbst!).

Tip 510

Erhöhen Sie die Anzahl der maximal gleichzeitig zu öffnenden Dateien in der Netz-Konfigurationsdatei SHELL.CFG!

Dazu laden Sie die Systemdatei SHELL.CNF in einen geeigneten Editor. Die Datei existiert nur, wenn Sie Windows im Netz betreiben. Erhöhen Sie hier in der Zeile:

`file handles=`

den Wert auf 60.

`file handles=60`

Falls die Datei SHELL.CNF noch nicht existiert, erstellen Sie sie mit einem Editor. Speichern Sie sie in dem Verzeichnis, in dem auch die Datei NETX.COM untergebracht ist.

Hinweis: Noch 'was Tüfteliges am Rande: Achten Sie darauf, daß die Summe der Dateien, die in der CONFIG.SYS in der Zeile FILES=, in der SYSTEM.INI in der Zeile PerVMFile= sowie in der SHELL.CNF in der Zeile FILE HANDLES= angegeben sind, den Wert 255 nicht überschreitet. In der Regel ist dies sowieso nicht der Fall. Rechnen Sie diesen Wert am besten nur dann nach, wenn irgendetwas nicht so klappt, wie Sie es sich erhofft haben.

Der gefährliche Weg ins Betriebssystem

Viele DOS-Anwendungen halten einen Befehl bereit, mit dem man innerhalb der Anwendung kurzfristig auf die DOS-Ebene umschalten kann. Bei *Word* für DOS zum Beispiel ist das der Menüpunkt *Bibliothek ▶ Betriebssystem*.

Tip 511 Wenn Sie eine DOS-Anwendung unter Windows laufen lassen, vermeiden Sie diesen Weg ins Betriebssystem!

Läuft eine DOS-Anwendung unter Windows, und Sie rufen innerhalb dieser Anwendung mit dem dafür vorgesehenen Befehl die Betriebssystemebene auf, kann das zu empfindlichen Störungen führen. Deshalb sollten Sie auf den Aufruf dieser Funktionen verzichten.

Das Multitasking bietet ja eine gute Alternative, um auf die DOS-Ebene zu gelangen, ohne die aktive DOS-Anwendung verlassen zu müssen: Wechseln Sie von der aktiven DOS-Anwendung in den Programm-Manager, um dort in der Hauptgruppe die *MS-DOS-Eingabeaufforderung* zu starten. Dieser Weg bringt keine Probleme: DOS-Anwendung und DOS-Eingabeaufforderung können friedlich koexistieren.

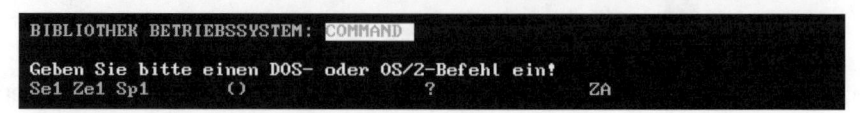

```
BIBLIOTHEK BETRIEBSSYSTEM: COMMAND
Geben Sie bitte einen DOS- oder OS/2-Befehl ein!
Se1 Ze1 Sp1        ()              ?              ZA
```

Unter Windows tabu: Die Betriebssystemebene einiger DOS-Anwendungen

11 • Windows und DOS

Und tschüss!

DOS-Anwendung beenden

Wie man unter Windows DOS-Anwendungen startet, ist kein Geheimnis: Man klickt doppelt auf das zuständige Programm-Icon. Doch beim Beenden einer DOS-Anwendung sieht es schon etwas anders aus. Eine im Fenster laufende DOS-Anwendung läßt sich nämlich nicht mit Hilfe des sonst üblichen [Alt][F4] oder Doppelklick auf das Systemmenüfeld beenden.

Tip 512
Um eine DOS-Anwendung unter Windows zu beenden, benutzen Sie den Befehl, den die DOS-Anwendung selbst zum Verlassen des Programms vorsieht.

Damit ist der Befehl gemeint, den Sie auch benutzen, wenn Sie die betreffende DOS-Anwendung außerhalb von Windows beenden möchten. In vielen Fällen ist die Taste [F3] für das Beenden einer DOS-Anwendung zuständig. Andere DOS-Anwendungen werden durch die Befehle *Ende*, *Datei* ▶ *Beenden* oder *Quitt* verlassen.

DOS-Anwendung über Task-Manager beenden

Verkehrte Welt: Was im komfortablen erweiterten Modus nicht möglich ist, klappt im Standard-Modus sehr wohl: Das Beenden einer unter Windows laufenden DOS-Anwendung über den Task-Manager zum Beispiel.

Tip 513
Arbeiten Sie im Standard-Modus, rufen Sie die Task-Liste auf, um eine aktive DOS-Anwendung zu beenden.

Mit der Tastenkombination [Strg][Esc] gelangen Sie auch dann an die Task-Liste, wenn die DOS-Anwendung, wie im Standard-Modus üblich, als Vollbild unter Windows läuft. Markieren Sie in der Task-Liste das DOS-Programm, das Sie beenden möchten, und klicken Sie auf die Befehlstaste *Task beenden*.

Es erscheint eine Dialogbox, die Sie darauf aufmerksam macht, daß die gewählte Anwendung noch aktiv ist. Natürlich wissen Sie das – deshalb wollen Sie sie ja beenden... Klicken Sie in dieser Box auf *OK*, wird die DOS-Anwendung geschlossen.

666 ganz legale Windows-Tricks

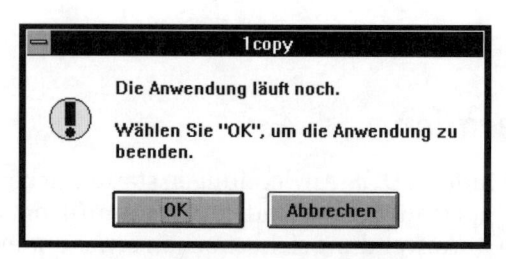

Eine DOS-Anwendung wird beendet

DOS-Fenster: Schließen auf Doppelklick

Eine DOS-Anwendung, die im Fenster unter Windows läuft, kann man nur auf dem offiziellen Wege schließen, nämlich mit Hilfe des Befehls, den die DOS-Anwendung dafür bereithält. Damit soll der DOS-Anwender vor Datenverlust geschützt werden. Die Folge: Ein Doppelklick auf das Systemmenü oder die Auswahl des Befehls *Schließen* im Systemmenü einer DOS-Anwendung bleibt ohne jede Wirkung.

Tip 514

Durch eine kleine Änderung in der entsprechenden PIF-Datei können Sie eine DOS-Anwendung mit den gewohnten Windows-Befehlen beenden!

Laden Sie dazu die zur DOS-Anwendung gehörende PIF-Datei in den PIF-Editor. Klicken Sie in der ersten Dialogbox auf die Befehlsfläche *Weitere Optionen*. Diese steht Ihnen nur im erweiterten Modus zur Verfügung! Es erscheint eine weitere Dialogbox, in der sich rechts unten die Option *Schließen beim Beenden vom Windows* befindet. Aktivieren Sie diese Option, und speichern Sie die veränderte PIF-Datei.

Hinweis: Damit die Änderungen wirken, ist es bei einigen DOS-Anwendungen erforderlich, einen Warmstart durchzuführen. Starten Sie danach Windows und die betreffende DOS-Anwendung neu.

Die Veränderung hat zwei Auswirkungen: Zum einen können Sie ab sofort die betreffende DOS-Anwendung, die unter Windows in einem Fenster läuft, auch mit einem Doppelklick auf das Systemmenüfeld oder mit dem Befehl *Schließen* beenden. Die Tastenkombination Alt F4 funktioniert in diesem Zusammenhang allerdings nicht.

11 • Windows und DOS

Außerdem umfaßt das Beenden des Programm-Managers nun auch das Beenden der aktiven DOS-Anwendungen, zumindest der, die über die hier erwähnte Option verfügen. Schließen Sie Windows, werden automatisch auch alle DOS-Anwendungen beendet, die über die entsprechende Option verfügen.

Hier lauert aber eine Gefahr: Stellen Sie sicher, daß die in der DOS-Anwendung bearbeiteten Dateien vor Beenden von Windows gespeichert werden! Das müssen Sie nach wie vor „manuell" erledigen. Eine entsprechende Anfrage in der Art von „Sollen die Veränderungen gespeichert werden?", erscheint nur bei noch geöffneten Windows-Anwendungen, nicht aber bei DOS-Anwendungen.

Allerdings erscheint eine Dialogbox, die Sie darauf aufmerksam macht, daß eine DOS-Anwendung noch aktiv ist. Ein Klick auf *OK* reicht in diesem Fall, um die Anwendung endgültig zu beenden. Fällt Ihnen hingegen beim Anblick dieser Dialogbox siedend heiß ein, daß die geöffnete Datei noch nicht gespeichert ist, klicken Sie auf *Abbrechen*. Speichern Sie danach die Datei mit dem Befehl, den die DOS-Anwendung dafür vorsieht. Danach können Sie Windows erneut beruhigt schließen.

☐ S*c*hließen beim Beenden von Windows

Aktivieren Sie diese Option!

Windows und DoubleSpace

Nur auf der „echten" DOS-Ebene starten

MS-DOS enthält ab der Version 6.0 eine nützliche Neuheit, die für Windows und DOS-Anwendungen gleichermaßen praktische Vorteile bringt: den Festplattenverdoppler *DoubleSpace*. Im Grunde genommen ist nicht viel mehr als die Eingabe des Befehls DBLSPACE erforderlich, um zu deutlich mehr Plattenspeicher zu gelangen. Doch Sie sollten die Hilfsprogramme von *DoubleSpace* besser nicht von Windows aus starten.

Tip 515

Rufen Sie DoubleSpace nur unter DOS auf!

DoubleSpace verändert die Struktur eines Datenträgers. Deshalb sollte man das Hilfsprogramm von DoubleSpace genauso wenig aufrufen, wenn Windows aktiv ist, wie zum Beispiel ein Defragmentierungsprogramms. Andernfalls wäre ein Chaos auf der Festplatte die wahrscheinliche Folge.

Viel passieren kann aber sowieso nicht, denn wenn Sie unter Windows den Befehl DBLSPACE eingeben, erscheint ein Warnhinweis. Doch provozieren Sie die lauernde Gefahr erst gar nicht: Beenden Sie alle aktiven Anwendungen, und verlassen Sie Windows, bevor Sie Ihre Datenträger mit DoubleSpace komprimieren.

Bloß nicht: Der Befehl DBLSPACE hat in einem DOS-Fenster unter Windows nichts zu suchen

Auslagerungsdatei nicht komprimieren!

Wer mit Hilfe des Festplattenverdopplers *Doublespace* ein komprimiertes Laufwerk einrichtet und danach auf diesem Laufwerk Windows installiert, der kann ganz ohne Frage eine Menge Platz sparen. Allerdings sollte man unbedingt darauf achten, nicht ausnahmslos alles auf dem komprimierten Laufwerk zu speichern.

Tip 516

Für die permanente Auslagerungsdatei sind komprimierte Laufwerke tabu. Achten Sie darauf, wenn Sie virtuellen Speicher einrichten!

Wenn Sie den Arbeitsspeicher von Windows durch sogenannten virtuellen Speicher erweitern, wird meistens eine permanente Auslagerungsdatei eingerichtet. Diese permanente Auslagerungsdatei darf auf keinen Fall auf einem mit DoubleSpace komprimierten Laufwerk eingerichtet werden; beim Windows-Start erscheint dann eine Warnung, die permanente Auslagerungsdatei sei zerstört.

Beim Einrichten von virtuellem Speicher sollten Sie deshalb unbedingt darauf achten, nur ein nicht-komprimiertes Laufwerk zu verwenden. Leider bietet Windows Ihnen auch die komprimierten Laufwerke an. Deshalb müssen Sie hier sehr vorsichtig sein.

Windows-Tabus für DoubleSpace-Laufwerke

Auf Laufwerken, die mit dem Festplattenverdoppler *DoubleSpace* komprimiert wurden, kann man so ziemlich alles speichern: Daten lassen sich hier ebenso platzsparend verstauen wie Programme, und zwar sowohl Windows-Anwendungen als auch DOS-Anwendungen. Wenn Sie allerdings ein bereits bestehendes Laufwerk komprimieren wollen, auf dem Windows installiert ist, sollten Sie vorsichtig sein.

Tip 517

Vermeiden Sie, daß DoubleSpace eine bereits bestehende Auslagerungsdatei komprimiert!

Wenn Sie eine Festplatte komprimieren, auf der bereits eine Windows-Version installiert ist, achten Sie auf jeden Fall darauf, daß eine eventuell vorhandene permanente Auslagerungsdatei nicht mit komprimiert wird. Windows trägt dafür normalerweise selbst Sorge. Doch Kontrolle ist besser: Eine komprimierte Auslagerungsdatei macht nicht nur keinen Sinn, sondern kann auch das gesamte Windows-System zum Absturz bringen. Deshalb sollten Sie die permanente Auslagerungsdatei entweder vorher kurzfristig entfernen oder nach dem Komprimierungsvorgang prüfen, ob alles in Ordnung ist.

Windows streikt nach DoubleSpace-Komprimierung

Wenn Sie Windows nach der Komprimierung eines Laufwerkes nicht mehr starten können, ist das eine äußerst ärgerliche Sache. Wahrscheinlich ist der Grund für den Streik von Windows ein Fehler in Sachen Auslagerungsdatei: Wird ein Datenträger komprimiert, verlegt DoubleSpace die Auslagerungsdatei automatisch auf ein nichtkomprimiertes Laufwerk. Damit Windows hinterher auch weiß, auf welchem Laufwerk sich die Auslagerungsdatei befindet, nimmt DoubleSpace selbständig eine Änderung in der Windows-Systemdatei SYSTEM.INI vor. In manchen Fällen klappt das jedoch nicht so richtig.

Tip 518 — *Streikt Windows nach der Komprimierung einer Festplatte, löschen Sie von der DOS-Ebene aus die Auslagerungsdatei!*

Sie haben recht: An anderer Stelle in diesem Buch ist ausdrücklich davor gewarnt worden, die Auslagerungsdatei 386SPART.PAR zu löschen. Im Normalfall sollte man davon auch wirklich die Finger lassen. Im oben beschriebenen Fall liegt jedoch eine Ausnahme vor: Nur, wenn Sie die Auslagerungsdatei löschen, wird Windows überhaupt wieder starten. Natürlich müssen Sie danach die Auslagerungsdatei neu einrichten. Das kostet etwas Mühe, ist aber sicherlich das kleinere Übel.

Die Datei 386SPART.PAR ist wegen ihrer Bedeutung eine schreibgeschützte, versteckte Systemdatei. Deshalb müssen Sie zuerst das System-, das Hidden- und das Read-Only-Attribut zurücksetzen, bevor Sie die Datei löschen können. Wechseln Sie dazu in das Stammverzeichnis der Festplatte, und geben Sie nach dem Systemprompt ein:

```
attrib -s -h -r c:\386spart.par
```

Die Datei ist immer im Hauptverzeichnis gespeichert. Natürlich können Sie die Attribute auch mit Hilfe des Datei-Managers zurücksetzen. Danach können Sie die Datei wie eine „normale" Datei löschen:

```
del c:\386spart.par
```

11 • Windows und DOS

Außerdem ist es notwendig (oder zumindest empfehlenswert, um beim Start Meldungen zu vermeiden), die Angaben zu Ort und Größe der Auslagerungsdatei, die Windows in der Systemdatei SYSTEM.INI verwaltet, zu löschen. Laden Sie dazu die Datei SYSTEM.INI in einen Editor, und gehen Sie danach in den Abschnitt:

`[386Enh]`

Dort sollten Sie die beiden folgenden Anweisungen löschen, die festlegen, wo die Auslagerungsdatei gespeichert ist und wie groß sie ist:

`PermSwapDOSDrive=`
`PermSwapSizeK=`

Speichern Sie danach die korrigierte Systemdatei.

Der Übeltäter ist nun beseitigt, dem Start von Windows sollte damit nichts mehr im Wege stehen. Lassen Sie sich nicht durch eine eventuelle Fehlermeldung über eine beschädigte Auslagerungsdatei irritieren. Bestätigen Sie mit *Ja*, wenn Windows Ihnen anbietet, die beschädigte Auslagerungsdatei zu löschen.

Wenn Sie nun schließlich über die Dialogbox *Virtueller Speicher* eine neue Auslagerungsdatei einrichten, ist der Schaden endgültig behoben. Achten Sie aber unbedingt darauf, ein nicht-komprimiertes Laufwerk zu benutzen.

Kapitel 12
Windows im Netz

Windows für Workgroups   512

Vernetztes   518

Windows für Workgroups

Soviel muß es schon sein: Die Mindestvoraussetzungen

Zu schön, um wahr zu sein: Microsoft behauptet, Windows für Workgroups funktioniere auch auf einem 286er-PC mit 2 MByte RAM, so steht es zumindest auf der Verpackung.

Tip 519
Vertrauen Sie diesen Versprechungen nicht. Um vernünftig in der Arbeitsgruppe zu arbeiten, sollte es mindestens ein 386er-PC mit 4 MByte Arbeitsspeicher sein.

Mehr noch als beim „normalen" Windows kommt es bei Windows für Workgroups auf den Arbeitsspeicher an. Schließlich werden hier nicht nur die eigenen Aktivitäten abgewickelt, hier werden zusätzlich auch alle Zugriffe von anderen Workgroup-Mitgliedern verwaltet. Für einen Workgroup-Rechner, dessen Ressourcen eher selten von der restlichen Group benutzt werden, reichen ein 386er Prozessor und 4 MByte Arbeitsspeicher sicherlich aus.

Ist jedoch abzusehen, daß Ihr Rechner viele Daten für andere Arbeitsgruppen-Mitglieder bereitstellen wird, sprich daß häufig auf die Ressourcen des Rechners zugegriffen wird, sollte er am besten über einen 486 Prozessor sowie mindestens 8 MByte RAM verfügen. Eine bescheidenere Ausstattung würde das Arbeitstempo erheblich lähmen. Und da Sie weiterhin am Rechner arbeiten wollen, ist es um so wichtiger, daß die Anfragen anderer Workgroup-Mitglieder Ihren Rechner nicht zu sehr in die Knie zwingen.

Einer behält die Übersicht

Im Gegensatz zu konventionellen Netzen (sogenannte Client-Server-Netze) kommt ein durch Windows für Workgroups bereitgestelltes Peer-to-Peer-Netz ohne einen sogenannten dedizierten Server, das ist ein PC, der ausschließlich als Server fungiert, und auch ohne Netzwerk-Administrator aus. Doch Vorsicht: Einer muß den Überblick behalten!

Tip 520
Bestimmen Sie in Ihrem eigenen Interesse ein Workgroup-Mitglied zum Verwalter des Netzes!

12 • Windows im Netz

Wenn Sie zu Hause zwei oder drei PCs mit Windows für Workgroups vernetzen, zum Beispiel, um wertvolle Ressourcen wie einen Drucker oder ein CD-ROM-Laufwerk allen Geräten gleichermaßen zur Verfügung zu stellen, ist es freilich überflüssig, eigens einen Netzwerkverwalter zu bestimmen – das sind dann natürlich Sie.

Doch je größer Ihre Workgroup ist, desto wichtiger ist es, daß einer den Überblick behält. Das Verwalten eines Peer-to-Peer-Netzwerkes ist nicht besonders aufwendig und kann fraglos „nebenbei" erledigt werden. Doch irgend jemand muß sich zuständig fühlen: für die Verwaltung der Postfächer, für den Überblick über die Daten und Anwendungen auf den verschiedenen Festplatten, für die verwendeten Paßwörter und auch für die etwaige Sicherung von wichtigen Workgroup-Daten.

Reger Druckverkehr in der Arbeitsgruppe

Wenn Ihre Arbeitsgruppe (Workgroup) recht groß und das Aufkommen an Druckaufträgen entsprechend umfangreich ist, dann kann es schnell lästig werden, wenn ein Rechner der Arbeitsgruppe durch die Verwaltung der Drucker-Warteschlange gelähmt wird.

Tip 521

Bei hohem Druckaufkommen sollte man, wo möglich, einen Rechner nur zur Verwaltung des Druckers abstellen.

Wenn Sie einen ausrangierten Rechner übrig haben sollten – ein 286er-PC reicht durchaus aus und steht in vielen Büroecken –, sollten Sie diesen als Drucker-Server verwenden, zumindest, wenn im Netz besonders viel gedruckt wird. Der Drucker-Server kann sich dann ausschließlich um das Management der Warteschlange kümmern, während die Kapazitäten der übrigen Workgroup-Rechner dadurch für wichtigere Belange freigehalten werden.

Eigene Gruppe mit Netzwerk-Tools

Windows für Workgroups liefert eine Menge nützlicher Netzwerk-Anwendungen. Leider sind diese – zumindest unter Windows für Workgroups 3.1 – in den verschiedenen Programmgruppen verstreut.

Tip 522

Sorgen Sie für mehr Übersicht: Fassen Sie alle Netzwerk-Tools in einer Programmgruppe „Netzwerk" zusammen.

666 ganz legale   Windows-Tricks

Diesen Tip haben die Entwickler wohl voraus geahnt: Kurz vor Drucklegung dieses Buches ist das neue Windows für Workgroups 3.11 erschienen, und hier sind alle Hilfsprogramme, die sich auf den Netzbetrieb beziehen, in einer eigenen Programmgruppe *Netzwerk* zusammengefaßt. Sofern Sie mit Windows für Workgroups 3.11 arbeiten, können Sie also beim nächsten Tip weiterlesen.

Sollten Sie hingegen noch mit Windows für Workgroups 3.1 arbeiten, dann richten Sie für die vielen Netzwerk-Helfer eine neue Programmgruppe ein. Nennen Sie sie beispielsweise *Netzwerk*. Verschieben Sie in diese Programmgruppe alle Icons, die für Netzwerk-Anwendungen stehen: die *Ablagemappe* und den *Netzwerkmonitor* aus der *Hauptgruppe*, *Mail*, *Schedule+* und *WinMeter* aus der Gruppe *Zubehör*, und schließlich – wenn Sie wollen – auch das Spiel *Hearts* aus der Gruppe *Spiele*.

Wenn Sie nun auch eine Kopie der Symbole des *Datei-Managers*, des *Druck-Managers* und der Netzwerk-Komponente der *Systemsteuerung* in der neuen Netz-Gruppe unterbringen, haben Sie alle Tools beisammen, die Sie für die tägliche Arbeit im Windows-für-Workgroups-Netz benötigen.

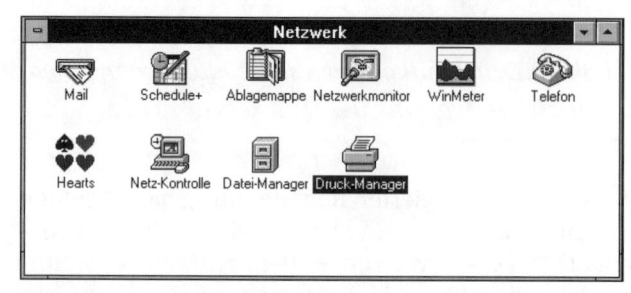

Eine eigene Programmgruppe für Netzwerk-Tools erhöht die Übersicht!

Macht auch „solo" einen guten Eindruck

Auch wenn Sie nicht in einer vernetzten Arbeitsgruppe, sondern an einem Einzelplatzrechner arbeiten, kann der Einsatz von Windows für Workgroups lohnend sein. Denn Windows für Workgroups verfügt über ein paar praktische Zusätze, so ist zum Beispiel der Datei-Manager dank einer Symbolleiste deutlich komfortabler.

Tip 523

Nutzen Sie die Zusatzprogramme von Windows für Workgroups auch dann, wenn Sie (noch) nicht vernetzt sind.

12 • Windows im Netz

Die Toolbar des *Datei-Managers*, der komfortable Zeitplaner *Schedule+*, die zur *Ablagemappe* erweiterte Zwischenablage: Drei gute Gründe, sich auch im Einzelbetrieb für *Windows für Workgroups* zu entscheiden.

Und vor allem: Sollten Sie sich später doch noch einen zweiten Rechner anschaffen, steht dem Netzwerkbetrieb von Anfang an nichts im Wege. Haben Sie also noch ein paar MByte auf Ihrer Festplatte frei, verwenden Sie Windows für Workgroups anstelle von Windows.

> **Hinweis**
> *In Windows für Workgroups 3.11 können Sie sich jederzeit entschließen, im Netz zu arbeiten. Man muß dazu nur das Setup aufrufen und die entsprechende Option aktivieren.*

Ohne Netz und doppelten Boden

Wenn Sie sich entschlossen haben, Windows für Workgroups auf einem Einzelplatzrechner zu installieren (oder Sie Ihren PC so bekommen haben), dann sollten Sie etwaige Fragen zur Netzwerkeinstellungen, die während der Installation unvermeidlich sind, einfach ignorieren.

> **Tip 524**
> *Installieren Sie Windows für Workgroups auf einem Einzelplatzrechner, ignorieren Sie einfach die Frage nach dem Netzwerkadapter.*

Während des Installationsvorgangs will das Setup-Programm von Ihnen wissen, welchen Netzwerkadapter Sie verwenden. Tun Sie so, als hätten Sie diese Frage gar nicht gehört, ääh: gesehen: Lassen Sie die Box einfach durch einen Klick auf *OK* verschwinden, und setzen Sie die Installation danach wie gewohnt fort.

Weg mit dem lästigen Hinweis!

Wenn Sie Windows für Workgroups „solo" betreiben, begegnet Ihnen in schöner Regelmäßigkeit beim Windows-Start der Hinweis, daß kein Netzwerk geladen ist – zumindest bei der Version 3.1. Die Warnung kann ganz schön störend sein, denn einmal reicht, und schließlich wissen Sie es irgendwann, daß Sie nicht im Netz arbeiten.

666 ganz legale Windows-Tricks

Tip 525 — *Unterdrücken Sie den lästigen Warnhinweis, der erscheint, wenn Windows für Workgroups nicht im Netz betrieben wird!*

Stört Sie der Warnhinweis von Windows für Workgroups stört, wenn Sie das Netzwerk-Betriebssystem auf einem Einzelplatzrechner einsetzen, dann hilft ein kleiner chirurgischer Eingriff weiter: Nach einer Korrektur in der Windows-Systemdatei SYSTEM.INI wird sich Windows für Workgroups nie mehr bei Ihnen beklagen. Laden Sie die Systemdatei dazu in einen geeigneten Editor, und gehen Sie in den Abschnitt:

`[boot]`

Suchen Sie dort nach der folgenden Anweisung:

`network.drv=wfwnet.drv`

Diese Anweisung lädt den Treiber für den Netzwerkbetrieb, den Sie gar nicht brauchen, wenn Sie nicht im Netz arbeiten. Deshalb deaktivieren Sie die Zeile, indem Sie ein Semikolon an den Anfang der Zeile setzen (dadurch wird die Anweisung als Kommentar verstanden). In der nächsten Zeile definieren Sie folgende Anweisung, damit WfW die Anweisung nicht vermißt und die eine Fehlermeldung nur einer anderen Platz macht:

`network.drv=`

Insgesamt muß es in der Sektion [boot] der Systemdatei nach dem Eingriff also wie folgt aussehen:

`;network.drv=wfwnet.drv`
`network.drv=`

Um auf Nummer Sicher zu gehen, ist noch ein weiterer Eingriff erforderlich. Gehen Sie dazu in derselben Systemdatei in den Abschnitt:

`[386Enh]`

Dort befindet sich die lange Anweisung:

`network=vnetbios.386,vnetsup.386,vserver.386,vbrowse386,vwc.386`

Auch diese Zeile müssen Sie außer Kraft setzen. Das können Sie erreichen, indem Sie hier ebenfalls ein Semikolon an den Anfang der Zeile setzen. Danach speichern Sie die Systemdatei. Beim nächsten Start von Windows für Workgroups wird Sie die Meldung über den fehlenden Netzwerkanschluß nicht mehr belästigen.

12 • Windows im Netz

> *Wenn Sie bereits mit Windows für Workgroups 3.11 arbeiten, ist alles einfacher: Sie starten das Netzwerk-Setup und teilen Windows mit, daß Sie bis auf weiteres auf Netzwerkfunktionen verzichten wollen.*

Erst solo, dann im Team

Haben Sie sich irgendwann doch zum Netzwerkbetrieb entschlossen, weil ein zweiter oder dritter Rechner hinzugekommen ist? Eine prima Entscheidung. Sofern Sie den vorangehenden Trick beherzigt haben, um den Warnhinweisen zu entgehen, dann müssen Sie diese Eingriffe wieder rückgängig machen.

Tip 526

> *Wenn Sie für den Einzelbetrieb Änderungen an den Windows-Systemdateien vorgenommen haben, müssen Sie diese nun wieder rückgängig machen!*

Laden Sie dazu die Systemdatei SYSTEM.INI in einen Editor. Danach suchen Sie alle Zeilen, die Sie vorher durch ein Semikolon deaktiviert haben. Diesen Eintragungen können Sie ganz leicht wieder Leben einhauchen, indem Sie einfach das Semikolon entfernen. Löschen Sie außerdem die Anweisung, die Sie zusätzlich in die Datei SYSTEM.INI aufgenommen haben:

`network.drv=`

Speichern Sie die geänderte Systemdatei. Wenn Sie Windows für Workgroups das nächste Mal starten, steht dem Betrieb in der Workgroup nichts mehr im Wege.

> *Wenn Sie bereits mit Windows für Workgroups 3.11 arbeiten, ist alles einfacher: Sie starten das Netzwerk-Setup und teilen Windows mit, daß Sie nun an wieder mit den Netzwerk-Funktionen arbeiten wollen.*

Vernetztes

Das Allerletzte (LAN Manager)

Die Anweisung LASTDRIVE in der Konfigurationsdatei CONFIG.SYS definiert die sogenannte *größtmögliche Laufwerkskennung*. Ist kein entsprechender Eintrag vorhanden, steht Ihnen genau *ein* logisches Laufwerk zusätzlich zu den in Ihrem Rechner ohnehin eingebauten Laufwerken zur Verfügung. Dagegen ist eigentlich nichts einzuwenden – es sei denn, Sie arbeiten in einem vom LAN-Manager unterstützten Netzwerk. Dann nämlich muß eine höhere Laufwerkskennung erlaubt werden.

Tip 527

Geben Sie Z als größtmögliche Laufwerkskennung an, so daß garantiert alle vorhandenen Netzwerklaufwerke angesprochen werden können.

Der LAN-Manager verändert die LASTDRIVE-Anweisung in der Konfigurationsdatei normalerweise von sich aus in den Eintrag:

```
lastdrive=e
```

Ist ein lokal eingebautes Laufwerk mit einer Laufwerkskennung größer als E: eingebaut, berücksichtigt der LAN Manager das ab der Version 2.2.

Doch das ist nicht ausreichend: Ist ein relativ frühes Laufwerk als letzte Laufwerkskennung angegeben, kann der Datei-Manager auf mögliche zusätzliche Netzlaufwerke, die eine Laufwerksbezeichnung größer als E: haben, nicht zugreifen. Das Ergebnis ist ärgerlich: Obwohl Sie vielleicht über ein zusätzliches Netzlaufwerk P: oder sogar X: verfügen, können Sie es nicht ansprechen.

Um das zu vermeiden, setzen Sie die letzte verfügbare Lauwerkskennung auf Z: fest. Laden Sie die Datei CONFIG.SYS dazu in einen Editor, und ändern Sie die LASTDRIVE-Anweisung in:

```
lastdrive=z
```

Wenn Sie die Datei speichern und Ihren Rechner neu starten, können Sie auf alle verfügbaren Laufwerk zugreifen – mit Sicherheit trägt keines eine Kennung größer als Z:.

12 • Windows im Netz

Ohne Allerletztes (Novell)

Auch der Einsatz von Novell NetWare verursacht einige Besonderheiten im Umgang mit dem LASTDRIVE-Befehl. Das Novell-Netz betrachtet die LASTDRIVE-Anweisung als Hinweis, welches das letzte lokal installierte Laufwerk ist. Für alle weiteren Laufwerke fühlt es sich dann das Netzwerk verantwortlich und verwaltet sie mit seinen eigenen Befehlen.

Tip 528

Verwenden Sie keine LASTDRIVE-Anweisung, wenn Sie mit einem Novell-Netz arbeiten.

Wenn Sie zum Beispiel, wie im vorangehenden Trick bei der Verwendung des LAN Managers empfohlen, die Anweisung:

```
LASTDRIVE=Z
```

in die Datei CONFIG.SYS aufnehmen, findet Novell NetWare kein für die eigenen Bedürfnisse verwaltbares Laufwerk mehr – es interpretiert Z: als letztes lokal installiertes Laufwerk. Die Folgen sind entsprechend: Sie können sich nicht mehr ins Netz einloggen, und unter Windows stehen Ihnen im Datei-Manager – wie in allen übrigen Anwendungen auch – nur die lokal installierten Laufwerke zur Verfügung.

Wenn Sie hingegen keine spezielle LASTDRIVE-Anweisung vornehmen, fühlt Novell sich automatisch für alle Laufwerke ab dem ersten nicht lokal installierten Laufwerk zuständig. Das kann zum Beispiel so aussehen: Wenn Sie über die lokal installierten Laufwerke A: bis D: verfügen, addiert DOS standardmäßig eine Laufwerkskennung und nimmt ohne anderslautende LASTDRIVE-Angabe automatisch das Laufwerk E: als letztes lokal ansprechbares Laufwerk an. Ab Laufwerk F: beginnt in diesem Fall der Zuständigkeitsbereich der Novell NetWare.

Die Rosinen herauspicken

Wenn auf einem Rechner das normale Windows installiert ist, während auf einem anderen Windows für Workgroups Dienst tut, ist die Verlockung groß, die positiven Eigenschaften des Peer-to-Peer-Betriebssystems nutzen zu können, ohne unter den negativen (Speicherplatzbedarf) allzu sehr zu leiden.

666 ganz legale   Windows-Tricks

Tip 529

Kopieren Sie die interessanten Befehlsdateien von den Windows-für-Workgroups-Programmdisketten in Ihr „normales" Windows-Verzeichnis!

Theoretisch können Sie jede beliebige Befehlsdatei kopieren. Sinn macht es allerdings nur dann, wenn es sich um eine Anwendung handelt, die zwar zu Windows für Workgroups, nicht aber zu Windows 3.1 gehört. Zum Beispiel kann man den Terminplaner *Schedule+* auch ohne ein Netz durchaus sinnvoll einsetzen.

Sofern Sie eine Befehlsdatei von den Original-Disketten kopieren wollen, muß sie erst einmal entpackt werden. Das bewerkstelligen Sie wie immer mit Hilfe des EXPAND-Befehls. Im Falle des Terminplaners *Schedule+* sieht die Befehlszeile wie folgt aus:

```
expand a:\schdplus.ex_ c:\windows\schdplus.exe
```

Verfahren Sie genauso mit allen ausführbaren Windows-für-Workgroups-Befehlsdateien, mit denen Sie Ihr „normales" Windows aufpeppen möchten. Sofern Ihnen die Befehlsdateien auf einem Rechner bereits entpackt zur Verfügung stehen, können Sie diese natürlich – was viel bequemer ist – von dort kopieren.

Richten Sie danach ein Icon für die neue Anwendung(en) ein. Wenn Sie danach die betreffende Anwendung starten, kann es passieren, daß Windows Ihnen in einer Dialogbox das Fehlen einer DLL-Datei mitteilt. Manche Anwendungen bestehen aus mehreren Dateien; DLL-Dateien werden bei Bedarf nachgeladen.

Das Fehlen einer bestimmten DLL-Datei kann leicht behoben werden. Merken Sie sich den Dateinamen der fehlenden DLL-Datei, und kopieren Sie sie mit Hilfe des EXPAND-Befehls von den Windows-für-Workgroups-Programmdisketten in Ihr Windows-Verzeichnis.

Hinweis: Sie dürfen natürlich nur dann wie hier beschrieben eine Befehlsdatei kopieren, wenn Sie über die entsprechenden Lizenzrechte verfügen. Es ist klar, daß Sie von einer Windows für Workgroups-Diskette nicht beliebig viele Kopien ziehen dürfen.

Nützlich: Die Toolbar im Datei-Manager von Windows für Workgroups!

Kapitel 13
Windows optimieren

Virtuell, aber hilfreich:
Zusätzlicher Arbeitsspeicher   522

Mehr Arbeitsspeicher für Windows   536

Ein paar Bits mehr: Der 32-Bit-Zugriff   539

Zauber der Gleichzeitigkeit – Multitasking   543

Windows entrümpeln   547

Schnelle Laufwerke   560

Hardware   579

666 ganz legale   Windows-Tricks

Virtuell, aber hilfreich: Zusätzlicher Arbeitsspeicher

Erweitert oder nicht?

Bei vielen Tricks in diesem Kapitel werden Sie auf den Hinweis stoßen, daß der Kniff nur dann funktioniert, wenn Windows auf Ihrem Rechner im erweiterten Modus läuft. Wenn Sie nicht genau wissen, in welchem Betriebsmodus Windows läuft, dann verschaffen Sie sich Klarheit.

Tip 530

Prüfen Sie, in welchem Betriebsmodus Windows derzeit läuft!

Dazu wählen Sie im Programm-Manager den Befehl *Hilfe* ▶ *Info* (die Funktion steht Ihnen auch im Datei-Manager zur Verfügung). Im unteren Bereich der daraufhin erscheinenden Dialogbox können Sie problemlos ablesen, welcher Betriebsmodus derzeit aktiv ist.

Hinweis

Wie der Name schon verrät, kann Windows nur dann im erweiterten Betriebsmodus betrieben werden, wenn Ihr Rechner mindestens mit einem 386-Prozessor ausgestattet ist.

```
Info über Programm-Manager
Microsoft Windows Programm-Manager            OK
Version 3.1
Copyright © 1985-1992 Microsoft Corp.

Dieses Produkt wurde lizenziert für:
Donald Duck

Der Aufkleber mit der Seriennr. befindet sich auf
der Innenseite des Einbands von "Microsoft
Windows Erste Schritte".

Erweiterter Modus für 386-PC
Arbeitsspeicher:         6.289 KB frei
Systemressourcen:        62% frei
```

Hier ist der erweiterte Modus aktiv

522

13 • Windows optimieren

Speicherausbau ohne Zusatzkosten

Je mehr, desto besser: Eine Devise, die gerade in Sachen Arbeitsspeicher gilt und das ganz besonders unter Windows. Schließlich geht mit mehr Arbeitsspeicher (RAM) grundsätzlich alles erheblich schneller. Um über zusätzlichen Arbeitsspeicher zu verfügen, müssen Sie aber nicht gleich Ihren Rechner aufschrauben und eine teure Speichererweiterung einbauen.

Tip 531

Richten Sie auf Ihrem Rechner virtuellen Speicher ein, indem Sie eine Auslagerungsdatei anlegen.

Wenn Sie auf Ihrem Rechner eine Auslagerungsdatei (Swap File) einrichten, wird dadurch zusätzlicher Arbeitsspeicher eingerichtet, der von Windows simuliert wird – frei nach dem Motto: „So tun, als ob".

Der Kniff dabei: Daten aus dem Arbeitsspeicher, die aktuell nicht mehr benötigt werden, kann Windows in engen Situationen (also wenn nicht genügend RAM verfügbar ist) auf die Festplatte auslagern. Das kostet zwar Festplattenspeicher, doch kann man das in der Regel wesentlich besser verkraften, als ohne genügend Arbeitsspeicher auszukommen. Der für die Auslagerungen auf die Festplatte reservierte Festplattenspeicher ist der eigentliche virtuelle Speicher.

Um eine Auslagerungsdatei einzurichten, klicken Sie in der *Systemsteuerung* auf das Icon *386 erweitert.* Wählen Sie in der Dialogbox *Erweiterter Modus für 386-PC* die Befehlsfläche *Virtueller Speicher.* Die nächste Dialogbox informiert Sie über den gegenwärtigen Zustand der Auslagerungsdatei. Wählen Sie hier die Befehlsfläche *Ändern.*

Es erscheint die Dialogbox *Virtueller Arbeitsspeicher.* Wählen Sie aus der Zeile *Laufwerk* den Datenträger, auf dem die Auslagerungsdatei eingerichtet werden soll. Das wird in aller Regel die Festplatte C: sein. Verfügen Sie über mehrere Festplattenlaufwerke, geben Sie das schnellste bzw. das Laufwerk an, auf dem noch am meisten Speicherkapazitäten verfügbar sind.

Beim Auswählen des Laufwerks sollten Sie unbedingt darauf achten, kein DoubleSpace-Laufwerk zu verwenden. Sie dürfen nur nicht-komprimierte Laufwerke für das Einrichten der Auslagerungsdatei benutzen.

666 ganz legale Windows-Tricks

Wählen Sie anschließend in der Zeile *Typ* die Option *Permanent*. In der Zeile *Neue Größe* schlägt Windows Ihnen vor, wie groß die Auslagerungsdatei sein sollte. In der Regel ist dieser Wert optimal. Bedenken Sie jedoch, daß der hier angegebene Wert in Gänze von der Festplatte abgezweigt wird. Müssen Sie mit dem Speicher der Festplatte sparsam umgehen, verringern Sie die Größe der Swap-Datei ggf.

> *Und noch ein Tip: Da Windows für eine permanente Auslagerungsdatei einen nicht-fragmentierten Bereich auf der Festplatte verwendet, kann es sich empfehlen, vor dem Einrichten der permanenten Auslagerungsdatei die betreffende Festplatte erst mit Hilfe von DEFRAG zu defragmentieren.*

In der nächsten Dialogbox vergewissert Windows sich nun, ob Sie die Einstellungen für den virtuellen Speicher tatsächlich ändern möchten. Bestätigen Sie mit *Ja*. Anschließend muß ein Neustart durchgeführt werden. Windows bietet Ihnen die Möglichkeit dazu in der nächsten Dialogbox an. Klicken Sie auf die Befehlsfläche *Neu starten*. Der Rechner wird jetzt – ohne eine weitere Taste betätigen zu müssen – neu gestartet. Beim nächsten Windows-Start verfügen Sie über deutlich mehr Arbeitsspeicher.

> *Dieser Trick funktioniert nur, wenn Windows auf Ihrem Rechner im erweiterten Modus läuft.*

Richten Sie eine Auslagerungsdatei ein!

524

13 • Windows optimieren

Permanent oder temporär?

Wenn Sie im erweiterten Modus eine Auslagerungsdatei einrichten, können Sie sich entscheiden, ob diese Auslagerungsdatei permanent oder temporär sein soll. Beide Typen haben ihre Vor- und Nachteile.

Tip 532
Entscheiden Sie sich für den Typ „permanent" – er bringt den größten Geschwindigkeitsgewinn!

Während eine temporäre Auslagerungsdatei bei jedem Start von Windows automatisch neu eingerichtet wird und daher in Abhängigkeit von der aktuellen Speicherplatzsituation eine variable Größe hat, hat die permanente Auslagerungsdatei ihren „festen Sitz" auf der Festplatte. Das hat zwar den Nachteil, daß der von der Auslagerungsdatei in Beschlag genommene Festplattenplatz ständig – also auch, wenn Windows nicht läuft – belegt ist, führt aber andrerseits zu einer spürbaren Beschleunigung des Systems.

Entscheiden Sie sich nur dann für den temporären Typ, wenn Ihr Festplattenspeicher wirklich so knapp ist, daß Sie den Platz für eine permanente Auslagerungsdatei nicht ständig erübrigen können, oder wenn Sie eher selten mit Windows arbeiten. Überlegen Sie aber bitte auch, ob nicht vielleicht andere Dateien zugunsten einer permanenten Auslagerungsdatei von der Platte gelöscht werden können.

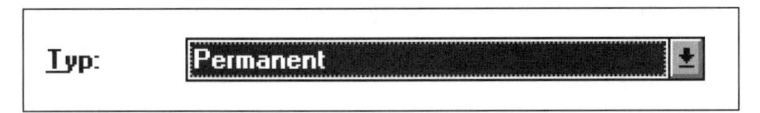

| Typ: | Permanent |

Wählen Sie den Typ „Permanent"

Nicht in die Ferne schweifen

Sie möchten den Geschwindigkeitsgewinn, den das Einrichten einer Auslagerungsdatei mit sich bringt, nutzen, sind aber nicht bereit (oder in der Lage), dafür Festplattenspeicher bereitzustellen? Mit dem Dilemma stehen Sie gewiß nicht alleine da. Doch eins sollten Sie nicht tun: Für die Auslagerungsdatei ein Netzwerklaufwerk verwenden.

Tip 533
Lagern Sie immer nur auf lokale Festplatten aus! Schicken Sie Ihre Swap-Datei nicht auf die lange Reise!

Der Datenaustausch mit Netzwerklaufwerken ist relativ zeitaufwendig: Bei jedem Zugriff müssen die Informationen durchs Netz wandern, das kostet eine Menge Zeit. Wenn Sie eine Auslagerungsdatei einrichten, werden jede Menge Informationen zwischen Festplatte und Arbeitsspeicher hin und her geschickt. Das würde sehr lange dauern und gleichzeitig auch das Netz in die Knie zwingen, wenn Sie dazu ein Netzwerklaufwerk verwenden. Deshalb dringende Empfehlung: Für die Auslagerungsdatei auf keinen Fall ein Netzwerklaufwerk verwenden.

Grenzen der temporären Auslagerungsdatei

Wenn Sie virtuellen Speicher einrichten, schlägt Windows Ihnen immer eine bestimmte Größe für die Auslagerungsdatei vor und teilt Ihnen gleichzeitig auch die Maximalgröße mit. Natürlich greift Windows den Wert nicht aus dem hohlen Bauch (Windows hat nämlich gar keinen Bauch...): Die Begrenzung der Auslagerungsdatei folgt einer festen Formel.

Tip 534

Möchten Sie, daß Windows Ihnen einen kleineren oder größeren Wert als maximale Größe für die temporäre Auslagerungsdatei vorschlägt, verändern Sie den Faktor 4 in der Windows-Systemdatei SYSTEM.INI!

Windows benutzt zwei Methoden, um die maximale Speicherkapazität zu berechnen. Bei temporären Auslagerungsdateien wird die berühmte Pi-Mal-Daumen-Methode angewandt, die so funktioniert: Die tatsächlich physikalisch vorhandene Speicherkapazität wird mit 4 multipliziert und danach noch mal auf die nächste runde 4-MByte-Einheit aufgerundet. Wenn in Ihrem Rechner beispielsweise 3 MByte RAM eingebaut sind, kann die temporäre Auslagerungsdatei bis zu 16 MByte groß sein:

```
(3 MByte * 4) + 4 MByte = 16 MByte
```

Wenn Ihnen dieser Multiplikator 4 nicht zusagt, können Sie ihn ohne weiteres ändern und dadurch auch die vorgeschlagene Größe der Auslagerungsdateien bestimmen. Laden Sie dazu die Systemdatei SYSTEM.INI in einen Editor. Gehen Sie in den Abschnitt:

```
[386enh]
```

und fügen Sie dort die folgende Anweisung ein:

```
PageOverCommit=
```

13 • Windows optimieren

Normalerweise wird der Wert 4 verwendet; vergrößern oder verkleinern Sie diesen Faktor nach Ihren Vorstellungen. Speichern Sie danach die Systemdatei wieder. Sollen die Änderungen sofort Wirkung zeigen, müssen Sie einen Neustart durchführen.

Diese Methode bezieht sich nur auf die temporäre Auslagerungsdatei. Als zweite Beschränkung gilt, daß Sie maximal 50% der Festplattenkapazität für die Auslagerung aufwenden dürfen, daran hält sich Windows eisern.

Verfügbarer Speicherplatz:	47.966 KB
Maximale Größe:	35.832 KB
Empfohlene Größe:	7.786 KB
Neue Größe:	7786 KB

Der Vorschlag von Windows kann beeinflußt werden

Grenzen der permanenten Auslagerungsdatei

Wenn Sie schon immer mal wissen wollten, wie sich die maximale Größe der permanenten Auslagerungsdatei berechnet, dann ist dieser Tip genau richtig für Sie.

Tip 535

Für die permanente Auslagerungsdatei verwendet Windows ausschließlich unfragmentierte Bereiche auf der Festplatte. Danach richtet sich auch die maximale Größe.

Die Obergrenze der permanenten Auslagerungsdatei berechnet sich fast ausschließlich anhand des freien Festplattenspeichers, der zudem nicht fragmentiert sein darf. Es spielt im Grunde genommen also gar keine Rolle, wieviel Speicherkapazität derzeit frei verfügbar ist, wichtig ist nur, wieviel davon unfragmentiert, also „an einem Stück" verfügbar ist. Ohne die tatkräftige Hilfe eines Utility-Programms wie DEFRAG können Sie das gar nicht mal sehen.

Daher empfiehlt sich vor der Einrichtung der permanenten Auslagerungsdatei das Defragmentieren der betreffenden Festplatte, zum Beispiel mit Hilfe von DEFRAG, um die freien Speicherbereiche auf der Festplatte zusammenzurücken und dadurch möglichst große unfragmentierte Bereiche zu erhalten. Mehr als 50% des freien, unfragmentierten Speicherbereiches beansprucht Windows aber nicht für die permanente Auslagerungsdatei, selbst wenn Sie Windows dazu durch Eingabe eines entsprechenden Wertes auffordern sollten.

527

Auslagerungsdateien einschränken

Auslagerungsdateien erweitern zwar den verfügbaren Arbeitsspeicher, kosten aber auch Speicherplatz auf der Festplatte. Ist die Festplatte groß genug, ist das kein Problem. Doch wenn es ohnehin schon recht eng auf dem Datenträger geworden ist, Sie also gewissermaßen mit den letzten MBytes jonglieren, kann eine zu große Auslagerungsdatei zu einem echten Problem werden. Damit sich Windows für die temporäre Auslagerungsdatei nicht das letzte bißchen Speicherkapazität der Festplatte schnappt, sollte man Windows ein wenig in Fesseln legen.

Tip 536

Begrenzen Sie bei Speicherknappheit den Platz, den eine temporäre Auslagerungsdatei in Anspruch nehmen darf.

Sie verhindern, daß eine Auslagerungsdatei den letzten Rest Festplattenspeicher in Beschlag nimmt, indem Sie festlegen, wieviel Speicherplatz auf dem Datenträger mindestens frei bleiben muß. Dazu ist ein Eintrag in der Windows-Systemdatei SYSTEM.INI notwendig. Laden Sie die Datei in einen Editor, und gehen Sie in den Abschnitt:

```
[386Enh]
```

Möchten Sie beispielsweise festlegen, daß die letzten 500 KByte Plattenspeicher für die Auslagerungsdatei tabu sind, fügen Sie folgende Zeile ein:

```
MinUserDiskSpace=500
```

Hinter dem Gleichheitszeichen geben Sie in KByte an, wieviel Speicherkapazität auf dem Datenträger mindestens frei bleiben muß. Wenn Sie die Systemdatei nun speichern, Windows beenden und neu starten, werden (in diesem Beispiel) 500 KByte für Dateien freigehalten.

Hinweis: Wenn Sie MinUserDiskSpace verwenden, verbleibt garantiert die hier definierte Speicherkapazität auf dem Datenträger. Die temporäre Auslagerungsdatei fällt dann entsprechend kleiner aus.

13 • Windows optimieren

```
Systemkonfigurations-Editor
 Datei  Bearbeiten  Suchen
 Fenster
local=CON
FileSysChange=off
PagingFile=C:\WIN386.SWP
MaxPagingFileSize=12670
MinTimeslice=19
MinUserDiskSpace=500
```

Die letzten 0,5 MByte Plattenspeicher darf die Auslagerungsdatei nicht belegen

Auslagerungsdatei löschen

Eine Auslagerungsdatei kostet Platz. Da kann es schon mal vorkommen, daß eine Auslagerungsdatei wieder gelöscht werden soll, etwa, um Speicherkapazitäten auf der Festplatte frei zu bekommen.

Tip 537
Löschen Sie die Auslagerungsdatei nicht mit dem Datei-Manager. Benutzen Sie dazu die Systemsteuerung.

Starten Sie dazu die Steuerungskomponente *386 erweitert* der Systemsteuerung, und klicken Sie auf die Befehlsfläche *Virtueller Speicher*. Wählen Sie in der Dialogbox *Virtueller Arbeitsspeicher* aus der Liste *Typ* die Option *Keine*. Nach einer Sicherheitsabfrage, die Sie mit *Ja* bestätigen, bietet Windows Ihnen in einer Dialogbox an, den Rechner neu zu starten. Nehmen Sie das Angebot an, indem Sie auf *Neu starten* klicken. Nachdem das System neu hochfahren ist, wird Windows nach seinem nächsten Start ohne Auslagerungsdatei arbeiten.

Ausgelagertes nieee löschen!

Beim Einrichten der permanenten Auslagerungsdatei erzeugt Windows zwei neue Dateien:

Die Datei SPART.PAR und die Datei 386SPART.PAR. Während Windows der ersten Systemdatei Informationen über die permanente Auslagerungsdatei entnimmt, verbirgt sich hinter der zweiten die eigentliche Auslagerungsdatei. Aber keine Angst: Sie müssen sich die Dateinamen nicht merken, Sie sollten die Dateien nur niemals löschen.

666 ganz legale Windows-Tricks

Tip 538

Achten Sie wie ein Luchs darauf, daß die beiden Systemdateien, die Windows für die Auslagerungsdatei einrichtet, nicht gelöscht, beschrieben oder umbenannt werden.

Als Systemdatei verpaßt Windows der wichtigen Datei 386SPART.PAR zur Sicherheit gleich drei Attribute, die sie nahezu unantastbar machen: Das Hidden-Flag, das System-Flag und das Archiv-Flag. Hinter dieser Systemdatei verbirgt sich die eigentliche Auslagerungsdatei. Sie finden sie im Hauptverzeichnis des gewählten Laufwerks. Die zweite Systemdatei SPART.PAR ist genauso gut behütet. Sie ist im Windows-Verzeichnis gespeichert und enthält einige Informationen über die Auslagerungsdatei.

Kommen Sie bitte nicht auf schräge Gedanken, die sicherheitsbringenden Attribute zu verändern. Wenn Sie dann die beiden Dateien versehentlich verschieben oder löschen, gerät die Speicherverwaltung von Windows mit Sicherheit völlig aus dem Gleichgewicht.

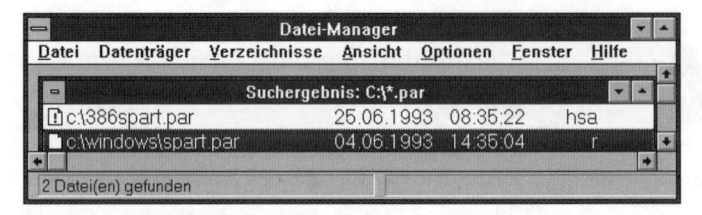

Diese beiden Dateien dürfen nicht gelöscht werden

Neustart: jetzt oder später?

Wann immer Sie Änderungen an der Speicherverwaltung unter Windows vornehmen, müssen Sie Ihren Rechner neu starten, um von den neuen Einstellungen zu profitieren.

Tip 539

Führen Sie diesen notwendigen Neustart während einer Windows-Sitzung keinesfalls durch den berühmten „Affengriff" (Strg Alt Entf) *herbei!*

Gehen Sie auf Nummer Sicher: Schließen Sie alle noch geöffneten Dateien, und beenden Sie alle Anwendungen. Wenn Windows Ihnen in einer Dialogbox die Möglichkeit zum Neustart bietet, ist auch das eine

13 • Windows optimieren

sichere Methode: Wählen Sie *Neu starten*, sorgt Windows dafür, daß alle noch geöffneten Dateien vor dem Neustart gespeichert werden. Möchten Sie den Neustart noch etwas vertagen, klicken Sie auf *Fortsetzen*. Bedenken Sie aber bitte, daß in diesem Fall die Änderungen erst nach dem nächsten Start von Windows – und nicht während der aktuellen Arbeitssitzung – wirksam werden.

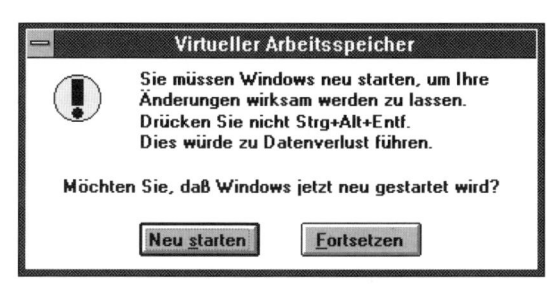

Manche Änderungen wirken erst nach einem Neustart

Mehr Tempo für den virtuellen Speicher

Wie Sie vielleicht wissen, werden – wenn Sie auf Ihrem Rechner virtuellen Arbeitsspeicher eingerichtet haben – zwischen der Festplatte und dem Arbeitsspeicher Ihres Rechners unbemerkt und ständig Daten ausgetauscht. Windows bewältigt diesen Datenaustausch über spezielle Zwischenspeicher (Puffer), standardmäßig gibt es genau vier davon. Wenn Sie den 32-Bit-Zugriff (FastDisk) aktiviert haben, können Sie den Weg der Daten von der Festplatte (Auslagerungsdatei) in den Arbeitsspeicher (RAM) ein wenig beschleunigen.

Tip 540
Eine noch höhere Arbeitsgeschwindigkeit erreichen Sie, indem Sie die Anzahl der Puffer für den virtuellen Speicher erhöhen!

Denn grundsätzlich gilt: Je mehr Puffer, desto mehr Daten können pro Festplattenzugriff an ihr Ziel transportiert werden, und das beschleunigt gewöhnlich das Arbeiten.

Um die Anzahl der Puffer für den virtuellen Speicher zu erhöhen, ist allerdings ein zusätzlicher Eintrag in der Ihnen sicher wohl bekannten Windows-Systemdatei SYSTEM.INI notwendig. Laden Sie die Datei in einen geeigneten Editor, und suchen Sie dort nach der Sektion:

```
[386Enh]
```

666 ganz legale Windows-Tricks

Danach fügen Sie in dieser Sektion bitte folgende Anweisung ein:

`PageBuffers=8`

> *Hinweis:* *Hinter dem Gleichheitszeichen können Sie jede Zahl zwischen 4 und 32 angeben. Bedenken Sie aber bitte, daß jeder Puffer rund 4 KByte RAM benötigt. Das wären bei 32 Puffern schon 128 KByte. Müssen Sie mit Ihrem Arbeitsspeicher besonders sparsam umgehen, probieren Sie aus, was den größeren Performance-Gewinn bringt: Mehr Puffer und dafür etwas weniger Arbeitsspeicher, oder etwas mehr Arbeitsspeicher und dafür ein paar Puffer weniger.*

Und noch ein Tip: Haben Sie die Systemdatei SYSTEM.INI verändert, dann speichern Sie sie. Damit die Änderungen wirksam werden, müssen Sie Windows nun erneut starten.

Probleme beim Auslagern

Wenn Sie beim Erstellen einer permanenten Auslagerungsdatei eine Fehlermeldung erhalten, die auf eine falsche Partitionierung der Festplatte hinweist, sieht es recht schlecht aus für Ihre Auslagerungsdatei. Windows ist nämlich sehr vorsichtig: Es richtet nur dann eine Auslagerungsdatei ein, wenn es mit der Partitionierung der Festplatte hundertprozentig zurecht kommt.

Tip 541
Wenn Sie planen, eine permanente Windows-Auslagerungsdatei einzurichten, verwenden Sie nur den DOS-Befehl FDISK und keine anderen Partitionierungs-Utilities zur Partitionierung der Festplatte!

Haben Sie Ihre Festplatte mit einem Partitionierungsprogramm wie dem *Disk-Manager* oder *Super-Store* partitioniert (manche Festplatten-Hersteller legen ihren Festplatten solcher Helfer bei), kann keine permanente Auslagerungsdatei angelegt werden. Windows stellt vor dem Einrichten einer Auslagerungsdatei sicher, daß es zur Auslagerung nur eine Festplatte verwendet, deren Format es „versteht".

Würde Windows auf eine x-beliebige Platte auslagern, und zu spät bemerken, daß es mit dem Format des Datenträgers nicht zurechtkommt, hätte das mit Sicherheit schwerwiegenden Datenverlust zur Folge.

13 • Windows optimieren

> Es kann passieren, daß Windows auch dann das Anlegen einer permanenten Auslagerungsdatei verhindert, wenn die Festplatte zwar zuletzt mit FDISK, zuvor aber mit einem anderen Programm partitioniert wurde. Möglicherweise stößt Windows dann auf winzige Reste der alten Partitionierungen, die ihm signalisieren, daß die Partitionierung nicht für eine Auslagerungsdatei geeignet ist.

Michelangelo contra Auslagerungsdatei

Sie sind sich ganz sicher, daß Ihre Festplatte mit dem DOS-Befehl FDISK, und nicht mit einem anderen Festplatten-Partitionierer partitioniert wurde? Erscheint beim Einrichten der permanenten Auslagerungsdatei trotzdem der Hinweis auf eine fehlerhafte Partition, lauert der Fehler sicher anderswo.

Tip 542
Überprüfen Sie Ihre Festplatte in einem solchen Fall auf Viren.

Es gibt Viren – zum Beispiel den legendären *Michelangelo* –, die ihre eigenen Plattenpartitionen anlegen und sich dort selbst als Quasi-Betriebssystem installieren. Das ist mehr als hinterhältig, kann aber mit geeigneter Virensoftware bekämpft werden. Verwenden Sie zum Beispiel das DOS-Programm *AntiVirus*, um die Festplatte von eventuellem Virenbefall zu befreien. Versuchen Sie danach erneut, eine permanente Auslagerungsdatei einzurichten.

Bildschirmtreiber verhindert Auslagerungsdatei

Probleme beim Erstellen der Auslagerungsdatei können manchmal Ursachen haben, auf die man so leicht nicht kommt. Oder hätten Sie gedacht, daß die S3-Bildschirmtreiber von Orchid Technologies das Auslagern verhindern können?

Tip 543
Verwenden Sie einen S3-Bildschirmtreiber von Orchid Technologies, und es kommt beim Einrichten von virtuellem Speicher zu Problemen, tauschen Sie den Treiber gegen den zu Windows gehörigen Super-VGA-Bildschirmtreiber aus!

Das können Sie bequem mit Hilfe des Windows-Setups erledigen. Wählen Sie aus der Liste *Anzeige* den Eintrag *Super VGA (800x600, 16 Farben)* aus; die Karte kann problemlos auch mit diesem Treiber betrieben werden, allerdings ist er nicht optimal für die Karte. Bestätigen Sie die geänderten Setup-Einstellungen, und starten Sie Ihren Rechner neu. Versuchen Sie danach, eine permanente Auslagerungsdatei einzurichten. Sofern es wirklich am Bildschirmtreiber gelegen hat (wer weiß das schon?), müßten Sie die Auslagerungsdatei jetzt problemlos einrichten können.

Auslagerungsdatei viel zu klein!

Sie sind als leidgeprüfter Windows-Anwender ja schon eine Menge gewohnt, aber das kommt Ihnen dann doch spanisch vor: In der Dialogbox *Virtueller Speicher* schlägt Windows Ihnen eine Größe für die einzurichtende Auslagerungsdatei vor, die Ihnen viel zu klein erscheint. – Dann befindet sich die Festplatte mit ziemlicher Sicherheit in einem stark fragmentierten Zustand.

Tip 544
Wenig Aufwand, riesen Wirkung: Optimieren Sie die Festplatte, bevor Sie eine Auslagerungsdatei einrichten!

Die permanente Auslagerungsdatei kann nur in einem zusammenhängenden (nicht-fragmentierten) Bereich der für diesen Zweck ausgewählten Festplatte angelegt werden. Ist Ihre Festplatte stark fragmentiert, dann sind die zusammenhängenden freien Speicherbereiche meist recht klein. Entsprechend bescheiden fällt dann auch die maximale Größe der Auslagerungsdatei aus.

Um dem Problem beizukommen, gehen Sie wie folgt vor: Löschen Sie die zu kleine Auslagerungsdatei. Danach defragmentieren Sie die Festplatte, etwa mit Hilfe des MS-DOS-6-Utilitys DEFRAG oder eines anderen Festplatten-Optimierers (Norton Utilities, PC-Tools). Wenn Sie nun erneut eine Auslagerungsdatei einrichten, wird diese wesentlich größer ausfallen.

Virtueller Speicher wird ignoriert

Folgende Situation: Sie verfügen über 4 MByte „echten" Speicher und haben eine Auslagerungsdatei von etwa 3 MByte eingerichtet, doch trotzdem werden Ihnen insgesamt nur 4 MByte Arbeitsspeicher ange-

13 • Windows optimieren

zeigt. Da stimmt etwas nicht: Windows hat den virtuellen Speicher offensichtlich nicht zum physikalisch vorhandenem RAM addiert.

Tip 545

Wenn der virtuelle Speicher von Windows ignoriert wird, weisen Sie Windows an, den virtuellen Speicher zu berücksichtigen.

Normalerweise sollte es nicht passieren, daß Windows den virtuellen Speicher ignoriert, aber falls es in der Systemdatei SYSTEM.INI noch eine Anweisung gibt, die Windows dazu veranlaßt, geschieht nun mal genau das. Überprüfen Sie deshalb die Systemdatei SYSTEM.INI. Laden Sie die Systemdatei, und sehen Sie in der folgenden Sektion nach:

```
[386Enh]
```

Prüfen Sie nun, ob in dem Abschnitt die folgende Anweisung vorhanden ist:

```
Paging=off
```

Auch ein *Paging=False* ist denkbar. Sollte diese Anweisung existieren, so ist das für Windows der unmißverständliche Hinweis, eventuell vorhandenen virtuellen Speicher zu ignorieren. Soll der virtuelle Speicher von Windows genutzt werden, sollten Sie der Anweisung ein Semikolon voranstellen oder folgenden Befehl verwenden:

```
Paging=True
```

Nach der Korrektur speichern Sie die Systemdatei wieder. Damit die Korrektur wirkt, ist ein Neustart von Windows erforderlich.

Mehr Arbeitsspeicher für Windows

Schlummernde Speicherbereiche wecken

Wer Windows unter MS-DOS 6 laufen läßt, sollte auf jeden Fall die verbesserte Speicherverwaltung der neuen Betriebsystem-Version nutzen. Bislang ungenutzte Teile im Speicherbereich zwischen 640 und 1024 KByte können jetzt ausgeschöpft werden – was MS-DOS und Windows gleichermaßen zugute kommt.

Tip 546

Wenn Sie einen Farbmonitor verwenden, reservieren Sie den Teil des oberen Speicherbereichs, der eigentlich für die Monochromdarstellung vorgesehen ist, für Windows!

Wer mit Windows arbeitet, verwendet in aller Regel einen Farbbildschirm. Haben Sie Abschied von Ihrem Monochrom-Monitor genommen (oder niemals einen besessen), können Sie einen zusätzlichen Speicherbereich für Windows freisetzen.

Der Speicherbereich zwischen den Adressen B000 und B7FF ist normalerweise für den Treiber von monochromen Grafikkarten vorgesehen. Wird kein Monochromgerät verwendet, liegt dieser Speicherbereich brach.

Das muß nicht sein. Weisen Sie doch deshalb das Betriebssystem durch eine Änderung in der Konfigurationsdatei CONFIG.SYS an, diese Speicherbrache zu nutzen. Laden Sie dazu die Datei CONFIG.SYS in einen Editor, und fügen Sie dort die folgende Zeile ein.

`device=c:\dos\emm386.exe noems ram I=B000-B7FF`

Danach speichern Sie die erweiterte Systemdatei und booten Ihren Rechner neu. Starten Sie Windows aber nicht sofort - andernfalls wäre ein Absturz vorprogrammiert. Denn Windows muß zuerst auf die Benutzung des freigelegten Speicherbereichs vorbereitet werden. Was Sie mit nur einem Eintrag in der Windows-Systemdatei SYSTEM.INI erledigen können. Laden Sie SYSTEM-INI in einen Editor, und suchen Sie die Sektion:

`[386Enh]`

13 • Windows optimieren

In dieser, Ihnen sicher nicht mehr ganz unbekannten Sektion fügen Sie folgende Anweisung ein (sicherheitshalber sollten Sie prüfen, ob es die Zeile nicht bereits gibt, was aber eher ungewöhnlich wäre):

```
device=c:\dos\monoumb.386
```

Jetzt können Sie Windows wie gewohnt starten. Ab sofort steht Ihnen für Ihre Arbeit mit Windows-Anwendungen mehr Arbeitsspeicher zur Verfügung als bisher – Sie werden sehen!

Mehr Speicher für Windows reservieren

Die berühmten „hohen" Speicherbereiche werden von MS-DOS und Windows mittlerweile ganz gut genutzt. Doch es gibt immer noch Speicherbereiche, die brachliegen – was schade ist, schließlich könnte man sie sinnvoll für die Arbeit nutzen. Wenn Sie möchten, können Sie für Windows noch eine Portion zusätzlichen Arbeitsspeicher rausholen.

Tip 547 *Reservieren Sie einen weiteren Teil der oberen Speicherbereiche für Windows!*

Durch eine besondere Option des EMM386-Befehls wird der Speicherbereich zwischen den Speicheradressen E000 und EFFF für Windows und Windows-Anwendungen freigehalten. Diese Reservierung erreichen Sie durch eine Änderung in der Konfigurationsdatei CONFIG.SYS. Laden Sie die Datei in einen Editor, und erweitern Sie den EMM386-Befehl wie folgt:

```
device=c:\dos\emm386.exe noems ram I=B000-B7FF I=C800-EFFF win=E000-EFFF
```

Schlüssel zum reservierten Speicherbereich ist die Option WIN. Speichern Sie die veränderte Konfigurationsdatei, und booten Sie Ihren Rechner neu. Jetzt ist es noch notwendig, Windows in der Systemdatei SYSTEM.INI anzuweisen, den freigelegten Speicherbereich tatsächlich zu nutzen. Laden Sie dazu die Systemdatei in einen Editor, und gehen Sie in den Abschnitt:

```
[386Enh]
```

Dort fügen Sie folgende Zeile ein:

```
EMMInclude=E000-EFFF
```

666 ganz legale   Windows-Tricks

Danach speichern Sie die Systemdatei und starten Windows neu. Wenn alles gut geht (wer weiß das in der EDV-Welt schon?), steht Ihnen jetzt wieder ein kleines bißchen mehr Arbeitsspeicher für Windows und Windows-Anwendungen zur Verfügung.

13 • Windows optimieren

Ein paar Bits mehr: Der 32-Bit-Zugriff

Der 32er Turbo-Gang

Wer unter Windows Anwendungen laufen läßt, die oft auf die Festplatte zugreifen, der wird sich ganz bestimmt eine etwas höhere Arbeitsgeschwindigkeit wünschen (alle anderen natürlich auch, aber bei Festplattenzugriffen ganz besonders). Das muß kein frommer Wunsch bleiben – zumindest wenn Sie im erweiterten Betriebsmodus arbeiten, denn Windows hält einen Service für Sie bereit, der es in sich hat, aber ziemlich versteckt angeboten wird.

Tip 548 *Machen Sie der Festplatte Beine: Nutzen Sie den 32-Bit-Zugriff.*

Durch den 32-Bit-Zugriff greift Windows direkt auf die Festplatte zu, unter Umgehung von DOS und BIOS. Das ist zwar deutlich schneller, setzt aber auch eine bestimmte Hardware voraus.

Um den Turbo-Gang einzulegen, klicken Sie in der *Systemsteuerung* auf das Icon *386 erweitert*. In der daraufhin erscheinenden Dialogbox wählen Sie die Befehlsfläche *Virtueller Speicher*. Es erscheint eine weitere Dialogbox, in der Ihnen der gegenwärtige Zustand der Auslagerungsdatei mitgeteilt wird. Klicken Sie auf *Ändern*. Die Box erweitert sich: Am unteren linken Rand erscheint das Kontrollfeld *32-Bit-Zugriff benutzen*. Aktivieren Sie es. (Eventuell müssen Sie die Angaben für den virtuellen Speicher neu vornehmen, da Windows manchmal die alten Einstellungen nicht übernimmt.)

Wenn Sie diese Dialogbox bestätigen, vergewissert Windows sich, ob Sie tatsächlich Änderungen am virtuellen Speicher vornehmen möchten. Auch werden Sie darauf aufmerksam gemacht, daß der 32-Bit-Zugriff auf Rechnern mit Stromspareinrichtung nicht eingesetzt werden darf. Bestätigen Sie beide Dialogboxen.

Damit die Änderungen wirksam werden, müssen Sie Ihren Rechner nun neu starten. Auch das bietet Windows Ihnen in einer Dialogbox an. Möchten Sie das Angebot zum unverzüglichen Neustart annehmen, klicken Sie auf *Neu starten*; möchten Sie den Neustart noch etwas herauszögern (zum Beispiel, um erst die Arbeit mit einer noch aktiven Anwendung zu beenden), klicken Sie auf *Fortsetzen*.

Nach dem nächsten Neustart wird Ihr PC nun ein anderes Zugriffsverfahren benutzen, das Ihnen vor allem bei der parallelen Verarbeitung mehrerer DOS-Anwendungen ein deutliches Plus an Arbeitsgeschwindigkeit bringt, da Windows für DOS-Anwendungen spezielle Auslagerungsdateien einrichtet, sprich: häufig auf die Festplatte zugreift. Aber auch alle anderen Festplattenzugriffe, insbesondere die des virtuellen Speichers, werden dadurch beschleunigt.

☒ 32-Bit Zugriff benutzen

Aktivieren Sie den 32-Bit-Zugriff

Nicht für die Kleinen: Der 32-Bit-Zugriff

So gewinnbringend der 32-Bit-Zugriff auch sein mag – auf manchen Rechnern, insbesondere auf Tragbaren mit Stromspareinrichtung, sollte er auf keinen Fall eingesetzt werden.

Tip 549

Arbeiten Sie mit einem Laptop oder Notebook, müssen Sie auf diese Art der Performance-Steigerung verzichten.

Der 32-Bit-Zugriff setzt heute noch eine ganz bestimmte Hardware voraus: Ein Western-Digital-Festplatten-Controller muß es sein. Der ist in den meisten Tischgeräten eingebaut, deshalb kann der 32-Bit-Zugriff auf den meisten Tischgeräten auch problemlos eingesetzt werden. Zu Schwierigkeiten kann es kommen, wenn der Rechner mit einem Stromsparprogramm arbeitet, der die Festplatte schrittweise abschaltet – damit kommt Windows nicht klar, deshalb darf (und kann man) den 32-Bit-Zugriff auf diesen Rechnern nicht verwenden.

32-Bit: Das Kästchen fehlt

Wenn in der Dialogbox *Virtueller Speicher* die Option *32-Bit-Zugriff benutzen* fehlt (respektive abgeblendet dargestellt wird), ist das in aller Regel ein sicheres Anzeichen dafür, daß Ihr System über keinen Western-Digital-kompatiblen Festplatten-Controller verfügt. Der spezielle 32-Bit-Treiber zur Beschleunigung von Festplattenzugriffen unterstützt nur WD-kompatible Controller. Allerdings kann sich das Windows-Setup-Programm auch irren.

13 • Windows optimieren

Tip 550

Sind Sie sicher, daß Ihr Rechner einen 32-Bit-Zugriff verkraftet, zwingen Sie Windows einfach zur Anzeige der entsprechenden Option!

Diesen „Zwang" können Sie ausüben, indem Sie eine Änderung in der Windows-Systemdatei vornehmen. Laden Sie die Datei SYSTEM.INI in einen geeigneten Editor, und tragen Sie in der Sektion [386Enh] folgende Anweisung ein:

`32BitDiskAccess=yes`

Möchten Sie den 32-Bit-Zugriff nicht nur als Option anzeigen lassen, sondern gleichzeitig auch aktivieren, fügen Sie außerdem die folgende Anweisung ein:

`32BitDiskAccess=on`

Nachdem Sie die Datei gespeichert, Windows beendet und die grafische Benutzeroberfläche erneut gestartet haben, verwendet Windows bei Festplattenzugriffen automatisch den schnellen 32-Bit-Zugriff.

Hinweis: Wenden Sie diesen Trick bitte wirklich nur dann an, wenn Sie sich absolut sicher sind, daß Ihr Controller einen 32-Bit-Zugriff verkraftet. Sehen Sie ggf. in der Dokumentation zu Ihrer Hardware nach.

32-Bit-Zugriff abschalten

Sollte Windows bei aktiviertem 32-Bit-Zugriff nicht ordnungsgemäß starten, schalten Sie den 32-Bit-Zugriff am besten wieder ab. Doch das ist leichter gesagt als getan: Schließlich gelangt man an die betreffende Option nur dann, wenn Windows bereits gestartet ist – und genau hier liegt ja der Hase im Pfeffer. Doch es gibt einen Ausweg.

Tip 551

Wenn Windows wegen des 32-Bit-Zugriffs nicht starten sollte, dann starten Sie Windows mit der Option D:F!

Wahrscheinlich haben die Entwickler von Windows die Probleme vorausgeahnt, die sich mit dem 32-Bit-Zugriff einstellen können (oder haben selbst mit den Schwierigkeiten zu kämpfen gehabt). Sollte Windows nicht starten, weil mit der Konfiguration etwas nicht stimmt,

666 ganz legale   Windows-Tricks

dann verwenden Sie die Option /D. Die Option /D:F deaktiviert die FastDisk-Option, also den 32-Bit-Zugriff. Geben Sie auf der DOS-Ebene ein:

```
win /d:f
```

Windows verzichtet nun beim Start auf den 32-Bit-Zugriff. Sofern der Start jetzt klappt, sollten Sie den 32-Bit-Zugriff in der Dialogbox *Virtueller Speicher* dauerhaft abstellen. Danach können Sie Windows wie gewohnt wieder über das Kommando *win* starten.

13 • Windows optimieren

Zauber der Gleichzeitigkeit – Multitasking

Mehr Power für den Vordergrund

Windows unterteilt die Welt der aktiven Anwendungen in die, die aktuell ausgewählt ist – sie befindet sich im Vordergrund –, und alle anderen, die sich im Hintergrund befinden. *Sie* bestimmen, wie schnell die im Vordergrund befindliche Anwendung im Verhältnis zu den anderen arbeitet.

Tip 552 *Gönnen Sie der Anwendung im Vordergrund etwas mehr Rechenzeit: Erhöhen Sie den Anspruch an CPU-Zeit!*

Das ist gar nicht schwer, klappt aber nur, wenn Sie Windows im erweiterten Modus laufen lassen. Klicken Sie auf das Icon *386 erweitert* in der *Systemsteuerung*. Es erscheint die Dialogbox *Erweiterter Modus für den 386er PC*. Auf der linken Seite der Box finden Sie die Rubrik *Zeiteinteilung*. Erhöhen Sie den Wert in der Zeile *Fenster im Vordergrund*. Tragen Sie hier beispielsweise 200 ein, und belassen Sie den Wert in der Zeile *Fenster im Hintergrund* bei 50, bedeutet dies: Der aktiven Anwendung im Vordergrund wird viermal soviel Rechenzeit zugeteilt wie den in Hintergrund ablaufenden Prozessen.

Die Gewichtung wird durch numerische Werte zwischen 0 und 10.000 vorgenommen. Je höher ein Wert ist, desto höher ist die Gewichtung und desto mehr Zeitanteile bekommt die betreffende Anwendung. Und je mehr CPU-Zeitanteile (Zeitscheiben genannt) eine Anwendung bekommt, um so schneller wird sie im Vergleich zu den anderen Anwendungen abgearbeitet.

Leider ist die gesamte Multitasking-Thematik nicht eben leicht zu durchschauen. Aber so sieht es im Groben aus: Windows verteilt die Rechenzeit auf alle aktiven Anwendungen gemäß den Einstellungen in der Systemsteuerung. Dabei erhält der Vordergrundprozeß eine andere Gewichtung als alle Hintergrundprozesse; die Gewichtung legen *Sie* fest. Nun ist es so, daß DOS-Anwendungen bei der Zeitvergabe ironischerweise bevorzugt werden. Der Grund: Egal, wie viele DOS-Anwendungen parallel laufen, jede erhält ihren eigenen Zeitanteil, während Windows alle Windows-Anwendungen zusammenfaßt und die sich ihren Zeitanteil wiederum teilen müssen. Alle Windows-Anwendungen erhalten also soviel Rechenzeit wie *eine* DOS-Anwendung.

666 ganz legale Windows-Tricks

Wenn aktuell eine DOS-Anwendung ausgewählt, also im Vordergrund ist, erhält diese die volle CPU-Zeit für im Vordergrund befindliche Anwendungen. Ist aktuell eine Windows-Anwendung im Vordergrund, müssen sich alle Windows-Anwendungen die Rechenzeit für im Vordergrund befindliche Anwendungen *teilen*.

> *Hinweis:* *Ergo: Es macht nur dann Sinn, die beiden Komponenten in der Systemsteuerung zu ändern, wenn Sie DOS- und Windows-Anwendungen parallel laufen lassen und eine der beiden Programmklassen bevorzugen wollen.*

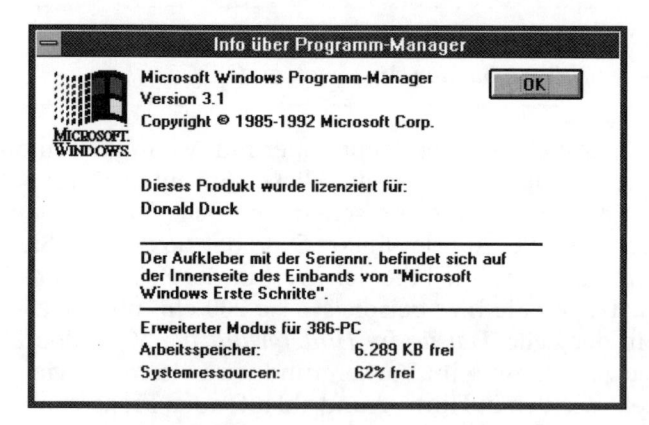

Hier stimmen die Voraussetzungen: Windows läuft im erweiterten Modus

Die Sache mit den Prioritäten

Wenn mehrere Anwendungen parallel verarbeitet werden, wird die verfügbare CPU-Zeit auf alle aktiven Anwendungen verteilt. Sie haben die Möglichkeit, die Anwendungen zu gewichten, so daß nicht jede Anwendung denselben Zeitanteil erhält.

Tip 553 *Entscheiden Sie, wieviel Rechenzeit für DOS- und Windows-Anwendungen vergeben werden soll.*

Jede DOS-Anwendung kennt zwei Prioriäten: Die Vordergrund- und die Hintergrundpriorität. Beide können sowohl in der PIF-Datei als auch in der Funktion *Einstellungen* des Systemmenüs festgelegt wer-

13 • Windows optimieren

den. Normalerweise verfügen DOS-Anwendungen über eine Vordergrundpriorität von 100 und eine Hintergrundpriorität von 50. Eine im Vordergrund befindliche DOS-Anwendung arbeitet damit ungefähr doppelt so schnell wie eine im Hintergrund befindliche DOS-Anwendung, alles relativ gesehen.

Mit der *Hintergrundpriorität* definieren Sie die relative Priorität des Prozesses mit einem Wert von 0 bis 10.000. Dieser Wert hat nur dann Gültigkeit, wenn die Option *Hintergrund* angewählt und die Option *Exklusiv* nicht angewählt wurde und sich die Anwendung aktuell im Hintergrund befindet, zur Zeit also nicht aktiv ist.

Der Standardwert dieser Option ist 50, so daß erst einmal alle Anwendungen, die im Hintergrund arbeiten, denselben Anteil an CPU-Zeit erhalten. Wären alle im Hintergrund aktiven Anwendungen mit einer Hintergrundpriorität von 5.000 ausgestattet, erhielten sie immer noch alle denselben Anteil der CPU-Zeit. Diese Angabe muß also *relativ* zu den Angaben anderer im Hintergrund aktiver Anwendungen verstanden werden. Ändern Sie diesen Wert je nach Bedarf.

Durch *Hintergrundpriorität* definieren Sie die relative Priorität des Prozesses mit einem Wert von 0 bis 10.000 für den Fall, daß der Prozeß aktuell im Vordergrund verarbeitet wird. Der Standardwert ist 100, also doppelt so groß wie die Hintergrundpriorität. Grundsätzlich gilt dasselbe wie für die Hintergrundpriorität bereits beschrieben. Wollen Sie die Anwendung im Vordergrund beschleunigen, dann erhöhen Sie diesen Wert entsprechend.

DOS-Anwendungen den Saft abknipsen

Wenn Sie häufiger mit DOS-Anwendungen arbeiten, wissen Sie, daß dadurch die Arbeitsgeschwindigkeit aller anderen Anwendungen stark beeinträchtig wird. Möchten Sie, daß alle DOS-Anwendungen sofort angehalten werden, wenn eine Windows-Anwendung ausgewählt wird? Kein Problem!

Tip 554
Nehmen Sie den DOS-Anwendungen jegliche Rechenzeit weg, sobald eine Windows-Anwendung in den Vordergrund tritt.

Aktivieren Sie dazu in der Dialogbox *Erweiterter Modus für den 386-PC* das Kontrollfeld *Exklusiv im Vordergrund*. Wenn Sie diese Option aktiviert haben, erhalten die aktiven Windows-Anwendungen 100 Prozent der Rechenzeit, sobald eine Windows-Anwendung ausgewählt ist (die Titelleiste erscheint hervorgehoben). Alle DOS-Anwendungen werden dann angehalten. Wird eine DOS-Anwendung ausgewählt, orientiert sich die Zeitvergabe wieder an den Einstellungen in der Systemsteuerung und den entsprechenden PIF-Dateien.

☒ E̲xklusiv im Vordergrund

Für DOS-Anwendungen bleibt hier nichts mehr übrig

13 • Windows optimieren

Windows entrümpeln

Der Festplatte die Sporen geben

Es kommt nicht nur der Auslagerungsdatei zugute, wenn Sie Ihre Festplatte vor dem Einrichten des virtuellen Speichers neu organisieren. Keine Frage: Alle Daten profitieren von einem „aufgeräumten" Datenträger. Den größten Nutzen haben Sie selbst: Die Arbeit mit einer defragmentierten Festplatte geht viel flotter!

Tip 555

Räumen Sie Ihre Festplatte in regelmäßigen Abständen auf – vor allem aber, bevor Sie eine Auslagerungsdatei einrichten!

Durch eine Komprimierung (Aufräumaktion auf der Festplatte) werden die Inhalte der Festplatte neu geordnet; zusammengehörende Informationen werden auch räumlich zusammen gespeichert. Dadurch entstehen auch größere freie Bereiche auf der Festplatte, in denen Windows die Auslagerungsdatei (und natürlich auch alle anderen Dateien) unterbringen kann. Der Vorteil: Liegen Informationen, die inhaltlich zusammengehören, physisch auch tatsächlich dicht beieinander, erfolgt der eigentliche Zugriff wesentlich schneller, als wenn die Informationen auf der Platte verstreut gespeichert sind, was sich nach einer gewissen Zeit ohne Reorganisation gar nicht vermeiden läßt.

Es gibt mehrere Möglichkeiten, eine Festplatte zu defragmentieren: Wer bereits mit MS-DOS 6.0 oder 6.2 arbeitet, der kann diese Aufgabe bequem mit Hilfe des zum Betriebssystem gehörenden Hilfsprogramms *Defrag* erledigen. Wer eine ältere DOS-Version besitzt, dafür aber mit Peter Nortons Utilities arbeitet, kann das Programm *SpeedDisk* benutzen. Und wer PC-Tools sein eigen nennt, der kann auf das Hilfsprogramm *Compress* zurückgreifen.

Hinweis

Führen Sie solche Aufräumarbeiten auf Ihrer Festplatte nie aus, wenn Windows aktiv ist. Schwerwiegender Datenverlust während der Umstrukturierung kann die Folge sein.

666 ganz legale   Windows-Tricks

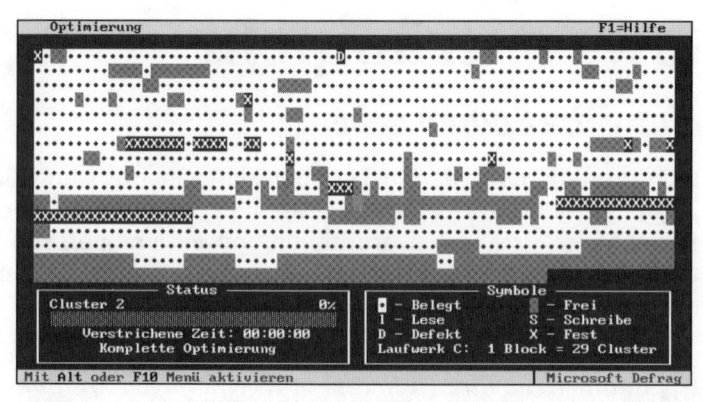

*Diese Festplatte ist stark fragmentiert und müßte mal wieder „aufgeräumt"
werden*

Weg mit unnötigem Ballast

Alle Festplatten haben einen entscheidenden Fehler: Ihre Speicherkapazität ist nicht unendlich, sondern geht irgendwann zur Neige. Wenn es auch auf Ihrer Festplatte langsam eng wird, sollten Sie mal ans Abspecken denken!

Tip 556   *Wenn es eng auf der Festplatte wird, sollten Sie unnötige, nicht benutzte Windows-Komponenten kurzerhand entfernen!*

Um das zu erreichen, müssen Sie jetzt nicht jede einzelne Datei manuell löschen, um dabei womöglich ein paar überlebenswichtige Daten über den Jordan zu schicken... Es geht viel bequemer: Entfernen Sie mit Hilfe des Windows-Setups all jene Windows-Komponenten, die Sie nicht benötigen! Wirklich wichtige Systembestandteile können damit nicht entfernt werden.

Klicken Sie dazu doppelt auf das Icon *Windows-Setup* in der *Hauptgruppe*. Wählen Sie in der daraufhin erscheinenden Dialogbox den Befehl *Optionen* ▶ *Hinzufügen/Entfernen von Windows-Komponenten*. Eine weitere Box erscheint: Hier können Sie per Klick entscheiden, auf welche Windows-Bestandteile Sie zukünftig verzichten möchten.

Unterhalb der Auswahl erkennen Sie die aktuelle Speichersituation: Wenn Sie eine Windows-Komponente angeklickt haben, sehen Sie sofort, wieviel Speicherkapazität dadurch frei oder zusätzlich belegt würde. Es wird auch die gesamte Speicherkapazität des Datenträgers angezeigt.

13 • Windows optimieren

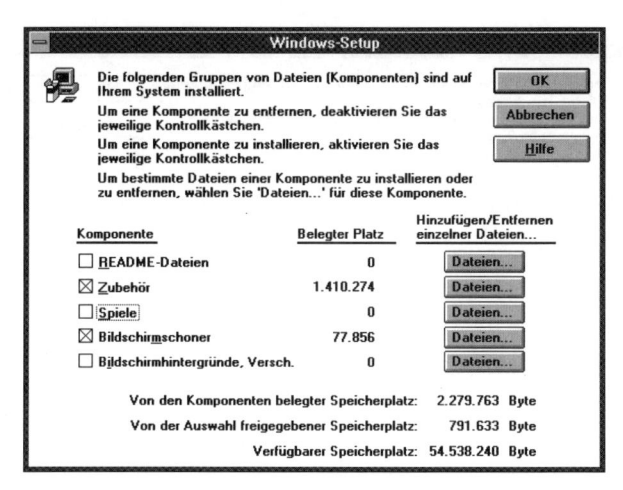

Auf manche Windows-Komponenten kann man verzichten

Gezielte Dateien-Diät

Wenn Sie sich nicht pauschal von einzelnen Windows-Komponenten trennen wollen, sondern lieber jede einzelne Datei auf Brauchbarkeit untersuchen wollen, so ist auch das möglich.

Tip 557

Nutzen Sie die Möglichkeit, nur einen Teil einer gewissen Windows-Komponente zu löschen!

Mit Hilfe des Windows-Setups können Sie angeben, welche Dateien eines bestimmten Windows-Bestandteils gelöscht und welche erhalten bleiben sollen. Möchten Sie beispielsweise zwar nicht alle, aber immerhin doch ein paar Bildschirmschoner löschen, klicken Sie in der Dialogbox *Windows-Setup* in der entsprechenden Zeile auf die Befehlsfläche *Dateien*. Es erscheint eine weitere Dialogbox: Hier können Sie genau entscheiden, welche Dateien gelöscht werden sollen. Auf der rechten Seite sehen Sie in der Liste *Diese Dateien installieren*, welche Dateien insgesamt vorhanden sind.

Wählen Sie durch Anklicken diejenigen Dateien aus, die Sie nicht mehr benötigen. Klicken Sie danach auf *Entfernen*. In der linken Liste, *Diese Dateien nicht installieren*, sind jetzt die Dateien aufgelistet, die Sie zum Löschen ausgewählt haben. Wenn Sie diese Auswahl nun mit *OK* bestätigen, werden die Dateien (nach einer Rückfrage) gelöscht.

549

666 ganz legale Windows-Tricks

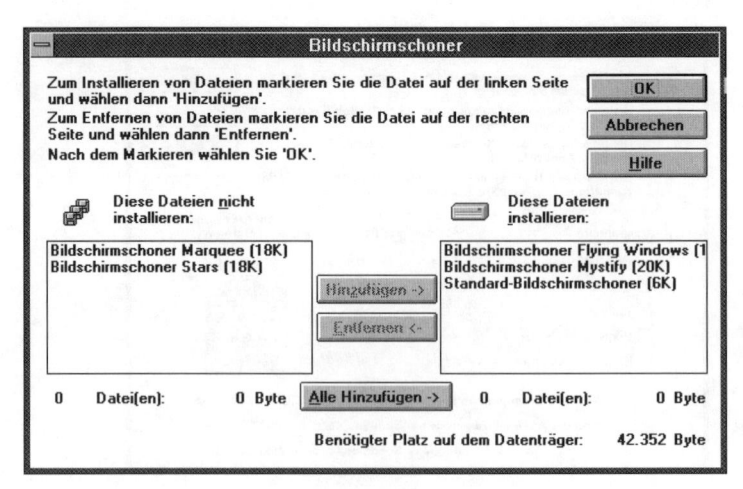

Zwei Bildschirmschoner sollen gelöscht werden

Windows-Komponenten hinzufügen

Da haben Sie eine Windows-Komponente gelöscht – und schon tut es Ihnen leid? Wenn Sie einen Windows-Bestandteil hinzufügen möchten, den Sie bei der Installation von Windows abgelehnt oder später gelöscht haben, so hilft Ihnen das Windows-Setup auch da weiter.

Tip 558

Nutzen Sie das Windows-Setup, um nachträglich Windows-Komponenten hinzuzufügen!

Gehen Sie dazu den im vorangehenden Trick beschriebenen Weg einfach „rückwärts". Wählen Sie in der Dialogbox *Windows-Setup* diejenigen Komponenten, die Sie hinzufügen möchten, und klicken Sie auf *OK*. Möchten Sie nur bestimmte Dateien einer Komponente hinzufügen, wählen Sie die Befehlsfläche *Dateien*. Wenn Sie Ihre Auswahl durch *OK* bestätigt haben, fordert Windows Sie auf, die benötigten Windows-Disketten einzulegen. Danach werden die Dateien von den Programmdisketten in das Windows-Verzeichnis kopiert und entpackt.

13 • Windows optimieren

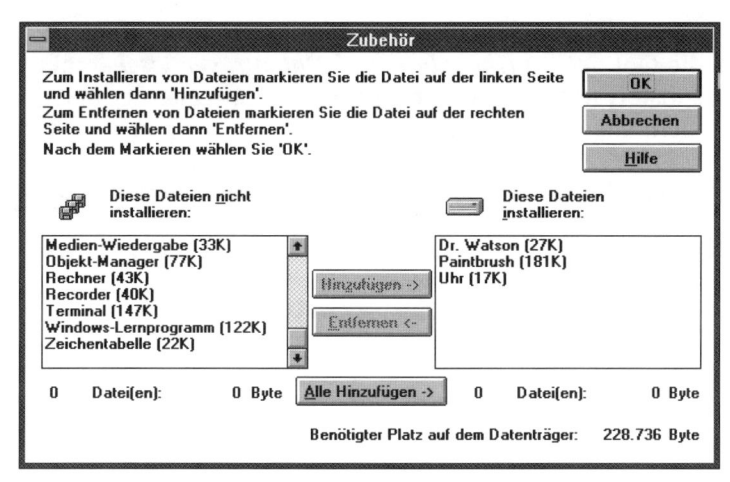

Ein bißchen Zubehör wird hinzugefügt

Brauchen Sie wirklich sooo viele Fonts?

Wenn es auf der Festplatte eng wird, sollten Sie mal einen Blick in Ihre Schriftensammlung werfen. Und sich dann ganz ehrlich fragen: Brauche ich wirklich 134 verschiedene Schriften, oder reichen nicht vielleicht doch die 20 schönsten...?

Tip 559

Werden Sie nicht zum „Fontaholic"! Löschen Sie alle Fonts, die Sie nicht regelmäßig benutzen.

Ein Font kostet durchschnittlich 70 KByte Festplattenspeicher. Vielleicht denken Sie, daß das doch gar nicht so viel ist. Das ist alles eine Frage der Menge: Viel wird's nämlich, wenn sich Unmengen niemals benutzter Schriftarten auf der Platte tummeln – und das womöglich nur, weil Sie eine Font-Diskette im Sonderangebot ergattert haben! Bei einem Dutzend Schriften wird schnell mehr als 1 MByte Speicherplatz verbraucht. Außerdem bremst jede zusätzlich installierte Schriftart den Start von Windows, denn das System muß sich beim Start durch alle Font-Einträge in der WIN.INI quälen!

Um Fonts zu löschen, klicken Sie zweimal auf das Icon *Schriftarten* in der Systemsteuerung. Markieren Sie in der Liste *Installierte Schriften* die Fonts, von denen Sie sich verabschieden möchten. Wählen Sie dann die Befehlsfläche *Löschen*. In einer Dialogbox vergewissert Windows sich nun, ob die ausgewählten Dateien wirklich entfernt wer-

666 ganz legale Windows-Tricks

den sollen. Bevor Sie die Box bestätigen, achten Sie bitte darauf, daß die Option *Schriftartdatei auf Datenträger löschen* aktiviert ist. Ansonsten würde zwar der Eintrag aus der Liste der installierten Fonts, nicht aber die eigentliche Datei von der Festplatte entfernt.

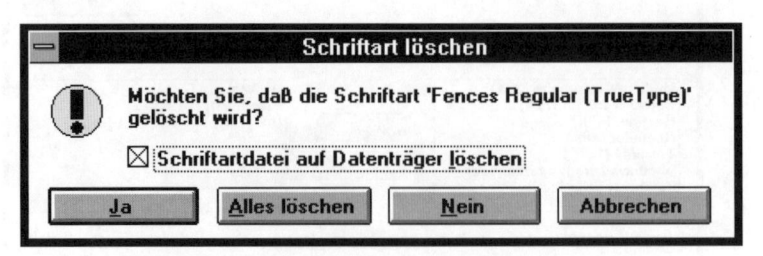

Die Datei soll auch von der Festplatte gelöscht werden

Keine Lust auf Multimedia?

Wenn Sie sich nicht besonders für Multimedia interessieren und/oder Ihr PC sowieso nicht mit der notwendigen Hardware ausgestattet ist, dann können Sie gut und gerne auf die Multimedia-Treiber verzichten – und so kostbaren Speicherplatz auf Ihrer Festplatte gewinnen.

Tip 560 *Wenn Sie kein Fan von Video, Sound und CD-ROM sind, dann entfernen Sie alle nicht-benutzten Multimedia-Treiber.*

Um die Treiber zu entfernen, gehen Sie zuerst in die Systemsteuerung und klicken zweimal auf das Icon *Treiber*. Es erscheint eine Dialogbox, in der alle derzeit installierten Treiber aufgelistet sind. Markieren Sie den ersten entbehrlichen Treiber, und klicken Sie danach auf die Befehlsfläche *Entfernen*. Ein Warnhinweis erscheint, der Sie darauf hinweist, daß das System nach dem Löschen des betreffenden Treibers eventuell nicht mehr richtig funktioniert. Sie können die Treiber jedoch bedenkenlos entfernen – nur das Funktionieren der Multimedia-Komponenten würde außer Kraft gesetzt, und das ist ja gerade Ihr Anliegen. Klicken Sie also auf *Ja*. Wiederholen Sie diesen Vorgang für alle installierten Treiber.

Wenn Sie das für alle nicht-benötigten Treiber getan haben, sind die Treiber zwar nicht mehr installiert, doch sie residieren nach wie vor auf der Festplatte. Noch ist also kein Festplattenspeicher gewonnen. Dazu müssen Sie in den Datei-Manager wechseln, und die Treiberdateien aus dem Verzeichnis \WINDOWS\SYSTEM löschen.

13 • Windows optimieren

> *Vorsicht bei der Auswahl der Treiberdateien. Bedenkenlos löschen können Sie nur die Dateien, die in der untenstehenden Liste aufgeführt sind. Löschen Sie keine anderen Gerätetreiber!*

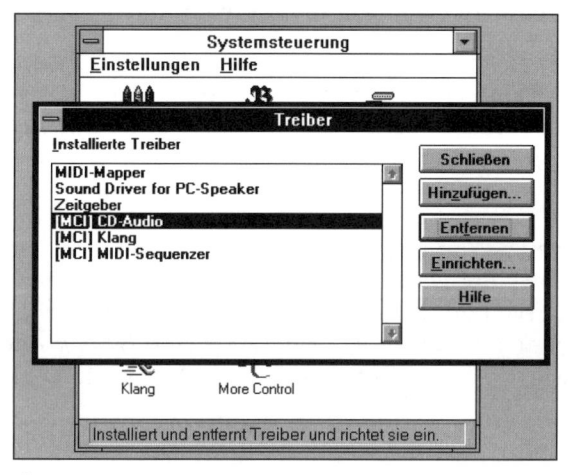

Über die Systemsteuerung können Sie die Treiber entfernen

Multimedia-Treiber	Treiberdatei
Ad Lib	MSADLIB.DRV
Creative Labs Sound Blaster 1.0	SNDBLST.DRV
Creative Labs Sound Blaster 1.5	SNDBLST2.DRV
Media Vision Thunder Board	SNDBLST2.DRV
MIDI Mapper	MIDIMAP.DRV
Roland LAPCI	MPU401.DRV
Roland MPU 401	MPU401.DRV
Timer	TIMER.DRV
[MCI] CD Audio	MCICDA.DRV
[MCI] MIDI Sequencer	MCISEQ.DRV
[MCI] Sound	MCIWAVE.DRV

553

INIs entrümpeln

Eine der ersten Aufgaben von Windows nach dem Start ist es, die Anweisungen in den beiden Systemdateien WIN.INI und SYSTEM.INI nacheinander abzuarbeiten. Grundregel: Je umfangreicher diese beiden Dateien sind, desto länger dauert der Start.

Tip 561 *Entrümpeln Sie Ihre INI-Dateien! Entfernen Sie alle Hinweise auf nicht mehr vorhandene Programme. Und vor allem: Löschen Sie alle überflüssigen Leerzeilen!*

Es ist ein Kreuz: Windows-Anwendungen hinterlassen gerne Spuren in den Windows-INI-Dateien. Werden die Programme irgendwann einmal entfernt, bleiben Fragmente in den INI-Dateien erhalten. Die zurückgebliebenen Anweisungen sind zwar sinnlos geworden, nehmen aber nach wie vor wertvollen Platz in den INI-Dateien ein.

Windows liest jedesmal aufs neue alle INI-Anweisungen – ob sie nun sinnvoll sind oder ins Leere führen. Apropos Leere: Leerzeilen müssen von Windows als eben solche erkannt werden. Sie dienen allein der besseren Übersicht und Abtrennung der einzelnen Abschnitte. Die Interpretation der überflüssigen Zeilen kostet bei jedem Start etwas Zeit. Entfernen Sie diese Zeilen, können Sie den Startvorgang beschleunigen – zwar nur geringfügig, aber immerhin.

Laden Sie dazu die beiden Dateien WIN.INI und SYSTEM.INI in einen Editor, am besten in den Systemkonfigurations-Editor *Sysedit*, dann haben Sie gleich beide im Überblick. Löschen Sie die leeren und nicht mehr aktuellen Zeilen, und speichern Sie die Datei danach erneut. Damit die Änderungen wirksam werden, müssen Sie Windows natürlich wie immer beenden und erneut starten.

P.S.: Stellen Sie sich nun bitte nicht mit der Stoppuhr neben Ihren PC und messen die Zeitersparnis – sooo groß ist sie nun auch wieder nicht...!

Alte Treibereinträge löschen

Wenn Sie einen nicht mehr benötigten Treiber mit Hilfe der Systemsteuerung entfernen, wird er zwar nicht mehr in der Liste der installierten Treiber aufgeführt, doch in der Windows-Systemdatei SYSTEM.INI wird der Hinweis auf den gelöschten Treiber dadurch nicht entfernt. Das muß manuell nachgeholt werden.

13 • Windows optimieren

Tip 562

Möchten Sie die SYSTEM.INI straffen, entfernen Sie alle Zeilen, die auf längst nicht mehr installierte Treiber verweisen!

Die beiden Systemdateien SYSTEM.INI und WIN.INI sollten so kompakt wie möglich gehalten werden. Unnötige Treiber kosten Platz und Zeit beim Windows-Start. Deshalb entfernen Sie alle nicht mehr benötigten Treiber mit der Hand – leider gibt es dafür noch keine geeigneten Hilfsprogramme, die das automatisch erledigen. Laden Sie dazu die Systemdatei SYSTEM.INI in einen geeigneten Editor. Gehen Sie in den Abschnitt:

[386Enh]

Löschen Sie in dieser Sektion alle Zeilen, die auf einen nicht mehr benötigten Treiber hinweisen. Speichern Sie die Datei abschließend.

Hinweis: Treibernamen, die mit einem Stern „" beginnen, sind Treiber, die in Windows sozusagen „fest" eingebaut sind.*

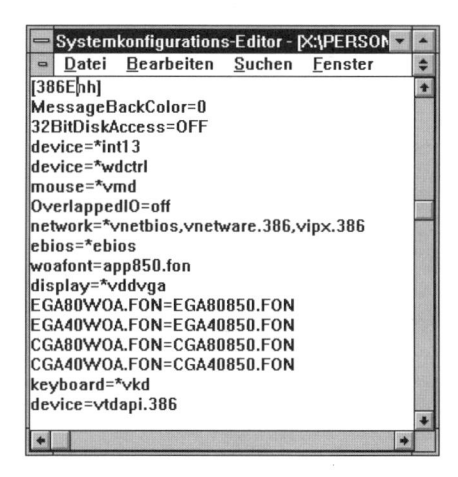

Überflüssige Treibereinträge können bedenkenlos gelöscht werden

Tapeten machen lahm

Ein Hintergrundbild ist eine feine Sache. Wer Spaß an schönen und bunten Mustern oder Bildern hat, der wird darauf auch sicher nicht verzichten wollen – auch wenn er weiß, daß Hintergrundbilder stark an den Ressourcen zerren. Wem es weniger um ein fetziges Hintergrundbild, sondern mehr um eine möglichst hohe Arbeitsgeschwindigkeit geht, der sollte sich die Einrichtung eines Hintergrundbildes gut überlegen.

Tip 563

Wer an größtmöglicher Arbeitsgeschwindigkeit interessiert ist oder mit dem Arbeitsspeicher sparsam umgehen muß, sollte sein Windows-Desktop nicht tapezieren!

Jedes Hintergrundbild kostet Arbeitsspeicher. Zumal die digitale Tapete (die Amerikaner nennen die Hintergrundbilder *Wall Paper*, also Tapete) bei jeder Veränderung des Desktops aktualisiert werden muß. Wer nicht bereit ist, diesen Preis zu zahlen, sollte sein Hintergrundbild abschaffen. Starten Sie dazu in der Systemsteuerung die Steuerungskomponente *Desktop*. Wählen Sie danach aus dem Listenfeld *Hintergrundbild* den obersten Eintrag, *Keine*, aus. Sobald Sie die Dialogbox schließen, ist das Bild verschwunden. So schnell kann man in der Realität keine Tapete von den Wänden reißen...

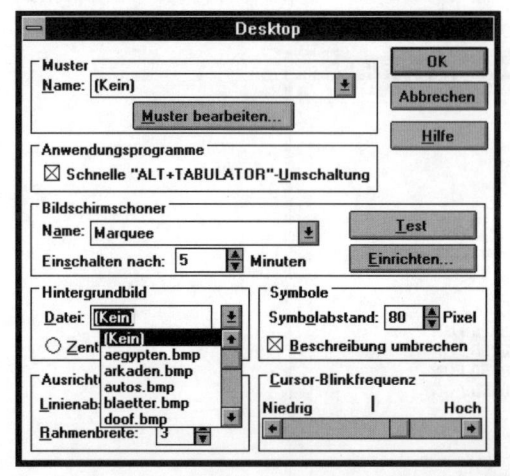

Ein Hintergrundbild ist schön, muß aber nicht sein

13 • Windows optimieren

Mager oder fett?

Sie möchten zwar auf ein reizvolles Hintergrundbild nicht verzichten, andererseits sind Sie aber auch nicht bereit, allzuviel Arbeitsspeicher für derartiges Dekor zu opfern. Keine Frage: Das sieht stark nach einem Interessenskonflikt aus, der aber zum Glück gelöst werden kann.

Tip 564
Gehen Sie einen Kompromiß ein: Suchen Sie sich ein „schlankes" Hintergrundbild aus!

Auch bei den Hintergrundbildern gibt es solche und solche. Grundsätzlich gilt die Faustregel: Zentrierte Bilder benötigen weniger Speicher als gekachelte. Und auch bei den gekachelten Hintergrundbilder gibt es Unterscheide: Das schlankste ist dabei das Hintergrundbild WABE.BMP mit einem Bedarf von nur 19 KByte; STRUKTUR.BMP beansprucht hingegen satte 80 KByte. Die folgende Tabelle informiert Sie en détail über den Speicherbedarf der einzelnen Bilder.

Das Hintergrundbild ...	*... benötigt so viel Speicher* **(KByte)**
AEGYPTEN.BMP	25
ARCADEN.BMP	58
AUTOS.BMP	24
GEFLECHT.BMP	24
BLAETTER.BMP	63
ESCHER.BMP	22
KARO.BMP	28
KUGELN.BMP	25
MARMOR.BMP	56
MAUER.BMP	29
NIETEN.BMP	27
QUADRAT.BMP	25
RAUTEN.BMP	27
SCHOTTE.BMP	69
STRUKTUR.BMP	80
WABE.BMP	19
WINLOGO.BMP	79
ZICKZACK.BMP	26
ZIEGEL.BMP	27

666 ganz legale Windows-Tricks

Unter Windows überflüssig: ANSI

Der Gerätetreiber ANSI.SYS bietet auf der DOS-Ebene einige wirklich sehr praktische Möglichkeiten zur Bildschirmgestaltung sowie Tastaturbelegung. Unter Windows sind seine Dienste aber nicht gefragt, sprich überflüssig.

Tip 565 — *Wer so gut wie immer mit Windows-Anwendungen arbeitet, kann sich den Treiber ANSI.SYS sparen und somit etwas Arbeitsspeicher gewinnen.*

Ob der Treiber ANSI.SYS installiert ist oder nicht, können Sie problemlos durch einen Blick in die Konfigurationsdatei CONFIG.SYS erkennen. Um Einblick in die DOS-Systemdatei zu nehmen, laden Sie sie in einen Editor. Ist der Treiber installiert, werden Sie dort die folgende Anweisung vorfinden:

```
device=c:\dos\ansi.sys
```

Sie sparen rund 6 KByte RAM, wenn Sie den Treiber nicht verwenden. Löschen Sie deshalb in der Konfigurationsdatei die entsprechende DEVICE-Anweisung. Danach speichern Sie die abgespeckte Konfigurationsdatei wieder. Die Änderungen werden erst nach einem Neustart wirksam.

> **Hinweis:** Wenn Sie neben Windows auch viel mit DOS-Anwendungen arbeiten, sollten Sie sorgfältig abwägen, was Ihnen lieber ist: Etwas höhere Performance unter Windows (ohne ANSI.SYS), oder komfortablere Tastaturbelegungen unter DOS (mit ANSI.SYS).

TrueType statt ATM

Wenn der Adobe Type Manager (ATM) installiert ist, wird er bei jedem Start von Windows automatisch geladen, und zwar inklusive aller durch ihn verwalteten Schriften. Der Ladevorgang ist sogar zu erkennen: In der linken unteren Ecke des Bildschirms erscheint in roter Schreibschrift ein „a". Doch nicht immer sind die Dienste des Adobe Type Managers nötig. Oft reicht der Einsatz der Windows-TrueType-Schriften zum Erstellen ansehnliche Dokumente vollkommen aus.

13 • Windows optimieren

Tip 566

Verwenden Sie den ATM nur dann, wenn Sie ihn wirklich benötigen. Andernfalls schalten Sie ihn ab, arbeiten Sie mit True-Type-Fonts; das erhöht Arbeitsspeicher und Performance.

Überlegen Sie sich, was Ihnen wichtiger ist: Der durch den ATM ermöglichte Einsatz von PostScript-Fonts oder eine um rund ein Drittel erhöhte Arbeitsgeschwindigkeit. Wollen Sie auf den ATM nicht verzichten, müssen Sie deutliche Geschwindigkeitseinbußen in Kauf nehmen – das Verwalten des PS-Fonts kostet Ressourcen und somit Zeit.

Vielleicht benötigen Sie den ATM ja nicht ständig. Wenn Sie meinen, daß Sie bei der aktuellen Windows-Sitzung auf ihn verzichten können, schalten Sie ihn aus. Dazu wechseln Sie in den Datei-Manager und klicken doppelt auf den Eintrag ATMCRL.EXE in Ihrem ATM-Verzeichnis. Das ATM-Kontrollfeld erscheint in einer Dialogbox. Möchten Sie auf die ATM-Dienste verzichten, klicken Sie auf die Option *Aus* im Bereich *ATM*. (Sicher gibt es in irgendeiner Programmgruppe auch ein Programmsymbol für das ATM-Regiezentrum.)

Da der ATM bereits geladen ist, muß Windows jetzt erneut gestartet werden. Es erscheint eine Dialogbox, die Ihnen die Möglichkeit zu einem Neustart anbietet. Nehmen Sie an. Nach dem Windows-Neustart ist der ATM nun inaktiv. Nach wie vor können Sie natürlich unbeschränkt mit den von der Windows-Systemsteuerung verwalteten TrueType-Fonts arbeiten. Diese bieten eine derart breite Palette an beliebig skalierbaren Fonts, daß der Einsatz von PostScript-Fonts oft gar nicht notwendig ist.

Hinweis: Möchten Sie den ATM später wieder aktivieren, führen Sie erneut die Datei ATMCTRL.EXE aus, und klicken Sie im ATM-Kontrollfeld auf Ein.

Schnelle Laufwerke

Das allerschnellste Laufwerk für temporäre Dateien

Windows ist ein Meister im Anfertigen temporärer Dateien (das sind Hilfsdateien, in denen Informationen zwischengespeichert werden). Machen Sie mal die Probe aufs Exempel: Gehen Sie während einer Arbeitsphase mit Windows in den Datei-Manager und lassen sich alle Dateien mit der Endung .TMP anzeigen. Sie werden staunen, was sich da alles angesammelt hat. Temporäre Dateien werden in der Regel auf der Festplatte abgelegt. Also auch von dort gelesen. Und das kann einige Zeit in Anspruch nehmen. Schneller geht's mit einem virtuellen Laufwerk.

Tip 567

Richten Sie eine RAM-Disk für temporäre Dateien ein!

Dieser Trick ist für all´ diejenigen interessant, deren Rechner über einen großen Arbeitsspeicher verfügt. Stecken in Ihrem Computer mindestens 8 MByte RAM, lohnt sich das Einrichten einer RAM-Disk für temporäre Dateien ganz ohne Frage.

Um eine RAM-Disk einzurichten (ein simuliertes Laufwerk im Arbeitsspeicher des Rechners), laden Sie die Konfigurationsdatei CONFIG.SYS in einen geeigneten Editor. Tragen Sie dort folgende Zeile ein:

```
device=c:\dos\ramdrive.sys 512 /e
```

Die Anweisung setzt voraus, daß sich der Treiber RAMDRIVE.SYS im DOS-Verzeichnis befindet. Ist das nicht der Fall, ändern Sie den Pfad in der Anweisung bitte entsprechend. Die Option /E weist DOS an, den für die RAM-Disk benötigten Speicherplatz nicht aus dem konventionellen Arbeitsspeicher (bis 640 KByte), sondern aus dem Erweiterungsspeicher (Extended Memory) zu rekrutieren. Das geht natürlich nur dann, wenn überhaupt Erweiterungsspeicher (mehr als 1 MByte) vorhanden ist.

Achten Sie auch darauf, daß der Gerätetreiber HIMEM.SYS *vor* dem Treiber RAMDRIVE.SYS installiert ist, d.h. konkret: ein paar Zeilen vor der Anweisung für die RAM-Disk in der Konfigurationsdatei eingetragen ist. Die Zahl 512 gibt die Größe der RAM-Disk in KByte an. Der größtmögliche Wert beträgt bei Nutzung des Extended Memory 16 MByte – natürlich nur dann, wenn Sie über einen entsprechend gro-

13 • Windows optimieren

ßen Arbeitsspeicher verfügen; wobei eine RAM-Disk mit 16 MByte Speicherkapazität niemals sinnvoll wäre.

Ist die RAM-Disk einmal eingerichtet, müssen Sie DOS noch anweisen, das Laufwerk (dem übrigens die nächste freie Laufwerkskennung zugewiesen wird) als Speichermedium für die temporären Dateien zu nutzen. Das können Sie mittels eines Eintrags in der AUTOEXEC.BAT erledigen. Suchen Sie die Anweisung, die mit *SET TEMP=* anfängt. Tragen Sie hinter dem Gleichheitszeichen die Laufwerkskennung der RAM-Disk ein. Spricht man die RAM-Disk mit der Laufwerkskennung D:\ an, würde das so aussehen:

```
set temp=d:\
```

Speichern Sie abschließend die beiden Systemdateien. Damit die Änderungen wirksam werden, müssen Sie nun Ihren Rechner neu starten. Windows orientiert sich beim Einrichten von Temporärdateien nicht unbedingt an der Umgebungsvariablen TEMP – hierzu jetzt mehr.

Variables Laufwerk für temporäre Dateien

Als Speichermedium für temporäre Dateien empfiehlt sich immer das Laufwerk, das am schnellsten arbeitet und darüber hinaus auch über möglichst viel freie Speicherkapazitäten verfügt. Oft ist das eine RAM-Disk oder ein Netzlaufwerk. Die Entscheidung fällt nicht immer leicht – und kann deshalb auch variabel gehandhabt werden.

Tip 568

Halten Sie den Pfad zum Laufwerk für temporäre Dateien variabel – so können Sie ihn vor jedem Windows-Start nach den aktuellen Bedürfnissen festlegen.

Bei der Einrichtung temporärer Dateien können natürlich auch Probleme auftreten: Ist zum Beispiel ein Druckauftrag größer als das im Arbeitsspeicher eingerichtete virtuelle Laufwerk (RAM-Disk), kann dort keine temporäre Datei abgelegt werden. Und ein Netzlaufwerk kann nur dann benutzt werden, wenn Sie aktuell auch wirklich mit dem Netz verbunden sind. Arbeiten Sie einmal abgetrennt vom Netz, weist der Pfad gewissermaßen ins Leere. In beiden Fällen wird es dem System zu bunt – es wird abstürzen.

Um sich nicht auf Dauer auf ein bestimmtes Laufwerk für die temporären Dateien festzulegen, nehmen Sie am besten eine Änderung in der Windows-Systemdatei SYSTEM.INI vor. Laden Sie die Datei dazu in einen Editor, und tragen Sie im Abschnitt [386Enh] die folgende Anweisung ein:

```
SWAPFILE=($temp)
```

Der Eintrag ermöglicht es Ihnen, unmittelbar *vor* dem Windows-Start das gewünschte Laufwerk für temporäre Dateien anzugeben – und zwar durch eine DOS-Anweisung. Sie kennen die Anweisung bereits aus dem vorangehenden Tip:

```
set temp=
```

Hinter dem Gleichheitszeichen geben Sie das gewünschte Laufwerk und/oder Verzeichnis an, in dem Windows die temporären Dateien speichern soll. Die Angabe kann je nach Bedürfnis unterschiedlich ausfallen: Arbeiten Sie im Netz, wählen Sie ein Netzlaufwerk. Arbeiten Sie zur Abwechslung außerhalb des Netzes, wählen Sie ein lokales Laufwerk. Möchten Sie eine RAM-Disk benutzen und sind Sie sicher, daß sie auch für alle anfallenden temporären Dateien groß genug ist, geben Sie die Laufwerksbezeichnung des virtuellen Laufwerks an. Haben Sie mal weder Lust auf RAM-Disk noch auf ein Netzlaufwerk, wählen Sie einfach das Windows-Verzeichnis:

```
set temp=c:\windows
```

Der Datei-Manager gibt Gas

Im Vergleich zu Windows 3.0 ist der Datei-Manager von Windows 3.1 schon ein wahrer Sprinter geworden (wenn Sie erst mit Windows 3.1 begonnen haben und diese Bemerkung nicht nachvollziehen können: Glück gehabt!). Doch Sie können den Dateien-Jongleur auf ungeahnte Bestzeiten trainieren!

Tip 569

Um den Datei-Manager immer möglichst rasch zu starten, sollten Sie ihn von der RAM-Disk aus starten!

Das geht natürlich nur, wenn Sie auf Ihrem Rechner eine RAM-Disk eingerichtet haben, sie muß auch nicht groß sein. Kopieren Sie die Startdatei des Datei-Managers, WINFILE.EXE heißt sie, vom Windows-Systemverzeichnis auf die RAM-Disk. Möchten Sie, daß der Datei-Manager nicht nur einmal, sondern grundsätzlich von der RAM-DISK aufgerufen wird, fügen Sie der Startdatei AUTOEXEC.BAT folgende Anweisung hinzu:

```
copy c:\windows\winfile.exe f:
```

13 • Windows optimieren

Für den Fall, daß Ihre RAM-Disk eine andere Laufwerkskennung trägt als auf meinem Rechner (F:), passen Sie die Anweisung bitte entsprechend an.

Jetzt müssen Sie allerdings noch den Pfad aktualisieren, der im Programm-Manager zur Programmdatei des Datei-Managers gelegt ist. Markieren Sie dazu im Programm-Manager das Programm-Icon des Datei-Managers, und betätigen Sie die Tastenkombination [Alt][↵]. Tragen Sie in der *Befehlszeile* den neuen Pfad ein, also für die RAM-Disk F:

```
f:\winfile.exe
```

Danach beenden Sie Windows erst einmal. Starten Sie den Rechner neu. Wenn Sie nun auch noch Windows neu starten, können Sie Ihren Datei-Manager ab sofort von der schnellen RAM-DISK aus laden.

Auslagerungsdateien auf Stacker-Laufwerken

Wenn Sie die Speicherkapazität Ihrer Festplatte(n) mit Hilfe des Online-Festplattenkomprimierers *Stacker* vergrößern, müssen Sie wissen, daß Auslagerungsdateien nicht auf *Stacker*-Laufwerke gehören.

Tip 570
Dringende Empfehlung: Richten Sie auf Stacker*-Laufwerken keine Auslagerungsdatei ein, auch keine temporäre.*

Da bei komprimierten Laufwerken unklar ist, wie hoch die tatsächliche Speicherkapazität ist, empfehlen sich diese Laufwerke nicht einmal für temporäre Auslagerungsdateien. Wollen Sie eine Auslagerungsdatei einrichten, müssen Sie diese auf einem nicht-gestackerten Laufwerk einrichten. Da *Stacker* von Hause aus auf dem Host-Laufwerk nur 1 MByte freiläßt, was für eine Auslagerungsdatei deutlich zu wenig ist, sollten Sie auf dem Host-Laufwerk mindestens 10 MByte für unkomprimierte Daten freimachen. Geben Sie dazu nach Verlassen von Windows auf der DOS-Oberfläche ein:

```
SDEFRAG /G
```

Nachdem Sie auf dem nicht-komprimierten Laufwerk 10 MByte freigemacht haben, richten Sie dort eine permanente Auslagerungsdatei von 6 MByte ein und zeigen mit der Umgebungsvariablen TEMP auf die verbleibenden 4 MByte des Laufwerks!

Doppelte Festplattenkapazität: DoubleSpace

Wer hätte etwas dagegen, die Speicherkapazität seiner Festplatte im Handumdrehen und ohne Kosten zu verdoppeln? Sicher niemand. MS-DOS 6.0 und 6.2 verfügen von Hause aus über ein Hilfsprogramm, das genau das schafft: *DoubleSpace*. Der von Microsoft in MS-DOS bereitgestellte Festplattenkomprimierer arbeitet kooperativ mit Windows zusammen.

Tip 571 *Komprimieren Sie Ihre Festplatte mit dem Festplattenverdoppler DoubleSpace, einem Zusatzprogramm von MS-DOS 6.x!*

DoubleSpace unterliegt denselben Einschränkungen wie *Stacker*. Auf einem DoubleSpace-Laufwerk kann keine permanente Auslagerungsdatei eingerichtet werden, temporäre können dort allerdings sehr wohl gespeichert werden. Eine permanente Auslagerungsdatei richten Sie ausschließlich auf den sogenannten Host-Laufwerken ein, also den Laufwerken, auf denen die Informationen unkomprimiert gespeichert werden.

Hinweis: DoubleSpace gehört zum Lieferumfang von MS-DOS 6 und DOS 6.2. Sie sollten das Programm ausschließlich außerhalb von Windows starten.

Um DoubleSpace zu starten, geben Sie hinter dem Systemprompt folgende Anweisung ein und bedienen sich danach der Funktionen in den Pull-Down-Menüs:

```
dblspace
```

Ganz schön smart

Schon wenn Sie Windows installieren, nistet sich das Cache-Programm *SmartDrive* automatisch in die Systemdatei AUTOEXEC.BAT ein (zumindest in den meisten Fällen). SmartDrive beschleunigt Festplattenzugriffe und sorgt dadurch für eine insgesamt spürbar höhere Arbeitsgeschwindigkeit.

Tip 572 *Haben Sie den Eindruck, daß Windows auf Ihrem Rechner zu langsam läuft, prüfen Sie, ob SmartDrive installiert ist.*

13 • Windows optimieren

SmartDrive ist ein in meinen Augen ein unverzichtbares Hilfsmittel. Der Einsatz des Festplattenbeschleunigers ist umso sinnvoller, je häufiger Windows auf die Festplatte(n) zugreift, das gilt auch für den Fall, daß Windows heftigen Gebrauch von einer Auslagerungsdatei macht. Um zu prüfen, ob SmartDrive installiert ist, laden Sie die Systemdatei AUTOEXEC.BAT in einen Editor. Sehen Sie nach, ob dort die folgende Anweisung enthalten ist:

`c:\windows\smartdrv.exe`

Möglicherweise geht der Anweisung auch der Befehl LOADHIGH oder LH voran; möglicherweise ist SMARTDRV.EXE, die Befehlsdatei von SmartDrive, im DOS-Verzeichnis gespeichert. Falls die Anweisung fehlt, ergänzen Sie sie am besten (stellen Sie sicher, daß Sie die neueste Version von SmartDrive verwenden, möglicherweise existieren ja zwei Befehlsdateien: sowohl im DOS- wie im Windows-Verzeichnis). Danach speichern Sie die Systemdatei und starten Ihren Rechner neu.

SmartDrive merkt sich jeden Festplattenzugriff. Es operiert ähnlich wie ein Kurzzeitgedächtnis: Die jeweils letzten gelesenen Daten werden zwischengespeichert. Dieser Zwischenspeicher ermöglicht es, daß Daten, die innerhalb einer bestimmten Zeitspanne mehrmals hintereinander angefordert werden, nicht jedesmal von der Festplatte gelesen werden müssen, sondern aus dem sehr viel schnelleren Cache (Zwischenspeicher) – einem Teil des Arbeitsspeichers – bereitgestellt werden können.

Noch viel smarter

SmartDrive ist eine feine Sache. Ordnungsgemäß installiert, führt es zu teilweise enormen Geschwindigkeitszuwächsen. Das hört sich sehr gut an (ist es auch), hat aber trotzdem einen Nachteil: Der SmartDrive-Zwischenspeicher ist Teil des Arbeitsspeichers und kostet dort somit wertvollen Speicherplatz. Speicherplatz, den die eine oder andere Anwendung möglicherweise dringender benötigt. SmartDrive bestimmt die Größe des Zwischenspeichers normalerweise selbst. Doch das muß nicht die beste Lösung sein.

Tip 573
Bestimmen Sie die Größe des Cache-Zwischenspeichers selbst!

Sie können SmartDrive optional mitteilen, wie groß der Zwischenspeicher während der Ausführung von DOS, und wie groß er während der Benutzung von Windows sein soll. Geben Sie dazu in der AUTO-

565

666 ganz legale   Windows-Tricks

EXEC.BAT hinter dem SmartDrive-Befehle zuerst die gewünschte Größe für den Betrieb unter DOS, dahinter die für die Ausführung unter Windows an (der Wert muß allerdings kleiner sein). Das kann zum Beispiel so aussehen:

```
c:\windows\smartrv.exe 2048 1024
```

Die Größe des Windows-Caches sollte deutlich kleiner sein als die des DOS-Caches, um Windows nicht zuviel Arbeitsspeicher zu „klauen". Haben Sie allerdings „Arbeitsspeicher satt" (mehr als 6 MByte), können DOS- und Windows-Caches im Grunde genommen auch gleich groß sein. Selbst bei der Ausführung des speicherhungrigen Windows bleibt dann ja noch genügend Arbeitsspeicher für Windows verfügbar.

Die folgende Tabelle nennt einige ungefähre Richtwerte, wie groß der Zwischenspeicher von SmartDrive in Abhängigkeit vom verfügbaren Arbeitsspeicher sein sollte. Probieren Sie aber auch selbst aus, bei welcher Cache-Größe Ihr Rechner die beste Leistung zeigt. Das hängt neben der Größe des Arbeitsspeichers auch davon ab, wieviel RAM die von Ihnen eingesetzten Anwendungen benötigen.

Arbeitsspeicher	DOS-Cache (max)	Windows-Cache (min)
2 MByte	1024 KByte	512 KByte
3 – 4 MByte	2048 KByte	1024 KByte
> 4 MByte	2048 KByte	2048 KByte

SmartDrive auf dem Prüfstand

Für den Einsatz von *SmartDrive* braucht man neben ein paar Richtwerten auch ein gutes Schätzvermögen: Wie groß darf der Cache sein, ohne daß er den Anwendungen zu viel Arbeitsspeicher wegnimmt? Und wie groß muß er sein, damit sich sein Einsatz überhaupt lohnt?

Tip 574 *Überprüfen Sie, ob SmartDrive gut arbeitet!*

Arbeiten Sie wie gewohnt ein Weilchen unter Windows, um bewerten zu können, wie erfolgreich SmartDrive arbeitet. Führen Sie die Aktionen aus, die Sie auch normalerweise ausführen: Öffnen Sie Anwendungen, schließen Sie sie, laden Sie Dateien, wechseln Sie zwischen den Anwendungen und nutzen Sie die Zwischenablage. Lassen Sie sich danach von SmartDrive eine kleine Statistik anzeigen, aus der hervorgeht, wie häufig Daten aus dem Cache entnommen werden konnten, und wie häufig es nötig war, die Daten von der Festplatte zu lesen. Wechseln Sie dazu zur MS-DOS-Eingabeaufforderung, und geben Sie ein:

```
smartdrv /s
```

Eine Faustformel hilft Ihnen, die hier genannten Werte einzuschätzen: Addieren Sie die Zahl der Zeile „*x*mal konnten die Daten dem Cache entnommen werden" zum Wert in der Zeile „*x*mal mußten die Daten vom Datenträger gelesen werden". Die Summe dieser beiden Werte teilen Sie nun durch den zweiten Wert („*x*mal mußten die Daten dem Datenträger entnommen werden").

Die genaue Kalkulation für das Beispiel aus unserer Abbildung lautet:

```
(20212+2858):2858=8,07
```

Das Ergebnis ist nicht schlecht, könnte aber besser sein. Nicht akzeptabel sind – auf Dauer – alle Werte unter 8,0; in einem solchen Fall benötigt SmartDrive wahrscheinlich etwas mehr Arbeitsspeicher. Sofern noch etwas Arbeitsspeicher verfügbar ist, sollten Sie den Zwischenspeicher erweitern. Werte über 9,0 sind hervorragend.

```
Platz für 128 Elemente von je 8.192 Byte Größe.
20.212mal konnten die Daten dem Cache entnommen werden.
2.858mal mußten die Daten vom Datenträger gelesen werden.
```

SmartDrive führt Buch über seine Arbeit

Der Cache-Wächter: SmartDrive-Monitor

Geht es Ihnen auch so: Sie schätzen zwar die Dienste verschiedener Anwendungen, wüßten aber manchmal nur zu gerne, was die Anwendungen intern so anstellen. Natürliche Neugierde, nur leider bieten die meisten Anwendungen keine Möglichkeit, „ins Innere" zu schauen. Für mehr Transparenz sorgt das kleine, aber überaus nützliche Hilfsprogramm *SmartDrive-Monitor*. Es stellt unter anderem grafisch dar, wie erfolgreich das Cache-Programm SmartDrive arbeitet.

Tip 575 *Lassen Sie sich vom SmartDrive-Monitor darüber informieren, was SmartDrive gerade so treibt!*

Die zur Kontrolle von SmartDrive zur Verfügung gestellte Befehlsdatei SMARTMON.EXE befindet sich in Ihrem DOS-Verzeichnis – allerdings nur, wenn Sie MS-DOS 6.0 oder 6.2 auf Ihrem Rechner installiert haben. Ältere DOS-Versionen kennen SmartMon noch nicht.

Um den SmartDrive-Monitor zu starten, klicken Sie im Datei-Manager doppelt auf den Eintrag SMARTMON.EXE im DOS-Verzeichnis. Der Cache-Wächter erscheint in einem eigenen Fenster. Im Fenster *Cache Memory* wird in der Zeile *Basic Cache* die Größe des Zwischenspeichers (Cache) beim Betrieb unter DOS angegeben. *Windows Cache* gibt die Größe des Caches an, wenn Windows aktiv ist.

Wie hoch die Trefferquote von SmartDrive ist, können Sie – grafisch aufbereitet – im Datenfeld *Cache Hit Rate* ablesen. Das Balkendiagramm zeigt die Trefferquote in festgelegten Zeitabständen in Prozent. Leerlaufzeiten, sprich: wenn keine Festplattenzugriffe stattfinden, werden im Balkendiagramm *nicht* angezeigt, dadurch steigt die Übersichtlichkeit. In der Statuszeile rechts unten (*Average Hit Rate*) wird die durchschnittliche Trefferquote angezeigt.

In der Zeile *SamplingFrequency* teilt SmartMon Ihnen mit, wie häufig das Diagramm aktualisiert wird. Die Standardeinstellung ist 500 Millisekunden, also zwei Akutalisierungen pro Sekunde.

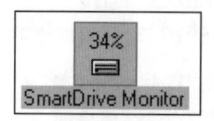

SmartDrive-Monitor führt Buch über die Aktivitäten von SMARTDRV

Klein, aber informativ: Das SmartMon-Symbol

Das Wichtigste am *SmartDrive-Monitor* ist die Angabe der durchschnittlichen Trefferquote: Wenn man weiß, wie oft Daten aus dem Cache entnommen werden konnten und nicht von der Festplatte gelesen werden mußten, kann man einschätzen, wie effektiv SmartDrive derzeit arbeitet und ob die Größe des Caches richtig gewählt ist.

Tip 576 Wenn Sie die Arbeitsweise Ihres Caches über einen längeren Zeitraum beobachten möchten, verkleinern Sie den Monitor auf Symbolgröße!

13 • Windows optimieren

Damit das SmartMon-Symbol immer auf dem Desktop zu sehen ist und nicht von anderen Anwendungsfenstern überlappt werden kann, wählen Sie bitte zuerst im Systemmenü (Alt +) des SmartMon-Fensters die Option *Always on Top*.

Danach müssen Sie nur noch auf den Symbolpfeil klicken, um SmartMon auf Symbolgröße zu verkleinern. Positionieren Sie das Programm-Icon an einer Stelle, an der es Sie bei Ihrer aktuellen Arbeit nicht stört.

So klein das Symbol auch ist: Sein Informationswert ist hoch. Als Icon-Unterschrift erscheint die aktuelle durchschnittliche Trefferquote als Prozentangabe. Mehr noch: Finden gerade Zugriffe auf durch SmartDrive unterstützte Laufwerke statt, wird die *aktuelle* Trefferquote in Rot dargestellt. Muß SmartDrive gerade nicht arbeiten, erscheint wieder die durchschnittliche Trefferquote in normaler Tastenfarbe (meistens Grau).

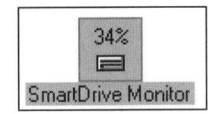

Das Programmsymbol zeigt die durchschnittliche Trefferquote

Ein verdammt smartes Icon

Wenn Sie Gefallen an den vielen Möglichkeiten des Hilfsprogramms *SmartMon* gefunden haben, dann plazieren Sie es doch am besten griffbereit in einer Programmgruppe des Programm-Managers!

Tip 577 *Machen Sie SmartMon jederzeit verfügbar: Richten Sie für das praktische Hilfsprogramm ein spezielles Programm-Icon ein!*

Ein idealer Ort für das Programmsymbol von SmartMon ist die Programmgruppe *Microsoft-Hilfsmittel*. Die Programmgruppe steht Ihnen automatisch zur Verfügung, wenn Sie mit MS-DOS ab der Version 6.0 arbeiten – MS-DOS installiert diese Programmgruppe automatisch. Natürlich können Sie das Programmsymbol für SmartMon auch in jeder beliebigen anderen Gruppe unterbringen.

Um das Icon in den Programm-Manager einzubinden, aktivieren Sie zuerst die gewünschte Programmgruppe. Danach wählen Sie den Befehl *Datei ▶ Neu*. Es erscheint eine Dialogbox: Aktivieren Sie die Option *Programm*. In einer weiteren Dialogbox geben Sie die Programm-

569

eigenschaften des neu einzurichtenden Programmsymbols an. Es ist völlig ausreichend, hier nur die Befehlszeile auszufüllen. Geben Sie folgendes ein:

`c:\dos\smartmon.exe`

Sollte Ihr DOS-Verzeichnis anders heißen oder befindet sich die Befehlsdatei in einem anderen Verzeichnis, aktualisieren Sie die Pfadangabe entsprechend. Wenn Sie die Dialogbox bestätigen, erscheint das Icon sofort einsatzbereit an der gewünschten Stelle.

Das Programmicon von SmartMon

SmartMon is watching you...

Wer die Möglichkeiten von SmartMon schätzen gelernt hat und immer darüber im Bilde sein will, wie SmartDrive arbeitet, der sollte SmartMon zu einer Dauereinrichtung machen.

Tip 578 Wollen Sie die Übersicht bewahren, kopieren Sie das SmartMon-Icon in die Programmgruppe Autostart!

Haben Sie das Programmsymbol von SmartMon in die Programmgruppe *Autostart* aufgenommen, wird das Überwachungsprogramm bei jedem Windows-Start automatisch gestartet. Damit SmartMon nicht ständig alle anderen Anwendungen überlagert, sollten Sie in der Dialogbox *Programmeigenschaften* die Option *Als Symbol* aktivieren.

Wenn Sie nun im Systemmenü von SmartMon ([Alt][ ]) auch noch die Option *Always on Top* auswählen, ist das Überwachungsprogramm für den ständigen Einsatz optimal konfiguriert.

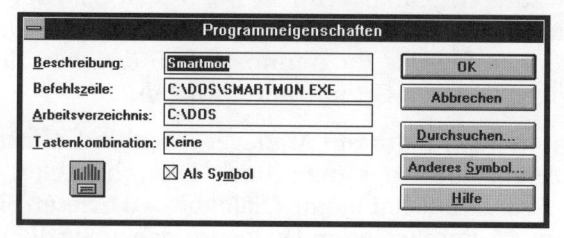

Lassen Sie SmartMon als Symbol starten

13 • Windows optimieren

Cache-Einstellungen mit SmartMon verändern

Der SmartDrive-Monitor leistet mehr, als der Name vielleicht vermuten läßt: Mit Hilfe von SmartMon kann man nicht nur Einblick in die aktuellen Cache-Einstellungen nehmen, sondern bei Bedarf auch die Parameter von SmartDrive verändern – und das denkbar komfortabel.

Tip 579: *Bestimmen Sie mit Hilfe des SmartDrive-Monitors, welche Art von Cache für die jeweiligen Laufwerke verwendet werden soll.*

Um zu bestimmen, wie SmartDrive arbeiten soll, wählen Sie zuerst aus der Liste *Drive Controls* das Laufwerk, für das Sie einen Cache einrichten möchten. Bestimmen Sie danach, welche Art von Cache es beim betreffenden Laufwerk sein soll: Wünschen Sie einen Cache für Schreib- und Lesezugriffe, wählen Sie die Option *Cache Read and Write*; wünschen Sie hingegen einen „normalen" Lese-Cache (meine persönliche Empfehlung), aktivieren Sie die Zeile *Cache Read Only*. Wenn Sie einen bestehenden Cache außer Kraft setzen möchten, also ein Laufwerk von SmartDrive *nicht* unterstützt werden soll, klicken Sie auf die Option *No cache*.

Hinweis: DoubleSpace-Laufwerke dürfen von SmartDrive nicht unterstützt werden, sondern nur die Host-Laufwerke sowie „normale", nicht-komprimierte Laufwerke, auch Diskettenlaufwerke, RAM-Disks und CD-ROM-Laufwerke.

Die Größe des Caches können Sie mit Hilfe von SmartMon nicht verändern. Durch Klicken auf die Befehlstaste *Options* haben Sie lediglich die Möglichkeit, ein paar SmartMon selbst betreffende Optionen zu bestimmen.

Hinweis: Die gewählten Einstellungen behalten ihre Gültigkeit über das Ende der Arbeit mit Windows hinaus. Sie gehen erst verloren, wenn Sie den Rechner ausschalten.

571

Bleibende Veränderungen am Cache

Wenn Sie mit Hilfe des SmartDrive-Monitors schon mal Veränderungen an den SmartDrive-Einstellungen vorgenommen haben, haben Sie sicherlich bemerkt, daß Ihr Rechner diese Einstellungen beim nächsten Start vergessen hat und wieder die Cache-Einstellungen verwendet, die in der Startdatei AUTOEXEC.BAT angegeben sind.

> **Tip 580**
> *Weisen Sie SmartMon an, Korrekturen an den Cache-Einstellungen der Systemdatei AUTOEXEC.BAT mitzuteilen!*

Nehmen Sie die notwendigen Veränderungen wie gewohnt vor. Damit die neuen Einstellungen von Dauer sind, ist eine besondere Option notwendig. Um diese Option zu aktivieren, klicken Sie auf die Befehlstaste *Options*. Eine Dialogbox erscheint. Aktivieren Sie hier die Option *Save Setting in DOS Batch File*. Standardmäßig ist damit die DOS-Startdatei AUTOEXEC.BAT gemeint. Sollen die Änderungen in einer anderen Batchdatei festgehalten werden, geben Sie den Dateiname der betreffenden Batchdatei in der Zeile *File Name* ein.

Wenn Sie die Dialogbox bestätigen, teilt SmartMon der Startdatei die veränderten Einstellungen von SmartDrive mit. Sie erreichen dadurch, daß die vorgenommenen Änderungen dauerhaft gespeichert werden.

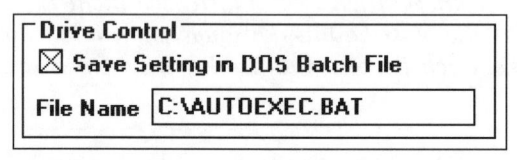

```
┌─ Drive Control ─────────────────────┐
│  ☒ Save Setting in DOS Batch File   │
│  File Name  C:\AUTOEXEC.BAT         │
└─────────────────────────────────────┘
```

So wird der Cache dauerhaft verändert

Doppelt gepuffert hält besser

Wer SmartDrive einsetzt und sich einmal die Statuskontrolle dieses willkommenen Helfers etwas genauer ansieht, der stößt unweigerlich auf die nur wenig aussagekräftig mit *Pufferung* überschriebene Spalte im Statusbericht. Was sich dahinter verbirgt, wollen einem nur die wenigstens Handbücher verraten: das sogenannte Double Buffering nämlich.

13 • Windows optimieren

Tip 581

Prüfen Sie, ob die im Rechner installierten Festplattenlaufwerke die sogenannte Doppelpufferung von SmartDrive benötigen.

Zuerst die gute Nachricht: Die meisten Festplatten-Controller benötigen die Doppelpufferung *nicht*, dazu gehören alle MFM-, RLL- und IDE-Controller (AT-Bus). Lediglich einige SCSI-Controller bereiten Probleme. Und denen kann man helfen, indem man die Doppelpufferungstechnik von SmartDrive verwendet. Auf Kosten der Performance, denn die Daten müssen – wie der Name „Doppelpufferung" vermuten läßt – zweimal verschoben werden. Ferner werden rund 2,5 KByte im konventionellen Speicher belegt. Wenn man die Doppelpufferung nicht benötigt ist das Speicher, den man nicht vergeuden muß, vor allem aber auch unnötig vertane Arbeitszeit.

Falls für ein Laufwerk Double Buffering benötigt wird, erkennt SmartDrive das und installiert von sich aus die folgende Anweisung in die Systemdatei CONFIG.SYS:

```
device=c:\dos\smartdrv.exe /double_buffer
```

Hinweis *Durch diese Befehlszeile wird lediglich die Doppelpufferung installiert und nicht das Cache-Programm SmartDrive selbst, dazu ist nach wie vor die entsprechende Anweisung in der Datei AUTOEXEC.BAT erforderlich. Sollten Sie keine Doppelpufferung benötigen, entfernen Sie die Befehlszeile.*

Wenn Sie die geänderte Datei speichern und den Rechner neu starten, wird ein anderes Verfahren für den Datentransport vom oder zum Arbeitsspeicher benutzt.

SmartDrive bei Doppelpufferung nicht hochladen

Wer SmartDrive mit Doppelpufferung benutzt, muß wegen des doppelten Datentransports gewisse Geschwindigkeitseinbußen in Kauf nehmen. Durch geschicktes Speichermanagement kann man den Performance-Verlust jedoch im erträglichen Rahmen halten.

Tip 582

Laden Sie den SMARTDRV-Befehl in der AUTOEXEC.BAT nicht in die hohen Speicherbereiche, wenn Sie die Doppelpufferung benutzen!

Während der Treiber für die Doppelpufferung in der Konfigurationsdatei CONFIG.SYS eingetragen werden muß, gehört der eigentliche SMARTDRV-Befehl nach wie vor in die Startdatei AUTOEXEC.BAT. Und dort kann man ja bekanntlich angeben, in welchem Speicherbereich das Cache-Programm geladen werden soll.

Grundsätzlich empfiehlt es sich, SMARTDRV durch den Befehl LOADHIGH den Weg in die oberen Speicherregionen zu weisen. Das entlastet den für DOS-Anwendungen so wichtigen konventionellen Arbeitsspeicher. Die entsprechende Anweisung in der Startdatei AUTOEXEC.BAT sieht zum Beispiel so aus:

```
lh c:\windows\smartdrv.exe
```

Anders sieht die Sache jedoch aus, wenn Sie mit Doppelpufferung arbeiten. Dann sollte sich SMARTDRV tunlichst von den oberen Speicherbereichen fernhalten. Der richtige Ort für das Cache-Programm ist in diesem Fall der Hauptspeicher. Wenn SMARTDRV sich nicht im hohen, sondern im konventionellen Speicher aufhält, ist das bei Doppelpufferung von Vorteil: Der recht zeitintensive Vorgang der Pufferung vom Hauptspeicher in den oberen Speicherbereich entfällt dabei nämlich.

Sie verhindern, daß SMARTDRV im hohen Speicherbereich geladen wird, indem Sie der Befehlszeile die Option /L (Low) hinzufügen.

```
c:\windows\smartdrv.exe /l
```

Um die Änderung vorzunehmen, laden Sie die Datei AUTOEXEC.BAT in einen Editor. Haben Sie die Korrektur vorgenommen, speichern Sie die veränderte Systemdatei. Die Korrekturen wirken erst nach einem Neustart des Rechners.

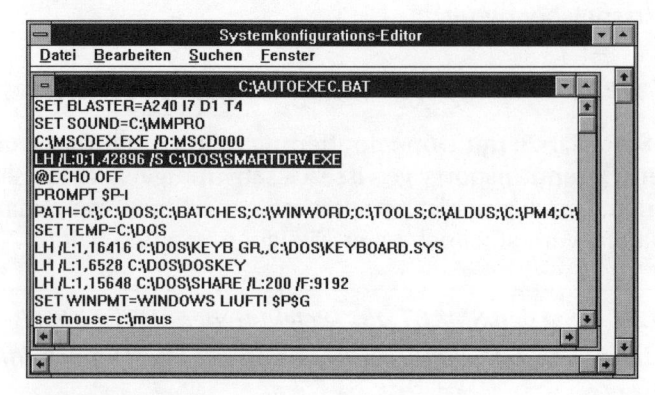

SmartDrive sollte nur dann hochgeladen werden, wenn keine Doppelpufferung verwendet wird

13 • Windows optimieren

Doppelt oder einfach?

Doppelpufferung hin – Doppelpufferung her: Woher wissen Sie, so fragen Sie sich vielleicht, ob der Festplatten-Controller in Ihrem Rechner nun Doppelpufferung benötigt oder nicht?

Tip 583 *Um festzustellen, ob SmartDrive auf Ihrem Rechner auf die Doppelpufferung angewiesen ist, rufen Sie auf der DOS-Ebene das Cache-Programm SmartDrive auf!*

Dazu müssen Sie Windows nicht einmal verlassen. Wenn Sie möchten, können Sie den Statusbericht von SmartDrive im DOS-Fenster ansehen. Geben Sie dazu hinter dem Systemprompt die folgende Anweisung ohne Parameter ein:

`smartdrv`

SmartDrive gibt nun eine kleine Tabelle aus, der Sie genau entnehmen können, welche Laufwerke derzeit von SmartDrive unterstützt werden und welche Cache-Funktionen bei jedem einzelnen Laufwerk aktiv sind. (*DoubleSpace*-Laufwerke erscheinen hier nicht.) Nur wenn in der Spalte *Pufferung* ein *Ja* erscheint, benötigen Sie für dieses Laufwerk höchst wahrscheinlich die Doppelpufferung-Technik.

Hier ist keine Doppelpufferung notwendig

575

Das „+" macht den Weg frei

Wenn Ihr Rechner mit einem SCSI-Controller ausgestattet ist und bereits die Doppelpufferung des Festplattenbeschleunigers SmartDrive Verwendung findet, kann es vereinzelt zu Schwierigkeiten kommen, wenn Windows im erweiterten Modus betrieben wird.

Tip 584 *Kommt es im erweiterten Betriebsmodus zu Schwierigkeiten, ergänzen Sie die SmartDrive-Option für die Doppelpufferung um ein Pluszeichen!*

Technisch rührt das Problem von einem Fehler im BIOS des Disk-Controllers her, der mit Multitasking-Umgebungen nichtzurecht kommt. Normalerweise korrigiert die Doppelpufferung das Problem automatisch. Durch Anfügen eines Pluszeichens am Ende der Option stellen Sie sicher, daß die Doppelpufferung erzwungen wird – das Fehlerverhalten kann dadurch auf jeden Fall unterbunden werden.

Um die Option */Double_Buffer* im Bedarfsfall um das Pluszeichen zu ergänzen, laden Sie die Systemdatei CONFIG.SYS in einen Editor. Korrigieren Sie die „normale" SmartDrive-Anweisung:

```
device=c:\windows\smartdrv.exe /double_buffer+
```

Speichern Sie danach die veränderte Systemdatei. Booten Sie nun Ihren Rechner neu, und starten Sie anschließend Windows. Auch im erweiterten Modus dürfte das Cache-Programm nun keine Probleme mehr bereiten.

SmartMon, bitte zum Diktat!

Wer nicht immer das Fenster oder das Symbol des SmartDrive Monitors vor Augen haben möchte, dem steht eine weitere Möglichkeit zur Verfügung, SmartDrive auf die Finger zu schauen.

Tip 585 *Wer´s genau wissen möchte, der kann SmartDrive-Monitor eine Protokolldatei anfertigen lassen!*

Starten Sie dazu SmartMon, und klicken Sie auf die Befehlsfläche *Optionen*. Die Dialogbox *SmartDrive Monitor Options* erscheint. Der Bereich *Log File* ist für das Anfertigen einer Protokolldatei zuständig.

13 • Windows optimieren

Geben Sie hier in der Zeile *File Name* den Namen ein, den die Protokolldatei erhalten soll. Geben Sie unbedingt den kompletten Pfadnamen an, da die Protokolldatei sonst in das aktuelle Standardverzeichnis geschrieben wird, was zu Verwirrungen führen kann.

Jetzt müssen Sie nur noch festlegen, wie lange SmartMon Protokoll führen soll. Geben Sie in der Zeile *Automatic Stop* an, wann die Protokollierung beendet sein soll. Hier können Sie Werte zwischen einer und 480 Minuten eingeben. Wenn Sie danach auf *OK* klicken, beginnt SmartMon mit der Protokollierung der Cache-Zugriffe.

> **Hinweis:** *Die Protokolldatei – sie trägt die Endung .LOG – können Sie später in einen beliebigen Editor laden und studieren.*

In der Logdatei wimmelt es allerdings nur so von Werten, die einem Laien Kopfzerbrechen bereiten: In der ersten Spalte werden die sogenannten Timer Ticks (Zeittakte) angegeben, die verstrichen sind, seitdem die aktuelle Windows-Sitzung begonnen hat. In der zweiten Spalte wird festgehalten, wie oft SmartDrive mittlerweile auf den Cache-Speicher zugreifen konnte. Und in der dritten Spalte wird schließlich die Anzahl der Treffer angegeben.

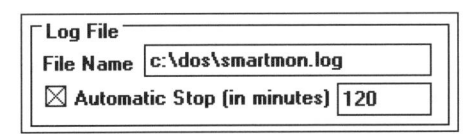

```
┌ Log File ──────────────────────────────┐
│ File Name  c:\dos\smartmon.log         │
│ ☒ Automatic Stop (in minutes)  120     │
└────────────────────────────────────────┘
```

SmartMon fertigt eine Protokolldatei an

```
═══════════ Editor - SMARTMON.LOG ═══════════
 Datei  Bearbeiten   Suchen    Hilfe
      ticks,      total,      hits

    2316406,       1669,       687
    2318219,       1736,       744
    2318384,       1737,       745

    2455202,       1866,       840
    2460365,       1993,       905
    2460585,       1994,       905
    2464429,       1995,       906
    2469647,       2039,       917
    2469922,       2040,       917
    2471350,       2064,       925
    2471625,       2065,       925
    2474810,       2112,       939
    2474865,       2113,       939
```

Die Protokolldatei im Editor

577

SMARTDRV nur von der DOS-Ebene starten

Wer SMARTDRV mit Hilfe der Funktion *Datei Ausführen* im Programm-Manager startet, dem steht möglicherweise Ärger bevor: Wenn Sie Pech haben, läßt sich Windows danach nicht mehr ordnungsgemäß beenden!

Tip 586 *Starten Sie SMARTDRV nie von Windows aus, sondern immer nur von der DOS-Ebene.*

In den meisten Fällen ist der erste Aufruf (die Installation) des Cache-Programms in der Systemdatei AUTOEXEC.BAT verankert, so daß SmartDrive automatisch bei jedem Rechnerstart geladen wird. Sollte das nicht der Fall sein, besteht natürlich die Möglichkeit, den Festplatten-Cache jederzeit manuell einzurichten.

Falls Sie sich zu dem Zeitpunkt, zu dem Sie sich zur Installation von SmartDrive entschlossen haben, in Windows befinden, verlassen Sie die grafische Benutzeroberfläche am besten, bevor Sie SMARTDRV laden. SMARTDRV bemerkt nicht in allen Situationen, wenn es von einer Oberfläche geladen wird, um sich darauf einzustellen.

Zwar läßt sich SMARTDRV grundsätzlich auch vom Programm-Manager aus laden, doch kann dieser Vorgang die weitere Arbeitsweise der Windows-Oberfläche beeinträchtigen.

13 • Windows optimieren

Hardware

Mehr RAM

Eine der Schiebschen Faustregeln in der Computerei lautet: Arbeitsspeicher kann man nie genug haben. Viele Rechner sind heute bereits mit 4 MByte und mehr ausgerüstet. Keine Frage, damit kann man Windows durchaus bequem bedienen. Trotzdem wird Sie sicherlich recht häufig die Eieruhr langweilen – bitte warten, der Rechner arbeitet noch... –, und das sicher öfter, als Ihnen lieb ist. Windows ist, besonders was den Arbeitsspeicher angeht, ziemlich anspruchsvoll: Erst ab 8 MByte Arbeitsspeicher ist das Arbeiten mit Windows so richtig angenehm (das trifft ganz besonders auf Windows für Workgroups zu).

Tip 587 *Wenn Sie es sich leisten können: Rüsten Sie den Arbeitsspeicher auf! Gönnen Sie sich ein paar zusätzliche MBytes!*

Wenn Ihnen Ihr System trotz Einsatz von virtuellem Speicher wie eine lahme Ente vorkommt, hilft nur eines: Echter Speicher muß her! Und zwar in Form von SIM-Modulen (Single Inline Memory, SIMM). Ein 1MByte-SIMM kostet zur Zeit rund 70 Mark. Für weniger als 300 Mark können Sie Ihren Rechner also von 4 auf 8 MByte RAM aufrüsten.

In den meisten Fällen ist das Einbauen der SIM-Module kein Problem: Sie werden einfach in die entsprechenden Steckplätze der Hauptplatine eingesteckt. Voraussetzung dafür ist allerdings eine geeignete Platine. Sind die Steckplätze mit 256-KByte-SIMMs belegt, können Sie den bisherigen Arbeitsspeicher nicht weiter benutzen, sondern müssen ihn komplett austauschen. Sind Sie unsicher, über welche Platine Ihr Rechner verfügt, sehen Sie im Hardware-Handbuch nach.

Hinweis: Den Ausbau des Arbeitsspeichers erkennt der Rechner in aller Regel selbst. Starten Sie das System nach der Aufrüstung, erscheint die Fehlermeldung „Memory Size Mismatch". Wählen Sie in diesem Fall den Befehl Write to CMOS, *oder starten Sie das Setup des Rechners, um die Informationen über den Arbeitsspeicher auf den neuesten Stand zu bringen.*

666 ganz legale   Windows-Tricks

Schneller Bildschirmaufbau

Eine von Windows Stärken ist gleichzeitig auch eine seiner Schwächen: Menüs, Fenster, Icons und all die anderen nett anzuschauenden Elemente der grafischen Benutzeroberfläche machen zwar ohne Frage den „Charme" des Betriebssystemaufsatzes aus, kosten allerdings auch viel Rechenzeit. Bis ein Bildschirm mit 'zig Menüs und Fenstern aufgebaut ist, das dauert halt ein Weilchen.

Tip 588: *Geben Sie dem Bildschirmaufbau die Sporen! Investieren Sie in eine Beschleunigerkarte!*

400 bis 600 Mark müssen Sie schon auf den Tisch blättern, um Ihre VGA-Karte durch eine flottere Accelerator-Karte auszutauschen. Doch der Aufwand lohnt: So können Sie zum Beispiel mit einem – je nach Karten-Modell – rund dreimal schnelleren Bildschirmaufbau rechnen.

Das heißt im Klartext: Sie können sich beispielsweise dreimal so schnell mit dem Cursor durch ein umfangreiches Textdokument bewegen. Oder der Aufbau eines sich verändernden Datei-Manager-Fensters (z.B. beim Kopieren oder Verschieben von Dateien) geht um ein vielfaches flotter.

Wie positiv genau sich eine Beschleunigerkarte auswirkt, ist von Anwendung zu Anwendung unterschiedlich und auch von den Stärken und Schwächen der jeweiligen Grafikkarte abhängig.

Hinweis: *Arbeiten Sie schwerpunktmäßig mit DOS-Anwendungen, bringt eine Beschleunigerkarte für Sie keinen echten Vorteil. Beschleunigerkarten sind auf die speziellen Bedürfnisse von Windows abgestimmt.*

Besonders schnell mit Local Bus

Sind Sie schon in das Multimedia-Zeitalter eingestiegen? Zum Beispiel mit *Video für Windows*? Dann gehört das Bearbeiten größerer Datenmengen für Sie zum PC-Alltag. Doch nun mal ehrlich: Sind Sie mit der Ausführungsgeschwindigkeit am Bildschirm zufrieden? Wohl kaum. Denn der ISA-Bus (Industry Standad Association) heutiger PCs ist mit dem Datentransport stark überfordert.

13 • Windows optimieren

Tip 589

Wenn Sie's schnell mögen, dann schaffen Sie sich einen VESA-Local-Bus an!

Das Besondere an der Local-Bus-Technik: Die Daten werden in der Taktfrequenz des Prozessors übertragen. Ist Ihr Rechner bespielsweise mit 40 MHz getaktet, schießen die Daten auch ebenso flott durch die Leitungen. Bei herkömmlichen ISA-Bussen beträgt die Übertragungsrate nur schlappe 8 MByte, egal, wie schnell der Rechner getaktet wird.

Sollten Sie die Anschaffung eines Local-Busses ernsthaft erwägen, dann empfehle ich Ihnen, sich für einen VESA-Local-Bus (kurz: VL) zu entscheiden. Der VESA-Standard (Video Electronic Standard Association) garantiert durch entsprechende Treiber, daß der erfolgreichen Zusammenarbeit mit Ihren Anwendungen nichts im Wege steht.

Alle Geschwindigkeitsrekorde brechen

Wollen Sie unter Windows alle Geschwindigkeitsrekorde brechen und sind auch dazu bereit, die eine oder andere Mark dafür zu investieren? Dann entscheiden Sie sich für eine zum Verbrennen heiße Kombination.

Tip 590

Größtmögliche Geschwindigkeitsgewinne erreichen Sie, wenn Sie einen VL-Bus und eine Beschleunigerkarte einbauen.

Die Kombination VL-Bus plus Beschleunigerkarte bringt im Vergleich zu einem ISA-Bus mit Super-VGA-Karte eine Beschleunigung um das Sechsfache (und mehr); im Vergleich zu einem VL-Bus mit Super-VGA-Karte einen Geschwindigkeitsgewinn um das Dreifache.

Kapitel 14
Ratschläge

Das Hilfeteam   584

Fehlermeldungen   594

Wenn Windows nicht so will   601

Abgestürzt?   623

Vorsorgen mit MS-AntiVirus   633

Vorsorgen mit MS-Backup   639

Das Hilfeteam

Hilfe auf Tastendruck

Wenn Sie mal mitten in einem Menü oder in einer Dialogbox stecken, egal ob in Windows selbst oder in einer Windows-Anwendung, und einfach nicht mehr weiter wissen, dann müssen Sie nicht verzweifeln. Viele Fragen beantwortet nämlich das Windows-eigene Hilfesystem.

Tip 591

Brauchen Sie Rat, scheuen Sie sich nicht, jederzeit die Taste F1 zu drücken!

Nachdem Sie F1 betätigt haben, erscheint eine sogenannte *kontextsensitive Hilfe am Bildschirm*. Das bedeutet: Windows erkennt von sich aus, wo Sie sich gerade befinden und bietet Ihnen dazu entsprechende Informationen an.

Haben Sie beispielsweise den Befehl *Datei ▶ Neu* gewählt und wissen mit der daraufhin erscheinenden Dialogbox nichts anzufangen, setzen Sie das Hilfesystem in Gang. Der Text, der danach erscheint, bezieht sich auf Ihre aktuelle Situation. Der Text enthält Erläuterungen zum Erstellen neuer Programmgruppen sowie Verweise auf weitere Themen, die im Zusammenhang zum derzeitigen Problem stehen.

Die Verweise erscheinen in der Regel in grüner Schrift und sind einfach unterstrichen. Ein Klick auf eine solche Zeile reicht aus, um an weitere Informationen zu gelangen.

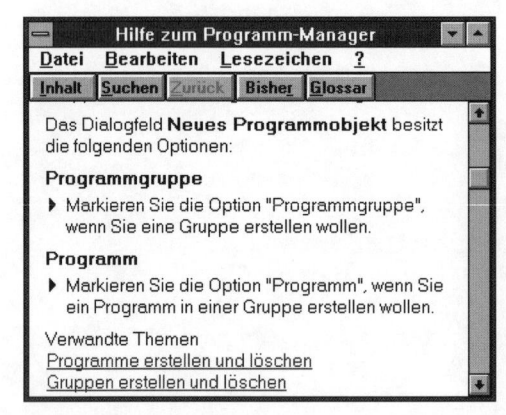

Der Hilfetext bezieht sich auf das aktuelle Problem

14 • Ratschläge

Ein Icon fürs Hilfsprogramm

Das Gute am Windows-Hilfesystem ist der kurze Weg dorthin: Ein Tipp auf die Taste [F1] oder die Anwahl eines Menüpunktes im Menü *Hilfe* reichen aus, um die On-Line-Hilfe in Gang zu setzen. Doch es führen nicht nur viele Wege nach Rom, sondern auch ins Windows-Hilfesystem.

Tip 592 — *Richten Sie sich für das Hilfesystem ein Programm-Icon ein.*

Gehen Sie dazu zuerst in die Programmgruppe, in der Sie das Icon für das Hilfesystem eintragen möchten. Wählen Sie dann den Befehl *Datei ▶ Neu*. Es erscheint eine Dialogbox, in der Sie die Option *Programm* aktivieren. Eine weitere Box erscheint: Hier müssen Sie nur die *Befehlszeile* ausfüllen. Geben Sie ein:

`winhelp.exe`

Sobald Sie die Dialogbox bestätigen, erscheint das neue Icon, ein knallgelbes Fragezeichen, an der gewünschten Stelle im Programm-Manager. In Zukunft reicht ein Doppelklick auf dieses Symbol, um das Hilfesystem zu starten.

Ein Klick aufs Fragezeichen startet das Windows-Hilfesystem

Das elektronische Eselsohr

Das Hilfesystem bietet Ihnen verschiedene Möglichkeiten, an einen Ratschlag zu kommen: Über Inhaltsverzeichnis oder Glossar kann man bequem ein bestimmtes Thema auswählen. Darüber hinaus haben die Windows-Programmierer überzeugende Menschenkenntnis bewiesen, als sie das *Lesezeichen* erfunden haben. Genauso, wie man immer wieder eine wichtige Telefonnummer, die neue fünfstellige Postleitzahl von Hintertupfingen oder die Formel für Natriumhydrogencarbonat vergißt, kratzt man sich möglicherweise auch beim Versuch, sich an ein bestimmtes Tastenkürzel zu erinnern, nur nachdenklich am Hinterkopf. Schon wieder vergessen, mit welcher Tastenkombination Sie Daten in die Zwischenablage kopieren? Macht nichts! Zum Glück gibt's ja das Lesezeichen!

666 ganz legale Windows-Tricks

Tip 593

Definieren Sie für alle Textstellen, die Sie besonders häufig im Hilfesystem aufsuchen, ein Lesezeichen.

Das Lesezeichen ist durchaus mit seinem realen Verwandten, dem professionellen aus Papier oder Stoff oder dem Eselsohr an der wichtigen Textstelle im Buch, vergleichbar: Auf Anhieb hat man, ohne viel Sucherei, das Wichtigste im Griff.

Um ein Lesezeichen im Hilfesystem zu definieren, suchen Sie zuerst die Textseite, an der Sie ein „Eselsohr" einknicken möchten. Wählen Sie dann im Menü *Hilfe* den Befehl *Inhalt*. In der *Hilfe*-Box wählen Sie nun den Befehl *Lesezeichen definieren*. Es erscheint eine weitere Box, in der als Name des Lesezeichens das Thema der aktuellen Stelle angegeben ist. Möchten Sie die Beschreibung des Lesezeichens verändern, geben Sie in der Zeile *Lesezeichenname* die gewünschte Bezeichnung ein. Ein Klick auf *OK* reicht, um das Lesezeichen festzuhalten. Gehen Sie so mit jedem Lesezeichen vor, das Sie definieren möchten.

Um das Lesezeichen später auszuwählen, müssen Sie nur das gleichnamige Menü in der *Hilfe*-Dialogbox öffnen: Hier sind alle bereits definierten Lesezeichen aufgelistet. Probieren Sie es doch einmal aus: Mit einem Klick auf den Lesezeichennamen gelangen Sie nun schnurstracks zum gesuchten Hilfetext.

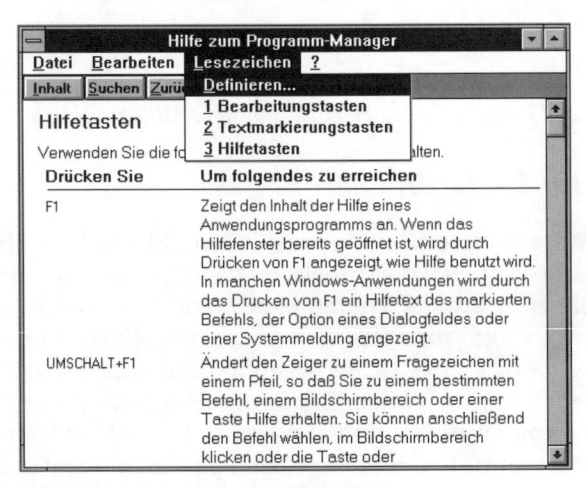

Drei Lesezeichen wurden definiert

14 • Ratschläge

Für ganz Vergeßliche: Eselsohren en masse

Sie müssen sich ganz gewiß nicht schämen: Wenn es, sagen wir, rund ein Dutzend Themen gibt, zu denen Sie vorsorglich Lesezeichen definieren möchten, ermöglicht Windows Ihnen das selbstverständlich auch. Allerdings wird das Aufsuchen der Textstellen dann eine Idee umständlicher.

Tip 594

Definieren Sie so viele Lesezeichen, wie Sie möchten. Die wichtigsten Textstellen sollten Sie allerdings zuerst definieren, denn die erscheinen auch im Pull-Down-Menü.

Um mehr als neun Lesezeichen zu verwalten, müssen Sie einen klitzekleinen Umweg in Kauf nehmen. Der Grund dafür: Im Menü *Lesezeichen* ist nur Platz für neun Lesezeichennamen. Möchten Sie an Ihr zehntes, elftes, zwölftes... Lesezeichen gelangen, benutzen Sie die Funktion *Weiter*, die automatisch am Ende des Menüs erscheint. Wenn Sie diesen Menüpunkt auswählen, gelangen Sie in eine weitere Dialogbox, in der die übrigen Lesezeichennamen aufgeführt sind. Die ersten *neun* Lesezeichen erreichen Sie aber besonders schnell, weshalb Sie die wichtigsten zuerst definieren sollten.

Lesezeichen in allen Anwendungen

Lesezeichen kann man nicht nur für den Programm-Manager und den Datei-Manager definieren, den gleichen Service bieten auch einige Windows-Anwendungen, zumindest jene, die über ein ausführliches Hilfesystem verfügen. In diesen Anwendungen sind die „digitalen Eselsohren" oft besonders wichtig.

Tip 595

Richten Sie sich für wichtige Textstellen Lesezeichen im Hilfesystem der Anwendungen an, die Sie tagtäglich benutzen!

Gehen Sie dazu in die Anwendung, in der Sie ein Lesezeichen definieren möchten. Öffnen Sie das Menü *Hilfe* - es ist manchmal durch ein Fragezeichen in der Menüleiste vertreten -, und wählen Sie den Befehl *Index* oder *Inhalt*. Von hier gelangen Sie dann in das Menü *Lesezeichen*. Alles weitere geschieht genauso, wie weiter oben bereits beschrieben.

666 ganz legale Windows-Tricks

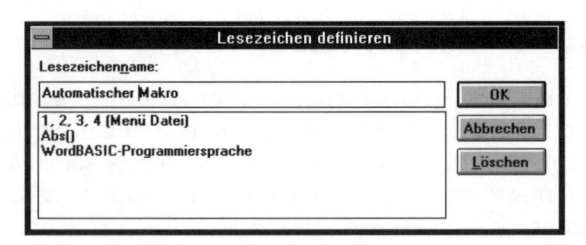

Auch in Windows-Anwendungen - hier WinWord *- können Sie Ihre individuellen Lesezeichen definieren*

Weg mit dem Lesezeichen!

Das ist das typische Schicksal eines jeden Lesezeichens: Hat es erst einmal seinen Dienst erfüllt, wird es irgendwann überflüssig. Das reale Lesezeichen wird dann an eine andere Stelle ins Buch gelegt oder – soweit es sich um eine alte Kinokarte handelt – landet im Papierkorb. Genau dort landet das elektronische Eselsohr auch: Wenn es irgendwann mal überflüssig sein sollte, kann es einfach gelöscht werden.

Tip 596

Sind Sie sicher, daß Sie ein Lesezeichen nicht mehr benötigen, dann löschen Sie es!

Wählen Sie dazu den Befehl *Hilfe▶Inhalt*. Wenn Sie nun den Befehl *Lesezeichen▶Lesezeichen definieren* aktivieren, erscheint eine Liste aller bereits existierenden Lesezeichen. Wählen Sie dasjenige aus, das Sie löschen möchten, und klicken Sie auf die Befehlsfläche *Löschen*. Das Lesezeichen wird unverzüglich aus der Liste entfernt.

Achtung *Vor dem Löschen des Lesezeichens erfolgt keine vorherige Sicherheitsabfrage. Klicken Sie auf* Löschen, *ist die Markierung im Hilfesystem endgültig verschwunden. Die einzige Möglichkeit, ein versehentliches Löschen rückgängig zu machen, besteht darin, das Lesezeichen erneut zu definieren.*

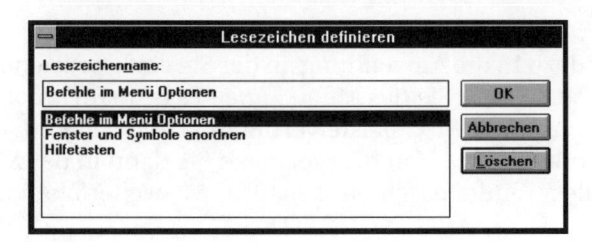

Brauchen Sie wirklich all diese Lesezeichen?

588

14 • Ratschläge

Im Hilfesystem blättern

Eine Form des Durchblätterns der zahlreichen Informationen im Hilfesystem ist das „Popup": Man klickt auf ein (unterstrichenes) Stichwort, und schon erscheinen Informationen zum Thema. Das Herumblättern in einer Datei, so wie man es von den Textverarbeitungssystemen her kennt, ist bei Hilfetexten nicht vorgesehen. Eine undokumentierte Funktion macht jedoch das Unmögliche möglich.

Tip 597 *Eine Änderung in der Windows-Systemdatei WIN.INI ermöglicht lineares Herumblättern in der On-Line-Hilfe!*

Glauben Sie nicht? Machen Sie die Nagelprobe. Um in den Genuß des zusätzlichen Services zu kommen, müssen Sie eine Korrektur in der Systemdatei WIN.INI vornehmen. Laden Sie die Systemdatei in einen geeigneten Editor, und suchen Sie nach dem Abschnitt:

`[Windows Help]`

Fügen Sie in dieser Sektion nun die folgende Anweisung ein:

`SeqTopicKeys=1`

Diese kryptische Anweisung ist der Schlüssel zum ungehemmten Blättern. Speichern Sie die Systemdatei erst einmal. Damit die Änderungen wirksam werden, müssen Sie Windows nun beenden und neu starten.

Wenn Sie jetzt über die Taste [F1] das Hilfesystem aufrufen, können Sie die Wirkung der neuen Funktion sofort ausprobieren: Mit der Tastenkombination [Strg][⇧][→] läßt sich die Hilfedatei nun von vorne nach hinten (leider nicht rückwärts) auch ohne „Popup" durchblättern. Sie blättern sequentiell durch den Hilfetext.

Kommentierte Hilfe

Die Hilfesysteme von Windows und den meisten kommerziellen Windows-Anwendungen ist fraglos eine feine Sache. Was nicht heißt, daß man die ausführlichen Hilfetexte nicht noch verbessern könnte, etwa durch eigene Notizen oder Randbemerkungen.

Tip 598 *Verfeinern Sie die Hilfetexte durch eigene Anmerkungen.*

Starten Sie dazu das Hilfesystem der Anwendung, zu der Sie eine Anmerkung machen möchten, indem Sie aus dem Menü *Hilfe* den Befehl *Hilfe* oder *Index* wählen. Ein Hilfefenster erscheint. Wählen Sie in diesem Fenster den Befehl *Anmerken* aus dem Menü *Bearbeiten*. Es erscheint ein weiteres Fenster. Hier können Sie den gewünschten Text – zum Beispiel Ihren ganz persönlichen heißen Tip zum ausgewählten Thema – eingeben. Klicken Sie danach auf *Speichern,* um die Anmerkung dauerhaft festzuhalten.

Eine Büroklammer vor der Überschrift zum entsprechenden Thema signalisiert Ihnen nun, daß hier eine Anmerkung vorliegt. Ein einziger Klick auf das Klammersymbol reicht aus, um den Anmerkungstext hervorzuzaubern.

Mit eigenen Anmerkungen können Sie die Standard-Hilfetexte optimieren

Anmerkungen aus der Zwischenablage

Wenn Sie Gefallen an den persönlichen Anmerkungen gefunden haben, die ich Ihnen im vorangehenden Trick gezeigt habe, dann sollten Sie unbedingt eine Spezialvariante dieser Technik kennenlernen!

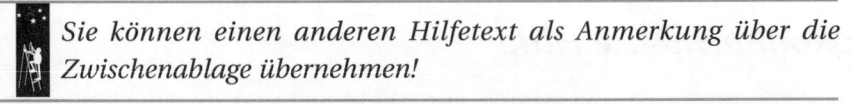

Tip 599

Sie können einen anderen Hilfetext als Anmerkung über die Zwischenablage übernehmen!

Manchmal kann es nützlich sein, an einer Stelle im Hilfesystem nicht nur einen Verweis auf eine andere Hilfestelle zu finden, sondern gleich den entsprechenden Absatz parat zu haben. Mit Hilfe der Zwischenablage ist das kein Problem. Die Befehle *Kopieren und Einfügen* im Fenster *Anmerken* bieten Ihnen die Möglichkeit zum Datenaustausch innerhalb des Hilfesystems.

590

14 • Ratschläge

Um einen Hilfetext in einen anderen einzufügen, markieren Sie die gewünschte Passage. Wählen Sie dann *Bearbeiten* ▶ *Kopieren*. Wechseln Sie danach in das *Anmerken*-Fenster der anderen Hilfestelle, und wählen Sie dort die Befehlsfläche *Einfügen*. Das Büroklammer-Symbol im Hilfetext signalisiert ab sofort, daß hier ein Anmerkungstext vorhanden ist.

⌘ Inhaltsübersicht für den Datei-Manager

Hinter der Büroklammer verbirgt sich ein Anmerkungstext

Nützliche Tips in den Info-Dateien

Neben dem Hilfesystem, das auf F1-Druck herbeieilt, hält Windows für Sie eine Reihe von Dateien mit zusätzlichen Informationen bereit. Diese *Write*-Dateien, zu bearbeiten und auszudrucken mit Hilfe der gleichnamigen Textverarbeitung, stecken im Windows-Verzeichnis. Und da werden sie leider allzu oft nicht beachtet.

Tip 600
Wecken Sie die Info-Dateien aus ihrem Dornröschenschlaf! Holen Sie sie ins Rampenlicht, indem Sie sie als Icon in einem Info-Fenster zugänglich machen!

Im Grunde genommen sind die *Write*-Dateien praktische On-Line-Nachschlagewerke. Um regelmäßig mit ihnen arbeiten zu können, richten Sie im Programm-Manager eine neue Programmgruppe ein. Nennen Sie diese Programmgruppe zum Beispiel *Infos*. Starten Sie im Anschluß daran den Datei-Manager. Gehen Sie in das Windows-Verzeichnis, und wählen Sie den Befehl *Datei* ▶ *Suchen*. Geben Sie in der Dialogbox *Suchen* die folgende Dateiselektion ein:

```
*.wri
```

Bestätigen Sie die Suchanfrage. Markieren Sie danach alle Dateien des Suchergebnisses. Ordnen Sie die Fenster nun so an, daß sowohl der Datei-Manager als auch der Programm-Manager zugänglich sind. Klikken Sie die markierten Dateien an, und ziehen Sie die Dateigruppe bei gedrückter Maustaste in das neu eingerichtete Programmgruppenfenster.

Das Besondere an diesem Verfahren: Die Datei-Einträge werden automatisch in Icons umgewandelt. Für jedes Info-Dokument erscheint jeweils das Programm-Icon von *Write*, also der Anwendung, in der die Texte erstellt wurden, da *Write* automatisch zusammen mit dem Dokument geladen wird.

Ein Doppelklick auf das gewünschte Dokument-Icon reicht aus, um in einem Schritt *Write* zu starten und das ausgewählte Dokument zu laden.

> *Möchten Sie das Icon oder die Icon-Unterschrift ändern, markieren Sie das betreffende Symbol und betätigen die Tastenkombination* Alt ⏎ .

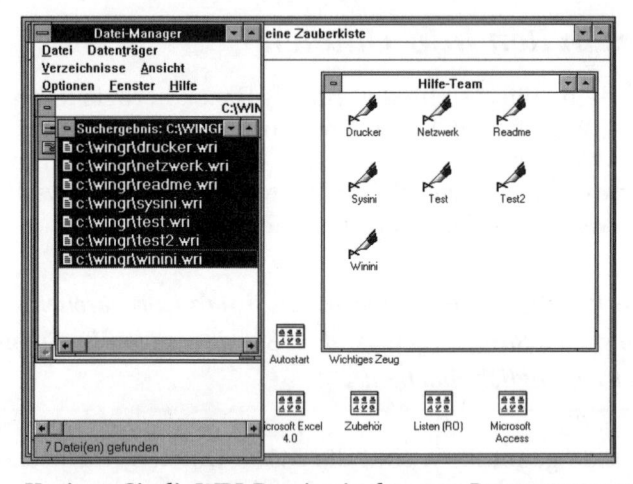

Kopieren Sie die WRI-Dateien in das neue Programmgruppenfenster

Verstärkung für das Hilfe-Team

Nicht nur in WRI-Dateien sind einige interessante Informationen gespeichert, auch einige TXT-Dateien halten wertvolle Zusatz-Infos bereit. Dazu zählt auch ein möglicherweise vorhandenes Startprotokoll namens BOOTLOG.TXT.

Tip 601
Richten Sie für besonders wichtige TXT-Info-Dateien entsprechende Dokument-Icons ein.

Markieren Sie dazu (im Datei-Manager) im Windows-Verzeichnis alle TXT-Dateien, die Sie regelmäßig einsehen wollen. Das können Sie am bequemsten mit Hilfe der *Suchen*-Funktion erledigen.

14 • Ratschläge

Klicken Sie danach im Ergebnisfenster die markierten Dateien an, und ziehen Sie sie bei gedrückter Maustaste in das *Info*-Fenster im Programm-Manager. Wenn Sie dort die Maustaste loslassen, erscheint augenblicklich das gewünschte Dokument-Icon.

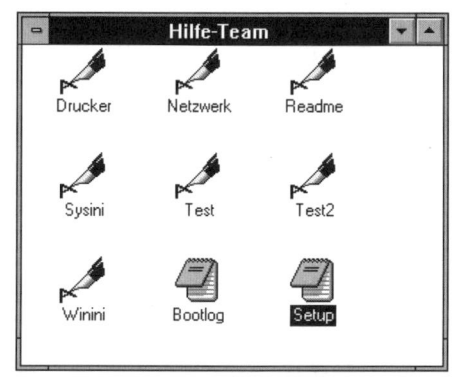

WRI- und TXT-Dateien im Info-Fenster

Fehlermeldungen

Zu wenig Umgebungsspeicher für DOS-Anwendungen?

Eine nicht seltene Fehlermeldung: Da arbeitet man scheinbar friedlich mit seiner DOS-Anwendung unter Windows vor sich hin, und plötzlich erscheint eine Dialogbox mit der unheilvollen Mitteilung „Kein Platz mehr im Umgebungsspeicher". Keine Angst: Damit ist nicht gemeint, daß in Ihrem Rechner zu wenig Arbeitsspeicher eingebaut ist. Vielmehr beklagt Windows sich, daß für die DOS-Anwendung zuwenig Speicher für Umgebungsvariablen reserviert wurde.

Tip 602
Ändern Sie die für den Kommandoprozessor zuständige PIF-Datei so ab, daß mehr Umgebungsspeicher bereitgestellt wird! Oder bedienen Sie sich eines Tricks, falls die Fehlermeldung in einer DOS-Anwendung erscheint.

Wenn Sie mit dem PIF-Editor die zur problembehafteten DOS-Anwendung gehörende PIF-Datei öffnen, fällt vor allem eines auf: Eine Zeile *Umgebungsspeicher* gibt es nicht. Also muß man einen Umweg in Kauf nehmen. Und dieser Umweg lautet COMMAND.COM.

Tragen Sie in der Zeile *Programmdateiname* ausnahmsweise nicht den Namen der zuständigen Programmdatei, sondern den des Kommandoprozessors, eben COMMAND.COM, ein. Mit ihm sind Sie nämlich in der Lage, die Größe des Umgebungsspeichers zu beeinflussen. Den eigentlichen Programmdateinamen tragen Sie dann in der Zeile *Programmparameter* ein.

Zunächst geben Sie in dieser Zeile jedoch noch zwei „echte" Parameter des Kommandoprozessors ein: Nämlich die Größe des Umgebungsspeichers sowie die Option /C, die veranlaßt, daß eine Kopie des Kommandoprozessors installiert wird. Der eigentliche Kommandoprozessor ist nämlich schon seit dem Einschalten Ihres Rechners aktiv, die Größe *seines* Umgebungsspeichers können Sie nur in der Datei CONFIG.SYS ändern, Sie müßten zu allem Überfluß auch noch den Rechner neu starten.

Standardmäßig wird jeder DOS-Anwendung ein Umgebungsspeicher von 256 Byte zugeteilt. Soll dieser vergrößert werden, regeln Sie das über die Option /E. Sollen beispielsweise für das DOS-Programm *Word*

14 • Ratschläge

512 Byte Umgebungsspeicher reserviert werden, sieht der Eintrag in der Zeile *Programmparameter* wie folgt aus:

```
/e:512 /c c:\word\word.exe
```

Haben Sie die Änderungen vorgenommen, speichern Sie die PIF-Datei. Probieren Sie die neuen Einstellungen nun aus, indem Sie die Anwendung erneut starten.

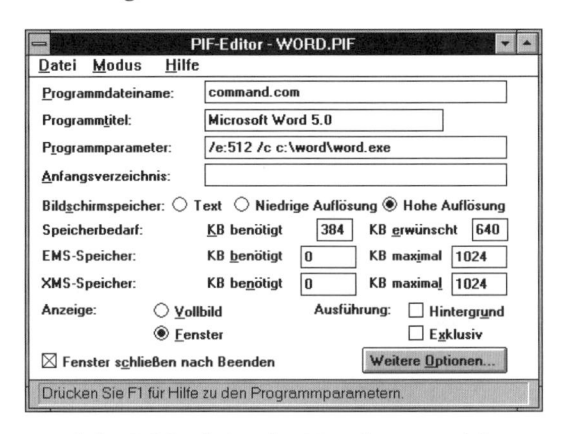

Word für DOS wird mehr Umgebungsspeicher zugeteilt

Wenn's im Speicher zu eng wird

Manchmal wird man schon bei Programmstart mit der wenig erfreulichen Meldung konfrontiert, in anderen Fällen erscheint die unerfreuliche Warnung während der Arbeit: „Nicht genügend Arbeitsspeicher..."

Tip 603

Wenn Sie mit speicherhungrigen Anwendungen arbeiten, entlasten Sie den Arbeitsspeicher, indem Sie alle nicht-aktiven Fenster schließen.

Vor allem wenn Sie DOS-Anwendungen unter Windows ablaufen lassen, kann es im Speicher schon mal etwas eng werden. Schließlich benötigt Windows jede Menge Arbeitsspeicher, um die Nicht-Windows-Anwendungen artgerecht zu verwalten. Doch auch bei waschechten Windows-Anwendungen kommt es manchmal zu Engpässen im Arbeitsspeicher. Oft kann man eine derartige Speicherkrise mit ein paar Klicks auf diverse Systemmenüfelder wirkungsvoll bekämpfen.

Wenn es denn zu eng geworden ist, schließen Sie zuerst alle Anwendungen, die zur Zeit im Hintergrund arbeiten. Noch mehr Arbeitsspeicher gewinnen Sie, wenn Sie innerhalb der aktiven Anwendung all jene Dokumentenfenster schließen, die Sie momentan nicht benötigen. Manchmal ist es angenehmer, auf den Luxus vieler gleichzeitig geöffneter Dateien zu verzichten, als sich ständig mit drohender Speicherknappheit herumplagen zu müssen.

Falsche DOS-Version?

Wenn Sie Windows im erweiterten Modus laufen lassen oder mit Hilfe der SETUP-Option /N installiert haben, kann es passieren, daß die Benutzeroberfläche per Dialogbox über eine „Falsche DOS-Version" klagt – und das selbst dann, wenn die DOS-Version alles andere als „falsch" ist.

Tip 604 *Überprüfen Sie, ob Sie den Speicher-Manager UMBFILES.COM geladen haben!*

Dieses Hilfsprogramm – es lag der Ausgabe 11/91 des amerikanischen *PC-Magazine* bei und zirkuliert in Mailboxen – lädt DOS-Dateien in den oberen Speicherbereich. Verwenden Sie es auf keinen Fall, wenn Sie unter Windows arbeiten: UMBFILES.COM ist nicht kompatibel zum erweiterten Windows-Modus.

Den Datenaustausch auf Trab bringen

Windows-Anwendungen sind untereinander recht mitteilsam. Das liegt vor allem an den Möglichkeiten des Multitaskings: Sind mehrere Anwendungen gleichzeitig aktiv, „plaudern" diese Anwendungen heftig miteinander, zumindest sofern Beziehungen zwischen ihnen bestehen. Der ständige Informationsaustausch ist besonders wichtig für den dynamischen Datenaustausch. Wenn's hier mal hapern sollte, stimmt wahrscheinlich etwas mit der Kommunikation nicht.

Tip 605 *Ist der „heiße Draht" zwischen den Anwendungen unterbrochen, aktualisieren Sie die Datei REG.DAT.*

Die Datei enthält im Grunde alle Informationen, die für die Kommunikation zwischen Windows-Anwendungen wichtig sind. Sie wird auf

14 • Ratschläge

dem laufenden gehalten von den REG-Dateien der einzelnen Anwendungen. Jede OLE-fähige Windows-Anwendung verfügt über eine solche REG-Datei.

Sollte der Datenaustausch also mal nicht klappen, hilft es in den meisten Fällen, die betreffende REG-Datei im Datei-Manager doppelt anzuklicken. Die benötigten Informationen werden dann neu eingelesen.

> *Hinweis*
>
> *Sind Sie unsicher, wie der Name der entsprechenden REG-Datei lautet, gehen Sie in das betreffende Programmverzeichnis und lassen sich über den Befehl* Datei ▶ Suchen *die gesuchte Datei (*.REG) anzeigen.*

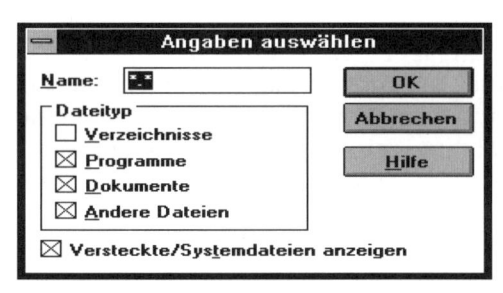

Ein Klick auf WW20.REG reicht, um die „Leitung" von Word für Windows wiederherzustellen

Und die Festplatte funktioniert doch...

Sie sind sich ganz sicher, daß Sie es besser wissen? Auch wenn Windows immer wieder von Ihrer Festplatte behauptet „Systemfehler – von Laufwerk C: kann nicht gelesen werden", wissen Sie ganz genau, daß Ihre Platte topfit ist? Nun ja, jeder kann sich irren – warum sollte Windows davon verschont bleiben. Der Grund für eine solche unberechtigte Systemfehlermeldung liegt meistens an einem Streit zwischen dem virtuellen Festplattentreiber von Windows und der Festplatte.

Tip 606

Versuchen Sie, die unberechtigte Fehlermeldung zu unterdrücken, indem Sie Windows mit der Option /D:V starten!

Geben Sie also zum Start von Windows den folgenden Befehl ein:

```
win /d:v
```

Bleibt die Fehlermeldung nun aus, können Sie den Konflikt dauerhaft durch eine Änderung in der Windows-Systemdatei SYSTEM.INI beheben. Laden Sie die Datei dazu in einen Editor, und gehen Sie in den Abschnitt:

```
[386Enh]
```

Tragen Sie hier die folgende Anweisung ein:

```
VirtualHDirq=off
```

Beim nächsten Start von Windows können Sie dann wieder wie gewohnt den normalen Startbefehl *win* eingeben.

1 : 0 = ERROR!

Durch Null darf man nicht teilen – das lernt man schon in der Schule. Auch Windows weiß das und hält sich strikt an diese Regel (na ja, um ehrlich zu sein ist es der Prozessor). Wenn einmal eine Fehlermeldung mit dieser Mathe-Weisheit erscheinen sollte, heißt das keinesfalls, daß Sie gerade den Windows-Taschenrechner falsch bedient haben.

Tip 607

Die Fehlermeldung „Teilen durch Null" weist Sie auf einen Hardware- oder Software-Konflikt hin.

Nur wenige Windows-Meldungen sind so wenig aussagekräftig wie diese: Was heißt es wohl, wenn Sie „durch Null geteilt" haben sollen? Es heißt vor allem nicht, daß Sie persönlich tatsächlich irgendeine Zahl durch Null geteilt hätten.

Vielmehr teilt diese für den Normal-Anwender verschlüsselte Botschaft – ganz aus der Rechner-Perspektive – mit, daß irgendein Befehl in Gang gesetzt wurde, der den Rechner intern zwingt, innerhalb einer Rechenoperation durch Null zu teilen. Und das darf (s.o.) nicht sein.

Im Prinzip heißt die „Teilen durch Null"-Meldung nichts anderes, als: „Aufgepaßt: Da läuft was falsch!" Was genau da falsch läuft, ist pauschal schwer zu sagen. Mögliche Ursachen sind nicht-windows-kompatible speicherresidente Programme (TSR), eine falsch installierte Speichererweiterung, eine fehlerhafte Installation von Windows oder sogar ein Festplatten-Schaden.

Jetzt liegt ein langer Weg vor Ihnen: Prüfen Sie im Ausschlußverfahren eine mögliche Ursache nach der anderen. Zu jedem Problem finden Sie in diesem Kapitel weitere Tips und Verweise.

14 • Ratschläge

Altlasten von Windows 3.0

Selbst auf die Gefahr hin, daß nur wenige von Ihnen diesen Tip jemals brauchen werden, weil Windows 3.0 schon lange Geschichte ist: Wer von Windows 3.0 auf Windows 3.1 umgestiegen ist, mag auf Fehlermeldungen stoßen, die mitteilen, daß entweder der erweiterte oder der Standard-Modus nicht ausgeführt werden können.

Tip 608
Überprüfen Sie, ob im Windows-Verzeichnis noch Restbestände von Windows 3.0 enthalten sind.

Gehen Sie dazu in den Datei-Manager, und halten Sie Ausschau nach den Dateien KRNL386.EXE und DOSX.EXE der Windows-Version 3.0. Diese beiden Dateien können die 3.1-Version nachhaltig verwirren. Löschen Sie die beiden Systemdateien deshalb, oder entfernen Sie sie zumindest aus dem Windows-3.1-Verzeichnis.

Wo ist die Diskette?

Ihr Rechner meldet Ihnen „Fehler bei Zugriff auf Laufwerk A:" – was Sie nur zu Kopfschütteln veranlaßt, schließlich arbeiten Sie schon seit einiger Zeit nur mit Daten von der Festplatte, also von Laufwerk C:. Wieso in aller Welt greift der Rechner auf das Diskettenlaufwerk zu?

Tip 609
Auch wenn eine im Hintergrund laufende Anwendung auf eines der Diskettenlaufwerke zugreift, muß dort eine Diskette eingelegt sein.

Damit rechnen Sie vielleicht schon gar nicht mehr: Vor zwei Stunden haben Sie mal eine Anwendung gestartet, und eine Datei von Laufwerk A: geladen. Danach haben Sie diese Anwendung jedoch nicht verlassen, sondern auf Symbolgröße verkleinert und im Hintergrund weiterlaufen lassen.

Inzwischen haben Sie die geöffnete Datei vergessen und die betroffene Diskette aus dem Laufwerk genommen. Das führt zu Problemen: Auch wenn eine Anwendung nicht im Vordergrund läuft, „schläft" sie nicht, sondern greift ab und zu auf den Datenträger zu, von dem sie Daten bezieht. Fehlt dieser Datenträger, kommt es zu einem Fehler – und der wird Ihnen gemeldet.

Ergo: Wenn Ihnen das Fehlen eines Datenträgers in einem bestimmten Laufwerk gemeldet wird, muß sich das nicht unbedingt auf die von der aktuellen Anwendung benutzten Laufwerke beziehen.

Wie Sie in diesem Fall Abhilfe schaffen, liegt auf der Hand: Wenn Sie die im Hintergrund arbeitende und auf das Diskettenlaufwerk zugreifende Anwendung nicht mehr benötigen, schließen Sie sie doch einfach. Oder, noch bequemer: Legen Sie die vermißte Diskette ins Laufwerk! Dann haben Sie Ihre Ruhe...

Stacker contra Windows

Wer seine Festplatte mit dem Komprimierungsprogramm *Stacker* komprimiert und mit Windows arbeitet, dem droht folgendes Problem: Bei der Arbeit unter Windows wird aufgrund eines schreibgeschützten Datenträgers ein „Systemfehler" gemeldet. Diese Meldung kann unter Umständen auch auftauchen, wenn der Rechner gebootet wird.

Tip 610   *Taucht ein „Systemfehler" auf, kann das am unharmonischen Zusammenspiel von Windows 3.1 und Stacker 1.x oder 2.0 liegen.*

Wenn auf dem komprimierten Laufwerk eine Datei beschädigt ist, versieht *Stacker* die Datei STACVOL.DSK – sie befindet sich auf dem nicht komprimierten Laufwerk – automatisch mit einem Schreibschutz. Der Datei werden in diesem Fall die Attribute Read-Only, Hidden und System zugewiesen, damit dem gestackerten Laufwerk kein weiterer Schaden entsteht. Alle Versuche von Windows, auf dieses Laufwerk zuzugreifen, werden von *Stacker* jäh zurück gewiesen.

Und da Windows bekanntlich Meister im Ablegen von temporären Dateien ist, wird es schon nach kürzester Zeit zu einem schwerwiegenden Fehler kommen: Windows will auf das betreffende Laufwerk schreiben, aber Stacker läßt das nicht zu.

Das Problem kann nur behoben werden, wenn *Stacker* Windows (und allen anderen Anwendungen) wieder erlaubt, auf das betreffende Laufwerk zu schreiben. Dazu muß zumindest das Schreibschutz-Attribut der Datei STACVOL.DSK aufgehoben werden.

Hinweis: *Erkundigen Sie sich bei Stac Electronics, dem Hersteller des* Stacker, *was es dabei in Ihrem konkreten Fall zu beachten gilt.*

14 • Ratschläge

Wenn Windows nicht so will

Wenn der Programm-Manager streikt

Das darf nun wirklich nicht sein: Der Programm-Manager ist weder gewerkschaftlich organisiert, noch hat er irgendein anderes Anrecht darauf, einfach in den Streik zu treten. Wenn Sie also eines schönen Tages mit der Meldung konfrontiert werden, daß der Programm-Manager nicht geladen werden kann, sollten Sie unverzüglich Gegenmaßnahmen ergreifen.

Tip 611 *Kontrollieren Sie die für den Programm-Manager zuständigen Einträge in der Systemdatei SYSTEM.INI!*

In der Windows-Systemdatei ist angegeben, welches Programm als sogenannte Shell, also als Oberfläche erscheinen soll. Wenn Sie hier keine anderen Wünsche angemeldet haben, ist das der Programm-Manager. Ist der diesbezügliche Eintrag fehlerhaft, kann der Programm-Manager nicht ordnungsgemäß starten. Sehen Sie deshalb in der SYYSTEM.INI nach, ob alles in Ordnung ist.

Laden Sie die Systemdatei dazu in einen geeigneten Editor. Gehen Sie in den Abschnitt:

`[boot]`

Überprüfen Sie in der Sektion die folgende Anweisung:

`shell=progman.exe`

Korrigieren Sie die Anweisung gegebenenfalls. Danach speichern Sie die Systemdatei. Soweit Sie sich noch in Windows befinden, beenden Sie Windows und starten es erneut.

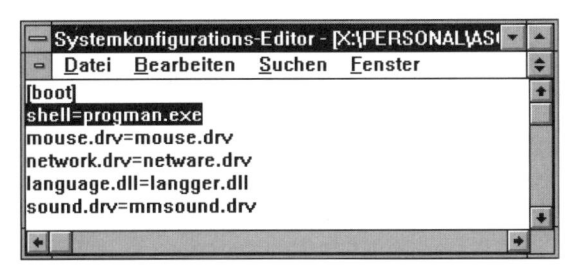

Die Shell muß stimmen

Weitere Streikbrecher

Manchmal zeigt sich der Programm-Manager dickköpfig: Trotz aller Bemühungen, Probleme aus der Welt zu räumen, siehe hierzu zum Beispiel den Tip *Wenn der Programm-Manager streikt*, will er trotzdem nicht so, wie Sie sich das vorstellen. Dann müssen Sie eben zu härteren Maßnahmen greifen.

Tip 612

Wenn nichts mehr hilft und der Programm-Manager nicht ordnungsgemäß funktioniert, erneuern Sie einfach die Programmdatei PROGMAN.EXE!

Sehen Sie zuerst mit Hilfe des *Datei-Managers* nach, ob die Programmdatei PROGMAN.EXE überhaupt im Windows-Verzeichnis enthalten ist (das sollte sie). Ist das nicht der Fall, liegt der Fehler auf der Hand: Ohne ausführbare Programmdatei kein Programm. (Das Problem kann sich freilich überhaupt nur dann einstellen, wenn Sie ohnehin eine andere Shell definiert haben, da Sie Windows sonst gar nicht starten können.)

Wenn die betreffende Datei hingegen vorhanden ist, dann könnte sie beschädigt sein – das muß man gar nicht mal bemerken. Löschen Sie die Datei deshalb, und verlassen Sie Windows. Danach müssen Sie die Datei PROGMAN.EXE von den Original-Programmdisketten in das Windows-Verzeichnis kopieren. Dazu benötigen Sie (normalerweise) die vierte Windows-Programmdiskette. Auf dieser befindet sich die gepackte Datei PROGMAN.EX_.

Um die Datei zu entpacken und zu kopieren, verlassen Sie Windows. Legen Sie die vierte Windows-Diskette in das entsprechend Laufwerk, und geben Sie auf der DOS-Ebene folgende Anweisung ein:

```
expand a:\progman.ex_ c:\windows\progman.exe
```

Liegt die Programmdiskette in einem anderen Laufwerk (hier A:) oder heißt das Windows-Verzeichnis auf der Festplatte anders, aktualisieren Sie die Befehlszeile bitte entsprechend.

Die Datei wird nun von EXPAND von der Diskette in das Windows-Verzeichnis kopiert und dort entpackt. Ist der Vorgang abgeschlossen, starten Sie Windows erneut.

14 • Ratschläge

Die Alt *-Taste „klemmt"?*

Wenn DOS-Anwendungen im Fenster ablaufen, kann es zu Problemen bei der Benutzung der Alt-Taste kommen. Das liegt an der geringen Zeitspanne, die Windows, um das Gesamtsystem nicht zu sehr zu beeinträchtigen, für das Betätigen der Alt-Taste und einer anderen Taste reserviert hat. Standardmäßig sind das gerade mal 0,005 Sekunden, die Windows wartet, nachdem Sie Alt gedrückt haben.

Tip 613
Stellen sich bei der Verwendung der Alt *-Taste in DOS-Anwendungen, die im Fenster laufen, Probleme ein, vergrößern Sie die Zeitspanne, indem Sie eine Änderung in der SYSTEM.INI vornehmen!*

Um die Geduld von Windows ein wenig zu erhöhen, laden Sie die Systemdatei in einen geeigneten Editor, zum Beispiel in den Systemkonfigurations-Editor *SysEdit*. Suchen Sie hier nach dem Abschnitt:

```
[386Enh]
```

Fügen Sie dort die folgende Anweisung ein:

```
AltKeyDelay=0.010
```

Hinter dem Gleichheitszeichen geben Sie den Wert an, der zwischen dem Betätigen der Alt-Taste und dem nächsten Tastatur-Interrupt (Betätigen oder Loslassen einer Taste) verstreichen soll. Geben Sie die Zeitspanne wie im Beispiel in Sekunden und mit Punkt als Dezimaltrennzeichen an. Speichern Sie die Systemdatei abschließend. Beenden Sie Windows und starten es erneut.

Diät für die Zwischenablage

Neben den in Trick *Wenn´s im Speicher zu eng wird* beschriebenen Wegen zur Entlastung Ihres Arbeitsspeichers sollten Sie im Zweifelsfall auch die Zwischenablage auf Diät setzen, denn sie kann ein wahrer Speicherfresser sein, und das, ohne daß man es bemerkt.

Tip 614
Wenn der Arbeitsspeicher knapp wird, löschen Sie den aktuellen Inhalt der Zwischenablage.

Sicher ist Ihnen das schon einmal aufgefallen: Die Zwischenablage wird nach Verwendung keineswegs automatisch geleert, sondern steht

603

666 ganz legale Windows-Tricks

auch weiterhin zur Verfügung. Konkret bedeutet das: Wenn Sie zum Beispiel ein Bild in die Zwischenablage kopiert und von dort bereits in das gewünschte Dokument eingefügt haben, verbleibt die Abbildung nach wie vor in der Zwischenablage. Gelöscht wird es erst dann, wenn sich der Inhalt der Zwischenablage ändert, etwa wenn Sie neue Daten in die Zwischenablage schicken. Die Zwischenablage ist daher – außer, wenn noch kein Datenaustausch stattgefunden hat – nie wirklich leer, sondern enthält stets die zuletzt kopierten Daten.

Vor allem, wenn sich längst verarbeitete aufwendige Grafiken in der Zwischenablage tummeln, kostet das eine Menge wertvollen Arbeitsspeicher (stellen Sie sich eine Grafik mit einer Auflösung von 1024 mal 768 Punkten mit 16,7 Millionen Farben vor: 2,4 MByte Speicherbedarf). Doch das muß nicht sein: Haben Sie die Daten der Zwischenablage an das gewünschte Ziel transportiert, löschen Sie sie aus der Zwischenablage. Starten Sie dazu die *Zwischenablage* in der Hauptgruppe. Wählen Sie danach im Menü *Bearbeiten* den Befehl *Löschen*. Danach ist die Ablage leer und der Arbeitsspeicher spürbar entlastet.

Zwischenablage blitzschnell leeren

Daß es eine nützliche Sache ist, die Zwischenablage bei Speicherengpässen zu leeren, wissen Sie jetzt. Doch kann es recht umständlich sein, dazu zuerst in die Hauptgruppe zu wechseln, dort dann die Zwischenablage zu starten und schließlich den gewünschten Befehl auszuführen. Es geht auch einfacher.

Tip 615
Kopieren Sie eine winzige Information in die Zwischenablage!

Für die Zwischenablage gilt grundsätzlich: Der letzte Inhalt wird durch die jeweils neueste Information überschrieben. Egal, wie groß oder klein die neue Datenmenge ist.

Wenn Sie es also vermeiden möchten, zum Löschen des aktuellen Inhalts der Zwischenablage den oben skizzierten Weg zu gehen, kopieren Sie einfach eine winzige Datenmenge in die Ablage, die Sie eigentlich gar nicht brauchen, von der Sie aber wissen, daß sie klein ist. Selbst, wenn es sich dabei nur um ein Komma handelt: Der alte Inhalt der Zwischenablage wird gelöscht, um dem neuen Platz zu machen. Und da ein kleines Pünktchen wesentlich weniger Arbeitsspeicher als eine dicke, fette Grafik benötigt, können Sie so die Zwischenablage im Handumdrehen auf Diät setzen.

14 • Ratschläge

Den Arbeitsspeicher kontrollieren

Am wenigsten Ärger bereitet die Arbeit mit Windows, wenn es gar nicht erst zu Speicherengpässen kommt. Wie es derzeit um die Auslastung Ihres Arbeitsspeichers steht, können Sie auf einen Blick erkennen.

Tip 616 — *Kontrollieren Sie den Status Quo Ihres Arbeitsspeichers!*

Das geht ganz einfach: Öffnen Sie im Programm-Manager das Menü *Hilfe*, und wählen Sie hier den Punkt *Info*. Im letzten Abschnitt der daraufhin erscheinenden Dialogbox können Sie ablesen, wieviel KByte Ihres Arbeitsspeichers derzeit noch frei sind.

Es drohen keine Speicherprobleme – über 7 MByte sind derzeit noch frei

Speicherengpässe bei DOS-Anwendungen

Wird bei DOS-Anwendungen, die unter Windows laufen, der Arbeitsspeicher knapp, sollten Sie auch in der PIF-Datei der betreffenden DOS-Anwendung eine Veränderung vornehmen.

Tip 617 — *Gibt es bei einer DOS-Anwendung Speicherengpässe, überprüfen Sie die in der PIF-Datei angegebenen Speicheranforderungen!*

Viele DOS-Anwendungen „beantragen" in ihren PIF-Dateien 640 KByte Arbeitsspeicher bei Windows. Doch oft reichen auch 512 KByte oder weniger aus (wenn auch immer seltener). Probieren Sie aus, ob die Anwendung auch mit weniger Speicher auskommt.

Starten Sie dazu den PIF-Editor, und laden Sie die betreffende PIF-Datei. Im mittleren Bereich der Dialogbox befinden sich die beiden Zeilen *Speicherbedarf benötigt* und *Speicherbedarf erwünscht*. Geben Sie hier probeweise kleinere Werte ein. Speichern Sie die Änderungen, und starten Sie die dazugehörige DOS-Anwendung erneut.

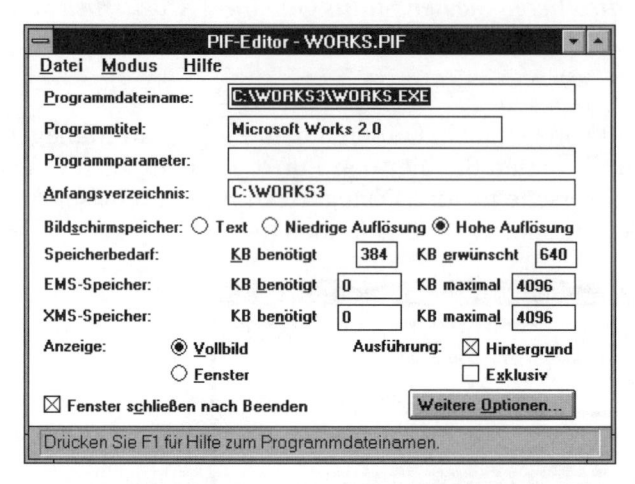

Vor allem kleinere DOS-Anwendungen kommen oft mit weniger als 640 KByte Arbeitsspeicher aus

Troublem bei Druck mit DOS-Anwendungen

Verlieren Sie nicht gleich die Nerven, wenn Ihnen das Drucken von Informationen aus einer im Fenster ablaufenden DOS-Anwendung Schwierigkeiten bereitet. Das kommt nämlich in den besten Familien vor.

Tip 618 *Wenn eine DOS-Anwendung nicht drucken will, dann ändern Sie die Druckerkonfiguration über die Systemsteuerung!*

Klicken Sie dazu in der Systemsteuerung doppelt auf das Icon *Drukker*. Wählen Sie in der daraufhin erscheinenden Dialogbox die Option *Verbinden*. Eine weitere Box erscheint: Deaktivieren Sie hier die Option *Direkt zum Anschluß drucken*. Bestätigen Sie beide Dialogboxen, und wiederholen Sie den Druckvorgang.

14 • Ratschläge

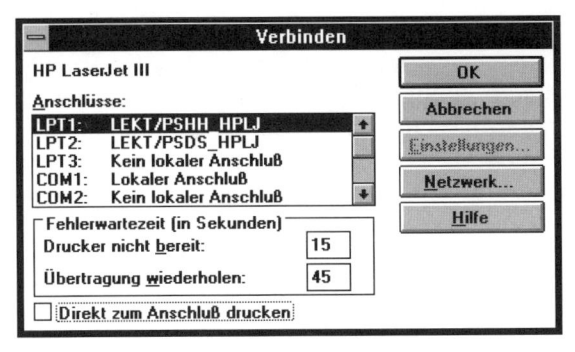

Nicht direkt zum Anschluß drucken

Ärger mit den seriellen Schnittstellen?

Ein immer wieder nervenzerreibendes Thema: Die Verwaltung der seriellen Schnittstellen. Obwohl es so aussieht, als ob Ihnen unter Windows problemlos vier serielle Schnittstellen gleichzeitig zur Verfügung stehen – COM 1: bis COM 4: genannt –, gibt es bei der Verwendung der Schnittstellen oft Probleme.

Tip 619

Wenn in Ihrem Rechner mehr als zwei Schnittstellen eingebaut sind: Achten Sie darauf, nie mehr als zwei Schnittstellen gleichzeitig zu nutzen.

Über welche seriellen Schnittstellen Ihr Rechner verfügt und wie diese genutzt werden, können Sie leicht in Erfahrung bringen. Aktivieren Sie die Systemsteuerung und hier das Icon *Anschlüsse*. In der folgenden Dialogbox erhalten Sie einen Überblick über die installierten und unter Windows verwendbaren seriellen Schnittstellen.

Grundsätzlich gilt: COM 1: und COM 3: können ebenso wenig gemeinsam genutzt werden wie COM 2: und COM 4:. Deshalb sollten Sie beispielsweise an COM 3: kein Modem anschließen, wenn an COM 1: die Maus betrieben wird.

Der Grund dafür ist der gemeinsame Hardware-Interrupt vom COM 1: und COM 3: bzw. COM 2: und COM 4:. Im Klartext bedeutet das: Die an Schnittstellen angeschlossenen Geräte locken mit gewissen „Tricks" die Aufmerksamkeit des Rechners auf sich, wenn bei ihnen etwas passiert. Die beiden geraden und ungeraden Schnittstellen teilen sich jeweils eine solche „Leitung" zum Prozessor, Konflikte sind deshalb bei gleichzeitiger Verwendung unausweichlich.

Krach zwischen Rechner und externem Gerät?

Wenn die Verständigung zwischen dem PC und einem an der seriellen Schnittstelle angeschlossenen Gerät partout nicht klappen will, so kann das möglicherweise an den Einstellungen der seriellen Schnittstelle liegen.

Tip 620 *Überprüfen Sie die Datenübertragungsparameter der seriellen Kommunikation!*

Die Einstellungen einer seriellen Schnittstelle können Sie verändern, indem Sie die Komponente *Anschlüsse* der Systemsteuerung aktivieren. Klicken Sie in der Dialogbox *Anschlüsse* auf das Befehlsfeld *Einstellungen*, erscheint eine weitere Box, in der Sie die Datenübertragungsparameter einsehen und ggf. verändern können. Die Werte in dieser Box müssen unbedingt mit den Datenübertragungsparametern übereinstimmen, die das angeschlossene Gerät verwendet. Welche das sind, können Sie meistens der Beschreibung der technischen Daten des Gerätes entnehmen.

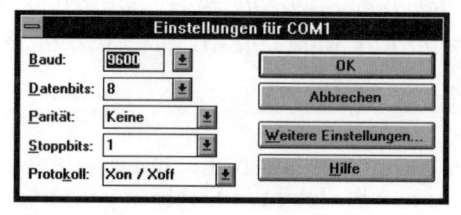

Die Datenübertragungsparameter zwischen Rechner und Gerät müssen übereinstimmen

Stimmt die Adresse?

Neben den Datenübertragungsparametern der seriellen Schnittstellen muß auch die sogenannte Ein-/Ausgabeadresse (I/O-Adresse) stimmen. Liegt hier ein Fehler vor, können sich der PC und das an der seriellen Schnittstelle angeschlossene Gerät nicht wie gewünscht verständigen.

Tip 621 *Gibt es bei der Verwendung einer seriellen Schnittstelle Schwierigkeiten, überprüfen Sie die I/O-Adresse!*

14 • Ratschläge

Viele Elemente des PCs verfügen über eigene I/O-Adressen (I/O steht für Input/Output): Die Festplatte, die Diskettenlaufwerke, der Bildschirmadapter, die Maus, die Tastatur – und eben auch die parallelen und seriellen Schnittstellen. Die Adressen der seriellen Schnittstellen können Sie überprüfen, indem Sie in der Dialogbox *Einstellung für COMx* auf die Befehlsfläche *Weitere Einstellungen* klicken. Es erscheint eine Dialogbox, in der Sie sowohl die I/O-Adresse als auch die Unterbrechungsanforderung kontrollieren können. Welche Adressen und Interrupts standardmäßig vergeben werden, entnehmen Sie bitte der Tabelle unten.

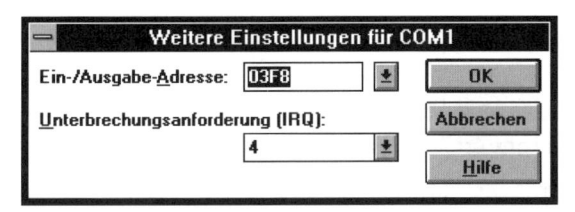

Stimmen Adresse und IRQ ?

Schnittstelle	I/O-Adresse	IRQ
COM 1	03F8	4
COM 2	02F8	3
COM 3	03E8	4
COM 4	02E8	3

Es gibt nur zwei unterschiedliche Interrupts für die COM-Schnittstellen

Immer schön der Reihe nach

Das Multitasking macht es möglich: Mehrere Anwendungen können nicht nur gleichzeitig laufen, sondern theoretisch auch gleichzeitig auf eine serielle Schnittstelle zugreifen. Ersteres ist hervorragend, zweiteres meist mehr als ärgerlich.

Tip 622

Verhindern Sie Zugriffskonflikte, indem Sie eine genügend große Zeitspanne festlegen, die zwischen zwei Zugriffen auf dieselbe Schnittstelle verstreichen muß.

Normalerweise läßt Windows zwei Sekunden verstreichen, bevor es einen erneuten Zugriff auf eine serielle Schnittstelle erlaubt. In der Regel ist diese Zeitspanne ausreichend. Kommt es jedoch zu Konflikten beim gemeinsamen Zugriff auf eine Schnittstelle, sollten Sie die sogenannte „Karenzzeit" auf vier Sekunden erhöhen.

Dazu ist eine Änderung in der SYSTEM.INI notwendig. Laden Sie die Datei in einen geeigneten Editor – am besten in den Windows-eigenen Systemkonfigurations-Editor *SysEdit*, und gehen Sie in den Abschnitt:

`[386Enh]`

Möchten Sie die Karenzzeit einer seriellen Schnittstelle auf 4 Sekunden erhöhen, fügen Sie folgende Zeile ein (oder korrigieren Sie den bereits existierenden Eintrag entsprechend):

`COM1AutoAssign=4`

Nehmen Sie diesen Eintrag für jede der benutzten seriellen Schnittstellen vor. Für die vierte Schnittstelle würde der Eintrag entsprechend lauten:

`COM4AutoAssign=4`

Die Angaben hinter dem Gleichheitszeichen erfolgen jeweils in Sekunden. Nach den Korrekturen speichern Sie die Systemdatei und starten Windows neu, damit die Änderungen wirksam werden.

Wer hat hier Vorfahrt?

Sobald zwei Anwendungen gleichzeitig auf ein und dieselbe Schnittstelle zugreifen, ist ein Konflikt vorprogrammiert, denn serielle Schnittstellen sind nicht multitasking-fähig. Doch derartige Schwierigkeiten müssen nicht sein. Neben der Lösung über eine bestimmte Karenzzeit (siehe *Immer schön der Reihe nach*) gibt es noch einen anderen Weg.

Tip 623 *Lassen Sie sich den gemeinsamen Zugriff melden. Entscheiden Sie dann, welche Anwendung Vorfahrt haben darf.*

Um im Konfliktfall eine Warnmeldung zu erhalten, ist eine kleine Änderung in der Windows-Systemdatei SYSTEM.INI notwendig. Laden Sie die Datei dazu in einen geeigneten Editor, und gehen Sie in den Abschnitt:

`[386enh]`

14 • Ratschläge

Tragen Sie dort die folgende Anweisung ein:

`COM1AutoAssign=-1`

Nehmen Sie diesen Eintrag für jede der benötigten seriellen Schnittstellen vor. Für die vierte Schnittstelle würde der Eintrag entsprechend lauten:

`COM4AutoAssign=-1`

Speichern Sie die Systemdatei schließlich, um die gemachten Veränderungen festzuhalten. Sie müssen Windows neu starten, damit die Korrekturen greifen.

Konflikte vermeiden – die bequemere Art

Wer keine Lust hat, an der Windows-Systemdatei SYSTEM.INI herumzubasteln, aber trotzdem die Karenzzeit für den Zugriff auf eine serielle Schnittstelle erhöhen möchte, kann das auch etwas bequemer als im vorangehenden Trick beschrieben erledigen.

Tip 624 *Legen Sie die Art des Zugriffs auf eine serielle Schnittstelle über die Systemsteuerung fest!*

Starten Sie dazu die Komponente *386 erweitert* der Systemsteuerung. In der Dialogbox *Erweiterter Modus für den 386-PC* können Sie in der Rubrik *Gerätekonkurrenz* für jede der benutzten Schnittstellen festlegen, wie groß die Karenzzeit sein soll. Markieren Sie dazu zuerst den COM-Anschluß, auf den sich die Änderung bezieht.

Möchten Sie, daß vier Sekunden vor einem erneuten Zugriff auf eine Schnittstelle verstreichen, geben Sie in der Zeile *Leerlauf* eine 4 ein. Wiederholen Sie diesen Vorgang ggf. mit den anderen aufgeführten Schnittstellen.

Möchten Sie hingegen im Falle eines gemeinsamen Zugriffs auf eine serielle Schnittstelle per Dialogbox gewarnt werden und dann selbst entscheiden, wer „Vorfahrt" hat (siehe Trick *Wer hat hier Vorfahrt?*), dann aktivieren Sie die Option *Immer warnen*. Bestätigen Sie die Dialogbox abschließend.

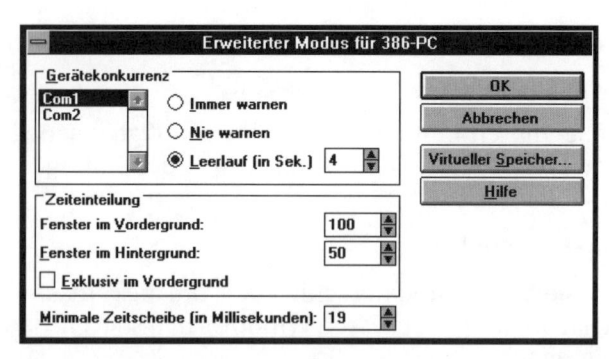

Vier Sekunden sollten verstreichen, bis erneut auf die serielle Schnittstelle zugegriffen wird

Noch 'ne Verhaltensmaßregel

Man ahnt ja nicht, aus welchen Anlässen sich die serielle Kommunikation irritieren läßt. Deshalb gleich noch eine Verhaltensmaßregel, die Sie beherzigen sollten.

Tip 625

Verzichten Sie darauf, den Bildschirminhalt eines DOS-Fensters zu bearbeiten, während Sie mit einer seriellen Schnittstelle arbeiten!

Bekanntlich kann man ja im erweiterten Modus eine DOS-Anwendung im Fenster ablaufen lassen und hier per Markierung mit der Maus einen Bildschirmausschnitt in die Zwischenablage schicken. Das geht häufig gut – doch wenn Sie gleichzeitig mit einer seriellen Schnittstelle arbeiten, kann diese dadurch leicht aus dem Takt geraten. Warten Sie besser ab, bis keine Datenübertragung an ein seriell angeschlossenes Gerät mehr ansteht, und nehmen Sie die notwendige Operation im DOS-Fenster erst dann vor.

Wo ist COM3:?

Die seriellen Schnittstellen sind unter Windows ja immer für eine Überraschung gut. Bislang dachte ich immer, es könnte nur Probleme geben, wenn man zu wenig serielle Schnittstellen hat. Doch es kann auch anders kommen: Wenn in Ihrem Rechner nämlich eine serielle Schnittstelle eingebaut ist, die auf den Namen COM4: hört, aber keine mit der Bezeichnung COM3:, kommt Windows ein wenig durcheinander. Was zu Problemen führen kann, etwa wenn Sie an

14 • Ratschläge

dieser vierten seriellen Schnittstelle ein Modem anschließen möchten – vorausgesetzt, die erste und zweite serielle Schnittstelle sind schon belegt, zum Beispiel durch Maus und Laserdrucker.

Tip 626

Teilen Sie es der Windows-Systemdatei SYSTEM.INI unbedingt mit, falls die dritte serielle Schnittstelle nicht eingebaut sein sollte, dafür aber die vierte.

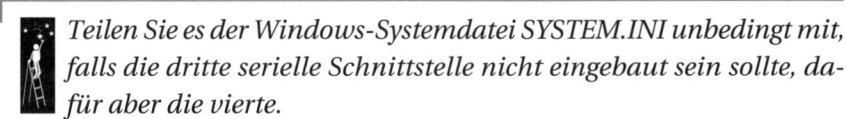

Der Treiber für die serielle Schnittstellen, COMM.DRV, erwartet, daß die Adresse der vierten seriellen Schnittstelle innerhalb der BIOS Address Table (BDA) rechts neben der dritten liegt. Wenn eine Schnittstelle nun aber physikalisch nicht vorhanden ist, aber trotzdem in der BDA eingetragen ist, müßte man der BDA eigentlich das Fehlen der Schnittstelle mitteilen, sie also korrigieren. Das ist aber sehr kompliziert und erfordert einen Menge Fachwissen.

Für den Betrieb unter Windows reicht es, einen entsprechenden Hinweis in die Windows-Systemdatei SYSTEM.INI aufzunehmen. Ohne diese Änderung denkt Windows, es gäbe keine vierte Schnittstelle und weist der (fehlenden) dritten Schnittstelle die Adresse der (real vorhandenen) vierten COM-Schnittstelle zu.

Daß es dabei zu einem ziemlichen Datensalat kommen kann, ist nicht weiter verwunderlich, finde ich. Um genau das zu vermeiden, laden Sie die Datei SYSTEM.INI in einen Editor. Danach suchen Sie nach der Sektion:

`[386 Enh]`

und tragen dort die folgende Anweisung ein:

`COM3IRQ=-1`

Dadurch weist man Windows darauf hin, daß keine dritte serielle Schnittstelle vorhanden ist. Außerdem ist es notwendig, Windows die korrekte Adresse und den IRQ der vierten Schnittstelle mitzuteilen. Fügen Sie dazu in den gleichen Abschnitt [386 Enh] folgende zwei Zeilen ein:

`COM4Base=2E8`
`COM4IRQ=3`

Speichern Sie danach die veränderte Systemdatei. Nach dem nächsten Windows-Start weiß Windows endlich, welche Schnittstelle wohin gehört.

666 ganz legale   Windows-Tricks

Windows, aufgepaßt: Die dritte Schnittstelle fehlt

Das Modem will von Windows nichts wissen

Wenn Sie ein Modem zur Datenübertragung benutzen und das Gerät trotz aller Überredungsversuche die Zusammenarbeit verweigert, sollten Sie erst einmal prüfen, ob das Modem überhaupt funktioniert.

Tip 627 Streikt das Modem unter Windows, probieren Sie die Funktionstüchtigkeit des Modems in der DOS-Ebene aus.

Normalerweise verwendet man dazu ein DOS-Kommunikationsprogramm wie zum Beispiel *Telix*. Doch auch wenn Ihnen eine solche Anwendung nicht zur Verfügung steht, können Sie auf der DOS-Ebene testen, ob das Modem überhaupt ansprechbar ist. Geben Sie dazu auf der DOS-Ebene folgendes ein:

```
echo atdp 999 >com1
```

Sofern das Modem nicht an der ersten Schnittstelle angeschlossen sein sollte, geben Sie anstelle von COM1: die entsprechende Schnittstelle an. Ist das Gerät beispielsweise an der vierten seriellen Schnittstelle installiert, muß die Befehlszeile lauten:

```
echo atdp 999 >com4
```

Der ATDP-Befehl (Attention Dial Pulse) bewirkt, daß geprüft wird, ob das Modem überhaupt bereit ist, Daten zu empfangen. Das Modem wird angewiesen, abzuheben und die Nummer 999 zu wählen. Wenn das Modem auf diesen Befehl mit einem Wählton oder einem anderen Signal antwortet, ist es zumindest auf der DOS-Ebene betriebsbereit. Funktioniert das Gerät unter Windows nach wie vor nicht, können Sie immerhin sicher sein, daß kein Schaden am Modem vorliegt.

14 • Ratschläge

Überprüfen Sie in diesem Fall mit Hilfe der Steuerungskomponente *Anschlüsse* der *Systemsteuerung* die Einstellungen des Modems an der betreffenden seriellen Schnittstelle. Auch das verwendete Kommunikationsprogramm sollten Sie noch mal kontrollieren. Häufige Fehlerquelle: Die Verwendung des ATDT-Befehls anstelle von ATDP zum Wählen einer Nummer. Nur an Anschlüssen, die bereits an einer digitalen Vermittlungsstelle angeschlossen sind, kann – wie in den USA – ATDT benutzt werden, um eine Nummer zu wählen.

Konflikt: Windows und Super-VGA-Karte

Sie haben sich einen Farbmonitor mit einer Super-VGA-Karte angeschafft, die Karte mit Hilfe des Windows-Setup installiert – doch die Karte funktioniert nur im Standard-Modus von Windows, nicht aber im erweiterten Modus. Das läßt auf einen nicht ganz seltenen Konflikt zwischen Super-VGA-Karte und Windows schließen.

Tip 628 *Überpüfen Sie, ob Windows der Super-VGA-Karte genügend Speicher überläßt!*

Das können Sie bequem und schnell durch einen Blick in die Windows-Systemdatei SYSTEM.INI herausfinden. Laden Sie die Datei dazu in einen geeigneten Editor, und gehen Sie in den Abschnitt:

```
[386Enh]
```

Fügen Sie an den Anfang dieser Sektion die folgende Zeile ein:

```
EMMExclude=C4000-C7FF
```

Speichern Sie die korrigierte Systemdatei, und starten Sie Windows erneut. Beim Neustart wird Windows den Speicherbereich zwischen C4000 und C7FF nun nicht mehr benutzen, so daß die Grafikkarte ungestört auf den notwendigen Speicher zugreifen kann.

Konflikt zwischen Windows und VGA-Karte

Wenn das Setup-Programm nicht ordentlich gearbeitet hat, kann es vorkommen, daß Windows bei der Speicherverwaltung keine Rücksicht auf eine installierte VGA-Karte nimmt. Und das kann schlimmstenfalls dazu führen, daß Ihre Grafikkarte im erweiterten Modus streikt.

Tip 629

Gibt es beim Start von Windows im erweiterten Modus Schwierigkeiten, überprüfen Sie, ob Windows die nötigen Speicherbereiche für die VGA-Karte freiläßt.

Die meisten VGA-Karten benötigen den Speicherbereich zwischen den Adressen A000 und CBFF. Weisen Sie Windows deshalb an, im erweiterten Modus nicht auf diesen Speicherbereich zuzugreifen. Dazu ist ein zusätzlicher Eintrag in der Windows-Systemdatei SYSTEM.INI notwendig. Laden Sie die Datei in einen Editor, und fügen Sie am Anfang des Abschnittes:

```
[386Enh]
```

die folgende Anweisung hinzu:

```
EMMExclude=A000-CBFF
```

Wenn Sie die veränderte Datei speichern und Windows erneut starten, ist der Konflikt zwischen Bildschirmkarte und Windows behoben.

Immer noch Ärger mit der Shell?

Wenn der Programm-Manager trotz aller „Reparaturen" immer noch streiken sollte, so kann es sein, daß sich die Systemdatei SHELL.DLL und die Befehlsdatei PROGMAN.EXE nicht vertragen. Das ist vor allem dann wahrscheinlich, wenn die beiden Dateien nicht optimal aufeinander abgestimmt sind. Möglich ist das zum Beispiel, wenn Sie von Windows 3.0 auf Windows 3.1 „upgedatet" haben.

Tip 630

Haben Sie die Befehlsdatei PROGMAN.EXE neu installiert, sollten Sie auch über die passende SHELL.DLL verfügen.

Kopieren Sie deshalb von dem Windows-Diskettensatz, dem Sie auch die Datei PROGMAN.EXE entnommen haben, auch die Systemdatei mit dem Namen SHELL.DLL ins Windows-Verzeichnis. Dazu benötigen Sie die fünfte Windows-Programmdiskette im 5,25-Zoll-Format; bei den 3,5-Zoll-Disketen ist es die vierte.

Verlassen Sie Windows, und legen Sie die Programmdiskette in das entsprechende Laufwerk. Die Datei SHELL.DLL befindet sich in komprimiertem Zustand auf der Diskette und heißt SHELL.DL_. Um

14 • Ratschläge

die Datei zu entpacken und ins Windows-Verzeichnis zu kopieren, geben Sie ein:

```
expand a:\shell.dl_ c:\windows\shell.dll
```

Liegt die Programmdiskette in einem anderen Laufwerk oder heißt Ihr Windows-Verzeichnis anders, aktualisieren Sie die Befehlszeile entsprechend. Ist der Vorgang abgeschlossen, starten Sie Windows erneut.

Dicke Luft: VSAFE und der Programm-Manager

Arbeiten Sie mit der Virenschutz-Software VSAFE? Falls beim Betrieb des Programm-Managers immer wieder Probleme auftreten, so ist es sehr wahrscheinlich, daß sich das Hilfsprogramm VSAFE und der Programm-Manager nicht verstehen.

Tip 631

Entfernen Sie VSAFE, und überprüfen Sie, ob der Programm-Manager danach störungsfrei läuft!

Um herauszufinden, ob VSAFE der Grund des Übels ist, müssen Sie den entsprechenden Eintrag aus der Konfigurationsdatei CONFIG.SYS entfernen. Laden Sie die Datei dazu in einen geeigneten Editor, und löschen Sie die folgende Anweisung:

```
device=vsafe.sys
```

Speichern Sie die veränderte Konfigurationsdatei. Danach ist es außerdem notwendig, die Spuren, die VSAFE in der Windows-Systemdatei WIN.INI hinterlassen hat, zu entfernen. Laden Sie dazu auch diese Datei in einen Editor. Gehen Sie in den Abschnitt:

```
[windows]
```

und löschen Sie dort die folgende Anweisung:

```
load=vsafe.com
```

Speichern Sie die Systemdatei nach den Korrekturen. Booten Sie danach Ihren Rechner neu. Arbeitet der Programm-Manager nun fehlerfrei, deutet alles darauf hin, daß VSAFE der Störenfried war. Verzichten Sie in Zukunft besser auf den Einsatz dieses Programms.

Natürlich sollten Sie Ihre Daten auch weiterhin auf eventuellen Virenbefall untersuchen. Verwenden Sie dazu eine andere Software, zum Beispiel das zu MS-DOS 6.0 gehörige Virenprüfprogramm MS-AntiVirus, das es sowohl in einer DOS- als auch in einer Windows-Version gibt.

Falscher Treiber für den SoundBlaster

Wer mit Hilfe der SoundBlaster-Karte unter der MS-DOS-Eingabeaufforderung Klangdateien abspielen möchte, wird möglicherweise mit der Fehlermeldung „SoundBlaster wird von einer anderen Anwendung benutzt" konfrontiert.

Tip 632

Erscheint eine Fehlermeldung, wenn Sie die SoundBlaster-Karte unter DOS verwenden wollen, ersetzen Sie den Gerätetreiber VSBD.386!

Die Creative Labs haben inzwischen eine neue Version des SoundBlaster-Treibers entwickelt, bei der die genannte Störung nicht auftritt. Möchten Sie den alten gegen den neuen Treiber austauschen, wenden Sie sich an Ihren Händler oder direkt an die Creative Labs.

Neuer Treiber für SoundBlaster 2.0

Windows 3.1 ist serienmäßig mit Gerätetreibern für die SoundBlaster-Karte ausgestattet. Doch inzwischen gibt es diese Karte in drei Versionen, nämlich in den Versionen 1.0, 1.5 und 2.0. Welcher Treiber soll verwendet werden?

Tip 633

Wenn Sie eine SoundBlaster-Karte der Version 2.0 installieren möchten, benötigen Sie einen Treiber, der u. U. nicht zum Lieferumfang Ihrer Windows-Version gehört.

Zum Lieferumfang von Windows 3.1 gehören nur Treiber für die SoundBlaster-Versionen 1.0 und 1.5. Kein Wunder, denn die Version 2.0 gab es zum Erscheinungszeitpunkt von Windows noch gar nicht. Benötigen Sie einen Treiber für die Version 2.0, verwenden Sie den Treiber, der dem Paket der Karte beiliegt. Frühen Modellen der Version 2.0 fehlt der Treiber für Windows 3.1. Wenden Sie sich in diesem Fall über Ihren Händler an die Creative Labs, den Hersteller des SoundBlaster.

14 • Ratschläge

SoundBlaster: Welche Version?

Wenn die im PC eingebaute SoundBlaster-Karte unter Windows nicht richtig funktionieren will, so kann das am verwendeten Treiber liegen, etwa, weil er nicht zur Version der Karte paßt.

Tip 634 *Überprüfen Sie die Version der SoundBlaster-Karte!*

Ob Sie eine SoundBlaster der Version 1,0, 1.5 oder 2.0 besitzen, können Sie der Dokumentation der Soundkarte entnehmen. Aber auch wenn Sie die Dokumentation einmal nicht zur Hand haben sollten, können Sie die Versionsnummer in Erfahrung bringen: Werfen Sie einen Blick auf den Rücken der Karte. Die Version 2.0 hat im Gegensatz zu den Einser-Versionen neben den Mikrophon- und Lautsprecheranschlüssen einen zusätzliche Anschluß. Ergibt das Ergebnis Ihrer Diagnose, daß es sich um einen SoundBlaster 2.0 handelt, dann lesen Sie bitte den folgenden Trick.

Sound-Blaster Pro braucht speziellen Treiber

Es ist schon ein Kreuz mit den Gerätetreibern: Sie meinen, den korrekten Treiber für Ihre SoundBlaster-Pro-Karte installiert zu haben – doch die Karte schweigt trotzdem, gibt keinen Mucks von sich?

Tip 635 *Verwechseln Sie nicht die Treiber für den SoundBlaster mit denen für die SoundBlaster-Pro-Karte! Und achten Sie auf das Modell des SoundBlaster Pro!*

Der SoundBlaster benötigt andere Treiber als der SoundBlaster Pro. Und auch unter den SoundBlasterPro-Modellen gibt es einen Unterschied: Bei der Wahl des richtigen Treibers müssen Sie unbedingt wissen, ob es sich um das Modell CP 1300 oder CP 1600 handelt. Sind Sie unsicher, sehen Sie auf der Karte nach, um welches Gerät es sich handelt. Karten des Typs CP 1600 tragen eine Seriennummer, die mit 1600 beginnt. Beginnt die Seriennummer mit einer anderen Zahl, handelt es sich um ein Gerät des Typs CP 1300. Wer Zugang zum Datendienst CompuServe hat, kann sich die passenden Treiber aus dem Creative-Labs-Forum herunterladen. Die Treiber liegen dort als selbstentpackende Dateien vor. Alle anderen müssen sich an den Händler oder Hersteller direkt werden. Hier eine Übersicht der Dateinamen für die verschiedenen SoundBlaster-Karten.

Karten-Modell	Treiberdatei	für Bussystem
SoundBlaster 1.5 und 2.0	SBW31.EXE	ISA
SoundBlaster 1.5 und 2.0	SBW31M.EXE	MCA
SoundBlaster Pro CP 1330	SBPW31.EXE	ISA
SoundBlaster Pro CP 1600	SBP2W31.EXE	ISA

Treiber für Sound-Karte nicht installierbar?

Wer einen Treiber für seine Sound-Karte installieren will, mag auf die Fehlermeldung „Dieser Gerätetreiber erfordert eine aktuellere Version von Windows" stoßen. Das ist nur in einem Falle nicht verwunderlich: Wenn Sie einen für Windows 3.1 vorgesehenen Gerätetreiber nicht unter Windows 3.1, sondern unter Windows 3.0 zu installieren versuchen. Wer allerdings korrekt unter Windows 3.1 installiert, kann mit einer solchen Fehlermeldung zurecht nichts anfangen. Denn die Windows-Version stimmt mit Sicherheit. Der Fehler ist folglich anderswo zu suchen.

Tip 636

Überprüfen Sie, ob die installierte Software nicht im Konflikt mit dem neuen Treiber steht!

Wie soll man darauf schon kommen: Zu Problemen bei der Installation eines Sound-Treibers kann es kommen, wenn Sie gleichzeitig die Oberfläche *Norton Desktop for Windows* und einen *After Dark*-Bildschirmschoner verwenden. Diese beiden Programme fügen eigenmächtig Treibereinträge in die Windows-Systemdatei SYSTEM.INI ein, die die genannte Fehlermeldung verursachen können.

Starten Sie in diesem Fall Windows ohne die genannten Zusatzprogramme, und versuchen Sie die Installation erneut.

Hinweis: Falls die Installation immer noch nicht klappt, liegt das Problem wahrscheinlich in einem Hardwarekonflikt begründet. Führen Sie dann einen Clean Boot durch, und starten Sie Windows im Standard-Modus. Wenn die Installation nun gelingt, sollten Sie die Dateien AUTOEXEC.BAT und CONFIG.SYS auf einen konkurrierenden Hardware-Treiber überprüfen. Kontrollieren Sie auch, ob speicherresidente Programme den Fehler verursachen könnten.

14 • Ratschläge

Oben ohne? Bitte nicht!

An dieser Stelle soll gewiß nichts gegen irgendeine Form der Freikörperkultur (FKK) gesagt werden. Vielmehr richtet sich das Augenmerk dieses Tips auf ein Ärgernis, das durch bestimmte Versionen der Hercules Graphics Station Video Card verursacht wird: Wenn Windows im Standard-Modus läuft, steht man mit dieser Karte oben ohne da – nämlich ohne die obere Hälfte des Windows-Bildschirms. Der bleibt einfach schwarz. Kein Klick und keine Taste können das ändern.

Tip 637

Wenn Sie die Anschaffung einer Hercules Graphics Station Video Card planen und üblicherweise Windows im Standard-Modus laufen lassen, kaufen Sie ein Modell ab der Version 2.05!

Wenn Sie über eine Hercules Graphics Station Video-Karte mit niedrigerer Versionsnummer verfügen, können Sie Windows ausschließlich im erweiterten Modus laufen lassen.

Passen Sie daher besonders auf, wenn Sie einen Rechner mit 286-Prozessor mit einer Hercules Graphics Station Video-Karte in einer Version unter 2.05 betreiben wollen: Auf diesen Rechnern läuft Windows ausschließlich Standard-Modus. Sie werden also bei dieser Kombination nicht viel auf dem Bildschirm erblicken können (außer jeder Menge schwarzer Farbe).

Aber, unter uns: Schmeißen Sie keine Perlen vor die Säue. Bauen Sie eine solch kostbare Graphikarte nur in einen Rechner ein, der es auch wirklich verdient – ein 386er sollte es mindestens sein!

Hinweis: Sind Sie unsicher, um welche Version der Hercules Graphics Station Video Card es sich handelt, führen Sie die Datei TIGACD.EXE aus (sie befindet sich auf der Treiberdiskette, die zur Karte gehört). Es erscheint eine Statusmeldung auf dem Bildschirm, der Sie auch die Versionsnummer der Karte entnehmen können.

Schwarze Löcher

Wenn Sie eine Zeitlang mit Windows gearbeitet haben, und dann statt der bunten Fenster nur noch schwarze Flächen auf dem Bildschirm erscheinen, dann ist vermutlich die Hardware Ihres PCs überfordert.

666 ganz legale   Windows-Tricks

> **Tip 638** *Akzeptieren Sie auf Ihrem PC-Bildschirm keine schwarzen Löcher: Erweitern Sie den Arbeitsspeicher!*

Schwarze Löcher auf dem Bildschirm sind ein Anzeichen dafür, daß der Arbeitsspeicher Ihres PCs nicht mehr ausreicht, um die speicherintensive Bildschirmdarstellung zu bewältigen. Grafikprogramme sind besonders anfällig: Komplexe Grafiken benötigen halt einen Menge Speicher.

Wird Ihnen beim Betrieb von Windows schwarz vor den Augen, sollten Sie unbedingt den Arbeitsspeicher des Rechners aufstocken: 4 MByte RAM sollten es für eine einigermaßen akzeptable Arbeit unter Windows mindestens sein; angenehm wird die Windows-Benutzung erst ab 8 MByte.

Dr. Watson Spezial

Lauert Dr. Watson in der *Autostart*-Gruppe, ist er in der Regel ein treuer Diener. In der Protokolldatei DRWATSON.LOG hält er alles fest, was ihm verdächtig vorkommt. Problematisch wird es allerdings bei einem bestimmten Fehler: Meldet Windows „Nicht behebbarer Fehler im Anwendungsprogramm", enthält die Watson-Protokolldatei nur das Datum und den Zeitpunkt, an dem der Fehler aufgetreten ist. Und das hilft Ihnen gar nicht weiter – auf die Uhr sehen können Sie schließlich selbst.

> **Tip 639** *Durch eine Änderung der WIN.INI können Sie Dr. Watson dazu zwingen, auch bei diesem Fehler ausführlich Rede und Anwort zu stehen!*

Laden Sie die Datei dazu in einen Editor. Fügen Sie zwei Zeilen ein:

```
[DrWatson]
ShowInfo=par
```

Nachdem Sie die Datei gespeichert und Windows neu gestartet haben, wird Ihnen Dr. Watson auch bei einem „nicht behebbaren Fehler" eine Diagnose in seiner Protokolldatei anbieten.

14 • Ratschläge

Abgestürzt?

Laufwerke geändert – und nichts geht mehr?

Ein Problem, mit dem die Microsoft-Hotline immer wieder konfrontiert wird, ist folgendes: Nachdem Sie ein Laufwerk umbenannt haben – beispielsweise Laufwerk A: in B: oder umgekehrt –, stürzt der Rechner häufig ab. Haben Sie eine permanente Auslagerungsdatei eingerichtet? Sie ist in vielen Fällen der Übeltäter!

Tip 640
Ist Ihr System abgestürzt, dann entfernen Sie die Auslagerungsdatei, und richten Sie sie danach erneut ein!

Zuerst müssen Sie den Rechner neu starten. Damit der Start reibungslos vonstatten geht, fügen Sie dem Startkommando WIN eine Option zum Ausschalten aller möglichen Fehlerquellen hinzu. Geben Sie ein:

```
win /d:sfxv
```

Starten Sie danach die Anwendung *386 Erweitert* der *Systemsteuerung*. Sie gelangen in die für die Auslagerungsdatei zuständige Dialogbox, wenn Sie auf die Befehlsfläche *Virtueller Speicher* klicken. Hier wird Ihnen die derzeitige Größe Ihrer permanenten Auslagerungsdatei angezeigt. Merken Sie sich den Wert. Wählen Sie den Befehl *Ändern*. Die Dialogbox wird erweitert. Klicken Sie im Listenfeld *Typ* auf die Option *Keine*, und bestätigen Sie die Dialogbox.

Windows vergewissert sich nun in einer Dialogbox, ob Sie tatsächlich Änderungen am virtuellen Speicher vornehmen möchten. Klicken Sie auf *Ja*. Jetzt müssen Sie den Rechner neu starten. Windows bietet Ihnen in einer Dialogbox die Möglichkeit zum Neustart. Nehmen Sie sie an, indem Sie auf *Neu starten* klicken.

Nach dem Neustart müssen Sie die Auslagerungsdatei wieder einrichten. Gehen Sie dazu genauso vor wie beim Löschen der Swap-Datei. Klicken Sie in der Dialogbox *Virtueller Arbeitsspeicher* wiederum auf die Befehlsfläche *Ändern*. Tragen Sie in der Zeile *Größe* die Größe der zuvor gelöschten Auslagerungsdatei ein. Wenn Sie nun den Rechner neu starten, läuft alles wieder normal. Bis zur nächsten Umbenennung der Laufwerke...

666 ganz legale   Windows-Tricks

Löschen Sie vorübergehend die permanente Auslagerungsdatei

Wenn Programmgruppen zerstört sind

Sie starten Windows wie gewohnt, doch der Programm-Manager kann einzelne oder alle Programmgruppen nicht öffnen? Dann hat für die Systemdatei PROGMAN.INI womöglich die letzte Stunde geschlagen.

Tip 641

Lassen Sie mit Hilfe des Setup-Programms die Programmgruppen wiederherstellen.

Am besten wäre es natürlich, wenn Sie über ein Backup der beschädigten Systemdatei verfügen würden. Doch trotz aller guten Vorsätze fehlen solche Sicherungskopien ja häufig. Gehen Sie in diesem Fall in das Windows-Verzeichnis, und starten Sie das Setup-Programm, das Ihnen gerne dabei behilflich ist, die Standard-Programmgruppen neu einzurichten. Geben Sie folgende Anweisung ein:

```
setup /p
```

Setup stellt nun die Standard-Programmgruppen (*Hauptgruppe, Zubehör, Anwendungen, Spiele und Autostart*) wieder her. Die Programmgruppen, die Sie selbst dem Programm-Manager hinzugefügt haben, sind so allerdings nicht zu retten. Richten Sie diese „per Hand" nachträglich ein.

14 • Ratschläge

Individuelle Programmgruppen wiederherstellen

Die Option /P des Setup-Programms (siehe Trick *Wenn Programmgruppen zerstört sind*) hilft Ihnen zwar, die Standardprogrammgruppen des Programm-Managers wiederherzustellen. Doch in Bezug auf Ihre selbsteingerichteten Gruppen läßt es Sie ganz schön im Regen stehen. Zum Glück gibt es einen anderen Weg, um wieder ins Trockene zu gelangen.

Tip 642

Kopieren Sie Ihre gesicherten Progammgruppendateien ins Windows-Verzeichnis, und richten Sie danach die Programmgruppen wieder ein.

Richtig: Dieser Trick funktioniert nur, wenn Sie, wie in Trick *Automatisches Kopieren der wichtigsten Windows-Dateien* in Kapitel 4 empfohlen, Sicherungskopien Ihrer GRP-Dateien angefertigt haben. Kramen Sie also die Diskette mit den Kopien hervor, und geben Sie auf der DOS-Ebene ein:

```
copy a:*.grp c:\windows
```

Falls die Diskette mit den gesicherten Gruppendateien in einem anderen Laufwerk liegt oder Ihr Windows-Verzeichnis einen anderen Namen trägt, passen Sie die Pfadangaben entsprechend an.

Starten Sie danach Windows. Wählen Sie im Menü *Datei* des Programm-Managers den Befehl *Neu*. Entscheiden Sie sich in der daraufhin erscheinenden Dialogbox für die Option *Programmgruppe*. Eine weitere Dialogbox wird angezeigt: Geben Sie hier in der Zeile *Gruppendatei* den Namen der Datei an, die die Informationen der wiederherzustellenden Gruppe enthält. Die Gruppendatei weiß u.a., wie die Gruppe heißt und welche Programmicons sie beinhaltet. Wenn Sie nun die Dialogbox bestätigen, richtet der Programm-Manager die zerstörte Gruppe wieder in der alten Form ein.

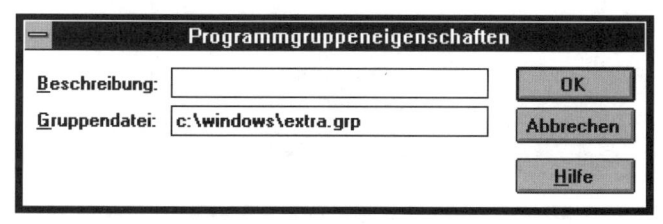

Die Programmgruppe Extra *wird mit Hilfe der Programmgruppendatei EXTRA.GRP restauriert*

Bei Reklamationen: Genaue Infos für den Händler

Wenn Sie vermuten, daß Ihr System nicht fehlerfrei arbeitet, weil eventuell ein Hardwareschaden vorliegt, oder wenn Sie eine Software in Verdacht haben, dann sollten Sie die betroffenen Produkte reklamieren. Damit der Händler oder Hersteller den Schaden einordnen kann, sollte er umfassende Informationen über die von Ihnen verwendete Hard- und Software erhalten.

Tip 643

Lassen Sie vom Hilfsprogramm Microsoft System Diagnostics einen Bericht über die verschiedenen Komponenten Ihres Systems erstellen.

Starten Sie dazu das Diagnose-Programm MSD (siehe Trick *Weiß alles über Ihr System: MSD*). Wählen Sie, nachdem Sie MSD gestartet haben, im Menü *File* den Befehl *Print Report*. Legen Sie in der daraufhin erscheinenden Dialogbox fest, über welche Systemkomponenten Informationen ausgegeben werden sollen. Wählen Sie schließlich den richtigen Druckeranschluß, und bestätigen Sie die Dialogbox. Der Bericht über Ihr System wird dann auf dem Drucker ausgegeben.

Hinweis

Möchten Sie die Informationen nicht auf Papier, sondern in eine Datei drucken, wählen Sie die Option Print to File. *Dann legt MSD im aktuellen Verzeichnis eine Datei mit dem Namen REPORT.MSD an.*

Die Systemdiagnose wird in der Datei REPORT.MSD gespeichert

Sanfter Abbruch

Das kann jedem jederzeit passieren: Eine Anwendung hat sich aufgehängt. Daß die aktuell geöffneten Dateien der betroffenen Anwendung nicht mehr gesichert werden können, ist so bedauerlich wie wahr. Aber was ist mit den Daten in den anderen Anwendungen?

Tip 644

Greifen Sie nicht zur Reset-Taste an Ihrem Rechnergehäuse, wenn eine Anwendung „hängt". Benutzen Sie lieber den Affengriff (Tastenkombination ⌜Strg⌝⌜Alt⌝⌜Entf⌝).

Wenn Sie die Reset-Taste betätigen, wird der Rechner neu gebootet – allen noch aktiven Anwendungen wird dadurch der Atem ausgeblasen. Die Folge: Keine noch geöffnete Datei würde zuvor gespeichert. Der Datenverlust wäre also je nachdem enorm.

Wenn Sie allerdings den berühmt-berüchtigten „Affengriff" benutzen, um den Rechner neu zu starten, wird nur die aktuelle Anwendung „abgewürgt". Zuvor erscheint eine Warnmeldung: Sie informiert Sie über die Folgen Ihres Vorhabens. Möchten Sie die aktive Anwendung tatsächlich auf diese abrupte Weise beenden, betätigen Sie die ⌜↵⌝-Taste.

Hinweis

Wenn Sie in dieser Situation den Affengriff erneut betätigen, wird ein Warmstart durchgeführt. Vermeiden Sie das!

Nach dem Abbruch

Wenn eine Anwendung sich „aufgehängt" hat, sprich: nicht mehr reagiert, so ist das ohne Frage *immer* eine ärgerliche Sache. Doch immerhin kann man mit Hilfe des berühmten „Affengriffs" das Schlimmste verhindern: Nur die „hängende" Anwendung wird abgebrochen (siehe Trick *Sanfter Abbruch*). Allerdings ist nach einem derartigen Eingriff das gesamte System etwas wackelig auf den Beinen.

Tip 645

Um sicherzugehen, sollten Sie alle Windows-Anwendungen schließen. Danach beenden Sie Windows und starten es erneut.

666 ganz legale Windows-Tricks

Es ist einfach sicherer, nach dem Absturz einer Anwendung das gesamte System zu beenden, denn man weiß nie, weshalb sich eine Anwendung aufhängt. Eventuell haben wichtige Speicherbereiche Schaden genommen, oft werden reservierte Speicherbereiche nicht mehr freigegeben.

Der etwas sanftere Affengriff

Wenn eine Anwendung sich „aufgehängt" hat, bleibt oft nur noch der Affengriff, also die Tastenkombination [Strg][Alt][Entf]. Außerhalb von Windows führt das direkt zum Warmstart des Systems; unter Windows wird bei dieser Tastenkombination nur die aktuell im Vordergrund arbeitende Anwendung abgebrochen. Nur, wenn Sie den Affengriff erneut betätigen, wird das System neu gebootet.

Tip 646

Nutzen Sie unbedingt die abgestufte Abbruchmöglichkeit!

Würde beim Betätigen des Affengriffs sofort Windows inklusive aller noch geöffneten Anwendungen abgebrochen, wäre der Datenverlust mit Sicherheit ziemlich groß. Die eingebaute Vorsichtsmaßnahme ist daher sehr sinnvoll. Für ihr Funktionieren ist ein Eintrag in der Windows-Systemdatei SYSTEM.INI erforderlich. Er befindet sich im Abschnitt:

`[386Enh]`

Dort tragen Sie die folgende Anweisung ein:

`LocalReboot=on`

Schalten Sie diese Möglichkeit nie ab! Seien Sie also vorsichtig, wenn Sie zum Frühjahrsputz Ihrer INI-Dateien rüsten: Dieser Eintrag sollte unbedingt erhalten bleiben!

Untergehen – aber mit Würde

Haben Sie den Affengriff betätigt, weil eine Anwendung sich „aufgehängt" hat, erscheint eine Warnmeldung auf dem Bildschirm. Dort ist nachzulesen, was Sie tun und was Sie besser lassen sollten. Sozusagen als Henkersmahlzeit bietet Windows Ihnen einen besonderen Service für die Anzeige dieser schlechten Nachricht an.

14 • Ratschläge

Tip 647

Der letzte Warnhinweis von Windows kann farblich beliebig gestaltet werden!

Irgendwie ist es ja so, als ob man sich die Blumen zur eigenen Beerdigung aussuchen würde... Wie dem auch sei: Sie können die Farben des letzten Warnhinweises selbst bestimmen. Dazu ist eine Änderung in der Windows-Systemdatei SYSTEM.INI notwendig. Laden Sie die Systemdatei in einen geeigneten Editor, und gehen Sie in den Abschnitt:

`[386Enh]`

Um die Farbe des Hintergrunds zu bestimmen, tragen Sie hier die folgende Anweisung ein, die in der Sektion normalerweise nicht existiert:

`MessageBackColor=`

Geben Sie hinter dem Gleichheitszeichen die gewünschte VGA-Farbe ein; es sind Werte zwischen 0 (schwarz) und F (hellweiß) gestattet. Der Eintrag:

`MessageBackColor=F`

bewirkt zum Beispiel einen hellweißen Hintergrund; während die folgende Angabe für einen blauen Hintergrund sorgt:

`MessageBackColor=1`

Speichern Sie nach den Korrekturen die Systemdatei. Beim nächsten Mal wird der Abbruch einer nicht mehr reagierenden Anwendung dann zumindest farblich nach Ihrem Geschmack verlaufen!

Und noch mehr Würde

Es kommt noch besser: Sie können nicht nur die Farbe des Hintergrunds der Abbruch-Warnmeldung bestimmen, sondern auch die Vordergrundfarbe. Damit steht einer angemessenen Verabschiedung also nichts mehr im Wege.

Tip 648

Wenn Sie möchten, können Sie auch noch die Textfarbe der Warnmeldung verändern!

666 ganz legale Windows-Tricks

Auch dazu ist eine Änderung in der Windows-Systemdatei SYSTEM.INI notwendig. Laden Sie die Systemdatei in einen Editor, und gehen Sie in den Abschnitt:

`[386Enh]`

Tragen Sie hier die Zeile

`MessageTextColor=`

ein. Haben Sie sich für eine VGA-Farbe entschieden, in der die Textzeichen erscheinen sollen, speichern Sie die Systemdatei. Freuen Sie sich nun auf den nächsten Abbruch – oder vielleicht besser doch nicht?

Windows-Abstürze auf IBM PS/2 verhindern

Einige IBM PS/2 haben die unschöne Angewohnheit, sich „aufzuhängen", nachdem Windows beendet wird. Manchmal schafft es der Rechner nach einem Absturz aus eigener Kraft, neu zu booten; meistens ist es jedoch an Ihnen, den Rechner neu zu starten. Keine besonders angenehme Aufgabe, wie ich finde. Das trifft besonders auf die Modelle 56 und 57, vereinzelt auch auf die Modelle 50z, 55sx, 70, 80, 90 und 95 zu.

Tip 649

Sie können den Absturz durch eine Änderung in der Windows-Systemdatei SYSTEM.INI verhindern.

Wenn Sie Windows auf einem IBM PS/2 beenden, versucht Windows auf den oben genannten Modellen, zuerst die Maus-Schnittstelle zu reinitialisieren und erst danach auf die DOS-Ebene umzuschalten. Der Grund für dieses Fehlverhalten liegt an einer, zumindest aus Sicht von Windows, problematischen Einstellung im BIOS, die sich auf die Maus bezieht.

Durch eine zusätzliche Eintragung in der Systemdatei SYSTEM.INI können Sie Windows davon abhalten, die Maus-Schnittstelle nach dem Beenden zu reinitialisieren. Laden Sie die Datei dazu in einen geeigneten Editor, am besten in den Windows-eigenen Systemkonfigurations-Editor *SysEdit*. Gehen Sie in den Abschnitt:

`[386 Enh]`

Dort tragen Sie bitte die folgende Anweisung ein:

`InitPS2MouseAtExit=False`

14 • Ratschläge

Danach speichern Sie die Systemdatei wieder. Nach dem nächsten Start vom Windows dürfte das Problem behoben sein: Windows kann jetzt ordnungsgemäß verlassen werden, ohne daß das System zusammenbricht.

Hinweis: Die Änderung verhindert zwar einen Systemabsturz, kann aber zu Problemen führen, wenn Sie nach dem Beenden von Windows eine DOS-Anwendung, die ebenfalls Mauseinsatz vorsieht, verwenden.

Bildschirmsalat auf IBM PS/2

Die Modelle 90 und 95 der IBM PS/2-Serie haben ihren eigenen Willen, wenn es um eine DOS-Anwendung im Fenster geht. Haben Sie eine DOS-Anwendung unter Windows gestartet, und wollen Sie diese mit Hilfe der Tastenkombination [Alt][↵] auf Fenstergröße verkleinern, kann es sein, daß der Bildschirm zerstört wird. Schuld daran ist ein falscher Bildschirmtreiber.

Tip 650

Verwenden Sie nicht den Standard-VGA-Treiber, sondern einen XGA-Treiber.

Der Standard-VGA-Bildschirmtreiber eignet sich nicht besonders gut für IBM PS/2-Modelle. Wechseln Sie mit Hilfe des *Windows-Setup* den Bildschirmtreiber. Wählen Sie danach aus der Liste *Anzeige* den Eintrag *XGA (640x480, 16 Farben)* aus. Bestätigen Sie die Veränderungen am Setup, und starten Sie Ihren Rechner erneut.

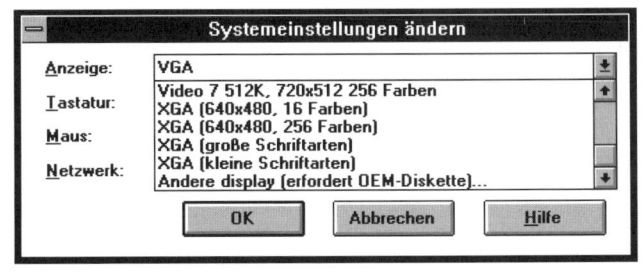

Verwenden Sie XGA-Bildschirmtreiber auf IBM PS/2-Modellen 90 und 95

Nach dem Verlassen von Windows: ¢£¤¥¨º»*

Wenn Sie mit einem Rechner der Firma Leading Technology PC Partner arbeiten und Windows verlassen, kann es passieren, daß Sie auf dem Bildschirm nur noch Zeichen sehen, die denen in der Überschrift sehr ähnlich sind. Sinnvolle Eingaben sind nicht mehr möglich; schließlich stürzt der Rechner ab.

Tip 651

Erscheinen nach Verlassen von Windows unsinnige Zeichen auf dem Bildschirm, dann verwenden Sie den zu Windows gehörenden VGA-Bildschirmtreiber!

Der Windows-eigene VGA-Bildschirmtreiber funktioniert zwar auf Geräten der Firma Leading Technology PC Partner, aber nur solange Windows läuft. Sobald Sie Windows verlassen, erscheint nur noch ein wildes Zeichen-Wirrwarr auf dem Monitor – egal, ob vorher der Standard-Modus oder der erweiterte Windows-Modus aktiv war. Ändern Sie das mit dem Windows-Setup. Wählen Sie aus der Liste *Anzeige* den „normalen" Windows-VGA-Treiber (Version 3.0) aus. Bestätigen Sie Ihre Setup-Änderung, und starten Sie den Rechner neu.

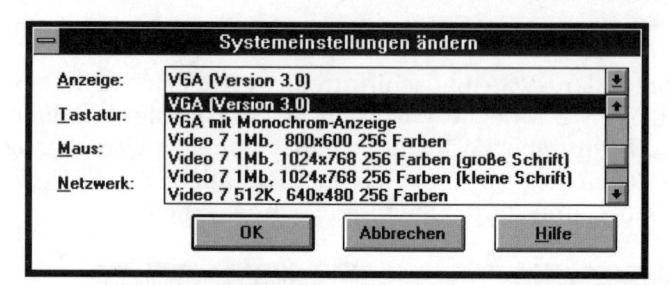

Dieser Bildschirmtreiber sorgt für Abhilfe

14 • Ratschläge

Vorsorgen mit MS-AntiVirus

Den Viren auf der Spur

Datenverlust und Schäden am PC ärgern jeden, gehören aber leider mehr oder weniger zum PC-Alltag. Manchmal ist Fehlbedienung die Ursache für eine Schwierigkeit, manchmal auch ein Softwarefehler, häufig genug sind aber auch Viren die Ursache. Unter einem Computervirus versteht man ein kleines, „bösartiges", sich selbst vermehrendes, unsichtbares Programm (in jedem Fall geschickt programmiert), das Unheil in Ihrem PC anrichten kann. Von harmlosen, aber erschreckenden Effekten wie etwa einem über den Bildschirm kriechenden Wurm oder der unvermittelt am Bildschirm erscheinenden Forderung „Legalize Marjuana" bis hin zur ernsthaften Beschädigung der Datenbestände reichen die Untaten der Viren.

Tip 652
Prüfen Sie Ihren PC regelmäßig auf Virenbefall. Mit dem Windows-Programm AntiVirus *geht das besonders leicht!*

Über das Hilfsprogramm MS-AntiVirus verfügen Sie dann, wenn Sie MS-DOS 6.0 oder 6.2 auf Ihrem Rechner installiert haben. Das entsprechende Programm-Icon befindet sich in der Programmgruppe *Microsoft Hilfsmittel*. Um Ihren Rechner auf Virenbefall zu prüfen, klicken Sie doppelt auf das entsprechende Programm-Icon.

Das Virenprüfprogramm erscheint in einem Fenster. Klicken Sie zuerst in der Laufwerksspalte auf der linken Seite des Fensters dasjenige Laufwerk an, das Sie auf Virenbefall untersuchen möchten. Windows liest daraufhin die Verzeichnisstruktur des ausgewählten Laufwerks ein.

Überlegen Sie sich nun, ob Sie eventuell gefundene Viren nur anzeigen oder auch entfernen lassen möchten. Wählen Sie entsprechend *Erkennen* oder *Erkennen und Beseitigen*. Alles weitere geschieht vollautomatisch: Windows prüft nun zuerst den Arbeitsspeicher und anschließend den ausgewählten Datenträger. Eventuelle Virenfunde werden gemeldet. Haben Sie *Erkennen und Beseitigen* gewählt, werden entdeckte Bösewichte von MS-AntiVirus sofort gelöscht.

Ist die Virenprüfung beendet, erscheint ein Protokoll auf dem Bildschirm.

666 ganz legale Windows-Tricks

Durch einen Doppelklick auf dieses Icon kommen Sie den Viren auf die Schliche

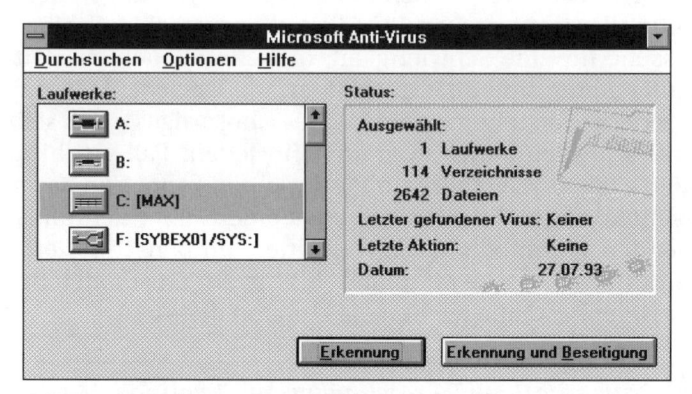

Die erste Festplatte soll nach Viren untersucht werden

Keine Viren auf der Diskette!

Alarm!!!

Wie jedes andere waschechte Windows-Programm können Sie auch das zum Lieferumfang von MS-DOS 6 gehörende Virenprüfprogramm MS-AntiVirus im Hintergrund ablaufen lassen. Während Sie also weiter mit Textverarbeitung, Tabellenkalkulation oder anderen Anwendungen arbeiten, kämmt MS-AntiVirus die Festplatte nach Viren durch. Klare Sache: Ein typischer Fall von Multitasking. Allerdings sollten Sie bei dieser Arbeitsmethode aufpassen, daß Ihnen Meldungen über eventuelle Virenfunde nicht entgehen.

14 • Ratschläge

Tip 653

Lassen Sie sich durch einen akustischen Signalton auf Meldungen von AntiVirus *aufmerksam machen! Nur so können Sie unverzüglich eingreifen, wenn ein Virus entdeckt wird.*

Um den Alarmton zu aktivieren, wählen Sie im Anwendungsfenster von Anti-Virus den Befehl *Optionen▶Optionen einstellen*. In einer Dialogbox werden alle möglichen Optionen angezeigt. Damit bei Meldungen ein akustisches Signal ertönt, darf die Option *Signalton deaktivieren* nicht aktiviert sein – das Kästchen vor der entsprechenden Zeile muß also leer sein.

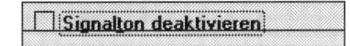

☐ Signalton deaktivieren

Der Signalton sollte stets aktiviert sein

Michelangelo und Konsorten

Das zum Lieferumfang von MS-DOS 6 gehörende Anti-Viren-Programm MS-AntiVirus erkennt mehr als 1.000 Virenarten. Welche das sind? Sie können sich einen Überblick verschaffen, denn MS-AntiVirus hält entsprechende Listen bereit!

Tip 654

Betreiben Sie ein wenig Virenkunde. Schnüffeln Sie doch mal in der Virenliste von AntiVirus *herum!*

Starten Sie dazu das Virenprüfprogramm. Wählen Sie danach im Anwendungsfenster von *AntiVirus* den Befehl *Durchsuchen▶Virusliste*. In alphabetischer Reihenfolge werden dann alle Viren angezeigt, die *AntiVirus* zur Zeit bekannt sind.

Suchen Sie einen bestimmten Virus, geben Sie in dem Feld *Suchen nach* einfach die ersten Buchstaben seines Namen ein. Das Programm springt dann automatisch zur gewünschten Stelle in der Liste.

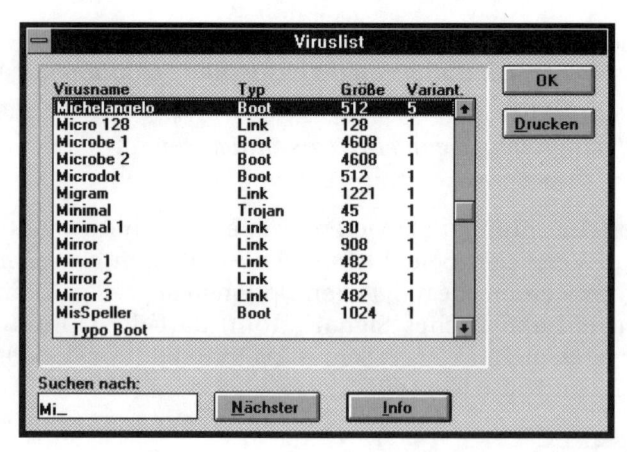

Lauter Viren

Trojanische Pferde und andere gemeine Viecher

Falls Sie sich für einen Virus etwas näher interessieren, so ist auch das kein Problem. *MS AntiVirus* weiß eine ganze Menge über die ihm bekannten Viren, um sie entdecken und entfernen zu können. Auf diese Datenbasis können Sie zurückgreifen, um sich einen Überblick zu verschaffen.

Tip 655

Interessieren Sie sich für einen Virus besonders, lassen Sie sich genauere Informationen dazu anzeigen.

Markieren Sie dazu den betreffenden Eintrag in der Virenliste von *MS Anti-Virus*. Schon in der Liste können Sie neben der Größe auch den Virentyp erkennen. *AntiVirus* unterscheidet grob nach drei Virenarten:

Trojan: Trojanische Pferde sind Viren, die sich als legale Programme getarnt ins System einschleichen und vervielfältigen. Besonders gefährlich!

Boot: Boot-Sektor-Viren befallen den sogenannten Boot-Sektor eines Datenträgers. Über diesen Sektor wird der Rechner gestartet.

Link: Viren dieses Typs nisten sich in bestehende Dateien ein, insbesondere in Programmdateien. Sie vermehren sich, wenn die infizierte Befehlsdatei benutzt wird.

14 • Ratschläge

> **Hinweis**
>
> *Wünschen Sie zu einem bestimmten Virus weitere Informationen, klicken Sie auf Info. In einer Dialogbox wird erklärt, mit welchen Dateien und auf welche Weise der Virus sein Unwesen treibt. Möchten Sie diese Informationen nicht nur auf dem Bildschirm, sondern zum weiteren Studium auch auf Papier vor sich haben, klicken Sie einfach auf die Befehlstaste Drucken.*

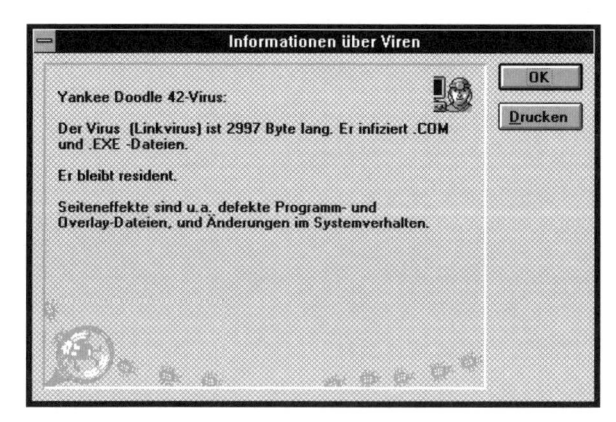

Was der Virus anstellt, teilt Ihnen die Viren-Info mit

Viren-Prophylaxe

Besser als das beste Nasenspray ist, erst gar keinen Schnupfen zu bekommen. Genauso verhält es sich mit den Computerviren. Obwohl man viele von ihnen mit *MS AntiVirus* wirksam bekämpfen kann, erspart man sich eine Menge Ärger, wenn man es erst gar nicht zum Virenbefall kommen läßt.

> **Tip 656**
>
> *Vorsorgen ist besser als nachsorgen! Beherzigen Sie ein paar Verhaltensregeln, dann sind Sie vor Viren sicher!*

- Stecken Sie nicht bedenkenlos jede Diskette ins Diskettenlaufwerk, auch wenn's manchmal noch so verlockend ist. Verwenden Sie nur Disketten aus seriösen Quellen.
- Lassen Sie die Finger von jeder Form von Raubkopie!
- Sofern Sie mit elektronischen Mailboxen arbeiten, benutzen Sie nur seriöse Netze, die garantiert regelmäßig geprüft werden.

- Überprüfen Sie jede Fremddiskette und jede aus einer Mailbox kommende Anwendung mit Hilfe von MS-AntiVirus auf eventuellen Virenbefall.
- Prüfen Sie Ihre Festplatte(n) in regelmäßigen Abständen mit Anti-Virus auf Virenbefall.
- Sollten Sie ein Virus festgestellt haben, lassen Sie ihn mit Anti-Virus entfernen. Informieren Sie unbedingt alle, die von Ihnen in letzter Zeit Disketten erhalten haben.

14 • Ratschläge

Vorsorgen mit MS-Backup
Doppelt hält besser

Eines der denkbar größten Übel in der Computerei ist gewiß die Möglichkeit des Datenverlustes. So kann es zum Beispiel ziemlich leicht passieren, daß man versehentlich eine wichtige Datei löscht. Aber auch höhere Gewalt kann Schaden anrichten: Irgendwann gibt jede Diskette und auch jede Festplatte einmal ihren Geist auf. Vielleicht morgen, vielleicht aber auch erst in fünfzehn Jahren. Dann kommt es darauf an, möglichst gut darauf vorbereitet zu sein.

Tip 657
Auch wenn es etwas Mühe macht: Fertigen Sie mit Hilfe des Windows-Backup-Programms MS Backup *regelmäßig Sicherheitskopien von den Datenbeständen an! Es lohnt sich auf jeden Fall.*

Wer MS-DOS 6 auf seinem Rechner installiert hat, der verfügt automatisch über das Windows-Backup-Programm *MS Backup*. Es befindet sich in der Programmgruppe *Microsoft Hilfsmittel*. Mit seiner Hilfe können Sie auf bequeme Weise Ihre Datenbestände auf Disketten sichern.

Sicher: Sollte es niemals zu Datenverlust auf der Festplatte kommen, war die ganze Mühe für die Katz'. Aber sobald auch nur einer einzigen wichtigen Datei, sagen wir: der Budget-Planung fürs kommende Jahr, an der Sie drei Wochen rumgedoktort haben, etwas zustößt, werden Sie furchtbar dankbar sein, auf Sicherheitskopien zurückgreifen zu können. Das Zurückkopieren von gesicherten Daten ist dank der Restore-Befehlstaste von *MS Backup* kein Problem.

Hinweis
Wer nicht mit DOS 6 arbeitet und somit nicht über das Windows-Backup-Programm MS Backup *verfügt, sollte mit anderen speziellen Backup-Programmen, zum Beispiel mit dem Backup-Programm der PC Tools arbeiten.* MS Backup *und* MS Backup für Windows *(es gibt jeweils eine Version für MS-DOS und Windows) stellen Lizenz-Versionen des Backup-Programms von Symantec (Norton Backup) dar.*

Verwenden Sie zur Sicherung größerer Datenbestände nicht den Kopierbefehl des *Datei-Managers* von Windows. Um eine Komplettsicherung durchzuführen, ist meistens ein ganzer Stoß Disketten notwendig. Diese weiß ein spezielles Backup-Programm geschickter zu verwalten als der normale Kopierbefehl.

Das Icon für das Windows-Backup-Programm

Nur zur Probe

Wenn Sie *MS Backup* das erste Mal starten, teilt Windows Ihnen mit, daß die Anwendung zuerst an die Konfiguration Ihres Rechners angepaßt werden muß. Dabei wird zuerst die installierte Hardware geprüft, anschließend führt *MS Backup* selbständig ein kleines Probe-Backup durch.

Tip 658

Vertagen Sie die Tests nicht auf später! Lassen Sie den Kompatibilitätstest und das Probe-Backup vor dem ersten „richtigen" Backup durchführen. Nur dann besteht die Gewißheit, daß alles glatt läuft.

Beim Kompatibilitätstest prüft *MS Backup* selbständig eine Reihe von Systemkomponenten, die für das Erstellen von Backups später wichtig sein können: Überprüft wird zum Beispiel, über welchen Prozessor und welche Laufwerke Ihr Rechner verfügt.

Danach ist ein Probe-Backup fällig. Legen Sie dazu zwei leere Disketten bereit. Die Tests werden weitestgehend automatisch durchgeführt. Nur ein paar Angaben, zum Beispiel auf welchem Laufwerk die Daten des Probe-Backups gespeichert werden sollen, sind erforderlich.

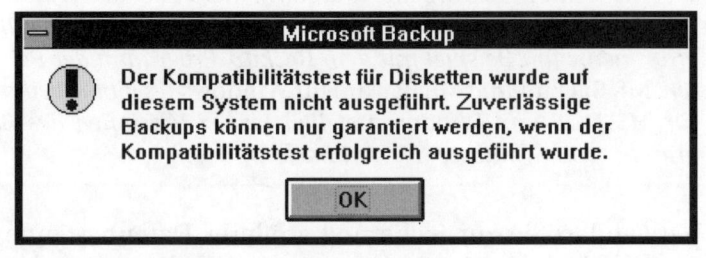

Führen Sie den Test vor dem ersten Backup durch

14 • Ratschläge

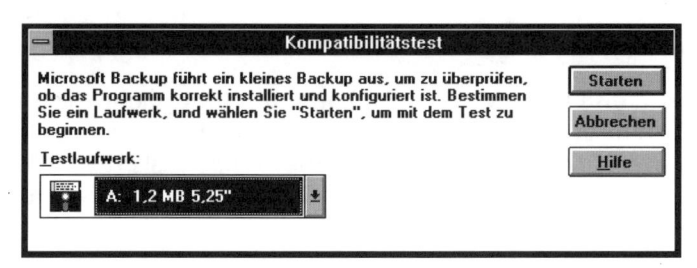

Ein Probe-Backup wird durchgeführt

MS Backup: Neue Hardware installiert

Ein Kompatibilitätstest zur Bestimmung der im Rechner installierten Hardware-Bestandteile empfiehlt sich nicht nur bei der allerersten Benutzung von *MS Backup*, sondern auch, wenn sich an der Hardwareausstattung etwas geändert hat.

Tip 659

Wenn Sie Veränderungen an der Hardwareausstattung vorgenommen, beispielsweise ein neues Laufwerk eingebaut haben, empfiehlt es sich, den Test durchzuführen.

Klicken Sie dazu in der Toolbar auf den Button *Konfiguration*. Es erscheint eine weitere Dialogbox. Wählen Sie hier die Fläche *Kompatibilitätstest*. Wie schon bei dem Test vor dem ersten Backup wird erneut ein Probe-Backup durchgeführt. Sind die Tests beendet, hat sich *MS Backup* auf die neuen Hardwarekomponenten eingestellt.

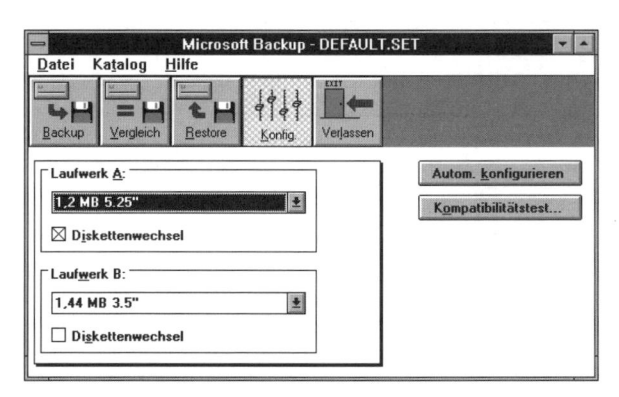

Die Schaltfläche Kompatibilitätstest *erreichen Sie über den Befehl* Konfiguration *in der Toolbar*

641

666 ganz legale   Windows-Tricks

Ein Rundum-Backup

Wer zum ersten Mal ein Backup durchführt, sollte sich überwinden und eine komplette Sicherung der Festplatte durchführen. Das kostet zwar Zeit, Mühe und vor allem eine Menge Disketten, lohnt sich aber. In Zukunft müssen dann nur noch die Dateien gesichert werden, die nach der KomplettsSicherung erstellt oder verändert wurden.

Tip 660 *Wählen Sie bei der ersten Datensicherung den Backup-Typ Gesamt.*

Nachdem Sie im Anwendungsfenster von *Backup* auf die Befehlsfläche *Backup* geklickt haben, erscheint eine Dialogbox, in der Sie u.a. angeben müssen, welche Dateien auf welchem Laufwerk gesichert werden sollen.

In dieser Box können Sie auch den Backup-Typ bestimmen: Wählen Sie im entsprechenden Listenfeld unten links in der Dialogbox unbedingt die Option *Gesamt*. *Backup* berechnet dann sofort, wieviele Disketten erforderlich sein werden und wie lange die Komplettsicherung dauern wird.

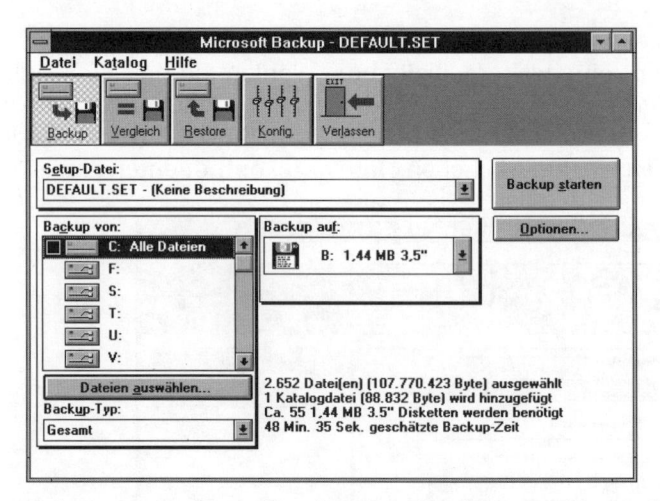

Beim ersten Backup sollte eine Komplettsicherung (Gesamt) *durchgeführt werden*

14 • Ratschläge

Sicherheitskopien: Immer auf dem aktuellsten Stand

Eine komplette Datensicherung (siehe Trick 661) ist ein sanftes Ruhekissen. Sie vermittelt nicht nur das gute Gefühl, im Fall eines Festplattencrashs gesichert zu sein. Sie ermöglicht auch eine willkommene Arbeitsersparnis für alle kommenden Datensicherungen desselben Datenträgers.

Tip 661

Halten Sie Ihre Sicherheitskopien stets auf dem aktuellsten Stand! Haben Sie einmal ein Gesamt-Backup erstellt, sichern Sie danach nur die neu erstellten oder veränderten Dateien.

Dazu wählen Sie aus der Liste *Backup-Typ* die Option *Zuwachs*. Diese Wahl stellt sicher, daß nur die Dateien gesichert werden, die seit der letzten Sicherung verändert oder neu erstellt wurden. Ob die letzte Datensicherung ein Gesamt- oder ein Teil-Backup war, spielt dabei keine Rolle. Nicht gesichert werden bei dieser Art von erweiterndem Backup alle Dateien, die Sie seit dem letzten Backup nicht angerührt haben: Von denen haben Sie ja bereits eine Sicherheitskopie.

Hinweis

Sie können sich auch für den Backup-Typ Differential *entscheiden. Bei diesem Typ werden nur diejenigen Dateien gesichert, die seit dem letzten Komplett-Backup (Typ* Gesamt) *gesichert wurden.*

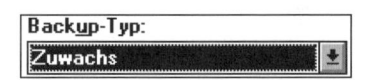

Backup-Typ:
Zuwachs

Mit einem Zuwachs-Backup halten Sie Ihre gesicherten Daten stets auf dem neuesten Stand

Einstellungen festhalten

Nachdem Sie das Backup-Programm gestartet haben, gilt es jedesmal aufs neue, eine paar Angaben zu machen: Was soll wo gespeichert werden? Das kann lästig werden. Zumal, wenn man sowieso häufig die selben Einstellungen verwendet.

Tip 662

Halten Sie Ihre Standard-Einstellungen in einer Setup-Datei fest!

Bestimmen Sie dazu zuerst wie gewohnt die zu sichernden Dateien sowie das Laufwerk, auf dem die Dateien gespeichert werden sollen. Stimmen alle Angaben, wählen Sie den Befehl *Datei* ▶ *Setup speichern unter*. Es erscheint eine Dialogbox: Geben Sie hier den Namen und eine kurze Beschreibung der Setup-Einstellungen an. Nennen Sie die Setup-Datei, die Sie jeden Abend fürs Zuwachs-Backup benötigen, zum Beispiel ABEND.SET.

Gehört es zu Ihren Gewohnheiten, verschiedene Arten von Backups anzufertigen, ist es am praktischsten, für jede Backup-Art eine eigene Setup-Datei anzufertigen. *Backup* erlaubt bis zu 50 Setup-Dateien, doch so viele werden Sie sicherlich nicht benötigen.

Alle erstellten Setup-Dateien stehen Ihnen in der Liste *Setup-Datei* zur Verfügung. Standardmäßig ist hier die Datei DEFAULT.SET ausgewählt. Sobald Sie aus dieser Liste den gewünschten Eintrag ausgewählt haben, werden die in der entsprechenden Datei gespeicherten Backup-Einstellungen sofort übernommen.

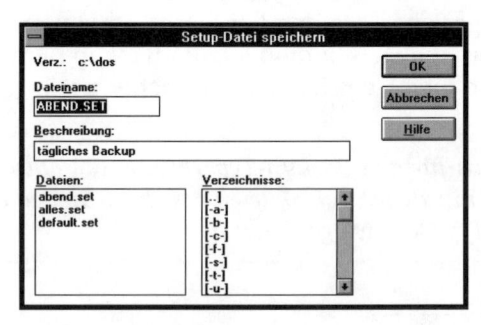

Die Einstellungen fürs Standard-Backup werden gespeichert

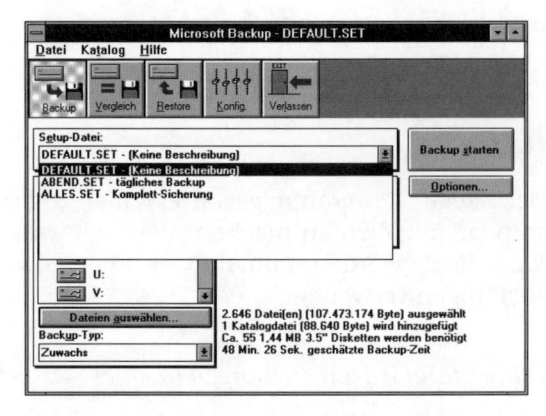

Sie können zwischen verschiedenen Setup-Dateien auswählen

Setup-Einstellungen schwarz auf weiß

Vor allem, wer mit mehreren Setup-Dateien arbeitet, möchte die unterschiedlichen Einstellungen vielleicht gerne schwarz auf weiß vor sich haben – damit man auf einen Blick weiß, welche Backup-Einstellungen sich in welcher Setup-Datei verbergen.

Tip 663 *An eine äußerst detaillierte Auflistung der in einer bestimmten Setup-Datei gespeicherten Backup-Einstellungen gelangen Sie, wenn Sie die Setup-Inhalte ausdrucken lassen.*

Markieren Sie dazu zuerst in der Liste *Setup-Datei* diejenige Datei, deren Einstellungen Sie drucken möchten. Wählen Sie danach im Menü *Datei* den Befehl *Drucken*. Die Dialogbox *Aktuelle Einstellungen drucken* erscheint. Aktivieren Sie in dieser Box den Druckmodus *Grafik*. Nur wenn Sie diesen Druckmodus gewählt haben, erscheinen der Name und die Beschreibung der ausgegebenen Setup-Datei als Kopf der Info-Seiten.

Wenn Sie die Dialogbox bestätigen, wird eine zweiseitige Liste mit allen Backup-Einstellungen auf dem Drucker ausgegeben. Die gedruckten Angaben sind sehr viel ausführlicher als die Informationen, die zu den einzelnen Setup-Dateien auf dem Bildschirm angezeigt werden.

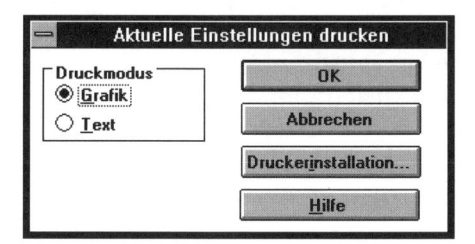

Die Setup-Einstellungen können ausgedruckt werden

Wie viele Disketten werde ich benötigen?

Backup ist so nett, und berechnet für Sie, wieviele Disketten Sie für das gewünschte Backup voraussichtlich benötigen werden und wie lange der Sicherungsvorgang dauern wird. Das kann jedoch erst geschehen, nachdem Sie die zu sichernden Dateien ausgewählt haben. Schließlich kann Windows keine Gedanken lesen.

666 ganz legale Windows-Tricks

Tip 664

Überschlagen Sie grob, wie viele Disketten Sie benötigen werden, bevor Sie die zu sichernden Dateien markieren.

So können Sie vor dem Beginn des Backups abschätzen, ob Sie noch genügend Disketten „auf Lager" haben. Die Anzahl der benötigten Disketten hängt von zwei Dingen ab: Erstens: Wie groß ist die zu sichernde Datenmenge? Und zweitens: Wie viele Daten faßt die gewählte Diskettensorte?

Damit Ihnen das Einschätzen der benötigten Anzahl an Disketten leichter fällt, hier eine Tabelle mit Richtwerten für die unterschiedlichen Diskettentypen.

Kapazität	360 KB	720 KB	1,2 MB	1,44 MB	2,88 MB
1 MB	3	2	1	1	1
10 MB	29	15	9	8	4
20 MB	57	29	18	15	7
30 MB	86	43	26	22	11
40 MB	114	57	35	29	14
60 MB	170	86	52	43	21

Hinweis: Es empfiehlt sich, zum Sichern von Daten keine Disketten mit doppelter Dichte (370 oder 720 KByte), sondern nur solche mit hoher Dichte (1,2 oder 1,44 bzw. 2,88 MByte) zu verwenden – ansonsten steigt die Anzahl der benötigten Scheiben schnell ins Immense.

Beim Sichern den Bauch einziehen

Wer viele Daten sichern will, sollte vorher einen Großeinkauf Disketten tätigen. Der gesamte Datenbestand einer durchschnittlichen Festplatte verschlingt beim Backup leicht ein paar Dutzend Disketten (siehe auch Tabelle in Trick 664). Doch zum Glück gibt es einen Weg, die Anzahl der benötigten Disketten zu reduzieren.

Tip 665

Komprimieren Sie die Dateien beim Anfertigen des Backups!

14 • Ratschläge

Durch ein Kreuzchen an der richtigen Stelle erledigt *Backup* diese Aufgabe für Sie. Klicken Sie dazu zuerst in der Toolbar auf den Befehl *Backup*. In der daraufhin erscheinenden Dialogbox befindet sich auf der rechten Seite die Schaltfläche *Optionen*; aktivieren Sie sie.

Eine weitere Box wird eingeblendet. Hier befindet sich u.a. die Option *Backup-Daten komprimieren*. Um Speicherplatz und auch Zeit zu sparen, sollten Sie diese Option unbedingt aktivieren.

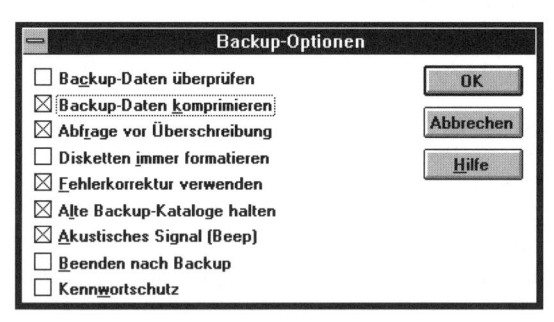

```
                     Backup-Optionen
    ☐ Backup-Daten überprüfen              ┌─────────┐
    ☒ Backup-Daten komprimieren            │   OK    │
    ☒ Abfrage vor Überschreibung           ├─────────┤
    ☐ Disketten immer formatieren          │Abbrechen│
    ☒ Fehlerkorrektur verwenden            ├─────────┤
    ☒ Alte Backup-Kataloge halten          │  Hilfe  │
    ☒ Akustisches Signal (Beep)            └─────────┘
    ☐ Beenden nach Backup
    ☐ Kennwortschutz
```

Eine Komprimierung der gesicherten Dateien spart Diskettenspeicher

Starten mit Komfort

Wer mit Hilfe der Anweisungen LOAD= oder RUN= (in WIN.INI) Anwendungen startet, wird mit einem konkreten Problem konfrontiert: Man kann den Anwendungen keine Parameter oder Optionen übergeben. Der folgende Tip zeigt, wie man Windows hier ein Schnippchen schlägt.

Tip 666

Durch einen Eintrag im Registrier-Editor und einer kleinen Hilfsdatei kann man erreichen, daß eine Anwendung samt Parametern und Optionen gestartet wird.

Vielleicht haben Sie sich ja auch schonmal gefragt, welche Existenzberechtigung die beiden Befehle LOAD= und RUN= der Systemdatei WIN.INI noch haben, wo man doch dasselbe – anscheinend bequemer – mit Hilfe der Programmgruppe *Autostart* erreichen kann. In der Tat ist es so, daß LOAD= und RUN= immer seltener benutzt werden. Manche Anwendungen nehmen hier von sich aus Ergänzungen vor, prominentestes Beispiel: der Adobe Type Manager (ATM), um sicherzustellen, daß sie nach jedem Windows-Start geladen und gestartet werden.

647

666 ganz legale Windows-Tricks

Allerdings hat die Programmgruppe *Autostart* auch einige Nachteile. So besteht zum Beispiel die Möglichkeit, die dort aufgeführten Anwendungen ausnahmsweise nicht zu starten, indem man beim Windows-Start die Taste ⇧ drückt. Was problematisch sein kann, zum Beispiel dann, wenn das System durch ein Kennwort geschützt ist, das durch ein Programm in der Autostart-Gruppe abgefragt wird.

Zweiter Nachteil: Windows startet die Anwendungen in der Autostart-Gruppe nicht unbedingt in der gewünschten Reihenfolge (also von links nach rechts), sondern zuerst die Windows-Anwendungen und erst danach die DOS-Anwendungen. Man hat also keine Chance, mit einer DOS-Anwendung zu beginnen.

Wenn man Anweisungen LOAD= oder RUN= verwendet, hat man diese Sorgen nicht, doch dafür hat man andere. So ist es zum Beispiel nicht möglich, den Anwendungen Parameter oder Optionen zu übergeben, da Windows nach jedem Leerzeichen eine neue (zu startende) Anwendung erwartet. Einzige Ausnahme: Dateinamen lassen sich übergeben, indem man anstelle der Anwendung den Dateinamen verwendet:

```
LOAD=beispiel.xls
```

Was aber auch nur dann funktioniert, wenn zwischen Dateikennung und Anwendung eine Verknüpfung hergestellt wurde. Müssen mehrere Parameter oder Optionen übergeben werden, gibt es nur einen Weg, und den möchte ich Ihnen diesmal präsentieren – er macht allerdings ein bißchen Arbeit.

Das Beispiel soll zeigen, wie Sie automatisch beim „Hochfahren" von Windows auch auch WinWord starten, und zwar zusammen mit der jeweils zuletzt bearbeiteten Datei. Dazu verwendet man die WinWord-Option */mDatei1*, die man nicht verknüpfen und auch nicht in der LOAD-Anweisung angeben kann. Deshalb behilft man sich wie folgt:

1. Richten Sie mit Hilfe eines Editors eine kleine Hilfsdatei ein, die *ein* Zeichen enthält - Inhalt unwichtig. Speichern Sie die Datei als Z.ZZZ im Windows-Verzeichnis.

2. Wählen Sie im Datei-Manager die Funktion *Datei ▶ Ausführen* und starten Sie RegEdit, den versteckten Registrier-Editor für OLE-Anwendungen.

3. Hier wählen Sie die Funktion *Bearbeiten ▶ Dateityp hinzufügen* und tragen in der Dialogbox folgendes ein: Unter *Bezeichner* eine beliebige Beschreibung, die kein Leerzeichen enthält, etwa „WinWord-Wunder", unter *Dateityp* eine Umschreibung des verarbeiteten

Dateityps, aus gegebenem Anlaß zum Beispiel „Letzte Textdatei", und unter *Befehl* die Anweisung:

```
winword /mDatei1
```

4. Im Datei-Manager markieren Sie die Hilfsdatei Z.ZZZ und aktivieren danach die Funktion *Datei ▶ Verknüpfen*. Im Feld *Verknüpfen mit* wählen Sie den neuen RegEdit-Eintrag aus, der *Letzte Textdatei (winword)* lauten müßte.

5. Nun ergänzen Sie in WIN.INI die Anweisung LOAD= um den Dateinamen der Hilfsdatei Z.ZZZ. Falls bereits Anweisungen vorhanden sind, plazieren Sie den Dateinamen entsprechend:

```
LOAD=atikey.exe z.zzz clock.exe
```

Danach speichern Sie und starten Windows neu. Sie werden sehen: Durch den Trick wird tatsächlich automatisch Word für Windows gestartet, und zwar mit der zuletzt benutzten Datei. Wenn Sie eine andere Anwendung starten wollen, der Parameter oder Optionen übergeben werden müssen, gehen Sie entsprechend vor.

Leitfaden

Sehen Sie sich die folgenden Rubriken doch einmal an: Vielleicht erkennen Sie sich ja wieder. Dann lohnt es sich, die mit Nummern aufgeführten Tricks aufzuschlagen und in ihnen herumzustöbern.

Die besten Tricks ...

... für Laptop-Benutzer:

Tip 174:	„Wo steckt die Maus?" (Mausspur auf LCD-Bildschirmen)
Tip 175:	„Eine kürzere Spur" (Mausspur definieren)
Tip 549:	„Nicht für die Kleinen: der 32-Bit-Zugiff" (32 Bit contra Stromspareinrichtung)
Tip 556:	„Weg mit unnötigem Ballast" (Windows-Komponenten entfernen)
Tip 557:	„Gezielte Datei-Diät" (Windows-Dateien löschen)

... für Netzwerkler:

Tip 100:	„Der Programm-Manager in Fesseln" (Befehl *Ausführen* abblenden)
Tip 101:	„Beenden unmöglich" (Befehl *Beenden* verbieten)
Tip 102:	„Wo ist das Menü *Datei*?" (Menü *Datei* abblenden)
Tip 103:	„Rühr' meine Programmgruppen nicht an!" (EditLevel 1)
Tip 104:	„Finger weg von den Programm-Icons!" (EditLevel 2)
Tip 105:	„Unveränderliche Programmeigenschaften" (EditLevel 3)
Tip 106:	„Verbote wieder aufheben" (Alle Befehle wiederherstellen)
Tip 134:	„Tarnkappe für Systemsteuerungs-Icons" (Icons verstecken)
Tip 454:	„Wer blockiert die Netzwerkwarteschlange?" (Infos über Netzwerkdrucker)
Tip 510:	„Novell-Netzwerk: Anwendung streikt" (höherer Wert für *File handles*)
Tip 519:	„Soviel muß es schon sein: die Mindestvoraussetzungen" (Hardwareanforderungen für Windows für Workgroups)
Tip 520:	„Einer behält die Übersicht" (Netzwerk-Verwalter)
Tip 521:	„Reger Druckverkehr in der Arbeitsgruppe" (Druck-Server bereitstellen)
Tip 522:	„Eigene Gruppe mit Netzwerk-Tools" (*Netzwerk*-Programmgruppe einrichten)
Tip 527:	„Das Allerletzte (LAN-Manager)" (LASTDRIVE-Befehl)
Tip 528:	„Ohne Allerletztes (Novell)" (LASTDRIVE-Befehl)

666 ganz legale   Windows-Tricks

... für Tastaturjunkies:

Tip 92:	„Abkürzung funktioniert auch über die Tastatur" (Programmgruppeneigenschaften)
Tip 144:	„Tastatur regulieren" (Wiederholfrequenz und Verzögerungsrate)
Tip 234:	„Der Tasten-Tarzan" (Tastenkombinationen für den Datei-Manager)
Tip 287:	„⇧ statt Alt" (Verschieben von Dateien)
Tip 288:	„Schnelle Tasten für die Dateiverwaltung" (Dateien verschieben, kopieren, löschen)
Tip 292:	„Die Abkürzung zu den Dateiattributen" (Tastenkombination für die Dateieigenschaften)
Tip 379:	„Von Karte zu Karte ohne Maus" (Hotkeys für den *Karteikasten*)
Tip 395:	„Heiße Tasten für den *Kalender*" (Hotkeys)
Tip 405:	„Heiße Tasten für *Write*" (Hotkeys)

... für Individualisten:

Tip 137:	„2/7/93 statt 02.07.93" (individueller Datumsstempel)
Tip 185:	„Die kunterbunte Windowswelt" (individuelles Desktop)
Tip 186:	„Nichts von der Stange" (Wunschfarben fürs Desktop)
Tip 187:	„Für ganz Kreative: Farben selbst anrühren" (Bildschirmelemente einfärben)
Tip 188:	„Bringen Sie Farbe ins Hilfesystem" (Hilfetexte farbig gestalten)
Tip 189:	„Rosarote Definitionen" (Glossar farbig gestalten)
Tip 190:	„Die Farbskala für die Villa Kunterbunt" (Farbwerte)
Tip 193:	„Letzter Schliff: Icon-Unterschriften nach Wahl" (individuelle Schriftart für Icons)
Tip 204:	„Pausenbild" (Bildschirmschoner)
Tip 205:	„Bildschirmschoner sekundengenau" (Reaktion des Schoners konfigurieren)
Tip 206:	„Schonen mit Pfiff" (Schoner konfigurieren)
Tip 217:	„Tapetenwechsel" (Hintergrundbild)
Tip 219:	„Für Kreativlinge: Selbstgedruckte Tapeten" (BMP-Datei als Hintergrundbild)
Tip 220:	„Foto-Tapete" (Foto als Hintergrundbild)
Tip 224:	„Ganz schön link, diese Leisten" (Pull-Down-Menüs linksbündig)

Leitfaden

Tip 268:	„Eine besonders schöne Verzeichnisliste" (Verzeichnisliste als gestalteter Text)
Tip 442:	„Individuelle Namen für die Drucker" (Drucker taufen)
Tip 481:	„Ein prägnantes DOS-Prompt" (individuelles DOS-Prompt unter Windows)
Tip 486:	„Phantasievollere Icons" (Icons für DOS-Anwendungen)
Tip 647:	„Untergehen - aber mit Würde" (Warnhinweise farbig gestalten)
Tip 648:	„Und noch mehr Würde" (Absturzmeldungen farbig gestalten)

... für ganz Gemeine:

Tip 9:	„Tarnkappe für die Systemsteuerungs-Icons" (Icons verstecken)
Tip 101:	„Beenden unmöglich" (Befehl *Beenden* verbieten)
Tip 107:	„Programmgruppen verstecken" (Icons der Programmgruppen verbergen)
Tip 212:	„Ganz Gemeine schaffen's immer" (Paßwortschutz umgehen)
Tip 340:	„Straffreie Bilderfälschung" (Namen in Screenshots verändern)

... für Verspielte:

Tip 110:	„Schöne Grüße von den Entwicklern" (Windows-Kino)
Tip 383:	„Fliegenschiß mit Folgen" (Schummeln bei *Minesweeper*)
Tip 384:	„Und noch ein bißchen schummeln" (*Minesweeper*)
Tip 385:	„Minesweper mit Sound" (*Minesweeper* musikalisch untermalen)
Tip 386:	„Minesweeper: Sieg in Rekordzeit" (Schummeln)
Tip 387:	„Solitär: Schnelle Sieger" (Schummeln)

... für Mulitmedia-Fans:

Tip 324:	„Ziehen, fallenlassen, anhören" (Drag and Drop mit WAV-Dateien)
Tip 335:	„Sound ohne Soundkarte" (SPEAKER.DRV)
Tip 336:	„Haste Töne: Es klingelt, krächzt, kracht..." (Soundeffekte für Ereignisse)
Tip 338:	„Mit Echo" (Echo-Effekt bei WAV-Dateien)
Tip 632:	„Falscher Treiber für den SoundBlaster" (Neue Treiberversion)
Tip 636:	„Treiber für die Sound-Karte nicht installierbar" (Treiberkonflikt)

666 ganz legale Windows-Tricks

... für Modem-Benutzer:

Tip 4:	„Wenn die dritte serielle Schnittstelle fehlt" (COM3:)
Tip 148:	„Fehlerhafte Modemübertragung" (Datenpuffer erhöhen)
Tip 149:	„Datenübertragung contra Schreib-Cache" (Festplattencache abstellen)
Tip 153:	„Datenübertragung ruckzuck" (UART-Bausteine)
Tip 413:	„Nur 24 Zeilen" (Bildschirmseite bei *Terminal*)
Tip 619:	„Ärger mit den seriellen Schnittstellen?" (Hardware-Interrupts von COM1: bis COM4:)
Tip 620:	„Krach zwischen Rechner und externem Gerät?" (Datenübertragungsparameter)
Tip 621:	„Stimmt die Adresse?" (I/O-Adresse)
Tip 622:	„Immer schön der Reihe nach" (Zugriffskonflikte an der seriellen Schnittstelle)
Tip 625:	„Noch 'ne Verhaltensmaßregel" (Serielle Schnittstelle und DOS-Fenster)
Tip 627:	„Das Modem will von Windows nichts wissen" (ATDP-Befehl)

... für Batch-Fans:

Tip 37:	„Vor dem Start noch ein paar Dinge erledigen" (WINSTART.BAT)
Tip 44:	„Batchdatei für Doppelt- und Dreifachstart" (Parameter für Windows-Start)
Tip 124:	„Automatisches Kopieren der wichtigsten Windows-Dateien" (Batchdatei zum Kopieren der Systemdateien)
Tip 305:	„Icons für Batchdateien" (Programmicons)
Tip 306:	„Ganze Diskette löschen mit einem Klick" (DELDRV_A.BAT)
Tip 309:	„Datenmüll - nein danke! (Temporäre Dateien löschen mit MUELL.BAT)

Stichwortverzeichnis

Symbole

.BMP 345
.PCX 345
.SCR 221
16550 UART 161
32-Bit-Zugriff 46, 539
   aktivieren 540
   beim Start abschalten 541
   beim Start unterbinden 46
   Laptops 540
   Option einrichten 540
32-Bit-Zugriff (Festplatte) 18, 540
32BitDiskAccess= 541
386SPART.PAR 133, 508, 529
8514sys.fon 234

A

Abstand
   Symbole 204
Accelerator 580
Administrator
   Netzwerk 512
Adobe Type Manager 448, 558
Affengriff 530, 627
After Dark 225, 458, 620
Aktionstaste
   Maus 185
Aktive Anwendung 83
Aktuelle Einstellungen speichern 235
Allgemeine Schutzverletzung 171
Allgemeine Schutzverletzungen 168
Alt-Taste
   Probleme mit 603
Anführungszeichen im Text 325
Animation
   Gang-Screen 115
Anmerkung in Systemdatei 128
Anschlüsse 607
ANSI-Codes 326
ANSI.SYS 488, 558

AntiVirus 533, 618, 633, 634
   Warnton 635
Anweisungen in INI-Dateien außer Kraft
   setzen 127
Anwendung
   automatisch starten 54
   im Hintergrund 599
   mit Dateityp verbinden 278
   starten über den Datei-Manager 276
   starten und Dokument laden 277
   über HotKey starten 77
   Uhrzeit anzeigen 73
Anwendung, aktive auswählen 83
Anwendung als Symbol starten 81
Anwendung auf Symbolgröße 80
Anwendung Dateikennung 276
Anwendung deinstallieren 103
Anwendung im Vordergrund 543
   exklusiv 545
Anwendung mit Anfangsbuchstaben
   auswählen 79
Anwendung mit Dateityp verbinden 278
Anwendung mit Windows starten 49
Anwendung starten
   und Dokument laden 51
Anwendung starten (beim Start) 647
Anwendung verschieben 104
Anwendungen
   Dateiformate 410
   DOS mit Maus 181
   in den Programm-Manager
      einbinden 92
   installieren 92
   nur eine zulassen 47
   schließen 117
   verlassen 117
   wechseln 82
Anwendungen registrieren 92
Anwendungsfenster anordnen 85, 86
Anwendungsprogramme einrichten 93

655

Anwendungsverzeichnis verschieben 268
APPEND 480
APPS.INF 473
Arbeitsgeschwindigkeit 525, 540
Arbeitsspeicher 33
    Cache-Programme 565
    defekt 34, 35
    ergänzen 523
    erweitern 579
    Hintergrundbilder 226, 555
    Knappheit 595
    kontrollieren 605
    Muster 229
    simulieren 523
    Windows für Workgroups 512
Arbeitsspeicher defekt 34
Arbeitsspeicher Probleme mit 34
Arbeitsverzeichnis 100, 266
Arcnet 163
ASCII 446
ASCII-Codes 326
ASSIGN 480
ATM 448, 558
Attribute einer Datei 295
Audio-CDs abspielen 336
Audio-Treiber 336
Aufgehängt
    DOS 496
Auflösung
    beim Drucken 445
Ausdruck Verzeichnisinhalt 269
Ausführbare Dateien 154
Auslagerungsdatei 523
    Backup 133
    beschädigt 507
    Dateiname 529
    DoubleSpace 507
    einschränken 528
    Konflikt mit Bildschirmtreiber 533
    löschen 529, 623
    maximale Größe 526, 527
    nicht komprimieren 507
    permanent 524
    Probleme beim Einrichten 534
    Stacker-Festplatte 563
    temporär 525
    Viren 533
    zu klein 534
Auslagerungsdatei auf Netzwerklaufwerk 525
Auslagerungsdatei einrichten 523
Auslastung Arbeitsspeicher testen 605
Ausschneiden 411
AUTOEXEC.BAT 26, 104
    Mindestkonfiguration 39
    ohne DOS-Shell 42
    Pfadangaben 94, 268
    Sicherheitskopie 127
    SmartDrive 564
    Suchpfad 50
    und Windows 3.0 48
    Windows starten 41
    Windows-Prompt 476
Automatischer Start von Anwendungen 54
AutoStart 54
    Reihenfolge 54
    Umgehen 55
Autostart 73
    anderer Programmgruppen 56
    Nachteile 648
    verzichten auf 647

B

Backup
    Auslagerungsdatei 133
Backup 291, 640
    Icon für 132
    mit Komprimierung 646
    Setup-Datei 643
    wieviele Disketten? 646
    Zurückkopieren 135
Batch
    Siehe Batchdatei 306
Batchdatei
    für den Windows-Start 52
    Löschen kompletter Disketten 307

Stichwortverzeichnis

Batchdatei, Icon für 306
Batchdateien 154, 306
   Sichern von Systemdateien 131
Baud 161
BDA 612
Beenden einer Anwendung 117
Beenden einer DOS-Anwendung 503
Beenden einer DOS-Anwendung über
   Task-Manager 503
Beep 151
beep= 151
Befehle
   außer Kraft setzen 105, 106, 110
Bemerkung in Systemdatei 128
Benutzer
   mehrere 211
Beschleunigerkarte 580
Beschreibung umbrechen 206
Betriebsmodus 44, 64, 522
Bild
   großformatiges 344
Bilddatei
   Infos 349
Bilddatei laden 346
Bilddateien
   Grafikformate 345
Bildschirm
   Auflösung 353
   Ausdruck vom 340
   Schwarze Flecken 621
   streikt 621
Bildschirmauflösung 353
Bildschirmauflösung ermitteln 22
Bildschirmauflösung verändern 144
Bildschirmfoto 340
Bildschirmschoner 214
   After Dark 225, 458
   aktiv nach 214
   als Icon 221
   contra automatisch speichern 223
   contra Menüs 224
   konfigurieren 215, 216
   macht Probleme 620

   mit Kennwortschutz 217
   sofort starten 220
   Windows 3.0 225
Bildschirmtreiber 499
   größere Schriften 233
   Konflikt mit Auslagerungsdatei 533
   SVGA 145
Bildschirmtreiber begrenzen 144
Bildschirmtreiber wechseln 144
Bill Gates 115
BIOS 168
BIOS Address Table 612
Blinkendes Icon 92
BMP-Datei
   als Hintergrundbild 227
BMP-Dateien 345, 352
   Tabelle 557
Boot-Sektor-Viren 636
Booten
   von Startdiskette 38
BOOTLOG.TXT 592
Bootvorgang 38, 39
Bugs
   ausfindig machen 164
Büroklammer 591

C

Cache 565
   abschalten 571
Cardinal-Bildschirmkarte 355
CD-ROM 319
CD-ROM, Skala 338
CD-ROM-Laufwerk 336
CDs abspielen 336
Clean Boot 38, 39
Client 421
CLP-Dateien 413
CMOS
   falsche Einträge 33
CMOS-Speicher 33
COM-Dateien 154
COM1 607
COM1AutoAssign= 610

657

COM1Buffer 157
Com1FIFO= 161
COM3 14
COM4Base= 613
COM4IRQ= 613
COMMAND.COM 304, 495, 594
CommDrv30= 159
Compaq 29
Compress 480
CompuServe 329, 619
Computer-Virus 633
COMx 608, 609
CONFIG.SYS 26, 34, 175, 500, 537
   editieren 124
   Maus 176, 177
   Mindestkonfiguration 38
   RAM-Disk einrichten 560
   Sicherheitskopie 127
CONTROL.INI 219
Controller 170
CPU-Zeit 543
CPU-Zeit verteilen 543
Creative Labs 618
Cursor
   Blinkfrequenz 153
Cursor-Blinkfrequenz 153

D

Datei
   Attribute 295
   Befehlsdateien 154
   Drucken in 441
   Eigenschaften 295
   entpacken 174
   mit Anwendung verknüpfen 278
Datei ausführen
   verboten 105
Datei beenden
   verboten 106
Datei suchen 286
Datei SYSTEM.TXT 35
Datei-Eigenschaften 295
Datei-Manager

Addons 248
Ansicht auswählen 256
Backup erstellen 639
Datei suchen 286
Dateien auswählen 283
Dateien markieren 283
Datenträger formatieren 300
Einstellungen speichern 248
Fenster anordnen 250
Fenster aufteilen 246
Großbuchstaben 244
Konfiguration speichern 235
Lange Dateinamen ermöglichen 298
Laufwerke wechseln 259
Outfit verändern 243
per Tastatur 241
Probleme bei kleinen Dateien 293
Schriftart wählen 243
Sicherheitsabfrage 290
starten 240
statt Programm-Manager 113
statt Task-Manager 87
Statuszeile 254
Symbolleiste 318
Trennwand 245
Verzeichnisliste aktualisieren 252
Verzeichnisliste drucken 270
Volume Label anzeigen 258
Windows für Workgroups 318
zusätzliche Menüpunkte 246
Datei-Manager Anwendung starten 276
Datei-Manager Dateien sortieren 256
Datei-Manager Dokumentdateien 256
Datei-Manager Druck
   Verzeichnis-Inhalt 269
Datei-Manager Laufwerk aktualisieren 252
Datei-Manager letztes Fenster 250
Datei-Manager schneller starten 15, 562
Datei-Manager Schriftart 243
Datei-Manager Speicherbedarf
   markierte Dateien 254
Datei-Manager Unterverzeichnisse 261
Datei-Manager Versteckte Dateien 254

Stichwortverzeichnis

Datei-Manager Verzeichnis einrichten 274
Datei-Manager Verzeichnisfenster
    aktualisieren 252
Datei-Manager Verzeichnisinhalt
    drucken 269
Dateiarten
    BMP und RLE 352
Dateiattribut
    Hidden 297
    Löschschutz 295
Dateiattribute 295
Dateien
    Datums-Stempel 146
    entpacken 26, 617
    kopieren 292, 293
    maximal gleichzeitig offene 499
    Systemdateien 304
    Systemdateien anzeigen 297
    Systemdateien erkennen 297
    verbinden 419
    verknüpfen 419
    verschieben 292, 293
    versehentlich gelöscht 312
    verstecken 297
    versteckte anzeigen 297
    wiederbeleben 312
Dateien bearbeiten 365
Dateien kleine 293
Dateien komprimierte 26
Dateien markieren
    alle 284
    einzelne 283
Dateien Probleme beim Verschieben/
    Kopieren 293
Dateien schnell auswählen 264
Dateien sortiert anzeigen 256
Dateien verknüpfen
    Extrawürste 279
Dateien verstecken 297
Dateien versteckte 254
Dateien versteckte erkennen 297
Dateiendungen 410
Dateiformate 410

Dateikennung 276
    .SCR 221
    .WAV 328
    Programmdateien 154
Dateiname
    langer 298
Dateitypen 285
Daten retten 312
Daten sichern 291
Datenaustausch 411, 416, 596
    DOS und Windows 490
    Linking 419
Datenpuffer 157
Datenübertragung
    beschleunigen 161
    Probleme 157
    Standard-Modus 159
Datenübertragungsparameter 608
Datenverlust 547
    verhindern 627
Datum
    Format 146
    individuelles Format 147
Datum einstellen 75
Datumsformat 146
    individuelles 147
DBLSPACE.BIN 305
DEFRAG 534, 547
Defragmentierer 480
Desktop
    Einstellungen speichern 235
    Farben bestimmen 194
    Farben definieren 196
    Farbkombination eigene 195
    größere Schriften 233
    Hintergrundbild 555
    Hintergrundbild einrichten 226
    Muster 228
    Muster bearbeiten 229
Dezimalstellen 149
Diagnose
    Arcnet 163
Diagnose des Systems 162

Differential-Backup 643
Disk-Manager 532
Diskette
   schreibgeschützte 320
Disketten
   formatieren 300
   schnell formatieren 300
Division durch Null 598
DLL-Datei 520
DLL-Dateien 246
Dokument
   Sinnbild für 89
Dokument drucken 439
Dokument laden
   beim Programmstart 277
   per Drag and Drop 280
Dokument laden (Drag and Drop) 280
Dokument mit Anwendung laden 51
Dokument-Icon 89
Dokumente eigenes Verzeichnis 265
Doppelklick
   DOS-Anwendung schließen 504
Doppelklickgeschwindigkeit 186
Doppelpufferung 572
DOS
   Hohen Speicherbereich nutzen 479
   Mausbedienung 181
   Screenshots 493
   Umgebungsspeicher 594
   Versionsanzeige 478
   Vollbild 482
DOS und Windows 466
DOS-Absturz
   Danach 497
DOS-Anwendung
   abbrechen 496
   drucken 606
   durch Doppelklick schließen 504
   Fenster automatisch schließen 468
   Flexibile Parameter 470
   Flexibler Start 470
   Icon für 481
   im Fenster 483
   im Hintergrund 489
   Mausbedienung 180
   Option 470
   Vollbild 467
DOS-Anwendung Prioritäten 544
DOS-Anwendungen
   Absturz 496
   Arbeitsspeicher 472
   beenden 503
   beschleunigen 484
   Datenaustausch 490
   drucken 458
   dynamische Speicherverwaltung 472
   Einfügen beschleunigen 491
   flexible Parameterabfrage 470
   Hotkeys 470
   im Fenster 467
   inaktives Fenster 468
   keine Alt+Tab-Umschaltung 498
   Mausbedienung 181
   Parameter 469
   PIF-Dateien für 472
   Reservierte Tastenkombinationen 471
   Schriftart 484
   Schriftarten nicht verfügbar 485
   Speicherprobleme 605
   Super-VGA 497
   Systemmenüfeld 490
   Tastatur-Interrupt 603
   zuwenig Umgebungsspeicher 594
   Zwischenablage 490
DOS-Anwendungen einfrieren 545
DOS-Anwendungen; und serielle Schnittstellen 612
DOS-Befehle
   tabu 479
   Tabus 480
   und Windows-Setup 26
DOS-Befehle eingeben 474
DOS-Box 474
   als Fensteranwendung 482
   Anzeige einfrieren 478
   auf Tastendruck 476

Stichwortverzeichnis

Hinweise unterdrücken 474
im Fenster 482
nicht startbar 499
Schriftart 484
spezielles Prompt 475
DOS-Fenster
   Bildschirmtreiber 499
   mehr Zeilen 487
   ohne Maus 181
DOS-Fenster Schriftgröße 484
DOS-Icon 481
DOS-Programme 154
DOS-Prompt
   spezielles 475
DOS-Shell
   Start unterbinden 42
DOS-Spooler 460
DOS-Suchpfad 95
DOS-Version 596
DOS=HIGH 479
DOSPRMPT.PIF 495
DOSPromptExitInstruc= 475
DOSSHELL abschaffen 240
DOSX.EXE 599
Dots per Inch 353
Double Buffering 572
DoubleclickHeight 183
DoubleclickWidth 183
DoubleSpace 506, 564
   Auslagerungsdatei 507
DoubleSpace und Systemdisketten 305
dpi 445
Dr. Watson 164, 622
   Icon einrichten 164
   Protokolldatei 165
Drag and Drop
   Dokument drucken 439
   Ein Dokument laden 280
Drag and Drop im Griff 290
Druck
   abbrechen 452
   auf den Kopf 462
   beschleunigen 445, 446

DOS-Spooler 460
Drag and Drop 439
Fehlerquellen 456
nach Beenden von Windows 459
PostScript 456
Probleme 454
Rechenzeit für 440
TIFF-Dateien 463
unterbrechen 451
Warteschlange 449
Warteschlange Netzwerkdrucker 450
Druck-Manager 439
   Autostart 440
   Priorität 441
   übergehen 461
Druckauftrag löschen 452
Druckdatei 441, 443
   unter DOS 445
Drucken
   ASCII-Zeichen 446
   aus DOS-Anwendungen 458
   im Hintergrund 440
   in eine Datei 441
Drucker
   Anschluß FILE 442
   Cartridges 459
   Druckereinrichtung 436
   Individueller Name 437
   Installation, Probleme bei 434
   mehrere installieren 435
   Namen vergeben 438
   Schnittstelle 455
   Schriftarten 122
   Standarddrucker 435
   verbinden 442, 458
   wechseln 435
Drucker installieren 434
Drucker-Server 513
Drucker-Warteschlange 449, 452
   aktualisieren 452
   manipulieren 449
Druckereinrichtung 436, 457
Druckerkonfiguration 606

661

Druckerschriftarten 122
Druckertreiber 434
   aktivieren 123
   der richtige 454
   entfernen 454
   hinzufügen 455
Druckertreiber installieren 434
Druckertreiber „Universal/Nur Text" 446
Druckparameter 457
DRWATSON.LOG 165, 622
Dualdisplay= 498
Dynamic Link Libraries 246

E

Echo 331
Editieren der Systemdateien 124
EditLevel 108
EditLevel 1 108
EditLevel 2 109
EditLevel 3 110
EditLevel 4 110
Editor 365
  Dateigröße 367
  Drucken 366
  Fußzeile 366
  Kopf-/Fußzeile 366
  Kopfzeile 366
  Schriftart 368
  Seite einrichten 366
  Steuerzeichen 366
  Zeit und Datum übernehmen 365
  Zeitstempel 365
Einfügen
  aus der Zwischenablage 411
  Inhalte 418
Embedding 417
EMM386 537, 572
Entwickler
  Grüße von 115
Entwickler von Windows 115
Environment 594
EOF-Symbol (End of File) 457
EPS-Dateien 457

Erweiterter Modus 522
Erweiterungsspeicher
  reservieren 34
Excel 429
  AUTOSAVE.XLM 223
  Bildschirmschoner 223
  EXCEL.XLB 430
  Startschwierigkeiten 430
  Symbolleisten 429
EXE-Dateien 154
EXPAND 27, 136
Extended Memory 45

F

Farbe im Hilfesystem 10
Farben
  eigene definieren 196
Farben wechseln (Paintbrush) 350
Farbgestaltung
  der Warnhinweise 628
  des Hilfesystems 197
  Desktop 194
Farbkombination komponieren 195
Farbmuster 194
  verändern 195
Farbskala 200
FastDisk 18, 540
FasterModeSwitch=1 160
FDISK 532
Fehler bei Zugriff auf Laufwerk A 599
Fehlerdiagnose verschicken 165
Fehlermeldungen 594
Fehlerquellen, wenn der Drucker nicht will 456
Fehlersuche 164
  bei der Installation 37
  Logdatei 165
Fenster
  anordnen 85
  Größe ändern 76
  Vollbild 76
  nebeneinander (Anwendungen) 85
  untereinander (Anwendungen) 85

Stichwortverzeichnis

Fenster schließen 76
Fenster schließen nach Beenden 468
Fensteranwendung
   DOS-Box 482
Fensterverwaltung 76, 210
   beim Datei-Manager 251
Festplatte
   32-Bit-Zugriff 539
   abspecken 548
   aufräumen 547
   beschleunigen 534, 539, 547, 564
   defragmentieren 534, 547
   fehlerhafte Partition 533
   komprimieren 547
   optimieren 534
   Partitionierung 532
   Speicher reservieren 528
   Speicherknappheit 525, 528
   Zugriffszeiten 547
Festplatte beschleunigen 18, 540
Festplatten-Cache 564
Festplattenkomprimierer
   DoubleSpace 564
   Stacker 563
File Sharing 380
Files= 500
FileSysChange= 128
Font
   löschen 551
Font für DOS-Box 484
Font-Dateien installieren 121
Font-Manager
   ATM 448
Fontaholic 551
FontChangeEnable= 486
Fonts
   große 233
   installieren 120
   skalierbare 122
   WingDings 325
Fonts installieren 19
fonts.fon= 234
Formatieren

Diskette 300
   im Hintergrund 322
   QuickFormat 300
Formatieren von Disketten 300
Foto als Hintergrundbild 228
französische Anführungszeichen 325
Funktionsleiste 212
Funktionstaste <F5> 39
Funktionstasten 292
Fußzeilen drucken 366

G

Gang Screen 115
Gates Bill 10, 115
Gedankenstrich 326
General Protection Fault 168
Gerätekonkurrenz 459, 611
Gerätetreiber
   ANSI.SYS 558
Gesamt-Backup 642
Glossarbegriffe (Hilfesystem) 199
GPS 168
Grafik
   als Start-Logo 61
Grafikauflösung
   beim Drucken 446
Grafiken
   Datei-Info 349
   Formate 346
   verbinden 349
Grafikformat
   RLE 352
Grafikformate 345
   konvertieren 352
Grafikkarte
   Orchid 533
   Treiber 499
Grafikkarten
   Accelerator 580
Grafiktreiber 144
GRAPHICS 26
Große Schriften 233
Größtmögliche Laufwerkskennung 518

663

GRP-Dateien 625
Grüße von den Entwicklern 115

H

Hardcopy
  DOS 493
  für DOS direkt anfertigen 494
Harddisk
  siehe Festplatte 539
Hardware-Fehler 34
Hardware-Interrupt 607
Hercules Graphics Station Card 621
Hidden-Attribut 297
Hilfe
  auf Tastendruck 584
  Info 522
  kontextsensitive 584
Hilfe anfordern 585
Hilfesystem
  Lesezeichen löschen 588
Hilfesystem 584, 585
  Farben verändern 197
  Glossarbegriff 199
  Lesezeichen 585
  mit Anmerkungen 589
  Popup 589
  Stichwörter 198
Hilfesystem Farbe 10
Hilfsprogramm 585
  MSD 162
HIMEM 29, 33, 34
HIMEM Option /INT15 34
Hintergrund
  DOS-Anwendung 489
Hintergrundbild 226, 555
  ausprobieren 227
  contra Muster 230
  eigene Motive 227
  Foto 228
  Größe 557
Hintergrundpriorität 544, 545
Hintergrundprozesse einfrieren 545
Hohen Speicherbereich nutzen 537

Hotkey
  für DOS-Anwendungen 78
HotKey für Anwendung 77
Hotkey für DOS-Anwendungen 470
Hotkey für Makro 359
Hotline 165
HP Laserjet II 461
HP Laserjet III 402
Huntergrundbilder
  Tabelle 557

I

I/O-Adresse 608
IBM PS/2
  Probleme 630, 631
IBMDOS.COM 303
IBMIO.COM 303
ICO-Format 238
Icon
  blinkend 92
  für Backups 132
  für das Lernprogramm 67
  für die Versionsanzeige 64
  für Dokumente 89
  für Sysedit 126
  fürs Hilfesystem 585
  SmartMon 569
  Unterschrift 203
  verschieben 202
Icon für Anwendung einrichten 90
Icon für DOS-Anwendung 481
Icon für Verzeichnis einrichten 260
Icon-Unterzeile 203
  Schrift verändern 203
Icon-Unterzeilen
  umbrechen 205
Icons
  Abstände bestimmen 204
  Abstände vertikal 205
  anordnen 208
  für Batchdateien 306
  kopieren 201
  selbst anfertigen 237

Stichwortverzeichnis

Toolbar ohne Unterzeilen 212
Unterschriften löschen 206
Icons kopieren 91
Icons verstecken (Systemsteuerung) 20
IconTitleFaceName 203
IconTitleSize 203
IconTitleStyle 204
IconVerticalSpacing= 205
Individuelle Farben 196
Info-Dateien 591
Inhalte einfügen 418
INI-Datei
   Anmerkung 128
INI-Dateien
   Anweisungen deaktivieren 127
   Maximalgröße 125
   Siehe auch Systemdateien 137
INI-Dateien editieren 124
INI-Dateien entrümpeln 554
Installation 26
   Anwendungen registrieren 92
   auf Compaq-Rechnern 29
   Bestehende Version ersetzen 29
   Fehlermeldung 40
   Probleme bei 35
   Probleme lokalisieren 36
Installation Probleme bei 35
IO.SYS 297, 301
ISA-Bus 580

J, K

JOIN 26, 480
JumpColor 198
Kahn Philippe 14
Kalender 386
   drucken 392
   Tastaturbelegung 391
   Weckfunktion 387
Karteikasten 370
   ASCII-Dateien 377
   Daten einfügen 379
   Datenaustausch 379
   File Sharing 380

Suchen 370
Telefonieren 371
Telefonnummern 374
Kennwort
   ändern 218
   löschen 218
   vergessen 219
Kennwortschutz 217
   sofort 219
   umgehen 220
Klangdatei
   Länge 335
Klangdateien 328
   eigene 334
   Speicherbedarf 336
   zusammenfügen 334
Klangdateien rückwärts 332
Klangrekorder 328
   Geschwindigkeit erhöhen 332
   Spezialeffekte 331
kleine Dateien 293
Klickgenauigkeit 183
Kommandoprozessor 304, 495, 594
Kommunikation 157
Kommunikationstreiber 158
Komprimierte Dateien 26
Komprimierte Laufwerke 506
Konfiguration speichern 235
Kontextsensitive Hilfe 584
Konventioneller Speicher 472
Konvertieren
   Grafikformate 352
Kopfzeilen drucken 366
Kopieren
   in die Zwischenablage 411
Kopieren Dateien 292
Kreise zeichnen 342
KRNL386.EXE 599
Kurzanwahl Dateinamen 264

L

LAN Manager 298
   LASTDRIVE 518

665

Ländereinstellungen
 Datumsformat 146
 negative Zahlen 150
 Trennzeichen 148
 Währungsangaben 149
 Zahlenformat 149
Lange Dateinamen 298
Laptop
 Maus 183
Laptops
 Einschränkungen 540
LASTDRIVE 518
Lauferke, komprimierte 506
Laufwerk umbenannt 623
Laufwerkskennung
 größtmögliche 518
LCD-Bildschirm
 Maus 183
Lernprogramm 66
Lese-Cache 571
Lesecache 571
Lesezeichen
 Hilfesystem 585
Lesezeichen löschen 588
Linksbündige Pull-Down-Menüs 232
Linkshänder 185
LOAD= 647
LOADHIGH 574
Local Bus 580
LocalReboot= 628
Logdatei 577
Logitech-Maus 182
Logo
 Auflösung 62
Löschen
 Schützen vor 295
Löschschutz 295, 314
Löschüberwachung 314
Lotus 22
LPT1 437, 455
LPT1.DOS 460
LPT2 437, 455

M

Mailboxen 637
Makro
 aufzeichnen 272, 358
 ausführen über Hotkey 359
 automatisch ausführen 362
 automatisch laden 361
 automatisch starten 363
 Hotkeys 359
 Inhalt einsehen 364
 Mausbewegungen aufzeichnen 358
 Tasten aufzeichnen 358
Makrorekorder 272, 358
 automatisch laden 360
 Inhalt eines Makros 364
 Makrodatei automatisch laden 361
 undokumentierte Funktionen 363
Manzi Jim 22
Markieren Verzeichnisse 285
Maschinen, virtuelle 500
Maus 174
 Aktionstaste 185
 bedienen lernen 66
 Bewegungen ruckartig 192
 Cursor 188
 Cursor einstellen 186
 Doppelklickgeschwindigkeit 186
 DOS.Anwendungen 181
 für Linkshänder 185
 im DOS-Fenster 180
 in DOS-Anwendung 180
 Klickgenauigkeit 183
 konfigurieren 188
 LCD-Bildschirme 183
 Logitech 182
 Maustasten belegen 189
 MS-DOS 6 192
 Option /Y 177
 Programmgruppe 191
 Schnittstelle 607
 Sensibilität 183, 186
 Spur 183
 streikt 178

Stichwortverzeichnis

Maus Einstellungen sichern 23
Maus Klicken 23
Maus Sensibilität regulieren 23
Maus-Manager 187
    Version 8.2 191
Mausinstallation
    automatisch 175
Mausspur 183
    verändern 184
Maustasten
    mit Funktionen belegen 189
Maustasten vertauschen 185
Maustreiber
    aktualisieren 180
    DOS-Anwendungen 181
    installieren 174
    Option /Y 177
Mausbewegungen
    kontrollieren 290
Mauszeiger
    Aussehen 188
    Größe 188
Maximalgröße INI-Dateien 125
Medien-Wiedergabe
    siehe Klangrekorder 331
Mehrere Anwendungen parallel 82
Meldung
    Nicht genügend Arbeitsspeicher 595
Menüs
    linksbündig 232
MessageBackColor= 629
MessageTextColor= 630
Michelangelo 533, 635
Microsoft Hilfsmittel 633, 639
Microsoft-Hilfsmittel 569
Mindestkonfiguration 38
Minesweeper
    Bestenliste 382
    mit Sound 383
    Rekordzeiten 384
    schummeln 381, 382
Minimale Zeitscheibe 160
MinUserDiskSpace= 528

Modem
    Probleme 157
    Schnittstelle 607
    streikt unter Windows 614
Monitor
    Auflösung 353
Monochrom-Monitor
    Speicherbereich verwenden 536
MORICONS.DLL 481
MOUSE.DRV 174
MOUSE.INI 187
MOUSE.SYS
    Option /Y 177
MouseInBox= 181
MS-AntiVirus 634
MS-Backup 134, 640
    Kompatibilitätstest 641
    konfigurieren 640
    Probe-Backup 640
MS-DOS
    DoubleSpace 564
MS-DOS 6
    Maus 192
MS-DOS 6.0
    Besonderheiten 305
MS-DOS-Eingabeaufforderung 474
    Hinweise unterdrücken 474
    Listen anhalten 478
    PIF-Datei 495
    verbotene Befehle 480
    Versionsanzeige 478
MSD 162, 626
    im Arcnet 163
    Option /I 163
MSDOS.SYS 297
Multimedia 580
    Treiber entfernen 552
    Treiberdateien 553
Multitasking 82, 543
    Datenaustausch 596
    Gewichtung 543
    Prioritäten 543
Musik-Box 336

Muster 228
  contra Hintergrundbild 230
Muster bearbeiten 230

N
Nachrichten versenden
  Netzwerk 69
NCR 37
NCR PC 37
Negative Zahlen 150
Netware 519
NETX.COM 501
Netzwerk 518
  Installation 68
  Lange Dateinamen 298
  Nachrichten versenden 69
  Probleme bei Arcnet 163
  Warteschlange Drucker 450
  Windows für Workgroups 512
Netzwerk-Tools 513
Netzwerklaufwerk
  Auslagerungsdatei 525
Netzwerkwarteschlange 450
nicht behebbarer Fehler 622
Nicht genügend Arbeitsspeicher 595
NoClose 106
NoFileMenu 107
Norton Backup 639
Norton Desktop for Windows 620
Norton Peter 18
NoRun 105
Novell
  LASTDRIVE 519
Novell Netware 519
Novell-Netz 501
Nur eine Anwendung zulassen 47

O
Obere Speicherbereiche 32
Oberen Speicherbereich nutzen 537
Objekt
  eingebettetes 417
Objekt einbetten 417

OLE 416
  Anwendungen registrieren 414
  Client 421
  Embedding 417
  Linking 419
  Server 421
On-Line Hilfe 584
Optimieren von Windows 522
Optionen beim Windows-Start 42

P
Page Maker 432
Paging= 535
Paintbrush 340
  256 Farben 354
  Auflösung ermitteln 353
  Datei laden 346
  Doppelklick 355
  Farben wechseln 350
  Farbradierer 350
  Funktion widerrufen 351
  Gesamtanblick 352
  großformatige Bilder 344
  Infos 349
  Kreise zeichnen 342
  Motiv kopieren 347
  Quadrate zeichnen 343
  Schwierigkeiten beim Druck 355
  Seitenränder 356
  Sonderfunktionen 355
  Spezialradierer 351
  Undo 351
Paintshop Pro 63, 352
parallele Schnittstelle 455
Parameter 470
  eingeben 470
  flexible 470
Parameter bei DOS-Anwendungen 469
Partitionierung der Festplatte 532
Paßwort
  löschen 218
Paßwort ändern 218
Paßwort vergessen 219

Stichwortverzeichnis

Paßwortschutz 217
  sofort 219
  umgehen 220
PATH 26, 95
Pausenbild 214
PC DOS 303
PC-Lautsprecher 329
PCX-Datei 345
PCX-Dateien 345
Peace of cake 35
Performancegewinn 525, 534, 540, 581
Permanente Auslagerungsdatei 524
Permanente Auslagerungsdatei beschädigt 507
PerVMFILES= 501
PIF-Datei 472, 594
  Hotkey festlegen 78
  Speicher regulieren 606
  Tastenkombinationen reservieren 498
PIF-Dateien 154, 466
PIF-Editor 466
  Hilfesystem 466
Pixel 204
Popup-Box 589
PopupColor 199
PostScript 456
PRINT 26, 460
Prioritäten 544
  Multitasking 543
Probe-Backup 640
Probehören 330
Probleme bei Installation 35
PROGMAN.EXE 114
  erneuern 602
PROGMAN.INI 56, 96, 106, 109, 112, 263
Programm
  einrichten 92
  über Hotkey starten 77
  umsiedeln 104
Programm beenden 117
Programm Dateikennung 276
Programm deinstallieren 103
Programm starten 53, 276, 282
Programm-Icon 89
  einrichten 90
Programm-Icons
  schützen 109
Programm-Manager
  Alternativen zum 113
  Beenden unterbinden 106
  DOS-Anwendung installieren 481
  einschränken 108
  Funktionsleiste 212
  Icon-Abstand 204
  Individuell 72
  Konfiguration 105
  Konfiguration speichern 235
  Programmeigenschaften 96
  Restriktionen 105, 109
  Restriktionen aufheben 111
  Shell 601
  Sinnbild 89
  Sinnbilder schützen 109
  streikt 601
  Symbole anordnen 208
  Symbole kopieren 91
  Titelleiste ändern 72
  Toolbar 212
  umtaufen 72
Programm-Manager Anwendung starten 276
Programmdateien 154
Programmeigenschaften 96
  ändern 81
  Arbeitsverzeichnis 100, 266
Programmgruppe
  AutoStart 54
  Eigenschaften 98
  Netzwerk-Tools 513
Programmgruppe AutoStart
  Reihenfolge 54
  Umgehen 55
Programmgruppe einrichten 210
Programmgruppe Maus 191
Programmgruppen
  anordnen 96

669

automatisch eingerichtete 210
  hinzufügen 210
  schützen 108
  wiederherstellen 624
  verstecken 112
Programmgruppendatei 101
Programmgruppeneigenschaften 98
Programmstart 276
  verbieten 105
Programmsymbol
  kopieren 201
  neues einrichten 99
Programmsymbol verschieben 202
Programmsymbole
  anordnen 209
Programmumschaltung 84
  aktivieren 83
  DOS-Fenster 498
Programmumschaltung
    funktioniert nicht 498
  schnelle 82
Programmwechsel 82
programs= 154
Promi-Tips 10
Prompt
  spezielles 475
Protokoll anfertigen 31
Protokoll aufzeichnen 592
Protokolldatei 165, 622
PS/2
  siehe IBM PS/2 630
Puffer für virtuellen Speicher 531
Pull-Down-Menü
  contra Bildschirmschoner 224
Pull-Down-Menüs
  linksbündig 232
Punkt (Schrift) 203

Q, R

Quadrate zeichnen 343
QuickFormat 300
RAM 523, 579
  zu wenig 595

RAM defekt 34
RAM-Disk 560
Raubkopien 637
Read-Only-Attribut 68, 295
Rechenzeit
  für den Druck 440
Rechenzeit verteilen 543
Rechner 405
  Tastatureingaben 405
  wissenschaftliches Modell 405
Rechner starten 627
Rechnerneustart 627
REG.DAT 263, 414, 416, 596
REGEDIT 414
  Icon einrichten 415
Registrier-Editor 414
  Icon einrichten 415
Registrierdatei 416
Registrieren der Anwendungen 92
Reklamationen
  Informationen zusammentragen 626
Rekorder 271
REM-Befehl 127
Ressourcen 166
Restore 135
RLE-Datei 61, 62
RLE-Dateien 352
RUN= 647

S

Schließen
  Fenster 76
Schnellanwahl Dateinamen 264
Schnelle Programmumschaltung 82, 84
Schnittstelle 437, 455
  Adresse 608
  individueller Name für 437
  parallele 455
  serielle 455, 612
Schnittstelle dritte 14
Schnittstellen
  Karenzzeit 610
  serielle 607, 608

Stichwortverzeichnis

Zugriffskonflikte 609
Schreib-Cache 571
Schreibcache 571
Schreibschutz 68
   bei CD-ROM-Dateien 319
Schreibschutz für Systemdateien 137
Schrift
   für Icons 203
   löschen 551
Schriftart
   für Sonderzeichen 325
   Icons 203
   löschen 551
   Schriftgröße 203
   Uhr 74
Schriftart für DOS-Anwendungen 484
Schriftart für DOS-Box 484
Schriften
   es werden keine angeboten 123
   große 233
   installieren 120
   Probleme mit 123
Schriften installieren 19
Schriftgröße 203
Schriftgröße DOS-Fenster 484
Schutz vor Datenverlust 639
Schutzverletzung
   allgemeine 168, 171
Screen
   Ausdruck vom 340
Screen Saver 215
   konfigurieren 216
ScreenSaveTimeOut= 215
Screenshot 340
Screenshots 340
   direkt anfertigen 494
   DOS 493
   fälschen 341
SCSI-Controller 572, 576
Semikolon 144
   in Systemdatei 128
SENTRY-Verzeichnis 317
SeqTopicKeys= 589

Serielle Schnittstelle 607, 612
   Mehr als zwei 612
   Zugriffskonflikte 609
   Karenzzeit 610
Server 421
   dedizierter 513
Server für Drucker 513
SETUP
   Option /A 68
Setup 26
   Bestehende Version ersetzen 29
   falsche Tastatur 37
   Hinweistext 35
   im Netz 68
   Installation 68
   Komponenten entfernen 548
   unter DOS 27
SETUP.INF 144
SETUP.TXT 35
SHELL.CFG 501
SHELL.DLL 616
SHELL= 601
shell= 137
Sicherheitkopien von Systemdateien 130
Sicherheitskopien 263, 291, 643
Sicherheitskopien zurückkopieren 135
SIMM 34, 35, 579
Singletasking 47
Sinnbild
   blinkend 92
   Büroklammer 591
   DOS-Anwendung 481
   kopieren 201
   Unterschrift 203
Sinnbild für Anwendung einrichten 90
Sinnbild für Dokument 89
Sinnbild verschieben 202
Sinnbilder
   Abstand 204
Sinnbilder kopieren 91
Skala 338
Skalierbare Fonts 122
SmartDrive 564

671

Double Buffer 572
Größe des Cache 565
oberer Speicherbereich 573
starten 578
Statistik 566
SmartDrive-Monitor 567
  als Symbol 568
  Cache-Einstellungen verändern 571
  Protokolldatei 576
SMARTDRV
  starten 578
SmartMon 567
  Cache-Einstellungen ändern 571
  Icon einrichten 569
  Optionen 572
  Symbol 568
Solitär 385
Sonderzeichen 324
Sonderzeichen eingeben 326
Sonderzeichen in Text einfügen 325
Sortierte Dateianzeige 256
Sound
  Echo 331
  Probehören 330
  Systemereignisse 329
  Treiber 329
Sound auf dem PC 328
Sound ohne Soundkarte 329
Sound-Blaster Pro 619
Sound-Karte
  Treiber 620
SoundBlaster 618
SoundBlaster 2.0 618
Sounddatei
  Länge 335
Sounddateien
  selbst komponiert 334
  Speicherbedarf 336
Soundeffekte 151, 329
Soundkarte 329, 338
  SoundBlaster 618
SPART.PAR 529
SPEAKER.DRV 329, 338

Speed Disk 480
SpeedDisk 547
Speicher
  brachliegenden verwenden 536
  Erweiterung 523
  hohen nutzen 537
  konventioneller 472
  virtueller 523
Speicher, virtueller
  Puffer 531
Speicherausstattung
  ideale 579
Speicherbedarf Dateien ermitteln 254
Speicherbereich
  hohen nutzen 479
  oberen nutzen 479
Speicherbereiche
  schlummernde wecken 536
Speicherbrachen nutzen 537
Speicherknappheit 166, 595
Speichern unter 410
Speicherresidente Programme 35, 39
speicherresidente Programme 620
  über Batchdatei starten 45
Speicherverwaltung 29, 32
  DOS 479
  DOS-Anwendungen 472
Spiele 381
Spooler 460
sShortDate= 147
Stacker 563
Stacker contra Windows 600
Standard-Modus 43
  Datenübertragung 159
Standarddrucker 435
Standarddrucker wählen 436
Standardkonfiguration 36
Standarddrucker 436
Stapelverarbeitung
  siehe Batchdatei 306
Start
  Protokoll 592
Start Probleme beim 31

672

Stichwortverzeichnis

Start von Windows 41
Startdateien
    wechselnde 64
Startdiskette 38
Starten von Anwendungen untersagen 47
Startoptionen 42
Startprobleme 31
Startprotokoll 592
Startschwierigkeiten 32
Stromspareinrichtung 540
SUBST 26, 480
Suchen einer Datei 286
Suchen und Ersetzen 327
Suchpfad 95
Super VGA-Bildschirmtreiber 533
Super-Store 532
Super-VGA-Karte 615
SuperVGA 145
    DOS-Anwendungen 497
    Speicher reservieren 498
SVGA 145
Swap File 523
    Siehe Auslagerungsdatei 507
Swapdatei
    Probleme bei Laufwerksumbenennung 623
SWAPFILE= 562
Symbol
    blinkend 92
    DOS-Anwendung 481
    Unterschrift 203
Symbol nach Programmstart 80
Symbolabstand
    vertikal 205
Symbole
    Abstand 204
    anordnen 208, 209
    nicht auffindbar 207
Symbole des Datei-Managers 262
Symbolunterschrift
    löschen 206
Symbolunterschriften umbrechen 205
SysEdit 124

Begrenzung 125
Icon für 126
Sicherheitskopien 127
SYSTEM.INI 33, 47, 87, 113, 130, 253, 263, 498, 526, 537, 615-616, 629-630
    Begrenzung 40
    entrümpeln 554
    ersetzen 135
    Maximalgröße 125
    Sicherheitskopie 127
    Systemschrift 368
    temporäre Dateien 561
    Treiber entfernen 338
    Treiber manuell entfernen 555
    Treibereinträge löschen 555
Systemattribut 297
Systemdatei
    Auslagerungsdatei 529
    WINA20.386 30
Systemdateien 304
    automatische Sicherheitskopien 131
    Begrenzung 125
    Besonderheiten 305
    das Notwendigste 38
    editieren 124
    Einträge außer Kraft setzen 127
    mit Anmerkungen 128
    Schreibschutz 137
    Sicherheitskopien 127, 130
Systemdateien entrümpeln 554
Systemdateien erkennen 297
Systemdatum 75
Systemdiagnose 162
Systemdisketten und DoubleSpace 305
Systemeinstellungen ändern 27, 36
Systemereignisse
    Sound 329
Systemfehler 597
    wg. Stacker 600
Systeminformationen 626
Systemintegrität 168
Systemklänge

673

abschalten 334
Systemkonfigurations-Editor 124
Systemmenü
　Wechseln zu 84
Systemmenüfeld
　DOS-Anwendungen 490
Systemneustart 530
Systemressourcen 166
Systemsteuerung
　Bildschirmschoner einrichten 214
　eigene Programmgruppe 139
　Farben verändern 194
　Icons kopieren 140
　Tarnkappe 142
　Tastatur 152
Systemsteuerung Icons verstecken 20
Systemsteuerung; Icons verstecken 142
Systemuhr
　einstellen 156
Systemzeit 75
SysTime= 156

T

Taschenrechner 405
Task-Liste
　einblenden 85
Task-Manager
　ausschalten 87
　DOS-Anwendungen beenden 503
　Fenster anordnen 85
　starten durch Doppelklick 85
Task-Manager durch DOS-Box ersetzen 476
taskman.exe= 137
Tastatur
　Probleme mit 37
　Verzögerung 152
　Wiederholrate 153
Tastatur regulieren 152
Taste
　Alt 603
Tastenkombinationen, reservierte 471

Tastenkürzel für Anwendung 77
Teilen durch Null 598
Temporärdateien 560
　Laufwerk für 561
Temporäre Auslagerungsdatei 525
Temporäre Dateien
　Variables Laufwerk 561
Terminal 407
Termine organisieren 386
Terminverwalter 386
Textdateien
　große bearbeiten 368
Textverarbeitung
　Ersetzen 327
TIFF-Dateien
　Ausdrucken 463
Time Stamp 146
Titelleiste ändern 72
Toneffekte 151, 328
Toolbar 212
Treiber
　austauschen 28
　entfernen 552
　Liste 553
　manuell entfernen 555
　Sound 329
　Soundblaster 618
Treiber für Drucker installieren 434
Trennwand Datei-Manager 245
Trojanische Pferde 636
TrueType
　Einzelne Fonts nicht angezeigt 123
TrueType-Fonts
　Probleme 121
TrueType-Schriften 122, 558
　installieren 120
TSR-Programme 35
TSR-Programme kontrollieren 39
TTF-Dateien
　komprimierte installieren 121
Turbo-Gang 46
Typographie 326

Stichwortverzeichnis

U

UART 161
Uhr 73
   als Symbol 73
   analoge Anzeige 74
   Anwendung 73
   digitale Anzeige 74
   einstellen 156
   Erscheinungsbild 74
   im Vordergrund 73
   immer im Vordergrund 73
   Schriftart 74
Uhr geht nach 156
Uhrzeit 73
Uhrzeit anzeigen 73
Uhrzeit einstellen 75
UMBFILES.COM 596
Umgebungsspeicher 594
Umgehen der Programmgruppe AutoStart 55
Umschalten zwischen aktiven Anwendungen 84
Undelete 312
UNINSTALL 103
Unterverzeichnis einrichten 274
Unterverzeichnisse kennzeichnen 261
Upper Memory 32

V

VER 478
Verbinden Datei und Anwendung 278
verknüpfte Dokumente 419
Verknüpfung 419
   auflösen 423
Verknüpfung einfügen (OLE) 420
Verknüpfung herstellen
   WinWord 427
Verknüpfungen
   anzeigen 423
Verknüpfungen lösen 424
Verlassen von Windows
   Probleme 632
Vernetzung 518

Verschieben Dateien 292
Version
   von DOS 478
Versionsanzeige 64
Verstecken einer Datei 297
versteckte Dateien 253
   erkennen 297
Verzeichnis
   einrichten
   (mit Unterverzeichnissen) 274
   existiert nicht 320
   für Dokumente 265
   Inhalt drucken 269
   Inhalt in Datei übergeben 273
   chneller Zugriff auf 260
   verschieben 268
Verzeichnis-Icon 260
Verzeichnisdruck 269
Verzeichnisdruck per Makro 271
Verzeichnisfenster aktualisieren
   Datei-Manager 252
Verzeichnisfenster Inhalt ersetzen 259
Verzeichnisfenster neues 259
Verzeichnisliste in Datei drucken 273
Verzeichnisse
   verschieben 267
Verzeichnisse anzeigen 264
Verzeichnisse markieren 285
Verzögerungszeit (Tastatur) 152
VESA-Local-Bus 581
VGA-Karte 615
VGA-Treiber 631
vgasys.fon 234
Video für Windows 580
VIF 263
VIF (Very Important File) 263
Viren 633
Viren-Check 634
Viren-Prophylaxe 637
Virenbefall 533
Virenkunde 635
Virenprüfung 633
Virenschutz 617

675

virtual machine 500
Virtuelle Maschinen 500
Virtuellen Speicher beschleunigen 11, 531
Virtueller Arbeitsspeicher 623
Virtueller Speicher 523
   DoubleSpace 507
   Puffer 531
   Sicherheitskopien 133
   von Windows ignoriert 534
virtueller Speicher
   Größe 526
VM-Dateien 500
Vollbild 76
Volume Label anzeigen 258
Vordergrundpriorität 544
VSAFE 617
VSBD.386 618

W

Währungsangaben 149
Wall Paper 555
Wallpaper 226
   siehe Hintergrundbild 227
Wang 37
WANG PC 37
Warm Boot 530
Warmstart 530, 627
Warnmeldung gestalten 628
WAV-Dateien 328
   selbstkomponiert 334
Wave-Datei
   Länge 335
Wave-Dateien 328
   Speicherbedarf 336
Weckfunktion 387
WfW
   Siehe Windows für Workgroups 515
Wiederholfrequenz (Tastatur) 152
WIN
   Fehlerquellen ausschließen 623
   Option /D
   Optionen 623
WIN Option /D 33

WIN.CNF 59
WIN.COM 60
WIN.INI 104, 130, 147, 203, 232, 263,
   367, 551, 589
   ausführbare Dateien 154
   Begrenzung 40
   editieren 125
   entrümpeln 554
   Maximalgröße 125
   Sicherheitskopie 127
WIN87EM.DLL 171
WINA20.386 30
Windows
   Animation 115
   im Netz 68
   mit Musik 329
   neu starten 530
   Protokoll 31
   Standard-Modus 43
   Startschwierigkeiten 31
   und speicherresidente Programme 35
   Update 30
Windows 3.0
   Altlasten 599
   neben Windows 3.1 48
Windows erlernen 66
Windows für Workgroups 519
   Administrator 512
   auf Einzelplatzrechnern 514
   Datei-Manager 318
   Installation 68
   Tools 513
   Voraussetzungen 512
Windows installieren 26
   Nachbesserungen 27
   Netzwerk 68
Windows NT 298
Windows optimieren 522
Windows Schwierigkeiten beim Start 32
Windows Start
   Probleme lokalisieren 31
Windows starten
   Anwendung gleichzeitig starten 49

Stichwortverzeichnis

gleichzeitig Anwendung starten und
  Dokument laden 51
  Größe der Startdatei 62
  ohne Logo 58, 59
  Optionen 42
  per Batch-Datei 52
Windows und DOS 466
  Datenaustausch 490
Windows-Anwendungen 154
Windows-Dateien
  entpacken 26
Windows-Fahne 115
Windows-Installation
  auf Netzwerk-Server 68
  SETUP.TXT 35
Windows-Kino 115
Windows-Komponenten entfernen 548
Windows-Lernprogramm 66
Windows-Logo 58
  austauschen 60
Windows-Setup 26, 93
  Komponenten entfernen 548
  Komponenten hinzufügen 550
  Maus installieren 175
  unter DOS 27
Windows-Start 41
  Anwendung starten 54
  Fehler beim 541
  Fehlerquellen ausschließen 623
  Logo 60
  Option /D
  Optionen 623
  Probleme lokalisieren 31
Windows-Verzeichnis 94
  existiert nicht 94
WINFILE.INI 247
WingDings 325
WINPMT 476
WinWord
  Datei laden 427
  Gehezu 426
  Option /N 428
Winword 425

Verknüpfung herstellen 427
Word für Windows 425
Workgroup
  Drucken 513
Write 395
  Bild in Kopfzeile 399
  Draw-Objekte 402
  Druckformate 395
  Grafiken drucken 399
  kursive Zeichen 402
  Markierung 398
  Markierungen 399
  Mausbedienung 399
  Quasi-Druckformate 395
  Sonderzeichen suchen 397
  Speicherprobleme 400
  Standardschrift bestimmen 403
  Suchen 397
  Tastaturbelegung 400
  Vorlagen 396
  zerstörte Buchstaben 401
Wunschfarben fürs Desktop 195
Wyse PC 37
WYSIWYG 122

X, Z

XGA-Treiber 631
Zahlenformat 148, 149
  Dezimalstellen 149
Zeichen austauschen 327
Zeichensätze
  Probleme mit 459
Zeichentabelle 324
Zeilenanzahl im DOS-Fenster 487
Zeiteinteilung 543
Zeitscheibe
  minimale 160
Zeitscheiben 543
Zugriffsschutz 217
  sofort 219
Zuwachs-Backup 643
Zuwenig Arbeitsspeicher 621
Zwischenablage 411, 416, 590

666 ganz legale Windows-Tricks

auf Trab 596
DOS-Anwendungen 490
einsehen 412
Inhalt löschen 603
Inhalt sichern 412
leeren 604
Probleme bei DOS-Anwendungen 612
Screenshots 340
Sonderzeichen 324
starten 51
über Tastenkombinationen bedienen 411
Zwischenspeicher
 SmartDrive 565